ชอบอาหารไทยมาก

タイ飯、沼。

髙田胤臣

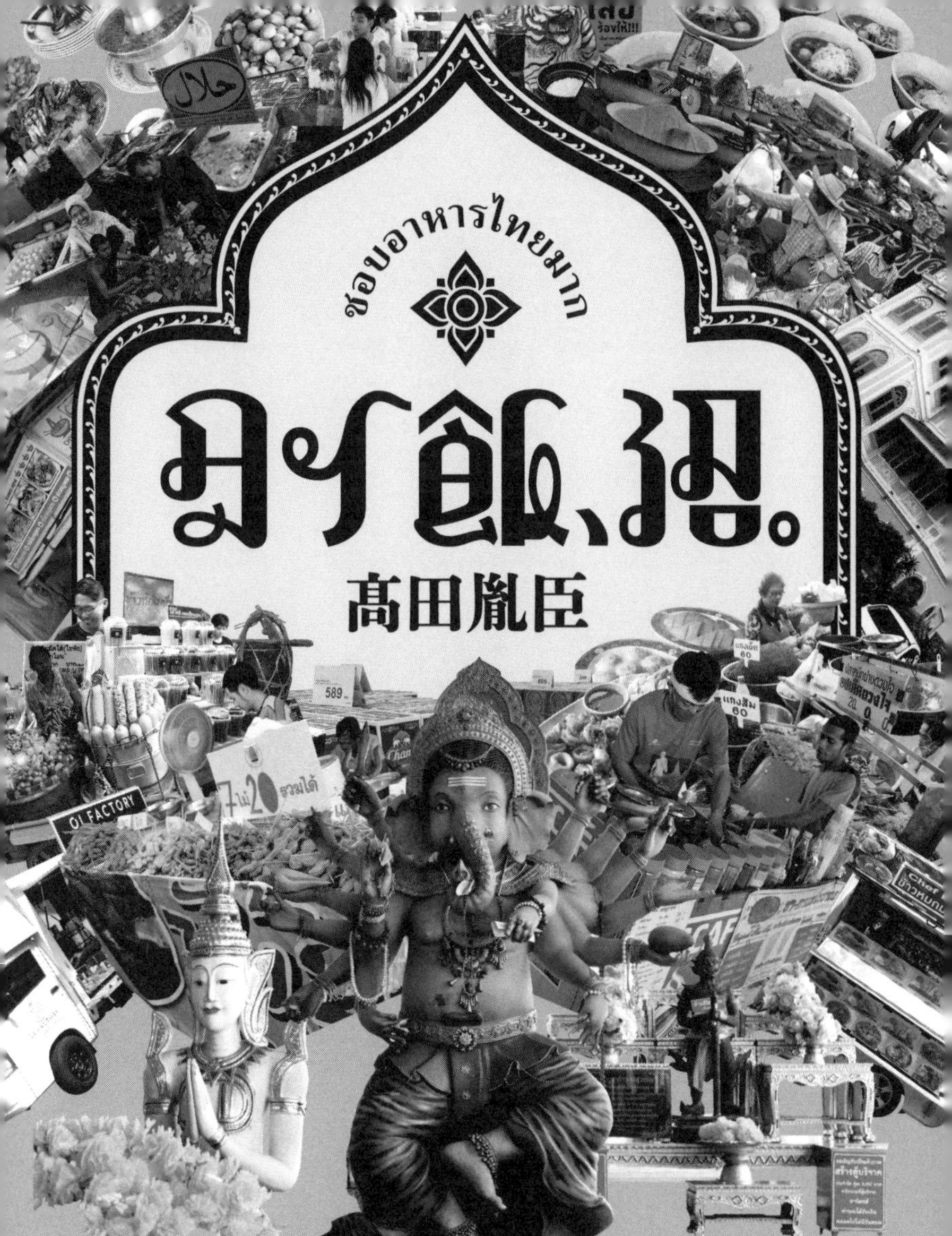

晶文社

ブックデザイン　勝浦悠介
編集協力　高松夕佳

はじめに——タイ料理という深い沼に足を踏みこむ勇気はあるか？

タイ料理の魅力は、酸味・辛味・旨味あるいは甘みがはっきりした、誰にでもわかりやすい味わいにある。しかし、誰をも受けいれる優しい顔の裏側に、タイ料理の深くて大きな沼が広がっている。迷いこんだら最後、そこから抜けだすことは難しい。

ボクは一九九八年に初めてタイを訪れ、その後二〇〇〇年に一年間、タイ語学校に通った。そして〇二年から現在にいたるまで、タイで暮らしている。

移住前の九九年には東京・渋谷のタイ料理店で働いていた。現在のタイでは選択肢が増えたのでバンコク在住日本人と会食するときは和食店に行くようになったが、移住当初は日本人同士であっても飲み会となればタイ料理店、あるいは屋台が普通だった。タイ・ウイスキーの人気銘柄であるセーンソムをソーダやコーラで割り、イサーン料理（タイ東北部料理）を当時はよく食べた。だから、ボクはわりとタイ料理にはかなり深く親しんできた部類であると自負している。

タイ料理は世界中の人々に愛されていて、日本国内でも当然食べることができる。そして、おいしい。

しかし、あえていわせていただきたい。

「タイ料理は、タイで食べるべきである」

地方都市の夜市に出てくる屋台街はいつもワクワクした気分になる。

タイでは二〇一〇年ごろから和食ブームが根強く続き、バンコクには数多くの和食店がひしめいている。しかし、それら和食店で提供される料理はたしかにおいしいのだが、日本人からするとどこかもの足りない部分がある。ひとつには食材の味が完全に同じというわけにはいかないからだろう。タイにない食材は日本あるいは他国から輸入するため、どんなに丁寧に素早く調理しても、日本で食べるより鮮度と質が落ちる。それから、食べる環境と気候の違いも味に影響する。だから、和食は日本で食べるに限る。

それと同じで、タイ料理もやはり風土に合った中で発展してきたタイで食べるべきだ。なぜなら、それが一番おいしいからである。

日本国内にあるタイ料理店の問題点としては、そこが日本であるがゆえに置いてあるメニューがどこも日本人好みの料理だけを扱っている店がほとんどで、タイに慣れた今となってはワクワクしない。

タイで食べるタイ料理のワクワク感、ドキドキ感、そのおいしさをどう伝えたらよいだろう。一時そう悩んだが、結論はいたってシンプルだった。

「ボクが普段、実際にタイの生活の中で食べているタイ料理を紹介していくだけでも、タイ料理にのめりこみはじめた、あるいは興味をもった方々にとって、日本国内においてはなかなか知ることのできない情報を提供できるのではないか」ということであった。

タイでタイ料理沼に沈みこんでいるボクにとってはあたりまえのことでも、多くの日本の方々にとっては、おそらく聞いたことも、みたこともないことが多々あるに違いない。

知られざるタイ料理の数々、そしてそれらを食し血肉と化している人々の文化、そうした熱気を本書をとおして伝えられたらと考えている。

いざ、恍惚の美味を求めて、沼の底へ。

タイ飯、沼。 目次

はじめに
――タイ料理という深い沼に足を踏みこむ勇気はあるか？ 005

第1章
世界中の人々に好まれる
タイ料理とはそもそもなにか
012

●味が濃い！　ハーブたっぷり！　辛いとは限らない！●中華料理の影響が強いタイ中央部料理●タイ料理のジャンル分けを惑わす東北部料理●多民族の影響が特徴の北部料理●複雑なスパイシーさを持った南部料理

第2章
然るべき場所でタイ料理を
食べるために知っておきたいこと
029

●タイの文化と空気を感じたいなら、まずは屋台へ●屋台はちょっと……という人は、食堂からはじめる●サービスで満足したいなら、レストランへ

第3章
知っておきたい
タイ料理における食事の作法
045

●ひとり一皿かシェアして食べるのかをまず確認●食後の皿はそのままで●チップは不要だが、クレジット決済には気をつける●タイ人は少しの量を何度も食べる●タイでは食事を残すのは悪いことではない●スプーンとフォークの使い方はマスターしておこう●麺類で音をたてるのは絶対にダメ

第4章
押さえておきたい
タイ料理の基本メニュー
058

●タイ料理は「ガパオ」ではじまり「ガパオ」でおわる●シンプルなのに奥深いヤキトリ「ガイヤーン」●ときどき無性に食べたくなるチャーハン「カオ・パット」●イサーン料理の代表格、肉サラダ「ラープ」●誰でも好きになる炒めもの「パックブン・ファイデーン」●野菜が食べたいときは「パット・パック・ルアムミット」●なぜそんな名前に？　誰もが首をかしげる「パット・キーマオ」●タイの国民食的存在「ゲーン・キアオワーン」●イスラム由来のタイ・カレー「ゲーン・マッサマン」●誰もが頼む定番焼き豚料理「コームー・ヤーン」●日本とも深い関係が？　知られざるカオ・タイの歴史

第5章
本物を楽しむための
専門店系タイ料理
113

●鶏を丸ごと味わう中国由来の料理「カオマンガイ」●タイ式フライドチキン「ガイ・トート」●イスラム系の定番炊きこみご飯「カオモック・ガイ」●店頭にぶらさがるアヒルが目印「カオナー・ペット」●豚足の煮込み飯「カオカームー」はタイの香り●タイ最強の辛さを誇るラーン・アハーン・タイ●疲れた胃にちょうどいい「カオトム」と「ジョーク」●主食にもデザ

ートにもなる守備範囲の広い「ローティー」●韓国料理がルーツの豚焼肉食べ放題「ムーガタ」

第6章 豊かな海があるタイ だからこそ海鮮系タイ料理 164

●タイ・シーフードの代表格は「グン・パオ」で決まり!●大人のシーフードの定番「ホイ・ナーングロム・ソット」●ハズレを引いたらかなり怖い中華由来の激うま海鮮料理「オースワン」●激辛エビのたたき「グン・チェーナンプラー」●炭火で焼いただけのシンプルなイカ料理「プラームック・ヤーン」●日本人が大好きなカニ料理「プー・パッポンガリー」●和テイスト強めな魚料理「プラー・ヌン・シーイウ」●タイ料理の基本味覚を備えた「プラー・トート・サームロット」●妙に人気のあるエビの蒸し焼き料理「グン・オップ・ウンセン」●ムール貝のさわやかな蒸し焼き「ホイ・マレンプー・オップ・サムンプライ」●食べにくいがご飯の進むタイ式味噌炒め「パット・ホイラーイ・ナムプリック・パオ」●タイ式アカガイはややハードな料理?　「ホイ・クレーン・ルアック」●炭火で大量に焼かれる様子が壮観な「プラー・チョン・パオ・グルア」●日本との関係が深い淡水魚「プラー・ニン・トート」

第7章 クイッティアオに代表されるタイ麺類 222

●クイッティアオってどんな麺?●クイッティアオをタイで食べるべき理由●麺の種類がクイッティアオを決定づける●スープこそがクイッティアオの顔そのもの●食べる直前に自分色に染める儀式を●タイ麺類の注文方法はもう簡単●外国人が大絶賛の王道炒め系「パッタイ」●太麺の本領を味わいたいなら「クア・ガイ」●スープが赤くて気持ちが悪いが実際はさっぱりしている「イェンタフォー」●モチモチ食感でベトナム麺と呼ばれる「クワイジャップ・ユアン」●炒め麺「パット・ミー・コラート」はコラートのご当地グルメ●これも麺類?　麺のない麺料理「ガオラオ」●日本のラーメンに似ているのにまったく違う麺類「バミー」●子どもはご法度?　そうめん風麺「カノムジーン」●北部料理全体を代表する料理は麺の「カオソーイ」●人気ナンバーワンのインスタント麺「マーマー」

第8章 暑い国だけど タイ式鍋料理をしっかり楽しむ 291

●みんな大好き日本風の鍋「スキー・タイ」●東北料理の代表的鍋「チムチュム」には欠点もある●タイ料理なのか和食なのか?　国際結婚家庭の救世主『シャブシ』

第9章 タイのスープ料理は幅広いラインナップ 311

●定番タイ料理「トムヤムクン」は実は健康食だった●ココナッツ・ミルクのトムヤム・スープ「トムカー・ガイ」●タイ大衆食をややこしくする張本人「ゲーン」●なぜかタイ人に人気の高い酸味スープ「ゲーン・ソム」●ペーストを使わないマイルドなスープ「ゲーン・ジュート」●おいしい煮の直訳は正しいのか?　「トムセープ」●フカヒレの雰囲気を屋台で安く味わいたいなら「グラポ・プラー・ナムデーン」●スーパーと名づけられた超絶スープ「スッパー・ティーン・ガイ」

第10章
本当は存在しない……タイのサラダの世界 350

●タムの基本のき「ソムタム・タイ」●タイ・サラダで最もポピュラーといえるのが「ヤム・ウンセン」●生の材料が復権しつつある外国人にはマイナーなサラダ「プラー・グン」●イサーン人の心のよりどころ「ソムタム・プー」●キュウリのソムタム「タムテン」は初心者にぴったり●ナマズのサクサク揚げサラダ「ヤム・プラー・ドゥック・フー」●シーフードたっぷりで個人的イチオシ「ヤム・タレー」●辛いけどさっぱりの冷しゃぶ豚サラダ「ムー・マナーウ」●美肌効果で女性に人気の「ヤム・ソムオー」●タイでしか食べられない「ヤム・マムアン」●タイの代表料理「ナムプリック」は万能ディップ

第11章
勇気があるなら挑戦したい マニアックなタイ料理 395

●ヘルシーなワンプレート混ぜご飯「カオ・クルック・ガピ」●高級な食材も屋台なら安い！ おすすめは豚の丸焼き「ムーハン」●世にも不思議な外国系タイ料理「カオ・パット・アメリカン」●詳しく知ると食べたくなくなるかもしれないソーセージ「ネーム」●甘い香りとタレの風味が絶妙な鶏から揚げ「ガイ・ホー・バイ・トーイ」●タイ随一の健康食「ミヤン・プラートゥー」●日本ではまず食べられないタイ式のアハーン・ハーラーン●南部の強烈な豆料理「サトー・グン・パット・ガピ」●バンコクでも楽しめるジビエのタイ料理アハーン・パー●おしゃれになりかけた未来食マレーン●水槽からすくった小エビの踊り食い「グンテン」●香草がほのかに香るホルモン料理「ルアックチム」●温泉と雨と自然が豊かなこの県だけで食されるアハーン・ラノーン●これを食べる勇気がある人だけにおすすめする料理「ゴイ・ヌア」●動画配信に最適なゲテモノとして注目の「ソーイジュ」●プリプリ食感がたまらないおっぱい焼き「ノム・ヤーン」●メーヌー・ガンチャーは本当に食べる意味がある？●変わりダネがお好みなら「ゴップ・トート・ガティアム」●東北部のスープ料理「ウ・ピア」をみたら生肉なんてかわいいもの●ヌア・マーを食べることはタイではダメ！ ゼッタイ！●目が合うと口にできなくなるたまご料理「カイ・ルーク」

第12章
いつでも気軽に食べられる 軽食系のタイ料理 484

●高カロリーだが万能な豚三枚肉から揚げ「ムーグローブ」●カオサンで食べた激安たまご料理「カイ・チアオ」●急にネーミングセンスを発揮するタイ人が好んだ「スア・ローングハイ」●歯が丈夫な方にはおすすめ「ヌア・デート・ディアオ」●春巻きなの？ 麺料理なの？ 「クイッティアオ・ロート」●脇役が急に主役に躍りでてくる「ルークチン」各種●ビールのつまみに最高！ 「ネーム・シークロンムー・トート」●夢中になって時間を忘れる「パーク・ペット」●豚串は「ムー・ピン」と「ムー・サテ」の二極化●タイの揚げパン「パートンコー」は大間違いからはじまった歴史を持つ●魚介系タイ・カレーの揚げもの？ 「トートマン・プラー」●おかずにも肴にもぴったりなソーセージ「サイグローク・タイ」のいろいろ●タイ人みんなが知っている「ネーム・ヌアン」はどこからタイに？●タイ・ナイズされたカンジャンセウ「グン・ドーン・シーイウ・ガウリー」がアツい

第13章
タイのスイーツや果物からも目が離せない
540

●脱水症状寸前で飲む路上の至福は生搾りの「ナム・ソム」●昔ながらのアイスクリームで身体をクールダウン「アイティーム・ガティ」●アユタヤ名物のムスリム・スイーツ「ローティー・サーイマイ」●シンプルな甘みで暑いタイにぴったりの天然ゼリー「チャオグワイ」●酒飲みにはご法度!? 果物の王様トゥリアン●種類豊富なタイのポンラマーイ●昭和の香りがするジャムサンド「カノムパン・サイ・サッパロット」●観光客が一度は手を出すココナッツ・ジュースのナーム・マプラーウ●一瞬タコ焼きかと思うタイの宮殿スイーツ「カノム・クロック」●タイの団子で一番人気の「カノム・トム」●ミニお好み焼き風ココ菓子「カノム・バービン」●鶏卵素麺がタイで発達するとこうなる! 「フォイトーン」●一点を除けば最高においしい焼きプリン「カノム・モーゲーン」●昭和世代が懐かしさに震える「サークー・ガティ」●おいしいけれど、ありがたみが薄くなった「カオニヤオ・マムアン」●外はカリカリ、中モチモチの伝統揚げ菓子「カノム・カイタオ」●名前は同じなのに二種類あるココナッツのカスタード「サンカヤー」●日本にない日本の菓子は「カノム・トーキョー」●世界で最も有名なエナジードリンク『グラティン・デーン』●供物としても重宝される「ナム・デーン」は字のごとく赤い水●植民地化を逃れたタイの「ガーフェー」文化の今

第14章
知らなかったタイのアルコールの世界
649

●タイ料理に合わせるなら「ビア」以外ない?●製法も材料もウイスキーとは名ばかりの「ウィスキー」●泡盛の原型ともいわれるタイの焼酎「ラオ・カーウ」●日本人がみりんの代用にもした「サートー」●「カオマーク」は酒飲みのための最高のスイーツ●これぞアジアの酒という飲み方が楽しい「ラオ・ウ」

第15章
土産物になるタイ料理
692

●タイらしさがほとんどないタイ式カレーパン「ガリーパップ」●あげる前につい全部食べてしまう最強のタイ土産「マプラーウ・グローブ」●タイ版もやめられなくなるわかりやすさ「カオグリヤップ・グン」●タイから果物を持ち帰るなら「ポンラマーイ・オップ・ヘーン」●国道沿いの天日塩グルア・タレーはとにかく安い●スーパー、コンビニで買えるコーング・ファークに向いたものアレコレ●意外と土産によろこばれるアハーン・サムレットループ●タイ無形文化遺産になったサムンプライの究極料理「ミヤン・カム」

おわりに——タイ料理の世界に出口はない
722

第1章

世界中の人々に好まれるタイ料理とはそもそもなにか

そもそもタイ料理とはなにか。

東南アジアの一国をなすタイ王国で食される、この国独自の料理である。そう答えるのは簡単だ。しかし、一度その沼のふちに立ってみるとどうだろう。底はみえないほどに奥深く、調べるほどに実体がわからなくなってくる。

タイは四方をラオス、カンボジア、マレーシア、ミャンマーという四つの国と接している。それらの国々を介せば、さらに多くの国々とも陸つづきといえる。そして、この地理的条件と歴史的な事情もあって、「タイ人」とひと口にいっても多数の民族で構成されている。主要なタイ族のほか、北部には少数山岳民族、南部にはマレー系、全土的に華人もいれば、ベトナム系やインド系一族やらとたくさんの人種や民族がいる。そういった人々が食べてきた料理もまた少なからず関係してくる。そこにこそ「タイ料理とはなにか」が定義しにくい所以がある。

まずはタイ料理を成りたたせている要素を、ひとつひとつ紐解いてみよう。

タイ料理はシンプルなものから複雑な調理までさまざまある。

味が濃い！　ハーブたっぷり！　辛いとは限らない！

タイ料理の最大の特徴は味が濃いことだ。

和食では調味料はできるだけ控えて素材の味を活かそうとするが、年間とおして気温と湿度の高いタイだと、体調や必要な栄養が変わってくるためか、薄味に感じてしまう。そんな土地に暮らすタイ人はとにかく調味料を足し、甘さ、辛さ、塩味や酸味を混ぜあわせることで深い味わいを出そうとする。和食が引き算、**タイ料理は足し算の料理、すなわち、調味料の料理**といっても過言ではないくらいだ。

もうひとつ、普遍的にある大きなイメージとして、タイ料理は辛い、というのがある。しかし、実際には必ずしもそうではない。もちろん、和食に比べれば辛い料理が多いのも事実ではある。タイは日本より長期的に暑い。体力低下を防ぐため、辛い料理を食べて胃腸や心身を活性化させる必要がある。しかしすべての料理が辛

上／ナンプラーの原料になるカタクチイワシは干物など用途が多い。
下／北部などでは加工していないサムンプライも市場にある。

いわけではない。辛いのは、実はほんの一部でしかない。この事実をまず忘れないでほしい。

タイ料理で最もよく使われる調味料が**ナンプラー**だ。これはタイ版の魚醤《ぎょしょう》、あるいはしょっつるで、塩漬けにしたカタクチイワシなどから出てくるエキスを精製した液体である。水を意味する**ナーム**と魚を意味する**プラー**を合わせた言葉なので正確にはナーム・プラーなのだが、本書では日本語での発音であるナンプラーとしておく。タイ料理では塩味をつける際、塩自体よりもナンプラーを使うことが多い。アンモニア臭に近い独特な発酵臭から敬遠する人も少なくないが、かつお節などのように旨味成分は魚介類によるものなので日本人好みのはずだ。

サムンプライと呼ばれるハーブ（香草類）もよく使われる。中でも**パクチー**は今や日本の日常的な食生活にも浸透してきたのではないか。セリ科の植物で、実は一〇世紀には日本に伝来していたものの、二〇〇〇年初頭の時点では英語由来のコリアンダーや中国語由来のシャンツァイと呼ばれていたところ、タイ料理の人気が高まるにつれ、パクチーという呼び名がそのまま通じるようになった。ナンプラーやパクチーが日本で市民権をえる日が来るなんて、九〇年代に日本のタイ料理店で働いていたボクには隔世の感がある。

パクチーは野菜としてみた場合、結構割高な食材でもある。

香草を多用する代表的なタイ料理といえばトムヤムクンだ。トムヤム・スープにはエビがつきものだが、エビで出汁をとっているわけではない。このスープにおける味の素を構成するのは数種類のサムンプライである。

サムンプライはタイ料理に欠かせない香草であると同時に、

タイでも子育てでは辛くない料理は重宝される。

タイ伝統医学で使われる薬草でもある。ただ、タイ伝統医学の中に、中国伝統医学（中医）にある「医食同源」（もしくは食薬同源）という思想はない。タイ伝統医学は中医やインドの伝統医学アーユルヴェーダの影響を受けて発展してきたとされ、陽と陰のように対になるバランスを大切にする一方、薬学に関しては中医ほど複雑ではなく、西洋医学同様に病気に直に効果的な薬草を使用する。タイ伝統医学の医師からこのような話を聞いたが、それにもかかわらず薬草であるサムンプライが料理に多用されているのである。

　これらの事実を総合すると、**タイ料理は、ナンプラーなど多様な調味料とタイの土地でとれるサムンプライを使い、高温多湿の地域で効率よく体力を回復するための料理**、ということになる。

　ちなみにタイの国民は九割以上が仏教徒とされる。そのため、全土的に牛肉、豚肉、鶏肉、魚介類などなんでも食べられ、宗教上の食材制限があまりないことも、タイ料理が日本人にとってなじみやすい要因だろう。

中華料理の影響が強いタイ中央部料理

タイ料理とはなにかを考えるうえで、地域による差異を知っておくことは重要だと思う。タイ料理は、地方によっていくつかに分けられるので、その特徴を掴んでおくことはタイ料理の理解への第一歩だ。

ただ、料理の地域性を紹介する前に、ここでタイにおける西部と東部の扱いについて説明しておきたい。タイは複雑というか、統一されていないというか、政府機関によって地方区分が異なっているのだ。

公式な政府見解としては、タイは中央部、東部、西部、東北部、北部、南部の六地域に分かれることになっているようだ。しかし、政府観光庁などの観光系グループはタイに西部はないとし、五地方に分けて観光誘致を行っている。西部は映画『戦場にかける橋』で有名なミャンマー国境に近いカンチャナブリー県を中心とする八県で構成される。西部がないと解釈している機関はこれら八県を中央部に含んでいる。さらに、統計局などは西部と東部のない四地方とし、その場合は西部と東部の県が中央部にカウントされる。ちなみに、東部はパタヤなどのビーチが有名な県を含めた七県だ。

西部と東部はいずれも県の数が少ないので、東北部や北部ほど地域性のある料理が多くないし、だいたいが家庭料理であるとされる。タイ人が料理を語る際にも西部と東部料理を中央部のものから明確に分けることもほぼないので、本書においてもこのふたつの地域は中央部としてまとめている。

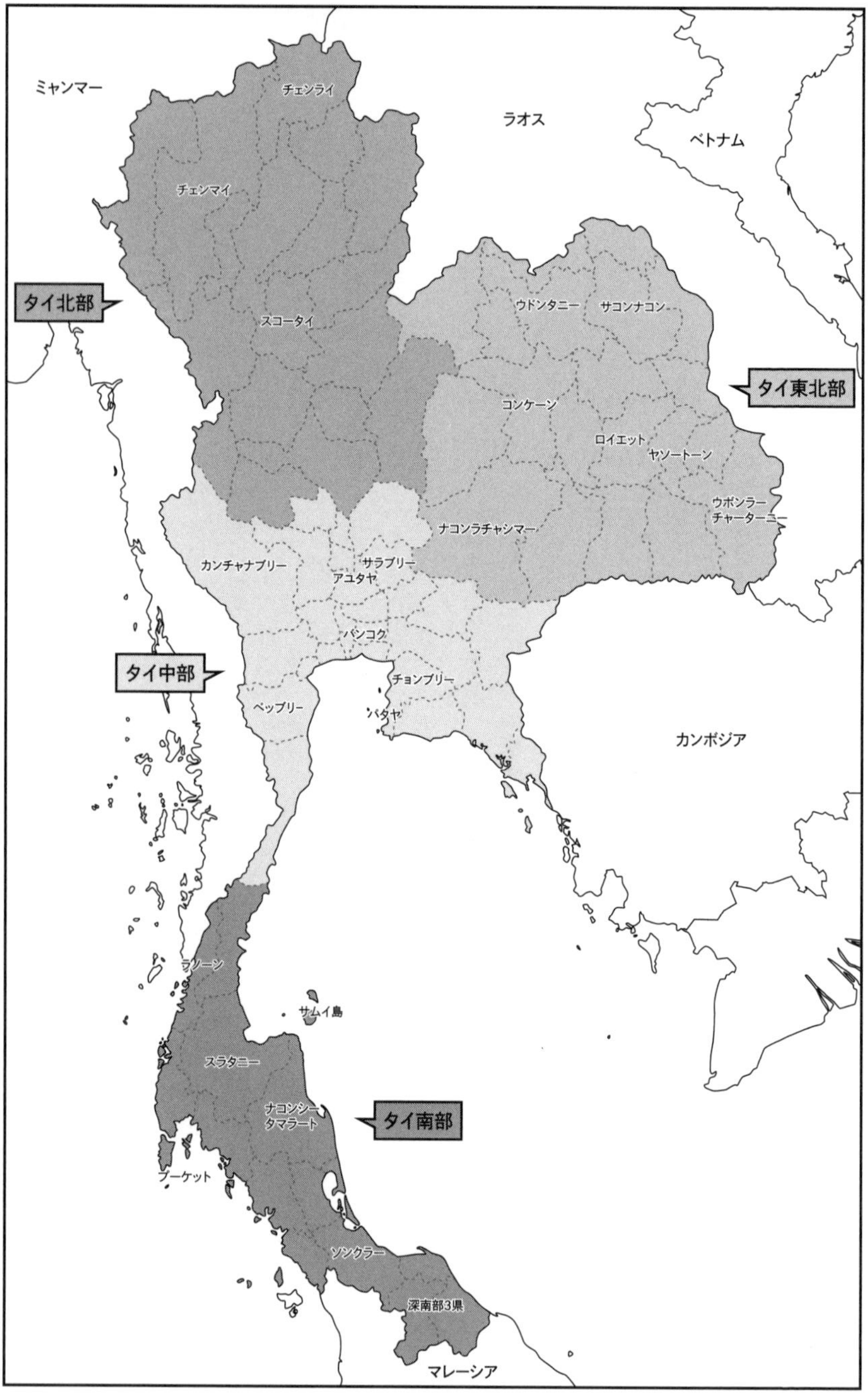
ミャンマー
チェンライ
ラオス
ベトナム
チェンマイ
タイ北部
スコータイ
ウドンタニー
サコンナコン
タイ東北部
コンケーン
ロイエット
ヤソートーン
ウボンラー
チャーターニー
ナコンラチャシマー
カンチャナブリー
サラブリー
アユタヤ
バンコク
タイ中部
チョンブリー
ペッブリー
パタヤ
カンボジア
ラノーン
サムイ島
スラタニー
ナコンシー
タマラート
タイ南部
プーケット
ソンクラー
深南部3県
マレーシア

さて、タイ語でタイ料理は**アハーン・タイ**で、タイ国内全体で伝統的に食される料理全般のことだが、狭義でのアハーン・タイはバンコクを中心に発展してきた**アハーン・パーク・グラーン**（中央部料理）を指す。タイ中央部料理は、前項のタイ料理全般の特徴を持つ料理が多く、我々がさっとイメージするタイ料理とほぼ同じといっていい。代表的なのはトムヤムクン、カオ・パット（チャーハン）などで、まさに誰もが思いつくようなタイ料理だ。

タイ中央部はバンコク都と十県で成りたつ（西部、東部の県は含まず）。バンコク都は特別行政区で、隣接する五県はパリモントン（バンコク首都圏）として都市計画政策の対象になっている。平均世帯所得が地域別で最も高く、財閥などのいわゆる名家が集中している。

財閥のほとんどを含め、タイは中国からの移民を祖先とする華人が多く、中でもバンコクは潮州系

上／中華の影響が強いからか、海鮮や一般的タイ料理が中央部料理といえる。　中／チャーハンなど、タイ料理は炒めものが多い気がする。　下／調理風景も中華料理の厨房にやや似ている。

移民の子孫が多数派である。現在のチャクリー王朝が一七八二年に成立する前までタイを治めていたトンブリー王朝の国王タークシン王も、現在の中華人民共和国広東省潮州市出身の移民の息子であるとされていることが関係しているという。

タイに行ったことがある人ならわかると思うが、タイ人は意外に色白だ。これは美白信仰から肌ケアに熱心な人が多いという以上に、中華系移民の子孫であることが大きい。そもそもタイの美白信仰自体が、戦後に中華系移民の子孫たちが経済的成功を収めて台頭してきたため、彼らの白い肌が富のシンボルになったことに由来している。

そうした華人の影響は当然のことながらタイ中央部料理にもおよんでいる。料理名が中国語であるもの、中国から伝わったレシピがそのまま使われている料理すらある。代表例が、タイの国民食ともいわれる米粉麺クイッティアオだ。中国語にタイ語訛りが加わり、この呼び名になった。

タイ中央部料理の主食はタイ米だ。これは細長いインディカ米で、日本の米とは見た目も味も違う。上級なのはカオ・ホームマリと呼ばれる香り米ということになっている。国外ではジャスミン米と呼ばれ、さわやかな花の香りが好まれるのだが、濃厚な味わいの日本米に慣れたボクの舌には味が薄く感じる。味気のない米をたくさんの量食べられるようにすることも、料理の味が濃く発展してきたひとつの理由なのかもしれない。

タイ料理のジャンル分けを惑わす東北部料理

郷土食でありながら、タイ全土で親しまれているのがタイ東北部の**アハーン・イサーン**（イサーン料理）だ。**アハーン**とはタイ語で料理や食べもの、**イサーン**（あるいはイーサーン）はタイ東北部の別名である。東北部をタイ語でいうとパーク・タワンオーク・チアンヌア、直訳すると日が昇る斜め

イサーンの地方都市にある屋台でイサーン料理を集めて食事をした。

北のほうの地域、だ。長いので、一般的にはイサーンという通称で呼ばれる。ちなみに西部はパーク・タワントック、日が沈む地域という意味で、なんかおしゃれである。

　このイサーン料理こそ、タイ料理をややこしくしている張本人といってもいい。そこにはイサーンの、さらにはタイ全体の事情が影響している。

　第一に、内陸の農村地帯であるイサーン住民の大半は農民である。雨の降らない季節など農業には農閑期がある。最近ではイサーン地域内に大企業の工場ができているので地元で仕事をえられるが、二〇一〇年くらいまでは農閑期に仕事を求め、バンコクに出稼ぎにくる住民が多かった。東京がそうであるように、バンコク住民の大半は地方出身者、中でもコン・イサーン（イサーン人）の数は圧倒的である。

　出稼ぎ者にイサーン人が多いのは、東北部の面積の広さも影響している。タイには全七十七のジャングワット（県）がある（正確には一都七十六県）。そのうちイサーン地方に区分されているのは二十県と最多だ。当然、出稼ぎの人数も多くなる。なにしろ、イサーンの人口はタイ全体の三分の一でもあるので、これは必然なのだ。

第二に、タイ人はみんな地元が大好きだ。バンコクの地方出身者のほとんどはいつの日か田舎に帰り、ゆったりと暮らしたいと夢みている。

もともとタイ人は食事に関してかなり保守的で、スマートフォンが普及する二〇一〇年ごろまでは、家でも外でも食事といえばタイ料理があたりまえだった。二〇〇〇年代初めに移住した日本人のボクらでさえタイ料理づくしだったくらいで、タイ人は本当にタイ料理だけを食べていたものだ。

イサーンの人は中でも特に郷土愛が強い。そんな彼らが大勢住むとなれば、バンコクには自然と無数のイサーン料理店ができることになる。一般的なタイ料理店のメニューにもイサーン料理が並んでいるし、屋台の半数はイサーン料理の店ではないかと思うほどだ。こうして中央部料理とイサーン料理との境界があいまいになっていき、食べ歩けば歩くほど、「タイ料理ってなんだ？」となるのである。

さらに、イサーン料理にはラオス料理の要素も入っているからややこしい。イサーンはかつて、隣国ラオス人民民主共和国の前身、ラーンサーン王国の領土であった。ラオスの主要民族のラオ族とイサーンの人々はルーツをほぼ同じくしており、言語面でもかなり類似し、イサーンではほぼラオス語であるイサーン語と呼ばれる方言が話されている。食文化の源流も同一で、イサーン料理とラオス料理には共通点が少なくないのである。

イサーンはエリア的にも広いので、北と南に分けられることもある。ほとんどがラオスに影響された地域ではあるものの、カンボジアと接している県はクメール王朝の文化の影響を受けている。実際にカンボジアのアンコールワットに似た寺院遺跡があり、地域によってはカンボジア語に寄ったタイ語方言を話す。しかし、食生活・文化に関してはそれほど大差がないので、本書ではイサーン料理をラオス料理と強く結びついたものという前提で話を進めていく。

そんな背景を持つイサーン料理はまず、味が濃い。体力を使う農業に従事する人たちが食べるためだろう、ナンプラーや砂糖、トウガラシを多用する。辛い料理も多く、煎り米の粉を使った苦い味つけもよくみかける。

食材は、肉だと豚と鶏、魚は内陸のためプラー・ドゥックやプラー・ブクといったナマズの一種、雷魚のプラー・チョン、戦後にタイ王室によって普及されたプラー・ニンなどの淡水魚が中心だ。これらの臭みを消すため、サムンプライもよく用いられる。

主食はもち米が大半になる。もち米はほかの地域でも食べられているが、イサーンでは、もち米を手でおかずの汁にひたして食べたり、おかずと一緒に口に入れる。イサーン料理に限らず、特におかずの中心になるタイ式の炒めもの、和えもの（サラダ系の料理）は水分が多い。タレあるいはディップソースになるナムチムもよく添えられるため、それらをもち米につけて食べることもある。

上／バンコクではあまりみかけない揚げた雷魚サラダ「ラープ・プラー・チョン・トート」。 下／イサーン料理には野菜やサムンプライがたくさんついてくるのも特徴だ。

おかずの汁やナムチムにひたしながら食べるのはもち米だけではない。生野菜も同様だ。一般家庭でも飲食店でも、イサーン料理にはたいてい生野菜がついてくる。キャベツやキュウリ、香草などが皿に盛られてサービスとして出てくるのだ。おそらく、イサーン料理には栄養面で偏りがあるからだと推測する。実際、九〇年代まではタイの農村における栄養失調はちょっとした社会問題だった。実は今も子どもの栄養不足が欧米の研究者から指摘されているくらいだ。流通事情の悪かった時代には手に入る食材が限られていたし、なにしろイサーン料理は味が濃い。料理とは別に、生野菜や温野菜を出して、濃さを調整しつつ栄養バランスを補っていたのではないだろうか。

多民族の影響が特徴の北部料理

次に**アハーン・ヌア**（北部料理）を紹介しよう。

ヌアと聞くと、タイ料理通の方は牛肉を思い浮かべるかもしれない。タイ語には声調（発音の音階）があり、まったく違う意味の単語でもカタカナ表記が同じになる場合がある。ここでのヌアは牛肉ではなく、北を意味しているので、アハーン・パーク・ヌアを指す。

北部はジャングワットの数にすると十七県とイサーンに続いて広く、大半が山岳地帯だ。

北部料理は、バンコクではイサーン料理ほどメジャーではないものの、タイ人全般に好まれている。隣国ミャンマーの料理や中華料理の影響を受けている料理も少なくない。いずれの国とも陸つづきで、人種あるいは民族としてのタイ人（タイ族）は中国から南下してきた人々であるとされ（諸説あり）、その文化を残しているからといわれる。さらに、山の奥には少数民族もいる。「タイ料理といえば？」で思い浮かべるほどポピュラーな食材のひとつであるココナッツは、北部の気候では育ちにくかったため、アハーン・ヌアにはあまり用いられてこなかったなど、この地域ならではの事情もある。一般的なタイ人の認識では、北部料理はあまり辛くないというのが大きな特徴だ。

しかし、それらはあくまでタイ人にとってのステレオタイプ化された北部料理の特徴であって、必ずしもすべての北部料理にあてはまるわけではない。北部特有の麺料理カオソーイのスープにはココナッツ・ミルクを入れるのがもはや定番だし、イサーン料理とされがちな肉サラダのラープは北部にもあり、煎り米の粉を用いるため苦味のあるイサーンのものよりも、煎り米を使わないことで北部のラープは辛さがきわだっているといわれる。ただ、サムンプライの違いや北部の場合は炒めるなど、そもそもイサーンのラープとは別物ともいえるけれど。

タイは常夏の国というイメージだが実際には冬といえる時期もあり、特に寒さの強い北部はすべての食材が通年で手に入るというわけではない。山岳地帯である北部では一二月や一月の明け方の気温が氷点下まで下がることもあるため、保存食としての発酵食品が発達している。日本の納豆に似た**トゥア・ナオ**（腐った豆）と呼ばれる調味料がその一例だ。イサーン料理によく用いられる調味料に小魚を発酵させたプラーラーがあるが、北部ではその代わりにこのトゥア・ナオが使われること

上／北部を代表する麺料理カオソーイはバンコクではなかなか食べられない。　下／トゥア・ナオを使った卓上調味料。日本の納豆とは見た目は異なる。

もある。

北部の主食はタイ米ともち米だ。北部の中心都市チェンマイに暮らしたことのある日本人によれば、「北部の人は、実はイサーン人よりもち米をよく食べますよ」という。北部もイサーンと同様にラオスが近い。もち米が主食のラオス料理の影響を受けているのだろう。

北部料理は複数の国、多様な民族の食習慣が入り混じって発展しており、山岳部に行けば、バンコクの人も知らない独自料理がいまだたくさんあるほどだ。多彩な顔が北部料理の最大の魅力といえる。

複雑なスパイシーさを持った南部料理

最後に、七十七県中の十四県を占める南部のアハーン・タイをみてみよう。正確には**アハーン・パーク・タイ**で、カタカナだとタイ料理を指すアハーン・タイと同じにみえるが、この場合のタイは南を意味する。

南部にはゴム生産という基幹産業と世界的ビーチリゾート――プーケットやサムイ島があるため、南部出身者がほかの地域へ出稼ぎすることはまれで、それゆえ南部料理はかつてバンコクでは北部料理よりもマイナーな存在だった。しかし二〇〇〇年代の一時期、バンコクっ子の間でブームになった結果、今では南部料理店を都心でみかけるようになった。屋台や商業施設のフードコートでは、北部料理より南部料理をみかけるほうが多いくらいだ。

南部料理の大きな特徴は、イスラム教とマレーシアやインドネシアの食文化の影響が強いことだ。特にマレーシアが隣接する地域にはイスラム教徒が多い。大昔、マレーシアとの国境付近にパッタニー王国というイスラム教系の国があったことも影響しているのだろう。そのため豚肉を使わない料理もある。ただし、仏教徒も住んでいるので、南部においても豚肉がまったく使われないわけではない。

南部料理は、マレー料理（インドネシア料理も含む）の影響でココナッツが多用されるほか、スパイスがかなり効いているのもこの地域ならではだ。タイ人は香草とスパイスを明確に区別している。サムンプライはあくまで香草で、スパイス、つまり香辛料はクルアン・テートと呼ばれる。広義のタイ料理では辛さのもとは主にトウガラシだが、南部料理にはインドカレーのように多種類のスパイスが使われるメニューもあり、辛さの質が違う。タイ人の多くはトウガラシの辛さには慣れているが、スパイスの辛さはあまり得意ではない。世界中で大人気であり、日本でなら子どもにも好まれるくらいにわかりやすい味の日本式カレーライスが、バンコクに和食ブームが到来するまでタイ人から見向きもされなかったほどだ。南部料理のバンコク進出が遅かったのは、このスパイス系の辛さのせいもあるかもしれない。ボクは南部料理が一番辛いと思っているが、ボクがあまり辛くないと思った北部料理が最も辛いというタイ人もいるので、辛さの感度には個人差はあるが。

上／南部料理はカレーっぽい料理も多い。　下／南部の家庭料理。だた、撮影場所は漁村なので海鮮が中心だった。

南部料理はバンコクのタイ料理と同様、海が近いことから魚介類を使った料理も多く、さらに中華料理の面影も残している。バンコクのタイ料理が広東省の潮州料理の影響を受けているメニューが多いのに対し、南部料理は福建省や海南省の影響が強いといわれる。マレーシアやシンガポールに向かった福建省出身移民の中には途中のタイ南部に住みついたり、そちらの国々で定住後、あらためて北上してきた。日本人から人気のある鶏肉飯カオマンガイのルーツも海南島からタイ南部を経由してバンコクに入ってきたといわれている。タイ南部料理の発展には、宗教と民族の移動が大きくかかわっているのだ。

このように、ひと口に「タイ料理」といっても、その内実は多様であり、知れば知るほどその実体を見失いそうになる。本書では、それぞれのメニューをとおして「タイ料理とはなにか」を検証していきたい。

上／乾燥トウガラシを油で揚げたプリック・トートはタイ香辛料の代表的存在だ。 下／日本にはないカブトガニのメンダー・タレーもタイではよく食される。

๒

第２章

然るべき場所でタイ料理を食べるために知っておきたいこと

๒

タイ国内で本物のタイ料理を食べたいとき、我々はどこに行くべきか。

まず前提として、タイ国内ではジャンルが同じなら、料金の高い安いを問わず、どの店でも同じような料理が用意されている。食事処の選択肢は大きく分けて四つで、屋台、食堂、レストラン、そして一般家庭である。たとえばトムヤムクンなら家庭でも屋台でも、そして高級レストランでも食べられている。日本では家庭料理と外食で食べるジャンルは違うものだが、**タイでは家でも外でも食されているメニューはほぼ同じだ**。とはいえ、タイ人と交際・結婚しているか、よほど親しい場合以外は家の食事に招かれたりはしない。また、バンコクは外食文化が盛んで、家でも屋台のできあいを食べることが多いので、本項では一般家庭については省略する。

誰でも確実に本場のタイ料理を口にできるのは屋台から高級レストランで、質は違ってもメニュー自体はだいたい同じだ。もちろん有名店であるとか、特定のメニューだけが飛び抜けておいしい店もある。それ以外ならどこも似たり寄ったりで、頼りは自分の舌のみということになる。

初めてのタイ滞在でも迷わずタイ料理にありつけるよう、店の種類について詳しく知っておこう。

屋台の醍醐味は路上で食べたり、買い食いができるところ。

タイの文化と空気を感じたいなら、まずは屋台へ

タイといえば屋台であるといってもいい。同様に屋台の多いベトナム社会主義共和国と比較してもその数は圧倒的で、タイの屋台文化は東南アジア随一である。

タイにおいて屋台とはすなわち、厨房や座席が固定されている正統的な店舗として成立していない店のことだ。荷車や移動式の厨房をどこからか運んできて、不定あるいは定位置で営業している。店舗維持や設備投資にそれほど金がかからないため、料金設定も低め。安くタイ料理を食べたいなら屋台が最適だ。

タイ語で屋台は**ハーブレー**あるいは**ラーン・リムターン**という。前者はどちらかというと昔ながらの天秤棒を担ぐ人を指すので行商人といった意味あいもあり、現在はだいぶ少なくなったこともあって、後者のほうが一般的な呼び方といったところだ。ラーン・リムターンは直訳

大きな屋台は席数も多く、食材も豊富にある。

すると道端の店とか道の横の店といった意味で、飲食店とは限らず、道路に面した安食堂もこれに相当する。

しかし、これらの言葉は一般会話ではほとんど出てこない。ハーブレーなんかは二十年暮らしてきたボクも会話で口にしたことは一度もないし、ラーン・リムターンも店の場所や形態を説明するときくらいしか使わない。つまり、タイ人は屋台形式の店のことをわざわざ「屋台」とくくっていない。あまりにあたりまえな存在なので、屋台も食堂も同じように食べものを売る店と大雑把にしか認識していないのである。

このような見方なので、本書では便宜上、屋台を先述のようなものと定義したが、実際には判断が難しい。たとえば、規模の大きな屋台や繁盛店では厨房を食堂などの固定された店舗内に置きつつ、座席だけ道路や歩道に出していることがよくある。これを屋台とみるか、食堂とするか。ボクなら、外の座席数が多ければ屋台とみなすけれど、タイ人の多くは難しく考えず、

タイで屋台はあたりまえの存在で、店舗数は東南アジアでは多い部類に入る。

飲食店を意味する**ラーン・アハーン**に分類するだけだ。

近年、バンコクでは日本車の小型ピックアップトラックなどを改造した移動式店舗、いわゆるキッチンカー（あるいはフードトラック）で料理を売る若い経営者も増えている。車両価格が新車だと四十万バーツ（約百六十万円）くらいで、キッチンの設備などの設置費用は平均二十万バーツ（約八十万円）と決して安くはないが、手の込んだ仕様の屋台だって百万円くらいは余裕でかかるので、驚くほど高くもないと思う。ただ、そうしたキッチンカーで売られているのはケバブやハンバーガー、カクテルといった洋食が中心で、伝統的なタイ料理はあまりみかけない。

屋台での食事は衛生面が気になるという人もいる。気休めでしかないが、**タイの食品衛生関連法規が、実は日本と同等、あるいはそれ以上に厳しい**。すべての飲食店で、従業員の手の洗い方から食品・食器の扱い方までこと細かに定められているし、屋台では食器を洗う場所の確保、洗剤のタライ、すすぎのタライなど、複数のタライを用意して管理しなければならないとなっていたり、衛生面は法令で厳しく規制・監督されているのだ。

問題はそれが遵守されているかどうかで、これは正直、怪しいといわざるをえない。ただ、これはタイ人の衛生観念が日本人と異なっているということであって、そう考えると、屋台でも高級レストランでも衛生面ではそう変わらないことになる。近年は麺屋台の『チャーイ4』などフランチャイズビジネス化された屋台形式の店も増えている。これらの店は味もいいし、マニュアルに基づいた運営がされているため、個人的には安心できると思っている。

上／最近はこういった洒落て高機能のキッチンカーも増えている。　中／座席のある屋台の場合は皿洗い用タライを複数用意していないと営業許可がおりない。　下／チャーイ4のようなフランチャイズ系屋台も一部にある。

テイクアウトはご飯ものなら箱に、麺類などは袋に詰めてもらえる。

▼バンコクは屋台が減りつつある

政府や自治体の取り締まりが厳しくなった昨今では、屋台営業には許可が必要だ。店を出す場所を管轄する区役所や郡役所の許可をえた者が、定められた時間帯のみ営業できることになっている。荷車を引いて不特定・複数の場所で営業しているのは、ほとんどが無許可の店だ。みつかって罰せられるのは営業主なので、我々客側が店の許可申請がどうなっているかを気にする必要はない。調理中に取り締まりがはじまり、店主が逃げていくこともあるが、そういうときは焦らず、タイらしい騒動に遭遇したな、とゆったり構えて眺めていればいい。逃亡や摘発の邪魔をするとどちらかの恨みを買うので、傍観者に徹するのがコツだ。

タイ政府は屋台をあまりよく思っていない。バンコク都の調査では、サンプル数こそ不明だが、調査対象になった屋台の四二パーセントで基準を超えたバクテリアなどの汚染がみられたとしている。また、不許可の屋台から出るゴミ問題も指摘している。少なくともバンコク都では飲食店のゴミ捨ては完全有料だ。都の飲食店はゴミ収集費用を負担している一方で、違法屋台は道端のゴミ捨て場にポイポイ捨てていってしまうので、街が汚れると問題視されているのである。また、衛生面の管理を怠り、油まじりの汚水を歩道に平気で流し、それが原因で汚れや悪臭を発する。当人はどこかに移動してしまうのでお構いなしだ。

しかし屋台だけではなく、実際には高級店の裏口だって不衛生だ。店がしっかりしていても結局ゴミを収集するのはバンコク都に委託された業者で、その職員たちがゴミをこぼすから、その周囲は翌日の太陽光によって異臭を放つようになる。それでも、政府や自治体はゴミ収集費用を払わない屋台だけを悪者とみる。

そのため、屋台は特にバンコクから追いだされつつあり、全体的に数が減ってきている。手っとり早く店を出せる屋台は、貧困層が現金収入をえるのにもってこいの職業なのに、偉い人たちはそのあたりを考慮してくれない。屋台の食事は政治家には無縁だろうし、屋台をタイの恥とみる人もいる。屋台から出る臭いや煙、道路の汚れなどを気にする近隣住民もいるだろう。ベトナムでも屋台の規制は厳しくなっているらしいので、これは東南アジア共通の傾向なのかもしれない。そういってしまえば日本だってそういう道を辿ってきた。

上／市場内にもフードコートのような屋台の集合体がある。　下／フードコートは座席があるものとテイクアウト専用がある。

▼屋台料理は疑似体験が可能だ

観光客だけでなく、タイ人にとっても屋台が日々の食事に欠かせない存在であることは間違いない。というのもバンコクの場合、一般的なタイの若者が暮らすアパートにはキッチンがない。キッチンがついているのは家賃が一万バ

できあいのものをご飯にかけてもらったり、袋に詰めてもらえる、ファストフード的な屋台もある。

ーツ以上の高級住宅か、コンドミニアム（分譲マンション）だけだ。一万バーツはタイの平均月収の半分近くに相当する。そんな家賃を出せる人は多くない。そうなると、自炊ができること自体、特殊な居住環境といえる。つまり、**タイ、特にバンコクの生活は外食が大前提であり、レストランより安価で食べられる屋台は日々の生活においてなくてはならない食事処**なのである。

　そういった事情もあり、数を減らしつつある路上の屋台の代わりに商業施設内の**ラーン・クーポン**（クーポン食堂）あるいはフードコートと呼ばれる屋台風飲食店の集合体が増えてきている。日本のフードコートは大手や有名飲食店が多い印象だが、タイは基本、個人経営者ばかりなので、屋台感が強い。かつては期待できなかった味の水準も最近ではかなり上がってきて、デパートのフードコートの清潔度もレストランと同レベルだ。ビジネス街や大学構内、タイの公官庁施設内、市場などの場合は屋根があるだけなので、悪い意味で屋台レベルにとどまってはいる。他方高級デパートはそれこそ高級タイ料理や外国料理ばかりで、支払い方法も従来は先に任意の金額を課金し各店舗で支払い、最後に窓口で払い戻していたところ、高級系はカードを渡され、好きなものを食べ、最後に出口で会計するスタイルになった。

タイの屋台はほとんどが専門店形式だ。店舗面積が狭いので、食材や食器を大量に揃えられず、出せるメニューが限られるためである。麺類だけの店、ご飯一種類のみを出す店、あるいは同じ材料を使う料理を数種類出すなど、なにかに特化した店が多い。

タイには**ターム・サング**という形態の屋台もある。これはその名のとおり、「注文に従う」店だ。店先に並ぶ食材をみて客が料理を指定するか、メニューから好きな料理を注文する。外国人観光客が足を踏みいれないような地区ではメニュー自体がないこともある。メニューにない料理でも食材があれば頼めるし、味つけも指示できる。ターム・サングは食材の種類が豊富なので、どちらかというと先述の厨房が屋内に固定されたような店やフードコート、次項の食堂にあることが多い。

注文ごとに作ってくれるので、ターム・サングはできたてを楽しめる。

屋台はちょっと……という人は、食堂からはじめる

屋台とさほど変わらない料金設定で、移動式でない店舗形態の飲食店が食堂だ。

タイ語には大規模なレストランと小さい食堂を区別する単語

タウンハウスの食堂は麺類系が多い気がする。

がなく、屋台も含めて飲食店はすべて、ラーン・アハーンと総称されている。高級店を**ポーチャナーガーン**（あるいはポーチャナー）と呼ぶことがあるが、これは厳密には中華料理かその系統の料理店を指す。

バンコクの住宅街の食堂といえばタウンハウスの下、というイメージがボクにはある。地方では一軒家に入っている場合もある。商業施設の小規模レストランも食堂といえよう。

ちなみにタウンハウスとは、一軒家とコンドミニアムの中間のような、集合住宅のようでいて一軒家の機能も有する、日本でいう長屋のような住宅だ。所有者はその区画の土地の名義を持つが、一軒家と違って壁は隣との共有物で、多いところでは数十軒が横に連なっている。最低でも二階建てで、多くは三階建て、四階建て以上のタウンハウスもある。

昔ながらのタウンハウスは一階が店舗か事務所というのが定番だ。近年は住居を前提とし、一階をリビングに充てたモダンな設計の新築タウンハウスも増えてきたが、昔ながらの場合は一階の正面が壁や玄関扉ではなくシャッターになっていたり、一階天井だけ二階分の高さがあって三階建てなのに実際には四階分の高さがある。バンコクの食堂はそのような一階に入っていることが多い。

食堂のメニューは定番タイ料理に加え、揚げものや串焼きといったおやつ代わりに食べられるサイドメニュー、ご飯ものに麺類、ターム・サングなど、屋台に比べるとかなりバリエーションが豊富だ。

屋台や食堂の経営者側メリットは、少ない初期投資で容易にはじめられることだ。出店の申請・認可はいるが、中古の調理台とテーブル、安い椅子があれば、誰でもすぐに店を持つことができる。建物内に屋台の荷車を入れ、そのまま調理台にしている食堂もあるくらいだ。

屋台や食堂には食べる側に落とし穴もある。たまに信じられないほどまずい店があるのだ。タイ料理の味を決めるのは調味料だし、味も濃いので、まずく作るほうが難しい。誰が作っても万人ウケする味になる。それこそがタイ料理が世界で愛されている所以だ。それなのに、だ。特に人の出入りが激しく固定客のできにくい立地にはまずい店が存在する。

ボクの経験上では高速道

上／中華由来のタイ料理や海鮮料理店はポーチャナーを名乗る傾向にある。　下／バスターミナルの食堂。必ずしもまずいわけではないが、その確率は高い。

路のパーキングエリア、ガソリンスタンド、長距離バスターミナルやタイ国鉄駅の内外、空港はその確率が高い。タイで高速道路はバンコクと近郊にしかない。そのため、日本でいうところのパーキングエリア、サービスエリアは数えるほどしかなく、他県に伸びる大きな国道や幹線道路にはガソリンスタンドが配置され、同様の役目を果たしている。こうした場所にある食堂はひどい。客は休憩に立ちよるドライバーが中心だから流動的なのでバレないとでも思っているのか、劣悪な食材を使っている。同じ敷地内でもチェーン店はそれほどでもないので、食べるならそういったところがいい。空港の食堂も値段設定が高いわりに適当に作った料理しかないので、特にスワナプーム国際空港の地下階にあるような店はおすすめしない。

そうした食堂は、ほとんどが店内の内装もいただけない。座席はたいていプラスチックの椅子で、足が折れていることもある。成人男性が座ると突如崩壊することもあるので注意したい。ケガをしてもタイ人は補償などしてくれない。

▼安易に自分もできると思わないこと

食堂や屋台は初期費用が安価で開業しやすい。だからといってタイで店を出すのはそれほど簡単なことではない。

屋台の荷車や食堂の調理台は安普請のようにみえるが、実はオーナーや調理師の好みが強く反映されたカスタムメイドだ。ベースのモデルをもとに高さやガス代の位置、棚の幅など、すべてを店主が細かく指定し、ステンレスなどの加工業者に何度も通って確認しながら造らせている。ゼロから造ると数十万円、物価高の今なら凝ったものにすると百万円はかかるので、日本で飲食店を開業するよりは安いものの、タイの物価指数的にはそれなりの資金が必要になる。

屋台や食堂といえども、素人が「ちょっとやってみるか」と気軽に手を出せるビジネスではないのである。ボクの職業柄、数多くの飲食店経営者と話をしてきたが、なんということもない軽食を出しているようにみえて、調理師やオーナーのこだわりやほかとは違うセールスポイントがあるから成りたっていることを肌で感じた。屋台と食堂は星の数ほどあり、新陳代謝が激しいのでダメな店は一瞬で淘汰されていく。二〇二〇年初頭、タイ最大の飲食店レビューなどのフード関連総合サイト『ウォングナイ』のセミナーでは、一九年にタイで開業した飲食店は前年比九七パーセント増で、七万百四十九軒の飲食店がタイにあると発表されている。パンデミック前の、外国人観光客も絶好調の時期というのもあるが、ちゃんとしたタイ料理店だけでみると前年比一〇一パーセント増という好記録だ。しかし、同セミナーにおいて近々三年間の統計では、生き残った飲食店はわずか一〇パーセントだったという。よほど料理の腕に自信のある人以外、この商売はよく考えたほうがいい。外国人の場合は、認可や労働許可証が下りにくく、正規での屋台開業はさらに難しい。

屋台といえども調理台や器具は店主のこだわりがある。

いずれにしても、食堂も屋台と同様、タイ料理を安価に楽しめる場所だ。**最近ではミシュランガイドのタイ版で星を獲得している食堂もある**ほどなので、食堂だからと侮らず、注目しておきたいところだ。

サービスで満足したいなら、レストランへ

タイでレストランとは、エアコンを備えたいわゆる通常の飲食店形態の店のことだ。ただし、近隣住民向け、あるいは逆に

欧米系外国人観光客向けのレストランではエアコンがないことも多々ある。いずれでも店舗規模が大きめで内装が凝っており、店員のサービスがしっかりしている。たいていは法人登記もされているのもレストランの特徴のひとつだ。

種類がある。

レストラン形式にはなんでも揃う総合的なタイ料理店からタイの鍋もののタイスキなどさまざまな種類がある。バンコクには各地方料理に特化した店もある。チェーン展開していてメニューをひとつに絞っている専門店はレストランクラスだと麺類と鍋料理、タイ式焼肉くらいだろう。屋台ではあたりまえの麺類は、レストラン形式だとむしろ二〇〇〇年代以降の新しい形態という印象がある。それから、タイ華人が経営するシーフードレストランでは、先のポーチャナーを名乗っていることが多い。

創作タイ料理を出す店も近年はよくみかけるようになってきた。

レストランは出店にそれなりの投資が必要なため、値段設定は高めだ。高級店も少なくなく、外国人観光客やタイ富裕層向けの、タイ人経営ながら海外から逆輸入された有名高級タイ料理店も存在する。ここのところは若手のタイ人料理人が絶妙にレトロで屋台っぽい雰囲気の店内で食べさせる、伝統的タイ料理にインスパイアされた創作料理のような超高額なレストランもあり、それでも予約が必須なくらいに人気がある。

タイ料理は基本的に「タイ人が日常的に食す料理」なので、繰りかえすが、創作系以外はメニュー自体に屋台から超高級店まで大差がない。味自体は、作る人によって違うのは世界共通だし、客の好みにもよる。誰もが共通して認識できる違いは、食材とサービスだ。高級レストランはよい食材を手に入れるネットワークを構築しているので、その分料金が高くなる。

サービスもレストランは段違い。接客に問題はないし、むしろまた来たいと思わせるサービスが受けられる。料金設定に十分見合っているので、損した気分になることがないのだ。一方、屋台や食堂では接客に期待しないほうがいい。タイ語がわからないのをいいことに、外国人客への言葉遣いや態度があからさまに不愉快なことも実はしばしばだ。

要するに、**タイではサービスとは出す金に応じて受けられるもの**なのである。この明快さはかえって気持ちがよい。日本のように「お客様は神様」という店側の方針を逆手にとって威張るバカ者がのさばるのを防いでいると思う。タイ社会にはインドのカーストほどはっきりはしていないが経済的な格差と区別があり、あらゆる店に目にはみえない壁が存在する。下級階層の者はそれなりの店に行き、高級店に足を踏みいれることはまずない。逆もまた然りだ。

それらのみえない壁は、料金設定によって可視化されているといっても過言ではない。場違いの店に入ることは法的に禁じられていないものの、暗黙の了解のように店側が拒むべき客を決めている。

上／ブルーエレファントをはじめとした外国発逆輸入タイプの、日本よりも高いタイ料理店もある。中／パッタイも高級レストランになれば屋台とは見た目がまったく違う。　下／高級店の居心地のよさはさすがに屋台で出すことはできない。

バンコクの創作レストランで食べた鶏手羽に詰めこまれたガパオライス。

幸い、我々外国人は階層分けの外にいる。ドレスコードさえ守れば、どんな店にも出入りが可能だ。タイに行ったらピンからキリまで、いろいろな店でタイ料理を味わうことをおすすめしたい。屋台や食堂にも素晴らしい店はある。隠れた名店を探しだすのも、タイでタイ料理を楽しむ醍醐味のひとつだ。

๓

第3章

知っておきたい　タイ料理における食事の作法

๓

自由で気軽さがいいとはいえ、とりあえずタイ料理にもマナーはある。

作法そのものが料理を楽しむ要素になっている和食やフレンチほど厳しくないし、タイ人はおおらかで外国人に対してマナーを強要したりはしないので、肩肘はらず気軽に楽しめばいいのだが、外国人といえどもやってはいけないことはある。

この章ではタイ料理の作法を簡単におさらいしておこう。

ひとり一皿かシェアして食べるのかをまず確認

タイ人が外食する際にはふたつの食事パターンがある。ひとり一品ずつ頼んで食べるか、大皿で注文してみんなで取り分けるか、だ。

専門料理屋台ではひとり一品注文が基本だ。麺類の屋台やカオ・ゲーンと呼ばれる惣菜店では特にそうだ。一品料理が多い朝食や昼食では自分の分は自分で払う。

夜は大皿を何品か注文し、みんなで分けて食べることが多い。こういった食べ方をタイ語でいうと

こういった量であれば間違いなくシェアで食べるパターンだ。

すれば、英語のシェアからきたとみられる**チェー・ガン**と呼ぶ。総合的なタイ料理を出すレストランや中華料理寄りのタイ料理店、あるいはイサーン料理の屋台でも、夕食時はシェアして食べるケースがほとんどだ。鍋ものや焼肉、海鮮は特に分けあう食べ方になる。

どちらで食べるのかは、タイ人と一緒に食事に何度か行けばだいたいわかってくる。パターンが読めないときは直接訊いてみればいい。「どうやって頼む?」と訊けば、一品ずつかシェアするかを決めてくれるだろう。

夕食をシェアして食べる場合、白米は一皿ずつ注文してもいいが、大人数なら**モー**（鍋を意味する大きな容器）に入れて持ってきてもらうと安あがりだ。モーはサイズが大小ある。高級レストランともなればご飯は自動的に出てくる。食べたいときは給仕に合図を送ると取り皿に適量盛ってくれる。

タイ人が夕食時にアルコールを飲むようになったのはわりと最近だ。和食ブームの影響かもしれない。以前は、食事は食事だけ、飲みたいときは夕食後に飲みにでかける、と場面を完全に分けていた。最近はタイ人も食事中に酒を飲むようになってきているので、タイ料理をビールあるいはアルコール類のつまみにしたい人は遠慮なく頼めばいい。

食後の皿はそのままで

シェアの食事では、金がある人が払うというのもタイ式の習慣だ。奢ってもらうことになんの遠慮もないし、逆に余裕のあるときにはためらわず奢る。

ただ、最近の若者の間では割り勘も普通になった。このケースもタイ語では、英語のシェアを意味するチェーという。かつては割り勘を**アメリカン・チェー**といった。アメリカ式のシェアということなのだろうが、今もいうのだろうか。

朝食で食べる場合はこれくらいシンプルな汁なし麺も好ましい。

その場の状況を読んで、誰が払うのかを観察しよう。タイ人の中に年上の富裕層がいれば、その人が払う。同年代以下しかいない場合、我々日本人が払うことになりがちではある。

日本とは真逆で、誕生日の主役が全額払うというのもタイでは一般的だ。最近ではまれだが、非常識な人に誕生日だと告げると勝手に友だちを大勢呼んできて、レストランで一万バーツ超を奢るハメになることがある。

タイでは**屋台でもレストランでも基本的に会計はテーブルで行う**。例外はフードコートの換金や日系チェーン店くらいだ。食事がおわったら、店員に会計するよう頼むか、手を挙げてテ

結婚式などもタイでは祭りのひとつで、食べものがたくさん出てくる。

ーブルの上をひとさし指でぐるぐるとまわしてみせる。かつて日本でよく行われていた伝票にサインをするような仕草のようなものだ。

屋台の中には皿の形状や色で値段設定を分けている店もあるので、合図をすると店員がテーブルを確認にくる。そのため、屋台では基本、皿をまとめたり、片づけないほうが無難だ。テーブルがいっぱいなら食事中に店員に下げてもらうか、アルコールを頼んだ際に設置される氷などを置くドリンクカートに空いた皿を置こう。皿の数をわかりにくくすると無銭飲食を疑われかねないので可能な限り「あえて片づけない」が正解だ。ビール瓶も空いた本数をカウントするので、空いたらテーブルの下に置いておく。店員も慣れていて、ビールを飲んだ客の席下は忘れずにさっとチェックしている。

レストランやある程度きちんとした食堂では会計伝票がテーブルに届けられる。金額が合っているかどうかを確認しておきたい。まれに間違っていること、今はほぼないが屋台や食堂では悪意から書き加えられていることもある。タイ語が読めなくとも数字で品数がわかるので、必ずチェックしよう。

チップは不要だが、クレジット決済には気をつける

タイの飲食店では本来チップは不要だ。渡さないと気持ちが悪いというなら、おつりの小銭を受けとらず帰る方法もある。おつりのトレーに小銭を置くと店全体にあげることになり、その日の従業員が閉店後に分けあう仕組みだ。特定の店員にチップを渡したければその店員を呼んで直接渡す。

伝票を印刷してくる飲食店では請求書の下の欄をみよう。サービスチャージ（平均一〇パーセント）が計上されていればなおのことチップはいらない。サービスチャージがないときは渡さなくてもいいし、小銭だけ、あるいは気持ち程度をいくらか置いてもいい。ボクはおつりの小銭を受けとらないことにしている。場合によってはおつりの中の二〇バーツ札をとらないこともある。

クレジットカードの使い方には注意が必要だが、最近ではスキミングされることはそうないと思う。カード決済時に不安があるならレジまで店員と行くとよい。最近はＩＣチップで読みこむので、暗証番号や電子サインを求められることが増えた。遅れている店ではレジに足を運ぶことになるし、端末を持ってきてテーブルで決済してくれることもある。そもそもカードが使える店はある程度ちゃんとしているので、不安に思う必要はない。スキミングや二重に切られるのは、多くが悪徳バーなど夜の店だ。

ただ、カード手数料を客に負担させる店が多いのは問題だ。日本人経営店でさえもこういうところがあって、加盟店自身が会計の三パーセント程度をカード・ブランドに支払うものなのに、それを客に負担させることがタイではよくある。ボクの経験では三パーセントがこれまで多かったのだが、最

近は五パーセントを上乗せする店もある。

もしタイに銀行口座を持っていて、銀行公式アプリをスマートフォンにダウンロード済みなら、電子マネーでの決済も可能だ。電子マネーに関していうとタイは日本より進んでいる（二〇二三年半ば時点）。二〇〇〇年初頭ですでに銀行キャッシュカードにデビッド決済機能が備わっており、みんなあたりまえに使っていた。銀行アプリもデビッドカードと同じで、口座から直に決済されるので、目の前で残高が確認できるという安心感がある。**タイではキャッシュレス化が急速に進んでおり、屋台でも利用できる**ほどだ。タイの銀行口座がなくとも、日本のスマホに入れているコミュニケーションアプリなどの電子マネーサービスや日本発行クレジットカードのタッチ決済がタイで行使できる場合があるので、確認しておくとよりタイでの飲食が楽になる。

タイ人は少しの量を何度も食べる

タイ人は常に食べることに注意を払っている。将来のこと、先々のことを考えるのは苦手なくせに、朝食を食べながらもう昼食のことを考えるなど、食事に関してだけはほとんどのタイ人が先をみている。そもそも、現在使われている「サワッディー」は一九三一年にラジオの締めとして人工的に作られ広まった挨拶であって、「こんにちは」に相当する文句はなかった。近代以前は「**ギン・カーオ・ルーヤン**」（ご飯を食べましたか？）だったくらいなのだ。

タイ人にとって人生における労働の比重は軽い。タイ語で働くを意味するタムガーンというと、ちょっと用事を済ませにいくといった程度のニュアンスもあり、日本語の「仕事をする」や「勤労」ほどの重みはない気がする。タムは作る、するという意味で、ガーン（正確にはンガーン）は祭りやイベントを意味する言葉でもある。労働に対する心理的な重さが日本人とは違うとボクは感じている。

一皿の量は少ないのに、大量に頼むのもタイ流である。

つまり、タイ人にとって優先すべきはまず今食べることなのだ。今日、昼と夜にしっかり食事をとれるよう、食べものを買えるようにタムガーンというのがタイ人の生き方であり、それができればすべてがマイペンライ（大丈夫）というわけだ。出世や身の丈に合わない生活を求めない。だからこそ大半のタイ人は裕福でなくとも心穏やかに、精神的に豊かな生活ができている。

そのように食べることを大事にするタイ人だが、一回あたりの食事の量は少ない。毎食しっかり食べる日本人はその量に驚くかもしれない。麺料理をみると少食ぶりがよくわかる。日本のラーメンと比較にならないほど丼が小さい。ただ、一日の栄養摂取量が少ないわけではない。少しの量を何度も食べるからだ。一日分の食事を三回以上に分けて食べるのは、栄養摂取という意味では効率がよい。かつてタイで肥満体系の人をあまりみかけなかったのはこのためかもしれない。

上／腸のから揚げ「サイ・トート」など、タイ料理は炒めものや揚げものが多くなりがち。　下／タイ屋台のテイクアウトではいまだビニル袋が主流だ。

ともあれ、屋台でひとり一品というのは、外国人の成人男性にはもの足りない。そんなときは追加で注文すればいい。タイ屋台料理は安いので負担にならないし、タイ人にもそうやって量を補う若者はもちろんいる。

タイでは食事を残すのは悪いことではない

逆に、グループで料理をシェアする場合にはかなり多めに注文するのがタイ人だ。食料自給率が一〇〇パーセントを超えている国に「もったいない」精神は存在しない。農民などに感謝するという感覚も皆無だ。そのため、「いただきます」や「ごちそうさま」に相当する言葉も仕草もない。だから、**タイでは食事を残すことは美徳ではないにしろ、悪いことではない。**食べたいものを各々が注文するので、テーブルには大量の料理が置かれることになる。これをいい意味で解釈するなら、日本人でも腹いっぱいタイ料理を楽しめるということでもある。

料理があまってしまった――特に日本でのから揚げのようにひとつひとつとって食べる形状の料理がひとつふたつ残ったとき、タイ人は「**フェーン・スワイ**」といって譲ってくれることがある。これは自分が食べたくないから「これを食べたらきれいな恋人（フェーン・スワイ）ができるよ」と、相手に勧めているだけなので、真に受ける必要はない。腹に余裕があれば食べればいいし、食べなくてもいい。中国のように残したほうが満足を表せるといった考え方もないので、食べたければ全部食べたっていい。そのあたりは日本と同じ感覚で大丈夫だ。

注意したいのは、あまった料理を前にしたとき、思わず日本人のもったいない精神が発動してしまうことだ。タイ人は残すことに罪悪感がなく、もともと量を食べられないので、自分が注文したものも少しだけ手をつけて平気で残す。一方、日本人は残された料理を前にするとどうしても罪悪感が勝ってしまい、できるだけ食べてしまおうとする。これがタイ料理の大きな落とし穴である。ボクはこの穴に見事に落ち、移住から八年で四〇キロも体重が増えてしまった。

タイ料理は味が濃いので、毎日食べていると大半の日本人は身体を壊すだろう。タイ料理を常に食べたい人は自己管理が必須だ。とにかく会食の機会が多い人は「あまった料理は廃棄するもの」と気持ちを切りかえる。どうしても残せない人は持ち帰ることも可能だ。屋台文化でテイクアウトもあたりまえの国なので、店員に残った料理を指しながら「アオ・グラップ・バーン」というと、皿を下げ、袋や箱に詰めて渡してくれる。これがまたバサッと詰めこむのではなく、ちゃんときれいに詰めてくれるので、翌日の朝食や昼食にもなって意外と素敵なサービスである。

スプーンとフォークの使い方はマスターしておこう

タイ料理を食べるときに使うカトラリーは、**チョーン**（スプーン）と**ソム**（フォーク）という場面が圧倒的多数だ。**ミート**（ナイフ）はタイ式のステーキを食べるときに出てくる程度で、**タキアップ**（箸）は丼に入った麺類や一部の炒め麺、タイスキを食べるときくらいに限られる。欧米のようにスプーンやフォーク、ナイフの使い方に注意を払う必要はないし、日本と違って箸の持ち方にも特に型

スプーンとフォークで食べることがタイ料理の一番の基本だ。

はない。ただ、一応基本形はある。フレンチや和食ほどマナーが確立されておらず、厳密なものではないので、郷には入れば郷に従え程度に受けとめてもらえればそれでいい。

基本は右手にスプーン、左手にフォークを持ち、スプーンを主体に使う。これは右手が利き手の人が多いし、地方では今もトイレの際にトイレットペーパーを使わず、水と左手で洗うためだろう。厳密なマナーではないので、利き手が左手なら反対に持っても構わない。

フォークはあくまでスプーンの補助として使う。フォークを動かしてスプーンに食べものを集めて口に運び、食材が大きい場合にはフォークで押さえ、スプーンをナイフ代わりにしてひと口大に切る。ただし、フォークで食べものを刺すことは基本的にない。

スープ類は小鉢に取り分け、スプーンですくって飲む。日本のみそ汁のように器に口をつけたりはしない。そもそも**タイでは食べるときに器は持ちあげない**。皿に顔を近づけるのは重大なマナー違反だ。日本でも犬食いと呼ばれるが、仏教色の強いタイでは畜生道が忌み嫌われ、日本よりも露骨に嫌がられるので気をつけたい。

肉の塊に喰らいつくのももってのほかだ。タイ式ヤキトリのガイヤーンの肉片は大きめだが、肉を手で持つとか、フォークで刺してかぶりつくというのはみっともないこととされている。イサーン料理（タイ東北部料理）などではもち米を手で食べるので、その食事の際にガイヤーンなどを手で食べることはある。しかし、そのときでも塊にかぶりつかず、指先で肉を小さくちぎって口に運ぶことが普通だ。最近でこそタイにも欧米のファストフードが浸透し、若い人の間で肉にかぶりつくことへの嫌悪感は薄くなっているようではある。そもそも、タイでも昔から鶏手羽など小さいものなら手で持って食べることは許容されてきたのだから。

手でも気にしない人が増えたのはやっぱり『ＫＦＣ』（ケンタッキー・フライドチキン）の普及が大きいのではないかと思う。感覚的には日本よりも店舗数は多いのではないか。制服を着た学生らが大勢で騒いでいる姿をよくみる。ただ、ボクが初めてタイに来た一九九八年ごろはまったく違った。ＫＦＣは家族で特別なディナーをするときに来るような店で、フライドチキンを注文すると金属のフォークとナイフがついてきた。皿も紙ではなく陶製だったので、複数人で行くと受けとるトレーがムチャクチャ重くなったものだ。今もイートインではフォークとナイフがつくがプラスチックで、使わない若い人も結構いる。

上／タイは最初からKFCだったので、なんの略か知らな人が多い。　下／衛生観念が違うので、皿やスプーンなどを拭くのは東南アジアでは普通だ。

食器に関する常識のひとつとして、タイ人の衛生観念が日本人とは違うことをしっかり憶えておこう。タイ人でさえタイ人の衛生観念を疑っている。屋台か食堂で食事する前にはスプーンやフォーク、取り皿をテーブルに置いてあるティッシュで拭く人もいる。最近はだいぶきれいになったので減ったけれど、二十年前は席について注文を済ませたら料理を待つ間、みんなでせっせと食器を拭いたものだ。カトラリーや食器は実際に手にとってよく表面を眺め、洗剤のあとのようなものがみえたら拭くことをおすすめする。わざわざ拭かなくとも、交換してもらえばいいだけだが。

麺類で音をたてるのは絶対にダメ

フライドチキンを手で持つか否かの例のように、時代と共に変化するマナーもあれば、ずっと変わらず守られているものもある。

とりわけ日本人が注意すべき昔から続くマナーが**音をたてて食べものやスープをすすってはならない**ということだ。特に麺類を食べるときにやってしまいがちだ。日本人の大半はパスタであれば静かに食べられるのに、クイッティアオなどの丼の麺になると、屋台の気楽さも手伝って、ラーメン感覚で音をたててしまう人がいまだ一部にいる。これにはおおらかなタイ人もギョッとして凝視してくる。これだけは絶対的なルール違反と認識しておこう。タイでは屋台でも食堂でも、麺類には箸とレンゲがついてくる。ひと口分だけを箸でレンゲに載せて口に運べば音はたたない。タイ料理で箸を使う場面は少ないため苦手なタイ人も多く、レンゲに載せて食べる人をよくみかける。

タイはアユタヤ王朝時代、つまり江戸時代のころにはすでに国際貿易都市として繁栄し、一九世紀半ばのラマ4世王時代にスプーンとフォークが定着したといわれている。それ以前は石でできた匙《さじ》のようなものを使っていたようだ。さらに前の時代は手で食べていたのではないかとボクは推測している。というのも、タイでは今でももち米だけは手で食べるからだ。白米がパラパラしていて手で食べるのに向いていないのに対し、もち米は容易に掴める。もち米を食べ慣れないバンコク人の中にはスプーンとフォークで食べる人もいるが、逆に食べにくそう。だから、日本人であってももち米は手で食べたほうがいい。

かつてカゴで蒸していた名残か、今でももち米を注文すると、一人前が小さなカゴに入れられて出てくる。そんなもち米を食べる際にもちょっとしたマナーがある。まず、ひと口大につまみ、指先で揉んでかためる。おかずの汁にひたしたとき、米粒が崩れない程度のかたさにするのがポイントだ。タイ料理は炒めものでも汁気があり、もち米をその汁にひたしてから口に運ぶ。ひとりで食べるならどうでもいいのだが、料理をシェアする際、大皿に米粒が残るのが汚らしいのでマナー違反なのである。

麺類を静かに食べる、器を口につけない、米粒を大皿の汁に落とさない。このあたりに気をつけていれば、どんな店でも嫌な顔はされない。とにかく、タイ人はおおらかだし、外国人はある程度まで大目にみてくれるので、よほどひどい食べ方をしない限りは大丈夫だ。

上／麺類だけは箸とレンゲで食べる。　下／麺を音をたてずに食べる方法のひとつがレンゲに載せることだ。

第4章

押さえておきたいタイ料理の基本メニュー

ここからはタイ料理のメニューを具体的に並べていく。

まずは、これさえ押さえておけばタイ料理を知っていると豪語していい定番メニューを選んでみた。いずれもその奥深さから、タイ料理の人気メニューに君臨しつづけている料理ばかりだ。ほとんどが日本国内のタイ料理店でも提供されているので、ぜひ試してみてほしい。

タイ料理は「ガパオ」ではじまり「ガパオ」でおわる

今でこそ日本でも市民権をえたタイ料理の中で、九〇年代後半の日本で知られていたタイ料理はせいぜいトムヤムクンくらいのものだった。現在の日本で定番のタイ料理といえばガパオライスだ。スーパーの惣菜コーナーをはじめ、タイ料理とは関係のない飲食店でも似たような料理が提供されている。

かつてこの料理をガパオライスと呼ぶ人はいなかった。タイでは今もガパオライスといってもまったく通じない。「**カオ・パット・ガパオ**」と呼ぶのが一般的である。カオ（もしくはカーオと発音）

庶民派から高級店まででで食べられるような料理がタイ料理の基本メニューといえる。

はご飯、**パット**は炒める、の意味で、**ガパオ**は、ホーリー・バジル、あるいはタイ・ホーリー・バジルのことだ。

　ガパオのタイ文字表記を正確に読むとガ・プラオなのだが、人によってはグラ・パオと呼ぶ。後者は実は間違いらしいが、飲食店のメニューはこっちのほうが多い。いずれでもタイ人が発音するとガパオに聞こえるため、日本ではそう呼ばれるようになった。近年はタイ語表記そのものもガパオになっていることさえあるので、カオ・パット・ガパオも間違いではない。ホーリー・バジルの日本名はカメボウキだ。あまりおいしそうな名称ではないので、本書では基本的にはガパオとする。

　カオ・パット・ガパオにはご飯がつきものだ。ガパオの炒めものだけを指すタイ語は「**パット・ガパオ**」なので、**タイの一皿料理系は名称からご飯がついているかどうか判断できる。**

　パット・ガパオは肉類をオイスターソースである**ソース・ホイナーングロム**（もしくはナム

マンホイ）やナンプラーなどの調味料と共に強火で一気に炒め、最後にひと握りのガパオを投入する。それをそのまま皿に載せた一品がパット・ガパオで、ご飯に載せれば（もしくは添えれば）カオ・パット・ガパオとなる。

日本のガパオライスには鶏ひき肉が使われていることが多いようだが、タイでは鶏だけでなく豚肉、牛肉、魚介類となんでも使うし、ひき肉でもぶつ切りでも好きな形で注文できる。パット・ガパオのあとに肉の種類と切り方をつけ加えて注文すればよい。切り方を伝えなければ、その店のスタイルで調理される。

旨味を加えるための調味料として重宝されるオイスターソースもまたブランドが多い。

東南アジアの中でもタイは特に屋台が発達している。カオ・パット・ガパオは、注文どおりになんでも作ってくれる店ターム・サングや、**カオ・ゲーン**という惣菜店のような、日本人がぶっかけ飯屋と呼ぶ店で食べられる。カオ・ゲーンは料理が作り置きなので、ガパオの場合はターム・サングをおすすめしたい。ターム・サングなら、もれなくカオ・パット・ガパオを作ってくれる。タイでカオ・パット・ガパオは別名「食べたいものが思いつかないときに頼む料理」とも呼ばれている。どこで食べてもハズレがなく、かつ安い。食欲がないときにもシンプルかつ濃い味なので食べやすい。

タイ語のカオ・パット・ガパオはあくまでベーシックな呼び方で、店によっては単語の並びが違う場合もあるが、気にする必要はない。注文時にカオをつけないとご飯なしの炒めものだけが出てくるので、そこだけ注意する。ガパオライスにありつきたければカオ・パット・ガパオ、あるいはカオ・

この盛り方は日本ではガパオライスの典型だろうが、タイだとやや上品な店の盛り方といえる。

ラート・パット・ガパオ、もしくはパット・ガパオ・ラート・カーオと注文しよう。**ラート**にはかけるという意味がある。

日本のガパオライスは目玉焼きが標準装備のようだが、タイではオプションになる。相場はひとつ一〇バーツぐらいか。目玉焼きは「**カイ・ダーウ**」という。直訳すると星のたまごだ。屋台で英語のフライドエッグが通じなかったので、冗談でタイの文法に倣いエッグスターといってみたら、ちゃんと目玉焼きが出てきた。

ボクが初めてカオ・パット・ガパオを食べたのは一九九八年、初めての海外旅行のときだ。カオサン通り裏手にあるランブトリー通りの屋台に手書きの日本語で「バジル炒めご飯」と書かれていた看板に興味を持ち、注文した。パット・ガパオはアツアツでご飯は冷や飯だったものの、タイのすべてに感動していたボクには、当時二〇バーツと安く、濃厚かつわかりやすい味のこのカオ・パット・ガパオは天国かと思うほどおいしく感じた。

上／屋台では炒めもの全般はご飯の上に盛ってしまうが、汁がご飯にしみて結構おいしくなる。　下／サップ（ひき肉）ではないチン（大きく切った肉）のガパオ炒め。

カオサン通りは世界的に有名なバンコクの安宿街だ。「だった」といったほうがいいかもしれない。九〇年代後半、急激にバックパッカーたちに注目された。当時バンコクは世界で最も航空券が安い都市として知られ、貧乏旅行者たちが経由地にしていた。二〇〇〇年代初頭までは外国人しかおらず、麻薬もはびこる混沌とした通りだったが、いつの間にかタイの若者たちのプレイスポットになり、もはやボクが初めて滞在した時代の面影はない。

あのころのランブトリー通りには日本語メニューを置く人気屋台が二軒連なっていた。一軒は先の日本語看板があった、姉妹で経営しているおいしい屋台で、もう片方は二十代の店主トンさんと若い奥さん、トンさんの母親らしき人が切り盛りする、味はそこそこの『トンの店』だった。ボクが初ガパオライスを食べたのは前者だ。

その後、しょうもないバックパッカーたちと同じく、ボクも奥さん目あてにトンの店に通うようになった。インドの安宿でも彼女が話題になったほど、カオサンを経験したパッカーたちのマドンナだったのだ。しかしその数年後、トンさんの店は消えた。トンさんがバイク事故で亡くなったと聞いている。東南アジアならよくありそうな話で、店が繁盛するとトンさんは遊びほうけ、ほとんど店に立たなくなった。そしてある雨の夜、バイクを運転していて転倒し、帰らぬ人となったらしい。姉妹の店もいつの間にかなくなった。いずれの流れを経由しても、カオサンの客層が変化し、時代が変わったことで多くの屋台が自然淘汰された結果だったと思う。カオサンはかつてのような雰囲気を失い、あのカオ・パット・ガパオはもうボクの記憶の中にしか存在しない。

二十年以上タイにかかわっていれば、タイ料理なんかみたくもないと思う日もある。そんなときでもカオ・パット・ガパオはやっぱりおいしい。まさに、食べたいものが思いつかないときに食べる料理、である。近年はタイでもカオ・パット・ガパオを見直す動きがあり、専門店がバンコクに複数誕生している。肉の代わりにピータンを入れたり、ライスではなくうどん（しかも日本式の）と炒める、中華スパイスを多用して長時間煮込んだ肉を使ったものなど、バリエーションが豊富だ。

上／ガパオ＝バジルだが、正確にはホーリー・バジルだ。　下／近年の新ガパオ料理で一番の変わり種だと思ったのは、米がうどんになったタイプ。

ボク自身が最もおいしいと思うパット・ガパオの食べ方は「**クルック・カーオ**」だ。正確には「パット・ガパオ・クルック・カーオ」で、クルックには混ぜるという意味がある。ガパオ炒めをフライパンで作って皿に盛ったご飯に

上／ガパオライスの米の上に載っているのがピータンのから揚げだ。　下／一番のおすすめはこのガパオ・チャーハン。

載せるのがカオ・パット・ガパオなら、クルック・カーオは最後の手順でご飯もフライパンに入れ、一緒に炒める。簡単にいえば、ガパオ・チャーハンである。ガパオ炒め特有の濃い味がご飯に均一に広がるし、半熟の目玉焼きを載せればマイルドな味わいも楽しめる逸品だ。カオ・パット・ガパオの究極の形はガパオ・チャーハンであると断言したい。

　ボクは世界で一番ガパオ・クルック・カーオを食べてきた人だと自負している。妻が毎朝子どもたちを学校に送り、その帰りに市場で朝食を買ってきてくれる。リクエストを入れない限りは彼女が選んだものになるのだが、あるとき一度だけクルック・カーオがおいしいと感想を述べたら数日連続でクルック・カーオを買ってきた。どうなるか黙っていたら、数えていただけで四十二日間も連続で朝食がガパオ・クルック・カーオになった。あくまで数えた範囲だけでこのプラス一週間以上は食べているし、これは十年くらい前の話だ。その後、三十日間連続なんてのもよくあるので、年の半分以上の朝食がクルック・カーオなのである。これだけ食べている人間がこの世にいるだろうか。なにより、それでも食べられてしまうのがガパオ・クルック・カーオの魅力ではないか。

ガイヤーンは鶏肉を焼いただけのシンプルさだからこそ奥が深い。

カオ・パット・ガパオはタイ料理の中でタイ人からも人気のメニューだ。食欲がなくてもおいしく食べられる。タイ料理はガパオにはじまってガパオでおわるとさえいえる。

シンプルなのに奥深いヤキトリ「ガイヤーン」

誰からも好まれるタイ料理のひとつに挙げたいのがタイ式ヤキトリ「**ガイヤーン**」だ。シンプルに**ガイ**（鶏肉）を焼いただけなのに、なぜこうもおいしいのか。そもそもタイの鶏肉は味が濃い。屋台で売られている串焼きの小さなガイヤーンでさえ、やわらかくてジューシーで、鶏の味がギュッと詰まっている。

ガイヤーンはイサーン料理（東北部料理）に分類されがちだが、広義のタイ料理のくくりでいいとボクは思う。東北部に限らず、北部や南部など、どこにでもあるからだ。串で焼いている屋台、部位ごとに焼いている店、一羽丸ごと焼く専門店などさまざまある。とにかく、鶏肉

上／ガイヤーンはウナギと同じで焼いている匂いもおいしい。　下／丸々と太った鶏を一羽ごと食べつくしたい。

を焼けばそれでガイヤーンになる。一羽丸ごとでも二〇〇バーツくらいから手に入る、安価な庶民料理でもある。

一般的なガイヤーンは作り方もシンプルだ。ナンプラーと**ガティアム**（ニンニク）を中心に作った簡素なタレに数分から二十四時間ほど鶏肉を漬け、焼くだけである。特にタイ国内ではガスより炭火を使う店ばかりなので、なおのこと肉がおいしく焼ける。好みで甘辛い「**ナムチム**」（ディップソースなどのタレ）をつけながら食べる。シンプルゆえに奥が深く、おいしい店とそうでない店の落差が激しいのもガイヤーンの特徴だ。ただ、まずい店は高速で淘汰されるので、結局おいしい店ばかりになる。

タイ全体は気候がほぼ同じなため、全土で食材が似通っており、北部と南部では違いがあるものの、県や郡ごとに必ずしも特別な郷土料理があるというわけではない。しかし、ガイヤーンだけは別だ。地域ごとに有名なものから無名なものまで、ご当地色豊かな焼き方や味つけがなされているものがある。

たとえば「ガイヤーン・カオスワングワーン」は東北部中央にあるコンケーン県カオスワングワー

ン郡が発祥のガイヤーンだ。外側がカリッとしていて中がやわらかい。地鶏を使っていることもある。
ところで、タイでは鶏肉というとすべて**ガイ・バーン**（地鶏）だと思っている人が多いのではないだろうか。たしかにバンコクでも地鶏を飼っている人はいるし、日本の軍鶏（シャモ）はその読み方からもわかるようにタイにルーツがある。というのは、タイは旧国名をサイアムといい、当時の日本人はこれをシャムと呼んだことに由来するのだ。タイのネコをシャム猫と呼ぶのも同じである。しかし、実際には地鶏はタイでも非常に稀少だ。バンコクで地鶏を売りにしている店は、日本と同じでどこも特殊なルートで農家と特約を結んでいる。地鶏は性質上、飼育に金と時間がかかるため、一羽の値は**ガイ・トーン**（ブロイラーなど）の倍以上だ。当然、地鶏とブロイラーでは味と食感も別物だ。地鶏肉は噛むほどに味がしみ出てくるが、一方で筋肉質なので人によってはかたいと感じる。

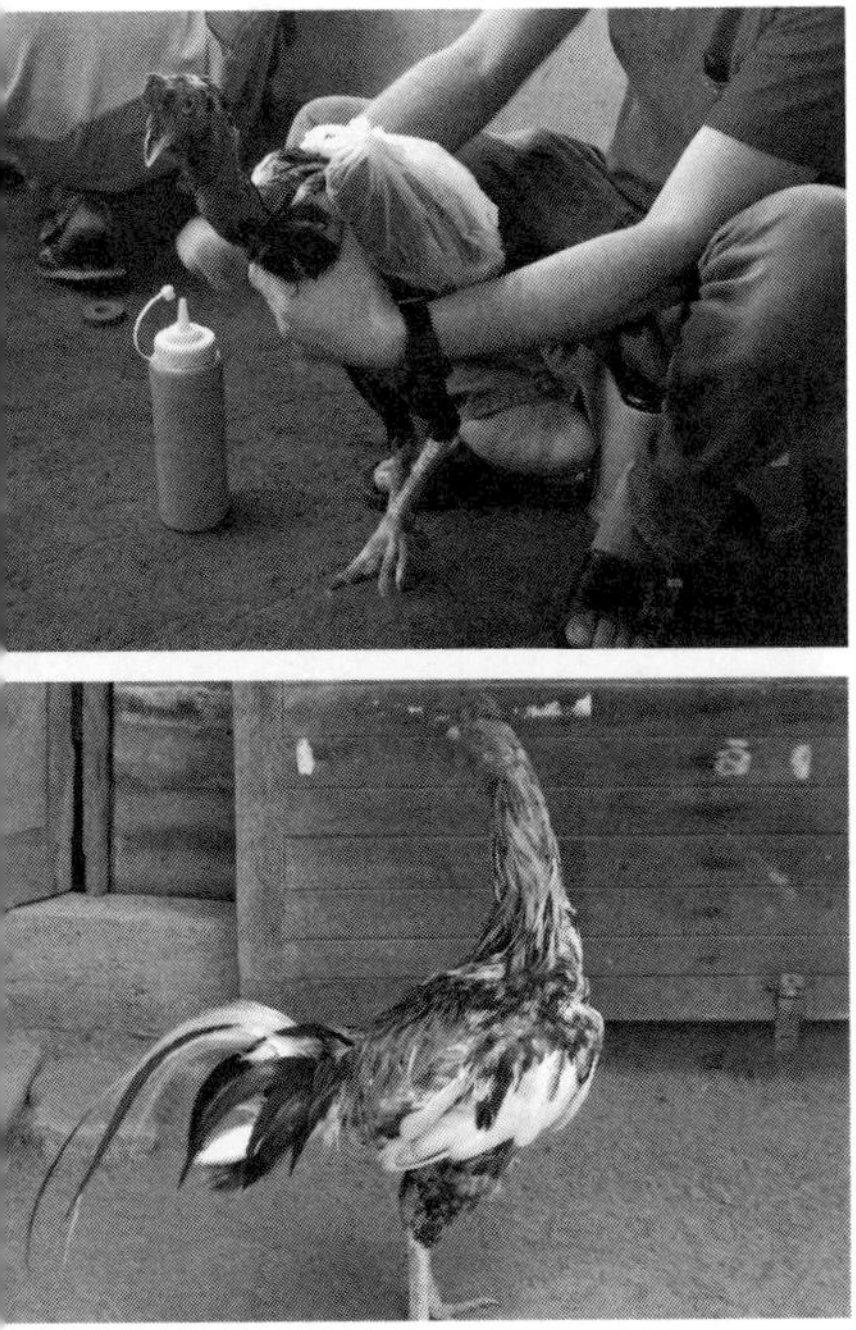

上／ガイ・チョン（闘鶏）用に育てた軍鶏はさすがにタイでも食べない。　下／田舎で飼われている地鶏はだいたいこんな風貌だ。

そんな地鶏を安価に食べたい人におすすめなのが、コンケーン県で有名なガイヤーン・カオスワングワーンなのだ。バンコク郊外のセントラルプラザ・バンナーというデパートの裏にこのガイヤーン名を冠した有名店がある。タイ式のパブ・レストランで、無名バンドによる生演奏もあるし、なによりイサーン料理が充実している。しかも、タイ人向けなので全体的に安い。

▼まだまだある特筆するべきガイヤーン

ボクが最も好きなガイヤーンは、北部ペッチャブーン県ウィチェンブリー郡発の「ガイヤーン・ウィチェンブリー」だ。タイ人も好きで、バンコクの下町エリアでよくみかけるガイヤーンのひとつである。通常のガイヤーンとほとんど同じ味を出す店、香草をすりこむ店など数タイプがあるが、共通しているのは複数のナムチムが味わえることだ。タマリンドの甘い特製ナムチムやニンニクの漬物を使ったナムチムなどが出てくる。やわらかくてジューシーな肉がとにかくおいしい。

オーソドックスなガイヤーンを食べたいなら、創業七十年以上の老舗『シリチャイ・ガイヤーン』はどうだろう。今（執筆時）は新国鉄中央駅近辺のバーンスー、ラチャダー通りとラートプラオ通りの交差点近くの二か所に店があるが、以前は服飾関係でタイ最大といわれるプラトゥーナーム市場に近いマッカサンの掘ったて小屋で営業していた。「創業七十年以上」というのは同店のホームページの謳い文句で、実際には一九二六年に創業という説もある。もとは中国の海南出身の移民だった夫婦がはじめたもので、たっぷりのニンニクなどを腹に詰め、中国酒や漢方薬などで構成される伝統的なタレに漬けこんで三十分ほどかけて焼く。これで中の詰めものの味わいが浸透し、肉は肉汁がたっぷりとなって、いくらでも食べられる。

バンコクから南のプーケットに向かう途中にあるペッブリー県の『シラーさんの太陽光線ガイヤーン』は、おそらく地球上でここにしかない特別な店だ。なぜなら、鶏肉を焼くのにガスでも炭火でもなく、太陽光を使っているからである。約八百枚の鏡で日光を一点集中させ、鶏肉を焼いていく。焼きあがりまでわずか十五分で、まるで生のような弾力とやわらかさが絶品だ。難点は悪天候の日だと前日に焼いておいたものが出てくることと、季節によっては太陽の角度の関係で焼ける時間が短くなり、量を用意できずにすぐに売りきれてしまうことだ。運が悪いと永遠にありつけないという、珍しいガイヤーンである。

日本人の多い東部の町シーラチャーなどには、インドのタンドリーチキン風のガイヤーン「**ガイ・オップ・オーン**」もある。直訳すると壺蒸し焼き鶏肉で、正確には蒸し焼き（オップ）料理になる。バンコクなど各地にこの製法の店があるので、太陽光線で焼くシラーさんの店ほどの希少性はないが、本場タンドリー窯より低温で調理されるためか肉質はやわらかくジューシーだ。ガイヤーンの中には、たまに脂が出きってしまって肉がパサパサになっていることがあるが、壺蒸し焼きの店ではその心配はない。

上／バンコクの下町で人気があるのがこのウィチェンブリー発のガイヤーンだ。　中／太陽光で焼くとちゃんと火がとおっているのに食感は生肉っぽい。下／鶏肉を壺で焼いているガイ・オップ・オーン。

同じく、ヤーンではなくオップの部類には、中央部アントーン県の「**ガイ・オップ・ナムプン**」もある。これはタイで甘さや照りを出すのによく使われる**ナムプン**（ハチミツ）をたっぷり塗ったガイヤーンで、「ガイヤーン・ナムプン」とも呼ばれる。ガイ・オップ・ナムプンは漬けダレも独特だ。ナムプン、シーイウ・カーウ（白醤油）、オイスターソース、それからニンニク、コショウ、パクチーの根を潰して練りあわせた調味料**サーム・グラー**を使っている。このタレに鶏肉や豚肉を漬け、オーブンでじっくり焼きあげる料理がアントーン県のオップ・ナムプンになる。

あるとき、パクナムの祭り（詳細については第6章で取りあげる）で、とてつもなくおいしいガイ・オップ・ナムプンを出す屋台に出会った。照り焼きのようにたっぷりのソースが肉を包んでいるのに甘すぎず、肉の質もやわらかい。米にも酒にも合う。聞けば年に一度、この祭りのときだけ出店しているという。ほかの出店はどこかに拠点があってこの祭りに出ているのに、ここはこの祭りにしか店を出していないのだ。ボクはもう何年もこのガイ・オップ・ナムプンを求めて祭りを訪れ、買いこんで帰るということを続けている。

無名ゆえに幻となっているガイヤーンもある。たとえば東北部のナコンラチャシマー県ホワイタレーン郡で食される「ガイヤーン・ホワイタレーン」だ。このガイヤーンを出す店は国鉄ホワイタレーン駅前に三軒しかないという、レア中のレアである。地鶏を使うわけでも、タレが特殊なわけでもない。ナムチムさえも使わないガイヤーンで、駅周辺の村人からは大絶賛されているものの、隣村にさえその名は知られていない。あくまでもホワイタレーンの人がよろこんでいるにすぎない。肉はブロイラーだが、質はよい。**タイは全土的に流通経路が日本よりも短いので、基本的に食材の鮮度が高い。**ホワイタレーンは農村地帯のど真ん中であるため、肉も新鮮なのかもしれない。もしかして、駅の斜め前にある屠殺場から直接仕入れているのだろうか。そうだとすれば、流通距離の短さはタイでも最上位になる。

灯台下暗しで、チェーン店でもガイヤーンのおいしさを楽しめる。スーパーや市場、商店街の外などに小さいボックスの店舗を構える『ガイヤーン・ハーダーウ』だ。ファイブスター・ガイヤーンという意味で、ガイヤーンと揚げもの、もち米などが置いてある。ノーマルのガイヤーンが案外やわらかく、腹の中にニンニクなどの詰めものも入り、ナムチムがスタンダード中のスタンダードで、実家が一番落ち着くという感じにおいしいのだ。チェーン店なので味も安定していていい。

▼タイ語の「焼く」を訳す

上／思っているほど甘くないガイ・オップ・ナムプンは一度は食べてみるべき。　下／ホワイタレーンのガイヤーンは見た目はこのように普通だ。

最後に、ガイヤーンのヤーンについて説明しておきたい。正確にはヤーングという発音で、日本語では「焼く」としか訳せないのだが、タイにはヤーン以外にもいくつか「焼く」に相当する調理方法がある。タイ人でもこれらの違いをきちんと把握している人は少ない。ここには、いろいろな人に聞いた話を総合したタイ語の焼き方をまとめておく。

・ヤーン

炎を出さない中火から強火（材料によりけり）で焦げないようにしっかりと焼く手法を指す。香りや焼きあがったときの色あいが美しい。

・**パオ**

強火で直接熱を食材にあてるように焼く。とはいっても、特にエビなどのかたい殻がついていたり皮が厚い食材などの調理で直接身に火があたらないように焼くときの方法になる。

・**ピン**

炙ることを指す。特に焦げやすい食材を弱火で焼くことであり、食材はだいたい串に刺している。具体的には豚串のムー・ピン、魚の練りもののルークチン・ピン、トーストも「**カノムパン・ピン**」と呼ばれる。

・**オップ**

食材の周囲全体を同時に加熱していく焼き方で、水蒸気で蒸して焼く方法や**タオ・オップ**（オーブン）で焼くことがこれにあたる。

だいたいこんな感じで理解しておけばいい。中でもガイヤーンのヤーンは日本人が「焼く」と聞いてまず思い浮かべる方法なので、想像しやすい。地域や店によって味が違うから、ガイヤーンのハシゴをして、タイの鶏肉を味わい尽くすのもおすすめだ。

ときどき無性に食べたくなるチャーハン「カオ・パット」

「**カオ・パット**」は炒めた米のこと、すなわちチャーハンであって、米を主食とするアジアの国には必ず存在する料理だ。

ベーシックなカオ・パットは中華のチャーハンとよく似ている。**カイ・ガイ**（鶏卵）を中華鍋でふんわりと炒め、タマネギなどの野菜、肉や魚介類と白米を炒める。違うのは、使う米がタイ米であることと、ナンプラーを使うことだろう。手順は中華料理のチャーハンとまったく同じでも、仕上げにナンプラーを加えるだけで途端にタイ料理になる。つけあわせにキュウリやトマトの薄切り、**トンホーム**（ワケギ）、**マナーウ**（ライム）を添えるところにもタイらしさを感じる。

タイ米は通常どおりに炊いたものより、調理したほうがおいしいと思う。

中華チャーハン同様、カオ・パットも具材は自由だ。メイン食材でよく使われるのは豚肉、鶏肉、それからエビ、カニといったシーフードなどだ。ガパオ（バジル炒め）と同じで、メニュー名はカオ・パットのうしろにメイン食材名をつけて呼ぶ。**ムー**（豚肉）なら「カオ・パット・ムー」となる。

具材の自由度も手伝って、カオ・パットのバリエーションは多彩である。タイ人も日本人に劣らずエビが大好きなので、一番人気はエビを使った「カオ・パット・グン」だ。ボクが食べた中で最もおいしかったものに「カオ・パット・プラートゥー・ケム」（塩漬けサバのチャーハン）を挙げたい。

プラー・ケムは魚の干物の一種だ。魚体は開きにせず、かつ

上／ポピュラーではないカオ・パット・プラートゥー・ケムは大人の味がする。　下／器がパイナップルのバージョンは正直値段と量がつりあっていないと思う。

日本の干物よりもずっと多くの塩を使う。内臓を抜いた腹の中、表面に大量の塩を塗り、一日程度置いたら洗って一晩干し、再度軽く塩をして暗所に二日置けば完成だ。タイではサバの仲間であるプラー・トゥー、サワラの仲間、雷魚などと、プラー・ケムにできる魚は五種類しかないとされる。

このカオ・パット・プラートゥー・ケムはプラー・トゥーを塩に漬けて干したもので、魚の発酵調味料のひとつであるプラーラーと比較すればクセがなく食べやすい。ボクが食べた店ではプラー・ケムを米に混ぜこんだスタイルで、ほどよい塩味とわずかな発酵臭が大人の味わいだった。

多くの飲食店で定番とされているパイナップルを使った「カオ・パット・サッパロット」もいい。カレー粉をまぶし、ドライカレー風にしている店もある。カオ・パット・サッパロットには大きく二種類がある。チャーハンにパイナップルの実を混ぜるタイプと、実をくり抜いたパイナップルの殻を器に使うタイプだ。後者ではチャーハン自体にパイナップルが入っていないこともあるが、見た目がより南国風で外国人には人気がある。

器がパイナップルの場合、レストランの衛生状況に注意したい。管理がずさんな店では器を使いまわしている可能性がある。色あいや風味が落ちるのでさすがにくり抜いた当日ではあるが、ほかの客が手をつけたものを洗わず（そもそも洗えないが）使っているのだ。ボクの経験では前の客がスプーンで実をほじくった形跡のある器で出てきたこともあった。

カオ・パットはどんな料理にも合う。タイ人が大人数で食事をシェアするとき、白飯の代わりにカオ・パットでおかずを食べることもあるくらいだ。

タイ料理にはしばしばナムチム（ソース）が添えられるが、カオ・パットはどんなナムチムにも合う。たとえば、シーフード料理店でエビの炭火焼きを注文すると必ずついてくる「**ナムチム・タレー**」はトウガラシとニンニク、ナンプラー、マナーウを使った、酸っぱくて辛くて、塩辛いタレだ。これをカオ・パットにちょっとつけると、さっぱりした後味になっておいしい。

上／トンホームとキュウリ、ナンプラーはカオ・パットの最適なお供だ。　中／マナーウもまたタイ料理ではみかける場面の多い食材だ。　下／目玉焼き載せのカオ・パット。いくらタイでも目玉焼きつきはかなり珍しい。

上／ナムチム・タレーもタイでは定番的なタレになる。　下／タイ料理最高のナムチムはこのプリック・ナンプラーだ。

ボクがカオ・パットに最も合うと思うナムチムは「**プリック・ナンプラー**」といいたい。ナンプラーに刻んだ生の**プリック**（トウガラシ）とニンニク、少々の砂糖を入れ、最後にマナーウを搾ったシンプルなナムチムだ。カオ・パットは単体では辛くないので、このプリック・ナンプラーで辛さと塩分を加えることができる。ただのナンプラーだと塩辛いだけになるが、プリック・ナンプラーは辛味と塩味のバランスがよく、驚くほどチャーハンに合う。暑さに疲れた胃腸を活性化させる意味でもおすすめだ。

カオ・パットはシンプルな料理ゆえ個性が出やすく、極端においしい店とそうでない店が存在するものの、ほとんどは無難な水準で安心できる。普段は忘れているが、たまに無性に食べたくなる料理がカオ・パットなのである。

イサーン料理の代表格、肉サラダ「ラープ」

「**ラープ**」はイサーン料理を代表する料理だ。主にゆでたひき肉にトウガラシやサムンプライ（香草）、**カオ・クア**（煎り米）の粉を加えて和え、ナンプラーなどで味つけをした非常にシンプルな肉サラダである。

　ひき肉ならなんでもいい。豚肉、ナマズ、ちょっと高い店ではアヒルを使うこともある。ラープもまた料理名に食材名をつけ足せば、簡単に注文できる。牛肉のラープなら「ラープ・ヌア」、アヒルなら「ラープ・ペット」、ナマズは「ラープ・プラー・ドゥック」となる。

　一般的には「ラープ」というだけなら、普通は豚肉のものだ。日本のタイ料理店では豚のほか、鶏肉や牛肉のラープも出しているが、これはひき肉各種の入手性が高いためで、タイでは豚以外のひき肉はあまりみかけないことから自然、ラープは豚肉がスタンダードになる。決して牛や鶏肉のラープがないわけではないけれど、牛ひき肉は輸入物や大手チェーンのスーパーマーケットにたまにある程度だ。イサーンではもともと牛があまり消費されてこなかったことも理由のひとつといえる。鶏ひき肉はもっと希少という印象だ。ボクはタイの小売店などでほとんどみたことがないので、「ラープ・ガイ」はかなり珍しいメニューだと思う。

上／ラープはイサーン料理の代表といわれることもある。　下／肉の上にある調味料の粒々が煎り米の粉だ。

　ラープの肉は通常はゆでたものを使うが、揚げる場合もある。生のひき肉に煎り米や香草などを混ぜこみ、団子状にして揚げるこの料理は「**ラープ・トート**」と呼ばれる。

それから北部では生の豚ひき肉にさまざまなサムンプライ、スパイスを混ぜ、さらに豚の血も入れたものがある。これを生のまま食べるメニューもあるし、一般的には混ぜたあとにフライパンで煎るので「**ラープ・クア**」と呼ばれる。ただし、これらは名前こそラープだがゆでた肉のラープとはまったく別物なので、ここでは扱わない。

東北部にはラープとまったく同じ材料と味つけで作る「**ナムトック**」という料理もある。タイ人にとってラープとナムトックはまったく別の料理だ。肉と材料、味つけが同じなら同一の料理じゃないか、とボクは思うのだが、そうではないらしい。ラープで使う肉がひき肉なのに対し、ナムトックはぶつ切り肉を使う。そこが違うだけだ。あと、ボクが知る限りだとナムトックは牛肉と豚肉しかない。

タイ料理は食材の形状が違うだけで、まったく違うメニュー扱いになるものがある。ラープ・トートがラープとは別物というのはまだわかりやすい。他方で、パット・ガパオなどは肉の形状が違っても名称は変わらない。ではなぜ、タイ人はラープとナムトックは違うものと認識するのか。

これは調理法によるようである。最近のナムトックは、どの屋台でもラープ同様に肉をゆでているが、本来は炭火で焼いてから調理していたようだ。そもそもこのネーミング、すなわちナムトックとは滝を意味する。この由来は肉を焼いたときに脂が滝のように滴り落ちたから、とされる。出発点が違うのである。

切り方の違いを意識して実際に食べてみると、味つけは同じだが食感はたしかに違う。タイの米粉麺も麺の太さで味わいが違い、それに通ずる。とはいえナムトックは主流のタイ料理とはいいがたい。メニューにないイサーン料理店も少なくないので、タイの肉サラダといえば、やっぱりラープなのである。

イサーン料理は全般的にヘルシーなメニューが多い。ラープも肉は使うが、ゆでているので脂っこくない。煎り米によるゴリゴリとした食感と苦みが健康的な印象だ。ラープは意外と汁気の多い料理なので白米に合う。イサーン式にもち米を合わせるときは、丸めたもち米をラープの汁につけて食べるのが一般的だ。

第1章で前述したように、イサーン料理店では料理を注文すると、必ず**パック・ソット**（生野菜）がついてくる。ラープも例外ではない。キャベツやキュウリ、インゲンに似た**トゥア・ファックヤーウ**（ジュウロクササゲ）、香草などがセットになっている。生野菜をかじりながらラープを口にしてもいいし、ラープの汁に野菜をつける人もいる。香草は自分の取り皿にとってからちぎってラープに混ぜてもいい。口内が辛くなったときの口直しに生野菜や香草をかじるのもありだ。

ただし、生野菜を口にする際はやはり鮮度と衛生面に注意が必要だ。まれに野菜を洗わず持ってくる店もある。**タイでは、どんな店であろうと口にする料理の状態のよし悪しは自己責任で判断すべきである**ことを承知しておきたい。決して人の話を鵜呑みにせず、自分がダメだと感じたらその直感を信じて口にしない。口にしたあとに味が変だとわかったら速やかに吐きだす。

上／肉が大きく切ってあるのがナムトックとなる。
下／生野菜はイサーン料理店なら必ず出てくるもの。

会社員時代、接待で日本人

市場の野菜売り店主が目方を量る。カゴの中の細い野菜がトゥア・ファックヤーウだ。

出張者をタイ料理店に連れていったことがある。地元料理が好きな人でなんでも食べたが、唯一氷だけは決して口にしなかった。かつてマレーシアで氷入りドリンクで腹を壊した経験があるからだという。実際、二〇一〇年以前はそういう自己防衛をする出張者は多かった。しかし、タイでは水やビールがぬるい場合、店員が勝手に氷を入れてきてしまうから厄介だ。そうしたとき、その人は必ずボクにこう訊いた。

「大丈夫？　これ」

九〇年代やそれ以前はバンコクの屋台の生野菜から赤痢が大流行したことが何度もあったようだ。畑の土壌や水自体が汚染されていたせいだったという。ただし、それらはあくまでも過去の話だ。悪質な氷業者も次第に淘汰されたし、水質環境も改善されているので、今ではさほど心配する必要はない。しかし、世の中に一〇〇パーセントということはないし、日本のようになにかあったら店が責任をとるというのは国際的なスタンダードではない。とりあえず生野菜を食べる際には安心せずに、注意を払うことが大切だ。

誰でも好きになる炒めもの「パックブン・ファイデーン」

日本人に人気の高い炒めもののひとつが「**パックブン・ファイデーン**」だ。正式には「パット・パックブン・ファイデーン」と呼ばれる。

パックブンは、日本名をヨウサイというヒルガオ科サツマイモ属の野菜で、主に葉と茎の部分を食べる。茎の中心部が空洞になっていることから中国語で空心菜と書き、日本ではクウシンサイとも呼ばれる。小学生のときに観察日記を書かされたアサガオも同じヒルガオ科のサツマイモ属だ。そのため、九〇年代の日本のタイ料理店や中華料理店では「アサガオの炒めもの」とメニューに書く店もあった。実際には空心菜はアサガオとはだいぶ違うらしい。

パックブンは東南アジア全般で育つのでマレーシアやインドネシア、ベトナムでも食されていて、中国と東南アジア地域ではごく一般的な野菜である。ホウレンソウと同じくらい栄養価が高いが、シュウ酸カルシウムの含有量がホウレンソウより多いので、食べすぎは禁物だ。シュウ酸カルシウムはえぐみを感じる栄養素のため、身体が受けつけない人もいるほか、難溶性で尿路結石の原因ともなる。

パックブンが使われるタイ料理は多い。炒めものとして最も人気なのは、最初に紹介したパックブン・ファイデーンだ。**タオチアオ**という大豆からできた発酵調味料と炒める。タオチアオや調味料を多用せずに作る塩炒めタイプのパックブン・ファイデーンもある。ボクは納豆の風味と香りを感じるタオチアオ入りのほうが味に深みがあって好きだ。ただ、人によっては納豆より味噌を感じるかもしれない程度で、臭みが強いわけではない。

パックブンはタイスキや東北部の鍋料理チムチュム、麺類のナムトックやイェンタフォーにも使われる。麺類に使う場合は軽くゆでるか、生の茎だけを利用する。バンコクの和食料理店から広まったというパックブンの天ぷら「**パックブン・トート・グロープ**」もしくは「パックブン・チュッペントート」もある。食感も味わいもよく、案外おいしい。日本でも広まってほしいくらいだ。

最近では話題にならないが、一九九〇年代から二〇〇〇年初頭の日本のテレビでタイの「空飛ぶ野菜炒め」が何度か取りあげられた。コックが背中を向けたまま中華鍋を勢いよくふりあげ、炒めものが大きく宙を舞って十数メートルもうしろにいる店員の皿に落ちるという屋台のショーである。そこで使われる炒めものはたいていパックブン・ファイデーンだった。パックブンの茎と葉を一緒に炒めると絡まって塊になり、投げやすいのだ。テレビに映っていたのは成功例だけで、実際の店では電線や木の枝にパックブンがよく引っかかっていたものだ。

上／ちょっと洒落た店だと野菜のカービングがついてくる。　中／麺料理に入れるために細かく切られた空心菜は文字どおり茎の中心が空洞だ。下／タオチアオは調味料としてはポピュラーで、こんなにたくさん売られている。

パックブン・ファイデーンは味が濃く、大量の油を使うので高カロリーではあるものの、ビールに合うし、パックブンとその汁をご飯にかけても相性抜群だ。日本人のみならずタイ人でもメニューにみつけたら思わず注文してしまう、万人に愛される料理である。

野菜が食べたいときは「パット・パック・ルアムミット」

タイでは意外と野菜をとることが難しい。タイ料理にはサラダというジャンルがないからだろうか（詳しくは第10章にて）。メニュー各種にはサムンプライが多用されているし、野菜もそれなりに使われているのだが、どうも野菜不足に陥っている気がしてしまう。そう考えると、和食の栄養バランスは見事だ。野菜を食べようと思えばいくらでも野菜料理がある。

この問題にタイ人は気がついていないようだ。長年この食生活で生きているし、健康管理をしたいなら運動をすればいいではないか、といわれてしまう。日本人のように野菜を食べなければという強迫観念じみた発想が彼らにはない。

タイ人は食に関して保守的であるので、そこからあまり発展して考えたりしない。ボクがタイ料理店でバイトをしていたころも、客から「お腹がそんなに空いていないので、少なめに作ってください」というリクエストがよくあった。しかし、厨房のコックから何年も日本にいる在住タイ人、留学タイ人のバイトたちの誰もがこの注文を理解できなかった。日本人なら気持ちはわかる。しかし、タイ人は「どうしてそういうのだろうか」と考えることはなく、「え？　残せばいいだけなのに！　安くなるわけでもないのに、どうして？」と半ばパニックになっていたものだ。

それから、タイにいればいろいろなタイ人がいるわけで、その中には野菜をいっさい食べない人もいる。日本では野菜嫌いは幼稚とみなされるのとは大きく異なり、タイでは臆することなく公言するし、堂々と野菜を拒否する。ボク自身、そういう人に何度も出会ったが、みんなワイルン（若者）ではなく三十代だった。食事中、小さな野菜のかけらも目ざとく避けるので食べるのが遅く、なにより汚らしい。そうやんわりと指摘しても「自分は野菜をいっさい食べません」というだけだ。もはや好き嫌いを超え、口にしないと決めている。驚いたのは、周囲のタイ人がそれを普通に受けとめていたことだ。他人が野菜を残すことなんか、誰も気にしていない。そんなところなので、メニューに野菜料理が少ない、なんて不満をいう人はいないのである。

ある取材で、幼い子どもを持つタイ人世帯に、子どもの食事でどんなことに気をつけているか、なにを与えているのかを聞いたことがある。もちろんダメもとだ。タイ人は学校で愛国心を徹底的に叩きこまれ、大昔を含めて王朝の歴史が長いため人間関係が複雑で、よほど仲のよい人にしか本音を洩らさない。つまり取材をしても、ほぼ定型的な答えしか返ってこない。案の定、どの母親も野菜を食べるように促しているという。どんな野菜を食べさせているかを聞くと、取材した十数世帯の母親全員がブロッコリーと答えた。ブロッコリーはかつてタイでは珍しい野菜だった。地方ではほとんどみかけず、せいぜいバンコクのちょっといいスーパーにあったくらい。それなのに全員がブロッコリー信者で、どういうわけだろうと驚いてしまった。たぶん、まだ浸透する前にメディアに紹介され、それがなにか母親層に刺さるものがあり、今のようにどこでもある野菜に昇格したのではないか。あるいは、ブロッコリーはまだ新しい野菜なので、そう答えれば無難という、やはり定型文的な回答だったのかもしれない。横のつながりのない母親たちの答えがステレオタイプになるということは要するに、タイ料理は全体的に野菜料理が乏しいことの証明にもなると思う。定型文にしても、そんなにバリエーションがないのだから。

そんなタイで野菜料理を注文すると出てくるのが「**パット・パック・ルアムミット**」だ。**ルアム**

ミットは混ぜるなどの意味なので、つまりミックス野菜炒めである。**ケーロット**（ニンジン）、**ヘート**（キノコ類）、**カオポート・オーン**（ヤングコーン）、ニンニク少々といったあたりが定番の材料だ。最近では高確率でブロッコリーが入っている。味つけはナンプラーを中心に、オイスターソースや醤油系統の調味料を好みで加えるだけという、実にシンプルな料理だ。自由度が高いので飲食店でも家庭でも作りやすい。とにかく、飲食店で「野菜料理が欲しい」と強調して頼むとこれしか出てこないので、タイで一番食べられている料理は実はパット・パック・ルアムミットではないかと思うほどだ。

パット・ガラムプリー・ナンプラーはキャベツを炒めただけの料理だが、やはり店の火力で味が変わる。

　野菜料理にはこのほか、さらに簡単な「**パット・ガラムプリー・ナンプラー**」という料理もある。これはその名のとおり**ガラムプリー**（キャベツ）をナンプラーなどで炒めただけのものだ。ニンニクがアクセントになっているところは、パット・パック・ルアムミットと同じだ。前項のパックブン・ファイデーンも野菜炒めだし、中華系のタイ料理店だとほかにも緑色の野菜の炒めものがあるにはある。個人的にはあまり好きではないが、タマネギなどの野菜と肉類を炒めた、中華の酢豚のような炒めもの「**パット・プリアオ・ワーン**」もある。

「**パット・ノーマーイ・ファラン**」という料理もポピュラーだ。**ノーマーイ**はタケノコ、ファランは白人や欧米を意味する言葉なので西洋タケノコとなるが、つなげて訳すとアスパラガスとなる。アスパラもタイの料理では比較的よく使われる野菜だ。パット・パック・ルアムミットにも入っているし、エビとの炒めもの「グン・パット・ノーマーイ・ファラン」にも使われる。

　これらが一般的なタイ人が考える野菜料理である。シンプルでおいしいのだが、油で炒めているので野菜を食べている気はまったくしない。

なぜそんな名前に？　誰もが首をかしげる「パット・キーマオ」

パットとは炒めるという意味であることはすでに説明した。つまり料理名にパットがついていればほぼ間違いなく炒めものである。

タイの料理名には独特な名称と、調理方法と食材の羅列で構成される名称の二種類に大別される。日本語でいう助詞がタイ語にはないので、会話において単語の順番は非常に重要だ。順番を入れ替えただけで意味が変わってしまう。ただ、料理名の場合は単に羅列なので、多少入れ替わっても問題はない。たとえば鶏のガパオ炒めはパット・ガパオ・ガイだが、ガイ・パット・ガパオでも問題なく通じる。

タイ式酢豚にもパイナップルが入るが、高確率でキュウリも入っている。

タイ料理には炒めものが無数にある。なにかを炒めれば料理になってしまうから、わりと合理的なタイ人気質には簡単でぴったりだからだろう。中でも最も謎めいた炒めものが**「パット・キーマオ」**である。パットがついているので炒めものであることはわかるが、キーマオ（酔っぱらい）とはなんなのか。直訳すると酔っぱらい炒めとなってしまうので、ますますわからない。

パット・キーマオは日本人からは「パッキーマオ」という発音で、すでにある程度は知られた料理だ。ただ、それは麺料理であることがほとんどで、タイ人でも米粉麺クイッティアオを炒めた料理と認識している人が多い。中国からの移民が作りはじめたとされ、最近では麺を米やスパゲッティーに代えてアレンジしたり、おかずとして具材を炒めるだけのものもある。ここでは少数派ではあるが、おかずとしてのパット・キーマオを紹介したい。

ちなみに、タイ語でおかずは**ガップ・カーオ**という。直訳すると「ご飯と」という意味で、ご飯と一緒に食べるものを指す。ご飯つきガパオがカオ・パット・ガパオで、ご飯なしのガパオ炒めはパット・ガパオになることはすでに説明した。飲食店でガパオ炒めだけを頼みたくて、ご飯がいらないことを強調する場合は、「パット・ガパオ・ペン・ガップ・カーオ」（おかずとしてのバジル炒め）といえば間違いがない。こういう一皿料理は炒めものだけだとそれなりの量が出てくる。ご飯つきは茶碗一杯分に合った量なのでおかずそのものは少ない。意外と腹の具合によっては大きな違いが出てくるし、ご飯なしのほうが料金設定が高いので、タイ人はちゃんと使い分けている。

上／ちょっと洒落たレストランでしかみないが、タイ風料理としてパッキーマオのパスタがあることも。　下／米と食べるためのおかず（大半が炒めもの）をガップ・カーオという。

パット・キーマオ（酔っぱらい）なのか。調べたところ、諸説がある。酒に合うよう野菜などを辛く炒めたからとする説もあれば、酔っぱらった中国移民が帰宅し、小腹が空いたので冷蔵庫に入っていた食材を手あたり次第に炒めたのがはじまりという説もあった。中国移民説が有力というのが今の流れだが、「冷蔵庫」が出てくるあたり、伝わった（あるいははじまった）のはわりと最近のことのようではある。

かつてタイ人の日本語ギャグに「セマクテ」という言葉があった。いい放った途端、本人は爆笑しているのだが、いまだになにがおもしろいのかわからない。タイ語でセは足元がおぼつかない千鳥足状態を指す。マーが来る、グーはオレやオイラといった意味で、テは蹴る。「セ・マー、グー・テ」、つまり「酔っぱらいが来たから、オレが蹴った」といった意味になる。タイ人には日本語の「狭くて」と同じ発音に聞こえるらしいが、日本語とタイ語の両方がわかるボクからすると、同じではまったくない。だいたい、どこから「狭くて」が来たのかもわからない。おそらくは日本のいやらしいビデオからなのでしょうね。

パット・キーマオの材料は各種野菜だ。よくあるのがヤングコーン、ニンジン、ニンニクあたりで、生のトウガラシも少々入れる。肉類はもちろん、サムンプライも入れていい。ガパオ（ホーリー・バジル）は必ず入れるもののようだ。パット・キーマオは日本では激辛炒めともいわれ、その辛さが強調されているが、タイでは辛さより、ガパオと野菜をたくさん入れることがキーになっている。そうだとすると、ガパオとパット・キーマオの違いはなんなのか。そこはタイ人にもよくわからないようだ。

▼パット・ペットのいろいろ

タイにはさまざまなパット料理があるが、それらはいくつかの系統に分けられる。ここでタイ料理の中心ともいえる、辛い炒めものの種類を簡単に書きだしておこう。

まず、辛い味つけの炒めものは「**パット・ペット**」というジャンルにくくられる。さらにそこから、サムンプライを練りあわせた調味料で、いわゆるタイ・カレーなどに利用されるナムプリック・ゲーンを使う系と使わないものに分かれる。ナムプリック・ゲーンについては、スープの章（第9章）であらためて紹介する。

●ナムプリック・ゲーンを使わない系

生のトウガラシとニンニクを使うことが多く、汁気が少なくなるまで強く炒めることが大きな特徴のひとつとされる。

・**パット・ガパオ**

ガパオ（ホーリー・バジル）の香りが決め手とされる。

・**パット・キーマオ**

既出のようにほぼパット・ガパオに近いが、それよりも使う野菜が多い。一般タイ人によれば具材がパット・ガパオより多いので、ターム・サングでもあまりみかけない。

・**パット・チャー**

パット・ガパオに生のコショウの実である**プリック・タイ・オーン**を加えて炒めたもので、サムンプライの**グラチャーイ**を

パット・ペットはピリ辛な炒めものが基本で、どれも米に合う。

上／グラチャーイはタイの朝鮮人参ともいわれる、ショウガ科のサムンプライ。　下／インゲンのような野菜と豚肉が合っている「パット・プリック・ゲーン・ムー」。

使うことが一番の決め手になる。グラチャーイは別名をキン・ジーン（中国ショウガ）、日本ではタイの朝鮮人参と呼ばれる。

・パット・プリック・タイ・ダム

名前のごとく**プリック・タイ・ダム**（黒コショウ）の粉をたっぷり使う。真っ黒な色ではあるが、それほど辛い料理ではない。

●ナムプリック・ゲーンを使う系

ナムプリック・ゲーンを使うパット・ペットのくくりに入る炒めものもいろいろある。スープほどではないが水分が使わない系よりは多めが基本といったところだ。タイ・カレーのようにココナッツ・ミルクを入れるものもある。

・パット・プリック・ゲーン

プリック・ゲーンとはナムプリック・ゲーンを省略しただけのことで、すなわちサムンプライのペ

カレーのような炒めものはこういったナムプリック・ゲーンというペーストを用いる（前列中と左）。

ーストで材料を炒める。ココナッツ・ミルクが使われることも多く、胃にもたれる味つけのタイプも少なくない。

・クアグリン

材料にこの料理専用のナムプリック・ゲーン、それから**クルアン・テート**（香辛料）を入れ、クア、つまり水分がなくなるくらいまで炒める。ココナッツ・ミルクは基本的に使わない。豚ひき肉などを徹底的に炒めた南部の炒めもの「クアグリン・ムーサップ」などがある。

・チューチー

ココナッツ・ミルクを多く使ったタイ・カレーのひとつで、フライパンで炒めて作る。具材は魚を使うことが多い。

タイの国民食的存在「ゲーン・キアオワーン」

今でこそ日本ではタイ料理といえばガパオラ

イスだが、最初に注目されたのはトムヤムクン、次が「**ゲーン・キアオワーン**」だったはずだ。ゲーン・キアオワーンは直訳すると甘い緑色のスープ、わかりやすくいえばグリーンカレーだ。

ボクも初めてタイで食べた料理はゲーン・キアオワーン、それも鶏肉の入った「ゲーン・キアオワーン・ガイ」だった。ゲーン・キアオワーンには鶏肉が特によく合うので、タイでもただゲーン・キアオワーンというと、ガイのバージョンになる。

一九九八年一月、タイのことをほとんど知らないままにやって来たボクは、安宿街カオサン通りがどういったところかもわかっていない状態で滞在していた。初日は到着が夜遅かったのでなにも食べていないし、二日目も昼間は夢中で街中を歩いていたので、飲み食いをほとんどしていなかった。夜になってゲストハウス下のレストランに入ったが、なにを頼めばいいのかわからない。ようやくグリーンカレーという英字をみつけ、注文したのがゲーン・キアオワーン・ガイだった。

ゲーン・キアオワーンにはかたくて噛みきれない葉っぱのようなものがたくさん入っていた。なんで食べられないものが入っているんだ、と不満が強く残ったことが最初の印象だった。タイ料理において香草は出汁ではなく、あくまでも味や香りを煮だすためのもので、タイ人調理師は食べる人のことを考えて取りだすことなく入れたままになっているのだ。トムヤム・スープでもおなじみのコブミカンの葉**バイ・マックルー**（タイ文字に忠実に書くとバイ・マックルート）がよい例だ。かなりかたい葉で、普通は食べない。しかし当時はひとり旅だったし、教えてくれる人もなかったので、「こんなもの、食えるか」と思いつつかじるしかなかった。

二回目の訪タイは同じ年の一〇月ごろだった。このときの大きな目的地はインドで、カオサンでチケットを手配するため再びバンコクに来たのだ。出発まで時間があったので、バンコクから西におよそ一二〇キロのところにあるカンチャナブリー県に鉄道で向かった。カンチャナブリーはミャンマー国境に近く、第二次世界大戦時には旧日本軍が泰緬《たいめん》鉄道の敷設をしていた場所だ。英国軍などの捕虜と日本人軍人の過酷な環境下での関係が映画『戦場にかける橋』などに描かれている。そのほかにも温泉や滝などみどころが多く、外国人だけでなく、タイ人の間でも人気の観光スポットである。

当時はカオサン通りの近くから渡し船でチャオプラヤ河を渡ればトンブリー駅についた。タイ国鉄の創業から間もない一九〇三年に建設された古い駅舎だ。現行の駅はすでに数百メートルほど陸の中に移転しているので今は少し河から離れているが、ボクが利用したときはチャオプラヤ河の目の前だった。

列車はトンブリー駅を出ると三時間ほどでカンチャナブリー駅に到着し、そのあと先の映画の舞台、クウェー川鉄橋を経由して泰緬鉄道の面影がみられるナムトックへと走る。

グリーンカレーはペーストの油のせいか、思っているより熱いので注意したい。

所要三時間はあくまで時刻表どおりにいけば、の話だ。当時のタイでは踏切を気にする人は皆無で、車は構わず線路内に侵入していた。列車が車の渋滞待ちをすることさえあったほどだ。当然、往路だけでかなり遅れる。トンブリーからカンチャナブリー駅までの線路の大半が単線のため、下りが遅れたら上りも自動的に遅れる。ボクは鉄橋とその近くの博物館を巡り、昼すぎにバンコクに帰ろうと思っていたのに、行きですでに二時間は遅れ、帰りの列車がクウェー川鉄橋駅に到着したのは夕方だった。

その日、初めてのカンチャナブリーに興奮していたボクは水を飲むことさえ忘れていた。自らの空腹に気づいたのは帰りの列車に乗りこんでからだ。次の駅だったろうか。物売りたちが乗ってきた。カンチャナブリーとトンブリー間の車内には乗客がまばらだったのに、物売りたちは最後尾の車両から一番前までを何往復も練り歩いている。なんでもいいから食べたかったボクはとりあえず声をかけた。

まだタイ語ができず、彼らが売る葉に包まれたものがなにかはわからない。わかったのは値段が一〇バーツであることだけだ。ひとつだけ買ってみると、小さなプラスチックのレンゲがついてきた。バナナの葉らしき葉っぱがホッチキスでとめられている。開くと、中から白っぽい液のようなものがかかった鶏肉と米が出てきた。カオサンで食べたものとはまったく様子が違っていたので一瞬わからなかったが、その香りはゲーン・キアオワーン・ガイだ。

このときのゲーン・キアオワーンには心から感動した。当時は前年のアジア通貨危機の影響もあり、一バーツは約二円だった。近年は四円になっているので、当時一〇バーツのゲーン・キアオワーンはたったの二十円だったわけだ。列車の中で食べたこと、あまりに空腹だったこと、葉っぱに包まれていたこと、そしてなにより安かったことなど、これらすべての要素が相まって、ボクの中でゲーン・キアオワーンの株は爆上がりした。再び通路をとおりかかったおばちゃんからふたつも追加で買ってしまった。

▼カレーだけど、ベースはハーブ

すでにおわかりかと思うが、ゲーン・キアオワーンは便宜上カレーと呼んでいるだけで、日本のカレーライスとは似て非なるものだ。ここでのカレーはゲーン、すなわち汁もの、もしくはスープの一種である。

味のベースとなるのは、前項にも出てきたナムプリック・ゲーン、もしくはプリック・ゲーンと呼ばれるゲーン・キアオワーン用の香味ペーストだ。さまざまなサムンプライ（香草）が練りあわされ、見た目は味噌に近い。日本やインドのカレーは香辛料がベースだが、タイ・カレーのベースは香草なのである。

どんなゲーンを作るかで使うナムプリック・ゲーンは違ってくる。家庭で作るのはさすがに大変なので、最近の一般家庭では市販のものを購入することが多い。ゲーン・キアオワーンを作るなら「**プリック・ゲーン・キアオワーン**」を用意する。

ゲーン・キアオワーンの材料はプリック・ゲーンのほか、トウガラシのプリック・チーファーと小粒のトウガラシであるプリック・キーヌー、バイ・マックルー、バイ・ホーラパー（スイート・バジル）、砂糖、ココナッツ・ミルクなどが使われる。野菜類にはナスの一種である**マクア・プロ**（セイバンナスビ）、巨大なグリーンピースにみえるがやっぱりナスの仲間**マクア・プアン**（スズメナスビ）も入れる。肉は鶏肉を入れることが多いが、豚肉や魚の身を使うこともある。

ゲーン・キアオワーンは、直訳すると甘い（ワーン）緑色（キアオ）のスープ（ゲーン）だ。スープが緑色っぽい

上／ゲーンの専門店でもグリーンカレーは一番目を引く存在でもある。　下／グリーンカレーの素になるプリック・ゲーンがすでに緑がかった色あいだ。

上／ナスの一種であるマクア・プロがグリーンカレーには必ず使用される。　下／高級店では赤い玄米などとゲーン・キアオワーンを食べることもある。

のはペースト自体の色あいがそもそも緑色に近いことが大きな要因だ。スープの甘味も砂糖というよりはココナッツ・ミルクによるところが大きい。具材にあるトウガラシの辛味と、ココナッツ由来のほのかな甘味、対極にあるふたつの味が印象深い。

　ゲーン・キアオワーンには米を合わせるのが一般的だ。南部ではプレーンのローティーという無発酵のカリっとしたパンのようなものをつけることもある。

　ゲーン・キアオワーンはガパオライスと違い、注文に応じて作ってくれる店ターム・サングではあまりみかけない。食べるなら、炒めものをバットや大鍋に入れて並べているカオ・ゲーンという形態の店か、それなりに高級なレストランに行くといい。

　毎年一〇月前後はタイ全土で肉類が控えめになるので注意したい。この時期、南部のリゾート地プーケット県を中心にギンジェー（菜食週間）があり、健康食への関心が高まるため、タイ全土で肉類の提供を控える傾向がある。肉類をすべてメニューからはずす店も少数ながらある。そんな中でもゲーン・キアオワーンは食べられるには食べられる。ただし、肉の代わりにルークチン（主に魚の練りもの）を使ったものだ。鶏肉のものはその時期、ない可能性もある。

とはいえ、代用具材であっても出されつづける料理なのだから、その人気のほどが窺える。ゲーン・キアオワーンはタイでは一年中いつでもお目にかかれる、国民食ともいえる料理なのである。

イスラム由来のタイ・カレー「ゲーン・マッサマン」

「ゲーン・マッサマン」は最近のタイ料理好きならマッサマンカレーとして誰もが知るタイ・カレーのひとつだ。前項に引きつづき、本来はカレーではなくスープ料理だけれども。いろいろなレシピがあるが、具材のひとつに**マン・ファラン**（ジャガイモ）を使ったものがポピュラーで、グリーンカレーよりは日本のカレー寄りなのにココナッツ・ミルクをたっぷり使っていて辛くないので、誰にでも食べやすいのが大きな魅力だ。

しかし、マッサマンは実はつい最近までタイ人でさえ知らない人がいたほどのマイナー料理だった。マッサマンの名前を一躍有名にしたのは、二〇一一年にアメリカのニュースチャンネルCNNのサイトにアップされた『世界で最も美味な料理ランキング50』という記事だ。そこでマッサマンが第一位に挙げられたのである。以来、マッサマンは日本人のタイ好きにも注目されるようになり、特に海外で人気が急上昇した。

マッサマンの由来には諸説がある。タイ国内では主に南部料理のひとつに数えられていて、実際、バンコクでは南部料理店でよく提供されている。一方で、マッサマンは南部料理ではなく、アユタヤ王朝時代にペルシャ商人が持ちこんだ料理だったという説もある。その場合にはマッサマンは中央部料理となる。この時代にはイスラム教徒もインドや中国経由でタイ北部などからアユタヤに入ってきていたので、南部のムスリムと混同されたのかもしれない。

さらにややこしくなるのは、南部発祥説にも二種類あることだ。マレーシアを経由して入ってきた

マッサマンの見た目は日本のカレーっぽくもある。

イスラム料理のひとつという説と、中東からダイレクトにタイ南部に来た商人が伝えたとする説だ。タイ人はもともと歴史への興味が薄く、研究がされていないので、調べても本当のところはわからなかった。

いずれの説でも、マッサマンの原点がイスラム料理という点は共通している。タイでは、マッサマン＝マレーシア系料理という認識が多数派なので、本書ではマッサマンは南部料理のひとつということで話を進めたい。ボクが南部説を推すのは、方々でみかけるマッサマンの主要食材が鶏肉だからだ。ご存じのようにムスリムは豚肉を食べないので、豚肉入りマッサマンは存在しない（ごく一部にはあるようだが）。ほとんどが鶏肉で、牛肉か羊肉がまれにある。

肉のほかにはココナッツ・ミルク、ジャガイモやニンジン、タマネギ、それから煎ったピーナッツが入る。グリーンカレーと違って、マッサマンのスープにはスパイスも入る。八角やシナモン、ローリエ、ターメリック、ナツメグ、クミンなどさまざまなクルアン・テートが用いられる。ＣＮＮで取りあげられるまでバンコクであまり食されなかったのは、スパイスの辛味が苦手なタイ人が多かったからでないかとボクは推測している。トウガラシの辛味や風味には慣れていても、インドカレーのようなスパイスによる多重構造の辛味への経験値が、南部出身者以外は乏しかったのだろう。

マッサマンでは味を調える調味料としてナンプラーが用いられる。ナンプラーが決め手になるあたりに、タイ人がこれは外国料理ではなくタイ料理だと認識するカギがあるのではないだろうか。

マッサマンは主に米と一緒に食べる。日本人ならカレーライスに似ていると親近感を持つかもしれない。しかし、ココナッツ・ミルクが多量に使われるのでかなり甘く、脂っこさも半端ないので、ちょっとの量でもかなり胃にもたれる。若くない人には自らの老いをつきつけられる料理ともいえる。

▼外国人がカレーと呼ぶほかの料理

さて、ベーシックなタイ料理としてグリーンカレーとマッサマンを紹介したが、外国人からカレーと名づけられたゲーンはほかにもたくさんある。「**ゲーン・ガリー**」（イエローカレー）もそのひとつだ。ついにタイ名にもガリー、すなわちカレーという言葉が出てきたが、分類上はゲーンなので、これも日本人が思うカレーとは違う。黄色はウコン、すなわちターメリックから来ているので、日本のカレーに近いものではあるが、味はもちろん、スープにとろみがないなどが異なっている。

レッドカレーでよく知られているのは「**ゲーン・ペット**」である。辛いゲーンという意味で、グリーンカレーやイエローカレーよりも辛いイメージだ。レッドカレーにも多種類あり、人によってイメージする料理は違う。ボクの中ではレッドカレーといえば「**チューチー**」だ。チューチーは酔っぱらい炒めであるパット・キーマオの項でも言及したが、炒めものなのかタイ・カレー（すなわちスープ料理）の一種なのか、判断が難しい料理である。一応、作る際には鍋ではなく、フライパンを使って炒めるような過程があるにはある。

ゲーンについては第9章でより詳細に触れるが、日本人がタイのカレーと思っているものは厳密には違い、ナムプリック・ゲーンやココナッツ・ミルクを多用したスープ料理であると理解しておこう。

誰もが頼む定番焼き豚料理「コームー・ヤーン」

タイ料理ファンの多くが必ずといっていいほど注文する料理が「**コームー・ヤーン**」だ。コームーとは豚の首まわり、ヤーンはガイヤーンと同じで焼くという意味である。つまり、豚の首周辺の脂身が多い肉をグリルしたものがコームー・ヤーンだ。

これはタイ全土、どこでも食べられるほどポピュラーな料理だが、もともとはイサーン料理に属するとされる。首の肉をただ焼くのではなく、照り焼き風にしている店が多い。ナムプン（ハチミツ）やオイスターソース、**シーイウ・カーウ**などで作ったタレに漬けこむか、焼きながら塗って照り焼きにする。ボクはなにも塗らないほうが好きだけれども、そういう店のほうが今は少ない。

ちなみに、シーイウ・カーウは直訳すれば白い醤油で、**シーイウ・トゥアルアン**（大豆醤油）の一種として、大豆と小麦粉などを混ぜて発酵させた中国風の醤油になる。日本の醤油ほどコクはないものの、味はかなり似ている。タイ料理においてはかなり頻繁に使われる調味料のひとつだ。

コームー・ヤーンを食べるときには、ナンプラーを中心に作ったナムチムをつける。ナンプラーのみのシンプルなケースもあるし、タレを出さない店もわずかにある。よくみるのはナンプラーに乾燥トウガラシの粉末を入れた、イサーン料理の定番「**ナムチム・ジェウ**」だ。要するに、ナムチムは店によって違う。すなわち、店の個性が表れるところでもある。

霜降りのように脂身の多い肉を照り焼きしたうえナムチムをつけるので、コームー・ヤーンはとにかくこってりしている。だからこそ外国人にもわかりやすく人気がある。酒のつまみにすることもあるし、イサーン料理らしくもち米で食べるのも一般的だ。

▼本当に首の肉が使われている？

あまりにもどこでもみかけるので、本当に豚の首周辺の肉を使っているのだろうか、と疑いたくなる。首のまわりとは日本では豚トロに相当する部位で、とれる量は限られるはずだ。日本の食肉小売品質基準では、豚トロは肉ではなく内臓と同じ扱いになるため、脂身の多い部位を豚トロに似せて供しても偽装にはならない。タイでも同様なのかもしれない。

ただ、タイの地方にある農家で飼育されている豚には巨大な個体もいる。二十代半ばのころ、イサーンの奥地にあるロイエット県の農村を訪れたことがある。ロイエット出身者はよく「自分はLA出身だ」と胸を張って自己紹介する。ロイエット県人はロイとエットの頭文字がそれぞれLとAというのだが、実際にはRとEだ。

上／日本の醤油に似た中国由来のシーイウ・カーウは基本的には既製品を使う。　下／ナムチム・ジェウはイサーン料理で王道のタレになる。

ボクが村を訪れた夜、地元民の結婚式として**ト・ジーン**というタイの屋外パーティーが行われるところだった。村の道路にお構いなしに設営している。どうせ田舎なので車は来ないのだから問題ないというわけだ。ト・ジーンは中国テーブルという意味なのだが、なぜそう呼ばれるのかには諸説ある。もともとはこの

ト・ジーンは円卓が基本で、画像はタイ式のパーティー（食事会）のガーン・リアンだ。

手のパーティーの料理が中華中心だったからとか、まともな料理店イコール中華だったからなどといわれている。ト・ジーン業者に発注すれば、予算に応じてひととおりの食事とテーブル、椅子、ステージが用意されるほか、歌手やダンサー、ときには青空映画や祭りでみるような出店も提供される。出店はすなわち屋台なので、タイでは逆に珍しくないけれど。

バンコクなら肉はスーパーや市場で切り分けられたものを購入するが、ロイエットのト・ジーンでは村人たちが自ら豚を屠殺し、その場で解体していた。しかも寺の境内で、だ。辺りは豚の血と内臓の臭い、大量のハエですごいことになっている。この豚がまあ大きいったらない。スタジオジブリのアニメ映画『千と千尋の神隠し』の豚になった父親くらいはある。あれだけ大きければ首周辺の肉であるコームーもそれなりにとれるだろう。

そもそも、コームーは必ずしも首のまわりの豚トロのみというわけではなく、部位的には肩肉の上にある脂身の多い肉も含まれるらしい。要するに、それなりの量が豚一頭からとることができるようである。

正直いって、ボクはコームー・ヤーンをおいしいと思ったことはない。タイ料理初心者だったころは何度か注文したが、少なくともこの二十年間、自分でコームー・ヤーンを頼んだことはない。まずくはないけれど、平凡すぎる。コームー・ヤーンとはそれほど身近な、ありふれた料理なのだ。

イサーン料理店ではこうしたカゴでもち米が供され、基本的には一人前の量になっている。

日本とも深い関係が？知られざるカオ・タイの歴史

タイ料理につきものなのが**カーオ**（もしくはカオ）、あるいはカオ・タイ（タイ米）である。タイ米の歴史は日本の昭和史にも関係してくる。ここでざっとおさらいしておこう。

ちなみに本書におけるタイ語のカタカナ表記は、あとに続く言葉で変化させている。ここでは米を指す単語を単体ではカーオ、別の単語に続く場合はカオと短母音にしている。タイ語のカタカナ表記はあくまでも書く人の感覚次第で決まりごとはない。そもそもタイ国内でさえ、タイ文字をアルファベットにする際、日本のローマ字のような全国共通のルールがないのだ。ボクが個人的に発音しやすい形で表記している点をご了承いただきたい。

タイ米はご存じのように、日本米よりも細長く軽い。これはインディカ米と呼ばれる品種の特徴だ。インディカ米は世界の米生産量の実に八割を占めるメジャーな品種である。日本米すなわちジャポニカ米は日本でしか消費されないといってもいいくらい、逆にマイナー品種なのだ。そもそも、「タイ米」と国名を限定する呼び方は後述する戦後の事情により日本特有とみられる。「タイ米」は日本におけるインディカ米の代名詞といっところだ。

タイの水耕稲作はタイ族の移動と共に西暦一〇〇〇年代にはじまったようである。それも最初はもち米の栽培だったようだ。いずれにせよ、日本に稲作が伝わったのは紀元前一〇世紀とされるので、それよりはずっと新しい。ただ、今のタイの地域においては農業自体が新石器時代にはあったとされ、かつ東北部のウドンタニー県にあるバーンチエン遺跡の研究からは紀元前三〇〇〇年にはバーンチエンの文明に稲作があったともされる。

近々の歴史さえわからないことが多いタイの有史以前のことなのでなおさら未解明の部分ばかりだが、米そのものに関しては、DNA検査の精度が上がった現在ではインディカとジャポニカを分けるのは粒の長さが定義ではなくなったようだ。中国の長江流域で栽培化されたものをジャポニカ米、それ以外をインディカ米と、栽培原点にさかのぼった原産地で定義するようになっていると聞く。とはいえ、タイ米はインディカ米で、長粒種であるということは間違いないので、それを前提に話を進めていく。

さて、ボクが初めてタイ米を食べたのは高校生のころだ。一九九三年、フィリピンのピナツボ火山が噴火した影響で日本が冷夏となり、深刻な米不足から買い占めや出し渋りで米が店頭から消えるほどの事態になった。いわゆる「一九九三年米騒動」である。

緊急事態と判断した日本政府はタイ政府に「備蓄米でいいから提供してほしい」と要請し、タイから大量のタイ米を輸入した。この緊急を要すると判断して備蓄米を頼んだことが結果的に大きな騒動を招いた。輸出されたタイ米の品質が低かったこともあり、日本では大不評となってしまったのだ。日本の炊飯器ではおいしく炊けないとか、梱包に異物が混入していた、といったデマも流れて不人気がエスカレートし、廃棄処分されるケースまで出てしまう。さらに、タイでは大量の米を日本に送ったために米相場が高騰して米を買えなくなった人が続出し、日本バッシングが巻き起こった。

そんな騒動の中、我が家の食卓にもタイ米が登場となった。当時のボクはタイがどこにあるかもわからなければ、インディカ米、ジャポニカ米の違いも知らない。タイ米の酷評は耳にしていたので、「どれだけまずいのだろう」とワクワクして口に入れた。酷評による期待の薄さを差し引いても、普通に食べられると、逆にがっかりした。幼少時から辛いもの好きで、パクチーにも抵抗のなかったボクの身体、あるいはボクの人生は最初からタイに適合するようにできていたのかもしれない。

▼タイ米のいろいろ

日本では評価の低いタイ米だが、世界的には人気が高い。中でも香り米として知られるジャスミン米の**カオ・ホームマリ**は高級米ともされる。通常のタイ米は年間をとおして栽培される二期作だが、香り米は年に一度、雨期にしか栽培できないからだ。

ちなみに、香り米でない通常の米粒あるいは精米はタイ語で**カオ・サーン**という。安宿街のカオサン通りのカオサンと同じだ。カオサン通りの名は一九〇〇年代初頭、ラマ6世王時代に米問屋地域として栄えたことに由来する。タイ米といっても一般的なうるち米、香り米、もち米、玄米などがあって、全部で十二品種があるとされる。日本ほどでないにしても、タイもいろいろな品種が流通しているのである。カオサンは近くにチャオプラヤ河や複数の運河があるため輸送に便利で、多くの米業者が集まっていた。しかし、そのうちにおもちゃ屋や飲食店が増えて観光地化し、一九八〇年代には欧米人の集まる安宿街に変貌することになる。

タイ米は日本米に比べ粘り気が少なく、パラパラとしている。これはインディカ米がデンプンの主成分アミロースを多く含むためだ。そのため、タイでは日本と違って米そのものやご飯を単体で味わうということはまずない。ガパオライスのように味の濃い炒めものなどと一緒に、もしくはチャーハンのように米そのものを調理して食す。

パラパラサラサラなので、一見日本米より低カロリーにみえるが、日本米もタイ米も量に対するカロリーはほぼ同じだ。ただ、タイ米のほうが日本米より消化されにくいため腹持ちがよく、冷めてもかたくなりにくい。食後の血糖値が急激に上昇しないという点ではタイ米のほうが健康によいといえる。

日本米にはうるち米ともち米があるが、これはインディカ米も同じだ。タイ語でもち米は**カオニヤオ**、つまり粘りつく米と呼ばれる。もち米はアミロースを含まず、アミロペクチンのみでできている。タイでは隣国ラオスの文化の影響が強いイサーン地方でよく食べられる。ラオスでは米といえばインディカ種のもち米が主流だからだ。

日本ではもち米は臼と杵でついて餅にして食べることが多いが、タイでは米粒の形状をとどめたまま食す。カゴに入れて水が沸騰した鍋の上で蒸し、そのまま食べるからだ。菓子にすることもあるが、ついて米粒を潰すことはない。この作り方の影響もあってか、飲食店でもち米を注文すると、だいたいどこも小さなカゴに入れて持ってきてくれる。一方で、屋台では皿にどんと載せられる。テイクアウトではビニル袋に一食分を入れてくれる。このビニル袋は案外便利だ。もち米の塊を袋から少しずつ出してかじれば、手を汚さずに食べることができる。

屋台では普通のタイ米もビニル袋に詰めて持ち帰る。相場は一人前で一〇バーツ程度だ。大盛り、あるいは数人分がほしい場合は、五バーツとか一〇バーツ単位で増やしていく。もち米でも単価は同じだ。

▼機関車とタイ米を物々交換

日本人がタイ米を食べなければならなくなったのは、実は九三年が最初ではない。歴史の授業で「外米」という言葉を聞いたことはないだろうか。太平洋戦争に負けると、日本国内はしばらくの間、混乱に陥った。戦争末期から続いていた食糧難が敗戦でさらに悪化したのだ。この状況を予測していたアメリカが日本を占領するために必要としたのが、実はタイ米だった。結果、外米の一部がタイ米になった。

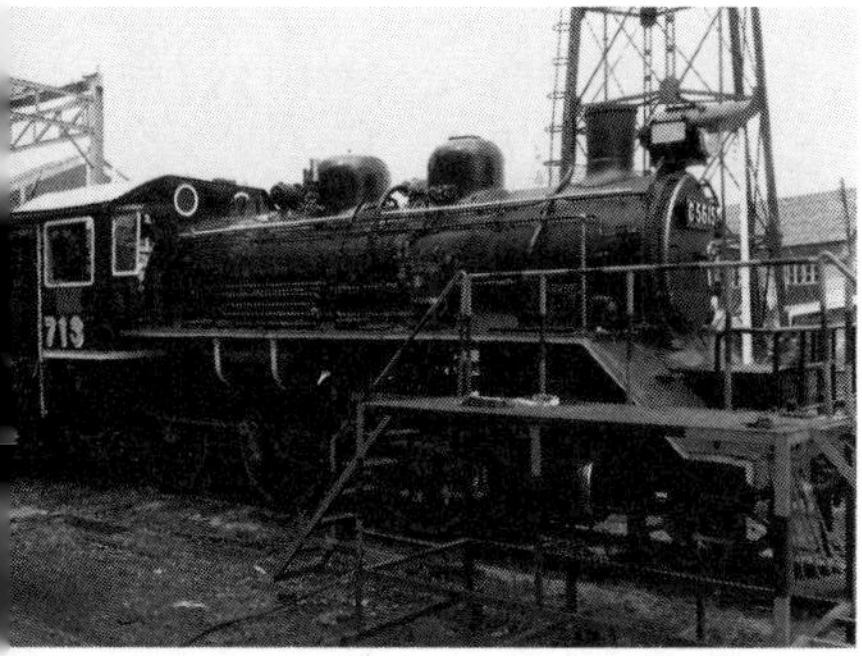

バンコクからミャンマーへと走ったとされる日本製蒸気機関車がまだタイに残っている。

タイは一九四五年八月一五日の午前中まで日本と同盟関係にあった（国際法では同盟破棄は翌月の九月二日の降伏文書調印時とされる）。戦時中は旧日本軍や日本企業からタイに兵器が供与もしくは譲渡されていた。タイの軍事関係の博物館には、今も日本製兵器が展示されている。

大量輸送を担う蒸気機関車も戦時中に日本から持ちこまれた。現行のタイ国有鉄道公社の設立は一九五一年だが、鉄道自体は一八九七年三月二六日に開通している。当初、タイ王室と政府は英国やドイツの近代的大量輸送システムとしての鉄道に目をつけ、敷設の技術と蒸気機関車もそれらの国々から購入していた。隣国が次々とフランスや英国の植民地になっていく中、列強国の侵略を回避する交渉においても鉄道網はその利点を発揮する。タイ人は外交などの交渉ごとがうまい。フランスから攻撃され植民地にされそうになったが、欧州列強国がタイの鉄道網を使ってタイ国内を通過し、物資輸送をしていいという条件と引き換えに植民地化を免れたとされる。

終戦後、タイはその巧みな外交手腕を駆使して、連合国側に入ることに成功した。さすがに戦時中のことはなかったことにはならなかったものの、日本が受けたような制裁を受けることはなかった。戦時中も日本と同盟関係を保ちながらタイの要人たちは国外に抗日レジスタンスを置き、連合国側とつながっていたことで連合側にコンタクトできたのだ。

もちろん、タイを取りこむことに強く反対した連合国もあった。英国がそのひとつだ。日本と同様、英国軍もミャンマーで大いに苦戦し、損害を被っていた。泰緬鉄道建設に協力していたタイも英国にとっては敵だったのである。

しかし、アメリカにはタイを味方につけたい理由があった。日本を救援するためである。ソ連や中国をけん制しておきたいアメリカにとって、日本の占領は重要な使命だ。敗戦後の日本が食糧難に陥ることを見越していたアメリカは、タイを日本の台所とするため、反対派を説得する。こうしてタイは、アメリカの後押しで敗戦国扱いを免れたのである。タイ政府はアメリカの指示に従い、主に東北部から日本へと米を送った。

ただ、タイも戦争で疲弊していたことに変わりはない。そこでアメリカは、東北部からバンコクに米を運ぶため、接収していた日本の蒸気機関車や貨物用車両をタイに引き渡し、足りない分は日本に造らせた。東北部で生産されたタイ米は蒸気機関車や貨車の対価として、つまり物々交換として日本に送られる。数年をかけて数百の蒸気機関車と貨車が日本からタイに納入され、日本政府が受けとったタイ米が日本国内で配給された。

これが戦後の外米の一部となったのである。この歴史に関しては以下の文献を参考にさせていただいた（柿崎一郎著『王国の鉄路――タイ鉄道の歴史　学術選書０４８』京都大学学術出版会）。

▼タイ米をめぐる光と闇

タイ米の研究は現在もタイの大学農学部などで進められている。タイの農業研究は分野によっては世界的にも進んでいて、当然だがタイ米の研究レベルは相当に高いそうだ。近年開発された黒色の**ライスベリー**や赤色の米はオーガニック米、あるいは玄米として一般販売されているが、通常のタイ米よりもずっと高額で、飲食店だとさすがに高級レストランでしかみかけない。

ライスベリー（右）は高級品扱いで真空パックで売られている。

最近ではちゃんとしたレストランでは、オーガニック米とはいわずとも、香り米を出すのが普通になっている。そうでなくても近年のタイ米は大概おいしい。新米は香りも食感もよくて、ジャポニカ米に引けをとらないと思う。全土展開しているタイ最大のスーパーマーケット・チェーンのビッグCなどで売られている米は質がピンキリだが、中間より上の価格帯を選べばどれも高品質だ。ただ、ごくまれに知名度のあるメーカーでも、袋の中で大量の虫が米粒の間を這いずりまわっていることがあるので注意したい。

ボクの妻はタイ東北部の出身だ。農村に住む祖母を訪ねると、時期によっては収穫作業中の農夫に出会うことがある。彼らによると、米農家は収穫した米を地元の農協のような組合精米所に持ちこむ。そこで集められた米が組合によって全国に流通し

スーパーでは多岐にわたるブランドが並んでいる。

ていくのだという。そしてそれが、農家が収穫物を現金化する唯一の方法だそうだ。

この組合制度には実はタイの闇が隠れている。タイの自給自足率は一〇〇パーセント以上とされる。農家は年に二回米を収穫し、タイ米は世界中に流通している。それなのに農家は子どもたちを出稼ぎさせなくてはならないほど貧しい。組合が米を買い叩いているからだ。組合は農家から集めた米に利益を乗せ、ブランドメーカーに売りさばく。農家には直販するルートがないので搾取されるままだ。このような仕組みはタイのあらゆる業界に存在する。

妻は帰省のたび、ズタ袋に二〇キロほどの米を入れてもらって帰ってくる。引きとり手のなかった米として、農家が自分たちで食べる用にとってあったものだ。スーパーの品質基準をクリアしてもいなければ、質を均一にするべくブレンドしているわけでもない。決しておいしい米ではない。虫や小石も混ざっており、研ぐときに取りのぞくのに苦労するほどだ。

飲食店でもまずいご飯に遭遇することはある。

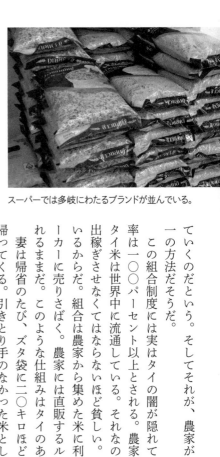

マンガ『美味しんぼ』のあるエピソードで、タイ米はパスタをゆでるように大量の湯で煮て、芯がなくなったら湯を捨て、少し蒸らすのが正統的な炊き方であり、現在はタイでも日本の電気炊飯器で炊くからまずいのだと指摘されている。実際にタイ米は水加減関係なく麺をゆでるように煮る方法もあるようだが、ボクは炊飯器で炊いた米も十分においしいと思う。

炊飯器の問題は水加減と水そのもの、それから炊きたてかどうかだと思っている。日本米同様、水加減が多すぎればベチャベチャになるし、少ないとかたすぎてしまう。水の質が悪いと香りに影響が出る。何時間も前に炊いて冷めきったタイ米もおいしくない。

第2章の食堂の項でも少し触れたが、高速道路や幹線道路のサービスエリア的な場所の飲食店のご飯はだいたいまずい。固定客がおらず客足が日によって大きく違うのに、日本の飲食店経営者のように流れを予想したりしないので、とりあえず米は大量に炊いているのだろう。そのため、閑散としている日は半日前、最悪な場合は前日のご飯で商いをしているということもありうる。米自体のクオリティーも低い。古米を使っているとか、米粒が砕けているケースもある。

とはいえ、古米は必ずしも悪いというわけでもない。タイ料理の中には古米でないとできない料理もある。タイのチキンライスであるカオマンガイは古米のほうが鶏の脂をよく吸っておいしくなるし、米粉麺のクイッティアオも古米を砕くことで水を吸いやすくしている。そのためタイ米ブランド各社は新米だけでなく、収穫から一、二年が経過した古米も普通に流通させている。さすがに一般的なスーパーの棚で古米をみかけることはあまりないが。

上／チェンマイ県の田んぼ。タイはバンコクと県庁所在地、沿岸部以外は田園風景というイメージがある。　下／収穫した米は晴れた風のない日に天日で干してから組合に送られる。

このようにタイ米には興

タイ米にはやっぱりタイ料理が一番合っている。

味深い背景がたくさんある。知れば知るほど、食べるとき思わず手を合わせて感謝せずにはいられなくなってくる。

第5章

本物を楽しむための専門店系タイ料理

日本にラーメン店、とんかつ店があるように、タイにもひとつの料理に特化した専門店系の飲食店がある。街中を歩いているとそこかしこでみかけるので、あたりまえの存在として浸透している。専門店系は店主が得意な料理を売っているから安心だし、選択肢が少ないので注文も迷わずに済む。タイ語ができなくても、メニューを指さすだけで注文できるのも楽でいい。

この章ではそんな専門店が存在する、絶対にはずせない人気の料理をみていこう。

鶏を丸ごと味わう中国由来の料理「カオマンガイ」

まず紹介したいのが「**カオマンガイ**」だ。日本人にも人気が高く、蒸し鶏載せご飯などと訳される。欠点を挙げるとすれば、カロリーがやや高めだとされる点くらい。それもまた背徳感があっていい。

原型は中国南部の島である海南島の料理「海南鶏飯《ハイナンチーファン》」とされている。中国から直接タイに伝わったのではなく、シンガポールやマレーシアを経由してタイ南部に入り、そこから全土に広がったといわれている。ただ、明確にいつどこでタイ料理として定着したのかははっきりしない。

タイ南部の華人は、広東省潮州市出身者の多いバンコクと違い、福建省出身者が少なくない。彼らはマレーシアに辿りついたあと、アンダマン海をとおってタイのプーケットなどに移動し居ついたとされる。中には海南省出身者もいて、この移民がシンガポールやタイ南部で鶏飯を定着させたのだろう。実際、シンガポールやマレーシアにも類似の鶏飯が存在していて、タイ国内でもカオマンガイの英語表記をシンガポール・チキンライスとしている店もある。

▼アイドル歌手が南部発のイメージを作った？

実は、カオマンガイが本当に南部ではじまったのか、正確なところはわかっていない。南部説が定着しているのには、あるアイドル歌手の存在が影響している、とボクはみている。

タイには超大手の芸能プロダクションが二社ある。最大手のグランミーと、九〇年代にアイドル・マニアック路線で中高生から人気を誇ったＲＳである。九〇年代後半から二〇〇〇年初頭のタイの芸能界はこの二大プロダクションがしのぎを削るおもしろい時代だった。

当時ＲＳのトップに君臨していたのがアイドル歌手のジェームスだ。ジェームスという名から欧米系とのミックスの若者を想像するかもしれないが、彼は典型的なタイ中華の顔を持つ長身男性である。南部のナコンシータマラート県出身で、九八年一二月にはタイ史上二番目にひどい航空機事故に遭遇するも、奇跡の生還を果たしている。ジェームスの搭乗したスラタニー行きタイ航空２６１便は、悪天候の中二回も着陸をやり直したにもかかわらずダイバート（別の空港に向かうこと）せず、三回目に挑戦して、空港近くに墜落した。墜落原因は今も不明だが、当時は三回目の着陸失敗直後にダイバートする旨が機内にアナウンスされ、それを聞いた乗客が一斉に携帯電話を使ったことで機体が異常上昇したと報道されていた、はずだ。今、そんな情報はどこにもなく、とにかくこの墜落事故では

上／カオマンガイを普通に注文するとこのようなセットが出てくる。
下／大きなカオマンガイの店ではこれくらい大量に鶏をゆでている。

日本人を含む百一人が亡くなり、四十五人が救出された。ジェームスは骨折を負ったものの生きのび、救出の際、マスコミのカメラにピースサインを送ったことで話題になった。

そんなジェームスこと、ルアンサック・ロイチューサックは、家族が祖母考案のレシピでカオマンガイ店を営んでいたことでも知られていた。一九九七年にはそんな境遇もあってリリースされた『カオマンガイ』という曲が人気となり、彼の代表曲にもなった。日本で親子丼の有名店のせがれがアイドルになったとして、「親子丼」という歌を発表するだろうか。当時のタイ・ポップスの自由度の高さ、ぶっ飛び度が窺える。それでもこの歌は大ヒットし、カオマンガイ＝南部発というイメージをタイ中に広めるひとつのきっかけになったとボクは思うのである。

ジェームスは二〇〇二年に自らカオマンガイ店をプロデュース、フランチャイズ展開して話題になった。五万バーツの加盟料を払った人に祖母のレシピと統一デザインの屋台設備が提供されるという仕組みだ。今でこそタイでもさまざまなフランチャイズ・ビジネスが展開されるようになったが、当時はまだ一般的ではなかった。カオマンガイは料理として身近すぎて、わざわざ加盟料を支払うメリットを感じる人が少なかったのだろう、ボク自身はジェームスのグループ店をみたことがない。ただ、細々ながら今も続いてはいるようだ。

▼タイ人が決め手とするポイントは肉より米

カオマンガイはタイ人にとって身近な料理だ。もともとは中華料理であると誰もが知りながら、完全にタイ料理化した。日本のラーメンや餃子と似ている。

作り方も一見簡単だ。鶏を丸のままゆで、そのゆで汁で米を炊き、あまったゆで汁をスープにする。それだけだ。ただし、おいしく作るにはコツがいる。まず、鶏肉はよいものを使わないと、ゆでて脂が出たあとパサパサになってしまう。ゆでる際に加える野菜やサムンプライ（香草）のチョイスと量も腕のみせどころだ。

カオマンガイに添えるナムチム（タレ）もかなり重要である。多くの店がタオチアオ（大豆の発酵調味料）を主軸に作っているが、タオチアオが必須というわけではない。どんなタレを添えるかは店次第で、そこに店のセンスが表れる。

つまりカオマンガイ店は、盛りつけや店構えこそどこも似ているが、ゆで汁とタレの味にその店の特徴が出る。多種多様なサムンプライを使ったスープ、そこでしか味わえないタレが完成しなければ、名店にはなれない。それなりに有名な店ではスープとナムチムに使うサムンプライは二十種を下らないくらいなので、素人の味覚でできる簡単な商売ではないのだ。

カオマンガイのスープは基本的には薄味になっている。

そしてスープとタレの味以上に重要なのが、実は米だったりする。カオマンガイの「**カオ・マン**」とは脂ぎったご飯を意味する。鶏のゆで汁をしっかりと吸ったうえでモチモチ食感を保たせなくてはならない。これは新米では難しい。そのため、カオマンガイでは古米が必須だ。しかし、その古米も古ければいいわけではない。きちんと管理された高品質の古米か、店のレシピとの相性がよい古米をみつける必要がある。ここをおろそかにすると、タイではおいしいカオマンガイだとは評価されない。日本人はたいてい鶏肉の味――ジューシーか、味わいが濃厚かなどでカオマンガイのよし悪しを判断する。ところが、タイ人の評価ポイントは米だ。タイ人にとってカオマンガイはカオ・マンの完成度で決まるのである。どんなに鶏肉が上等でも、米がおいしくなければ失敗作とされる。カオマンガイに限らず、**タイで飲食店を開くなら、こういったタイ人独特の評価基準を理解しておくべき**だ。

旅行者としてタイに通っていたあるとき、タイ人の友人たちと、外国人に人気のタイ料理店に行ったことがある。ボクにとってはおいしい料理だったが、友人の評価は最低だった。味のわりに値段が高かったからだろうと思っていたが、在住十年をすぎたころにそのレストランに行くと、たしかにおいしくない。サムンプライの使い方が消極的で、鮮烈さがないのだ。ああ、これではタイ人の味覚には合わないだろうな、とがっかりし、こんな料理を外国人旅行者は本場のタイ料理としてありがたがっているのかとダブルで残念になった。そして、タイ人には特有の味覚と味の評価基準があることを、あらためて思い知ったのだった。

▼カオマンガイを注文するには

カオマンガイは専門店系のタイ料理であって、片手間でやっている店はタイにはほとんどない。シンガポールのチキンライスは専門店というよりはむしろ自宅で食べるものらしい。タイにもシンガポールのようにスープの調味料などがひとまとめになった家庭用市販キットは売られているが、材料費などを考慮するとかえって高くついてしまうので使う人はほとんどいない（と思う）。コスパを考えればどうしたって屋台に軍配が上がる。専門店でひと言「カオマンガイ」と注文すれば問題なくありつくことができるのだから。

ちなみに、カオマンガイのタイ語発音は意外と難しい。タイ語が話せない旅行者にはまず正確な発音はできないだろう。タイ語と日本語では音節が違うからだ。日本語の音節はリズムの単位であるモーラ（拍）と呼ばれ、カオマンガイなら「カ・オ・マ・ン・ガ・イ」と六つの音に区切られる。簡単にいえば、手拍子ひとつがひらがな・カタカナの文字ひとつに一致するようなイメージだ。一方、タイ語は英語のように母音で分けるシラブルという音節と同じで、「カオ・マン・ガイ」とわずか三つの音節に分けられる。日本語は六拍子なのに、タイ語なら三拍子で済んでしまうという違いがまずある。

さらに、日本語は次の音節に引っ張られて連続性のある発音になるケースが存在する。カオマンガイのンとガの並んだところは音楽（お・ん・が・く）と同じで、「ンガ」と鼻にかかったような音になる。文字としては存在しないが、日本人なら誰でも無意識のうちにこの音を使っている。一方、タイ語には「ヘビのNG」という文字があり、明確にその「ンガ」の発音が存在している。つまり、「Khao Man Kai」を日本人がカタカナを読むように普通に発音するとタイ人には「Khao Mangai」に聞こえてしまうのだ。タイ語では単語末尾がNとNGで違えば、まったく異なる意味の単語になる。察しのいい人なら問題ないが、外国人に不慣れなタイ人はそういった違いを先まわりして理解してくれない。

それから、日本人がカオマンガイというとき、マンにイントネーションを置くが、タイ語ではカオが山なりのイントネーションで強く、マンは平声、ガイは低声になる。このあたりも意識しないとなかなか通じない。

さて本題に戻ろう。カオマンガイ屋台ではゆでた鶏肉がガラスケースの中にぶらさがっていて、看板代わりになっている。ガラス棚の下部にタイ式の鶏から揚げガイ・トートがみえたら、ゆでた肉の代わりにから揚げが添えられた「カオマンガイ・トート」を注文することもできる。

カオマンガイはカオ・マンによってワンプレートながら高カロリーなので、同じご飯で、しかもから揚げのカオマンガイ・トートは重いと感じる人もいる。そんなときはカオマンガイとカオマンガイ・トートのミックスを頼むこともできる。かつては混ぜるという意味の**パソム**とか、ミックスを意味するルアムミットなどと呼んでいたが、最近ではふたつがひとつの中にあることを意味する**ツーイソンワン**（タイ語の発音ではトゥーインワン）の呼び名がタイ全土で定着した。「カオマンガイ・ツーインワン」といえば、半分が普通のカオマンガイの肉、半分がから揚げのカオマンガイが出てくる。

そのほか、アレンジを加える注文方法もある。鶏皮を避けたい場合には「マイ・アオ・ナング」というと、肉をひと口サイズに切り分けるときに皮をはずしてくれる。店によっては**オック・ガイ**（むね肉）、**サポーク・ガイ**（尻側のもも肉、いわゆるサイ）、**ノン・ガイ**（太もも側のもも肉、いわゆるドラムスティック）といった部位指定も聞き入れてくれる。

カオマンガイを頼むと、**ファック・キアオ**（冬瓜）やパクチーの入ったスープがセットで出てくる。実はこのスープはお替りできる。昔はほとんどの店で無料だったが、今はどうだろう。

豆腐のような見た目の、鶏か豚の血の塊の**ルアット**が添えられてくる店もある。ルアットがいるかいらないかもあらかじめ伝えておくことが可能だ。ルアットのほか、**タップ**（レバー）の用意がある店もある。これらはサービス品として勝手についてくるもので、下処理がしっかりしているとは限らない。ボクはこれらがついてきたら、セットのスープの中に入れて、ちょっと温めてから食べる。

成人男性だとカオマンガイ一皿では足りないという人もいるだろう。そんなときは大盛りを意味する**ピセート**という言葉をつけ加えよう。ただ「ピセート」といえば、米も鶏肉もちょっとだけ多くなる。米か鶏肉、どちらかだけを多くすることも可能だ。追加料金は一〇バーツ程度が相場となる。

それでも足りないなら、日本の牛丼店の牛皿のように米と肉を別々に盛ってもらうこともできる。タイ人がグループで行くと、こういう注文をすることがある。鶏の半身か一羽を注文すると、ひと口サイズに切った鶏肉が盛られた大皿が出てくる。ご飯は茶碗でひとり一杯ずつか、モーという鍋の器のようなもので注文する。スープは小鉢に盛られる場合と、丼にまとめて盛られる場合がある。これらをシェアすれば、大食いの人と小食の人でバランスがとれ、トータルでのコストパフォーマンスが上がるというわけだ。この盛り方はあくまでも半身か一羽の注文が必須なので、ひとりで注文するのはちょっと厳しいかもしれないが。

カオマンガイは専門店が基本だが、高級レストランのメニューにもたまにある。バンコクで最も有名な高級カオマンガイといえば、スリウォン通りにあるモンティエン・ホテル内のレストランだ。このホテルのカフェ・レストランにある数百バーツのカオマンガイはとにかくボリュームがすごい。先の大人数用バージョン並み、鶏半身くらいはあると思う。しかも、肉はジューシーでおいしいので、ただ高いだけではない。

上／横の黒みがかった豆腐状のものが血を固めて作ったルアット。　下／ほぼ半身の量があるのがモンティエン・ホテルのカオマンガイだ。

カオマンガイ専門店はタイ全土にあり、名店も多い。サムンプライや野菜などをどうスープに仕込むか、どんなナムチムにするかなど、各店のこだわりが実はすごいのだ。カオマンガイに特化したガイドブックができそうなほど幅広く、奥が深い。こんなメニューがほかにあるだろうか。

タイ式フライドチキン「ガイ・トート」

「ガイ・トート」はタイ式フライドチキンである。ナンプラーを使うところがちょっと異質だが、「ガイ・トート」は「から揚げ」より、「フライドチキン」と訳したほうがしっくりくると思う。

ガイ・トートの魅力はタイ国内どこにでもあり、安価で気軽に食べられる点だ。タイ米にも合うし、もち米と一緒に食べればそれなりに腹にたまって一食分になる。タイ人にとっては定番の朝食メニューで、朝の市場では必ずみかける。

ボクが思うおいしいガイ・トートは、皮はパリッと、肉はジューシー、だ。子ども料理人のマンガ『ミスター味っ子』のコンビニ対決の回に、一コマくらいだけガイ・トートの作り方が出てくる。そこでは下ごしらえとして肉を一度ゆでていたと記憶している。そこまでしている店はタイにはない気がするが、店ごとに調理法が工夫されていて、どこで食べても骨からの肉離れはよく、食べやすい。

そんなガイ・トートの専門店は「ガイ・トート・ハートヤイ」を銘打っているケースが多数だ。ハートヤイは日本ではハジャイとも呼ばれる都市名で、タイ南部ソンクラー県に位置する。マレーシアの国境パダンベサールにも近く、南部ではわりと大きな街である。しかしハートヤイにガイ・トートの店が多いかというと、ボクがみてきた限りではそうでもない。

なぜ、ガイ・トートの専門店はハートヤイを謳っているのか。諸説の中で有力なのは、八〇年代あるいは九〇年代にハートヤイの市場で鶏肉店を営んでいたワンさんとトーンカムさん夫婦が考案したガイ・トートの調理方法が原型だとする説だ。ハートヤイは大きな街だが、鶏肉が売れ残る日だってある。夫のトーンカムさんは自家製スパイスを使って売れ残った鶏肉に味つけして自分たちで食べていた。ある日、売れ残りが多くてスパイスに漬けこんだ肉さえ食べきれずに腐らせてしまったことが

タイのフライドチキンはビールにももち米にもピッタリだ。

あった。そこで、そうなる前にと苦肉の策でから揚げにして食べていたら、たまたま食べさせた友人らに好評で店頭に出したところ、有名になった。

タイの市場は日の出前にはじまり昼前におわるので、夫妻は未明から明け方までは鶏肉を売り、朝から昼まではあまった肉を揚げて店頭に並べた。そのうち夫妻は、客が香りのことばかりを褒めることに気がつき、スパイスをさらに改良する。努力を重ねて作ったカリカリで香りのよい衣が話題となり、メディアにも取りあげられるようになった。こうして「ガイ・トートはハートヤイ」というイメージが定着したのである。

夫婦は商標登録しなかったようで、ガイ・トートの店はどこでもハートヤイを冠するようになった。ＯＴＯＰ（オートップ）のアンテナショップにガイ・トート・ハートヤイのスパイスが売っているとの情報もあるが、オリジナルかどうかは不明だ。少なくともバンコクでみかけるガイ・トート・ハートヤイのほとんどはオリジナル味ではないだろう。

ちなみにＯＴＯＰとはワン・タンボン・ワン・プロダクトの略で、日本語では一村一品運動と訳される。タンボンは、バンコク以外において県の下の郡に続く行政区分だ。本来はタンボンの下のムーバーンが村に相当するものの、日本では理解しやすく一村一品とされる。ＯＴＯＰはタクシン・チナワット元首相が、農業以外の産業がない村での収入向上を目指して二〇〇一年にはじめた、タンボンごとに地元の雑貨や飲食物を生産・販売する制度だ。七千以上のタンボンが参加しているため製品はさまざまで、木工民芸品もあれば化粧品もあるし、食べものもある。工芸品はハンドメイド、食べものもある。ものはオーガニックが多く、健康食品に目覚めてきているタイ人にもＯＴＯＰ製品は人気がある。

▼高田イチオシのガイ・トートはヤバい調理法だった

さて、ボク史上最もおいしかったガイ・トートの店は、北部チェンマイの旧市街にある屋台だ。タイのテレビ番組でみた、なんと素手で鶏肉を揚げるおじさんの屋台である。本当にトリックはないのか生でみてたしかめようと、チェンマイまで足を伸ばした。

このおじさんは日本や諸外国のテレビにも出ている有名人だ。チェンマイに到着するまでどこにいるのかわからなかったが、現地で聞きこみをしたら五分でみつかった。それほど知られた人なのだ。ところが、せっかく店を探しあてたのに当のおじさんが全然現れない。店頭にいた娘さんに電話してもらって約束をしても来ない日が続き、チェンマイを発つ日、フライト時間ギリギリにようやく会うことができた。

変な特技を売りにしただけの店なのだろうと思っていたが、ガイ・トートはこれまで食べた中で一番おいしい。とにかく衣がほかとは違う。聞いた話では、タイ北部ではガイ・トートの衣にサムンプライを多用するという。ハートヤイでも衣にスパイスを入れるので、ガイ・トートの決め手は案外衣なのかもしれない。ここのガイ・トートも北部式にサムンプライが多種使われているので衣に風味があって、ややピリ辛な味がバンコクのガイ・トートとは違っていた。白米よりもち米にぴったりの味わいだった。行列こそできていないが途切れることなく客が訪れ、この店のガイ・トートを買っていく。次から次に揚げるガイ・トートが、次から次に売れていく。これだけ売れるガイ・トート店はバンコクにだってない。おじさんの素手揚げはあくまでも余興のようだ。

油は正真正銘の熱さだった。

やっと会えたおじさんの名前はカンさんといった。最初から手で揚げていたわけではなく、二〇〇四年の事故で偶然自分の体質に気がつき、この方法をはじめた。木の下でガイ・トートを揚げていたら、太い枝が折れてグラグラと煮えたぎった油の中に落ちてきたのだ。カンさんは顔や身体に高温の油を大量に浴びてしまう。油は目にも入り、失明も覚悟したがなんともなかった。それどころか、顔や身体も痛みがなく、どこもやけどすらしていない。自分は特異体質なのではないかと思ったカンさんは試しに手を油につっこんでみた。するとまったく問題がない。こうしてときどきショー的に素手で鶏肉を揚げてみせるようになり、それがテレビ関係者の目にとまったというわけだ。

この目でたしかめようと、カンさんに素手でガイ・トートを揚げてもらった。やけどをしないとはいっても、さすがに長時間手をつっこむと手の肉が揚がってしまうので、油にはちょこちょこ触る程度だ。それでもやせ我慢をしているようにはみえない。ボクも触ってみたら、油は本当に熱くて、とても我慢できるレベルではない。カンさんは自分の手や腕に高温の油をあえてかけたが、皮膚にやけどの症状はいっさい出てこなかった。氷を長時間押しつけていてもなんともないらしい。痛覚が異常に鈍感なのだろうか。

ボクが会ったのは二〇一二年とかなり前だが、店は今もちゃんと営業している（執筆時）。『ガイ・トート・テクニック・ナーイ・カン・ムーレック』という店名は、鉄の手を持つミスター・カンの技術で作る鶏から揚げ、といった意味あいか。カンさんは相変わらず店頭にはいないようだが、その素手揚げがどうのこうのは別にして、ここのガイ・トートは衣に入れた香草やスパイスのバランスが絶妙で本当においしい。チェンマイを訪れたらぜひ試してほしい逸品だ。

カンさんがデモンストレーションとして実際に素手でから揚げを作ってくれた。

日本では最近から揚げ専門店が乱立中だし、欧米のフライドチキンや韓国料理の鶏から揚げもタイでは人気がある。ガイ・トートはそれらとも比較しやすく、魅力が伝わりやすい料理だと思う。

イスラム系の定番炊きこみご飯「カオモック・ガイ」

「**カオモック・ガイ**」も外国にルーツを持ちながら、あくまでタイ料理として発展した料理だ。カオマンガイに似たチキンライスでありつつ、インドを起源とするイスラム料理ビリヤニが原型で、ご飯がスパイスで黄色づいているのが特徴だ。カオモックは「**カオ・ブリー**」の一種にくくられる。これは日本でいう炊きこみご飯（あるいは混ぜご飯）のことだ。

カオモックはタイでは南部発祥と認識され、南部のムスリムが食べていたといわれる。しかし、ビリヤニが原型だとすると、タイに入ってきたのは南部経由ではない可能性も高い。現王朝の二代目ラマ2世王がカオモック・ガイを評価した記録があり、そのころにタイに到来したとも考えられる。そうなると、南部発祥ではなく、バンコクにダイレクトに来たことになる。

また、インド商人、ペルシャ商人が伝えたという説もあり、だとするとやはり一八〇〇年代、またはそれ以前のアユタヤ王朝時代（一三五一〜一七六七年）にすでに伝来していたかもしれない。アユタヤでは現在もローティー・サーイマイという菓子が主にイスラム教徒の店で売られている。彼ら曰くローティー・サーイマイは「インドから来たムスリムが伝えたスイーツ」で、カオモックも同じと考える根拠がなくはない。

上／鶏肉と黄色いご飯が特徴的なのがカオモック・ガイだ。　下／カオモックは似たようなカオマンガイとは作り方が全然違う。

▼黄色い米に骨つき肉を埋めこむ

カオモック・ガイは、「**カオモック**」という料理の鶏肉バージョンである。グリーンカレー同様にカオモックには鶏肉が一番合うので最もポピュラーで、ほかには**ゲ**（羊肉）や**ヌア**（牛肉）のカオモックも存在する。この点はカオマンガイと大きく異なる。

カオモックの大きな特徴は米が黄色いことだ。一見サフラン・ライスのようだが、日本人の舌にはドライカレーに近いと感じるだろう。それもそのはずで、黄色の正体は**カミンチャン**（ウコン）が一番大きな要素になっているからだ。ほかにもサムンプライやスパイスが多数使用される。**マレット・パクチー**（パクチーの種）、**イーラー**（クミン）、**ガーンプルー**（チョウジ）、**グラワーン**（カルダモン）、**オップチョーイ**（シナモン）などだ。レシピは人によって異なる。近年ではカレー粉やサフランを使う人もいるし、市販のスパイスキットを使う家庭もある。それらのスパイスに牛乳かヨーグルト、塩や砂糖などの調味料を混ぜて、まずはそこに肉を漬けこむ。

調理手順としては、まずつけあわせに使う**ホームデーン**（エシャロット）を薄切りにしてカリカリに揚げておく。オニオンチップスのようなものだ。そして、揚げおわった油を使い、スパイスに漬けておいた肉を炒める。肉をフライパンから引きあげると先のヨーグルトの汁が残る。そこに米を入れて汁がなじむよう軽く炒めたら、釜や鍋、炊飯器に移して炊く。半分炊けたら肉を中に置き、再度炊きあげれば完成だ。ご飯をかき混ぜ、肉を中に埋めこんでから蒸らせば、ご飯の余熱で肉がさらにやわらかく仕上がる。カオモックのモックには隠す、埋めるという意味がある。肉をご飯（カオ）に埋めるから「カオモック」というわけだ。レシピによってはスパイスとヨーグルトを混ぜた液に肉を漬けこまない手順、米を炒めない方法もある。作り方からわかるように、カオマンガイを作る際に生じる鶏のスープはカオモックにはない。

スパイスは水で薄められているので日本のドライカレーほどカレーの香りはしない。そのため、味は薄めの印象なので、ナムチム（タレ）をつけながら食べる。このナムチムには薬効も高いという和名コウスイハッカの**バイ・サラネー**（レモンバームの葉）、プリック（トウガラシ）、ガティアム（ニンニク）、パクチー、トンホーム（ワケギ）などが入っている。強めの緑色で、プリックが入っているが砂糖の量が多いのでさほど辛くなく、甘酸っぱい風味のナムチムだ。

カオモック・ガイの鶏肉はカオマンガイのようにひと口サイズに切られておらず、骨つきで出てくる。肉を切り分ける手間がないので、注文してからテーブルに出てくるまでの時間もずっと早い。肉は米と一緒にじっくり火をとおしてあるのでかなりやわらかく、スプーンとフォークで問題なく切ることができる。肉をはずしたあとの骨にも注目したい。関節にある軟骨がやわらかく、スパイスが絶妙にしみこんでいるので、忘れずに食べるべきだ。

▼バンコクから行きやすいカオモック・ガイの名店

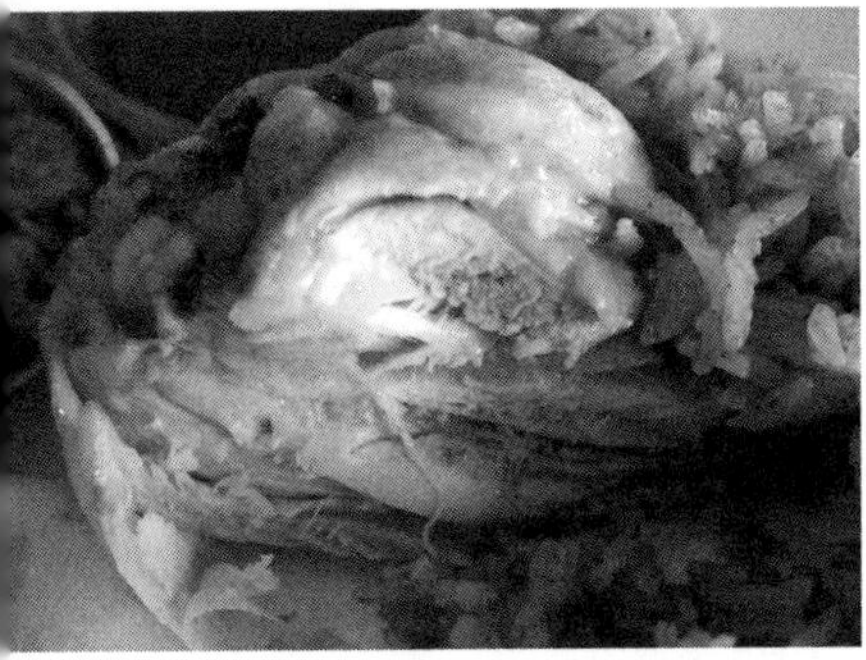

カオモック・ガイ・サヤームの肉は断面をみればわかるように肉質はやわらかい。

カオモックのおいしい食堂はいくらでもあるが、バンコク近辺の有名店をいくつか挙げておきたい。

ひとつはノンタブリー県の『カオモック・ガイ・サヤーム』だ。バンコクの北に、年四回モーターショーが開催されることで知られるコンベンションセンターのインパクト・アリーナがある。高速道路からこのセンターを右にみながらすぎた次の出口から左に五分ほどのところでこの店をみつけられるだろう。高床式の建屋で、鶏肉のほか、牛肉のカオモックも食べられる。イカの酸っぱくて辛いスープ「**トム・プラームック**」もある。

カオモックのためだけにノンタブリー県まで行くのはやや腰が重くなるが、一応「ついで」に行けるような場所ではある。

というのは、この辺りにはコンベンションセンターのほか、日系企業がいくつも入居する工業団地がある。また、乗ってきた高速道路終点は世界遺産の古都アユタヤに近い。出張やアユタヤ観光のついでに立ちよるのにちょうどいいではないか。

週末市で有名なチャトチャック・ウィークエンドマーケットにも有名店『サマーン・イスラーム』がある。

チャトチャック・ウィークエンドマーケットはタイの戦後復興政策のひとつとして一九四八年にはじまった。政府が各県にひとつずつ、曜日や時間を限定したタラート・ナット（非常設市場）を置いたのである。バンコクの週末市もそのひとつだ。最初は観光客の誰もが足を運ぶ王宮（もしくはエメラルド寺院）前に広がるサナーム・ルアン（王宮前広場）で開催されていたが、一九八二年にタイ国鉄所有のチャトチャック公園へと移設され、今に続いている。チャトチャック・ウィークエンドマーケットが正式名称になったのは八七年のことだ。この週末市は客足の多い市場として世界的に知られていて、今や青空がみえないほどたくさんの小売店テントが市場中心部の広場に並ぶ。

サマーン・イスラームへは、まず市場中央にある時計塔に向かうといい。時計塔の東側から東方面にまっすぐ、ＢＴＳ（バンコクの高架電車）の走る大通りに出る通路が伸びている。この通路に入ったらすぐ右手にムスリムの三日月と星のシンボルがついた看板、もしくはカオモックの寸胴がみえる。そここそが、サマーン・イスラームである。

ボクが初めてカオモックを食べたのは一九九八年、やはりこの店だった。スパイスの効き具合がちょうどよい王道の味で、肉もやわらかい。ムスリム女性の店主によると、チャトチャックに市場が移転したときから同じ場所で営業している。つまり、執筆時現在で四十年もの間、カオモック・ガイを出しているというわけだ。週末営業とはいえ、歴史は長い。カオモックのほか、米粉麵や魚料理、タ

サマーン・イスラームはカオモック専門店というよりは南部料理店だ。

イの伝統スイーツの代表格カオニヤオ・マムアン（ココナッツ・ミルク風味のもち米と完熟マンゴーのデザート）もある。

　サマーン・イスラームの唯一の欠点は値段が高いことだ。バンコクでは五〇バーツが相場のところ、ここのカオモック・ガイは現時点で一〇〇バーツ以上もする。タイ全土で一番高いのではないだろうか。量はほかの店と変わらない。外国人価格なのかと疑うが、タイ人にも同じ値段なのでそうでもないらしい。かつてはもっと安かったので、おそらくチャトチャック・バブルのせいだ。釈然としないが、あのおいしさが忘れられず、チャトチャックに来るとやっぱり食べにいってしまう。

　ちなみに、外国人価格というのはいまだタイにはびこる悪しき習慣のひとつだ。国立公園などで国も堂々やっているから、あらゆるところで遭遇することになる。タイ人向けの正規料金の倍から十倍と幅広い。ほとんどがエンタメや観光系スポットで、飲食店で二重価格を設定し

ジラパンのガイヤーン自体がサムンプライですでに黄色い。

ているケースは少数ではある。観光系は、タイ人のためのスポットだから、といった大義名分があるものの、飲食店ははっきりいって悪意しかないので、事前にわかる場合は行かないほうがいい。高確率でどうせおいしくない。

これらの有名店以外でもカオモックのおいしい店はたくさんある。商業施設内のフードコートならたいてい専門店がみつかるし、味も悪くない。専門店よりは「南部料理店」を標榜する店が多いので鶏肉以外のカオモックもあるし、マッサマン・カレーも置いてあるだろう。中でもスワナプーム国際空港近くの超巨大商業施設メガ・バンナーなどにあるシンガポール系フードコート『フード・リパブリック』のカオモック・ガイは、バンコクの中では結構イケる水準だ。

ラマ9世通りにある『ガイヤーン・ジラパン』のカオモック・ガイも本格派でおすすめだ。ここは店名どおりガイヤーンの店だ。バンコクの中でもイスラム教徒が多く住む地域なので、この店のガイヤーンはイスラム色が強い。ヨーグルトとスパイスを混ぜこんだタレを塗りながら焼くというタイでは珍しい調理法で、バンコクご当地ガイヤーンとして「ガイヤーン・プラカノン」とも呼ばれている。そんな店のおいしい鶏肉を使ったカオモック・ガイなのだ。

このように、カオマンガイほど多くはないが、カオモック・ガイのおいしい店もタイ各地にある。

店頭にぶらさがるアヒルが目印「カオナー・ペット」

日本では珍しいアヒル肉を使ったご飯「**カオナー・ペット**」もタイでは人気がある。街中の食堂の店頭ガラスケースにこんがりと焼かれたアヒルが丸ごと吊りさげられている。鶏肉よりは特殊だからか、屋台より食堂に多い印象だ。

この料理もまた中華料理あるいは華僑・華人の影響を大きく受けている。タイでは潮州市の同様の料理が原型といわれる。中国のアヒル料理といえば広東式の北京ダックだが、北京ダックが皮と肉を分けて食べるのに対し、カオナー・ペットや「**ペット・ヤーン**」（ローストダック）といったタイ版では、皮は肉についたまま一緒に切り分けられる。鍋料理タイスキ店の店頭にもアヒル肉はよくある。タイスキの最大手ＭＫレストランは国内で最もアヒルが売れる店といわれ、全チェーン合計で一日二万羽のアヒルが消費されるという。

ちょっと規模の大きな市場――たとえばバンコクならクロントーイ市場に行くと鶏肉やアヒル肉が丸のまま、しかも生で売られている。そういった大きなところだと売買量も多いので、卸業者の中には生きたままのものを置くところもある。鶏やアヒルが檻に入れられ、売れるのを待っている。その檻の上には台が置かれ、早々に絞められた鶏やアヒルの肉が置いてあって、消費者側からすると一気に食欲がなくなってしまう。

アヒル系の食材において肉以外だと**カイ・ペット**（アヒルのたまご）もタイでは一般的な食材だ。**カイ・イヤオマー**（ピータン）はスーパーやコンビニでも売っていて、最近はガパオライスにも肉の代わりに使われ、これが意外においしい。**カイ・ケム**と呼ばれる塩漬けたまごもアヒルのたまごの場合が多い。アヒルのたまごは卵黄の色味が鶏卵より鮮やかで、味も濃厚だとされるからだ。

タレをかけていないタイプのカオナー・ペット。

アヒルはタイ語で**ペット**という。語尾の聞きとれない日本人にはペッに聞こえるかもしれない。タイ語の「辛い」もカタカナだとペットと同じになるが、厳密にはアヒルは無気音のP、辛いは有気音のPhという文字があてられるのでまったく違う音だ。

また、タイのアヒルは、日本人がイメージする白い羽毛に黄色いくちばしの鳥ではなく、カモか合鴨に分類される品種のほうが一般的だ。詳細についてはパーク・ペット（アヒルのくちばし）という料理を扱う第12章で紹介する。

▼タレとソースが独特

カオナー・ペットは鶏肉スープで炊くカオマンガイと違い、白飯に焼いたアヒル肉を載せる料理だ。「**カオナー**」はご飯の前、ご飯の上といった意味で、主に肉料理を白米の上に載せる料理を指す。そのため、アヒル以外にも鶏肉や豚肉などもある。カオナーのつけあわせは店によるが、カオナー・ペットなら**パック・グワン**

トゥン（アブラナ属の野菜）をゆがいたものがスタンダードだとボクは思っている。

この料理では、ペットの焼き方と最後に肉の上にかけるソース、ナムチム（ディップソース）に店の個性が出る。カオナー・ペットに添えられてくるナムチムのベースは**シーイウ・ダム**（黒醤油）だ。シーイウ・ダムは、白醤油のシーイウ・カーウを長めに発酵させ、砂糖、**ガーク・ナムターン**（糖蜜）、**ペーング・カオポート**（トウモロコシのデンプン）などを加えて作る、黒くて甘い醤油調味料だ。シーイウ・ダムはほかに子ども向けのナムチムにもよく使われる。

シーイウ・カーウやタオチアオ（大豆の発酵調味料）、**パロー**を加えて作られるソースを、アヒル肉を載せたご飯の上にトロリとかけることも一般的だ。店によってはソース・ホイナーングロム（オイスターソース）を入れるところもある。パローは八角、パクチーの種やクミン、陳皮、シナモンなどが混ざった、煮込み料理によく使われる香辛料だ。福建省の中華料理から伝わったとされ、五香粉にも似ているためか香りにクセがあると感じる人もいる。

このソースは片栗粉でとろみがついていて、そこが苦手な人もいる。ボクもそのひとりだ。白米と合わない気がして、かけないよう

上／店頭に丸焼きのアヒルが吊り下げられているとおいしそうにみえる。　下／小売店に並ぶピータンはだいたいピンク、カイ・ケムは白、通常の鶏卵は茶色なので区別がつく。

上／パック・グワントゥンは食感も味も日本人なら食べやすい。　下／カオ・ムー・デーンはなにもいわないと中華風のソースがかかってくる。

にしている。ソースなしのカオナー・ペットを注文するときは「マイ・ラート・ナーム」といえば通じる。直訳すると「水はかけない」なのだが、ナームは液体全般を指す言葉なので、これで通じる。

とはいえ、ソースなしだと特にカオナー・ペットは味がかなり薄い。そこでボクは、タイの万能調味料と勝手に命名しているプリック・ナンプラー（カオ・パットの項で紹介したナンプラーベースのナムチム）をもらい、適量かけながら食べている。これがシンプルでおいしい。この食べ方をするタイ人はあまりいないので、店によっては眉をひそめられることもある。タイ人は、こう食べると思いこんだもの以外を作らない（作れない）傾向にある。寿司といえば醤油をつけるのがデフォルトで、かつて塩で食べる新手法に抵抗感があった人と同じようなものだ。日本人は食に関しては世界で一番というくらい寛容でチャレンジ精神があるけれど、タイ人はそうではない。そのため、プリック・ナンプラーをもらえないこともしばしばで、調味料が別カウンターに置いてあるフードコートなら、人目を気にせず好きな味で楽しむことができていいケースもある。

なお、カオナー・ペットは店によって見た目が違うことがある。アヒルの皮の表面の色が薄い茶色の店もあれば、焦げ茶色もある。これは表面に塗りこむ調味料が違うからだ。よくあるのは、**ジックチョウ**という酸味のある調味料とシーイウ・カーウ、**ベ・セー**（コーンシロップ）などを合わせたタレだ。それを塗る前には下味をつけるため、ハチミツやシーイウ・カーウ、中国酒などでできた液体に肉を漬けている。

▼中華チャーシューを載せたご飯もおすすめ

カオマンガイと同様、カオナー・ペットでも米が非常に重要だ。タイ人は米がまずいカオマンガイやカオナーは認めない。

そんな性質にもかかわらず、安い食堂や屋台では米の炊き方がいい加減だったり、利益優先で劣悪な品質の米を使ったりしているから注意が必要だ。タイ米は日本米と比較すればもともとパサパサだ。カオマンガイのように鶏の脂で炊けば多少潤うが、カオナー・ペットで使うのは白飯そのものなので、炊き方や米の質が舌にダイレクトに伝わってくる。劣悪なものを使えば食感はボソボソするし、水を入れすぎれば舌触りが悪くなってしまう。よい米を使っているかどうかを店の外観から判断するのは難しい。テーブルについてからすでに食べている人の皿を覗いてみるしかない。

ボクが個人的にカオナー・ペットとほぼ同じ料理、あるいはカオナーとみなしているのが「**カオ・ムーデーン**」だ。店によっては「カオナー・ムーデーン」とも呼ぶ。**ムーデーン**は直訳すると赤い豚肉、つまり中華チャーシューのことだ。肉の表面は赤いが、中まで達してはいない。食紅で色づけしている店もあるものの、本来は多種のスパイスや調味料を肉に塗りこみ、長時間置くことで赤みを出しているとされる。これを焼くかゆでるかしたものを薄切りにし、白飯に載せてソースをまわしかければ完成だ。ソースはカオナー・ペットと同じ場合もあれば、調味料を変えている店もある。いずれでもとろりとしたタイプがほとんどだ。

カオナー・ペットを出す店でムーデーンもメニューに載っていることもある。カオナーは全体的にさっぱりしているので朝食にもぴったりだ。豚三枚肉（豚ばら肉）のから揚げを載せた「**カオ・ムーグロープ**」、ムーデーンとこのから揚げ二種類を載せる「カオ・ムーデーン・ムーグロープ」もある。

ゴーゴーバーで知られる歓楽街のパッポン2通りに、かつて絶品カオナー・ペットを出す店があった。二十四時間営業スーパーのフードランド隣で終日営業していて、足繁く通ったものだ。その後、残念ながらバーレストランになってしまった。カオナー・ペットをみるたびに、今は幻のあの店の味を思いだす。その意味で、カオナー・ペットはボクにとって特別なタイ料理なのだ。

豚足の煮込み飯「カオカームー」はタイの香り

近年ではあまりいわれなくなったが、昔は日本に到着した欧米人がよく「日本は醤油臭い」といっていたらしい。それをいえば、ボクが初めて訪れたタイで感じたのは八角のニオイだった。

一九九八年一月当時、タイの玄関はドンムアン国際空港で、ボクが利用したエジプト航空はターミナルに横づけされず、シャトルバスもなかったので飛行機からターミナルまで徒歩で移動させられた。なにせボクにとって初めての海外旅行だ。数日前に大雪が降った東京とは真逆の気温差にまず驚いた。そして、とにかく鼻についたのが、妙なスパイスのニオイだ。それが八角であることは、しばらく経ってわかった。

宿泊先も決めずに到着したボクは、たまたま飛行機に同乗していたイスラエル人男性と北欧女性のカップルに「タクシーをシェアしてカオサンに行こう」といわれるまま、カオサン通りに向かった。床に穴の開いた、古いタクシーだった。到着したカオサン通りで宿を決めて、翌日、ぶらぶらと歩い

煮込まれてやわらかい豚肉が載ったご飯カオカームーもタイ屋台料理の代表だ。この店では野菜も切り刻んで混ぜられている。

ていたら中華街に入りこみ、そこに同じニオイが漂っていたことに気づく。正直、最初はいい香りだとは思えなかった。今、バンコクの中華街を歩くとむしろ漢方薬のニオイを強く感じるが、当時のボクは八角の要素しか感じなかった。

八角はタイ語で**ポイガック**という。中華料理の代表的な香辛料で、先にも紹介した中華スパイスであるパローの一番の特徴的な香りの要素だ。滞在するうちに違和感のあったそのニオイが八角の香りであり、「**カオカームー**」が発生元であることがわかってきた。飲食店の店頭に置かれた大鍋からみえる**カームー**はみるからにおいしそうで、好きじゃなかった八角の香りも次第に心地よく感じるようになっていった。

余談だが、本書における料理名の区切り方はボクの感覚によっている。カオカームーやカオマンガイは固有の料理名として独立している。一方、前項のカオナー・ペットはアヒ

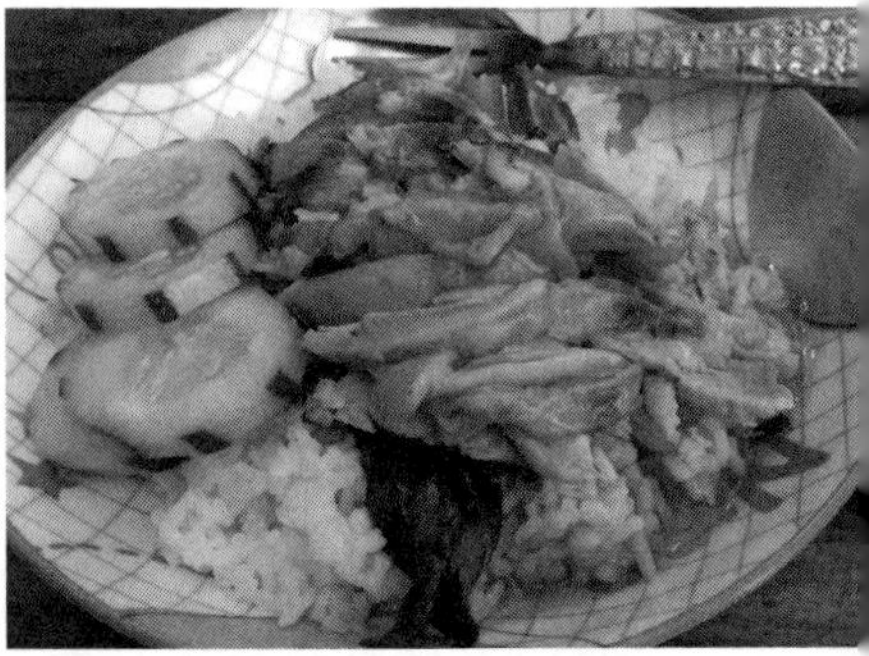

鶏肉を載せているとカオナー・ガイという料理名になる。

ルを意味するペットの前に区切りの点を置いている。これはほかにも鶏肉の「カオナー・ガイ」、豚肉の「カオナー・ムー」など、肉に選択肢があるからだ。カオマンガイは発音的にはカオマン・ガイ、カオカームーはカオ・カームーとしてもいいのだが、これらはほかにはない特有の存在だとボク自身が感じるので、点で分けていない。

▼アレンジは無限！　とことん好みを追求できる

カオカームーは直訳すると豚足ご飯だが、豚足煮込みのご飯がけといったほうが正確だと思う。カオはご飯、カーは脚、ムーは豚のことである。豚肉の脚を八角やシナモンなどのスパイスでじっくりと煮込み、ご飯に載せた一品だ。一般的なレシピならカオカームーで使用するスパイスは五香粉やパローと共通するものが多いので、既製品のパローを使って煮てしまっている横着な店もあるものの、厳密にはカオカームーはパロー料理ではない。いずれにしても、このスパイスたっぷりの黒いスープの香りは複雑で深みのあるおいしさである反面、クセが強いと感じる人もいるだろう。

脂肪分たっぷりの豚足を丸ごと中華スパイスのスープでやわらかく煮込んだカオカームーはとにかく美味だ。脂肪はもはやコラーゲンと呼びたいほどプルプルだし、肉もホロホロにやわらかくなっている。スパイスの量と種類、煮込み時間は店によって違い、カオマンガイと同様、各地に名店が存在する。

カオマンガイよりもアレンジの幅がずっと広く、注文する際にはなにからなにまで好みを指定できる。カオカームーを注文すると、店の人はまず店のシンボルでもある大きな鍋から肉を取りだし、丸い木のまな板に載せると、中華包丁でひと口大に切ってくれる。このとき、皮の脂肪分がいらなければ避けてもらうことができる。また、ご飯だけ、肉だけ、ご飯と肉の両方、のいずれかをピセート（大盛り）にしてもらうことも可能だ。店によっては、単純な大盛りか、後述するトッピングすべてを載せるというふたつのピセートが設定されていることもある。ピセートの追加料金は一〇バーツから二〇バーツといったところだ。フルトッピングの場合はもうちょっとかかるかもしれない。

店によっては、ゆでた腸やたまごもトッピングできる。「サイ・サイ」（腸を入れる）、「サイ・カイ」（たまごを入れる）といえば、追加で大鍋から加えてくれる。腸は無料という印象だったが、最近は追加料金がかかることがあるようだ。たまごは有料のトッピング扱いというケースが多い。日本のラーメン店のように半熟煮たまごのようなゆでたまごを置いている店もある。

大鍋の煮汁をご飯に適量かけてくれるのが基本だが、これも、いらない、あるいは多めと指定できる。汁の多めくらいなら基本的に無料だ。このようにカオカームーは、カオマンガイよりもカスタム性が高い。

カオカームーを注文したら、できあがるまでボケッと待っていてはいけない。ここもカオマンガイと違うところだ。店員が肉を盛りつけてくれている間に、カウンターかテーブルにある小皿（醤油皿サイズ）を最低二枚はとっておく。ひとつにはカオカームーと一緒にかじるための生ニンニク、生トウガラシを必要なだけ入れる。もうひとつの小皿には酢を適量入れる。この酢がカオカームーにおいてはナムチムのような存在で、刻んだ黄色いトウガラシなどが入っていることもある。カオカームーはそれ自体の味が濃いめなので、酢をかけてマイルドにするのだ。ボクは酢があまり好きではないので、いつもプリック・ナンプラーをかけて食べている。**好みで味を調節できる自由さがタイ料理の魅**

上／豚足の皮下脂肪が実においしそうにみえる。
下／右のほうにたまごやサイ（腸）などがみえる。

力で、カオカームーもまたそれを存分に楽しめる。

▼豊富な味変アイテムたち

カオカームーの食べ方はシンプルだ。適量の肉とご飯をすくって口に運ぶだけでいい。もうひと味というときに酢かナンプラーを微量かける。ニンニクやトウガラシも一緒に食べるといい。腸は香りにややクセがある。タイでは内臓肉の血抜きや管理がちゃんとされていないことが多いからだ。生食を前提として食材を扱ってきた日本とはそこが違う。だから、特に腸をトッピングした場合はニンニクとトウガラシは必須だ。

ボクはいつもスプーンに皮つきの肉とたまごを少々、ニンニクひとかけら、トウガラシ半分を載せ、そこにナンプラーをちょっとだけかけて、一気に口に放りこむ。生のトウガラシは舌に触れさえしなければ辛くない。奥歯で噛めばトウガラシの香りが口に広がって、ちょうどいいアクセントになる。

多くの店ではつけあわせに**カナー**もしくはパッカナー（正確にはパック・カナー）という野菜がついてくる。これはキャベツやブロッコリーの仲間で、日本ではカイラン、あるいはチャイニーズ・ブロッコリーと呼ばれる。ちょっと苦みがあって豚肉によく合う。パッカナーと豚肉がメインの「**パッ**

ト・パッカナー・ムーグロープ」（豚三枚肉から揚げとパッカナーの炒めもの）という人気料理があるほどだ。カオカームーを食べるときも、スプーンに肉のほかにパッカナーをひとつ載せると旨味がさらに増す。

カオカームーの皿にはもうひとつ野菜が載っている。「**パックガート・ドーン**」である。**ドーン**は漬物のことだ。カオカームーには「パックガート・キアオ・ドーン」（カラシナの漬物）がつく。軽く炒めた**パックガート・キアオ**（カラシナ）を、塩を加えた米のとぎ汁に五日間ほど漬けこんだものだ。この発酵食品の酸味もまた脂っこい豚肉との相性が抜群だ。

カオカームーがまずい店はあまりないといってもいい。カオカームーを出す店はどんな町にも、どの商業施設のフードコートにもある。専門店もあれば、バミー（中華麺）の店との併設もある。

上／カナーはタイ人も好む野菜のひとつだ。
下／漬けものはタイでも定番の食材だ。

おすすめは絞りきれないが、カオモック・ガイでも紹介したメガ・バンナーに入居するシンガポール系のフードコートであるフード・リパブリックのカオカームーはかなり上質といえる。店名は憶えていないが、ここのカオカームーの店はたしかひとつだけなのですぐにみつかる。

▼タイ式ドイツ料理で豚足を堪

ドイツ式豚足から揚げは想像ほどは大きくないと思う。

能する

タイ人は豚なら肉、内臓、足、耳まであらゆる部位を食べつくす。そこでもうひとつの豚足料理「**カームー・トート**」も紹介しておこう。

これは果たしてタイ料理なのかどうか、微妙な立ち位置にある料理だ。日本で、カレーライスはインド料理なのか、ラーメンは中華か、と迷う感じに似ている。この料理をあえて日本語にすれば、ドイツ式豚足から揚げといったところだろうか。骨つきの太い豚足がからりと揚げられている。原型はローストした豚足を使ったドイツ料理シュバイネハクセであり、タイ人からは「カームー・トート・ヨーロマン」の名称でも呼ばれる。まさに、ドイツの豚足から揚げという意味である。

カームー・トートはラマ3世通り近くのビアホールとして人気のタワンデーン・ジャーマンブリュワリーなど、ドイツ料理っぽいものを置くパブでみかける。パリッパリの皮の部分と甘くとろけるような皮下脂肪、スモーキーな味わいのある肉にかじりつく快感は最高だ。当然、ビールのお供に最適である。タイでは、エビの炭火焼きにつきものの緑のトウガラシとナンプラーがベースになったナムチム・タレー（シーフードソース）がセットになっている。そのままでもおいしいが、このタレを使うと不思議と脂っぽさが消えてさっぱり食べられる。

　カームー・トート・ヨーロマンは大手スーパーのビッグC店内にある惣菜コーナーでも安価で手に入る。味は値段のわりにハイレベルで、家飲みのお供として最強だ。最近はシンハ・ビールがクラフトビール風のビールを販売している。深みはもうひとつだがドイツ・ビール風の味なので、カオカームーの八角の風味が苦手な人は、このクラフトビールとカームー・トートでドイツ旅行気分を味わうのもいい。

ビッグCの豚足から揚げはリーズナブルで、しかもおいしい。

タイ最強の辛さを誇るラーン・アハーン・タイ

　料理は文化である。**タイ料理にパクチーが使われるのにも、トウガラシで辛くすることにも立派な理由が存在する。**その土地の文化や歴史、慣習があって生まれているのだから、郷土料理は本場で食べるのが最適で、だからこそ旅の楽しみのひとつにもなるわけだ。

　タイ料理にトウガラシや、パクチーをはじめとする各種香草が多用される理由といえば、南国のタイはとにかく暑いからというのはまず大きい。東南アジア人には昼間は極力動かず、夕方以降に表に出る習性があるが、これも暑さをしのぐ知恵だ。

毎日炎天下ですごしていれば、さすがのタイ人も体力を奪われ調子が悪くなる。熱に疲れた身体を活性化させるには食事は欠かせない。かといって暑いと食欲も出ない。そこで、トウガラシを加える。トウガラシの辛さは胃を活性化させて体温を下げ、食欲を増進させるからだ。タイ人はトウガラシのおかげで身体を元気に保つことができる。

タイ料理の中で最も辛い料理はなにかと訊かれれば、ボクは南部料理だと答える。イサーン料理や北部料理ではトウガラシが主な辛味成分であるのに対し、南部料理の辛さはさらにクルアン・テート（スパイス）を加えることが大きい。たとえるなら、イサーンや北部の辛さは韓国料理、南部の辛さはインド料理のイメージだ。

かつて、タイ人の多くはスパイスの辛さが苦手だったと思う。バンコクでも一般タイ人に南部料理が受けいれられるようになったのは二〇〇〇年以降のことだ。ボクは和食ブームが南部料理の国内伝播を牽引したのではないかと思っている。異国料理がブームになるときというのは、まずわかりやすい料理から注目が広がるものだ。タイの和食ブームもまずとんかつなどわかりやすさのある料理からはじまった。当初、カレーはあまり注目されなかったが、日本でも子どもから人気のカレーは早々にバンコク人にも受けいれられるようになった。そうして、バンコクの人たちは日本のカレーをきっかけにスパイスカレーを口にするようになり、南部料理へのハードルが下がっていったのではないか。そう推測している。

こうして、少なくとも現在では北部料理店よりはたくさんの**ラーン・アハーン・タイ**、つまり南部料理専門店がバンコクにある。ほとんどの店が南部料理全般を扱っていて、単独の料理を専門とするのは、せいぜいマッサマンやカオモックの店くらいではないだろうか。これらが南部料理なら、だけれども。

南部料理はバンコクではいまだ専門料理系に入る。

▼辛さのカギは複雑なスパイス

南部料理の代表はタイ・カレーだ。ココナッツ・ミルクがよく使われるため、マッサマンなどはボクの胃にはちょっと重い。他方、ボクにも毎日食べられそうなカレーもある。

イチオシは骨つき豚肉のカレー「**ゲーン・クア・グラドゥックムー**」だ。豚肉を使っているため、南部料理ではあるがイスラム料理ではない。南部にムスリムが多いといっても、大半は仏教徒なのだ。豚肉だって普通に流通している。そしてこのゲーン・クア・グラドゥックムーこそが、ボクが最も辛いと思うタイ料理である。便宜的にカレーと呼んでいるが、ゲーンはサムンプライ（香草）のペーストであるプリック・ゲーンを素に作るスープだ。グラドゥックムーは豚の骨、あるいは骨つき豚肉を指す。骨つき肉には別にシークロンもあるが、これは肋骨（スペアリブ）のことである。グラドゥックムーは骨つき豚肉なら部位はどこという指定は特にない。

クアは少々厄介な単語だ。タイ人でも理解しておらず、パット（炒める）と同じという人もいる。実際には、水分が少なくなるまで入念に炒める、あるいは水分や油を使わずに徹底的に炒めるといった意味だ。コーヒー豆の焙煎もタイ語ではクアという。また、イサーン料理の肉サラダのひとつラープの苦みの素であるカオ・クアは煎り米という意味なので、煎るというのが正しい訳の気がする。

ゲーン・クア・グラドゥックムーはゲーンではあるものの、カレーでもスープでもなく、最初のナムプリック・ゲーンと豚肉を炒めはじめるときすでに水分が少なめになっている。この時点ではクアといえなくもない。ただ、材料を加えたり食材の水分が出て最終的にはタイ式炒めものと一般的なタイ・カレーの中間くらいの水分量になる。そのため、この料理は南部以外では「パット・ゲーン・グラドゥックムー」あるいは「パット・プリック・グラドゥックムー」と呼ばれ、炒めものに分類されている。

ゲーン・クア・グラドゥックムーの食材の中心はナムプリック・ゲーンのほか、バイ・マックルー

上／一見、普通のカレーっぽいが、辛さは暴力的なゲーン・クア・グラドゥックムー。　下／豚スペアリブはさまざまな場面で使われる。これはハチミツ蒸しの「ムー・オップ・ナムプン」。

（コブミカンの葉）の千切り、プリック（トウガラシ）、南部料理でよく使われる小エビ（実際にはオキアミ）を発酵させた紫色のペーストであるガピなどだ。トウガラシは生の実のほか、乾燥して砕いたものも使うことがある。

この料理に使うナムプリック・ゲーンは「**プリック・ゲーン・パックタイ**」（南方面のナムプリック・ゲーン）と呼ばれる南部産のタイプが最適だ。中でもカミンチャン（ウコン）が入っているナコンシータマラート県産がよいとされる。ウコンの入ったプリック・ゲーン・パックタイを使ったゲーンは日本人がイメージするカレーに近くなる。黄色いスープで香りもカレーっぽいからだ。

しかし、味は日本のカレーとはかなりかけ離れている。このゲーン・クア・グラドゥックムーはとにかく辛い。辛さはある程度までは夏場の疲れた胃を活性化させる。しかし、度合いが限界を突破すると胃を壊しかねない。ゲーン・クア・グラドゥックムーは間違いなく後者だ。

プリック・ゲーン・パックタイの辛味成分はなんというか、トウガラシの単純な辛さではなく、複雑さを感じる。多種多様な香辛料が使われていることが要因だ。レシピをみるとウコンはもちろん、ニンニクやエシャロットのほか、南部らしく小エビの発酵調味料のガピ、そしてコブミカンの実の皮、レモングラス、ガランガル、黒コショウの実などが入る。それから、使用するトウガラシの量が尋常じゃない。一五〇グラム程度を作るのに、小粒のトウガラシであるプリック・キーヌーをなんと四十粒も入れるという（レシピによる）。

プリック・ゲーン・パックタイは「**プリック・ゲーン・クアグリン**」とほぼ同じであるともされる。こちらは、第4章のナムプリック・ゲーンを使うパット・ペットのひとつとして紹介した「**クアグリン**」に使われる。先日日本人居住者が多いトンロー通りにある有名南部料理店『クアグリン・パック・ソット』で、一番ポピュラーなクアグリンであるクアグリン・ムーサップを食べた。外国人に人気の店とは思えないほど辛くてびっくりした。やはり、このプリック・ゲーンの辛さが強いのだと思う。

我が家では、朝、妻が子どもを学校に送り、その足で近くの市場に行き、ボクの朝食を買ってくる。いつもガパオ・クルック・カーオ（ガパオ・チャーハン）なのだが、その市場には南部料理屋台もあり、なぜかゲーン・クア・グラドゥックムーも買ってくるようになった。妻本人（イサーン人）はスパイス系の辛さが苦手で食べない。ボクは子どものころからピザが真っ赤になるまでタバスコをかけていたほどの辛いもの好きだ。ちょっとやそっとの激辛ではなんとも思わないほど辛い料理に慣れている。かつて住んでいたアパート前にはイサーン料理屋台がありよく通っていたのだが、そこの料理はバンコク人がギブアップするほど辛かったので、耐性がさらに磨かれた。そんなボクでさえ、近所のゲーン・クア・グラドゥックムーの辛さは、特に朝イチの空腹には堪える。舌と胃が痛くなってしまうので、甘い飲みもので中和せずにはいられないほどだ。

不思議なのは、それほど辛くても、もう食べたくない、とはならない。暑いタイの気候の下ではこういう料理のほうが身体にしっくりくる。ゲーン・クア・グラドゥックムーに含まれる各種スパイスが漢方の生薬のような役割を果たしているのかもしれない。

疲れた胃にちょうどいい「カオトム」と「ジョーク」

タイにもおかゆや雑炊があり、具材が入ったものと、味のついていないものに大別できる。炊いたご飯を煮込んだ雑炊やおじやの類を「**カオトム**」、粉末状の生米をトロトロになるまで煮込んだ粥を「**ジョーク**」と呼ぶ。

日本で雑炊やおじやというと、鍋ものの最後、具材の旨味がしみ出た出汁で作るイメージがあるが、

典型的なジョークのたまごつきは麺類よりは量が多い。

カオトムはあくまでひとつの独立した料理だ。そもそもタイ料理には出汁をとるという概念がない。サムンプライ（香草）やクルアン・テート（香辛料）を多数使うし、豚骨や鶏がらでスープを作ることはあっても、その目的は味を加えることであって、料理のベースとしてのスープストックを作るのとは違う。そのため、タイでは鍋料理を食べても最後におじやで締めるということはない。

煮た米を意味するカオトムはターム・サングなどの店で扱っている。具材はこれといった決まりがない。肉、魚、野菜がすべて入っていることもあれば、いずれかだけのこともある。サイ（腸）など内臓入り、ルークチン（練りもの）入りなど、とにかく自由だ。スープは飲食店では麺類用の野菜スープを使うし、一般家庭では固形スープで簡単に作る。沸騰させた湯に食材を入れるだけのこともある。基本は薄味で、飲食店では客自身が卓上にあるナンプラーや酢、粉末トウガラシ、砂糖を使って好みの味にして

ジョーク専門店は大きな鍋にすでに粥ができあがっている。

食べる。

　自由すぎて、汁のないカオトム「**カオトム・ヘーン**」まである。第7章で麺類を紹介する中に汁なしの麺というのもある。それに似ているともいえるが、作り方をみると根本的なコンセプトが違うようで、厳密にはカオトムともいえないかもしれない。カオトム・ヘーンも一応ご飯をスープなどで煮る。しかし、カオトムの完成形は米が汁に沈んでいるのに対し、カオトム・ヘーンは汁がない。ご飯を少量のスープで煮て水分を飛ばす方法もあれば、スープの味が米粒に浸透するタイミングでご飯だけスープから取りだして具材を載せるなどいろいろなレシピがある。いずれも、米はカオトムらしくぶよぶよにやわらかくなりつつ、スープのような水分はないというのがカオトム・ヘーンだ。

　ジョークはカオトムと違って、専門店で供されるのが普通だ。早朝の街中でみかける朝食屋台か、深夜、飲んだあとに食堂で食べる料理というイメージがある。時間帯が両極端だが、実際は夜に店を開けて夜どおし営業し、朝閉店しているのかもしれない。具材は内臓系の場合が多い。ゆがいたサイやタップ（レバー）、肉団子が一般的だ。生たまごを落とすオプションもある。ジョーク店店頭の大きな寸胴鍋に粥が入っていて、注文すると厨房で器に盛られ、あらかじめ用意された内臓や肉団子が載せられる。客自身がナンプラーなどで好みに味つけし、黄身と粥を一気にかき混ぜて食べる。

　ジョークは広東語の「粥」がそのままタイ語訛りになったもので、中華料理が由来とみられる。もともとは砕けて商品価値のなくなった米粒である**プラーイ・カーオ**を使って作るものだった。今、市場ではジョーク用に砕いた粉状の米も売っている。コンビニやスーパーなどでは市販のレトルト風ジョークも手に入る。キューブ型固形スープの素で有名な『クノール』や、インスタント麺の人気ブランドであるマーマーのジョークが人気だ。

▼まったく味のない白がゆもある

味のないカオトムやジョークもある。茶碗サイズの器に味なしの雑炊や粥が入っているだけのタイプだ。ジョークは具なし中華粥といった感じだが、味のないカオトムは水分が多く、湯に米が沈んでいる白がゆのような見た目になっている。こういったカオトムは「**カオトム・グイ**」という。

カオトムには独立した専門店はないが、ご飯の代わりに白がゆで食事をするラーン・カオトム（カオトムの店）もしくはラーン・カオトム・グイと呼ばれる店はある。カオトム・グイの店もまた先のジョーク店のように朝までやっていることがよくあり、このタイプはラーン・カオトム・トールン（オールナイトのカオトムの店）とも呼ばれる。

カオトム・グイのおかずにはガパオやパックブン・ファイデーンを中心に、味が濃く、脂っこい料理が並ぶ。おかずをひたせば無味のカオトムやジョークに味がつくし、料理自体も食べやすくなる。暑さで胃腸が弱っているときにはタイ人でもトウガラシの辛さが堪える。白がゆとおかずを合わせるこうした店は特に下町でよくみかける。

薄味おかゆといえば、もうひとつおもしろい料理がある。「**カオチェー**」だ。これは王室などの限られた人しか口にすることができなかった宮廷料理といわれている。最高級のジャスミン米を炊き、ぬめりを落としてジャスミンの香りのする冷水にひたした料理で、味なしカオトムと同様、味の濃いおかずと一緒に食べる。伝統的なものでは、ピーマンの肉詰めのようなものや、魚のすり身とガピを混ぜた団子などがおかずだった。気温が高くて食事で身体を温める必要がないせいか、タイ人には猫舌な人が多く、カオトムやジョークの温度も和食に比べてだいぶぬるい。そう考えると、カオチェーの出現も必然だったのだろう。

カオチェーの原型はタイの先住民族モン族の伝統料理カオ・ナーム（水の米）だったようだ。氷のなかった当時は普通の水にひたしていた。主に旧正月のソンクラーンに食べる料理だったが、ラマ4世王が気に入り、寺院参拝の際の特別料理に採用したことで宮廷料理として後世に伝わることになった。その後、ラマ5世王の時代には一般にも作り方が公表されたものの、現在でさえどこでも食べられるメニューではない。バンコクでは四月から五月の暑い時期に高級レストランの特別メニューとして出される程度なので、タイ人でもカオチェーを食したことのある人は少ない。

雑炊や粥は米が主食の文化圏ではどの国にもある料理だが、カオトムやジョークはタイで育ち、タイで進化した、タイ独自の料理である。休暇の短い日本人は観光旅行の旅程も詰めこみがちだ。タイで身体が疲れて食事を受けつけにくくなったら、ぜひカオトムを思いだしてほしい。

主食にもデザートにもなる守備範囲の広い「ローティー」

東南アジアには「**ローティー**」、あるいはロティ、ロッティーと呼ばれる、中東やインドから伝来したとされるクレープ料理がある。スイーツとして食べられることが主流だが、タイでは主食にもデザートにもなるし、中に総菜を入れておやつにもする。こんな料理はほかにないのではないだろうか。

タイ南部ではローティーをパンのように食べる。グリーンカレーにインドのナンのような感覚でローティーを合わせたりするのだ。ローティーは無発酵パンの一種なので、ナンやチャパティーの仲間と考えればタイ・カレーにも合うことは間違いない。

タイ人はローティーをイスラム料理のひとつと認識している。そのため、ローティー店の多くはイスラム教徒が経営している。しかし、中華系タイ人が経営する店やインド系の人が売っているところもある。おいしければ誰が作ってもいいという、タイの懐の深さだ。

バンコクではスイーツとしてのローティーをよくみかける。生地の作り方は小麦粉を中心にした材料をこねるだけだ。できた生地は粘り気があり、弾力性に富んでいる。これを薄く広げたら、具材を包むか、なにも入れずに四角に折りたたみ、鉄板で焼く。スイーツ系ローティーの詳細は第13章であらためて説明したい。

バンコクなどの都市部では食事用のローティーは珍しい。南部料理店自体がバンコクに少ないのであたりまえなのだが、高級タイ料理店『ブルーエレファント』ではグリーンカレーにカリカリに揚げたローティーがついてくるなど、店によっては出会うこともある。一方、南部では専門食堂もあるほど、ローティーは身近で一般的な存在だ。

上／バンコクではあまりみかけないが、料理としてのローティーもおいしい。　下／サラダ系のローティーもタイ南部では好まれはじめている。

主食としてのローティーはパンのように食べるプレーンタイプと、なにかを包んで食べるタイプの二種類がある。前者にはさらに、カリカリに揚げるか焼いたもの、インドのナンのような食感で弾力のある厚めの生地のふたつに分かれる。

パン代わりのローティーはグリーンカレーやマッサマンなどのスープにひたしながら食べる。一方、具材を包んで食べるほうは特殊で、「ローティー・マタバ」と区別して呼ばれる。原型と語源はイスラム料理のムルタバだそうだ。アラビア語で折りたたむという意味のムタッバクに由来するムルタバは、地域によってはマルタバとも呼ばれる。これがタイに入ってタイ訛りのマタバになったのではないだろうか。

タイのローティー・マタバにはいろいろなバージョンがあるが、カレー粉味の炒めものを包んだタイプが基本だと思う。店によっては生地自体にカレー粉が練りこまれていることもある。日本にもカレーパンがあるわけで、こういったカレー粉の炒めものはアジア人の舌に訴えるなにかがあるのだろう。

タイ南部ではこうした惣菜系ローティーやローティー・マタバが進化を続けている。メキシコのトルティーヤ風とでもいおうか、野菜サラダそのものがたっぷりと包まれているヘルシータイプもある。バンコクではまだみかけないが（執筆時点）、これから注目されるだろうとボクは睨んでいる。

韓国料理がルーツの豚焼肉食べ放題「ムーガタ」

バンコクを歩いていると、屋根だけはしっかり造られているが、プラスチックの椅子とテーブルを並べただけの半露天な飲食店をよくみかける。豚の焼肉食べ放題「**ムーガタ**」である。二〇〇〇年以降にバンコクで急増したタイプの店だ。

それ以前にすでにバンコクには似たような形態のレストランがあった。『バー・ビーキュー・プラザ』という店で、一九八七年にバンコクで一号店を出している。取材時点でタイ全土に百五十六店舗

ちゃんとしたムーガタ店だと鉄板が分厚い。

もある人気店だが、運営のウェブサイトをみると日本式をやや混ぜたモンゴル焼肉が原型ということで、本項では除外している。

ムーガタは、中心が山状に盛りあがって油を落とすための溝が刻まれている日本のジンギスカン鍋にそっくりな形状の鉄板を使った焼肉である。ジンギスカン鍋と違うのは、材質に鉄ではなく真鍮かアルミが使われていることと、山のふもと部分と鍋のふちの間がかなり広いことだ。肉を山で焼きながら、そのふちにスープを入れ、野菜やルークチン（練りもの）を煮るために広くなっている。ただ、スープには味がほとんどない。肉を焼く前に山に塗った豚の脂肪や肉から滴る脂が流れこみ、徐々に味が濃くなってくるという寸法だ。これはあくまで肉を食べる料理であり、野菜は添えものである。

バンコクだけでなく、基本的にほとんどのムーガタや後述する原型料理の店は半露店、あるいは屋根のない店だ。これには理由がある。タイでは調理に炭火を使うことは今も一般的なことで、ムーガタも炭火が煌々と灯る七輪で楽しむ料理だ。そのため、屋内だと一酸化炭素中毒になる可能性があり、基本はオープンエアになっている。二〇〇〇年代初頭でさえ、屋内イサーン料理店で複数の客が鍋ものを七輪で楽しみ、一酸化炭素中毒者が出たというニュースがあったくらいで、そのころから基本的にはエアコンのある店では電気調理器などで食べる。炭火でないとやっぱりなにかひと味違う気がして、タイ人も敬遠がちだ。

▼バンコクと東北部では名称が違う理由

ムーガタの発祥は第二次世界大戦後の東北部というのが有力説だ。発祥地の東北部ではムーガタではなく、今も「**ヌアヤーン・ガウリー**」と呼ばれる。直訳すると韓国焼肉だ。ムーガタは鉄板の豚肉という意味がある。バンコクに学生や中流層向け食べ放題サービスとして進出する際、ムーガタという名前を誰かがつけ、流行したことであとづけの名前のほうが広まって有名になった。

名前からもわかるように、ムーガタとヌアヤーン・ガウリーの原型は朝鮮料理（あるいは韓国料理）のプルコギである。実際に韓国では、プルコギに中央が盛りあがったジンギスカン鍋風の鉄板を使うこともあるという。

それにしてもなぜもともとの名前が「韓国焼肉」なのか。歴史をふりかえらないお国柄ゆえ、ヌアヤーン・ガウリーのはじまりについてはあいまいで、いくつかの説がある。最も説得力があるのが、東北のウドンタニー県発祥説だ。

第4章のタイ米の項で触れたように、タイは太平洋戦争中、日本と同盟関係にあったものの日本の敗戦が確定した瞬間、連合国側に寝返り、ひとまずその仲間入りを果たした。しかしそのせいでその後勃発した朝鮮戦争に連合国側として参戦し、派兵せざるをえなくなった。アメリカが介入したベトナム戦争にもかかわっている。つまり、日本との同盟を解消した結果、いらぬ闘いに巻きこまれたわけだ。

　国策のシワよせを受けるのはいつも下っ端だ。貧しい農村出身の若者が徴兵され、犠牲になった。生き残り、故郷に帰ってきた兵士の中にはウドンタニー出身者もいたはずだ。そして帰国後、彼らが朝鮮半島で食べたプルコギをまねて作ったのがはじまり、というのが最有力説となっている。

　現地で食べたのが豚肉だったからなのか、当時のタイでは牛肉が一般的でなかったのかわからないが、ヌアヤーン・ガウリーで使うのは豚肉である。タイ語のヌアは肉全般を指す場合と牛肉を指す場合があり、ヌアヤーンは通常、牛肉の焼肉を意味するので、ヌアヤーン・ガウリーは名と実態が合っていない。ムーガタのほうは豚と銘打っているのに、ほとんどの店で牛肉も揃えているからおもしろい。

上／バンコクのムーガタは屋根のついた半オープンエアな店が多い。　下／ムーガタなどの食べ放題店ではこういった棚から肉や野菜を自分でとっていく。

▼セットと食べ放題の違いで呼び分ける

　東北部ではじまったヌアヤーン・ガウリーは、各地で食べられるようになった。中でもタイ第二の都市でイサーン地方の玄関口、ナコンラチャシマー県（通称コラート）の中心部にある学生街にヌアヤーン・ガウリーの店が集中する。大きな大学のあるコラート市街には学生街が点在していて、学生たちは食事をとるだけでなく居酒屋のようにヌアヤーン・ガウリー店を利用している。

コラートにはムーガタとヌアヤーン・ガウリーが混在する。この地においてムーガタとヌアヤーン・ガウリーの違いは食べ放題かどうかである。バンコクで食べ放題方式がヒットすると、まねする店が多数登場した。その際にどの店もあやかってムーガタとしたので、バンコクっ子の間ではムーガタ＝焼肉食べ放題となって認識されるようになってしまった。これをコラートも踏襲したと考えられる。実際、東北ではいまだにこの料理はヌアヤーン・ガウリーと呼ぶ一方で、コラートでは食べ放題店に限りムーガタと呼ばれている。ボクが知る限りでは、少なくとも二〇〇六年まではコラート市内にはヌアヤーン・ガウリーだけで、ムーガタは一軒も存在していなかった。

ヌアヤーン・ガウリーはアラカルト形式としつつ、実質的には野菜や春雨、ルークチンを含むセット販売が基本だ。人数によって大・中・小のサイズを選ぶ。丼に肉と内臓、タレ、生たまごが全部いっしょくたに入ってくるので、丼の中で全体をかき混ぜ、鉄板で焼く。コラートではナンプラーと緑のトウガラシで作ったナムチム・タレー（シーフードソース）がついてくる店が多数派だ。

一方のムーガタは、バンコクでもコラートでも、店内にあるカウンターから各々が肉類——それも豚肉、鶏肉、牛肉があり、さらに魚介類、ナムチム数種、野菜各種、揚げものや麺類、チャーハンといったサイドディッシュを好きなだけとっていくシステムだ。食べ残すと罰金が課せられるので、とりすぎには注意したい。

ドリンクはムーガタでもヌアヤーン・ガウリーでも一般的には別料金だ。食べ放題店ではドリンクの注文をとるのが店員の仕事となる。タイ人は食事と飲酒を分けがちなので、ビールや酒を飲む人は少ない。グループ客の場合は炭酸飲料を大きなペットボトルで注文して、シェアする。

一見ムーガタのほうがお得なイメージだが、実はヌアヤーン・ガウリーがずっと安い。東北部の物価の安さを考慮してもコスパが上といえる。セットはそれなりの量があるし、コラートは学生街で競争が激しいので、セットをひとつ頼んだらもうひとつは無料という特別料金を設定しているところばかりだからだ。成人男性ふたり分くらいの量がある丼ひとつが、コラートでは一六〇バーツ前後（取材時）、ひとり頭八〇バーツ程度の計算になる。

一方のムーガタはひとりあたり、安い店で一九九バーツ、最近は二九九や三九九バーツがスタンダードなくらいになっている。これも実は各店舗が競争した結果だったりする。競争によって安くなるのが日本では普通だが、バンコクではどんどん付加価値をつけ高くしてきた。バンコクではエビなどの海鮮を用意するムーガタ店も目立つ。タイ人も日本人に負けず劣らずエビやイカが好きなので、炭火焼きが重宝される。ほかにもサイドメニューを充実させるなどもあって、ムーガタはどんどん高くなってきている。

バンコクでも地方でも、店によってはデリバリー対応もしている。肉、野菜はもちろん、小さなヤカンに入ったスープ、さらには一般家庭が持っていない七輪、鉄板、木炭までセットにして届けてくれるのだから便利だ。一般家庭の夕食やホームパーティーでよく利用されている。

▼タイの牛肉事情

タイも近年になって牛肉をよく食べるようになったことから、牛肉の鉄板焼きも登場した。火つけ役はBTSオンヌット駅近くに本店を構える『ベストビーフ』だ。マーガリンを引いた鉄板で牛肉などの焼肉を楽しむ食べ放題店で、注文式なので食材をとりにいく面倒もない。マーガリンを使った焼肉はベトナムやカンボジアにもみられる。ベストビーフの原型はムーガタではなく、インドシナ式な

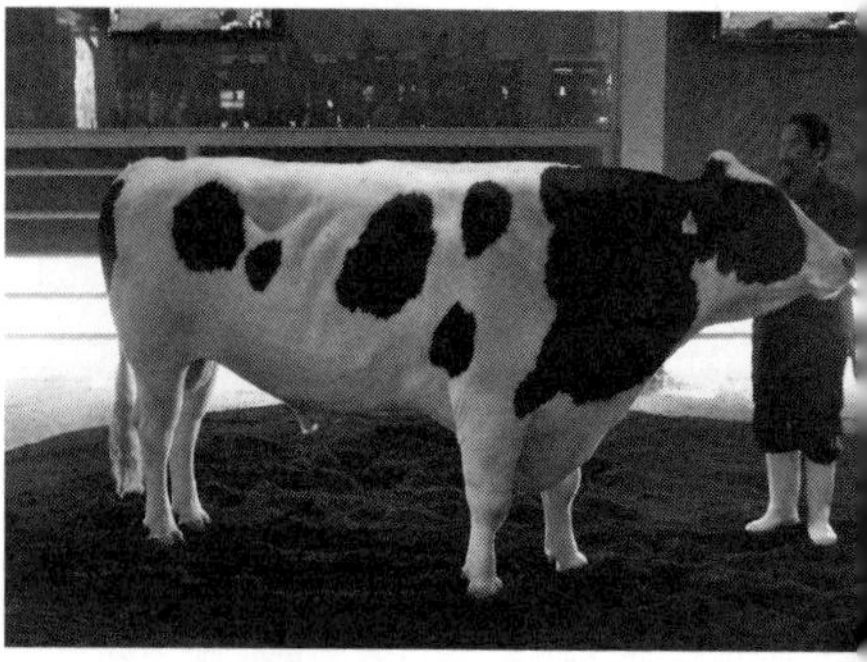

チョークチャイ牧場の牛。タイ産食肉牛がおいしくなったのはここ最近のことだ。

のかもしれない。ベストビーフの模倣店も多数あり、特に学生の多い下町エリアでは繁盛している。

タイ産牛肉はかたいと敬遠されてきたのだが、徐々に肉質のよいものも出まわるようになり、二〇一〇年以降はタイ人もだいぶ牛肉を食べるようになった。中でも日本人に有名なのは、サコンナコン県ポーンヤンカム村の畜産共同組合が卸すタイ－フレンチ牛だ。タイとフランスの食用肉牛をかけあわせたこの品種の肉はタイ語で**コークン**と呼ばれる。コークンの登場によってバンコクの日本式焼肉業界も激変した。それ以前は日本風の焼肉店はバンコクにすら数えるほどもなく、多くの在住日本人は韓国焼肉店（この場合は韓国人が経営する、本当の韓国式の焼肉店）を代用していた。なにしろコークンは日本の牛肉と比べて遜色ないほどおいしいので、これがあれば焼肉店が経営できると、それまでよりもかなり安く食べられる日本式焼肉店が増えた。また、飲食店で食べるよりコークンを安く購入できる組合の直販店は連日、日本人の奥様方で賑わっている。

コークンは日本人には有名だが、タイ人にはそこまでは知られていない。タイ人にはむしろコラートの『ファーム・チョークチャイ』（チョークチャイ牧場）のステーキハウスのほうがずっと有名だろう。イサーンからバンコクに向かう国道沿いにあるため、牧場直営のステーキハウスとお土産ショップは休憩所としても重宝されてきた。以前ステーキハウスは何店舗もあったが、現在（執筆時）はバンコク周辺だとドンムアン国際空港の北側にあるランシット支店だけだ。

コークンの畜産協同組合の設立が一九八〇年なのに対し、チョークチャイ牧場の設立は一九五七年と歴史がずっと長い。チョークチャイの牛肉ステーキは本格的で、肉の味も濃く、Tボーンステーキなどは本当に素晴らしい。かつてタイにありがちだった、スジを切るのに叩きすぎて異様に薄っぺらくなったステーキとは別物だ。その分、値段も張るのだが。ステーキハウスではハンバーガーなどのメニューもあり、チョークチャイの牛肉をさまざまな形で楽しめる。

バンコクには欧米から進出してきたステーキハウスもできるなど、タイの牛肉環境はかなり進歩した。それでもムーガタやヌアヤーン・ガウリー人気に陰りはない。焼肉を食べるというだけでテンションが上がるのに、さらに外で食べるのだ。タイ人だってワクワクせずにはいられないだろう。

チョークチャイのステーキハウスではこのレベルの牛肉が食べられる。

第6章

豊かな海があるタイ だからこそ海鮮系タイ料理

タイを訪れる外国人観光客は多い。平常時であれば、年間の訪日外国人をしのぐ数になる。タイの自然が目あてという人も少なくない。北部チェンマイには山岳トレッキングなどのツアーがいくらでもあるし、南部にはプーケットやサムイなど、世界的に人気の高いビーチリゾートがある。**タイは山あり川あり、湖や海もあって、自然のめぐみを使った料理も豊富**だ。

そんなタイの自然のめぐみの中でも特に人気なのが**アハーン・タレー**（シーフード）である。日本人も大好きなエビ、カニ、イカ、貝類のほか、カブトガニなど日本では調理されることもない生きものも食べる。淡水魚も多様で、ナマズや雷魚の類は全土的に食されている。タイに来たら魚介類を使ったタイ料理を絶対に楽しむべきだ。

タイ・シーフードの代表格は「グン・パオ」で決まり！

タイで最もよく使われる食材のひとつが**グン**（エビ）だ。国連の食糧農業機関が発表する統計によれば、タイにおける二〇二〇年のエビの漁獲量・生産量は世界で六番目である。日本のエビ輸入元と

イカのたまごを鉄板で焼く屋台はいつも人気がある。

してもタイは五番目なので、日本国内でそうとは知らずタイ産エビを口にしていることだろう。

そんなタイのエビを現地で食べるなら、なんといっても炭火焼き「**グン・パオ**」に限る。タイでは高級店に限らずさまざまな店でエビが食べられる。和食ブームが到来中のタイではメニューに和食を揃える高級海鮮料理店もあり、生け簀のある店では活け造りもあるほど。それくらい鮮度がいいのだが、せっかくタイに来たのならやっぱりタイ風にいきたい。中でもグン・パオはイチオシの料理だ。

グン・パオは注文が入ってから炭火焼きにされるのが普通だ。焼きたてのエビの殻を、指先に熱とトゲの痛みを感じながら剥き、ナムチム・タレー（シーフードソース）をちょっとつけて口に運ぶ。頭の部分も軽くナムチムにつけ、中のミソを吸いだす。アツアツのグン・パオとキンキンに冷えたビールこそが、これぞタイの夜の最高のすごし方だ。

日本人慣れした店には醤油も置いてある。エビの味を直に感じたければ塩で食べてもいい。しかしタイ人の店には安価でまずいタイ産の醤油しかないし、天然塩を置いている店はまれだ。タイ産でもいい醤油があるものの、そうみるものではないので、ナムチム・タレーをつけるのが間違いない。つけすぎると辛味でエビの味がわからなくなるので要注意ではある。

シーフード料理はタイ料理の大きなジャンルのひとつともいえる。

▼エビはキロあたり六尾前後のグン・メナムがベスト

ひと口にグンといっても、タイにはさまざまなエビがいる。グン・パオを注文して出てくるエビは主に**グン・メナム**という品種だ。直訳すると川のエビなので、日本の居酒屋メニューにある小さなカワエビ（正式にはスジエビ）を連想してしまうが、グン・メナムは二〇センチにはなる、カワエビよりも大きなエビである。ただ、この日本名はオニテナガエビであり、スジエビと同じテナガエビ科に属するので、一応あのカワエビの仲間ではある。

グン・メナムはサイズが小さくても大きくても身がおいしくないので、サイズが選べる店なら二〇センチ前後のものを選ぶとハズレはないと思う。まあ、ほとんどの店で一匹一匹をいちいち選ばせてくれないのだが。シーフード店のグン・パオは基本的に量り売りだからだろう。店頭の値札やメニュー内の値段はキロ単位表示だ。エビの大きさや種類、店の立地によるが、相場は五〇〇バーツから一〇〇〇バーツくらい。二〇センチ程度のグン・メナムだと、キロあたり六尾前後といったところだ。店員はそのあたりを把握しているので、キロあたり何尾になるかを注文時に訊くといい。

上／鮮やかに赤く発色しているグン・パオはみるからにおいしそうだ。
下／市場のエビは量り売りをしてくれる。

注文は五〇〇グラム単位で区切ることもできる。五〇〇グラム、一キロ、一キロ半などだ。キロはタイ語で**ロー**なので、一キロはヌング・ロー、五〇〇グラムは半キロとして**クルン・ロー**という。成人男性ふたりなら二キロで十分だと思う。子どものいる家族で、ほかにも料理を頼んでいるか、子どもが小さければ一キロ、もう少したくさん食べそうなら二キロでもいい。ひとり二尾から四尾も食べればきっと満足するはずだ。

グン・メナムは淡水あるいは汽水域に生息する。一般に流通しているものは天然ではなく養殖だ。タイはバンコク近郊をはじめ、たいていの海辺の街に養殖池がある。内陸でも養殖されているところがあるくらいなので、飛行機からの眼下各地に養殖場がみえるほどだ。

オニテナガエビという名称どおり、グン・メナムは長く美しい手が特徴だ。健康な状態なら青みがかっている。頭の殻は灰色っぽく、ミソがたくさん詰まっている。成長すると二八センチほどにもなるというものの頭が大きい分、全長に比べて身はやや少ない。

グン・メナム以外のエビを扱う店もある。高級店ではイセエビの一種**グン・マンゴーン**をみかける。龍のエビという名前はかっこいいが、サイズが大きすぎて味も大味なので、あまりおすすめできない。かといって小さい品種のエビもスカスカでおいしくない。やはり食べるならグン・メナムを選びたいところだ。

▼食べるならここ！　おすすめ三軒

最もおいしいサイズのグン・メナムを食べるなら人気のシーフード店が最適だ。バンコク都内のおすすめは中華街ヤワラーにある『T&Kシーフード』である。タイミングによってはやや身が痩せている日があるものの、たいていはプリップリだし、グン・パオはちゃんと炭火で焼いている。ガスで焼くと味が落ちることもあり、炭火焼きであることも重要な要件だ。

高級なシーフード店は洒落ているがゆえにグン・パオらしさに欠ける場合がある。エビを丸ごと焼いてはいるが、グン・マンゴーンがパックリと縦半分に割られ、エビミソやバターで作ったおしゃれなソースがかかっている西洋風にされている。それもいいが、グン・パオはもっと大雑把な料理だとボクは思っている。タイ人がよく行く食堂に近い中級クラスの店がそういう意味ではちょうどいい。

バンコク以外でおすすめしたい店は二軒ある。いずれも海のない地域にある。海辺でも、バンコクに近い港町（世界的に有名なパタヤも含む）の海鮮は実はあまりよくない。本当に良質なエビはバンコクの高級店に流れてしまうからだ。

まずひとつは、バンコクから北へ車で約一時間の古都アユタヤ近くにある『スワン・アハーン・リムナーム』だ。タイ人人気が異様に高いレストランである。国道一号線を北上し、アユタヤ市街に入る道をとおりすぎた辺りにある。工業団地のある地域のため日本人出張者や観光客にも知られる、タイ料理各種が安くておいしい店だ。海鮮市場の中にあり、生け簀のエビを買って帰ることもできる。ボクが初めて行ったの

上／アユタヤのリムナームはほかにタチウオのような魚のイエロー・カレーもおすすめ。　下／ヤワラーのT&Kは安い海鮮の超有名店だ。

客席の前で仕上げに火を点けるところが火山エビの楽しみのひとつでもある。

は二〇〇五年ごろだったろうか。当時は広大な駐車場の奥にこの店だけがポツンとあったのだが、その後駐車場の大半は市場になった。

もう一軒は、バンコクの西にあるナコンパトム県の通称「火山エビ」の『グン・オップ・プーカオファイ・ナコンパトム』である。オップは正確には蒸し焼きという意味だが、少なくともこの店に限ってはグン・パオと同義と思っていい。テーブルでグン・パオにプーカオファイ（火山）を模したふたをし、火を放つことから火山エビの別名がついた。まるで火山のように目の前でごうごうと燃えたのち、蒸し焼きが完成する。このパフォーマンスも楽しいのだが、なによりおすすめしたいのは焼きあがったエビのうまさである。この店はそもそも養殖業者で、自分たちの育てたグン・メナムをよりおいしく食べてもらおうとレストランを造ったのだとか。とにかくエビの質がいい。そして、グン・パオにかけられた香味油が香ばしくてやみつきになる。香味油をかけるグン・メナムなんて、タイ中探してもそうみつかるものではない。一般的なグン・パオよりも脂っこいが、逸品であることは間違いない。

ボクが知る限りでは、バンコクを中心に屋台や食堂に特化してレビューするウェブサイトと動画チャンネルを運営する西尾康晴氏が日本人向けに紹介して有名になった。ときどき西尾氏が火山エビを食べるツアーなども開催しているのでチェックしてみるといい。県外まで足を運ぶのは難しいかもしれないが、そういうタイ国内ツアーやイベントに参加するなど、機会があれば絶対に行くべきである。

大人のシーフードの定番「ホイ・ナーングロム・ソット」

タイのシーフードは進化を続けている。**料理や食材が豊富になっただけでなく、流通システムの発達により鮮度もよくなっている**印象だ。海から遠い北部でも問題のない鮮度を保っているし、バンコクの海鮮は新鮮そのものだ。世界トップクラスの日本の管理技術にはまだまだおよばないが、近年ではタイ人の経営する店で生ものを食べて食中毒を起こすようなことはほとんどないといえる。だから、「**ホイ・ナーングロム・ソット**」も昔と比べたら安心して食べられるようになった。もちろんタイなので一〇〇パーセント問題なしとは断言できないけれど。**ホイ・ナーングロム**はカキ、**ソット**は新鮮、あるいは生を表す。つまり、生ガキである。

大ぶりのものなら生ガキもあまり危なくない。

カキは養殖のものが流通する。タイでカキ養殖が盛んなのは南部スラタニー県と、パタヤなどを抱える東部チョンブリー県だ。国内では全部で四種類のカキが養殖され、スラタニーでは日本にはいないマングローブ・オイスターなどと呼ばれる品種、チョンブリーはイタボガキの一種などの二種が中心だそうだ。これらはマガキのようなタイプ、日本にいるイワガキのような大きなタイプのカキになる。

タイ人の話では、一応スラタニー産が高級という。ボクの個人的な解釈では、そっちのほうが水質的にきれいだからではないか。ただ、タイ人はそういった産地をあまり気にしない。メニューに載っていないし、店員に産地を訊いても知らないことがほとんどだ。市場で商人に「このカキはどこ産？」と訊いたところで「タイ産だ」と答えるばかり。卸しでそのレベルなので、飲食店が把握しているわけがない。実にタイらしい。

タイのカキは年間をとおしてたまごをつけられるので、いつでも生ガキが食べられる。ただ、日本のカキは身がぷっくり膨らんでいるのに対し、タイのカキは殻に身がダラッと張りついていて、味は水っぽく、日本のカキのような鮮烈な磯の香りはあまりしない。その分、さっぱりとしていて何個でも食べられるともいえる。

タイに限らず、東南アジアでは貝がよく食べられている。淡水に生息する貝だって食べる。タイ人も貝好きではあるが、ボクが知る限りでは、ソット（生）で食べるのはさすがにカキくらいだ。

▼やっぱり食中毒には注意！

安全性が高くなったとはいえ、やはり生食にはリスクはつきものだ。忘れがちだが日本でも、生ものはしっかりした管理下だから食べられるのであって、刺身も気をつけたほうが本来はいい。特にタイでホイ・ナーングロム・ソットを食べる際には十分すぎるくらいに注意を払いたい。

なぜなら、タイ人の衛生観念は日本のそれとは違う。これが一番大きい。二〇〇〇年初頭まではカキに限らず悪い食べものに遭遇する確率が高く、どんな高級店で出されたものもまずはニオイを嗅ぎ、口に入れて違和感があったら即吐きだす、というのは常識だった。タイでは魚介類は生食を前提としない。そのため、鮮魚の目利きもいなければ、調理時の衛生管理を徹底してもいない。タイ人調理師には、魚を切って生で出せば刺身になる、と思っている人もいまだにいるくらいだ。

和食が浸透し、かつ流通システムや保冷装置が向上した今はだいぶ生ものも安心できるようになったが、それでもタイでは出されたものがすべて安全だと思わないほうがいい。**基本的には生で食べる**

ものについてはすべてが危険だと思ったほうがいいくらいだ。タイ生活が長くなった今のボクには刺身用鮮魚が当然のように並ぶ日本のスーパーが奇跡にみえる。魚を普通に生で食べられる、それ自体がものすごいことであり、日本の管理体制の優秀さには感嘆するほかない。

ボク自身は二十年以上タイにかかわってきて、まだ一度も食中毒になったことがない。それは生食を根本的には疑っているからだ。タイでは自分の身は自分で守らなければならない。万が一食中毒になっても誰も補償してはくれない。衛生管理法などの法令では一応補償を定めているようだが、日本のように遵守されないし、日本の保健所に相当する部門がひとりの食中毒患者のために大がかりな追跡調査を行うことはほぼない。さすがにホイ・ナーングロム・ソットを口にして「あれ？」と思うことは百個に一個もないくらいの確率ではある。それでも、違和感があったら迷わずに吐きだそう。

ホイ・ナーングロムそのものにも注意したい。加熱したカキでも食中毒を起こすことがあるからだ。タイ人がよく腹を壊す料理・食材は三つある。ひとつが淡水ガニ入りの青パパイヤサラダのひとつソムタム・プー、ふたつめは小魚を発酵させた調味料プラーラーだ。この両方を組みあわせたソムタム・プー・プラーラーという極悪タッグもあり、人気料理なのに危険度はマックスである。そして、三つめの料理がオースワンだ。次項で紹介する小粒のカキを使った料理である。この小粒タイプのカキが厄介なのだ。

外国人が行く店のホイ・ナーングロム・ソットは、イワガキのように大きなカキを開けている。これは小粒よりは食中毒のリスクが低い。小粒は剥き身として流通するため、菌に冒された粒がひとつでもあればほかの粒にも汚染が広がって、火をとおしてもあたってしまうことがあるのだ。カキが半生状態のこともあるオースワンは食中毒のリスクが高い。さらに恐怖なのは、タイ人しか行かないような飲食店ではこの小粒で剥き身のまま仕入れたホイ・ナーングロムをソットで出していることだ。

右の円形の器に入っているのがホーム・ジアオだ。

これだけは生食が大好きなボクも絶対に口にしない。先述のように、こういった小粒カキがどこで養殖されどう管理されていたか、誰も知らないのでわからないからだ。

▼タイ式生ガキの食べ方

タイで生ガキは薬味と一緒に食べる。あらゆるタイ料理に使われるホームデーン（エシャロット）の薄切りをカリカリに揚げた**ホーム・ジアオ**は、タイ式生ガキには欠かせない食感と香りのアクセントだ。それに加えて、生のニンニクスライスとサムンプライの**グラティン**（ギンネム）をカキの身に載せ、マナーウ（ライム）を絞り、ナムチムをかけてひと口で食べてしまう。これが基本だ。ボクはグラティンの歯ざわりが好きでないので使わず、生のニンニクを多めに載せる。消毒作用を期待してのことだ。要するにつけあわせはお好みで選べばいい。

ナムチムは店によって違う。多くが、ケチャップのように赤く、やや辛みのある**ソース・プリック**を出してくる。これは赤トウガラシをベースに酢や塩を加えたチリソースのことで、トマトが入っているわけではない。海外では『シーラチャー・ソース』が有名だが、これはベトナム系アメリカ人が海外で売りだしたもので、今でこそタイでも買えるが、以前国内でこの商品名はまったく知られていなかった。もともとソース・プリックは、タイ東部の日本人が多い町シーラチャーの飲食店が海鮮料理用に作った、甘みと酸味の強いソースだったようだ。タイで最初の量産型チリソースはシーラチャーパニット社による社名と同じ名の商品だ。その後調味料メーカーのタイ・テーパロット社に買収されたものの、今も同じ名前で売られている。味が濃いので、生ガキの臭みを消すにはちょうどいい。ソース・プリックの代わりにナムチム・タレーもよく出てくるし、両方を出す店もある。ナムチム・タレーの場合はトウガラシが入っているので消毒作用はバッチリなのではないか。あくまで気持ち的にだが。

ボクがおすすめするナムチムの代用品はナムプリック・パオだ。これはさまざまな材料——主に干しエビやトウガラシ、ニンニク、エシャロットなどをすり潰して作るペースト状の合わせ調味料で、本来は炒めものなどに使われる。生ガキに合わせれば、甘みとわずかな辛味、香草の複雑な風味が絡んで、カキの生臭さを緩和してくれる。ナムプリック・パオはソース・プリック以上に味が濃いので、つけすぎるとカキの旨味をすっかり消し飛ばしてしまうので注意したい。

シーラチャー・ソースというとこの緑のキャップを思い浮かべるのは外国人だ。隣にシーラチャーパニットも並ぶ。

▼ホイ・ナーングロム・ソットはどこで食べる？

流通が向上した近年では、フランスなどから輸入した生ガキを食べさせるオイスターバーがバンコクに多数登場している。日本人が多いトンロー通りにもある。日本人経営店では日本の生ガキもあるし、高級ホテルのレストランではときどき生ガキ食べ放題キャンペーンが行われる。ホテルのブッフェは比較的衛生的なので安心感はある。

ホイ・ナーングロム・ソットを食べるならことというおすすめの店は特にないが、よい店を見分けるポイントはある。まず重要なのが、規模の大きな店であることだ。客の回転が早ければ、それだけ新鮮な生ガキが出てくる可能性が高くなる。バンコクなら、グン・パオでおすすめした中華街ヤワラーにある緑の制服が目印のT&Kがいい。

それから、バンコク都内に数軒ある有名シーフード店『ソンブーン・ポーチャナー』（日本人にはソンブーンと呼ばれる）、ラチャダーピセーク通りなどにある『グワン・タレー・パオ・フー・チャラーム』（一般的なガイドブックにはクワン・シーフードと書いてある）といったちょっとだけ高級な店も狙い目だ。クワン・シーフードはタイ語の店名に**フー・チャラーム**（フカヒレ）を銘打っているし、ソンブーンもプー・パッポンガリー（カニのカレー炒め）の有名店となっている。これら中級と高級の間のシーフード店はやや中華料理に近い印象だ。

これらの安全な生ガキの店は、オイスターバーのような一ダース単位ではなく、一個あたりの料金が設定されているため、気軽に注文しやすい。同行者が誰も注文しなくても、自分用に一個二個と頼めるのでありがたい。値段は店によりけりだが、ポーチャナー（ちょっとだけ高級なレストラン）では一個六〇バーツ前後といったところか。タイではまずないと思うが、量り売りの場合には注意したい。安いようにみえても、大きく重い殻を含めて量るので、一キロ注文しても数個しかないということもある。たくさん食べようとワクワク待っていたら数個しか皿に載っていなかったときのガッカリ感は、試合終了二秒前に逆転されたときくらいショックが大きい。

ハズレを引いたらかなり怖い中華由来の激うま海鮮料理「オースワン」

人は危険なものに惹かれがちだ。日常生活では冒険とは無縁で、せいぜい映画やドラマの観賞で擬似体験して満足している人が、食事となると安易に危険ゾーンへと踏みこんでいくから不思議だ。たとえば、生ものを食べることもそのひとつになる。加熱していない魚介類や肉を口にするのは死にいたることさえある危険行為だ。それなのに、特に日本人は刺身や生肉を好んで食べる。

タイで人気の海鮮料理「**オースワン**」もそんな危険をはらんだ料理だ。加熱料理にもかかわらず、タイ人でさえ食中毒になることが多々ある。それでも街中にはオースワンの店や屋台が並んでいるし、メニューにオースワンをみつけるとすかさず注文するファンは多い。

小粒のカキをたまごとじにして炒めたこの料理は、屋台だとタイ式焼きそばパッタイを出す店でも売られている。どちらも平らな鉄板を使って調理するからだ。オースワンは鉄板にたまご、モヤシなどと共に**ペーング・マン**（片栗粉で、タイではキャッサバのデンプン製が多い）を混ぜた水をぶちまけてカキを炒め、食べるときにはソース・プリック（チリソース）をかける。その見た目からカキ入りオムレツと訳されることもある。

上／パクチーもたっぷりで米にも酒にも合うのがオースワンの魅力のひとつだ。　下／ホイ・トートの場合、貝がカキではなくてムール貝もある。

オースワンはもともと中華料理だ。台湾では「蚵仔煎」と呼ばれて白菜が多用され、香港ではネギやニンニクが使われるのだとか。タイ中央部料理は中国の中でも広東省の潮州市や汕頭市の地方料理である**アーハーン・テージウ**（潮州料理）の影響を強く受けている。海鮮料理は特にその傾向が強い。潮州料理は広東料理の一部という説もあるが、潮州の言語は広東語ではなく福建語の系統のため、文化や食生活も広東系ではないともいわれる。そんな潮州料理では乾物や魚醤がよく使われ、海鮮料理も豊富だ。魚醤とはナンプラーのことなので、タイ料理と潮州料理に類似したものが多いのは当然といえる。そんなエリアからタイに伝来した料理のひとつがオースワンである。

潮州料理のカキ入りオムレツは「蠔烙」といい、オールアと読む。蠔とはカキのことで、オールアはかき揚げのようにカリッと作るのが特徴だ。台湾の蚵仔煎はオアチエンと読むそう。オールア、オアチエン。このいずれかがタイ人の耳にオースワンに聞こえたために、この名になったのだろう。タイでは語源と関係なく発展し、ムール貝を選べる店もある。

オースワンとまったく同じ材料で、片栗粉の水をもんじゃ焼きのせんべいのようにカリカリに焼いたものを特に「**ホイ・トート**」と呼ぶ。直訳すると貝揚げだ。さすがはタイで、オースワンとホイ・トートを厳密に分けていない店もあるので、メニューと違うタイプのほうが出てくることもある。特徴から考察すると、カリカリのホイ・トートのほうが潮州料理のオールアに近い気がする。

そんなオースワンは相当な地雷だ。カキはただでさえ食中毒を起こしやすい食材なのに、海鮮の知識に乏しい調理師が扱うと、状態のよくないカキが見逃されたり、厨房で雑菌がついてしまうこともあるだろう。生食をする大きなサイズのカキなら生きたまま、あるいは少なくとも鮮度がいい状態の個体を氷が張られた店頭の棚に並べ、食する直前に殻を割る。小ぶりのホイ・ナーングロムは剥き身で仕入れてくるので、店に到着する以前がどんな状態だったか、調理師すらわからない。そんな怪しいホイ・ナーングロムなので、地雷を踏むリスクは大きい。オースワンを注文するときは、まず店の衛生面をしっかり確認したい。

ひとつの対策としては、オースワンを鉄板の皿で出す店を選ぶといい。皿に載せると料理が冷め、よくないことが起こる可能性がある。ステーキで使うような小さな鉄板でアツアツのまま出す店なら比較的安全に食べられると思う。また、ホイ・トートのようにカリカリになるまで火をとおしてもらうのも手だ。それから生ガキの項で紹介したように、中級以上の海鮮レストランも管理的に危険度はかなり下がるのでおすすめだ。

いずれにしても、オースワンは熱いうちに食べてしまいたい。チュルリとした食感のカキが、もんじゃ焼きのようにトロリと熱いタマゴの生地に包まれている。ラードで作ってくれる良心的な店なら、カキとタマゴとラードの風味にモヤシの食感が相まって実に素晴らしい味になる。タイに来たら、名物海鮮料理オースワンは危険を承知ではずさないでほしい。

タイはエビが新鮮だからこそ生で食べることができる。周囲にあるのがマラ。

激辛エビのたたき「グン・チェーナンプラー」

今でこそバラエティ豊かな食生活を楽しむようになったタイ人だが、二〇一〇年ごろまでは「和食は味が薄くておいしくない」と酷評していた。日本式の醤油ラーメンに調味料を入れるほど濃い味に慣れたタイ人にとって、刺身など薄味の極致だった。醤油をどっぷりとつけてもまだ味を感じない。なんて気持ち悪い食べものだ、というわけだ。

しかし、実はタイ料理にも生ものはある。海鮮料理の生食料理の代表格は「**グン・チェーナンプラー**」だ。チェーは漬ける・ひたす、なので、ナンプラーに漬けたエビといった、調理法そのままの意味になる。

初めてこれをタイで食べたとき、強い衝撃を受けた。そもそも、少なくとも九〇年代の東京では生のエビは甘エビくらいしかなく、十代だったボクは食べたこともなかったので、タイではエビが生で食べられるというだけで心おどるような気持ちになった。グン・チェーナンプラーを口に入れると、エビの生のプリップリ感と、甘い肉の味が一瞬口に広がり、直後にトウガラシとニンニクの辛さで地獄に落ちる。ムチャクチャ辛いけど忘れられないほどおいしい、感動の逸品であった。和食の刺身はまずいと嫌うボクの妻でさえ、グン・チェーナンプラーは大好きだ。

作り方も簡単で、ナンプラーにトウガラシ、ニンニク、パクチーの根を刻んだものを混ぜたタレ（ほぼナムチム・タレー）に、生のエビをひたす。もしくは、それらで作ったソースをナムチムにして食べる。つけあわせには生のニンニクスライス、刻んだ**マラ**（ニガウリの一種）、キャベツの千切り、バイ・サラネー（レモンバームの葉）などがつくので、これらをお好みでエビの身に載せてつるりと食べる。

エビの頭と殻（尾以外）はとってある。ちなみに、タイではエビの尾にある三角形の尖った部分を取りのぞいている店に出会ったことがない。エビの尾やこの三角の部分には汚れた水がたまりやすいので、特に生食のときは尾は口に入れないほうがいい。汚れているのに、三角のとんがりで口内が傷つくとバイ菌などで危ないかもしれない。

グン・チェーナンプラーは海鮮料理店ならどこにでもあるし、近年は普通のレストランでもよくみかける。さすがはエビの漁獲が多い国だ。ただ、ローカルの店で出されるエビはどうしても小さく、鮮度や衛生管理がいいとは限らない。また、エビは小さいと味気ないし、大きいと大味になるためちょうどいいサイズというのがある。

グン・チェーナンプラーは水揚げから少し経ったエビを使うのが一般的という説もある。甘エビと同じで、死後一日経過すると身がねっとりとしておいしくなり、ナンプラーベースのタレにもよくなじむというのだ。そうだとすると、なおさら衛生管理が気になってくる。ボク個人としては、ねっとりした食感よりも新鮮でプリプリのほうがいいと思うけどな。

グン・チェーナンプラーをバンコクで食べるなら、ヤワラー（チャイナタウン）に向かおう。ヤワラーには百年近く営業している老舗海鮮料理店もある。中でも本章ですでに何度も登場中の定番店Ｔ＆Ｋがベストだ。とりあえずバンコクの海鮮＝Ｔ＆Ｋと憶えておいて差し支えない。店員が黄緑のシャツを着ているので、ヤワラー通りを歩いていれば嫌でも目につく。外国人にはヤワラー通りの交差点角に陣取る屋台席、タイ人にはエアコンが効いた店内席が人気のよう。料金は同じなので、好きな席を選べばいい。

海鮮市場はナムチムやホーム・ジアオなども全部、完成品として売っている。

Ｔ＆Ｋでは客の誰もがエビ炭火焼きを頼む。ここではグン・チェーナンプラーにもグン・メナムを使っているようだ。身が大きめでコストパフォーマンスがいい。ただ、グン・チェーナンプラーのクオリティーには波がある。ハズレのときでも「まあ、おいしいよね」という水準、つまり他店よりはおいしいが、アタリの日なら全身に電気が走るような衝撃的な絶品に出会う。身が太くて大きく、噛んだときの弾力と、プツンプツンと弾け飛ぶような食感がたまらない。初めて妻とふたりでＴ＆Ｋで食べたときは大アタリだった。あまりにも感動して数日後にまた行ったらおいしくなかったので、この店のクオリティーには波があると学習した次第だ。

海辺の市場なら生きたエビも安価で入手でき、市場内に買った海鮮を調理してくれるところもある。

確実によいグン・チェーナンプラーを食べたければ、自作してもいい。バンコク近郊だと、サムットプラカン県のパクナムの市場、遠いけれどパタヤのナグルア市場やバーンセーンの市場などもおすすめで、海辺に行けば新鮮で大きなエビがいくらでも手に入る。市場には鮮魚店の店主が作った自家製ナムチム・タレーも売っているので、グン・チェーナンプラーの漬けダレだけ自作すれば、あっという間にグン・チェーナンプラーのできあがりだ。

ボクは生とつく食べものが大好きで、生ビール、生酒、生肉には目がない。グン・チェーナンプラーにも人を幸せにする力があると思う。

炭火で焼いただけのシンプルなイカ料理「プラームック・ヤーン」

ボクが歳をとったからなのか、それともタイの食材の鮮度がよくなったからなのか、最近になって**プラームック**（イカ）のおいしさに目覚めた。タイでもイカはさまざまな料理に利用されている。タイの海鮮といえばエビだが、イカのほうが供給量と値段のバランスがよく、より身近な海鮮食材だ。

タイに来たばかりのころはイカに興味はなかった。街中の屋台で出されるイカ焼き「**プラームック・ヤーン**」も日本のイカ焼きに比べて異様に肉厚で、おいしそうだと思ったことすらなかった。

プラームックの**ムック**はイカスミのことなので、プラームックの直訳は墨の魚ということになる。プラームックはプラーを省略してムックと呼ぶこともある。プリンターやペンのインクもムックだ。タイ語は、英語や日本語のように単語そのものは変化しないため、単語を修飾していくことで別の単語ができあがる。その意味では、料理名を憶えることは実はかなり有益なタイ語勉強法のひとつでもある。

上／タイではイカは複数種あり、どれも好まれて食べられている。　下／東南アジアのタコはどちらかというとこういう小ぶりのものが多い気がする。

タイで食されるイカは数種類ある。主流はタイ湾やアンダマン海で獲れるコウイカの一種の**ムック・グラドーン**である。**ムック・ホーム**もしくはムック・タパオはアオリイカの一種だ。日本と同様、焼いたり干したり炒めたりして調理する。**ムック・グルアイ**、直訳するとバナナ・イカというツツイカ目もいる。これも

イカの干物もさまざまな料理に使われている。

アオリイカの一種で、スルメや缶詰などの加工食品にされることが多い。

プラームック・ヤックやムック・サーイと呼ばれる種類もいる。前者は直訳すると鬼のイカなので、ダイオウイカのような巨大イカを連想してしまうが、実はこれはタコである。タコの消費量は日本が世界一位で、日本以外でタコを食べる国は数えられる程度しかない。タイでももともと食べられていなかったため、イカとタコが同じくくりで分類されていた。しかし九〇年代後半以降、タイでも日本のタコ焼きが売られるようになると定着し、今では「タコ」という日本語そのものがタイ人に通じるほどだ。

▼イカのおいしさに開眼したある料理

一九九八年、ボクが初めてタイを旅したときのことだ。滞在二日目にシーロムからラマ4世通りを西へと向かい、中華街ヤワラーをとおり抜ける際、水でもどして膨らんだ干しイカを何度も目にした。米粉麺クイッティアオのイェン

こういった自転車でスルメを売り歩く人がかつては多かった。

タフォーによく入っている茶色い食材である。とにかく暑い時期だった。慣れないタイに右往左往していたせいもあり、目に入った異様なイカの姿に嫌悪を感じた。

タコ焼きがバンコクで散見されるようになると、さらに嫌いになった。当時のタイではタコがなかなか手に入らず、タコの代わりにカニカマやイカの入ったタコ焼きがよくあった。イカのタコ焼きは想像以上にまずく、イカ嫌いに拍車がかかってしまった。

そんなボクに転機が訪れる。ある日、知りあいになんの変哲もないタイ人向け海鮮料理店に連れていかれた。日本人がタイの海鮮料理店に行ったらまず頼むのは生ガキ、グン・パオ、それからプー・パッポンガリー（カニのカレー炒め）だ。誰もが杓子定規にプー・パッポンガリーを注文する中、その人は、

「プーなら、プラームックのカレー炒めのほうがおいしい」

といった。イカ嫌いのボクには思いつかない

イカのたまごの揚げものや焼きものがタイ人には好まれる。

メニューだ。考えてみると、合わない組みあわせでもない。実際、頼んだ「プラームック・パッポンガリー」はおいしかった。カニの代わりにイカを使っている以外、なにもかもがノーマルのプー・パッポンガリーと同じ。それまでかたいと思っていたイカの胴の輪切りの食感はカニ肉よりよいくらいで、目の覚める思いがした。

　イカ料理に目覚めたボクはその後、酸味が強いさっぱりスープの「プラームック・ヌン・マナーウ」などいろいろなものを試した。すっかりイカ嫌いを克服し、食生活がさらに豊かになった。

▼パクナムのおじさんの屋台

　イカに目覚めて、同時にわかってきたこともある。それは、イカは手の込んだ料理よりシンプルなほうがおいしい、ということだ。プラームック・ヤーンが一番だったのである。

　タイ料理には日本語では「焼く」と訳される調理法がいくつかあると、ガイヤーンの項（第4章）で言及した。ここで紹介するイカ焼きは串に刺しているので、ヤーンではなくピンに入るように感じるが、プラームック・ヤーンの場合は炙る程度では火がとおらないので、串に刺さっていてもヤーンになる。

　そんなプラームック・ヤーンの中でもおすすめは、バンコクの隣、サムットプラカン県パクナムで夕方から出ている屋台だ。パクナムは正確にはパーク・ナーム、パークは口、ナームは水あるいは川なので河口という意味になる。サムットプラカン県はチャオプラヤ河の河口にあり、中心地パクナム

パクナムのおじさんの屋台は同じ場所で復活しているらしい。ただ、ボクが行く日はいつもおらず全然再会できない。

には県庁がある。

ちなみに、本当の河口は県庁がある場所から数キロほど下流にある。その西岸は海軍施設で、大昔の砲台がある要塞跡地ポム・プラ・ジュラジョムクラオがある。一般人も無料で入ることができ、そこにはメークロン号という日本製の軍艦が展示されている。第二次世界大戦時にタイが購入した艦船が保存されていて見学できるのだ。そして、その船の横に、海軍クラブ直営の海鮮レストランがあって、おいしいタイ海鮮料理が楽しめる。しかも、安価だ。ただ、ここまで交通費がかかるので、トータル的にはバンコク都内で食べるのとあまり変わらないけれど。

県庁所在地としてのパクナムには郡役場や郵便局、裁判所が置かれた大きな駐車場があり、一六時ごろになるとあるおじさんが現れてイカを売っている。今現在は必ずしもそのおじさんではないものの、この『プラームック・ヤーン・ドゥアンジャイ』は地元民によく知られた屋台となっている。河口近くだからかイカが新鮮でおいしいのだ。**カイ・ムック**（イカのたまご）、胴の部分がずらり並ぶ。イカのたまごは、タイでは揚げる、焼く、ゲーン（スープ料理）に入れる、炒めてガパオにするなど、いろいろな食べ方がある。ゲソもある。ゲソはタイ語では**ヌアット・ムック**という。ヌアットは口ひげのことなので、昔のタイ人はイカの脚がそうみえていたのかもしれない。

この店のナムチムは辛いけれど美味だ。シーフードで多用されるいわゆるナムチム・タレーで、激辛タイプと甘いタイプがある。激辛タイプはナンプラーを中心に、辛さがきわだっている。甘いほうもメチャクチャ甘いというわけではなく、ちょうどよい印象

パクナムの祭りのイカ焼きはどれも安いが小さい。

だ。もっとちょうどいい甘味と辛味の中間がほしければ、「パソム」（混ぜて）ということでおじさんが適宜、辛いのと甘いのを混ぜてくれる。

この店の唯一の難点は持ち帰りにくいことだ。手押し車の屋台で席もないので、その場で立ち食いするか持ち帰るしかない。持ち帰ると伝えると、ビニル袋に入れてくれるのだが、これが厄介なのだ。この店はイカをかなり大きく切るので串も太く、全体の重さが一般的なイカ焼きのレベルを超えている。ビニル袋はその重量に耐えられないばかりか、串の先端に突きやぶられ、自宅につく前にナムチムが散乱してしまう。車で買って帰ったら、車のシートがナムチムだらけになっていたということもよくあった。ナムチムとイカを別々の袋に入れればいいだけだが、イカを袋に入れてナムチムを上からかけてもらうと、帰宅するころには味がなじむので、失敗を承知で毎回そうしてしまう。

毎年11月ごろに開催されるパクナムの祭りは昭和の香りがする。

このおじさんの店は開店と同時に人が集まってくる。ちょうど夕涼みの時間帯だ。対岸にはマングローブ林や、サムットプラカン県で重要な寺院がある。静かに行き交う船が夕陽に照らしだされる。持ち帰らず、そんな光景を護岸から眺めながらイカ焼きを堪能することもできる。なんと素晴らしい瞬間だろう。ビールがあればなお最高である。

今はパクナムにはバンコク中心地から高架電車のＢＴＳで行くことができる。この駐車場の目の前にパクナム駅があるので、かつてに比べてずっと行きやすくなった。さらに、一一月の頭にさしかかる一週間は、駅前から役場のある巨大駐車場、それから市街の道路も封鎖して、無数の屋台が並ぶお祭りが行われる。対岸の大きな寺院ワット・プラサムット・ジェーディーの祭りで、飲食系だけでなく射的やダーツなどのゲームの屋台も出る。盆踊りのような昭和の雰囲気がなんともいい感じだ。ダーツにしても普通のルールではなく、壁に矢が刺さらなか

プー・タレーのパッポンガリーだと殻が分厚い。

ったら勝ちというヘンテコなものがあるなど工夫がされていて、学園祭的なおもしろさもある。まあ、エンタメ系の出店はほとんどがいわば詐欺の類だけども。

　場所柄か、この祭りにもイカ焼き屋台はたくさん出る。しかし、例のおじさんの店には到底かなわない。あのおじさんに勝てるイカ焼きは、サムットプラカンのパクナムにはほかにないのである。

日本人が大好きなカニ料理「プー・パッポンガリー」

　カニも世界各地で親しまれているシーフードだ。タイでカニ料理といえば、「**プー・パッポンガリー**」一択という人も多いだろう。日本語ではカニのカレー炒め、カニのカレーたまごとじ炒めなどと呼ばれる。**パッポンガリー**（カレー炒め）といえば、前項で紹介したプラームック（イカ）のパッポンガリーもある。創作系タイ料理店にはさらにほかの食材のパッポンガリーもあるようだが、それらはややマイナーだ。

タイ国内や沿岸部でとれる代表的なカニは、日本でいうワタリガニと、泥地に生息するマッドクラブ、そして青パパイヤのサラダに使われる淡水ガニである。

日本のワタリガニとほぼ同じなのが**プー・マー**（タイワンガザミ）だ。**プー**はタイ語でカニを意味する。そのあとに続く単語によって種類がわかる。プー・マーは脚やハサミが細いので、主に胴体に詰まった肉を、炭火焼きよりはゆでるか蒸すかして食べる。ソムタムでは生で食べることもある。

マッドクラブは、別名マングローブ・クラブともいわれ、その名のとおりマングローブ林の泥の中に棲むカニだ。殻のふちがのこぎりのようにギザギザしていることから、日本ではノコギリガザミと呼ばれる。このノコギリガザミは三種類あり、タイにいるのはアミメノコギリガザミ、あるいはアカ

上／ワタリガニもタイ人には人気のある海鮮食材のひとつ。　中／タイはバンコク郊外でさえこういったマングローブがたくさんある。　下／プー・タレーは殻が重いので量り売りだと歩留まりが悪くなってしまう。

テノコギリガザミだ。タイ語名は**プー・タレー**となる。海のカニという意味だが、ワタリガニのほうがよっぽど海のカニっぽいので、ボクはいつもいい間違える。

プー・タレーは大ぶりでプー・マーよりも厚みがある。身も多いので、蒸す、ゆでるのほか、殻ごと炭火焼きにして食べる。ハサミも大きく、殻がかたく泥のように黒っぽいが、加熱すると鮮やかな朱色になる。レストランで注文すると、かたい殻を剥きやすい状態にまで砕いておいてくれるが、タイ人向けの店では殻の処理はされておらず、小さなこん棒を渡される。自分で殻を叩き割れというのだ。

プー・パッポンガリーに使われるカニは、特記されていない限りはプー・タレーだ。プー・マーとプー・タレーを選択できる店もあるし、プー・マーしかない安食堂もある。近年の高級料理店では脱皮したてで殻のやわらかいソフトシェル「プーニム・パッポンガリー」だけを用意するところもある。おいしそうなのだが、タイでソフトシェルはディープフライにするので、もったいない感じがする。開高健が著書で、アメリカではソフトシェルを自動的にディープフライにしてしまうので、おいしいエキスがすべて飛んでしまうと愚痴っていたが、タイでも同じことがいえる。

▼プー・パッポンガリーはどこから来たのか

プー・パッポンガリーは特に日本人人気が高い。バンコクでは生ガキもおすすめのソンブーンがおいしいと有名だ。プー・パッポンガリーはもともとプー・マーで作るものだったのだが、ソンブーンがプー・タレーを使いはじめ、それがタイ全土に広がったといわれている。この店は調理師が引き抜かれないよう、昔から調理師の情報をいっさい公開していない。日本人など海外の投資家から外国への進出オファーがたびたび来たが、プー・パッポンガリーに適したカニが入手できないからと見送ってきたという。そうしたこだわりと門外不出の技術があればこそ、ここまでの人気店になったのだ。

パッポンガリーのパッはパット（炒める）、**ポンガリー**がカレー粉を意味するので、カレー粉が入っていることが要となる。カニをココナッツ・ミルクとたまごでふんわりと包むように炒め、オイスターソースとカレー粉少々で味つけしたら、トウガラシ、トンホーム（ワケギ）、**ホームヤイ**（タマネギ）などの野菜を加える。英語でチリ・イン・オイルと呼ばれるナムプリック・パオも入れる。これからしみ出る油もアクセントになる。濃厚な味が米によく合う。

日本ではタイ料理として認知されているプー・パッポンガリーだが、中国の潮州にも似た料理があり、潮州系移民がタイに持ちこんだという説がある。だからこそ、中華系海鮮料理店のソンブーンでも人気なのだ。ところが、タイ人の中には「カレー粉を使う料理なのだから、インド料理が原型に決まっているでしょ」と主張する人もいる。そのほか、インドのゴアの料理だったという説もある。マカオにプー・パッポンガリーに酷似した料理があるからだ。

マカオは一五五七年からの居留地時代を経て一八八七年から一九九九年までは植民地と、四百年以上もポルトガルと深くかかわりのあった地だった。ゴアも一五一〇年から一九六一年までポルトガル領だったので、ポルトガル料理がインドを経由してタイやマカオに伝来した可能性は高い。アユタヤ王朝期に確立されたタイ料理の中にはポルトガル料理の影響を受けたものが複数あるので、プー・パッポンガリーの原型がそちらにあったとしても驚くべきことではない。

プー・パッポンガリーには殻つきと殻なし、ふたつのタイプがある。注文時になにもいわなければ、高級店では殻は多少砕いているがプー・タレーを丸のまま入れて炒める。プー・タレーの殻は分厚くかたいので、手を使って殻をはずす。なにしろ油ギッシュな料理だから、熱いうえに油で指がギットギトになって非常に食べづらい。ただでさえカニの殻を剥くと指先に臭いが残るというのに、油とカレー粉までつくのはいただけない。

そこでおすすめしたいのが、注文時に殻なしを指定することだ。調理段階で殻をはずしてもらい、カニ肉だけを入れてもらう頼み方になる。肉や身を意味するヌアを料理名の前につけ、「ヌア・プー・パッポンガリー」といえばいいだけだ。これで殻のないカニ肉だけのパッポンガリーが食べられる。ただ、殻なしには難点がふたつある。ひとつは殻ごとの豪快さがなくなるので見た目が貧相になってしまう。もうひとつは、剥いたカニ肉が作り置きなのか、注文後に剥いたものなのかがわからず、鮮度に不安が残ることである。カニ肉の量も殻つきと同じかどうか疑わしい。あちらを立てれば、こちらが立たない。いろいろな意味で、プー・パッポンガリーはなかなか面倒な料理である。

和テイスト強めな魚料理「プラー・ヌン・シーイウ」

「**プラー・ヌン・シーイウ**」は魅力的な魚料理だ。ボクの好きなタイ料理ランキングでは上位に入るのだが、同意見の人は少ないようで、そもそもメニューに入れていない店も多い。シーイウとは醤油のことなので、この料理を直訳すると醤油で蒸した魚、である。不人気は和テイストに近いのが原因かもしれない。タイ料理に和を見出す必要はないというわけか。

プラー（魚）は基本的に**プラー・ガポン**が使われる。バラマンディというスズキの仲間で日本のアカメに極めてよく似ている。適応能力の高い魚で、タイでは汽水域や河川にも生息し、養殖も盛んで、バンコク近郊ではプラー・ガポンの養殖場をよくみかける。近年はレジャーとしての釣りが広まっていて、出荷前に釣り堀として開放する養殖場もある。

シーイウは醤油だが、これは白醤油であるシーイウ・カーウを指す。本書ではすでに何度も登場している中華系の調味料で、大豆に小麦粉を混ぜて発酵させているので、日本の醤油より味が薄いというかコクがない。刺身に使うのは無理だが、自宅で和食を作る際、醤油の代用として使えなくはない。

ヌンは蒸すという意味だが、タイ語は蒸すことやゆでることを表す単語が複数ある。簡単に箇条書きにしてみよう。

・ヌン

蒸気によって加熱する調理方法で、蒸す、ふかすに相当する。海鮮では主に中華系の料理で用いられる。

・オップ

水蒸気などの熱を利用し、食材全体を包みこむように加熱することを指す。蒸すというより、焼くことに重点を置いた蒸し焼きというイメージだ。

・フン

主に米を炊くときの調理方法だ。ご飯を炊くはフン・カーオで、それ以外でフンを使

上／中華醤油で蒸されたスズキのプラー・ヌン・シーイウはおすすめ。　下／プラー・ガポンなどの養殖はこういった池で行われる。

タイ人も魚はよく食べるので、いろいろな種類の魚介類が市場に並ぶ。

うことはめったにない。

・トム

日本語と同じ煮ることやゆでることを意味する。水分の熱で食材に火をとおすのが目的の調理方法だ。

・ルアック

ゆがくことで、熱湯にさっとくぐらせる、あるいは数秒から数十秒程度だけ湯にとおすことを指す。表面を加熱したり、すでに火がとおっている食材を温め直すときに行われる。

・トゥン

煮込むことを意味する。食材に長時間かけて火をとおしてやわらかくし、味をしみこませる。タイでは肉類などをパローや香辛料、香草を合わせて長く煮込むことを指すケースが多い。

▼モー・ファイという料理で魚を楽しむ

プラー・ヌン・シーイウはプラー・ガポン丸ごとが大皿か、魚型の鉄板に盛られてくる。後者の場合は、鉄板の下に火元があって熱しながら食べる。この鉄板や鍋を火にかけながら食べること、あるいはそういった鍋などをタイ語で**モー・ファイ**という。

皿であれ鉄板であれ、魚の下にはシーイウ・カーウをベースに水もしくは出汁、オイスターソース、中国酒、ゴマ油などを混ぜたスープが敷いてある。魚をスープごと蒸し器で十分ほど蒸せば完成だ。魚の上にはトウガラシや長ネギ、**キン**（ショウガ）を**フォーイ**（千切りや針切り）したものも盛られている。ゴマ油の香りと醤油の味で白身魚がさっぱりと食べられる。ゴマ油や中国酒を使っていることやシーイウ・カーウの出自を考えれば、そもそもは和テイストというよりは中華料理に近い。

魚型の鉄板を使う料理はほかにもある。同時に、プラー・ヌン・シーイウに雰囲気や作り方が似ている料理もある。「**プラー・ヌン・マナーウ**」だ。ヌン・シーイウがまったく辛くないのに対して、ヌン・マナーウは辛く、酸味が強い。名称どおりマナーウ（ライム）がかなり効いているからだ。主要な調味料はこちらもシーイウ・カーウであるものの、オイスターソースを含め、材料はヌン・シーイウと似ているが量が少ないし、蒸し器にかける時間もせいぜい数分と短い。そのため、スープはやや白濁している程度の色あいだ。ニンニクや、マナーウの汁や実も入れるので辛く酸っぱいが、爽快感のある後味が特徴となる。一般的にはヌン・マナーウのほうがヌン・シーイウよりも確実に人気がある。それほどタイ料理らしい味わいだ。

ここではプラー・ガポンを使ったプラー・ヌン・シーイウを紹介したが、ほかの魚のバージョンも食べられる。特にヌン・マナーウの場合は魚のバリエーションが多い。プラー・タップティムという赤い淡水魚も人気がある。肉厚でタイでは珍しくない淡水魚だ。イカ焼きの項で紹介したように、イカもヌン・マナーウに使われる。安価でボリュームたっぷり、人気のメニューである。

ヌン・マナーウは酸味が強くて辛く、パクチーも使われるので、苦手な人もいるだろう。他方、ヌン・シーイウは万人ウケする味だし、日本人には特に食べやすいので、ボクとしてはやっぱりプラー・ヌン・シーイウを引きつづき推したい。

タイ料理の味の基本味覚を備えた「プラー・トート・サームロット」

タイ料理の味の基本は、甘い、しょっぱい、辛い、酸っぱい、の四つである。麺料理店の卓上調味料からも一目瞭然だ。しかも、ひとつの料理に四つすべての味を盛りこむことを当然とする。

和食は辛味の代わりに苦み、それに旨味を加えた五味が基本だろう。タイ人は基本的に苦みを避けるが、野菜やサムンプライといった食材が苦みを担っていると思う。旨味は塩気を加える意味あいで使うナンプラーやそのほかの発酵調味料、オイスターソースあたりから出ているといったところだ。

「プラー・トート・サームロット」はまさにタイ料理の四つの味の基本がすべて盛りこまれた料理だ。誰が食べても「ああ、タイ料理だ」と納得する。プラー・トート・サームロットは別名を「プラー・トート・ラート・プリック」という。プラー・トートは魚のから揚げ、サームロットは三種類の味だ。そして、ラート・プリックは「トウガラシをかける」が直訳だが、ここでは「ソースをかける」（もしくはタレをかける）という意味になる。魚の揚げものに甘酸っぱくて辛いソースがかかっているという、わかりやすくて飽きのこない味だ。

使用される魚は主にアジ科の**プラー・サムリー**（アイブリ）である。メニューには「プラー・サムリー・トート・サームロット」などと表記される。四〇センチ近くまで成長するようだが、この料理には二〇センチから三〇センチのものが望ましい。大きく肉厚なので食べ応えがあり、骨はあるが身を開いて揚げているので食べやすい。白身魚らしいさっぱりとした味だ。ボクはいつもソースがかか

タイも魚介類が豊富だが、プラー・トートにできる魚、できない魚がある。

っていない部分を食べて魚の味を楽しんでから、次にソースつきの味わいを堪能するようにしている。

ほかにも白身のさっぱりした海の魚ならなんでもよく合うと思う。プラー・ガポン、それから**プラー・ジャラメ**（マナガツオ）などもよく使われる。マナガツオは横長のシュッとした体型ではなく、マンボウのような四角い体型をしているスズキ目マナガツオ科に属する魚だ。

調理方法は簡単で、魚を揚げて皿に盛り、あらかじめ作っておいたソースをかけ、最後にパクチーを載せて完成だ。

そのソースは、プリック（トウガラシ）やガティアム（ニンニク）、ホームデーン（エシャロット）、キン（ショウガ）、ラーク・パクチー（パクチーの根）、砂糖やナンプラー、それから**マカーム**（タマリンド）などをすり潰して混ぜ、炒めて粘度が高めのソースに仕立てる。パクチーは料理に添えるときは葉や茎を使い、調味料などの裏方には根っこを使用する。**タイ料理に**

上／シンプルにニンニクとから揚げにした「プラー・トート・ガティアム」といった料理もある。　下／既製品のナムチム・ガイもかなり万能でおいしい。

おいてパクチーはあらゆる部位を使いつくすのである。

トウガラシで辛み、タマリンドで酸味、砂糖で甘みをつける。これでサームロット（三種の味）はカバーされた。店によってはハチミツかと思うくらいソースがドロッとしているが、それはガイヤーン用のタレ「**ナムチム・ガイ**」を加えていることが多い。酢と赤トウガラシ、塩、砂糖、ニンニク、コーンシロップを混ぜたナムチム・ガイを加えれば、ソース全体にとろみがつく。横着な店では市販のナムチム・ガイをそのまま魚にかけるだけのこともある。悔しいが、これでも十分おいしい。

　このように、ソースのレシピは店によって違い、サラッとしたソースがかけられていることもある。よくみるのが、マムアン（マンゴー）の細切りが入ったソースだ。青いマンゴーを細切りにして、ナンプラーや砂糖、エシャロット、ピーナッツかカシューナッツを煎って砕いたものが入っている。まるで青マンゴーのヤム（サラダ）をかけているかのようだ。この場合、本来の料理名は「**プラー・トート・ラート・ヤムマムアン**」などという名称になる。甘酸っぱくて辛いので、「サームロット」という点では間違いない。ただ、プラー・トート・サームロットと完全に同じ料理かというと、意見が割れると思うが。タイ語はメニュー表示などにおいて不親切でわかりにくいときがある。タイ人でも読み間違える、あるいは解釈を間違えることもあるので、たとえば「プラー・トート・サームロット」にこだわるなら、注文時にどんなタイプかを確認しておいたほうがいい。

プラー・トート・サームロットは味が濃いので子どもから大人まで楽しめる。米にも合うし、酒のつまみにも最適で、実に使い勝手のいいメニューだ。シーフード店だけではなく、タイ料理全般を揃えるレストランでもみかける。

プラー・トート・サームロットに似た料理に「**プラー・トート・ナンプラー**」がある。これは白身魚の素揚げ、もしくはから揚げをナムチム・タレーで食べるというシンプルな料理だ。魚は揚げる前にナンプラーをかけて下味をつけることもある。さらに、ナムチムとして先のマンゴーのヤムを載せることもある。こうなるとプラー・トート・ラート・ヤムマムアンとなにが違うのかわからないけれど、タイ人は甘さ、塩気、辛さ、酸味が全部あるものをおいしいと感じるので、ヤムをセットにしたがる。これが、タイ人の味覚なのである。

妙に人気のあるエビの蒸し焼き料理「グン・オップ・ウンセン」

エビの春雨蒸し焼き「**グン・オップ・ウンセン**」はタイのシーフード店ならどこにでもある料理だ。一見手が込んでいると思いきや、家庭の炊飯器や電子レンジでも作れるほど簡単だ。鉄鍋にエビとウンセン（春雨）、豚肉、調味料を入れ、ふたをして火にかけるだけでいい。ヌン・シーイウのように「ヌン」（蒸す）という名称でないのは、「**オップ・ウンセン**」というくらいなので、食材を入れた鍋にふたをして強く熱することで鍋内に充満する食材の水分を利用して焼くからだ。この料理では鉄鍋がオーブンの役割を果たす。

上／鉄鍋に春雨とエビ、中華調味料などで一気に蒸し焼くのがオップ・ウンセンだ。　下／ワタリガニはたしかに焼くよりは蒸したほうがいいが、価格のわりに身が少ない印象だ。

オップ・ウンセンの材料にはメインの食材、春雨、豚の三枚肉、キノコなどのほか、ニンニク、ラーク・パクチー（パクチーの根）、**クンチャーイ**（セロリ）、ショウガ、コショウの粒などが用いられる。調味料はソース・ホイナーングロム（オイスターソース）やシーイウ・カーウ、シーイウ・ダム（黒醤油）、ゴマ油などが使われる。材料自体は普通なのだが、これぞ中華系タイ料理という香りがするので好みは分かれるかもしれない。春雨の質が悪いと蒸し焼きにしたときボソボソしてしまうので、ここで誠実な店かどうかがわかってしまう。

グン・オップ・ウンセンではエビがメインとなる。エビの炭火焼きで紹介したグン・メナムを使うこともあれば、グン・メナムよりやや小さい**グン・チェーブアイ**（バナナエビ）を用いることもある。エビの代わりにプー（カニ）を使う「プー・オップ・ウンセン」もある。この料理は材料と調理方法で名称が構成されているので、頭の食材部分を変えればメイン食材も自動的に変更となる。貝類も使うし、エビと貝を混ぜた「タレー・オップ・ウンセン」（海鮮春雨蒸し）のバージョンもある。毎年一〇月前後にある菜食週間のギンジェー中はキノコの「ヘート・オップ・ウンセン」も食される。

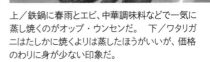

人気店はコンロで複数を同時に蒸し焼きにしていく。

オップ・ウンセンも味はわりと濃い。タイ人はよほどカキの旨味が好きなのか、タイ料理で使われまくるオイスターソースも入っているので、そのままでも十分においしい。店によってはナムチム・タレーのほか、酢が強めのナムチムなど、味を和らげるさっぱり系ナムチムをつけてくれる。

この料理の唯一の許せないポイントはグンでもプーでも殻のまま蒸していて、食べるとき面倒なことだ。プー・パッポンガリー然り、トムヤムクン然り、**タイ料理では食べられない食材や部分が入ったまま盛られてくる**。このあたりの気遣いはやはり和食にはおよばない。エビの頭や殻からいい出汁が出ているとは思う。ただ、タイ料理にはそもそも出汁をとるという概念がないし、食べながら熱々の殻を剥くのは難儀だ。特にオップ・ウンセンは春雨も絡まってくるから面倒このうえない。一方で、殻のない身だけのグン・オップ・ウンセンを出されれば、これもまた味気なくて興醒めだ。ないものねだりというやつなのだろう。

ムール貝のさわやかな蒸し焼き「ホイ・マレンプー・オップ・サムンプライ」

グン・オップ・ウンセンと同様、鉄鍋を使う料理に「**ホイ・マレンプー・オップ・サムンプライ**」がある。これも蒸し焼きで、オップ・ウンセンよりもずっとシンプルに作れ、かつ味のジャンルがまったく違う。

メイン食材は**ホイ・マレンプー**、すなわちホイなので、貝類である。フランス料理でよく使われるムール貝といえばわかりやすいか。日本ではイガイと呼ばれるが、その場合は日本の在来種だそうだ。日本では外来種にムラサキイガイ、ミドリイガイがあり、このホイ・マレンプーはミドリイガイに相当する。貝殻は茶色か黒っぽく、ふちが緑色だ。クセがないので誰にも好まれる貝だと思う。

ホイ・マレンプー・オップ・サムンプライは、この貝をサムンプライ（香草）と合わせて蒸し焼きにした料理だ。ベーシックなレシピではサムンプライはシンプルにバイ・ホーラパー（スイート・バジル）とタクライ（レモングラス）を合わせるくらい。そのため、メニューには「ホイ・マレンプー・オップ・バイ・ホーラパー」と書かれていることもある。ショウガのようなサムンプライのカー（ガランガル）を入れることもある。

完成品は鉄鍋ごと出てくる。熱々の鍋のふたをとるとスイート・バジルとレモングラスの香りが湯気と共に立ちあがり、鼻をくすぐる。暑いタイの夜にこの香りを嗅ぐとさわやかな気分になる。ホイ・マレンプー一キロあたり三〇〇グラムものサムンプライが入っているので香りは鮮烈で、貝にもじっくり染みている。貝殻から鮮やかな橙色の身をはずし、ナムチム・タレーなどにちょっとつけて食べる。

強火で蒸すため、身はかなり縮んでいる。ほとんどのホイ・マレンプーの身に髪の毛のような物質がついている。ネットのレシピにはこれをはずして調理するよう書いてあるが、食べる人のことを考慮しないタイの飲食店で取りのぞいてあるものをボクはみたことがない。

▼サムンプライが出汁ではないと悟った夜

本書では「**タイ料理には出汁をとるという概念がない**」と繰りかえし書いている。タイのサムンプライは日本のように料理のベースとなる出汁をとるためのものではなく、香りと味をつけるための材料だ。タイの伝統医学には「医食同源」や「生薬で身体のバランスを調える」という考え方がない。それでもタイ料理にサムンプライを多用する理由には薬効の意味あいもあるとは思う。ただ、その汁

上／ホイ・マレンプー・オップは庶民的でタイらしい味がして誰にでも好まれる貝料理だ。　中／調理も簡単なのでタイのムール貝も市場ではあっという間に売れてしまう。　下／タイ人も貝が好きで、タイ料理にもいろいろな貝料理がある。

で食材をおいしく煮込もうというところにはいたらない。ボクがサムンプライで出汁はとらないと主張しているのはそういうわけなのだ。

実はこのタイ料理のスタンスを体感的に理解したのは、ホイ・マレンプー・オップ・サムンプライを食べたときだ。食べおわった鉄鍋を覗くと、鍋底に白濁したスープがたまっていた。日本人なら、ホイ・マレンプーとサムンプライからしみ出た汁が白濁するほど濃縮したスープだ、と思うだろう。ところが、すくって飲んでみるとレモングラスやバジルの香りはするが、味はいっさいしなかった。サムンプライを敷いた蒸し器でホイ・マレンプーを蒸す店では、蒸しあがった貝は皿に盛って提供する。底にたまったスープは客には出さない。タイ人も汁に味がないことを知っていて、まったく重要視していない。こうしてボクは、サムンプライで出汁をとらないと悟った。

食べにくいがご飯の進むタイ式味噌炒め「パット・ホイラーイ・ナムプリック・パオ」

タイ料理には食べられない具材がよく入っている。トムヤム・スープやグリーンカレーに入っているサムンプライ（香草）が代表例だ。タイ料理通の中には、バイ・マックルー（コブミカンの葉）は食べられる、という人もいる。たしかにコブミカンやレモングラスは細く細く切ることで食べる料理もあるにはある。しかし、たとえばそもそも薄く切ることすら困難なカー（ガランガル）はどうだ。実際問題、あんなかたいものを噛んで飲みこめるわけがない。食べられないものを料理に入れたままにすること自体理解しがたいが、それもまたタイ料理の側面だ。

食べにくさという点でトムヤムクンを凌駕するのが「**パット・ホイラーイ・ナムプリック・パオ**」である。アサリのタイ味噌炒め、あるいはアサリのタイ式辛味噌炒めとボクなら訳す。

日本のタイ料理店では**ホイラーイ**をアサリと訳し、実際にそれを使っているようだが、実はホイラ

パット・ホイラーイ・ナムプリック・パオの典型的なバージョン。

ーイはアサリではない。日本の海にもいる貝であるものの、サイズが小さすぎて一般に流通せず入手困難なので、アサリもしくは代替の品種を使っている。その意味では、日本のタイ料理店で「アサリのタイ味噌炒め」などと名乗るのは間違いではないが。

ホイラーイはイヨスダレという貝だ。アサリに似た形状の二枚貝で、砂色に網目模様が入っている。主に台湾や東南アジアで食べられている品種で、地域によってはジョロウガイとも呼ばれる。ちなみに、イヨスダレはリュウキュウアサリの亜科らしいので、そうなると日本でアサリと訳されるのも完全な的はずれともいえない事態になる。品種や分類というのはいちいちややこしい。

ホイラーイは二枚貝ながら平べったくて、身が小さい。パット・ホイラーイ・ナムプリック・パオにする場合、殻のままチリ・イン・オイルのナムプリック・パオと炒める。ホイラーイはアサリなどと同じように火がとおると口が開く。料理をみると、閉まったままの貝もあれば、中身が入っていないものもある。日本なら事前に生きている貝と死んでいるものを振り分けるだろうが、食べられないものを入れるタイ料理にそんなおせっかいはない。ナムプリック・パオに絡められたホイラーイは身が小さいので殻からはずしにくく、ひとつひとつ身を食べようとすると、だんだんイライラしてくる。しかも、殻が薄いので、面倒でそのまま歯で身をとろうとすると、殻が割れて口内がジャリジャリになる。実に食べにくい。ただ、甘辛いナムプリック・パオとの相性は抜群だ。白米にもばっちり合う。

タマネギを入れる店もあるが、基本的に野菜的なものは**バイ・ホーラパー**しか入っていない。これは簡単にバジルとも呼ばれる。ガパオライスのガパオもバジルで、和名をカミメボウキ、英語ではホーリー・バジルと呼ばれる。このバイ・ホーラパーの和名はメボウキだ。英語ではスイート・バジルあるいはタイ・バジルと呼ばれる。**タイはサムンプライが豊富なので、日本人がひとくくりにしてしまうようなハーブもしっかり使い分けている。**もっといえば、ガパオも実は赤ガパオ、白ガパオ、赤白の交配種があるなど、バジルだけでも十種類はある。さすがに一般家庭で使うのはガパオやホーラ

上／似たような二枚貝でハマグリの仲間であるホイ・タラップのパット・ナムプリック・パオもある。
下／タイ料理ではバイ・ホーラパーの出番は多く、生でも食べられる。

パーくらいであるが、いずれのバジルもいい香りがして日本人の味覚に合うことは間違いない。パット・ホイラーイ・ナムプリック・パオはボクのおすすめのタイ料理のひとつでもある。タイ人からも愛されていて、スーパーでは『プムプイ』（英語名はスマイリング・フィッシュ）というブランドのパット・ホイラーイ・ナムプリック・パオの缶詰も売っているくらいだ。

何度もいうが、タイ料理の名前には独特の名称を持つものと、調理方法や材料名が並ぶものがある。パット・ホイラーイ・ナムプリック・パオは後者だ。中には単語を入れ替え「ホイラーイ・パット・ナムプリック・パオ」とする店もある。ホイラーイを変えれば、貝以外の「**パット・ナムプリック・パオ**」を注文することもできる。ムー（豚肉）、ガイ（鶏肉）がポピュラーだし、海鮮各種でもできる。どれも白米にめちゃくちゃ合うおかずだ。

プムプイはやや重いが土産にも向くかもしれない。

結局のところ、万能なのはナムプリック・パオ自体のほうなのかもしれない。これを使えばどんな炒めものも最高の状態に仕上がる。その点は日本の味噌と同じだと思う。どんなラーメンにも味噌を入れるとみそ味に支配されるように、ナムプリック・パオも入れた途端に一気にタイの味になる。だから、なにもかもをおいしくしてしまうナムプリック・パオのことを、ボクはいつもタイ式味噌と訳してしまうのだ。

タイ式アカガイはややハードな料理？「ホイ・クレーン・ルアック」

タイ人も貝が好きな人種だと思う。レストランなら海鮮専門店でなくても貝のメニューが並んでいる。ローカル向けレストランにしかないが、淡水の貝もあるほどだ。

タイで好んで食べられる貝といえば、既出のカキやホイラーイ、ムール貝、そして**ホイ・クレーン**である。アカガイと訳す人もいるが、ホイ・クレーンは正確にはアカガイではなく、あくまでもその一種である。ぱっと見は同じだが、簡単な見分け方があるのだ。それは貝殻にある縞模様を数えることだ。

ホイ・クレーンの日本名はハイガイという。ハイガイとアカガイは同じフネガイ科に属する二枚貝だ。違いは放射状の線の数で、ハイガイでは十六本から十八本前後なのに対し、アカガイでは四十二本前後もある。貝の大きさや成長度合いに関係なくだいたいこの本数が出るという。ハイガイは日本にも生息しているが、日本国内ではさらに似た品種のほうが出まわっている。というのは、アカガイは日本では寿司ネタとして人気なので高価すぎるからだ。安価で提供したい寿司店では代わりに同じフネガイ科の貝で線が三十二本から三十四本ほどのサルボウガイを使っているのだとか。

ホイ・クレーンは海鮮を扱うタイの市場ならどこでも手に入る。特に東北部の人が好きなようで、キロ単位で買っていく。彼らは持ち帰るとすぐに鍋に湯を沸かし、どさっとホイ・クレーンを投入する。さっとゆがいたら、「**ホイ・クレーン・ルアック**」が完成という手軽さだ。まずひとつとって素手で貝殻を開け、身がついていないほうをスプーン代わりにして身をとり、好みで作ったナムチムをつけて食べる。ふたつめからは最初の貝を匙にして食べていく。ナムチムはいろいろあるが、基本的にはシーフードソースや、それに近いさっぱりして辛いタレが用いられる。

▼鉄の味がする……

ボクが初めてホイ・クレーンに遭遇したのは二〇〇〇年一二月のことだ。ロイエット県などイサーン地方出身の女の子らに誘われてディスコで飲んでいた。閉店後の早朝四時ごろだったろうか、バンコク最大の生鮮食料品市場のクロントーイに連れていかれた。タイのバーなどの夜遊び場所は深夜二時にはクローズとなるが、これはタクシン・チナワットが首相になってからのことだ。彼が政権を握ったのが二〇〇一年二月のことなので、この時点ではまだ好き勝手に営業していて、バンコクにも二十四時間営業のバーが普通にあった。

ディスコから市場を経由して何人かが彼女らのアパートに集まり、イサーン式の飲み会がはじまった。買ってきた食材を各々が調理する。ホイ・クレーンは電気鍋でゆでられた。タイの庶民的アパートには台所がない。タイではコンドミニアム（分譲マンション）を含む集合住宅のほとんどでガスは使用禁止である。そのため、多くの人がスーパーの家電売り場で買った胴体が赤い電気鍋や電気フライパンを持っている。

タイでは生では食べないものの、軽くゆがいただけで食べる。

この飲み会をよく憶えている理由は、ホイ・クレーンの食べ方を初めて知ったからだ。この貝は奥まで加熱せず、ステーキでいえばレア、半生状態で食べるらしい。料理名がゆがくを意味するルアックをつけたホイ・クレーン・ルアックである所以だ。これがボクにとっては衝撃だった。

というのも、アカガイの血中にはヘモグロビンとほぼ同じ成分エリスロクルオリンが入っていて、血液や身が赤くみえる。もしかしたら食生活が乏しかった当時のイサーン人は半生のホイ・クレーンを食べることで、鉄分などの栄養を補給していた

ラオスの首都の屋台にもホイ・クレーンの専門店があった。

のかもしれない。しかしそんなことを知らない当時のボクにとって、鉄の味がする半生ホイ・クレーンはただグロテスクで生臭いだけだった。

そもそも、ホイ・クレーンの血が赤いのは、泥の中など低酸素な環境で酸素を効率的に取りこむためだという。この効率のよさには問題もある。A型肝炎、E型肝炎、腸チフスや赤痢といった細菌やウイルスも体内に取りこみやすいのである。生で食べるのは非常に危険だし、少し火をとおしたくらいでは細菌残留の可能性がある。フネガイ科の貝類を輸入禁止品目にしている国もあるほどだ。そんなリスクの高い貝をタイ人は堂々と半生で食べる。彼ら曰く「半生で血が赤いままのほうが甘い」のだとか。

当時バンコクには和食ブームが未到来で、一般的なタイ人はみな日本の刺身をゲテモノ扱いしていた。ホイ・クレーンを食べる彼らをみながら、よく刺身を批判できるな、と心から思ったものだ。なんでも食べられるボクだが、貝はあまり得意ではなく、特にホイ・クレーンは今でも苦手だ。ただ、飲食店では徹底的に火をとおしてもらうこともできる。ほとんどがゆでタイプだが、炭火焼きもあるし、ソムタムなどのサラダにする食べ方もある。まあ、サラダ的なのは結局半生が多いけれども。とにかく、ホイ・クレーンは半生でないといけないという法律はない。よく加熱したものを注文するといいと思う。

炭火で大量に焼かれる様子が壮観な「プラー・チョン・パオ・グルア」

本書では、食材名などの漢字、カタカナ表記は読みやすさや雰囲気を重視している。それでいうと、日本でライギョと呼ばれる魚だけは、絶対的に漢字で表記したい。かっこいいからである。

雷魚が淡水魚であると知っている人は多くても、食べたことのある人はどれほどいるだろうか。雷魚は日本の河川の生態系を脅かす外来種であり、食用のイメージはない。

そんな雷魚もタイでは一般的な食材だ。タイ語では**プラー・チョン**、英語ではスネークヘッドと呼ばれるタイワンドジョウの一種である。いわゆる日本のドジョウとはまるで違う魚で、川や沼の浅いところに棲み、エラ呼吸だけでなく水面から顔を出して空気呼吸もするという。スズキやバラマンディの親戚らしく、白身の淡白な味わいが好まれ、海のないイサーンで特にから揚げや酸味の強いスープのゲーン・ソムによく使われている。

タイの雷魚はマムシドジョウに相当し、最大で体長一メートルにもなるというが、食用にする一般的なサイズは三〇センチから四〇センチのものが利用される。このサイズのプラー・チョンを塩焼きにしたのが「**プラー・チョン・パオ・グルア**」だ。太さは細身の女性の腕ほどもあるプラー・チョンが複数、イサーン料理屋台の店頭で炭火焼きにされている様子は壮観である。

プラー・チョン・パオ・グルアは単純明快な料理だ。さまざまなサムンプライを用意する場合もあ

プラー・チョン・パオ・グルアは身の周りが真っ白になるほど塩がすり込まれる。

るが、とりあえず**タクライ**（レモングラス）さえあればいい。まとめて束ねたタクライを、めいっぱい開けたプラー・チョンの大きな口につっこみ、皮に大量の塩を塗りこむ。味つけにさっとふる程度ではない。表面の皮がみえなくなるほど全体に塩をまぶすのだ。これを炭火でじっくりと焼く。雷魚の皮は厚くて強火でじっくりと加熱できるため、ヤーンではなくてパオなのである。

大量のタクライを口から腹の奥までつき刺した状態で焼くので、腹の中はタクライから出る水蒸気で蒸され、レモングラスの香りが身に移る。それでも淡水魚の生臭さは消しきれないので、食べるときにはナムチムが必要だ。ナムチム・タレーやナムチム・ジェウ（ナンプラーとトウガラシの粉で作るイサーン地方のナムチム）がスタンダードなタレになる。

プラー・チョン・パオ・グルアは食べる前にはちょっとした儀式がある。プラー・チョンの身体は塩で覆われている。日本の焼き魚のよう

ガイヤーンのほかにも多種の淡水魚を焼いているイサーン料理屋台。

に皮を剥がそうとすれば、身に塩が落ちて塩辛くなりすぎてしまう。タイ人はこの料理を食べるとき、背びれを上にして、どんと皿に立てる。プラー・チョンは平べったい筒状なので安定している。スプーンやフォークで背中へ一直線に切れ目を入れると、花が咲くようにぱっくりと割れ、厚い皮が身からきれいに剥がれる。これでたっぷり厚みのある背中の身から食べられるというわけだ。この皮を開く瞬間がワクワクして楽しいのだが、厨房で開いてしまうこともある。やや骨があるものの身はさっぱりしていて、そこまで泥臭さや淡水魚のニオイは感じない。大きくて食べ応えもあり、ビールや酒にも合う。

▼ナマズ焼きもイサーン料理では定番

イサーン料理屋台の魚の丸焼き系では、ほかにナマズの素焼き「**プラー・ドゥック・ヤーン**」もある。こちらは火力から身を守る皮が薄いのでパオはできず、ヤーンの料理になる。**プラー・ドゥック**はヒレナマズの一種だ。日本で

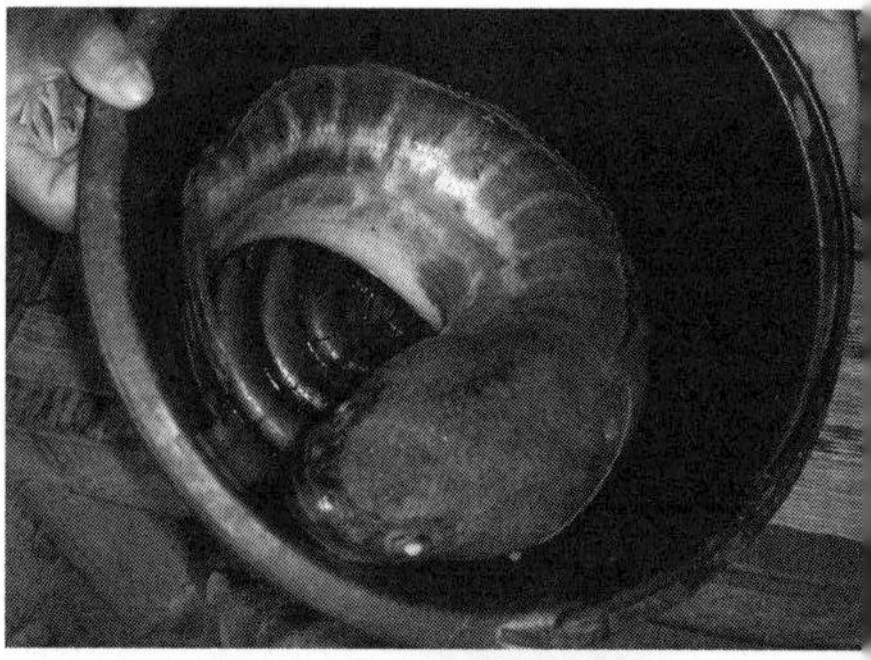

上／妻の田舎の沼にいた淡水魚で、この日の夜の一番のご馳走になったようだ。　下／プラー・ドゥックはスーパーでも普通に売っている。

は沖縄の一部に生息しているらしく、観賞魚として高額で取り引きされているようだ。イサーン料理店に並ぶプラー・ドゥックはせいぜい三〇センチくらいか。頭が平らで、胴体はプラー・チョンほど太くない。

プラー・ドゥック・ヤーンの調理法は店によるが、塩などで下味をつけてから素焼きをするか、タクライやカミンチャン（ウコン）、ニンニク、シーイウ・カーウなどで作った調味料を皮の上からすりこむこともある。火がとおりやすいよう皮には切れ目を入れる。後者の調味料を使う場合には切れ目から覗く身がウコンで黄色っぽくなる。

ヤーンなのでパオよりはやさしく焼きあげるのだが、プラー・チョン・パオ・グルアは身が瑞々しいのに、プラー・ドゥック・ヤーンはカラッカラだ。それだけじっくり焼かれるので、ナムチム・ジエウとの相性がそれはそれでいい。

プラー・チョンの身にコラーゲンが含まれていることが最近判明し、タイ人女性から美容効果に注目が集まっている。タイで雷魚ブームが起こる可能性も出てきた。

日本との関係が深い淡水魚「プラー・ニン・トート」

雷魚やナマズと同様、**プラー・ニン**も淡水魚であり、シーフードとするにはいささか抵抗がある。しかし、タイの魚事情を知ってもらうためにははずせない魚である。なぜなら日本と深い関係があるからだ。

プラー・ニンはティラピアと呼ばれる、淡水・汽水などさまざまな環境に対応できる強い魚だ。東南アジアのティラピアはナイル・ティラピアの一種だという。アフリカ原産で十度以下の低い水温では生きられないため、暖かい地域に多く生息する。日本でも戦後食糧難時代に導入されたそうだが、食用としては定着しなかった。

バンコクの生活排水の池にいたプラー・ニンは意外と大きかった。

「ティラピア」は外国語のような響きだが、実際は和名である。日本に導入されたときのティラピア属は三種類だったが、その後研究が進み、うち二種がカワスズメとされた。現在ティラピアと呼ぶのはタイで食用にもされるナイル・ティラピアのみである。英語ではシクリッドという種類に分類され、プラー・ニンはアフリカン・シクリッドに入る。ちなみに、アメリカン・シクリッドのくくりにはエンゼルフィッシュなどの観賞魚が含まれるほどで、ティラピアの仲間には多種多様な種類がいる。

プラー・ニンは主に黒っぽい色あいだ。イサーン料理店などには赤みがかった魚で**プラー・タップティム**がいる。本章のプラー・ヌン・シーイウの項でも少し触れた魚だ。実はこれもプ

「プラー・ニン・パオ・グルア」も雷魚同様に口からレモングラスを突っこんで焼く。

ラー・ニンの一種だ。

さて、このプラー・ニンがなぜ日本とかかわりがあるのか。それは、中国人があてた漢字をみるとわかる。

プラー・ニンは漢字で「仁魚」と書く。この「仁」は日本の上皇明仁を指す。タイでプラー・ニンが繁殖されるようになったのは、上皇明仁が皇太子時代、当時のタイの国王プーミポンアドゥンヤデート王（ラマ9世王）にティラピアを贈ったからだ。タイの食糧事情があまりよくないことを知った上皇明仁が、五十匹ほどのティラピアをタイに贈った。一九六五年三月二五日のことだ。これを受けてタイでもティラピアが研究されるようになり、一年後には一万匹にまで繁殖させてタイ国中の河川に放流された。今では養殖ティラピアは年間二十二万トン以上が出荷され、百二十億バーツ以上もの巨大マーケットを築いている。

そんなプラー・ニンの最もポピュラーな食べ方は、軽く粉をふってから揚げにした「**プラ**

ー・ニン・トート」だ。そのままだと淡水魚特有の臭みがあるため、ナムチム・ジェウなど辛めのナムチムをつけながら食べる。

屋台では手で豪快に身をちぎって食べる。ボクの印象ではプラー・ニン・トートは屋台――荷車でソムタムを中心に売る店といった、住宅街など市井のタイ人がいるところで売られる、庶民派の魚料理といったところだ。もちろん、普通の飲食店でもあるところはあるし、仲間であるプラー・タップティムは見た目の派手さからむしろちゃんとした料理店でもみる。

▼ボクがプラー・ニンを苦手になった理由

最近のボクはしかし、プラー・ニンをあまり食べない。おいしいし、養殖ものが多いのでちゃんとした店なら品質的には基本、安心安全だ。ナムチムと食べれば臭みも気にならない。ただ、繁殖力が強いというか生命力のある魚なので、その生息環境が気になってしまう。

バンコクのある無料誌の釣り特集を担当したときのことだ。海も川も湖もあるタイはフィッシング・フィールドとして優れている。タイにおける釣りはこれまでは「狩り」であって、ゲーム的なフィッシングが広まったのは二〇一五年前後と案外最近だ。特集では、日本人の釣り愛好家だけでなく、タイ人の釣り師も紹介しようということになり、数人を取材した。取材した彼らの釣りは生活のためであり、バンコク都内でなら狙うのはプラー・ニンだ。

タイのプラー・ニン釣り師には二タイプがいた。リールの釣り竿で狙う人と、ボウガンタイプで撃つ人だ。前者は、ダブルフック、トリプルフックという二方向、三方向に向いた針にパンでできた大きな団子をエサにつけていた。針全体を包むようにつけるので、拳大くらいの大きな団子だ。これは、普通の食パンを、サンカヤーと呼ばれる緑色のカスタードクリームで揉みこんだものという、タイらしいエサを使う。トリプルフックの針を使う方法はベトナムでもみた。首都ハノイには淡水湖や池が大小いくつもあり、そこで釣り人たちが生活のための釣りをしていた。東南アジアではあたりまえの光景だ。

もうひとつのボウガンタイプは、ボクが知る限りではタイ特有の特殊な釣り方だ。胴体は木製のライフル銃のような形をしていて、上の長辺に長さ一〇センチほどのステンレス製の槍が滑るレールが入っている。この槍の後端に釣り糸をつけ、パチンコのようにゴムで槍を発射する。槍は、銃身についたリールを巻いて回収する。つまり、釣り竿のほうはプラー・ニンがいそうな場所に針を落とし喰いつかせる。ボウガンタイプでは上から魚影を探し

こういった特殊なライフル型釣り竿もタイにはある。

狙って撃つ、というスタンスの違いがある。

いずれのタイプの釣り人も時間をかけて釣りをしていた。それこそ朝から夕方と数時間も居座る。彼らはリリース（小さい魚は逃がしてあげること）するつもりはなく、とにかくできるだけたくさん釣りあげる。こんなに食べられるのか、と訊くと「食べるのは数匹で、あとは近所の屋台に売る」という。夕食用だけでなく、ついでの小銭稼ぎのためにも大量に釣るのである。

プラー・ニンはあらゆる環境に適応する生命力に富んだ魚だ。バンコクで大きな淡水の池や川というと、チャオプラヤ河か運河、雨水や生活排水の池しかない。そんな排水の池にもプラー・ニンは生息していた。ボクが釣り人を取材したのは首都高速道路の高架下だ。高架下はもともと湿地帯で、今は池になっている。近所には低所得者層が暮らす住宅街があり、そこの生活排水も垂れ流されている。

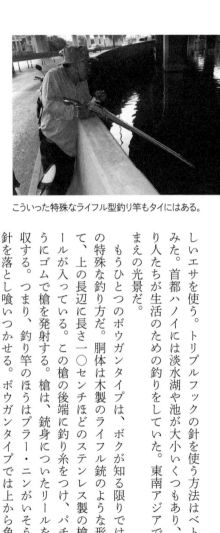

4時間かけてこれだけ釣り、「あと数時間はやる」とタイ人釣り師がいっていた。

そこで釣ったプラー・ニンを彼らは食べ、売っているのだ。

釣り人は、バックパッカーに人気の安宿街カオサン通り近くのバンランプー運河でもみかけたことがある。目の前がチャオプラヤ河とはいえ、運河にはゴミが浮かび、川面はヘドロなのかなにか油の塊なのか、真っ黒な物体も浮いている。そこで近隣住民たちが橋の上からボウガンタイプで槍を撃ちこみ、プラー・ニンを捕獲していた。郊外のため池でもみかけたことがある。そこかしこにプラー・ニンはいて、それをとって食べている人がいる。自分で消費してくれる分にはなんら問題はない。取材で思わず引いてしまったのは、やっぱり「売っている」という話のほうだった。

その事実を知って以来、ボクはプラー・ニンが苦手になり、怪しい屋台では食べていない。もちろん、養殖プラー・ニンを使うほとんどの店は問題ないことは頭では理解している。タイは日本でいう衛生管理法がわりと厳しく、出所のわからない魚は屋台でも売ることはできないことになっているが、どんなに決まりがしっかりしていても、人々に遵法精神がなければ意味がない。ある程度店構えがしっかりしていて簡単に逃げられない固定型の屋台やレストランなら、比較的安心してプラー・ニンを食べることができる。無許可営業が横行している移動販売形式の店では誰がどう釣ってきたものかわからないので手を出すべきではない。

๗

第7章

クイッティアオに代表されるタイ麺類

๗

タイにも麺料理はある。その代表が「**クイッティアオ**」だ。北の端から南の端までタイ国内どこでも食べられるし、おいしい。日本にもタイ料理は定着し、おいしい店がたくさんできたが、ことクイッティアオに関しては輸送距離の違いが如実に出るので、本場の味を完全に再現するのは難しい。本物のクイッティアオを食べるならタイに行くしかないと断言できる。

クイッティアオとはどんな麺なのか。米からできていることは知っていても、その来歴を知る人は少ない。この章では麺類の中でも特にタイの国民食といわれるクイッティアオに焦点をあてて紹介していく。

クイッティアオってどんな麺？

クイッティアオは米粉の麺とその料理の総称で、いくつか種類がある。つまり、クイッティアオとは麺自体の種類と、クイッティアオという料理の種類を指す。

クイッティアオ料理において最も重要なのは当然、麺である。麺の太さが違うことで食感が異なり、

上／タイ料理の中でも特に米粉麺はタイで食べるべきだと思う。
下／麺は注文ごとにゆでるので、作り置きとは違う特別感がある。

さらにスープとの相性や絡み具合も変化する。**同じ原材料だから「味」は同じなのに「味わい」が違う**のである。そのため、クイッティアオの種類が違えば、別料理といえるほど変化する。麺の太さの違いがクイッティアオの楽しみ方を無限大に広げているのである。

▼クイッティアオのルーツを辿る

東南アジアで麺といえば多くが米粉麺だ。クイッティアオとルーツが同じとみられる米粉麺もアジアにはいくつもある。たとえばベトナムは米粉麺の宝庫で、有名なフォー以外にも、地方によってさまざまな麺が存在する。南部やメコンデルタのカンボジア系ベトナム人に好まれるフーティウはカンボジアから伝わったとされている。そのカンボジアでは同じ麺がクイティウと呼ばれている。フーティウにクイティウ。タイのクイッティアオとも発音が似ている。

フーティウは中国から伝来したとする説もあるようだし、クイティウは中国由来の米粉麺であるというのがカンボジアでの通説だ。もともと、中国にも米粉から作った麺は各地に存在する。いわゆるビーフンである。ビーフンは漢字で「米粉」と書く。中国語では「粉」という字自体に米から作った麺という意味があるのだそうだ。

タイのクイッティアオの歴史を紐解いてみよう。といっても、これは簡単なことではない。なにしろタイ人は歴史をふりかえらない。過去に興味がなく、とにかく未来のために今を生きるのがタイ人だ。ある意味ではポジティブではあるが、クイッティアオという身近なものの歴史を知ろうとか、残そうという人などいないのである。

それどころか、常夏で季節が変わらないタイの人たちは、自分の過去さえあやふやだ。タイに数年暮らせば、我々も二年前と五年前の区別もつかなくなるので、タイ人の気持ちがだんだんわかってくる。日本のように気温やそのときの服装などと時間を結びつけて記憶できないので仕方がない。それにしても、だ。ボクは取材で飲食店を訪ねる機会が多い。歴史の長さにかかわらず、創業年をはっきりと仏歴何年（タイは西暦ではなく仏歴で年代を数える）と答えられるタイ人経営者はまれで、「五年くらい」とか「三年のはず」と回答する。個人の感覚なので、「くらい」には、二年から十年と幅があって、正解がまったくわからない。

バンコクの旧市街に行けば現王朝ラタナコーシン王朝（チャクリー王朝）のはじまりから営業している、百数十年もの歴史がある老舗もたまにある。日本ならそれを看板に大きく書くところが、タイではこちらが訊くまでそのことにいっさい触れてこない。彼らは創業年数をなんとも思っていない。先祖代々そんな感じなので、そもそも開業年など把握すらしていないのだ。そんな国柄なので、クイッティアオを生業にしていてもその歴史を調べたりはしない。

ベトナム南部で食べたフーティウはクイッティアオほどコシはなかった。

クイッティアオのルーツを探るため、ボクは柄にもなく図書館に向かった。さすがのタイでも図書館に行けばなんとかなるだろうと思ったのだ。しかしこれがひとすじ縄ではいかなかった。最初に訪れた国立チュラロンコーン大学の図書館でまず打ちのめされる。チュラロンコーン大学はタイ最高学府とされる教育機関だ。ところが、そこにあったクイッティアオ情報はすべてレシピだった。そのあとタイ国立図書館とバンコク都立図書館にも行ったが、結果は同じだった。

ただ、都立図書館で中華料理本にクイッティアオのルーツらしきものをみつけることができた。ご存じのように中華料理は

クイッティアオは中国由来だが、必ずしも中華系タイ人の店ばかりではない。

北京、上海、四川など地方色が豊かだ。クイッティアオはどうやら広東省にある潮州市が発祥の潮州料理が起源のようであった。考えてみればタイにいる中国移民の多くが潮州人だ。一八〇〇年代にバンコクに流入した移民の大半は潮州出身者とされる。そのため、タイ料理には潮州料理と似たものや同じものがたくさんある。

潮州の米粉麵は「粿条」と書く。読み方はクエティオウだという。ここから察するに、ほぼ間違いなくクイッティアオは潮州からやってきた。タイ料理はスプーンとフォークが基本で、箸で食べるのは麵類など限られたジャンルのみだ。これは中国の影響にほかならない。

▼国民食化は国策だった

では、クエティオウはいつごろタイに入ってきたのか。諸説あって正確なところはわからないが、アユタヤ王朝時代、国際貿易都市アユタヤにやってきていた中国商人らがクエティオウを食べていて、それがタイ語訛りになってクイッティアオとして広まったとされる説が有力だ。特に一六〇〇年代に君臨したナーラーイ王の時代にクイッティアオが伝来したとみられているようだ。

ここでひとつ疑問が出てくる。タイ人は現代でも食に関しておそろしく保守的だ。今でこそ和食ブームが起きているが、二〇一〇年以前の一般タイ人は濃い味のタイ料理に慣れすぎて、外国料理を簡単には受けいれなかった。クイッティアオはタイ料理にしてはかなり薄味だ。そう簡単にタイ人が中国のクイッティアオを食べはじめたとは思えない。

そこで、あらためて近代史にクイッティアオに関する話がないか調べたところ、クイッティアオがいかにして国民食にいたったたか、その過程が判明した。実はクイッティアオは自然と人気が高まっていったのではなく、人工的に広められていた。それは現代タイを造りあげた政治家、プレーク・ピブーンソンクラーム元帥の政策だったのだ。

クイッティアオはアユタヤ王朝時代にすでにタイに伝来していたにもかかわらず、案の定、タイ人――国籍的なタイ人ではなく民族としてのタイ人には見向きもされなかった。ただ、中国移民の流入により、クイッティアオの存在自体は知られていた。和食を食べなかった時代にも寿司、天ぷらの名前くらいは知る人が多かったのと同じだ。

米の生産量の多いタイでは、歴史がいずれの道を辿っても米粉麺は自然発生していただろう。クイッティアオも、スープの味を中心に徐々にタイ人好みに改良されながら広まっていったが、爆発的拡大のきっかけはピブーンソンクラーム元帥の登場である。

ピブーンソンクラーム元帥は第二次世界大戦をまたいで何度もタイの首相になった人物だ。バンコクの有名ショッピングスポットであるチャトチャック・ウィークエンドマーケットやタイの古典舞踊など、今のタイ文化や商業を支えるさまざまなものを提案、復興、支援した。戦時中には日本と同盟を組み、晩年、亡命するハメになった元帥が選んだ先も日本、亡くなったのも神奈川県相模原と、日本とのかかわりが深い。そんなピブーンソンクラーム元帥は戦時中の一九四二年一一月七日、次の声明を発表した。

「わが兄弟たちにはぜひクイッティアオを食してもらいたい。クイッティアオは栄養に富み、味も酸味、塩味、甘味とタイ人が好むすべてがある。タイ国内で材料が揃い、価格も安く、どこにでもある。

なによりおいしい」

元帥がクイッティアオを推したのは、戦時のインフレによる米価格の高騰と米不足が理由のようだ。このころの元帥が唱えたスローガンのひとつは「タイタム・タイチャイ・タイジャルーン」（タイ人が作ってタイ人が使えばタイ国が発展する）で、国内経済の立てなおしが重要政策のひとつだった。後述するが、クイッティアオには古米を使う。新米の価格高騰による国民の困窮を防ぎ、備蓄古米の消費を促進するため、クイッティアオを推奨したのだろう。

元帥はこの声明で、国民が毎日ひとり一杯のクイッティアオを食べれば、一日千八百万杯が消費され、一日あたり九十万バーツの経済効果がある、と主張した。その九十万バーツは農民を含むすべての国民に還元される。価値を保った貨幣を誰もが手にすれば、明日もまた誰もがクイッティアオを食べることができて経済がまわる、と国民同士の助けあいを求めた。単純計算では当時クイッティアオ一杯は五サタン（バーツの百分の一という単位）で、現在のクイッティアオを四〇バーツとすると、経済効果は今の七・二億バーツ（約二十九億円）相当になる。一日にそれだけ動けばすごいことだ。

さらに元帥は、クイッティアオに**トゥア・ンゴーク**（モヤシ）を入れることも提案した。潮州のクエティオウにモヤシは入っていなかったようで、これはタイの農家の支援効果を狙ったのだろう。抜かりない人である。モヤシは今ではクイッティアオに欠かせない具材だ。

こうしてクイッティアオはタイの国民食になった。**王国という国柄だからか、お上に対してムチャクチャ素直なタイ人の気質**もクイッティアオの広まり具合に拍車をかけた。

クイッティアオをタイで食べるべき理由

クイッティアオはタイ米の粉から作る。近年はグルテンフリー食材としてパン食の多い欧米人からも注目されているようで、世界的な人気がある。

クイッティアオは日本国内のタイ料理店にも卸されている。二〇〇〇年代初頭まではタイ料理の注目度が低く食材商社も限られていたこともあって、ベトナムから輸入したフォーで代用されることも少なくなかった。コシのあるクイッティアオに対してフォーはコシがない。同じ米粉麺でもまったくの別物であるのにもかかわらず、だ。今、日本で食べられるクイッティアオはほとんどがタイからの輸入品になった。ただ、基本的には船便輸送のため乾燥麺になる。調理前に水で戻したうえでゆでるので、コシは出ない。これがクイッティアオだけはタイで食べることを勧める理由だ。製造技術の向上した近年は、乾燥麺でもだいぶコシが出るようにはなったが、本場には敵わないと思う。

タイ国内の飲食店で利用されるクイッティアオの大半は、細麺は完全乾燥ではなく半生麺タイプだ。太麺は完全に生のタイプもある。これらは製造過程でそうなる。クイッティアオは収穫して二年から三年が経った古米を粉状にした**ペーング・カオジャオ**に塩やペーング・マン（イモ類のデンプンから作る片栗粉）、水を混ぜ、濾過してシート状にする。このシートをいったん蒸したものが生麺の原型となる。生太麺は、一般消費者向けに市場に卸される場合、この蒸し終わったシート状態で出荷される。客が店頭で麺の幅を指定して買うためだ。市場では一〇〇グラム単位などで購入できる。

細麺の半生麺や乾燥麺、太麺の乾燥麺は、このシートをオーブンにかけ、半生状態にしてから適切な太さにカットする。そして、半生麺はこのまま、完全乾燥麺はもう一度オーブンにかけたのちに梱包する、というのが一般的な製造工程だ。

細麺よりさらに細い極細麺は作り方そのものが少し違う。米粉の水をシートにする前の濾過のあとに圧力をかけて塊を作り、それを押しだし機で細く出してからオーブンにかける。

細麺の半生麺、生の太麺は近距離輸送に限られる。つまり日本で生太麺の食感を楽しむことは絶対

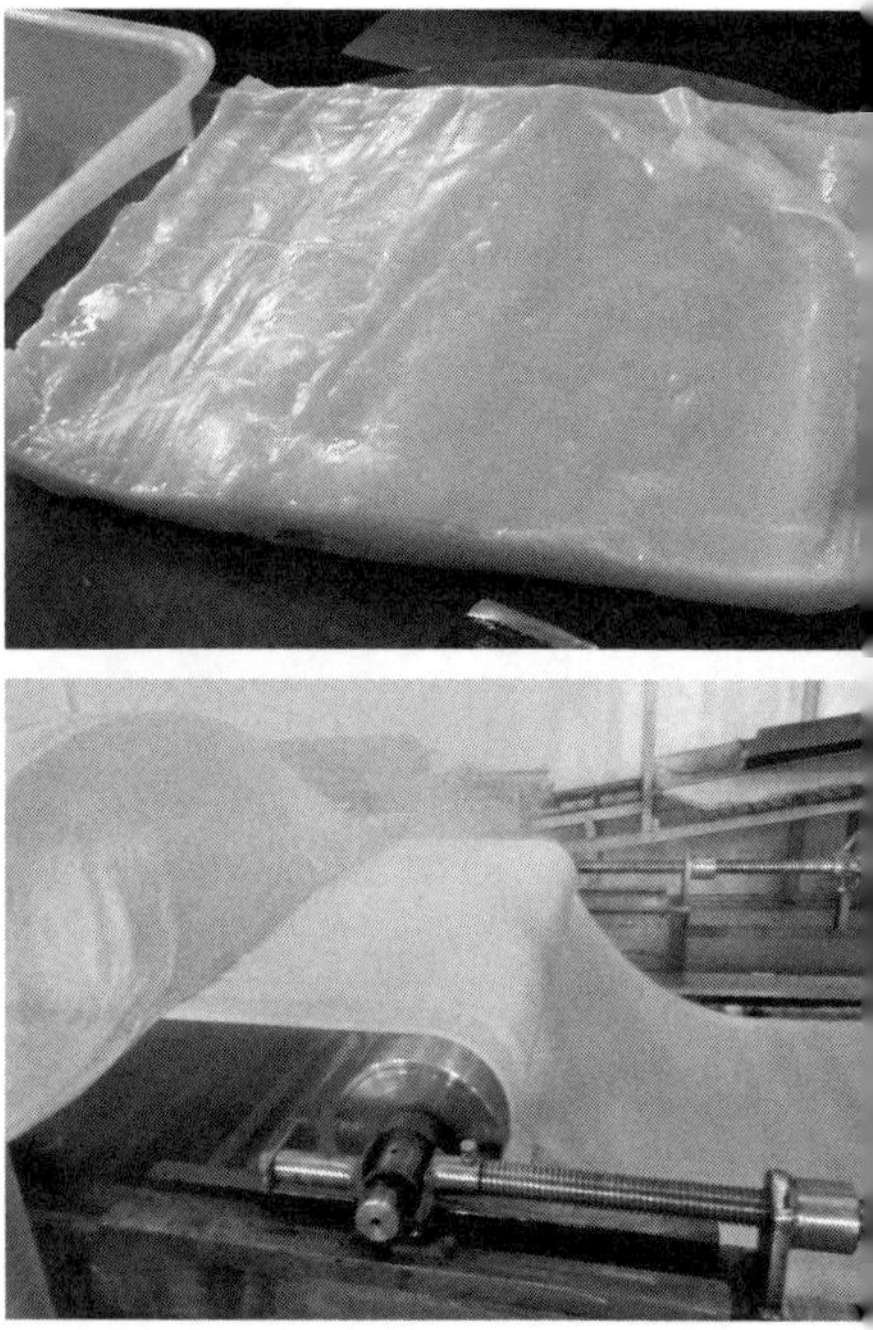

上／太麺はそもそもこういった生のシート状で出荷されている。　下／たった今できあがったクイッティアオのシート。

にできない。半生細麺のコシもタイでしか味わえないのだ。

　ただ、最近は工場の生産事情と、食材をできるだけストックしておきたいレストランやホテルの管理事情が相まって、タイ国内でも完全乾燥麺が細麺、太麺双方に増えた。

　さらに、太麺用の生クイッティアオには品質保持のために化学薬品が使われているという噂もあり、敬遠するタイ人も出てきている。クイッティアオ製造業者を取材した際にも、実際に薬品を使っている業者はあると聞いた。生産メーカーが不確かな生麺には近寄らないほうがよさそうだ。そのため今は、安全面では乾燥麺に軍配が上がる。

　先述のとおり技術向上により、乾燥麺——たとえそれが日本のタイ料理店のものでも半生麺のコシにかなり近くなってきているし、より安全なオーガニック麺も増えた。できれば高度な技術で作られたオーガニックの半生麺を使う店を選びたいところだ。普通の屋台ではコストが合わないと思うので、メーカーから直に仕入れている大きなクイッティアオ店や、ホテルのレストランならそういうものに出会える可能性はある。

麺の種類がクイッティアオを決定づける

日本のそばやうどんと同様、クイッティアオ料理もやはり麺がまず重要だ。ここでクイッティアオにどういった種類があるのかをみてみよう。

糸や細長いものという意味の「**セン**」は食品では麺や麺状の食材を指す。クイッティアオではそのあとにつくのが太さを表す言葉なのでわかりやすい。太さを表す言葉さえ憶えれば、自在に注文ができるようになる。

・**センレック**

小さいや細いを意味する**レック**がついたこの麺は文字どおり、太さ二ミリから五ミリ程度の細麺だ。日本の麺類は太さに規格があり、そうめん・ひやむぎ・うどんのようにそれぞれに呼称があるが、クイッティアオにはそういった決まりごとはない。屋台では主に半生麺、高級レストランでは乾燥麺が調理されるのが昨今の業界事情のようである。

・**センヤイ**

ヤイは大きいという意味で、前述のように明確な規定はないが、一般的には一〇ミリ以上の太麺を指す。ひと口に太麺といっても、飲食店は自店のスープに合わせたサイズを仕入れるので、一〇ミリ以下の場合もあるし、以上のこともある。生麺だとコシはないけれど、チュルリとした舌触りは東南アジアの麺類では珍しい食感だと思う。特にこのセンヤイは乾燥と生で食感の違いが大きく出る。国内スーパーなどの小売店、外国への輸出用は乾燥麺しかない。

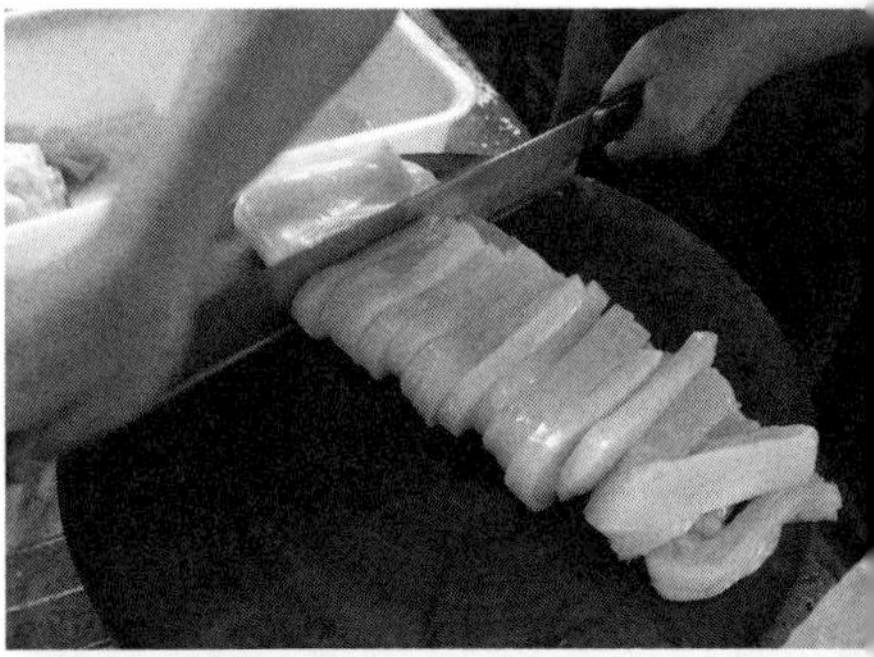

上／市場でセンヤイを買うときは好みの幅に切ってもらう。　下／パッタイなどの炒めものにはセンレックの中でもセンジャンというジャンルの麺が用いられる。

・センミー

糸のような極細の乾燥タイプで、日本でビーフンと呼ばれる麺に相当する。実際、小売店に置かれた商品にはセンミーの袋にだけビーフンと英語記載がされている。センレックやセンヤイとは異なる押しだし式で、その後にオーブンにかけるため、生麺は存在しない。ただ、近年は技術進歩なのか生も市販されるようになってきてはいる。また、店によってはミー・カーウと呼ばれる。これは後述する小麦粉麺あるいはたまご麺と区別するためだ。

・センジャン

もともとはジャンタブリー県発祥のセンレックをセンジャンといった。一般的なセンレックよりコシが強く、主に炒め麺用として使われる。約五十年前にジャンタブリー県のある工場で誕生した麺で、オリジナル工場はすでにないものの、今も各地で製造されている炒め専用の細い米粉麺がセンジャンとされる。日本人に人気の炒め麺パッタイにもこの麺を使う。

・そのほかの米粉

ほかにも特殊な米粉麺が存在する。もはや麺の形をしていないもの——たとえば数センチ四方の薄い米粉シートがくるりと丸まった「**クワイジャップ**」、丸くて太い、あるいは細いすいとん状の「**ギヤムイー**」などがある。この二種をクイッティアオのくくりにするかどうかは議論の余地がある。一方、クイッティアオではない米粉麺もある。隣国ラオスやタイ東北部で食されるクワイジャップ・ユアンがそれだ。この麺はモチモチとした食感で、東南アジア圏内の米粉麺の中でもかなり特殊だと思う。

上／クワイジャップはくるりと丸まっているので、これを麺と呼ぶのかどうかの議論もある。　下／クワイジャップ・ユアンはタイでは東北のウドンタニーが有名だ。

スープこそがクイッティアオの顔そのもの

クイッティアオを知るにはスープのレパートリーも把握しておきたい。街中にあふれるクイッティアオ店はスープの種類によって店のスタイルが決まっている。多くの場合、店名＝スープ名だ。それほどクイッティアオにとってスープは重要なのだ。ここでは数あるクイッティアオのスープから代表的な種類を憶えていこう。

●ナムサイ系

ナームがスープ、サイが透明なので、「**ナムサイ**」は透明スープという意味だ。中華料理の清湯のようなもので、日本のラーメンでいえば、塩ラーメンというより醤油ラーメンの醤油ダレを入れる前のスープにあたる。ナムサイは出汁にコクがないタイプが伝統的で、かなり薄い味わいだ。それでもクイッティアオ料理において重要な存在で、最もベーシックなスープとなる。

・ナムサイ

豚骨か鶏がらと野菜を煮込んだ透明スープだ。日本のラーメンと違い、ボディーは薄味になっている。そのままでもおいしい店もあるが、基本的には卓上調味料を加えることを前提にしている。ほぼすべてのクイッティアオ料理のスープのベースにもなる。

・トムヤム

大きく二種類ある。一般的には、単に酸味と辛味、それからピーナッツを砕いたものをナムサイに加えただけのものだ。ベースのスープは必ずしもナムサイでなくてもいい。もう一方は、逆にサムンプライやナムプリック・パオを使用する本格トムヤム・スープになる。ただ、後者のタイプの店はそうみかけるものではない。

・ルークチン・プラー

ルークチン・プラー（魚肉の練りもの）をメイン具材に使うナムサイである。たとえば「**クイッティアオ・ルークチン・プラー**」はこの系統の代表的な料理になる。スープはナムサイであることが多いものの、ルークチンに合わせて魚介系スープを使う店もある。ルークチン・プラーではなく、白身魚の身そのものを具材にした「**クイッティアオ・プラー**」もある。

・イェンタフォー

クイッティアオ料理で一番の変わりダネがこれといっていい。なにしろスープが鮮やかな赤、あるいは毒々しいピンクである。赤い色と強い酸味の正体は、ナムサイ（ほかのスープでもいい）に加えた紅腐乳だ。さっぱり系スープらしくメイン具材はルークチン・プラーや海鮮が多い。

上／濃いめのスープだとナムサイでもやや白濁している。　中／イェンタフォーの赤スープは敬遠する外国人も少なくない。　下／魚系スープの店では魚の皮を揚げた「ナング・プラー・トート」もある。

●パロー系・トゥン系

パローは第5章のカオナー・ペットの項で触れた、福建省由来の中華系スパイスで、五香粉に近い。シナモンやクローブ、八角などの中国の香辛料が配合されている。このスパイスを使って煮込んだスープや料理がパローと呼ばれる。

トゥンも煮込み料理のことだ。煮込むのは主に肉で、タイではやわらかくするだけでなく、臭みを消すために長く煮ている。パロー同様に黒いスープが特徴だ。トゥンの香辛料としてパローを使うかどうかは店のレシピによるので、スープが黒くてもトゥン＝パローとはいえない。

・ヌア・トゥン

牛肉を煮込んだスープで、やわらかくなった肉と軟骨、内臓が入っている。タイでは近年まで牛肉はあまり食べられなかったため、ヌア・トゥンの店は決して多くない。パローを入れるかどうかは店により、パロー以外のスパイスを一緒に煮込む店もある。いずれにしても、トゥンの麺料理店は中華系移民を祖先に持つ人が経営しているケースが多い。

・ムー・トゥン

豚肉の煮込みスープである。クイッティアオのトゥンはシーイウ・ダム（黒醤油）や砂糖を多く入れるため、スープが黒く、肉の種類にかかわらずベースの味は甘めだ。

・クイッティアオ・ペット

ペット（アヒル）を煮込んだクイッティアオで、これに限ってはパローのスープがベースになることが圧倒的に多い。ただ、純粋なパロー料理よりは香辛料が薄めではある。香辛料と煮込まれることでアヒル独特のクセが和らぎ、食べやすい。タイのアヒル料理にはパローをよく使うので、クイッティアオ・ペットを中華料理の一部だとみるタイ人もいる。

・クイッティアオ・ガイ

こちらはガイ（鶏肉）を徹底的に煮込んだクイッティアオだ。ペットと違い、パローを入れない店が多い。スープがしみこんだ肉はやわらかい。注文時に手羽先の**ピーク・ガイ**、もも肉であるノン・ガイのいずれかの部位を選べる。鶏の足**ティーン・ガイ**もある。バンコクでは、マラ（ゴーヤ）も煮込んだ「クイッティアオ・ガイ・マラ」の店をよくみかける。

上／クイッティアオ・ペットはパローが入っていることが多い。　下／ヘーンでもクイッティアオ・ガイはその深い味を楽しめる。

●ナムトック

ナムトックは滝のこと、あるいは東北部の肉サラダの料理名だが、ここではかつてバンコクやアユタヤの水路に浮かぶ船で売られていたクイッティアオを指す。「**クイッテ**

クイッティアオ・ルアはこのように複数を一気に注文する。

イアオ・ルア」（船のクイッティアオ）とも呼ばれる。船といっても手漕ぎの小さな木製ボートだったので、スペース節約のために器が小さくなった。一、二口で食べられるくらい小さいので、女性でも次々に注文して器をテーブルに積み重ねていく。まるでタイのわんこそばだ。

ナムトックは牛肉のものと豚肉がある。スープ自体に違いはほとんどない。ナムトックの最大の特徴はスープに牛か豚の血を混ぜることだ。諸説あるが船のスペースの関係で鍋に血を入れて煮込んだのがルア、丼にあとで血を入れるのがナムトックともされる。いずれもスープにはさらに砂糖、シーイウ・ダムのほか、腐乳、トウガラシも入れるので、辛味と酸味の強い濃いスープになる。空腹のときに食べると胃が焼けるような熱さを感じるほど辛い。そんなに辛いナムトックでも、タイ人は卓上調味料を足して自分の味にしていく。

ナムトックを頼むと生のモヤシとバイ・ホーラパー（スイート・バジル）などが無料で出て

くるので好みで好きなだけ入れることができる。豚の皮を揚げたスナックのような「**ケープ・ムー**」、もしくは豚の皮下脂肪をカリカリに揚げた「**ガーク・ムー**」などもテーブルに置いてある。これはナムトックを待つ間につまんでもいいし、ナムトックのスープにひたして食べるのもよし。ただし有料だ。ひと袋一〇バーツ前後くらいが今の相場か。これは会計時に丼を数えてもらう際、自己申告する。タイ人が偉いのはこういうときに袋を捨てたりなどしてごまかさないことだ。

水上マーケットに行けば、今でも船で作ったものが食べられる。ボートではないが、バンコクなら戦勝記念塔近辺、郊外ならアユタヤのチャオプラヤ河沿い――ウートン通りの特に旧市街の島の南側から西にかけてたくさん店がある。執筆時で普通のクイッティアオは一杯四〇バーツ前後だが、丼の小さいクイッティアオ・ルアは二〇バーツ前後が主流だ。タイの物価上昇により、このクイッティアオ・ルアもサイズは同じままでかつての倍以上の値段になった。普通のクイッティアオと同じ量を食べるには五、六杯は注文必至なので、むしろ割高だ。意外とタイ人はこういう細かいところにシビアだったりするので、最近のクイッティアオ・ルア店ではニーズに応えるため、ナムサイなどの一般クイッティアオと同じ通常の量をピセート（特盛）として用意している。それでもナムサイよりちょっと高い印象だが。

ケープ・ムーはそのまま酒のつまみにもなる。

●汁なし

日本のラーメン店でみられる油そばに似ているのがこの汁なしだ。タイ語では乾いているを意味する**ヘーン**（正確にはヘーン

上／スープなしがヘーンだが、味つけに少しスープが入っている場合もある。　下／スープは基本的に味が薄いが、濃い店もあるなどバリエーションは無限だ。

グ）といって注文する。これまで紹介してきたスープ入りはヘーンに対してナームという。ヘーンもナームも料金は同じだ。

どのスープにも必ずヘーンのバージョンが存在する。スープはなくとも、タイプが違えばヘーンでももちろん味は違う。なぜなら、麺や野菜をゆでるとき、盛りつけるときに微量のスープで和えるので、各スープの風味も多少残ってはいるからだ。ヘーンは麺の味や食感を純粋に楽しめるので個人的にはおすすめだ。中でもナムサイかナムトックがいい。ただ、持ち帰りにすると、家につくころには麺がくっついてダマになってしまっているのでおいしくない。まあ、ナームでも持ち帰りは麺とスープの袋を分けてくれるので、ダマになるのは同じことだが。

●炒め系

汁のないヘーンとは別に炒め麺もある。焼きそば的なもので、高温の中華鍋で一気に炒めたクイッティアオには格別な味わいがある。スープ系のように材料が料理名を構成せず、独立した名称がつけられていることが多い。代表的なのは次の五つだ。

・パッタイ
タイ料理の代表でもあり、外国人に支持される。戦後、タイ政府が国民食と宣言したのと同じ時期にこの名称になった。具材にはエビやたまご、ニラ、もやし、豆腐、ピーナッツ、マナーウ（ライム）が使われ、つけあわせに大量のモヤシやワケギなどが添えられる。

・クア・ガイ
センヤイを強火で炒め、たまごや鶏肉を投入してさらに炒める塩焼きそばのような料理になる。チュルチュルした食感がタイでしか味わえないおいしさ。バンコク中でもエリア限定料理としてはじまったとされ、専門店は少ない。

上／炒め麺はフライパンで炒めるためにどれも脂っこい傾向にある。　下／世界的に有名なタイの炒め麺はこのパッタイでしょう。

・パッシーイウ
クア・ガイと作り方はほぼ同じだが、麺を炒めるときにシーイウ・ダムを入れるため見た目が黒っぽくなる。パッシーイウとはパット・シーイウ、すなわち醤油炒めなので、炒め系では珍しく調理方法がそのまま名称になった。具材

パッシーイウのセンヤイもまた、その食感を日本で再現できない。

にはたまごと鶏肉か豚肉を入れる。野菜はパッカナー（カイラン）のみの店がほとんどだ。甘めの味つけなので、子どもにも人気がある。味が濃くて完成されているので、卓上調味料はあまり使わない。加えるならせいぜい乾燥トウガラシの粉末くらいか。麺は特に指定しなければセンヤイになる。細麺を所望した場合はセンミーを炒めるのが一般的だ。

・パッキーマオ

直訳すると酔っ払い炒めになる（由来などは第4章を参照）。クア・ガイやパッシーイウと同様にセンヤイを使うのが一般的な印象だったが、最近は麺をスパゲッティーなどにした、ちょっと変わったフュージョン系料理でよくみかけるメニューになっている。

・ミー・コラート

東北部の玄関口ナコンラチャシマー県名物の炒め麺で、正式にはパット・ミー・コラートと呼ぶ。パッタイで使うセンジャンに似た麺を使う。バンコクではほとんどみかけない。

●その他

代表的なクイッティアオとして先にスープ系をいくつかピックアップしたが、タイ全土にはその土地ならではのスープもたくさんある。その一部を簡単に紹介する。

・クイッティアオ・スコータイ

北部のスコータイが発祥で、トムヤムタイプのスープに豚肉やピーナッツなどが入る。卓上調味料には酢ではなく生のマナーウ（ライム）を絞って味を調整するのが特徴とされる。これはラオスやベトナムもそうなので、むしろ生マナーウを搾るのがアジア麺類の本道というか、伝統的スタイルなのかもしれない。

・クイッティアオ・チャーガンラーウ

北部ガムペーンペット県発祥のクイッティアオで、野菜がふんだんに使われていてヘルシーな印象だ。バンコクではあまりみないものの、健康志向が高まるタイでは近々、全土でブームになるのではないかとボクはみている。

・クイッティアオ・ケ

バンコクでもみられる、ルークチンの発祥元ともされる客家料理の麺類が原型といわれる。客家をタイ語でケと呼ぶ。特徴は、豚肉を豆腐にくっつけた客家由来のルークチンであるルークチン・ケを使うことだ。ルークチン・ケ自体はどこにでもあるが、一方でクイッティアオ・ケを扱う店はその数ほど多くない。

・クイッティアオ・ゲーン

ラートナーのスープは先に大量に作っておくこともある。

タイ南部で食べられるムスリム料理の一種で、タイ・カレー（つまりゲーン料理）にクイッティアオを合わせている。米とよく合うタイ・カレーが米粉麺に合わないはずがない。かつて南部以外で南部料理店が少なかったため、今もバンコクではあまりみかけない。

・**ラートナー**

あんかけクイッティアオなどと訳される。ラートナーは表面にかけるといった意味で、ご飯ものでもこの名前のついたメニューがあるが、一般的にただ「**ラートナー**」といえば普通はこの麺料理を指す。センヤイかセンミーにとろみのあるスープをかけたもの、中華麺のバミーを揚げて長崎のかた焼きそばのようにしたタイプがある。前者は「ラートナー・センヤイ」、「ラートナー・センミー」で、中華麺を揚げたほうは「ラートナー・バミー・グロープ」という。水溶き片栗粉でとろみをつけた汁には、溶きたまごやパッカナーが入っている。具材はムー

（豚肉）かタレー（海鮮）がポピュラーといえる。センヤイもスープをかける前に軽く炒められていて、シーイウ・ダムなどで少し味つけされていることもある。ラートナーだけの専門店は珍しく、材料各種が似ていることから、パッシーイウ店のメニューにみつけることが多い。

食べる直前に自分色に染める儀式を

タイ麺類は中華料理の影響を受けているせいか、丼に入ったクイッティアオには箸とレンゲを使う。音をたてて麺やスープをすするなど、食べる際にやってはいけないことがいくつかある。これについてはすでに第3章でマナーを記した。他方で、やらなければならないこともある。それは味つけである。

バミー（小麦粉麺）を揚げたタイプのラートナー。

特にナムサイ系クイッティアオはスープが薄味だ。客が好みの味にカスタマイズするのが前提になっているからだろう。この味変には卓上の調味料を使う。麺料理店のテーブルには必ずセットで置かれている。

この調味料セットには、味覚の基本である五味のうち、苦味を除く四つが揃っている。この卓上調味料セットとも呼ばれる**チュット・クルアンプルン**は、複数組みあわせることで料理の味に深みを出せるという、洗練されたセットだ。基本セットの内訳は次のものになる。

・ナンプラー

麺類店でこれがテーブルになかったら単に忘れているので持ってきてもらう。

東南アジア全土で利用されるいわゆる魚醤で、タイでは主にカタクチイワシが原料になる。クイッティアオには塩味、旨味を加えたいときに使う。

・**ナムソム・サーイチュー**

酢のことで、略してナムソムと呼ぶこともある。ただ、オレンジジュースもナムソムなのでやや混乱する。調味料としては酢だけのタイプ、酢に生トウガラシを入れたタイプなどがある。酸味がほしいときに入れる。

・**ナムターン・サーイ**

ただナムターンと呼ぶことが多い。砂糖のことなので、甘味を加えて味の濃度を上げ、身体の疲れを癒す。日本人だと麺料理に砂糖を入れるというのには抵抗があるかもしれないが、塩味や辛さに奥行きが出るので、味や旨味が平坦だと感じたら使ってみるといい。

・プリック・ポン

粗めに挽いた乾燥トウガラシの粉で、日本での一味トウガラシに相当する。胃を活性化させ、身体を冷やす効果がある。辛味は味覚というよりは痛覚に近い刺激なので基本味ではなく、苦手な人は慣れることがない。そのため、入れなくても問題ない。完全に乾燥させたタイプと、コメ油で軽く煎り湿らせたタイプがある。後者は汁に落とすとラー油のように広がり、粉末タイプよりも辛味が強くなるので、少量で十分だ。

・その他

店によって炒め麺用の調味料もある。たとえばナムプリック・パオ（チリ・イン・オイル）、マナーウ、砕かれた**トウア・リソン**（ピーナッツ）などだ。これらはいつからテーブルに置かれているのかわからないほど古いことがあるので注意したい。

上／酢はそれだけのものはほとんどなく、トウガラシなどが入ったいろいろなタイプがある。　下／粉のトウガラシを油で煎ったものは粉トウガラシよりずっと辛い。

この四種の調味料は本当にうまくできていて、それぞれが相互に作用する。酢だけでは酸味が尖りすぎるし、トウガラシだけでも辛味がきわだってしまう。しかし、砂糖やナンプラーを加えると尖っていた部分が急に丸みを帯びる。逆も然りで、砂糖だけだと甘いだけだが、トウガラシと組みあわさると甘味が旨味に変化する。自分好みの配合バランスをみつけたら、タイ料理通への道に一歩踏みだしたといえる。

タイでは麺類が出てきたら、まずは卓上調味料で自分色に染めるという儀式をしなければならない。タイ人にとっては絶対的前提なので、しないことには麺を食べた気にならないせいなのか、それとも日本の味がもの足りないからなのか、タイ全土に展開する日系ラーメンチェーン店のテーブルにも調味料セットはある。使うヤツがいるのだろうか、と思ってみていたら、ラーメンにも調味料をかけている人がたくさんいたので驚いた。

ボク個人はナムサイでさえあまり調味料を加えない。せいぜい少しのナンプラーくらいだ。ナムサイにも素材の味わいがあるにはある。もちろん店によるけれども。これをタイ人は奇異な目でみてくる。それくらい濃い味のほうがあたりまえなのだ。完全に余談だが、ボクは逆に和食のとき、特に定食を食べるときは七味唐辛子を白米にふりかけのようにかける。辛味が足りないからというよりは、風味が好きだからだ。そうすると、今度は日本人から変人扱いされてしまう。

タイ麺類の注文方法はもう簡単

続いてクイッティアオの注文の仕方を、順を追って説明しておきたい。炒め麺は決まった料理名をいえばいいだけだが、クイッティアオは専門店が多いので、スープのあり・なし、麺の太さなどを指定する必要がある。とはいえ、ここまで読み進めていただいたらだいたいの麺やスープについての知識が頭に入ったと思うので、難しくはない。次のような流れで注文すれば、好みの麺類に出会えるだ

何十年も注ぎ足しながら煮込んでいるトゥンのスープ。

ろう。

1：スープを指定する・料理名をいう

複数のスープを扱う店ではスープを指定するが、専門店——たとえばナムトックならほかにスープがないのでその必要はない。専門系でもベースにナムサイを使っている場合には、ナムサイかトムヤムかを選んでいう。

2：麺の太さを指定する

麺の太さをいう。ひとつしかない、もしくは品切れの場合もあるものの、そのときは「ない」といわれるだけなので、特に確認せずにいきなり注文しても問題はない。ナムサイ系なら「ナムサイ・センレック」とか、トムヤムでは「トムヤム・センヤイ」などといえばいい。麺を意味するセンを略して「ナムサイ・レック」でも通じる。ナムトック専門店では豚か牛かを選ぶがスープはひとつなので、スープの部分は省略して「レック・ムー」（センレックの豚肉）、

上／タイは自由なので、席についてから注文したり、厨房前で注文してから席に着くなど人による。下／麺の太さによる味の違いは食べ比べて好みをみつけていく。

「ヤイ・ヌア」（センヤイの牛肉）という感じでいい。

3：汁のある・なしを指定する

「ナムサイ・レック・ヘーン」といえばナムサイの汁なし細麺だ。丼のクイッティアオはスープが基本なので、特に強調する必要がなければわざわざナームとはいわなくてもいい。「ナムサイ・レック」でナムサイのスープ入り細麺になるからだ。ただし、グループで来店し、自分以外がみんなヘーンなのに自分だけナームを頼むといった場合には、強調するためにナームをつけていったほうがいいときもある。スープが一種類しかない専門系では「レック・ヘーン」、「ヤイ・ナーム」でも通じる。

4：辛いか辛くないかを指定する

ナムトックやトムヤムなどノーマルでも辛味のあるスープは、さらに辛くしたければ「**ペット**」、マイルドにしたければ「マイ・ペット」と告げる。もともとが辛いので、ノーマルに対してはペットをつける必要がないし、日本人にはマイ・ペットでも辛いことがある。「ヤム・レック・マイペット」（辛くないトムヤム・スープの細麺）などという。トムヤムはヤムに省略可能だ。「あまり辛くない」は「マイ・コイ・ペット」だが、これは憶えなくていいかもしれない。辛いものが苦手な人の「あまり辛くない」という注文は意味がない気がするのだが、どうでしょう。

5：大盛りにするかしないか

なにもいわなければ普通盛りになる。大盛りにしたければ特別を意味するピセートを加える。グループでピセートを頼む人が数人いたら、普通盛りを強調するため「**タマダー**」というといい。これまでの並びの最後につけ加えればいいだけで、「ナムサイ・レック・ヘーン・ピセート」とすれば、汁なしナムサイの細麺大盛りになる。ピセートはタマダーの値段プラス一〇バーツが相場だ。大盛りといっても気持ち増えるだけなので、たくさん食べたい人は最初から二杯頼んだほうが早い。

タイ語ができなければ、店頭で入れてほしくないものなどを指さすといい。

野菜や肉などの具材で食べたくないものがあれば、除くこともできる。タイ語がわからなければ、調理台の前に並んだ食材を指して「マイ・アオ」（いらない）と伝える。

クイッティアオ・ルアで従来どおりの小さな器に対しては大盛りが存在しない。最初から複数注文が前提だからだ。だから、多少は数字を憶えておいたほうがいい。指で示してもいいし、紙に書いて注文するパターンもあるにはあるが、とりあえず五杯くらいまでは一度に注文するので、憶えておきたい。一

近年のパッタイは薄焼きたまごで包むことが主流になっている。

＝ヌン、二＝ソーン、三＝サーム、四＝シー（スィーに近い発音）、五＝ハーだ。先の注文セリフの最後につけ加えればいい。

外国人が大絶賛の王道炒め系「パッタイ」

さてここからは、クイッティアオなどタイ麺料理をめぐる話を紹介したい。まずは、外国人に断トツの人気を誇る炒め麺「パッタイ」だ。

パッタイは外国人、特に欧米人には驚くほど好まれる。一説ではベトナム戦争時に、タイが受けいれていたアメリカ人休暇兵が食べて気に入り、欧米に広めたのだとか。欧米人にも口コミ情報を頼りにする人は多いらしい。BTSアソーク駅前にあるスクムビット通りソイ14を入ったところにあるノンエアコン、半屋外のタイ食堂『スダー・ポーチャナー』は常に外国人でいっぱいだ。店主によると外国人向けに宣伝を打ったことはなく、何度か来店した欧州系航空会社の乗員らが機内か母国で話題にしてくれたのが繁盛のきっかけだったそうだ。

パッタイはタイ人にも好まれるが、人気があるというほどではない。日本の焼きそばの立ち位置にとても似ていて、好きか嫌いと訊かれれば好きと答えるが、おすすめ料理はなにかと問われてもぱっとこれは思い浮かべない。タイ人にとってパッタイはあまりにも身近で平凡な料理なのだ。それでもタイ料理代表のひとつとしてタイ人がついパッタイの名を挙げるのは、終戦直後、タイ政府が「パッタイはタイの国民食だ！」と急に宣言した影響は強い。戦後の混乱期に国のアピールのためのコンテンツにタイ料理を持ちだすとは、上流階級のタイ人たちの頭のよさが窺える。

パッタイはローカル市場でもよく売れるので、屋台では大量に材料を用意している。

パッタイというのは、日本人に聞こえる発音をカタカナ表記したもので、タイ文字を忠実に再現すればパット・タイとなる。直訳すればタイ炒めという意味だ。この名称は実はあとづけで、これもまたクイッティアオを国民食に昇華させたあのピブーンソンクラーム元帥が関係している。

パッタイはかつてパット・クイッティアオ（クイッティアオ炒め）とかクイッティアオ・パット（炒めクイッティアオ）と呼ばれていた。名称を聞くだけでどんな料理か想像がつく。これをパッタイという呼称から料理が想像できない名前に改名してしまったのだ。クイッティアオを国民食に昇華させた時期だったのかは不明だが、パット・クイッティアオを食して感動した元帥が「タイを代表する炒め麺だから、パッタイと名づける！」といったとかいわなかったとか。いずれにしろ、炒めクイッティアオはタイ炒めとして広まることになった。

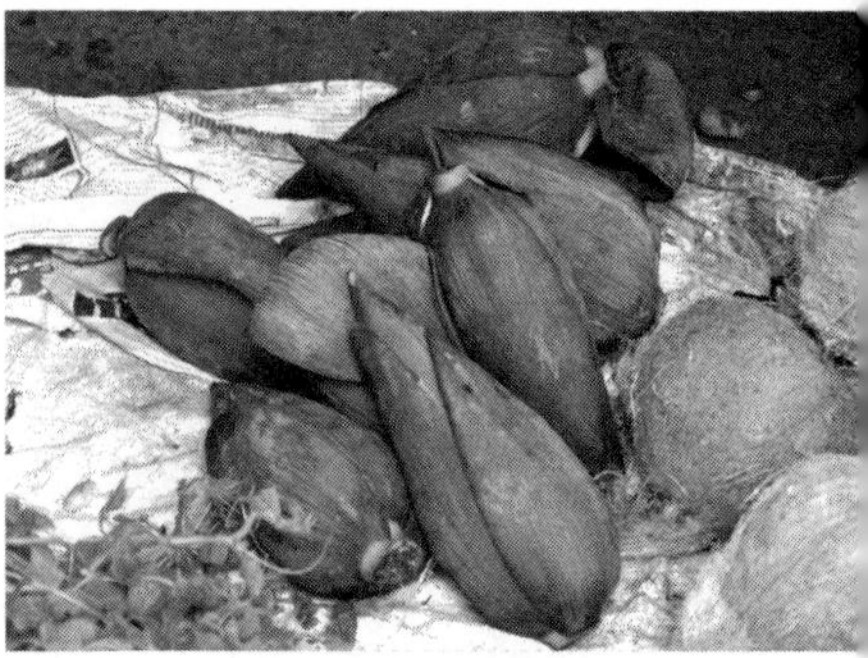

パッタイなどに添えられるフアプリーはタイでは珍しくない食材。

▼幽霊の門にタイ最高峰のパッタイがある

パッタイは具材が豊富で、作り方によって質素にも豪華絢爛にもなるので、広めるのに適していると政府は目をつけたのかもしれない。具材にはエビやたまご、**グイチャーイ**（ニラ）、トゥア・ンゴーク（モヤシ）、**タオフー**（中華豆腐）、トゥア・リソン（ピーナッツ）、マナーウ（ライム）を使い、つけあわせに別途大量のモヤシと**フアプリー**（バナナの花の芯）を添えるのが一般的だ。

パッタイの名店は各地にある。バンコクの人気店のうち最も有名なのは、民主記念塔近くにある『ティップサマイ』だ。ここは特に外国人に有名で、ディナータイムから深夜にかけて行列ができる。あまりの人気から近隣に模倣屋台も出るほどだ。普通のパッタイなら相場よりほんのちょっと高い程度だが、スペシャル版の高いものは七〇〇バーツ（約二千八百円）にはなる。とはいえ、味はさすがのおいしさだ。ただ、安いのもあって、それなら一〇〇バーツ前後で食べられる。

この店は当初は別の場所ではじまり、それが一九三九年とされ、その後タイ王室が認めたとされる飲食店でもあり、まさに「名実ともに」という言葉がふさわしい。一般公開はされていないが、本店の上には王族が来店したときのための個室も備えている。ピブーンソンクラーム元帥も実際にこの店のパッタイを屋台時代に食し、大いに褒めたといわれている。

ティップサマイの正式な本店名は『ティップサマイ・パッタイ・プラトゥーピー』だ。名前のない屋台からスタートし、のちに食堂になった。東南アジアでは屋号なしの店は珍しくない。一九六六年九月に創業者の息子である現オーナーが母サマイさんの名を冠して今の店名にしたのだという。現在は支店もあり、店内でグッズを販売するなど、なかなか商売上手だ。なにより、間違いなくパッタイの味は最高峰である。

本店名の最後についているプラトゥーピーは幽霊の門、死体の門という不吉な意味あいだ。支店が別にできたために、初めて出した屋台の場所を指す地名をつけ加えたものだ。

なんともおどろどろしいこの地名は、本店の裏手の丘の上にある寺院ワット・サゲートの門にかつて、大量の死体が捨てられたことからついた。バンコクでは一八二〇年から翌二一年にかけてコレラが大流行した。一か月で二万人が亡くなり、薪での火葬が間にあわない。政府指定の火葬場となったこの寺院の門前に、怖くて順番を待てない遺族たちが死体を捨て、それがあふれたというわけだ。ちなみに、火葬が追いつかない死体は鳥葬にされた。当時の写真には死体に群がるハゲワシが写っている。一九六〇年代まではバンコクにも野生のハゲワシが普通にいたらしい。大都会となったバンコクも、昔はなかなかワイルドな街だったようだ。

太麺の本領を味わいたいなら「クア・ガイ」

タイでクイッティアオを食すなら、とにかく太麺で、とボクは常々いっている。タイ国内のクイッティアオは新鮮で、特にセンヤイは生麺もある。日本では入手できない生麺のチュルチュルした食感はタイでしか味わえない。そしてその生麺の醍醐味は、やはり汁より炒め系で知ることができる。汁麺もいいが、スープにひたされることで麺の食感は刻一刻と損なわれてしまう。センヤイを最もおいしい状態で楽しむには炒め麺に限るのだ。

タイ麺料理にはさまざまな炒め系があることはすでに書いた。中でもセンヤイの魅力を最も感じ

豪快に炒めていくのがクア・ガイの醍醐味である。

られるのが「クイッティアオ・クア・ガイ」あるいは「**クア・ガイ**」だとボクは思っている。なにしろ味つけがシンプルだ。そばやうどん、そうめんなど、長く親しまれている日本の麺類もやはり麺そのものを楽しめるメニューではないか。センヤイの食感を堪能するにはクア・ガイが最適なのだ。パッタイ同様、料理名が固定化しているので注文もしやすい。

クア・ガイはセンヤイと鶏肉を炒め、たまごでとじただけの簡単な料理だ。日本語に訳すなら鶏肉たまごとじ太麺だろう。クアは煎ると訳すので、水分が飛ぶくらい強火で炒める、または水分をいっさい加えない状態で炒めるというニュアンスだ。ガイ（鶏肉）でなく、牛肉や豚肉を使う店もわずかながら存在するものの、クイッティアオをクアするときにはやっぱり鶏肉が一番合う。

クア・ガイの原型は、意外にもジョーク（粥）の鶏肉入りだといわれる。第5章で紹介している、カオトム（雑炊）のヘーン（汁なし）のカオトム・ヘーンもあるので、そのあたりも原型かと考えられるが、クア・ガイのもともとの姿はジョークらしい。汁気のほぼない鶏肉入りのジョークが中国からタイに伝わり、どこかの段階で米がセンヤイに入れ替わって、レタスやたまごと炒めるタイのクア・ガイが完成したとされる。

やや話が逸れるが、執筆活動をする中でボクはいろいろな飲食店を巡り、店主の話を聞いてきた。第2章の食堂の項でも少し触れたように、屋台から高級レストランまで、どの店にもなにかしらのこだわりや主張がある。食材の仕入れ方にしろ味つけにしろ、些細なことでもよくて、**ほかの店にはま**

ねできない特徴を最低ひとつは持つ店、なにか新しい道を切り開いた店だけがビジネスを長つづきさせることができる。人気店には深く掘りさげたなにかがあるのだ。日本も同様で、今や飲食店はプロでさえもなかなか大変で、素人は手を出せない世界になっている。しかしタイに移住してきた日本人の中には料理未経験なのに和食ならできると思って店をはじめる人がいまだにいる。最初からできないと決めつけて動かないよりはマシだとは思うけど。

たまご入りのクア・ガイも人気がある。

　他方、タイのクイッティアオ店が不思議なのは、ほとんどの店がクイッティアオ自体にいっさいこだわっていないことだ。自分のスープに合うもの、素材がいいものにこだわる調理人がいないわけではない。しかし、全体としてはコスト重視で、まずくなければいいという考えで、具材やスープの威力で乗りきる店も少なくない。これもまたタイ、あるいはタイ料理の懐の深さともいえる。ビジネスとして成功するかどうかは別にして、屋台商売というのは誰もが手っとり早く現金収入をえられる方法のひとつだ。最悪、屋台をはじめればいい、という退路があればこそ、タイ人はおおらかで、日本人よりもずっと幸福感を持って生きていられているのだと思う。もちろん、先述のとおりになにか特筆するものがない店はすぐに廃れてしまう運命にはある。

　そんな事情もあり、タイには星の数ほどクイッティアオ店が存在している。多くが深く味わいを追求しなくとも客が卓上調味料で仕上げてくれる汁系だ。一方、完成形を提供する炒め麺の専門店は、さらにその数が少なくなる。中でもクア・ガイはかなり少ない。いわゆるターム・サングでもクア・ガイは注文できるが、クア・ガイ専門店となるとほとんどないといっていい。

というのも、クア・ガイはバンコク発祥ということもあり、本来クア・ガイ専門店はバンコクにしかないからだ。あるとすれば、たとえばバンコク中華街のはずれ、ルアン通りの五差路の交差点からバンコク中央病院の交差点の間に何軒かある。裏路地の店ではドラム缶を調理台にして、強火で一気に炒めるクア・ガイが楽しめる。

ここのクア・ガイは皿の上に敷かれたレタスに、焦げつくくらい炒めたセンヤイが載っていた。具材は鶏肉とたまご、水で戻したコリコリの干しイカで、半熟たまごが載るタイプもある。味つけはナンプラーとシーイウ・カーウでシンプルに仕上げられていて、香ばしい麺が絹の布のように舌にまとわりつく。専門店以外で食べるクア・ガイもおいしいが、油っこさが目立つケースもある。しかし、さすがは元祖クア・ガイ専門店エリアだ。さっぱりとチュルチュルしていて、なかなかのものだった。

もし一度本場のクア・ガイを食べてもらえたなら、ボクが「クイッティアオはタイで食べるべき思想」にいたったのも納得いただけると思う。

スープが赤くて気持ちが悪いが実際はさっぱりしている「イェンタフォー」

数あるタイ麺料理の中でも変わりダネは「**イェンタフォー**」だ。これこそクイッティアオのためにあるようなスープである。

イェンタフォーの最大の特徴はひと目で誰もがわかる、その赤い色のスープだ。日本人の多くは見た目にギョッとするだろう。しかし、食べ慣れるとその甘酸っぱい味はさわやかで、高温多湿のタイで胃を活性化させるのにぴったりだと思えてくるから不思議だ。

具材の中心はシーフードだ。ルークチン（練りもの）、そのルークチンを揚げたもの、豆腐を揚げたもののほか、空心菜などの野菜、キクラゲ、ルアット（豚の血をかためたもの）が入っている。コリコリ食感の**プラームック・グローブ**（干しイカ）も入れる店が多い。これは干したイカを八時間から一日ほど重曹水につけて戻し、洗ったものをゆでて作る。このプラームック・グローブはクア・ガイでも使われる。

一部の炒め系以外、クイッティアオは注文を受けてから作られる料理だ。スピード命のタイ料理において、クイッティアオは素早く食べられる軽食として重宝されている。ただ、繰りかえしになるが、クイッティアオの汁系は薄味で、テーブルに供された時点では完成形ではない。最終的には卓上の調味料セットでマイ・クイッティアオを作りあげる。一方、イェンタフォーは味の完成度が高いので、なにもつけ足さなくてもいいと思う。タイ人は惰性で味つけしているようにみえる。

上／バンコクのラートプラオ通りの下町で有名なイェンタフォー店。　下／市場にあった、イェンタフォーなどに使う干しイカの戻し。

そもそもイェンタフォーはなぜ赤いのか。これは「紅腐乳」という調味料が入っているからだ。豆腐に麹をまぶし、塩水の中で発酵させた中国の調味料の一種で、特に紅麹につけると赤くなる。発酵した豆腐を意味する腐乳はタイ語で**タオフー・イー**かタオフー・マックという。

イェンタフォーは、タイ料

タオフー・イー(画像中央の容器内)や干しイカの戻したものなどが調理台に置かれている。

理の多くが影響を受ける潮州料理ではないらしい。タイ語で**イエン**は冷たいだが、そうなるとタフォーの意味がわからない。タオフー(豆腐)の別の呼び方だろうか。調べてみると、イエンタフォーの語源は客家料理の「釀豆腐」にあるということだった。釀豆腐の中国読みがヨンテウフーらしく、これがタイ語訛りになってイェンタフォーとなったのだ。

タフォーは豆腐かも、とのボクの予想もあながちはずれていなかったことになるが、釀豆腐自体は紅腐乳とは関係がない。釀豆腐とは、くり抜いた豆腐に豚肉を詰めて焼いたり揚げたりした料理だ。タイではクイッティアオに客家料理由来のクイッティアオ・ケがあり、そこに使われる「**ルークチン・ケ**」が釀豆腐にあたるのではないだろうか。

ルークチン・ケは客家の練りものという意味になる。釀豆腐が原型の具材と、紅腐乳を使ったスープが混同され、スープのほうが誤ってイエンタフォーと呼ばれるようになったのではな

イェンタフォー・コンベントの厨房内。(2017年6月撮影)

いか。そんなバカな、と思うかもしれないが、タイの料理名にはこういうパターンが頻発している。わかりやすいところでは、すき焼きとしゃぶしゃぶを間違えて名前がついたとされるタイスキがいい例だ。うっかり取り違えられるのはタイではよくあることなのだ。

▼紅腐乳を使わないイェンタフォー

さて、イェンタフォーといえば、紅腐乳を使った「赤い」スープが最大の特徴だ。しかし最近は、とりあえずスープが赤っぽければイェンタフォーだと考える店が増えている。具材に大きな違いはないが、スープが鮮やかなほどには赤くないものが出てきている。具の上に赤い調味料をかけて、実質的に紅腐乳を少ししか使っていないケース、紅腐乳の代わりにトウガラシなど赤い色が出る材料をベースにした調味料を使う店、つまり紅腐乳をまったく使わない店さえある。

バンコクでイェンタフォーが有名な店という

と、シーロム通りソイ・コンベントにある『イェンタフォー・コンベント』をそのひとつに挙げたい。創業約四十年、今は創業者の姪で店主のシリポーン・パーンスワンさんが調理する。当初はシーロム通りのインド寺院そばで叔母が出店していたが、シリポーンさんの母がレシピを受け継いでここで開業した。イェンタフォーの赤みはなんとトマト由来だ。そのため、紅腐乳よりも酸味がやわらかくてやさしい味わいがある。色味は真っ赤なので、紅腐乳を使う他店のイェンタフォーと大差ない。具材は鮮度重視という長所もあり、五〇パーツ程度でこれだけおいしいイェンタフォーが食べられるのだから、人気が出るのは当然だ。毎日、近隣のオフィスビルや向かいの病院で働く人たちが朝食や昼食を食べにくる。

実はボクはイェンタフォーがあまり好きではなかった。なにがおいしいのかよくわからなかったが、このシリポーンさんが作るトマトのイェンタフォーを食べて評価ががらりと変わった。イェンタフォーは今も進化するクイッティアオなのである。

モチモチ食感でベトナム麺と呼ばれる「クワイジャップ・ユアン」

ふと異国を感じることがある。島国の日本でさえ中国や韓国とは文化的類似点がある。隣国と地つづきのタイでは影響はより濃厚で、ふとしたときに「こんなところにあの国の影響が？」と驚かされるのだ。中でも異国を身近に感じるのが料理である。

民族としてのタイ人は中国方面から移動してきたという説が有力で、現王朝の成立後も中国からの移民流入が続いたため、タイ料理全般に中国の影響がみられる。イサーン料理はラオス料理とほぼ同じだし、南部はマレー料理などと共通項が多い。

麺類における「異国」として、クイッティアオ以外でタイ人に浸透しているのは、ベトナム人が持ちこんだとされる麺「**クワイジャップ・ユアン**」だ。ベトナム由来のタイ料理はこれ以外にも多数あり、ベトナムにハマっているボクとしてはタイの中にベトナムをみつけると妙にうれしくなる。

クワイジャップ・ユアンのクワイジャップは、先述したようにクイッティアオと同じく米粉が主原料の食材だ。ただし、数センチ四方のシートをくるりと丸めたような形状は、クイッティアオとはまったく違う。そもそもこれを麺類と呼べるのかも怪しい。タイではクワイジャップをクイッティアオに分類しない人もいる。クワイジャップ・ユアンのユアンとはベトナムのことだ。飲食店のメニューではベトナミーズ・ヌードルなどとも英語表記される。クワイジャップとつくが、こちらはちゃんと線状の麺にはなっているので、麺類か否かの議論は不要だ。

クワイジャップ・ユアンの大きな特徴は、食感がモチモチしていることだ。モチモチを超えてクニュクニュともいえる不思議な歯ざわりである。これは通常のクイッティアオの主原料カオジャオ（古米を砕いて作った米粉）に**ペーング・マン・サムパラン**を多量に加えているからだ。マン・サムパランはキャッサバというイモで、ペーング（粉）がつくと片栗粉の意味になる。片栗粉の効果で表面がふやけた麺はスープをたっぷり吸うので、クワイジャップ・ユアンのスープは豚骨などをふんだんに使って濃いめに作られることが多い。麺が少し溶けだすためか、スープにはややとろみがついている気がする。

鶏肉入りのクワイジャップ・ユアン。

▼意外な料理が原型で麺類になった？

クワイジャップ・ユアンが、いつどのようにベトナムからタイに入ってきたかはわかっていないものの、ベトナム移民によって持ちこまれたベトナム式粥のチャオが、タイ文化と融合して生まれたというのが最有力説だ。チャオはタイでは「ジャーウ」と呼ばれる。クワイジャップは潮州語の「米粉麺のスープ」を意味する「粿汁」が語源とされている。これはグオジーといった読み方で、タイ語訛りになったことでクワイジャップになった。結局のところ、名称からは由来は推測できなさそうだ。

クワイジャップ・ユアンはイサーンの特にウドンタニー県で「**カオ・ピヤック**」あるいは「カオ・ピヤック・セン」と呼ばれる。ピヤックには濡れるといった意味がある。ゆでる前のクワイジャップ・ユアンは打ちたての生麺のような状態なので、クイッティアオの半生麺よりも水気があり、それが料理名に「濡れる」がついた理由ではないかとボクは思っていた。

しかし、ウドンタニー県やラオス辺りの言葉では、カオ・ピヤックというと濡れた米、すなわち粥のような料理（バンコクでのカオトム）を指す。つまり、クワイジャップ・ユアンの原型はベトナムのチャオで、のちにタイ文化に浸透していく中で、いつの間にか米が麺類に置き換わったという、炒め麺のクア・ガイと同じような歴史を辿ってきたと考えられる。カオ・ピヤック・センと呼ぶのは、もともと米だったものがセン（麺）に変化したこと、米の粥や雑炊であるカオ・ピヤックと区別するためだ。

クワイジャップ・ユアンの麺は今やスーパーなどどこでも購入できる。インスタント麺まで出ているほどだ。スープは豚のスペアリブか豚骨、大根、パクチーの根を買ってきてゆでるだけなので、自作もできなくはない。これほど簡単な料理にもかかわらず、バンコクには意外なほど専門店が少ない。ボクが知る都内の店は、安宿街カオサン通り近くの寺の裏側をとおるプラアティット通りにある『クンデーン・クワイジャップ・ユアン』くらいしかない。食事時には周囲の飲食店の中で最も客が入っ

ラオスのカオ・ピヤック有名店は家庭的な食堂だった。

ているので、タイ人もクワイジャップ・ユアンは好きなのは間違いないはずだが、専門店はそうみかけない。
クワイジャップ・ユアンの専門店がバンコクに少なく、全土で定番化しないのは、タイにはユアン（ベトナム族）が少ないこともあろう。ベトナム移民はアユタヤ王朝時代からタイを行き来していた民族で、華人同様どころか、それ以上にタイに完全同化している。もはや食事文化もタイに浸透してしまい、完全にタイ料理化しているともいえる。タイの歴史に詳しい人以外にはユアンについてはあまり知られてなく、結局中国人移民ほど多くないし、政治や経済を動かすほどの組織的グループでもない。歴史的にも、何十年にもわたって毎年たくさんの流入があった中国人と違い、ユアンは流入時期が限定的でタイ政府の対応が違っていたこともある。これに関しては第12章のベトナム由来の料理の項で詳しく紹介する。そんなユアンは、バンコクではサムセン地域や隣のノンタブリー県に集

ラオスの首都ヴィエンチャンも夜間になると屋台が街に並びはじめる。

中して定住していたようだ。カオサン通りはそのサムセンに近い。

クワイジャップ・ユアンの伝来もアユタヤ王朝時代とされ、クイッティアオと同等の歴史を誇る。しかし、広くこの料理が知られるようになったのは第二次世界大戦後ともいわれる。戦後、共産主義者の台頭で自国を追われたベトナム人が流れてきたのは、バンコク以外だとジャンタブリー県、サコンナコン県だ。そのため、サコンナコンやその隣のウドンタニーにはベトナム由来の料理がいくつかある。クワイジャップ・ユアンをカオ・ピヤックと呼んで親しむウドンタニー県は特に全土的に有名なベトナム由来の名物がある。やはり東南アジアの文化は陸つづきなのだと感じる。

陸つづきといえば、タイと隣接するラオスの首都ヴィエンチャンにもカオ・ピヤックがある。ラオスではクワイジャップ・ユアンとは呼ばないし、スープは薄味なので卓上調味料で味を加える。ラオスはタイよりも一品あたりの量、つまり一回の食事量が多い。ラオスでカオ・ピヤックを食べると、日本でラーメンを食べたくらいの満腹感がある。麺は日本よりは少ないが、タイの倍はあると思う。

イサーン料理とラオス料理はほとんど同じだ。ただ、ラオス人からするとイサーン料理は超がつくほどおいしいらしい。ラオスは一九七五年の革命でラオス人民民主共和国が樹立されると、すべての産業が衰退した。同時に食品がとにかくまずくなったと地元民はいう。野菜ひとつとっても、イサーンで収穫されたもののほうがずっとおいしいというのだ。実際、タイ側に食材の買いだしにくるヴィエンチャンの飲食店は今も多い。両国民には容易に往来できるパスがあって毎日でも越境が可能なので、メコン河を挟んでラオスと隣りあうノンカイ県やウドンタニーの市街地では、ラオスナンバーをつけた車をみかける。ラオスの野菜も素朴でおいしいのだから、そこまで卑下しなくとも、と思うのだが。

いずれにしても、タイのクワイジャップ・ユアン、ラオスのカオ・ピヤック、どちらもほぼ同じ料理なのに全然違う顔をしているのがなんとも不思議だ。陸路で国境を越えつつ、このふたつの麺料理を食べ比べるのも旅の楽しみだろう。

最後にひとつだけつけ加えておきたいことがある。麺類がタイ以上に多いベトナムの南部から中部ではバインカインという麺料理が好まれている。これはタピオカのデンプンだけ、あるいは米粉とタピオカのデンプンを混ぜた粉で作ったモチモチ食感の麺を使った料理だ。ベトナム在住日本人の間では「ベトナムのうどん」と呼ばれているらしい。これではクワイジャップ・ユアンと同じではないか。だとすると、バインカインがクワイジャップ・ユアンの原型と考えるのが自然だ。しかし、タイではチャオ原型説が有力だ。もうなにが本当でなにがデマなのかわからない。こういうミステリアスなところもまた、タイ料理、そしてタイ文化のおもしろさなのかもしれない。

炒め麺「パット・ミー・コラート」はコラートのご当地グルメ

タイは地方ごとの特徴はあるものの、県による違いはさほどない。政府は地方を活性化させるためにOTOP（一村一品運動）を実施し、各地にアンテナショップを置いているが、必ずしもその地でしか出会えない名物があるわけではない。

そんな中、イサーンの玄関口であるナコンラチャシマー県、通称コラートには「**パット・ミー・コラート**」というご当地グルメが存在する。省略して「ミー・コラート」とも呼ばれる。

パット・ミー・コラートは炒め麺だ。外国人に人気の米粉麺焼きそばであるパッタイのコラート版とでもいおう。米粉麺の一種である**センミー・コラート**を炒め、シーイウ・ダム（黒醤油）やヤシ砂糖で味つけするためやや甘辛く、見た目も味も日本のソース焼きそばに近い。また、たまごは入れず野菜も少なめと、パッタイより具材がシンプルだ。タオチアオ（大豆の発酵調味料）も使うので、全体的に日本人には親しみやすいと思う。

この料理で使うセンミー・コラートはパッタイに使われるセンジャンとほぼ同じだ。普通のクイッティアオとも若干違い、センレックよりも太く、かつモチモチとした弾力性に富んだ麺になる。ただ、センミー・コラートはご当地メニューらしく、麺そのものもコラートが発祥だ。ナコンラチャシマー県産の米を使い、県内各地で作っている。天日干しをしたあと人の手でカットするなど、昔ながらの家内制手工業といった規模で作られるのが基本で、巨大工場で量産されることはほとんどない。

二〇二〇年前後になってバンコクで調理キットも販売されるなど、パット・ミー・コラートはかなり身近になってきた。一方で、今でもコラート以外の飲食店ではあまりみかけない。これぞご当地グルメといったところで、やはり現地で食べるべきものだ。

コラート市内でパット・ミー・コラートを楽しむなら、国道二号線、ミッタパープ通りにある第二バスターミナルをすぎて最初の大きな交差点で左折したシリラートチャターニー通り沿いとその周辺エリアに建ち並ぶ店がおすすめだ。地元民が一番推すのは、ワット・コークパイ（コークパイ寺）の裏にある『トン・マラコー』という店になる。

このエリアのパット・ミー・コラート店はどこも見た目はそうめんのカノムジーンも扱っている。「**ピーク・ガイ・トート**」（鶏手羽のから揚げ）も人気だ。ほかで食べる普通の鶏手羽から揚げよりもコショウが強めな気がする。この辺りの店は自らの農園でじっくりと育てた地鶏を使っているらしく、鶏手羽がバンコクでみるものよりずっと大きく、しっかりしていて食べやすい。

コラートは近年、急激な発展をみせている。日系企業がコラート郊外に工場を建設しているため、在住日本人も増えてきた。残念ながらこの県の空港の定期航路は二〇〇〇年代初頭に廃止されたが、バンコクからは車で約三時間とほどよい距離だ。学生も多く、安い飲食店や宿も少なくない。旧市街エリアにはおしゃれなパブもある。タイのジャンヌ・ダルクと呼ばれるヤーモー像の辺りは日中、

上／日本のソース焼きそばのようにもみえるパット・ミー・コラート。　下／ラオスの屋台にある炒め麺はほぼパッシーイウだが、見た目はパット・ミー・コラートだった。

買いもの客で賑わう。郊外に目を向ければ、クメール王朝のピマーイ遺跡群、広大な森林で野生のゾウやサルが間近にみられるカオヤイ国立公園など、タイ人にも人気の観光スポットがある。チョークチャイ牧場に併設されたステーキハウスではタイ産のおいしい牛肉を楽しむこともできる。全体的に落ちついた場所なので、ぜひ一度足を運んでみてほしい。

これも麺類？　麺のない麺料理「ガオラオ」

スープ系麺料理店のメニューには必ずといっていいほどあるものの、麺料理というと語弊がありそうなのが「**ガオラオ**」である。

これには麺が入っていない。つまり、クイッティアオ店でスープだけを注文した、ということである。麺はあって汁がないヘーンならまだしも、汁があって麺がないというのは、日本の麺屋ではありえない。強いていえば、そば湯のようなものか。ただ、ガオラオはそういったつけ足しではなくて、あくまでも自らが注文するメイン的な料理である。

多民族国家のタイでは、鶏肉は食べるが豚や牛などの大きな動物の肉は食べないなど、さまざまな信条を持つ人がいる。中には、クイッティアオなどの細長い食べものを食べることをよしとしない人たちもいる。セン（麺）を人間の身体のセン（神経や身体全体を結ぶつながりのようなもの）とみなし、それを食べることは身体によくないという考えからである。ガオラオはそうした信条を持つ人のための料理でもある。

もちろん、今日はガオラオの気分、とか、米が食べたいから白米とスープだけ、といった気軽な理由でガオラオを選ぶ人もいる。麺屋台では米がない場合もあるけれど。

ボクの印象では、ナムサイ系でガオラオにする人は少なく、ナムトックやパロー系でガオラオにする人が多い。ナムトックやパローはスープそのものの味が濃く、完成されているからだ。要するに、味のついたスープを楽しみたい人がガオラオを注文する。ただ、ガオラオは麺が入っていないのに、値段は麺入りよりも高い。麺入りクイッティアオよりも、肉や野菜が多く入っているからだという。そうなると、麺の原価が気になってくる。

ガオラオの起源には諸説ある。タイでは中華料理のスープから発展したとする説が有力だ。と、その前にベトナム料理の話をしたい。ベトナム中部の古都で、日本人町もあったホイアンにはカオラウという名物麺料理がある。米粉麺を使い、豚肉や野菜をたっぷり入れたスープなしの麺料理だ。ホイアン周辺の井戸水でしかその麺のコシを出せないという伝説から、ホイアンと近くの港湾都市ダナンでしかみかけないほど郷土色の強い料理でもある。一説では日本の伊勢うどんが起源ともいわれるし、中華料理の汁なし麺「乾撈麵」が変化したものともされる。語源は乾撈麵の発音であるガンロウミエンにあるとする説と、中国語で高層ビルを意味するガウロー「高楼」の読みであるガウローがベトナム訛りになったとする説がある。

タイのガオラオにも乾

上／ベトナムの古都ホイアン一番の名所は日本人が造ったとされる橋。　下／ホイアン以外ではなかなか食べられないというカオラウはサラダ麺のような料理だ。

撈麵に関係した語源説がある。乾撈麵（ガンロウミエン）の響きはガオラオを連想させるし、乾撈麵の撈の文字が入る「交撈」（あるいは交撈）の発音が中国の普通語でジョーローのような発音、さらに潮州語ではもっとガオラオに近いそうで、これが語源ではないかともされる。交撈には渡すとか混ぜるといった意味があるそうで、ベトナムのカオラウは食材を混ぜてから食べるので、この説もまたありうる。

しかし、タイにおけるガオラオの語源説は、チェンマイ大学の教授が唱えている中華スープ料理が発祥というエピソードが有力で、ベトナム同様に高楼が訛ったものということになっている。なぜ高層ビルを意味する高楼が麵なしクイッティアオの語源なのだろうか。

まず、クイッティアオは潮州の麵料理がアユタヤ王朝時代にタイに伝来し、戦時中にピブーンソンクラーム元帥によって国民食になったことはすでに述べた。しかし、ガオラオはそれ以前にタイ王室が利用していたという。王宮内で食べられていたとか、ラマ4世王が中国旧正月に僧侶に配ったという逸話もある。もともとはカノムジーン（そうめん風の米粉麵）の料理が配られていたが、ラマ4世王が「カノムジーンのジーンは中国を意味していない」（この意味については後述）とお怒りになったことから、その後家臣たちはカノムジーンを抜き、スープだけを配るようになった。

しかし、当時タイにはスープだけをおいしく作る技術がなかった。そのころのガオラオはナムサイ系、つまり中華料理でいう清湯（透きとおったスープ）だったので、なおのことタイ人調理師の技術では作れず、中国人調理師に委ねることになった。つまりガオラオの原型はあくまでもスープ料理であり、「麵なし」の麵類ということではなかったのだ。また当時のタイ人にとってそれは宮廷料理、あるいは中華料理の一種であった。王室絡みで中国人が作るのだから、そう思うのは自然だ。

そして当時、中華料理店は「楼」、読みはロウあるいはラオと呼ばれていた。楼はより高級なほど見晴らしのよい高い場所にあったとされる。高い場所にある楼、すなわち「高楼」なので、ここでまず高い建物がガオラオにつながってくる。

王室にも認められたスープは高級中華料理とみなされ、同時に当時あまり浸透していなかったクイッティアオも中華料理と認識されていたので、麺が入っていないバージョンも中華料理だとはなったものの、なんと呼んでいいか決まっていなかったので、いつしか「高級中華料理店」を指していたガオラオと呼ばれるようになった。これがタイ人の説明するガオラオ語源説だ。最後の部分がやや飛躍している気もするが、語源としてはあくまでもそういう話であって、現在の現実的なタイ人の認識では、ガオラオはあくまでも麺類店で食べることのできるざっかけない麺なしのスープを指す。

ガオラオは、その店の具材を全部入れることが前提になっている。麺が減った分、全部盛りで量を増やしているともいえ、だから麺なしなのに高い。もちろん、アレンジも可能で、ルークチンだけを入れてほしい場合は、「**ルークチン・ローイ・ナーム**」などと注文する。「ルークチンをスープに浮かせて」といったいいまわしなので、なかなかおしゃれな頼み方である。

ちなみに、冒頭でクイッティアオを体内の神経に見たてる考え方があると書いたが、その考え方から生まれた言葉もある。たとえば、「彼らはガオラオだ」とタイ人がいったら、それは「彼らは仲が悪い」とか「うわべだけの関係だ」といった意味になる。人間同士のつながり（信頼関係）をセン（麺）と見たて、それがないというのである。

タイ人はこういったたとえにセンスを発揮することがある。ほかにうまいなと思ったのが、「ロットファイ・チョン・ガン」といういいまわしだ。直訳すると「列車が衝突する」になる。線路の向こうからとこちらからやってきた列車は互いに避けることができず、必ずぶつかるという意味だ。本妻と愛人が男を取りあって争う状態などを表現するのに使う。タイの国鉄は基本的に単線という事情が

「バミー・ナムサイ・ムー・グロープ」はわりとシンプルな具材だ。

あるからこそ生まれた言葉だが、なかなかうまいことというものだ。料理とは関係がないけど。

日本のラーメンに似ているのにまったく違う麺類「バミー」

中華料理から伝わったのは米粉麺だけでない。日本のラーメンに近い小麦粉麺「**バミー**」もある。日本語ではバーミーと表記する人もいるし、小麦粉麺、中華麺、たまご麺とすることもある。材料はラーメンの麺と似ているが、黄色くてかなり細いその見た目は日本のものとはまったく違う。

バミーの名称の由来は定かではない。ベトナム、インドネシア、マレーシア、タイなど東南アジア全般で小麦粉麺は「**ミー**」と呼ばれる。国によっては炒め麺もミーなのでややこしい。このミーは中国語の「麺」がミエンという発音で、それが訛ったものらしい。これは納得だが、ではタイのバミーの由来はというと中国の「肉麺」に使われる麺が黄色い麺だから、という説

炒めた麺も種類が多いがどれも味が濃いので、スープ麺の繊細さはない。

明をした人がいた。閩南語《びんなんご》は潮州や台湾などに住む福建系住民の中国語のひとつで、この言語による肉麺の発音がバーミエンに近いからだという。ちなみに、タイでは米粉の極細麺のセンミーとバミーを区別するため、センミーは白いミーという意味の**ミー・カーウ**ということもある。

バミーはたまご麺とも呼ばれ、材料にたまごが入っていることもある。製麺所によってレシピは違い、主な原材料は中力粉と水で、たまご、それから重曹、ベーキングソーダ、もしくはアルカリ性水溶液、つまり日本のラーメンでも使うかん水を使用することもある。日本のラーメンは低加水率と呼ばれるタイプで含有される水分は三〇パーセント以下、家系などの標準加水率で三〇から三五パーセント、高加水率の麺だと五〇パーセント以上だという。バミーでは三〇から三五パーセントで、日本の標準レベルに近い。加水率が高いと麺がやわらかくなるが、スープを吸いにくい。逆に低いと食感はかたく、

上／エビ肉の詰まったギヤオ・グンの揚げもの。下／ゆでたギヤオ・ムーの載ったバミー・ヘーンの持ち帰り。

スープを吸いやすいので伸びやすくなる。

バミーはかなりの極細麺で、ちぢれたかたい麺である。よくいえば小麦粉のザクザクした食感があるし、人によっては粉っぽく感じるかもしれない。屋台などのほとんどが工場で打った生麺を使う一方、小売店で手に入る量産品は完全乾燥麺だ。ここはクイッティアオと同じ状況にある。日本のこだわりラーメン店のような自家製麺はタイではかなりまれだ。また、バミーの一部には平麺もある。クイッティアオのセンヤイほど太くはなく、コシは期待できない。

クイッティアオの一種にシートをくるりと丸めた形状のクワイジャップがあるように、バミーにも変形版がある。「**ギヤオ**」と呼ばれるワンタンである。「ギヤオ・グン」ならエビワンタン、「ギヤオ・ムー」なら豚肉のワンタンだ。屋台ではウズラのたまごを包んだワンタンや豚肉のワンタンを揚げた「ギヤオ・トート」も軽食として人気がある。

バミーは専門店がほとんどなく、クイッティアオの店に置いてあるのが定番だ。ナムサイ系スープ、スープなしのヘーンは間違いなく相性がいい。パロー系、ナムトック系は個人的に好きではないし、炒め系のバミーは屋台や食堂ではあまりみない。ボクは「バミー・ナムサイ・ムーデーン」が好きだ。

ナムサイのスープで、具材は周囲が赤いチャーシューのムーデーンだけというシンプルさがいい。

バミーは中華料理店にもある。ここはクイッティアオと大きく違う点だ。スープのあり・なし、中華系の炒め麺など、種類豊富に揃っている。中華料理店のほうが本場ゆえか、屋台よりもバミーをおいしく食べられる気がする。

タイスキのチェーン最大手ＭＫレストランにもバミーがある。黄色いたまご麺もあれば、野菜を練りこんだ緑色の麺もある。バミーといえるかわからないが、ＭＫオリジナルのモロヘイヤ麺もおすすめだ。これらの麺はすでに蒸された状態で出てくる。具材と一緒に鍋で煮る必要はなく、鍋のスープをおたまなどですくってかけて温め、タイスキのナムチムかＭＫ名物のアヒル焼きのタレをかけて食べる。特に緑麺はゆでると鍋の中のスープが緑色になってしまうのでやめたほうがいい。

上／中国色の強い屋台や海鮮店はカニの爪が載った「バミー・ガンプー」もある。　下／MKの緑麺ならこのモロヘイヤ麺がおすすめだ。

本章では麺料理に関してクイッティアオを中心に紹介してきたが、このようにバミーという選択肢もある。注文はクイッティアオと同じで、「バミー・ナーム」（汁ありバミー）、「バミー・ヘーン」（汁なしバミー）といえばいい。

バミーには素揚げタイプもある。これは「**バミー・グロ**

ープ」（カリカリ小麦粉麺）あるいは「バミー・トート」（揚げバミー）と呼ばれる。タイの素揚げ麺の料理といえば、あんかけ麺のラートナーのひとつラートナー・バミー・グロープ、後述する北部代表の麺料理カオソーイがある。前者は長崎の皿うどんの細麺タイプのようなイメージで、両方ともカリカリ麺がスープを吸ってしなしなになったときの食感がいい。

東南アジアでは小麦粉麺をミーと呼ぶと書いたが、この「ミー」の使い方には気をつけたい。「**ミー・グロープ**」という料理があるからだ。この場合のミーは極細の米粉麺センミー（ミー・カーウ）で、この麺をカリカリに揚げたものに酸味と甘みの強いソースをかけた料理がミー・グロープとなる。バンコクの下町、現在のチャオプラヤ河西岸にあるタラートプルーやカオサン通りのあるプラナコン区で一九世紀後半、ラマ5世王時代に誕生した料理だ。中国人移民が作っていたもので、クア・ガイ同様に近代のバンコク下町で生まれた珍しい料理である。先のバミー・グロープとこのミー・グロープはまったく違うものである。**タイ語の料理名は略すものがある一方、勝手に省略すると違う料理になる場合もあるので、実にややこしい。**

子どもはご法度？　そうめん風麺「カノムジーン」

「**カノムジーン**」は、日本のそうめんのようにもみえるがれっきとした米粉麺である。しかし、クイッティアオとは分類が異なる。センミーと同様の押しだし式で作られるため、シートを切りだすクイッティアオとは作り方からして違う。

出自も大きく違っている。クイッティアオは潮州麺料理が起源で、カノムジーンはモン族が作っていた麺が原点とされる。

アジア地域にモン族は大きくふたつの民族がいる。ひとつが英語でHmongと書くモン族で、雲南

カノムジーンはカゴに入れられているので、麺だけの購入はある程度まとまった量になる。

省やタイ、ベトナム、ラオスなどに暮らす。タイでは漢民族がつけた名称であるミャオ族などとも呼ばれる山岳少数民族だ。もうひとつはMonと書くモン族だ。八世紀ごろから一三世紀にタイ北部ランプーン県辺りにあったハリプンチャイ王国の主要民族だった。カノムジーンは後者の料理にあたる。第5章のカオトムの項で紹介した冷たい水ご飯のカオチェーも、原型は後者のモン族の料理である。

カノムジーンをタイ語として直訳すると、中国の菓子、となるが、いうまでもなくまったく違う。これは実はモン語である。カノームはモン語で麺、ジーンは熟す、つまりカノムジーンは「熟れた麺」という意味なのだ。ガオラオの項でラマ4世王が「カノムジーンのジーンは中国を意味しない」と仰ったのは、このことである。

熟れた麺という名称になっているのには理由がある。カノムジーンは作る過程で微発酵させているからだ。タイではこれを理由に、カノムジーンは幼児には食べさせてはいけないといわれる。ただし、これには誤解もある。

まず、東北部のカノムジーンはかつて微発酵の米粉汁を使って作られていた。昔のイサーンに水道はなく、料理にも川の水や雨水を使っていたことが要因だ。二〇〇三年ごろに東北のロイエット県の農村にあった、カノムジーンを自作する家を訪ねたことがある。その農家でも井戸なのか雨水なのかよくわからない、少なくとも水道水ではない水を使っていた。それに米粉を溶かして押しだし器に入れ、煮たった湯にトコロテンのように米粉汁を直接押しだす。

米粉をそうした水につけて吸水させたことから微生物が増え、発酵してしまうのだ。この発酵によって麺はやわらかくなるが、発酵と腐敗をしっかり管理できなかった時代には、カノムジーンは子ども向きではないとされた。

微発酵のカノムジーンは現在ではほとんどない。色あいがやや茶色く、見た目が好まれなくなったせいもあるだろう。現在は新鮮な米粉をきれいな水に溶くので、カノムジーンは真っ白い。

できた麺は束にまとめ、数束をかごに入れて売る、というスタイルは今も昔も変わらない。カノムジーンはセンミーと違い、今でも生麺がプラスチック製のカゴにパッキングされ、カゴ単位で販売されている。このカノムジーンは日本のそうめんよりもべたべたしているが、スープに入れると途端にはらりとほどけてしまう。

カノムジーンは東南アジアではポピュラーな食材だ。タイでは各地方にこれを使った料理がある。北部では「カノムセン」や「カーオセン」、東北部では「カーオプン」、南部は「ホーノムジーン」や「ノムジーン」とも呼ばれ親しまれている。ベトナムのブンも同じ麺で、フォーよりも国民食的な地位にある。ハノイではつけ麺のように食べるブンチャー、中部の古都フエでは牛肉麺のブンボー・フエが有名だ。ベトナム全土で楽しめる生春巻きの具材としてもブンは欠かせない。

タイ北部には「**カノムジーン・ナムギアオ**」というものもある。真っ赤なナムサイ風のスープで、調味料を加えていない状態でもかなり辛い。このギアオはタイ語ではシャン族を指している。そのため、このスープは中国の雲南省やミャンマーの北部で食べられているものとされる。

カノムジーンの専門店はバンコクの下町にもたくさんある。スープ系にも合うし、そのまま食べることもできて、調理の幅が広い。カノムジーンは店頭で作れるものではないので、飲食店もカゴで買ってきて、スープに入れるだけだ。クイッティアオのようにゆでたりする手間もない。

手間もないといえば、一般的な食べ方かは知らないが、ボクはガイヤーンやガイ・トート（鶏から揚げ）、あるいは肉の串焼き類を食べるとき、米の代わりにカノムジーンで食べることがある。妻がカノムジーン好きでかごのまま買ってくるから、それを少しもらって食べるのだ。米を炊く手間もないし、カノムジーンは束でくっついているので手でも食べやすいから、極端な話、食器もいらない。

上／みるからに辛そうな、レッドカレーがスープになったカノムジーン。　下／北部のナムギアオと呼ばれるタイプのスープ入りカノムジーン。

一般的なカノムジーンには、ココナッツ・ミルクを使っているスープと使っていない系統があり、どちらかというと前者が多い。ちなみにカノムジーンのスープは「**ナムヤー**」という。ココナッツ・ミ

カノムジーン食堂では野菜や香草がたっぷりあって、無料で載せられる。

ルク入りは、通常レシピで作ったゲーン（つまりタイ・カレー）にカノムジーンを入れるだけなので、調理も簡単だ。グリーンカレーやオレンジ色がかったレッドカレー風のスープが圧倒的多数だ。ナムプリック・ゲーン（ゲーンのペースト）やココナッツ・ミルクをあまり使っていないナムヤーは酸味と辛味が強いなど、これもまたバリエーションが多い。

屋台そのものも簡易的で、スープの大鍋を置き、注文があったら丼か皿にカノムジーンを載せ、上からナムヤーをかけるだけだ。テーブルにはクイッティアオ店に欠かせない調味料セットや、あらかじめモヤシや香草がたっぷり置いてあるので、客は自由に使って味を調える。大量にナムヤーを作っておく手間はあるものの、商売そのものはシンプルだし、こういったカノムジーンの食べ方を好むタイ人は多いので、最初から客を見込めるというメリットがある。

スープのカノムジーンを食べる際には注意が必要だ。なぜかスープが目に入りやすい。日本

典型的なカオソーイのスタイルはこんな感じだ。

のラーメンもすするとスープが服に飛んでしまうが、タイではすするのはマナー違反だ。それにもかかわらず、なぜか汁が飛ぶ。そして、高確率で目に入る。カノムジーンのスープはトウガラシが使われていて、目に入ればただただ地獄である。

北部料理全体を代表する料理は麺の「カオソーイ」

タイ以外の国にあるタイ料理店であまりみかけない麺料理のひとつに「**カオソーイ**」が挙げられる。バンコクでもいまだ珍しい。基本的には古都チェンマイを中心としたタイ北部で食べるべき料理だ。カオソーイのスープはカレーなので、誰もが気に入るはず。日本人がイメージするカレーにかなり近く、ピリ辛で少し甘い黄色いスープに麺が入っている。

麺はバミーのような小麦粉麺だ。厳密にはバミーではなく、**セン・カオソーイ**という麺になる。半分はからりと揚げた小麦粉麺、半分は平

カオソーイの卓上調味料のひとつにからし菜の漬けものがある。

たい小麦粉麺を使うのがスタンダードだ。具はパックガート・ドーン（日本人にはパッカードーンと聞こえる）というからし菜の漬物、ホームデーンが中心で、多様な具と後述の卓上調味料でスープの奥行きを出す。北部ではイスラム系料理のひとつと考えられていて、多くの店で鶏肉が入っている。今は時代が変わり、牛肉や豚肉、シーフードを使ったカオソーイを出す店も増えてきたようだ。

　卓上調味料にはナンプラーや砂糖のほか、辛味を加えるものとして、干しエビなどをすり潰した、まるで食べるラー油のようなナムプリック・パオが置いてある。酸味を加えるには酢ではなく、生のライムを搾る点が一般的なクイッティアオ料理と大きく違う。

　カオソーイをタイにもたらしたのは、雲南省から来たイスラム信仰を持つ少数民族の回族とされている。そのため、昔は雲南からの移民を指すホーをつけてクイッティアオ・ホーと呼ばれていたそうだ。そのころのスープはナムサイで、ココナッツ・ミルクは使っていなかった。もともと北部は気候的にココナッツの産地ではなかったからだ。

　そのほか、カオソーイは隣国ミャンマーの麺料理カウスェーもしくはオンノ・カウスェーから発展したという説もある。カウスェーは小麦粉麺と、カレースパイス風味がついた鶏肉や牛肉とココナッツ・ミルクのスープという組みあわせだ。オンノ・カウスェーには魚醤を使用しているという違いがある。いずれもカオソーイに似ている。

さらに、ラオス北部にもカオソーイと呼ばれる料理がある。こちらは小麦粉麺ではなく米粉麺を使用する。センヤイをナムサイ系のスープに入れ、豚ひき肉やトゥア・ナオ（納豆に似た大豆の発酵調味料）を炒めた具材をドカンと載せたものだ。タイ北部でも食べられるようで、チェンマイでは「カオソーイ・メーサーイ」、「カオソーイ・ナームナー」などと呼んで、一般的なカオソーイと区別している。カオソーイは厳密にはいろいろとあるので、一般的なカオソーイはあくまでもチェンマイで食される「カオソーイ・ベープチェンマイ」（チェンマイ式カオソーイ）を指すようだ。

カオソーイのミャンマー料理原点説だと、ミャンマーのシャン族の間で発生した、あるいはミャンマーのチャイントンという地域で食べられていたものがラオス北部に渡り、そのあとにタイに入ってきたとされる。一方、クイッティアオ・ホーの原点説だと、もとは中国雲南省にあるタイ族自治州シーサンパンナ（西双版納）などのエリアの料理という話になる。シーサンパンナはシャン族の故郷ということもあり、結局、カオソーイはどこがルーツなのか。ほかにもマレーシアには米粉麺をココナッツのカレースープに入れた料理（ペナン・ラクサやサラワク・ラクサなど）があるので、とにかく国境に関係なく類似の料理があるという、意外と国際派な料理であることはわかってきた。

人気ナンバーワンのインスタント麺「マーマー」

ボクが初めてタイに来た一九九八年から二〇〇〇年代初頭、「日本料理が好きだ」というタイ人は、ほぼ一〇〇パーセントの確率で「**マーマー**」のことをいっていた。リップサービスで、日本の料理のことをほかに知らないからいっていたのだろう。別にそんなことといわなくても、と思ってしまう。というのは、そのマーマーとはインスタント袋麺だからだ。本来、インスタント麺はタイ語で**バミー・グン・サムレットループ**というのだが、商品名自体がインスタント麺の代名詞になってしまうほど、

タイ語だと長すぎて商品名で呼ばれる。画像はヤムヤムのジャンボサイズだ。

マーマーはタイでポピュラーな存在である。『マーマー』は台湾系企業タイ・プレジデントフーズ社が一九七三年に発売を開始した、油で揚げたインスタント麺だ。第一号は鶏のナムサイ味だったようだが、現在主力のフレーバーはトムヤム味である。トムヤムクン・フレーバーの商品もあり、本格トムヤム・スープでも使うナムプリック・パオのような調味料が粉末スープの素などと共に同梱されている商品もある。二〇一一年以降の一時期、グリーンカレー味のマーマーが流行り、小売店で品切れが続出した。それが日本人にも波及して、タイ土産として人気を博した。

　最近はさらに進化している。依然としてフレーバーはトムヤム系が多いが、ノンフライ麺、カップ麺タイプも増えた。ノンフライ袋麺は製造工程で日本の機械を使っているのだろうか、従来のマーマーよりも量が多い。従来版が五五グラムのところ、新しいタイプは八五グラムになった。日本の袋麺は麺量が九〇グラム前後なので日本よりは少ないが、従来版に慣れた身には、三〇グラム増だけでも相当多くなった気がする。

ノンフライ麺のほうにタイ・プレジデントフーズ社は力を入れているのか、新フレーバーはだいたいこちらで出している。最近はトリュフ味まで登場しているくらいだ。たぶんだが、二〇一四年ごろに北部で発見されたタイ固有であり、新種のトリュフが数年前にやっと世界的に承認されて、タイでトリュフ生産の研究が進んでいるらしいのだ。おそらくそれを受けてのことで、実際、タイ国内の小売店ではトリュフ・フレーバーの加工食品は増加している。

他社も含めて、インスタント麺の主流がノンフライ麺に移行しつつあることに、実はボクは震えている。というのも、フライ麺は麺をそのまま食べてもおいしいというよさがあるからだ。小腹が空いたとき、麺だけをスナックのように食べることができる。スープの素の粉を少しふりかけてもいける。

タイで一番人気があり、タイ人にはほぼ一択で選ばれるマーマー。

あるときボクは誤って金を持たずにベトナムに行ってしまい、カバンの奥から出てきた前回のベトナム滞在の残りの現地通貨で五日間を乗りきったことがある。十米ドル分もなかったと思う。お湯も食器もないゲストハウス滞在のボクを救ったのが、砕いて食べられるフライ麺だった。一日ひと袋でしのぎ、五日間で四キロ痩せた。

インスタント麺の代名詞となったマーマーだが、実はタイで初めてのインスタント麺はマーマーではない。マーマー発売の二年前、一九七一年にワンタイ・フーズ・インダストリー社が『ヤムヤム』というブランドで発売していた。この会社は翌年、日本の味の素社と提携する。これがタイ人の中でインスタント

上／ヤムヤムのパッケージの左上にみなれた日本企業のロゴがみえる。　下／ワイワイ。1袋販売だけでなく、画像のような複数入りのお得パッケージもある。

麺＝日本料理というイメージになった。インスタント麺自体は日本人の発明品なので、あながち間違いではないが。

アユタヤ銀行調べで二〇二二年九月に公開された、タイのインスタント麺の二一年度年間マーケットシェアにおいて、一位はマーマーで四七・六パーセントほど。二位がタイ・プレサーブ・フードファクトリー社の『ワイワイ』で二三・七パーセント、次のヤムヤムが一五・四パーセントだった。ちなみに、ワイワイはヤムヤムに次ぐ一九七二年の発売なので、マーマーが三大ブランドの中で最も後発である。タイでは後発が定番化するケースがよくある。マーマーも三番手ゆえにタイ・インスタント麺商品の欠点を補った開発をしたのかもしれない。

タイのインスタント麺市場はこの三社でほぼ占められており、外国ブランドは太刀打ちできていない。タイは政情不安や洪水などで流通が停滞し、品不足がよく起きる。そのためスーパーではなにかあるとすぐ買い占めがはじまってしまう。インスタント麺や缶詰など、長期保存ができる食品からなくなっていくのだが、マーマーの棚が空っぽなときも、隣のヤムヤムは大量に残っていた。緊急事態にさえタイ人は妙なグルメ心を発動し、マーマーに固執するのだ。ヤムヤムの味に問題があるとはボクには思えないけれど、タイ人の好みには微妙に刺さらないようである。

最近は日本や韓国からの輸入インスタント麺も売られている。バンコクの和食ブームがはじまるはるか前、日清食品から日本風の醤油味インスタント麺が発売となった。マーマーなどタイのブランドより少しだけ高く、それほどおいしくはなかったが、当時は本当にありがたく食べたものだ。

マーマー、ワイワイと、なぜタイのインスタント麺は繰りかえし音ばかりなのか。最初がヤムヤムだったからか。そう考えるとヤムヤムのネーミングセンスに唸ってしまう。ちなみに、**タイ語では同じ音の繰りかえしは強調を意味する**。たとえば辛いのペットを「ペット・ペット」と繰りかえせば、とても辛いというニュアンスになる。ワイワイはクイックなどの意味があり、ヤムヤムはタイ・サラダのヤム、すなわち「和える」を二回繰りかえしている、のだと思う。マーマーの意味は……たぶん語感だけで、特にないのではないか。

飲食店でインスタント麺を材料にした料理が出てくる驚き。

さて、そんなインスタント麺をなぜこの項で取りあげたのか。それは、屋台や食堂にもマーマーがあるからだ。この場合はブランドではなく、インスタント麺という意味でメニューに「マーマー」と書かれている。つまり、ヤムヤムなど他ブランドを使っていてもマーマーとするのだ。一般的にマーマーが商品名だけでなく、インスタント麺という意味で広まっていることがわかる。

日本人には信じられない話だろう。クイッティアオ屋台のガラスケースに、センレックやセンヤイ、バミーなどの麺と一緒にマーマーの袋が並び、選択肢として並列されているのだ。し

2020年3月、コロナでタイ政府が鎖国実施する3日前のスーパー内麺類の棚。

かも市販の袋麺そのままである。さすがに近年は屋台専用として、スープの粉などが省かれた、麺のみのパッケージもある。注文を受けたら袋を開け、麺だけをゆでて、店のスープに入れる。店によっては袋麺に同梱されているスープの素も使うか、使わずにできあがった丼と一緒に持ってくることもある。

一〇バーツちょっとで買えるマーマーを、その数倍の値段で誰が食べるのかと思うが、実際にこれを頼む人もいる。タイにかかわって二十年以上のボクでも、いまだトップクラスで理解できない屋台料理だ。そもそも料理とカウントすること自体に納得がいかないというか。

第8章

暑い国だけど タイ式鍋料理をしっかり楽しむ

日本人にとって鍋ものは寒いときに食べるものだろう。「常夏のタイで鍋？」と不思議に思うかもしれないが、タイ人は年がら年中、鍋料理を堪能している。

そもそもタイは一年中ずっと暑いわけではない。一二月中旬から一月上旬にはバンコクでも日中の気温が二十度を切ることがある。北部の山岳地帯なら明け方には零度になる。日本の冬と比較すれば大した寒さではないかもしれないが、気温三十度以上が普通という中で暮らしていると、二十度を下まわると身体がついていかない。ボクも四月、五月の日本では、誰もが春物から夏服に移行しようとしている中で、ひとり真冬の服装ですごしてしまう。春先でさえ日本の水道水はバンコクの冷蔵庫の水より冷たい。実際、タイでは気温十六度で凍死者が出ることもある。寒さへの感覚が日本人とタイ人ではまったく違うのだ。

そんな基本が暑いタイでは、食べもので暖をとるという発想はない。そのせいか、一年中タイ人たちがあちこちで、ただただおいしい鍋料理を求め、大勢で鍋を囲う姿がみられる。この章ではそんなタイの鍋料理に注目する。

みんな大好き日本風の鍋「スキー・タイ」

外国人が抱くタイ料理のイメージといえば、辛い、パクチーが臭い、といったところだろう。タイ人も和食に同じように決まりきったような印象を持っている。和食が定着した今でこそなくなったが、日本人は毎日寿司や刺身を食べていると思っていた人もいるし、和食は味がしないといわれていた。鍋料理のタイスキも和食由来ということで、かつてタイ人の中では和食に分類されていた。

タイでタイスキは「**スキー**」あるいは「スキー・タイ」と呼ばれる。「タイスキ」はあくまでも日本人の間でだけ通じる呼称だ。店によってベースは違うが、ほとんど味のしない透明スープに肉類、海鮮、野菜、キノコ、ルークチン（練りもの）、豆腐などを入れる。タイでは料理にガスを使うのは設備のしっかりしたターム・サングの店やレストランの厨房だけで、屋台ではいまだに炭火が中心だ。鍋ものも炭火の入った七輪の上に置く場合が多いのだが、タイスキに限っては電気鍋をみんなで囲む。

カオマンガイやクイッティアオにタイ人が共有するおいしさの決め手があるように、タイスキにもあって、それはナムチム（タレ）となる。各店がオリジナルのナムチムを作っていて、それが店の人気を左右するのだ。何度も書いてきたように、タイ料理には出汁をとるという発想がなく、タイスキのスープも食材を煮る前は非常に薄い。どの店でも具材はほぼ同じだ。タイスキ店がわかりやすく差別化を図れるのは、ナムチムということになる。

そもそもなぜ、この水炊きのような鍋がスキー・タイと呼ばれるようになったのか。これには諸説あるのだが、ボクは、最初にいいだした人が「中華料理はありふれているから日本料理にしたほうがいい」と考えただけではないかと思っている。

タイスキの老舗『コカ・レストラン』のウェブサイトには、自分たちがスキーを有名にした元祖、と記されている。元祖を主張する店は実は複数あり、創業年代も近く、しかも多くは中華料理店として創業している。それゆえ、タイスキの原型は中国の鍋であり、日本料理を模倣したのではないという説が最有力だ。中華系タイ人の多いバンコクでいわゆる火鍋を出してもインパクトがない。だから日本の鍋料理ということにして、「よし、すき焼きと呼ぼうぜ」となったのではないか。当時は日本料理の情報が少なかったので、しゃぶしゃぶと取り違えた可能性もある。

そもそもでいえば、日本のしゃぶしゃぶにも中国発祥説がある。名称自体は大阪の飲食店が命名した。鍋に張ったスープで肉を揺らすところがシャブシャブという擬音に連想され、一九五〇年代に商標登録――『肉のしゃぶしゃぶ』などと登録したことから有名になった。それ以前は牛肉の水炊きと呼ばれていたようだ。そして、これはモンゴルの鍋を原型にした北京料理として日本に入ったという説があるとされる。ネットもない時代の

タイの鍋ものは電気鍋か七輪の炭火のいずれかで食べるものだ。

ことだ。タイ人同士で「日本にも火鍋に似た鍋があるらしい」、「ああ、すき焼きじゃないか？」という勘違いがあったかもしれない。

ボクはどちらかというと、タイ人があえてすき焼きにしたのではと疑っている。しゃぶしゃぶはタイ人には発音しにくく、今も「シャーブー」と略す。そこで頭のいい中華系タイ人があえてすき焼きに目をつけたのではないか。『ウィキペディア』タイ語版のしゃぶしゃぶのページをみると、「しゃぶしゃぶはすき焼きに似た料理で……」という記述がある。今でもこんなレベルなので、当時はほとんど同じものと解釈されていたのは間違いない。

コカ・レストランなど元祖を標榜する店の創業が一九六〇年前後に集中していることから、坂本九の『上を向いて歩こう』からきた可能性もなきにしもあらず。この曲は欧米では『スキヤキ』と呼ばれ、一九六二年ごろにヒットした。後述するが、コカの創業がこの五年前で、数年後に今の本店の場所に移転してからタイスキ専門に移行しはじめているので、時代が一致している。

現在では、タイ人にもタイスキの原点は中国にあるとみる人が多い。タイでは火鍋は一般的にスキー・セーチュアンと呼ばれる。陰陽の太陰太極図のような仕切りで分けられた鍋に、辛いスープと辛くないスープを入れる。辛いスープがいわゆる麻辣であることから、セーチュアン、すなわち四川省を指してスキー・セーチュアン（四川鍋）と呼ばれる。

余談だが、二〇二〇年前後になってから、この麻辣味がタイで流行している。中国人経営の鍋料理店を中心に人気が出てきて、鍋、串焼きなどの店で「マーラー」と銘打った店が急増中だ。ただ、原点に忠実でなくても全然かまわないというのがタイ人なので、韓国式フライドチキンの店などでもマーラー味があるといった、混沌とした流行になっている。

ナムチムの類似点から考察して、スキー・グワーントゥンがタイスキの原型とする説もある。スキー・グワーントゥンは広東鍋だ。タイ料理が強く影響を受けている潮州料理系にもスキー・テージウがある。広東鍋と潮州鍋は同じ広東省なのでかなり似ており、説が合っているとしても、どっちが原型かはわからない。ボク自身はタイ料理への影響的には潮州鍋ではないかと思う。広東鍋と潮州鍋の違いはナムチムだ。広東鍋はトウガラシのソースを使い、潮州鍋はタオフー・イーを使う。これはクイッティアオ・イェンタフォーにも使われる腐乳のことだ。イェンタフォーは紅麹なので赤いが、発酵させた腐乳という点では同じなので、タイ人はこの味が好きなのだろう。それに、ヤワラーの元祖を名乗る店ももともと潮州鍋店だったところばかりだ。

ちなみに、タイ語で鍋のことはモーあるいはモー・ファイという。モーが器としての鍋を指し、モー・ファイは鍋、もしくは電気や炭火などなんらかしらのエネルギーで加熱しながら食べる料理としての鍋ものも指す。いずれにしても、タイスキ誕生のずっと以前から鍋料理というジャンルはタイでも確立されていた。しかし、スキー・タイという名称がパワーワードすぎて、前からあった中国鍋の名前にもスキーがつくようになってしまった。それ以前は普通にモー・ファイ——たとえば広東鍋ならモー・ファイ・グワーントゥンと呼ばれていたようだ。

▼タイスキ二大チェーンはＭＫとコカ

さて、タイに来たことがある人なら、街中のそこかしこでタイスキの店をみかけたはずだ。ひとつの商業施設に同じチェーンが二軒以上入居することもあるほど、タイ人はタイスキや鍋ものが大好きである。人気ナンバーワンのタイスキ・チェーン店がここまでに何度か名前が登場している『ＭＫレストラン』だ。タイ二大タイスキのひとつで、縮小気味だが日本にも支店があり、東京でみかけた人もいるだろう。

このチェーン店の歴史を紐解くと、創業は一九六二年、サイアム・スクエアの小さな食堂でトーンカム・メークトーおばさんがカオマンガイやパッタイなどを売っていたのがはじまりだ。彼女は二代目で、それ以前は香港人マーコーン・キンイー氏が経営する中華料理店だった。この人のイニシャルをとってＭＫなのだ。六二年にアメリカに移住したキンイー氏のあとをトーンカムおばさんが引き継ぎ、八六年にタイスキを出したところ、大ヒットとなった。

そういえば、ＭＫでは一時期、店員がダラダラ踊りだすという謎のサービスタイムが設定されていた。従業員にも客にも苦痛なだけだったあの時間はいったいなんだったのだろう。その後、ほかの飲食店でも似たようなことをやるようになった。タイの飲食業界の黒歴史だ。

ＭＫに限らずタイの電気調理器は基本ボディー色が赤い。

ＭＫを評価するタイ人はみな「ナムチムがおいしい」という。なにが入っているのかボクにはわからないが、茶色い濃厚なタレで、子どもから大人まであらゆる年齢層の人がおいしいという魅惑のナムチムである。日本人の口にも合う。最近のＭＫはポン酢がラインナップされるわ、本当のしゃぶしゃぶができる薄い牛肉・豚肉がメニューに加わるわ、すっかり日本化してきている。

かつてタイ人は食事のときに酒は飲まなかったが、それも最近では変わってきた。とはいえタイスキを肴に酒を飲む人は今もほぼいない。ＭＫでボクが一番好きなのは、どの支店でもいつもキンキンに冷えたビールが出てくることだ。たぶん頼む人がいなくて冷蔵庫が完全密封状態になるからだと思う。

上／タイで一番人気のあるタイスキ・チェーン店は間違いなくMKだ。　下／MKで人気の具材のひとつは海苔で練りものを巻いた「サーラーイ・ソンクルアン」。

ＭＫはデリバリー・アプリやネット注文が普及するずっと前から配達サービスもやっていた。かつてはこういう大手チェーン店はみな、四桁の短縮ダイヤルを持っていて、電話注文を受けていたのだ。タイのアパートにはキッチンがないため、多くの世帯が電気鍋を持っている。だから、スープとナムチム、具材さえ配達すれば、自宅の電気鍋を使って店と同じ味を楽しんでもらうことができるというコンセプトだ。白菜や空心菜、春雨などの基本的な野菜系具材は無料でつく。麺類のサイドメニューも注文できるし、ナムチムは大きな密封パックで多めに持ってきてくれる。使いきれない量なので、いつもボクは保管しておいて、次の食事で残りを使い、未開封のタレは一時帰国の際に実家への土産にしていたものだ。

もうひとつの有名店は先述の老舗コカ・レストランだ。以前は有楽町や上野にもあったので、東京の人は目にしたことがあるかもしれない。コカは海外事業やインスタント麺などの輸出関連業に力を入れているので、国内店舗は少なく、バンコクのタイ人でも行ったことがない人もいる。

コカの創業は一九五七年だ。ここも二十席程度の小さな中華料理店としてスタートした。数年後にスリウォン通りソイ・タンタワンに移り、八百席の店へと成長する。今も日本からの団体ツアーによく使われるほど大きな店だ。鍋メニューをスキーと呼びはじめたのもこの場所に移ってからだという。広報担当者によればコカは「タイで初めてエアコンを無料にしたレストラン」でもあるそうだ。今でもイサーン料理店ではエアコンの部屋には別途席料やサービス料がかかることがほんの一部にあるのだが、かつてはそれがあたりまえだった。これが無料になったのは、当時は革命的だったらしい。

コカは東京にも支店がある高級タイ料理レストラン『マンゴツリー』の経営にも力を入れている。ソイ・タンタワンの本店（コカ本店の隣）は最も有名だ。二〇〇〇年七月から一年間、ボクはこのコカ本店の真向かいにあるアパートに住んでいた。初めての長期タイ生活で、タイ語学校に通っていた時期だ。翌〇一年のタイ旧正月ソンクラーンのとき、外出先から帰ってきたら、うしろから英語が聞こえ「なんかマット・ディロンの声みたいだ」とこのマンゴツリーの前でふりかえったらハリウッド俳優のマット・ディロンだったというウソみたいな経験をした。

というわけで、この二社がタイで有名なタイスキのチェーンである。タイ人にとってタイスキの要はタレだ。ＭＫとコカを比較するとき、タイ人は必ずナムチムの味を引きあいに出す。たしかにＭＫのタレに慣れていると、コカのタレはちょっとクセを感じる。しかし、コカはサイドメニューに大ぶりのエビやホタテなどの高級食材があって、これが結構おいしく、予算が許せばコカも悪くない。

▼そのほかのタイスキ有名店

ほかにもタイスキ・チェーンはある。中華街ヤワラーの『テキサス・スキー』、ボクの妻の出身地で東北部の玄関口ナコンラチャシマー県の『ＭＤスキー』などマイナーなところもある。テキサスにいたっては、かつてバンコク都内に何軒も支店があったが、あっという間に縮小した歴史がある。こういう**展開も早ければ撤退も素早いのはタイ・ビジネスマンの決断力である。**二〇一九年には二十代半ばの美人女性が創業した、近々で最も低価格の食べ放題店『スキー・ティーノーイ』が勢力を伸ばす。開業から四年で企業価値が一六〇億円と試算されるほどの快進撃だ。

意外とファンが多いのが『ルアンペット・スキー』だ。ニューペッブリー通りの本店が有名で、バンコクの隣サムットプラカン県にもうひとつ大きな支店があったくらいだったが、今や大手デパートに次々と出店するなど、各地に進出しはじめている。ルアンペットは漢字で金島と書く。在住日本人には「金島がタイスキの元祖」といっている人も多い。実際の創業は一九六八年なので、有名二店よりずっと後発だ。ただ、MKがタイスキをはじめたのは八六年だし、コカもタイスキを前面に押しだしたのは早くて六〇年代だ。ルアンペットは開業当初のレシピを今も守っているらしく、味わいに昔の雰囲気があるのは間違いない。そういうことで元祖といわれるのかもしれない。

ルアンペットのナムチムは、中国南部の海南島がルーツのスキー・ハイラム（海南鍋）のように、タオフー・イー（腐乳）を使う。クセが強いタレなので、苦手な人もいるだろう。海南鍋も広東鍋も主に牛肉をタオチアオ（大豆の発酵調味料）などでできたタレに漬けこむようだが、広東鍋ではあまり長くは漬けこまないそうだ。ルアンペットでは、銀皿に載った肉や魚介に豆類でできた味噌のようなものと生たまごが載ってくる。肉に絡めてから鍋に投入するので、この点は同じくタオフー・イーを使ったナムチムの潮州鍋よりも、肉の出し方を含めて海南鍋か広東鍋に似ているといえる。

かつてはMKなどのタイスキ店に行くとカップルが四人席を占領し、横に並んで座っているのをよくみた。向かいあわせでは距離があるからだろう。ボクも一度だけデートで女の子の隣に座らされた。とてつもなく恥ずかしくて、今でもMKに行くと髪をかきむしりたい気持ちになってしまう。その後に妻と知りあい、デートでMKに行った。無難で、わりといいレストランでもあるので、選択肢が少

ルアンペットの具材はたまごと味噌のようなもので和える。

なかった時代はＭＫが初デートによく使われていたのだ。そこで彼女に並んで座るか訊いたら「死んだほうがマシ」といわれた。タイ女性が全員横に座りたいわけではない。

東北料理の代表的鍋「チムチュム」には欠点もある

誰もが思いつくタイの鍋料理はふたつだ。ひとつはタイスキで、もうひとつはイサーン料理の「**チムチュム**」である。スープ料理は多数あるものの、やはり常夏のタイに鍋ものはそこまで多くない。煮ながら食べる鍋ものは大きくこのふたつに絞られる。前者は主にチェーン店で、後者は屋台のほか、イサーン料理店で出会える。タイスキは電気鍋、チムチュムは土鍋を炭火で温めるのが定番だ。

ちなみに、「煮ながら食べる」の幅を広げると、スープ料理が鍋に入ってくることもある。たとえばトムヤム・スープは土鍋の店では炭火の入った七輪に乗せられているし、中央が空洞

チムチュムは土鍋に具材を入れて煮る、シンプルだが香草の効いた健康的なメニューだ。

の円筒になったドーナツ形のアルミやステンレス製の鍋に入ってくる場合もある。鍋の下に炭火や固形燃料が入っていて、円筒部分で煙突効果が起こり、空気と熱気を循環させるという仕組みだ。タイ人が考えるのは機能だけで、客の食べやすさは微塵も考慮されない。ドーナツタイプのアルミ鍋はおたまのサイズが合わず、スープが半分以上すくえないシロモノもある。トムヤム・スープには食べられない香草も多いのに、さらに食べられる部分が少なくなってしまう。第６章の海鮮で紹介したプラー・ヌン・シーイウも魚型の鉄板で煮ながら出てくることがあり、こうしたものもモー・ファイと呼び、鍋料理にカウントする人もいる。

もはや鍋料理とはなにかを定義しておく必要がある気がする。本書でボクが「鍋もの」とか「鍋料理」というとき、それは生のままの具材を客が自席にて鍋の中で煮る料理のことだ。トムヤム・スープやプラー・ヌン・シーイウも加熱しながらテーブルで食べるが、客に供される

レモングラスは丸のままだとほとんど棒状で、みるからにかたいことがわかる。

時点ではすでに完成品である。一方で、鍋料理では客席に運ばれてきた時点では未完成だ。その点では間違いなく、タイの鍋はタイスキとチムチュムのふたつになる。その点ではタイスキとチムチュムは、間違いなくタイ鍋料理に分類される。

　チムチュムはタクライ（レモングラス）やバイ・マックルー（コブミカンの葉）、カー（ガランガル）などを風味づけに入れる。これらのサムンプライ（香草）はトムヤム・スープに入れるものとほとんど同じだが、チリ・イン・オイルのナムプリック・パオが入らないため、辛くないさっぱりスープになる。ただし、生のトウガラシを使うレシピもあるので、スープそのものが辛い場合もあるが。

　いずれにしても、チムチュムは辛い。それは、ナムチムを使うからだ。チムチュム用のナムチムは、ナンプラーと**プリック・ポン**（粉末一味トウガラシ）をベースにしたナムチム・ジェウだ。ココナッツ・シュガーや煎り米の粉も入れることがよくあるので、苦みや甘さもあるし、イサーン料理では定番中の定番のタレとしてやはり辛い。スープは薄味とはいえ香草の風味も出ているのでナムチムを使わなくてもよさそうなものだが、ほとんどの人が使うことになる。ナンプラーをかけるだけではやっぱりもの足りないし、この辛さはやはりアクセントとして重要なのだ。

　チムチュムはタイスキと違い、土鍋と炭火を使う。七輪と赤々とした炭火を前にすると、路上で食べるという非日常感も相まっていつもワクワクする。雰囲気も含めておいしいのがチムチュムというわけだ。具材は豚肉や鶏肉、一部で魚介などだ。肉類はまず皿の上で生たまごと絡めてから煮る。野菜で代表的なのは**パックガート・カーウ**（白菜）、パックブン（空心菜）、そしてウンセン（春雨）だ。ときにはガラムプリー（キャベツ）も入る。野菜セットにはサムンプライもあり、バイ・ホーラパー（スイート・バジル）は必ず入っている。

日本人なら、鍋料理の最後の楽しみはやはり雑炊だろう。タイスキのＭＫやコカなら最後にカオトム（雑炊）もできる。白米は別料金だが、**チュット・カオトム**（雑炊セット）と頼むと、日本式の醤油（たぶんタイ産）と刻みネギ、生たまごが出てくる。ただ、タイ人はこういった食べ方をしない。やはり出汁に思い入れがないからだ。

チムチュムにも最後のカオトムはまずない。むしろ嫌がられる。そもそも土鍋自体がカオトムには向いていないからだろう。口が小さく底が深いので米をすくいにくく、店側も洗いにくいのである。

最もシンプルなチムチュムの野菜のセットはこんな感じ。

ボクがチムチュムに抱いている不満はひとつだ。屋台で食べるとき、いつも「高くないか？」と感じる。屋台なら二〇〇バーツ前後（約八百円）で、肉と野菜がついたセットが頼める。つまり高いのは値段ではない。問題は位置だ。鍋の位置が高すぎる。土鍋はそれなりに深さがあり、炭火の七輪も大きいので、テーブルに置くと鍋の口が座っている自分のほぼ目線かそれ以上の高さにくる。鍋の中がみえず、食べづらいのだ。屋台でチムチュムを食べるのは夜だ。昼間は暑くて鍋を食べる気にはならない、というよりも、そもそも昼間にチムチュムを出す店などない。つまり周囲が暗いうえに、目の高さにある鍋の口は狭い。鍋は煮たっていく様子を眺めながら食べるのが楽しいのに、

土鍋は七輪と合わせるとかなり高い位置にあると思う。

中がみえないとは。チムチュムの非常に残念なところだ。

チムチュムと同じイサーン発祥の鍋料理に「**ジェウホーン**」がある。チムチュムが全国区になったのに対し、ジェウホーンは今もバンコクではマイナーだ。チムチュムとジェウホーンは実はもともと同じものだったとされている。焼肉のムーガタとヌアヤーン・ガウリーの関係に似ていて、同じ料理にふたつの名称があったが、バンコクではチムチュムの名前だけが認知されたのだとか。

しかし、よく調べると、チムチュムとジェウホーンは必ずしも完全一致の料理ではなく、やはりそれぞれに特徴があるようだ。その特徴がバンコク人に受けいれられたのかどうかが明暗を分けたとみられる。

チムチュムのスープは湯でサムンプライを煮だした薄味で透明なスープなのに対し、ジェウホーンはサムンプライを豚骨か牛骨のスープで煮ており、さらに、クイッティアオのナムトックのように牛か豚の血を混ぜるのでスープが濁っている。キー・ピアという牛などの胆汁である苦い成分、地域によってはプラーラーも入れる。野菜は共通だが、チムチュムの具材は豚や鶏肉、海鮮と豊富なのに、ジェウホーンは牛か豚の肉だけだ。

要するに、チムチュムよりもやや手が込んでいてスープが濃厚なのがジェウホーンというわけだ。タイ人は合理的、悪くいえば面倒くさがりだ。ジェウホーンよりチムチュムがバンコクで人気になったのは、手の込んだものより簡単なもので商売したほうが楽だったからかもしれない。

シャブシは一見回転寿司レストランにみえなくもないが……。

タイ料理なのか和食なのか？国際結婚家庭の救世主『シャブシ』

タイ料理において鍋ものとは非常にあいまいなジャンルだ。

誰もが間違いなく鍋料理と思うのはタイスキ（中華由来の鍋ものも含めて）とチムチュム（ジェウホーンも含めて）くらいなのに、その理解を惑わす存在が「**スキー・ヘーン**」（乾いたタイスキ）というタイスキの汁なしバージョンである。具材は空心菜やルークチン、セロリ、白菜、肉類、そして春雨だ。汁なし鍋とは意味不明すぎる。これは実際には炒めものといえば想像しやすい。野菜を下ゆでした湯やスープを春雨にたっぷり吸わせ、スープが乾いた状態になるまで炒めたのがこの料理だからだ。日本人にはとても思いつかない、自由な発想の料理である。さすがにタイスキ店のメニューには ない。ぶっかけ飯のカオ・ゲーン、あるいは注文どおりに作ってくれるターム・サングの店で

上／このスキー・ヘーンはナムチムも一緒に炒めているタイプ。別々のものもある。　下／シャブシの鍋は中国の火鍋のように真ん中で仕切られている。

食べられる。ナムチムはたいてい市販のタイスキ用ソースがつく。

思いもよらない料理が登場し定着するのもタイのお国柄

だ。舌は保守的なのに、同じタイ人が考える新しい料理にはすぐに飛びつく。全土で急拡大中の鍋ものチェーン店『シャブシ』はその好例だ。和食店っぽい売りだし方をしているのに、出しているのは日本料理でもタイ料理でもないという謎の店だ。別企業が経営する類似店もあるが、ここではよりメジャーなシャブシを中心に紹介する。

名称から察しがつくように、シャブシはしゃぶしゃぶと寿司を組みあわせた造語で、両方が同時に楽しめる店として人気を博している。タイスキの人気店ＭＫに匹敵するほど店舗数が多く、タイのほぼすべての商業施設に最低一軒は入居しているほどだ。ベルトで食材が周回するエンターテインメント性も人気の要因だろう。しかし、回転寿司ではなく、鍋の具材のほうがまわっていたりするのがおもしろい。タイは不思議と回転寿司が定着しない。日本のある有名店も一時期は各地に支店があったが、すべてなくなった。二〇〇〇年初頭にもすでにあったが、ここも長く続かない。なぜかタイ人には回転寿司は刺さらないようだ。といいつつ、執筆時点ではタイでスシローが大ヒット中ではあるが。

寿司や天ぷらなどはカウンターにあるのでそこに行く必要がある。

シャブシはすべてが食べ放題制である点も人気の秘密である。一時間十五分制限で、大人は三九九バーツ、子どもはその半額だ（取材時）。タイの食べ放題は飲みものが別のことが多いのに、ここはソフトドリンクも含まれるので、アルコール以外、すべて注文し放題になっている（一部特別メニューは除く）。

寿司以外にまわっていないのは、エビの天ぷら、サバ照り焼き、揚げ餃子、みそ汁、カレーライス、おでん、それからアイスクリームや果物などだ。カレーは日本の昔懐かしい無難なタイプで案外おいしい。寿司はサーモン握り、エビ天巻き、カリフォルニアロール、肉巻きなど数種類ある。シャリの状態はまちまちだし、タイ人好みの品揃えなので、日本人は期待しないほうがいい。以前はイカの握りもあったが、なぜか消滅した。これらの食べものと、醬油や粉わさび、ドリンクは客が自分で所定の場所にとりにいく。

まわっている鍋の食材は豚肉、鶏肉、牛肉、野菜、キノコ、エビや貝、白身魚などの魚介類、練りもの、麺類などがある。ときどき特別メニューなどが有料のプロモーション商品として存在するので注意したい。上流に大食いの客がいると望む具材がなかなかまわってこないこともあり、その場合は店員に注文することもできる。

豚や鶏肉は問題ないが、牛肉は昔ながらのタイの安い肉っぽいかための食感だ。ときどきやわらかい牛肉も流れてくるが、脂身が異様に多く、食べすぎると気持ち悪くなる。全体として牛肉はあまりおすすめしない。タイ人もエビや豚肉を中心に選んでいるようだ。

鍋は中国の火鍋のように真ん中で仕切られており、二種類のスープを選ぶことができる。入店時に店員が訊いてくるので、そのときに指定する。白湯（ナムサイのようなタイプ）、トムヤム・スープ、紅腐乳が入ったピンクスープ（つまりイェンタフォー）、日本のすき焼きをイメージした黒スープがある。いずれも色がついているだけでかなりの薄味だ。スープを選ぶと鍋を用意してくれ、テーブルのＩＨヒーターにセットされる。そもそもシャブシ自体がタイ料理なのか和食なのかわからないのに、中国の火鍋の要素まで加わるので、ますます謎の料理になる。

食材がゆであがり、食べる段にはナムチムを使う。タレは特に注文しない限り、タイスキ風のシャブシ・オリジナルが出てくる。最近ではポン酢もラインナップに加わった。店員には普通に「ポン酢」で通じるが、タイ人の発音は「ポンスー」だ。初期はわずかながらもみじおろしと刻みネギももらえたが、今は置いていない。

▼シャブシはどこから現れたのか

この謎の鍋チェーン店シャブシは、企業グループ『オイシ』のひとつである。オイシはコンビニでみる加糖緑茶などを製造・販売している大手飲料メーカーでもあり、レストランチェーン運営でも有名だ。

二〇〇四年、BTSサイアム駅そばの商業施設サイアム・ディスカバリーにやや高級な食べ放題レストラン『オイシ・グランド』を開業し、知名度を一躍アップさせた。当時すでにフジ・レストランやZENといった和食チェーン店が全土展開していたものの、一般タイ人に和食は未知の領域だった。メニューの写真だけでは味が想像できないし、値段設定が高めなので入りにくい。そこでオイシはいろいろな料理にトライできる食べ放題制度を導入し、大ヒットしたわけだ。

社長のタン・パーサゴーンナティー氏が船長の帽子を被ってメディアに露出し、注目度を押しあげたことも大きい。氏はマレーシア出身の中華系タイ人で、そのサクセスストーリーに注目が集まったことも、オイシの飛躍に貢献した。ただ、氏は二〇一〇年に同グループを去り、別にやはり緑茶ドリンクなどの企業を設立している。そして、タン社長の後継として、ビール製造などでタイ最大とされるタイ・ビバレッジが同グループを経営している状態だ。

シャブシはそんな企業のチェーン店である。実際にはオイシ・グランドより二年も前にシャブシの一号店がオープンしている。和食店にみせてはいるが、和食っぽいのはその名称と、すき焼きを意識した黒いスープ、ポン酢、寿司などのサイドメニューくらい。メインの鍋ものは明らかにタイスキか火鍋を踏襲している。何度行っても何料理店といえばいいのかわからない。一方で、一般タイ人からは完全に和食店と認識されている。

そもそも、このオイシのネーミングセンスや商品開発自体がぶっ飛んでいる。シャブシという店名然り、緑茶に砂糖を入れるというのも日本ではありえない発想だ。しかも同社はその後、炭酸入り緑茶缶まで出している。商品名は「緑茶」と、炭酸の清涼感から「クール」、そして「ソーダ」を組みあわせた『チャクザ』（タイ語発音だとチャークーンサー）となっている。ポップなイラストがあしらわれているが、当初、このイラストが若いチンピラ風にみえたことから、在住日本人の間ではお茶と反社会的勢力の一員を合わせた造語だと思った人が多数いた。というか、ボクもずっとそう思っていた。この商品は現時点でフレーバーが二種類しか出ていない。さすがにタイ人からも評価を得られていないようだ。

食に関して保守的なタイ人には、シャブシのフュージョン具合がちょうどいいのかもしれない。タイには日本の定食チェーン大戸屋も進出しているが、上陸直後、日本の味に近いこの店の料理をおいしくないと感じる層が存在した。当時はまだ和食ブームのちょっと前だったこともあるものの、タイ人には完全に本物の日本の味より、雰囲気は和食店だが味つけはタイ人向きというほうがなじめた。しかしその後、日本旅行がブームになって、一度日本を旅行して本物に触れたタイ人は逆に本格志向になり、大戸屋にも行くようになった。漠然と「和食です」というより、タイ人相手に商売をするならある程度ターゲットを絞って、それに合わせたコンセプトを打ちだす必要があるのだろう。

ボクの妻もいわゆるタイ人の舌の持ち主で、和食があまり好きではない。しかし、シャブシだけは例外だ。外食では必ず、ボク、妻、子どもたちで意見が分かれるのだが、妥協点がシャブシなのである。本格的な和食店やちゃんとしたタイ料理レストランに連れていくより、食べ放題のシャブシは安あがりだ。食べ盛りの子どもふたりを抱える身には助かることこのうえない。こうして、我が家はシャブシのヘビーユーザーとなった。タイ在住日本人でたぶん一番シャブシを利用しているのはボクだと思う。

第9章

タイのスープ料理は幅広いラインナップ

タイ料理はスープも豊富だ。スープは大きく分けると二種類ある。ひとつは煮る、ゆでるを意味する料理法のトムで作られるもので、もうひとつはタイ・カレーも意味するスープのゲーンだ。

スープ料理は煮込まれた食材だけでなく、スープ自体にも魅力がなければならない。ただ、タイ料理では、日本のように徹底した技術で出汁をとるということをしないため、日本の汁物・椀物ほどの繊細さはない。逆にいえば、サムンプライ（香草）を多用し、具材も豊富なので、タイらしい力強さがある。

定番タイ料理「トムヤムクン」は実は健康食だった

一九九八年一月に初めてタイに来たとき、ボクはあらゆるボッタクリを仕かけてくる詐欺師たちに辟易し、なんてひどい国だろうと思った。同じ年の九月、インドに向かう経由地としてボクは再度バンコクの地を踏んだ。当時バンコクは世界的に航空券が安く、成田‐インドの直行便より、タイを経由して別途チケットを手配したほうがわずかだが安かった。タイの魅力に気がつき、その沼にハマ

上／熱い国だが熱いスープはいつもおいしい。下／麺類も含めてスープ料理を口にする機会は多い。

ったのは九八年の末、帰国するための復路の経由で数日ほどバンコクに滞在したときだ。帰国後、渋谷１０９にあったタイ料理店でバイトをはじめ、本格的にタイ語も習った。以降、今にいたるまでタイ好きとして生きている。

当時はまだ東京でもタイ料理は一般的ではなく、バブル期にオリエンタル料理やエスニック料理の一種として知られた程度の延長線上にいた。名前が挙がるとすれば、世界三大スープといわれた「**トムヤムクン**」くらいだろう。ちなみに、三大スープはほかにフカヒレ、ブイヤベース、ボルシチのいずれかが入選となるが、それは語り手次第といったところだ。しかも、このトムヤムクンが世界の三つに数えられる、というのは実は当時のタイ料理関係者の適当な宣伝文句だったとか。

さて、トムヤムクンとは、「エビ入り」のトムヤム・スープのことである。「エビのトムヤムクン」と呼ぶ人がかつてはよくいたが、それは違う。クンは正確にはグンと発音するので、すなわちエビを指す。

トムヤムは「**トムヤム**」というスープのことだ。本来、トムは煮る、ヤムは和える・混ぜるという意味ではある。しかし、ここではトムヤムが一語としてこのスープを指す単語であって、トムとヤム

これはトムヤムクンではあるが、キノコ類がやや多めのレシピだった。

というふたつの言葉ではない。トムヤムでほかに有名なのは海鮮ミックスの「トムヤム・ルアムミット・タレー」などがある。トムヤムのあとに主要具材の名前をつけるだけで、別タイプの注文が可能だ。

トムヤム・スープは大きく分けて二種類ある。まずトムヤムの定義は色や調理法ではなく、材料による。タクライ（レモングラス）、バイ・マックルー（コブミカンの葉）、ガランガル（ショウガの一種）のサムンプライに、マナーウ（ライム）、プリック（トウガラシ）などを加えて煮だしたものがトムヤムのスープとなる。特にタクライ、バイ・マックルー、カー（ガランガル）の三種のサムンプライは**クルアン・トムヤム**（トムヤム用の具材）ともいわれ、さまざまな料理でも使われる。タイ料理全般の各レシピによってはこの三つのサムンプライを個別に記さず、クルアン・トムヤムとひとまとめに表記されることもある。

さて、トムヤムの種類だが、たとえば日本のタイ料理店で出てくるトムヤムには白っぽい半濁スープが多い気がする。これはココナッツ・ミルクを入れているからだ。好みや予算次第ではただの牛乳の場合もある。このスープは濃いことを意味する「**ナムコン**」と呼ばれる。もう一方の種類は、ココナッツ・ミルクを入れない透明に近いスープで、こちらは「**ナムサイ**」と呼ばれる。ナムコンのマイルドさと対照的に、ナムサイは辛みがトウガラシ一直線でややシャープな印象だ。以前はタイでもトムヤムとしかメニューに書かれておらず、ナムコンかナムサイは店の方針次第だったが、最近は選べる店が増えた。

▼タイ料理に欠かせないトウガラシ

プリックに関しては、どの料理もレシピによって違うため、本書ではほとんどのケースでプリック、もしくはトウガラシとひとくくりにしている。

よく使われるものは、タイのプリック界隈で一番辛く、かつ小さいほどより辛いとされる**プリック・キーヌー**、日本にもあるような普通のトウガラシの**プリック・ジンダー**、品種的にはキーヌーの仲間である**プリック・チーファー**だ。タイ料理で辛味を加えるトウガラシは主にこの三種になる。

ジンダーとチーファーは見た目がほとんど同じだが、ジンダーのほうがやや小さくて辛いというのがタイ人の一般的な認識である。チーファーは空を指すという意味だ。緑色のヘタを下にして、枝から空を指すように実がなるからだが、すべてがそう実るわけでもないらしい。植物の品種ではチーファーとキーヌーは同種だという。実際、キーヌーも空に向いて実がなる。チーファーは五センチ以上一〇センチ程度、キーヌーは二センチ、せいぜい三センチと小さい。ちなみに、キーヌーとはネズミのフンという、とんでもない意味である。それから、キーヌーとチーファーは若い間は緑色で、熟してくると赤くなる。

念のため、ほかにもよく使われるプリックとつくものを記しておく。まず、**プリック・ヌム**だ。これは日本のシシトウに相当する、細長くてあまり辛くないトウガラシだ。バナナピーマンと呼ばれるものにもかなり似ている。それから、**プリック・ユアック**もある。こちらは別名をプリック・ワーン、すなわち甘いトウガラシといい、日本でのピーマンにあたる。これらは辛味を加えるものではなく、野菜として使われる。ほかには乾燥させたトウガラシとして**プリック・ヘーン**がある。

タイではとにかく小さいプリックほど辛いというのが常識だ。この常識に慣れてくると、プリック・ジンダーや日本のタカノツメなどを無意識にかじってしまうようになる。あくまでも比較して辛くないだけであって辛いは辛いのだから、地獄をみることになる。

プリック・チーファーなどの大きめのトウガラシはそれほど辛くない。

さて、トムヤムを作るためにサムンプライなどを煮だすが、これは単に煮ているだけだ。香りを抽出しているようなイメージである。このスープに、干しエビやトウガラシ、ニンニク、エシャロットなどを潰して練って、さらに炒めた味噌のような合わせ調味料「**ナムプリック・パオ**」を溶かしこむ。チリ・イン・オイルと呼ばれるナムプリック・パオはさまざまな料理に使うが、特にトムヤムに使うためのものは英語でトムヤム・ペーストと呼ばれる。ただ、あくまでも英語名が違うだけで、中身はどのナムプリック・パオも基本的には同じだ。ナムプリック・パオには油分もたくさんあり、それがラー油のようにスープに浮き、トムヤムが赤みを帯びる要因になる。

▼自炊トムヤム・スープの大切なコツ

タイでは一般家庭の日常食もタイ料理だ。タイ人は家でも外食でも本当にタイ料理ばかりを食べている。当然、家庭でもトムヤムは食べる。ただ、エビは比較的高価な具材なので、家庭のトムヤム・スープには主に鶏肉やイカ、白身魚が入る。

一度ボクも自分でトムヤムを作ったことがある。食堂でトムヤム・スープを注文すると、小鍋でちゃちゃっと煮て、ささっと出してくる。作り置きをしていないことからして、かなり簡単そうだ。しかし、どんなに煮ても、味に深みがない。失敗したと諦めて火を止め、器に入れて食べてみたら、普通にトムヤムの味になっていた。どうも沸騰中は味が出ないようだ。結局、出汁ではなく香りを出すことがサムンプライの目的でもあるので、沸騰中はその香りが熱気に飛んでしまうのかもしれない。とにかく、家庭で作るときは少し置いてから食べるのがコツだということがわかった。タイ人が熱いスープを好まないのはいわゆる猫舌なのではなく、こういった事情があるのかもしれない。

家庭においてトムヤムの出現回数は結構多い。つまり、タイ人はよくトムヤム・スープを口にしている。これがある大きな効果をもたらしていた。

実はトムヤムはタイ国民の健康に大きく関与していたという研究結果があるのだ。京都大学農学部、近畿大学、タイのカセサート大学の合同チームがトムヤム・スープを研究した。タイは消化器系のガン発生率が世界平均の半分以下であったことから、日常的に食されるトムヤム・スープが調査対象となった結果、抗ガン性の高さが判明したのだ。レモングラスやコブミカン、カー、すなわち**クルアン・トムヤムに抗ガン作用があった**のである。そのニュースが二〇〇〇年一二月一八日の読売新聞朝刊に掲載された。当時東京のタイ料理店は追い風を感じたのか、この新聞の切りぬきを店内に貼って、トムヤムクンのアピールをしていたものだ。

タイ料理はサムンプライと呼ばれる香草や漢方薬の生薬になる植物をたくさん使う。それらはタイ伝統医学でもクスリとして利用される。タイ伝統医学には中国伝統医学のように医食同源という考え方はないものの、タイ料理には先人の知恵が詰まっているのである。

▼幻の地鶏トムヤム・スープ

そんなトムヤム・スープでボクがベストに挙げるのは、妻の祖父が作ってくれた「トムヤム・ガイ」（鶏肉のトムヤム）である。妻の親族以外は食べることができないし、二〇一七年一一月に祖父は亡くなったので、文字どおり幻の逸品になってしまった。

妻の祖父が作るトムヤムはナムプリック・パオを使わないので、トム・ガイにかなり近い。

祖父のトムヤム・ガイは、まず地鶏を絞めるところからはじまる。祖父の家でも鶏を飼っていたが、なぜかそれは潰さず、いつも近隣の家から買っていた。一羽七〇〇バーツくらいが田舎での相場だ。牛や豚も飼っていて、これら家畜や田畑は一家の財産として確保しておき、なにかあったときに売る。イサーンの田舎ではみんなそうしているようだ。

鶏を絞めるのは男の仕事だ。だから、トムヤム・ガイはいつも祖父が作る。バンコクでは地鶏を飼う家が少ないのでそう体験できないが、田舎では生きた動物をその場で絞めて食べるのはごく普通のことだ。ただ、タイでも地鶏は稀少で、一般市場には流れない。伝手を使ってわざわざ用意してくれたのは、祖父がボクらを歓迎してくれていた証である。

トムヤム・スープの具材やサムンプライはタイ全土で容易に

妻の祖父が生前、地鶏を絞めてくれた。

手に入る。市場やスーパーの野菜売り場で買え、家庭菜園でも育てられる。サムンプライからナムプリック・パオまで一式が入ったトムヤム・スープキットも売っている。もともとキットは外国人向けの土産物として主流だったのが、最近はタイ人の家庭向けまで出ているくらいだ。

みそ汁の味が家庭ごとに違うように、トムヤムのレシピも無数に存在する。祖父のトムヤムはナムサイで、しかも一般的には使用するナムプリック・パオをいっさい使わない。そのため、ナムプリック・パオに入っているココナッツ・シュガーなどの効果による甘みがないのでトウガラシの辛さが前面に出て、とても辛かった。地鶏は骨つきで肉質がかたくて若干食べにくかったが、タイ語で**マン**と表現する脂の乗った味わいが肉からしみ出ていた。

祖父母の家ではそのトムヤムを冷や飯で食べた。東北の田舎といえばどこも農村だ。どの家でも自ら収穫したか近所でもらった米を食べている。石や虫が混ざっていることも多い。また、田舎では停電が頻繁に起きるし、そもそも電気がない地域もあるため、米は朝や昼に多めに炊飯器か炭火で炊き、金属の器に入れてとっておく。冷や飯はボソボソするしダマになるしで決しておいしいとはいえないが、温かいトムヤム・スープをかけて一緒に口に運ぶとスープの辛さが和らぎ、米の香りが立っておいしくなる。

実はトムヤム・スープはタイ米との相性が抜群な料理である。だから、トムヤム・スープにタイ米のご飯を入れて少し煮たトムヤム雑炊もイチオシだ。しかしこれは飲食店で頼んでも通じないことが多い。タイには鍋のあとのスープで雑炊やおかゆを作る発想がないことはすでに書いた。出汁の概念がないため、スープそのものを味わうこともあまりない。だからなのか、トムヤムで雑炊を作るなんて想像もつかないのだろう。トムヤム雑炊をしいてタイ語にすれば「カオトム・トムヤム」になるのだろうが、タイ語は助詞がないので、カオトムとトムヤムのふたつの料理を注文したように聞こえてしまう可能性がある。海をみたことがない人に海を説明するくらい、知らない人に伝えるのは難しい。麺類にはトムヤム・スープがあるのだから、もっと一般的になってもいいと思うのだが。ボクの中の、タイ料理の七不思議に入れたい。

ただ、ここのところはやる気満々の若いシェフがいるようなタイ料理店でカオトム・トムヤムも出てきているようだ。というのはネットなどでみていると画像が出てくることがある。時代がボクに追いついてきたようである。

ココナッツ・ミルクのトムヤム・スープ「トムカー・ガイ」

「**トムカー・ガイ**」は、トムヤム・スープと材料は似ているがまったく別の料理として人気の、鶏肉を使ったスープである。トムヤムクンがトムヤム・スープのグン（エビ）入りであるように、**トムカ**

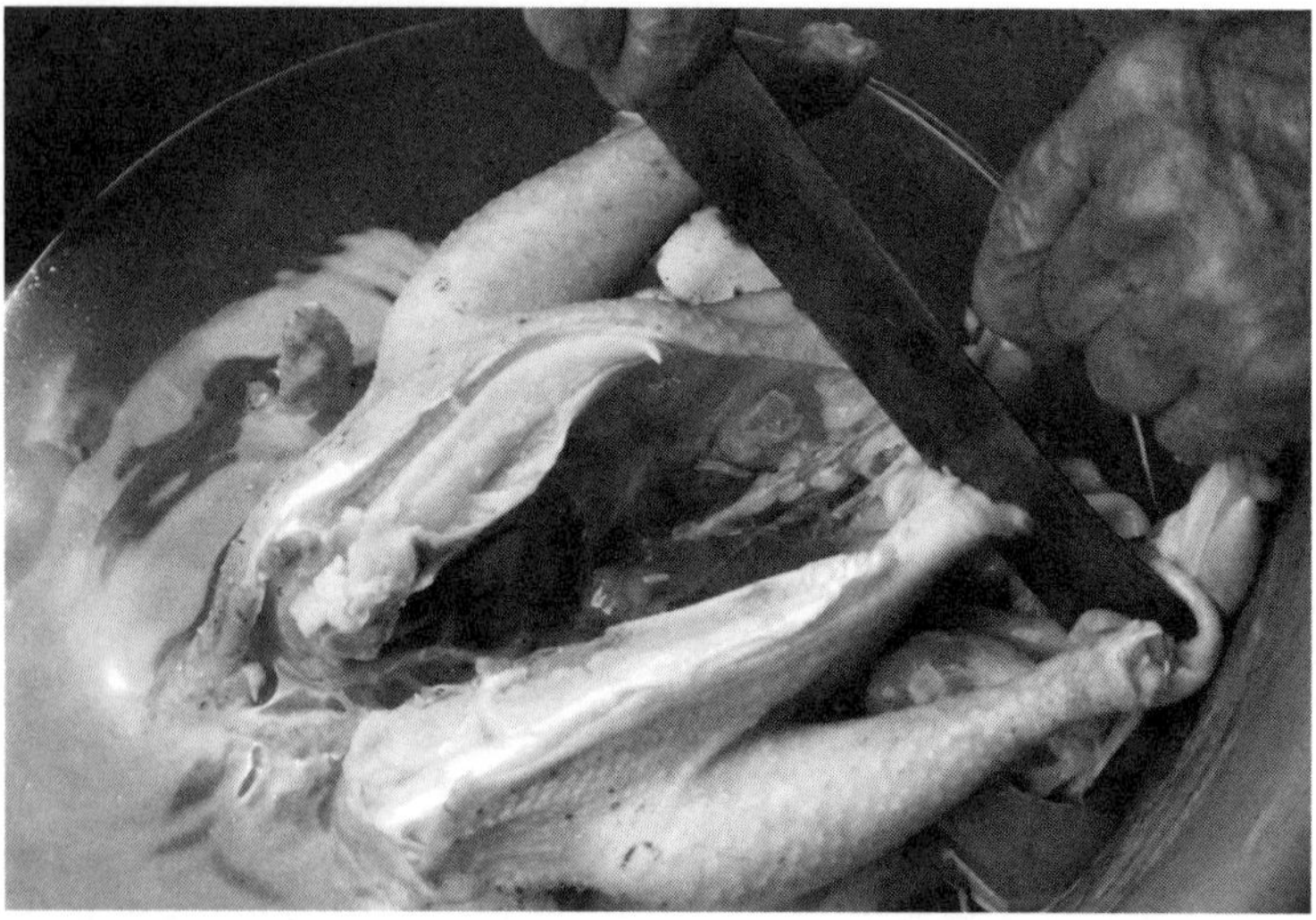

トムカー・ガイがおいしいのは、そもそもタイの鶏肉が良質というのもある。

ーにはガイ（鶏肉）が最も合うといえる。主役はヘート（キノコ）やカームー（豚足）、タレー（シーフード）など、ほかの材料でもおいしい。真っ白に白濁したトムカー・スープは、夕食の食卓にはポップすぎるようにみえるかもしれないが、甘味は抑え気味でトムヤム・スープ同様の酸味と微かな辛みがマッチしている。

トムヤム・スープのナムコンはココナッツ・ミルクによる白濁スープだ。トムカー・スープも白濁しているが、意味がまったく違う。トムヤム・スープはあくまでも湯でサムンプライを煮だし、そこにココナッツ・ミルクを入れることで白濁する。一方のトムカーはココナッツ・ミルクでサムンプライを煮ている。この点が大きく違う。ただし、これもあくまでもレシピ次第だ。水から煮だす場合や、トムカー・ガイにおいては鶏由来のスープを加えることもある。

スープそのものの材料はトムヤム・スープとほぼ同じだ。つけ加えるならナムプリック・パオを使わないくらい（少数派だが、使うレシピも存在する)。バイ・マックルー、タクライ、カー、ナンプラー、プリック、マナーウからスープを作って、最後にパクチーを加えるのも同じだ。トウガラシが入っているのでまったく辛くないわけではないが、トムヤム・スープよりは辛みが少ない。そして、トムヤム・スープ同様、タイ米にかけてもおいしい。

トムカーのカーはサムンプライの**カー**を指す。トムヤム・スープよりも多めに入れる傾向にあるこのカーは、日本語ではショウガと訳されるケースも多い。実際には日本のショウガとほぼ同じなのがキンで、カーはガランガルというハーブにあたる。あるいはナンキョウという植物で、漢字では泰生姜とも書くことから分類的にショウガの仲間だし、簡易的にショウガと訳しても大きな間違いでもないが、カーは日本のショウガのように薄切りにすることがそもそも困難なほどかたく、煮込んだところでやわらかくなることもないので基本的に食べることはできない。タイでは分厚く切り、トムヤムやトムカーなどさまざまなタイ料理の香りや味わいを深めるサムンプライとして利用される。

上／トムカーに油が浮くとトムヤム・ナムコンに似てしまうが、そもそも作り方が違う。　下／カーをあらためてよくみるとキン（ショウガ）と結構似ていることがわかる。

和食なら盛りつけの際に取りのぞいてくれそうなものも、タイ料理ではそのま

ニンニクチップの「ガティアム・ジアオ」でさえ皮ごと揚げていて食べにくい。

ま入ってくるから厄介だ。トムヤムもトムカーも、カーやコブミカン、レモングラスなどが入ったまま供される。これらは煮だすだけなので避けるべきものであって、入ったままでは料理全体の可食部分がかなり少なくなる。見た目の体積と実際の量は相当乖離しているのだ。

いつも思うのだが、なぜタイ料理の多くは食べられないものを入れっぱなしにするのか。ニンニクの皮さえ、しょっちゅう入ったままになっている。ところが、日本のタイ料理店でこれらを取りのぞいて供すると、今度は「ニセモノのタイ料理を出してきた」と通の客からクレームが入る。サムンプライはタイ料理の大切な要素でありつつ、実に面倒極まりない存在である。

タイ大衆食をややこしくする張本人「ゲーン」

スープ料理、あるいはタイの大衆料理そのものをややこしくしている要素に「**ゲーン**」がある。すでに本書で何度も出てきているように、ゲーンは汁物、スープを指す。ところが、日本人がぶっかけ飯屋と呼ぶ屋台やフードコートで炒めものを売る惣菜店が、タイ語ではカオ・ゲーンあるいは「カオ・ラート・ゲーン」と呼ばれるからややこしい。ゲーンをかけたご飯という意味なので、ぶっかけ飯は訳としては問題ない。バットやボールなどに盛られたスープや炒めものを二、三種類ほど指さして注文し、ご飯にかけてもらう。手軽だし、品数で値段が決まるので会計も明朗だ。しかし、ゲーン（汁物）はともかく、炒めものまであるから理解に苦しむ。

外国人が最も混乱するのがカレーだ。いわゆるタイ・カレーはほぼすべてがゲーンである。既出のグリーンカレーはタイ語でゲーン・キアオワーン、日本人にもファンの多いマッサマンカレーもゲーン・マッサマンだ。インドのカレーが現地ではカレーと呼ばれないのと同じで、タイ人にタイ・カレーといっても通じない。

外国人にタイ・カレーと呼ばれる料理はだいたいゲーンとつくので、本来はスープである。そして、ゲーンと呼ばれる料理にはスープの素となる「**ナムプリック・ゲーン**」、もしくは「プリック・ゲーン」が用いられる。呼び方が違うだけで、これらは同じだ。タイ人はゲーン用のものはナームを省き、プリック・ゲーンと呼ぶ傾向にある。ちなみに、ディップソースとしてのナムプリックもあるが、これはプリック・ゲーンとはまったく違う料理なので、それはまた別途詳しく紹介したい。

ぶっかけ飯屋と呼ばれるカオ・ゲーン。この店はバンコク都内で何十年と続いてきた店。

プリック・ゲーンは

タイ・カレーも汁気の多さからスープ料理ということは理解できる。

ゲーンの材料を意味する**クルアン・ゲーン**――主にサムンプライ、ガピ、トウガラシ、ホームデーン、ニンニクなどを潰して練りこんだ、日本の味噌のようなペーストである。日本語で訳す場合は合わせ調味料などとされる。野菜や果物の水分、糖分も加えるので粘度があり、湯に溶けやすい。かつてゲーンには、小エビ（オキアミ）から作る発酵調味料のガピやココナッツ・ミルクを使わないといけないなど、もっと細かな条件・定義があった。実際、今もガピはプリック・ゲーンに使用されることが多いが、ココナッツ・ミルクは必ずしもそうとは限らない。ゲーンと名のつく料理は地方によってさまざまなタイプがあり、気候的にヤシの木が育ちにくい北部ではココナッツ・ミルクは必須ではない。さらに、プリック・ゲーンを用いないゲーンまである。とにかく理解・把握するのに時間がかかる。それがゲーンである。

プリック・ゲーンはあくまでもスープの素、つまり調味料であり、日本の味噌と違って保存食ではないこともつけ加えておこう。新しければ新しいほうがよい。早めに使いきる必要があるので、できあいを必要量だけ買ってくる人もいれば、家族が多いとか料理好きのため自宅でサムンプライを育て、プリック・ゲーンを自作する人もいる。スーパーマーケットや市場には多種多様な市販のプリック・ゲーンが並んでいる。ナムプリックの専門店もあるくらいだ。

プリック・ゲーンは料理ごとにレシピと材料が決まっている。グリーンカレーならそれ専用のナムプリック・ゲーン・キアオワーンを用いる。つまり、どのゲーンを作るかあらかじめ決めてからプリ

ナムプリックの専門店はディップタイプからスープの素などいろいろなものが並ぶ。

ック・ゲーンを用意する必要があるということだ。この点も日本の味噌と違う。プリック・ゲーンのレシピは家庭や飲食店、製造工場ごとに微妙に違い、それが味の決め手となる。ということは、タイでゲーンはおふくろの味になりうるものだといってもいい。

プリック・ゲーンを使った料理で最もわかりやすいのは、あたりまえだが、ゲーン（スープ）だ。マッサマンのようにドロッとしたシチューのようなタイプもゲーンに入る。プリック・ゲーンを使用した水気の多い料理がゲーンと解釈しておけばよい。

わかりづらくさせるのは、スープ料理ならなんでもゲーンといっても差し支えないことだ。つまり、先述のとおり、プリック・ゲーンを用いないゲーン料理もあるということだ。代表例がトムヤムクンである。トムヤム・スープは本来、タイ料理の中ではトムヤムというジャンルに入る。タイ語ではこれを**プラペート**という。飲食店のメニューに「プラペート・ヌア」

客足が期待できるカオ・ゲーンは種類も用意する量も多い。

として囲ってあれば牛肉料理の一覧、「プラペート・トムヤム」とあればトムヤム・スープの一覧というわけだ。トムヤム・スープは材料をゆでているのでトムのプラペートにも入るし、ゲーンに分類される場合もある。後述するゲーン・ジュートも同様で、プリック・ゲーンをまったく使わないのに、汁物というだけでゲーンと呼ばれている。

トムヤム・スープがゲーンなのは、まあいい。別物とはいえ、ナムプリック・パオを使うからだ。「ナムプリック」とつくので、ナムプリック・ゲーンの親戚とすればギリギリ合点がいく。ナムプリック・パオは干しエビやトウガラシ、ニンニクなどをすり潰し、炒めたペーストだ。基本的にはサムンプライは使わないため、作る人によるレシピの違いはせいぜい材料の量が違う程度の微差しかなく、バリエーションはほとんどない。プリック・ゲーンはサムンプライを多用することと、各料理に合わせた専用レシピになるのでタイプは無限にあり、かつ炒めないという点が、ナムプリック・パオとは違う。

ぶっかけ飯屋にはゲーン各種と炒めものの両方が置いてある。定番メニューであるガパオはゲーンではなく炒めものだ。ガパオ炒めは汁気が多いので考え方によってはゲーン料理に思えるが、名称にパットがつくので、ガパオは間違いなく炒めものに分類される。

タイ人の認識では、カオ・ゲーン（ぶっかけ飯屋）にある炒めものはあくまでもプラペート・パット（炒めものジャンル）で、ゲーンではない。ただ、外国人タイ料理研究家の中にはパットにもゲーンに入るものがあるとする人もまれにいる。その根拠はパット・プリック・ゲーン（第４章参照）は名称にもあるようにプリック・ゲーンを使うからという。名称だけでなく、たしかにカレーのように多少水分もあるので、そうともいえなくもないが、タイ人はあくまでも炒めものだと主張する。

ホーモックはピリ辛のココナッツカレーの茶碗蒸しというイメージだ。

▼カレー蒸しの料理がゲーンの混乱のもと？

外国人料理家が炒めものもゲーンの一種と解釈するのは、「**ホーモック**」という料理に注目したこともひとつのキーポイントになるのではないかとボクは考える。ホーモックとは、レッドカレーにたまごを加え、バナナの葉で包んで蒸した縁起のよい料理で、タイ全土の屋台はもちろん、結婚式でもみかける。茶碗蒸しほどかたくないが、スープともいえない。ココナッツ・ミルクを上にかけるので甘そうにみえるが、プリック・ゲーンが入っているのでピリ辛だ。ホーモックは中央部料理に属するというのが通説だが、ラオスやカンボジア、マレーシアにも似たような料理がある。

　ちなみに、レッドカレーといっても、タイには主に三種類がある。ゲーン・ペットとチューチーと「**パネン**」だ。三つの違いは水分量にある。ゲーン・ペットはレッドカレーの代表格で、比較的水分が多く、そのスープはサラサラしている。先の炒めもののパット・プリック・ゲーンに使われるペーストも主にこれだ。チューチーとパネンはココナッツ・ミルクを多用するためにドロッとしているイメージだ。パネンはプリック・ゲーンにスパイスが入っているが、チューチーは入っていない（レシピによりけり）。パネンの主材料は肉類、チューチーはシーフードが一般的だ。これらのいずれかがホーモックに使われる。

ちょっと豪華なパネン。

　ホーモックは、かつてタイではバナナの葉に材料を包み、かまどの熱い灰に埋めて蒸し焼きにした。こういった調理方法を当時は**モック**と呼んだ。モックは埋める・隠す、ホーは包むという意味なので、包んで灰に埋めて作る料理がホーモックだったようである。この調理法は時間がかかるため、一時期は鉄板や直火で焼くようになったようだ。その後、中国からヌン（蒸す）やオップ（蒸し焼き）という調理法が入ってきたことで、あらためてバナナの葉で包んで蒸し焼きにするのがホーモックの定番となった。

　そもそもレッドカレーも比較的新しい料理といえる。というのは、アユタヤ王朝時代にポルトガル人が新世界（アメリカ大陸）からタイにトウガラシを持ちこむまで、タイ料理で「プリック」といえばコショウのことだった。トウガラシの伝来後は、コショウはタイのトウガラシを意味する**プリッ**

ク・タイと呼ばれるようになる。赤トウガラシはプリック・ゲーンにも使われるようになり、レッドカレーが誕生すると、それをホーモックにも使うようになって今にいたる。

ホーモックはタイ全土にあるが、魚介類を使ったものは南部料理に属するのだとか。「ホーモック・プラー」（魚のホーモック）や「ホーモック・ホイ・ナーングロム」（カキのホーモック）といった珍しいタイプもある。チューチーがシーフード・レッドカレーとして発展したことを考えれば、ホーモックが海鮮に合わないはずはない。

ホーモックは見た目こそスープではないにしても、プリック・ゲーンを使っているので、外国人料理家の中にはこれをゲーン料理とする人もいる。だから、パット・プリック・ゲーンも同じなのではないか、というわけだ。しかし、タイ人にとってホーモックはあくまでプラペート・モック、つまり埋めて蒸すというカテゴリー、もしくはプラペート・ヌン（蒸すジャンル）だと主張する。

イカのガパオだが汁が多く、こういうもののおかげでゲーンの定義がわかりづらくなる。

▼ぶっかけ飯屋台の原点

タイ人に「カオ・ゲーン（ぶっかけ飯屋）には炒めものもあるのだから、水分が多い炒めものはゲーン料理なのではないか」と訊いても、「ゲーンはスープであって、パット（炒めもの）はパット。カオ・ゲーンでは一緒に並んでいるだけのこと」と返される。「では、カオ・ゲーン（ぶっかけ飯屋）とはなにか」と問うと、「ああいう形態の店を指す名称」という。

ボクが納得いかない理由のひとつは、カオ・ゲーンの店頭に

中華街ヤワラーで100年以上営業しているカオ・ゲーンの店。

並ぶ料理はほとんどが炒めもので、タイ・カレーを含めてスープ的なメニューのほうが少ないことだ。トムヤム・スープのトムヤムを、トム（煮る）とヤム（和える）に分けて訳さず「トムヤム」という単語だと解釈するように、どうやらカオ・ゲーンも、カオ（ご飯）とゲーン（スープ）に分けてはいけないのかもしれない。カオ・ゲーンを日本語に訳そうと思うからややこしくなるのだ。あくまでも「カオ・ゲーン」という店と捉えるといいらしい。しかし、本当にそうだろうか。

カオ・ゲーンというビジネススタイルがいつできたのかは正確にはわかっていない。一説ではスコータイ王朝時代（一三世紀初頭〜一五世紀中ごろ）にはあったともいわれ、アユタヤ王朝時代には品数が少ないながらもアユタヤの王宮近くにそれらしき店があったようだ。現王朝がはじまって以降は確実にカオ・ゲーンの原型が存在していたが、初代国王からラマ4世王の時代まではそもそも外食が習慣化しておらず、特に大きな発展はしなかったらしい。

　その後、ラマ5世王の時代になってようやく現在のカオ・ゲーンに近いスタイルが現れる。タイ社会が近代化されてタイ人も外で働くようになり、欧米人のように決まった時間に食事をする必要が出てきたからだ。労働者の食事処として登場した屋台には、大量に作り置きのできるゲーンが便利だった。伝統的なものが見直されるようになった今、商業施設ではたまにレトロな雰囲気をコンセプトにしたフードイベントが開催される。そういったときに再現されるカオ・ゲーンは、たしかに大きな円形の陶器製のボールというか鍋にスープ料理を入れ、炒めものは置いていないことがある。

　そうして同様の店が増えてくると、他店との差別化がはじまる。並べる品数が増加し、客層の幅を広げようという動きが出てくるわけだ。そこで新登場したのが、ゲーン同様に作りやすく、かつ作り置きしやすいもの、すなわち炒めもの、揚げもの、魚の炭火焼きなどで、ゲーン以外のサイドメニューも豊富になった。戦後一九五〇年代から女性にも勤め人が現れはじめ、ビニル袋におかずを入れて持ち帰る文化も定着した。

　これがカオ・ゲーンという形態が誕生した有力な説だ。つまりカオ・ゲーンとはもともと大量に作れるゲーン料理だけを提供する店だった。いつしか炒めものなども扱うようになったのに、名前だけが当初のまま残った、ということなのである。

なぜかタイ人に人気の高い酸味スープ「ゲーン・ソム」

　ゲーンの英語をタイ・カレーとするからややこしくなっていたが、ゲーンとは結局なんなのか、という問いにうまく答えられるタイ人は実際、少ない。そんな細かいことに興味はなくて、おいしいものはおいしいでいいじゃないかというスタンスだからだ。しかしここまでしつこくゲーン料理につい

上／エビ入りのゲーン・ソム。チャオムの卵焼きも入っている。

て書いてきたので、具体的な料理「**ゲーン・ソム**」を例に、もう少しみていきたい。

　どういうわけか、このスープは中央部出身のタイ人にやけに人気がある。中でも「ゲーン・ソム・プラー・ガポン」だ。プリック・ゲーンを使ったゲーン・ソムは酸味と辛味が強いスープなので、魚の臭みも打ち消せている。この場合はプラー・ガポンなのでもともとそれほど臭みはないが、これ以外では淡水魚のプラー・チョン（雷魚）やプラー・ドゥック（ナマズ）が用いられるため、臭み消しの有効性は必須といったところだから、ちょうどいい。このスープでは魚をそのまま煮るケースと、一度から揚げにしてから投入するレシピがある。個人的にはディープに揚げたほうが、淡水魚の場合は特有の臭みが消えて白身の味を楽しめるし、なによりゲーン・ソムに合っていると思う。

　このゲーン・ソムは、英語名は相変わらず誤解を踏襲し、タイ・サワー・カレーなどとされているが、ゲーン・ソムは粘度がなく、トムヤムクン並みにさらっとしたスープになっている。これをカレーと呼ぶのは、日本人的にはちょっと抵抗がある。

　ゲーン・ソムのプリック・ゲーンは「**プリック・ゲーン・ソム**」だ。これを直訳すると、オレンジ色のペーストになる。まさにスープはオレンジ色に近い。同時に、ソムには酸っぱいという意味もある。だから、英語名にはオレンジではなく、酸味のサワーが入っている。この酸味は主にマカームが由来だ。タマリンドのことで、これはほかのプリック・ゲーンにもよく使われる果物でもある。ほかには、ホームデーンやプリック、ガピも入っている。地域によっては、プリック・ゲーンやゲーン・ペットなどのペーストに甘みをつける目的でパームシュガーなどを加えることはあるが、ゲーン・ソム用にはココナッツ関連の材料は使わない。

ゲーン・ソムをメニューに入れているタイ料理店はどこにでもある。そういう店で日本人はトムヤムクンを注文するが、タイ人はゲーン・ソムを注文しがちだ。中央部料理に分類されるが、チョンブリー県にもあり、バイ・マックルー（コブミカンの葉）をより多く使うなど、地域によって特徴が異なる。

さらに南部では事情が違っていて、ゲーン・ソムを注文すると、やたら黄色いスープが出てきて驚くことになる。味は似ているが、プリック・ゲーンにカミンチャン（ウコン）が使われるため黄色いのだ。ややこしくなるが、これは中央部では「**ゲーン・ルアン**」（イエローカレー）と呼ばれる料理になる。

上／既製品のゲーン・ソム用のナムプリック・ゲーン。　下／マカームは果物だがタイ料理には欠かせない調味料のひとつ。

ゲーン・ソムの具材には海鮮がよく使われる。ラオスでは豚肉が主流のようなので、イサーンでもそういった地域はあるかもしれない。よくあるのがプラー・ガポン（スズキの一種）やエビ、中央部ではプラー・チョンなどの淡水魚も好まれる。野菜は**ガラムドーク**（カリフラワー）とカオポート・オーン（ヤングコーン）、ケーロット（ニンジン）が定番だ。カリフラワーの色あいや味は、不思議とゲーン・ソムとよく合う。

バンコクでは、ゲーン・ソムにたまご焼き、それも**チャオム**（セネガリア・ペナタ）という草が入った「**カイ・トート・チャオム**」と合わせることが多い。チャオムは葉の部分はともかく、茎は筋が多くてかたく、非常に食べにくい。プレーンなたまご焼きならいいのにと思うが、タイ人がゲーン・ソムを食べるときはこちらが一般的だ。店によってはすでにスープにこのたまご焼きが入っていることもある。ただ、いい店ではチャオムのやわらかい部分を選んで使うので、食感は悪くない。屋台はだいたいよくないという印象がボクにはある。

英語でタイ・カレーとされる料理はたいていココナッツ・ミルクを使用している。しかし、このゲーン・ソムには使われていない。ほかのプリック・ゲーンなら甘味をつけるためにパームシュガーを使うこともあるが、ゲーン・ソムにはやはり基本的には使わない。そういったゲーンはほかにもある。たとえば、北部などで好まれる「**ゲーン・パー**」だ。用いるプリック・ゲーンはレシピによって違うが、いずれもココナッツ・ミルクは入れない。

ゲーン・パーは直訳すると森のゲーンだが、正確には野生のゲーンである。昔はイノシシなど野生動物の肉を使っていて、臭み消しにペーストやほかの野菜が使われていたとみられる。ゲーン・ソムは見た目からも辛そうなのはわかるが、ゲーン・パーはわりと透明でやさしそうなスープにみえる。しかし、見た目よりもはるかに辛く、油断できない。とはいえ、野菜が大量に使われているので、結構ヘルシーなメニューであるともいえる。タイ料理でダイエットはかなり難しいが、このメニューならできるかもしれない。

ペーストを使わないマイルドなスープ「ゲーン・ジュート」

　ゲーンの話をもう少し続けよう。そもそも、ゲーンとはなにかをわかりにくくしている要因はふたつある。ひとつは、ゲーンがタイ・カレーと英訳されることだ。もうひとつは、プリック・ゲーンを使わないものにもゲーンが存在することである。

　後者の代表例が「**ゲーン・ジュート**」だ。プリック・ゲーンを使わないためほぼ透明で、そのためゲーン・ジュート、すなわち薄いゲーンと呼ばれる。タイ語では口にした食べものの味が薄いと感じたとき**ジュート**という。ただ、ゲーン・ジュートはペーストを使うスープよりは薄いものの、決して味が薄いわけではない。塩分濃度はそれなりに高く、少なくとも日本人には薄味ではなく、タイ料理で一番ちょうどいいと感じるかもしれない。

海苔のゲーン・ジュートが一番無難でおいしい。
黒っぽいのが海苔だ。

　スープは鶏ガラや豚骨などでとられている。一般家庭ではキューブ状のスープの素を使う。屋台でも、スープストックが用意できないところは粉末状のスープの素を使っていることがある。最もポピュラーなブランドがクノールなので、タイでは固形コンソメスープの素をタイ語訛りになった「カノー」と呼ぶ。スーパーや個人商店、コンビニなどどこでも手に入る。

　具材はバリエーションがあるが、**ムー・サップ**（豚ひき肉）と**タオフー・カイ**（たまご豆腐）だけは必ず入っている。やわらかいたまご豆腐は大豆の豆腐よりスープにマッチする。店によって、あるいはいい店になると残念なことに大豆の豆腐であることが多いけれど。大豆の白い豆腐は日本のものではなく中国系のものなので、繊細さがなくてあまりよろしくないとボクは思っている。春雨もよく入っている。タイ料理では頻繁に出てくる具材だ。**サーラーイ・タレー**が入っていることもある。海でとれる海苔だ。タイ北部では淡水の藻をサーラーイとして食べることもあるので、それと区別するために海水を意味するタレーがついている。品種としてはサーラーイ・ジーチャーイという、日本のアサクサノリの遠い仲間らしいが、日本のように板海苔に加工せず、岩に生えたものをちぎって持ってきただけという状態だ。それでも磯の香りはちゃんとしておいしい。

左にある円形のものがタオフー・カイ。タイではチューブ状で売っているので円筒になっている。

ちなみに、ゲーン・ジュートは、トムヤムクンのトムヤム同様、料理名の代表部分である。このあとに材料名をつけ加えることで、入れてほしい具材を伝えることができる。先の海苔、豚ひき肉、豆腐、春雨を全部入れるフルオプションなら「ゲーン・ジュート・サーラーイ・タレー・ムーサップ・タオフー・ウンセン」になる。この名を憶えるだけでタイ語がそこそこ話せそうな気がしてくる。特に具材にこだわりがなければゲーン・ジュートとだけいえば、店の標準——だいたい豚ひき肉、豆腐、春雨は入ってくる。

ゲーン・ジュートはトムヤム・スープなどに比べればたしかに薄味なので、体調が悪いとき、食欲がないときには重宝する。トウガラシやニンニクが入っていないので、刺激も少ない。日本人からすれば味はしっかりしているので、普通にゲーン・ジュートのスープをご飯にかけて食べてもおいしい。

タイのディナーでは中華や欧米のコース料理ほどではないが、メイン、サラダ、スープを一揃い注文

するのが一般的だ。タイ人はスープで前項のゲーン・ソムを注文する人が多いが、ボクはゲーン・ジュートを選ぶ派だ。

つけ加えておくと、ゲーン・ジュートは「トム・ジュート」とも呼ばれることがある。薄味で煮たものといった意味あいだ。つまりトムヤム・スープと同じで、ゲーン・ジュートはゲーン料理でもあるし、トム（ゆでる・煮る）というプラペート（分類）にも入る。この解釈は人によって違うし、タイ人はあまり気にしていないので、議論になることもないのだが。

というわけで、ゲーン料理について簡単にまとめると、ゲーンは基本的にプリック・ゲーンをスープの素として使う。使わないものもゲーン料理になるので、英語でいうタイ・カレーとスープ料理の両方が広義の意味でのゲーンだ。また、ナムプリック・パオはナムプリック・ゲーンとまったく関係がない。材料を潰して練るという工程も似ていて、そのうえ「ナムプリック」とつくので同じジャンルと錯覚してしまうが、無関係の別物と認識しよう。ナムプリック・パオは野菜や肉をつけて食べることもあるし、料理の調味料としても使用するが、プリック・ゲーンは必ず料理の調味料としてだけに使う。とにかくゲーン、プリック・ゲーンはタイ料理において重要な存在なのである。

おいしい煮の直訳は正しいのか？「トムセープ」

イサーン料理を代表するスープに挙げたいのが「**トムセープ**」だ。直訳するとおいしい煮になる。タイ語のおいしいである**アロイ**（あるいはアローイ）は東北部ではセープという。とはいえ、この名前にはそうした意味はないようで、東北式香草スープとでも訳すといい。トムヤムと同じく固有名詞的な名称である。

サムンプライや肉類を煮ているため、見た目はやや半濁しているが、透明スープの部類に入る。使

上／ホルモンのトムセープであるトムセープ・クルアン・ナイ。　下／小粒のプリック・キーヌーは空に向かって実がなっていく。

用するサムンプライはトムヤムの定番三種クルアン・トムヤムにラーク・パクチー（パクチーの根）、バイ・ホーラパー（スイート・バジル）が一般的だ。

トムセープはかなり辛い。中程度の辛さが耐えられる人でもきついと感じるほどだ。これは生のトウガラシ、特にプリック・キーヌーを使うためだ。ただ、これを使わないレシピもある。むしろ欠かせないのは粉状の乾燥トウガラシであるプリック・ポンのほうだ。フライパンで煎って使う店もある。実のままならどかすこともできるが、粉なので避けることもできず、ひと口で辛さが口内に広がる。

クルアン・トムヤムを使うものの、トムヤム・スープとトムセープはまるで違った味わいがある。トムヤムで使うナムプリック・パオを使用しない点がまず大きい。酸味を出すのにマナーウ（ライム）を使うところは同じだが、レシピによってトムセープはマカーム（タマリンド）も加える。タマリンドは乾燥させていて実はねっとりジャム状で、オイスターソースやシーイウ・カーウと同じくらい料理の裏方として登場する。

そのほか、苦みを出すためにカオ・クア（煎り米の粉）を使う。同じく東北代表の肉サラダであるラープにも使われる、イサーン料理では味のアクセントである。麺類用の卓上調味料に苦味の要素は置いていないため、タイ人は苦みが苦手なのかと思えばそうでもなく、このように食材で苦い味を足している。

サムンプライとは別に野菜も使われる。ホームデーンや**ヘート・ファーン**（フクロタケ）など、トムヤムに使われる野菜はだいたい入っている。やはりトムヤム・スープによく使われるマクアテート（トマト）が入っているトムセープもある。

トムセープがイサーン出身者に人気なのは、かつて実家でよく食べていたからという、家庭の味的な事情もあるだろう。材料を用意し、切るか潰すかしたら煮るだけという、家庭料理の成立条件としての調理の手軽さをトムセープは十分に満たしている。

メインの肉類が多彩という点も好まれる理由だ。手に入りやすい豚肉が主流で、スペアリブのような骨つきを使うこともあるし、ぶつ切り肉の場合もあるが、最もポピュラーなのはクルアン・ナイ（内臓）だ。トムセープはほかの料理と同じように、トムセープのあとに肉の名前などをつけて料理名を構成する。「トムセープ・クルアン・ナイ」とわざわざ内臓が具材であることをメニューに記載する店もあるし、内臓をデフォルトとしてトムセープとしか表記しないことも少なくないくらいホルモンが合う。イサーンではあまり食べられていなかった牛肉を使った「トムセープ・ヌア」もある。鶏肉はあるものの少数派ではないか。イサーン地方の一般世帯ではトムセープというと豚肉が圧倒的で、たまに牛肉というところだろう。

トムセープには魚肉も合う。イサーンでは手に入りやすいプラー・チョン（雷魚）やナマズ類を入れることもある。バンコクではプラー・ガポン（スズキの一種）、プラー・ムック（イカ）のトムセープをみかける。イカはこういった酸味が強いスープにもよく合う。イサーンの家庭ではゴップ（カエル）の肉を煮たものもあるのだとか。トムセープはどんな具材でも作れるという利点がある。

あらゆる食材に合うトムセープは米にも酒にも合う。おかずのことをタイ語でガップ・カーオという。その中でも特に酒のつまみのような料理は**ガップ・グレーム**、発音的にはガップ・ゲームと呼ばれる。多くの飲食店のメニュー内でガップ・グレームというプラペート（ジャンル）はない。しかし、トムセープなら普通はスープに分類されるものの、具材が多いことからタイの酒飲みにはガップ・グレームのひとつとみる人も少なくない。

ほかにも東北特有でイサーン人がよく食べるスープに「**オーム**」がある。ボクは長らくトムセープと同じものだと思いこんでいた。トムセープと違ってマナーウと煎り米の粉を使わないので酸味が強くなく、苦味もない。味の決め手は**パクチー・ラオ**（イノンド）で、クイッティアオのナムトックのようにスープに血を入れることもあるようだ。

オームの作り方はトムセープとは大きく違う。まずフライパンで肉類をじっくりと炒め、水を入れて煮たたせてから野菜を入れる。ココナッツ・ミルクは使わず、スープの水分は少なめ。肉は牛肉、地鶏、カエル、タニシ、ナマズのいずれかしか使わないという人もいる。バンコクでは「オーム・ムー」（豚肉のオーム）を一番みかける気がするが。

オームは水分が少ない分、香草などの食べられない部分が目についてしまい、個人的には食べづらい料理だなと思う。トムセープのほうがオームより辛味、酸味が強めでおいしい。ボクもタイの酒飲みと同じように、トムセープはビールのつまみに注文する。このスープを酒のつまみの一種と考えると、トムセープを「おいしい煮」と直訳するのもあながち悪くないのではないだろうか。

フカヒレの雰囲気を屋台で安く味わいたいなら「グラポ・プラー・ナムデーン」

大きな飲食店よりも屋台でみかけるスープのひとつに「**グラポ・プラー・ナムデーン**」がある。直訳すると魚の胃袋の赤スープだ。とろみのある茶色いスープに入っているフワフワの具材が**グラポ・プラー**（魚の胃袋）である。

ただ、実際にはほとんどのケースで胃袋ではなく鰾《ひょう》、つまり魚の浮袋が入っている。浮袋はすべての魚になく、サイズ的にみたらさらに限定的だ。タイではアジア・アロワナ、プラー・ガポン（バラマンディ）、ニベ科の魚、大ナマズの仲間からとっているようだ。ほかにもツバメコノシロの仲間からもとれるようだが、これはどうやら高級らしい。となると、タイでは一般的な魚のプラー・ガポンからとっているのかなとボクは予想している。魚から取りだした浮袋を乾燥させたものが食材になっているわけだが、目の前のグラポ・プラーがなんの魚かと店主に訊いても、回答はえられないことが多い。タイ人は細かいことを気にしないし、がんばって自分の舌で判別するのも至難の技なので、結局なにかわからずじまいということがいつもどおりの流れだ。

外観は、豚皮を素揚げしたケープ・ムーに似ている。豚皮はそのまま酒のつまみとして食べる一方、グラポ・プラーをそのまま食べることはまずなくて、たいていグラポ・プラーというだけだと、料理としてのグラポ・プラー・ナムデーンを指すことがほとんどだ。

この料理は、主に鶏肉でとったスープに、ソース・ナムマンホイ（オイスターソース）、シーイウ・カーウ、シーイウ・ダムで味つけがされている。ナムデーンは赤いスープの意味だが実際にはオイスターソースと黒醤油の由来で茶色い。黒醤油は甘みを、オイスターソースは旨味を加えるのに使われる。そして、キャッサバかトウモロコシのデンプンで作った片栗粉によるとろみがついている。

グラポ・プラーは主にこういったスタイルで売られている。

　こう説明を聞いて、ふと気がついた人もいるだろう。中華料理のフカヒレスープによく似ているのだ。バンコクの中華街ヤワラーの中華料理店は大半がフカヒレ専門店で、タイでフカヒレを食べると、必ずといっていいほどこの味つけになっている。実際、フカヒレスープはタイ語で「**フー・チャラーム・ナムデーン**」というくらいだし、グラポ・プラー・ナムデーン自体も中華料理が原型とされている。余談だが、ヤワラーには中国人、中でも香港人が多く訪れる。「香港でフカヒレは高いし量が少ないから、安くて量も多いバンコクで食べる」のだと、大金持ちの香港人の友人がいっていた。

　グラポ・プラー・ナムデーンはヤワラーの通り沿いなどで手押し車に載せて売られているのをよくみかける。この売り方の相場は五〇バーツ前後だろうか。いくらタイが安いといっても、フカヒレは最低でもその四倍はする。フカヒレとグラポ・プラーでは食感がまったく違うものの、いずれも淡白でそれ自体に味はないし、スープの味は似ていることもあって、リーズナブルにフカヒレの雰囲気を楽しむことができる。

そのほかの具材は、ノーマーイ（タケノコ）、**カイ・ノックグラター**（ウズラのたまご）のゆでたまご、キノコ類などだ。スープベースに使う鶏肉は主に胸肉で、肉はスープをとったあとに取りだして繊維に沿って細くちぎり、再びスープに投入する。これらの具材をすべてスープに入れて、水で戻したグラポ・プラーを加えて、片栗粉でとろみをつける。注文後はコショウをかけただけで出てくるので、クイッティアオのように客が好みの卓上調味料各種を加え、味を作っていく。スープとして飲むほか、米粉麺で最も細いセンミーを入れることもできる。

手押し車の路上販売では、安っぽい発泡スチロールの器とプラスチックのレンゲで立ったまま食べる。一二月の寒い時期には身体の中から温まっていい感じだ。というよりも、スープにとろみがついているので、じっくりと味わうどころではないくらいに熱が残っている。しかも、この安物半透明プラスチックのレンゲは製造工程の稚拙さからかふちがギザギザで唇や口の中に引っかかって痛いし、レンゲそのものの深さも絶妙に悪くて食べにくい。まあ、それもまたグラポ・プラー・ナムデーンの醍醐味ではある。

フカヒレはバンコク中華街の名物料理のひとつになっている。

ちなみに、クイッティアオに汁なしのヘーンがあるように、グラポ・プラーにもヘーンがある。「**グラポ・プラー・パット・ヘーン**」という炒めものだ。キノコや野菜、エビなどと炒めたさっぱり味で、グラポ・プラー・ナムデーンとは材料も味もまったく違う。タイスキのヘーンも似て非なるものだったが、こちらの混乱ポイントは料理名にグラポ・プラーとあるだけなので、タイスキほど誤解を招きやすくないのは幸いである。

スーパーと名づけられた超絶スープ「スッパー・ティーン・ガイ」

どの言語でもそうだが、外国語を自国語にするときにはその国特有の訛りが入る。タイの国名は一九三九年まではサイアムだった。サイアムは英語読みで、タイ語ではサヤームだ。これを昔の日本人は「暹羅」と書き、シャムと読んだ。

タイ語にも訛りはある。大きな特徴として、タイ人は日本語のざ行、英語でいえばZが発音できない。デパートのザ・モール・グループはタイ語だとダ・モール、ゾンビではソンビーになる。英語のVも発音できずWと同じになるし、日本語の「し」も発音できず、渋谷はチブヤと表記する。タイ語のルールに則ると発音できない単語は実に多い。

ここで紹介するスープ料理は「**スッパー・ティーン・ガイ**」あるいは「スッパー・カー・ガイ」だ。スッパーは英語のスーパーをタイ語表記にしたときにこういう読みになってしまったようだ。ティーンとカーの違いは、前者は足、後者は脚と訳すことでわかるが、結局は同じもので、鶏の足、日本でモミジと呼ばれる部位を使ったスープになる。一般的にはスッパー・ティーン・ガイなので、本書ではそちらで統一する。

▼酸味と辛みが半端ないからスーパー？

スッパー・ティーン・ガイは酸味が相当強いスープだ。字面から「スッパー」は酸味がありそうな日本語にみえるが、あくまでも偶然である。

スッパー・ティーン・ガイは大量のトウガラシが浮いていて、みるからに辛そうだ。

トムヤム・スープやトムセープなどと比べてもその酸味は段違いのレベルで、個人的には白米に全然合わないスープという印象だ。油っこい炒めものなどと一緒に注文すれば、ちょうど口直しにいいかもしれない。なにしろ、レシピによっては水一リットルに対してマナーウ（ライム）を二個三個も搾るので、それはそれは酸っぱい。

辛さも半端がない。小さければ小さいほど辛いプリック・キーヌーも大量に使う。水一リットルに対して少なくて十個、多いと三十個も入れる。どう考えても辛いということはわかるだろう。酸味と辛さが強いので、ここまでくればもはや清涼感すらある。それがこのスッパー・ティーン・ガイの魅力でもある。

ここまで強めの味なら、もはやスープに味は必要ないのではないかと思うが、そうでもない。出汁をとる意味あいがないながらも、ちゃんと具材を煮込んでいるのだ。水一リットルに対して一キロ以上もの鶏の足をじっくり煮込む。歯を軽くあてただけで鶏足の皮と肉がほどけ、足の甲から指先につながっていく腱もやわらかくなっているくらいに煮込む。

サムンプライも使う。タイのスープ料理では定番のバイ・マックルー、カー、タクライといった香草類のほか、ニンニクも使用する。味つけはナンプラー、シーイウ・カーウ、シーイウ・ダムなどとシンプルで、これだけきつい味の料理のわりには調味料は控えめだ。なにせ酸味と辛味、鶏足の旨味が前面に出るので、そこまで味つけをする必要はないのでしょう。

さて、スッパー・ティーン・ガイは直訳すると、スーパー鶏の足になる。中国語なら超鶏足などと書きそうなところだ。なぜゆえにスーパーと、ここだけカタカナ語のようになっているのだろう。タイ料理のスープでは酸っぱさと辛さが群を抜いているところがスーパーの由来なのだろうか。

そもそも、スッパー・ティーン・ガイは普通ならトム・ティーン・ガイと呼ぶべき料理である。鶏の足を煮込んだもので、プリック・ゲーンなどのペーストも使用していないため、プラペート・トム（煮たメニュー）に分類していい。実際、プラー・ムック（イカ）や豚肉、牛肉の具材が入ったスープもあって、それぞれトム・プラームック、「トム・ムー」、「トム・ヌア」などと呼ばれる。唯一、鶏の足が具材のときだけスッパーと呼ばれるのだ。いったいなにがスーパーなのか。

▼「スーパー」の由来はふたつ

この名称にはふたつの説がある。いずれの説も、カギになっているのはバンコクのパホンヨーティン通りの陸運局や民間航空研究所の裏手にあった、現存していないか、移転している店が出していた人気の「トム・ガイ」だ。この店があったとされる場所にも行ってみたが、屋号のない食堂だったようで、ボクにはみつけられなかった。

店があったとされるのは、ウィークエンド・マーケットで有名なチャトチャック公園の向かい側で、かつて北部・東北部行きのモーチット・バスターミナルがあった辺りだ。現在のモーチット・バスターミナルはモーチット・マイ（新モーチット）と呼ばれ、もとの場所から移設されている。ボクが初めてタイに来た九八年にはすでに新ターミナルになっていたので、当時こそモーチット・マイと呼ばれていたが、今では路線バスなどの行き先表示にみられる程度で、ボーコーソー・モーチット（モーチット・トランスポート）と呼ばれている。その店はもとのバスターミナルの近くにあったので、地方出身者がバンコクに出てきたり、田舎に帰省する際に寄り、その名がタイ中に広まったのだろう。

スッパー・ティーン・ガイのスーパーの由来のひとつは、その店の向かいにあったホテルのロングレーム・スッパーの名前を拝借したという説だ。これは、タイのネット掲示板『パンティップ』に投稿された六十代のタイ人男性による回答である。タイ人の中にも「なんでスーパーなわけ？」と疑問に思う人がいたらしく、それに対する答えだ。

それによれば、四十年ほど前（一九七〇年代？）はトム・ガイというメニュー名だったが、酸味と辛味の強さが他店のトム・ガイとあまりに違ったため、なんじゃこりゃ、と話題になった。そこで店主が自身のトム・ガイはほかとは違うことを示すために、店の近所の人気ホテルの名前をとった。

ロングレーム・スッパーは英語にすればスーパー・ホテルだ。普通の言葉をカタカナ語にするだけでかっこいい時代だったのだろう。わりと最近まで、子どもが猫を指さして「キャット！」といおうものなら、「うちの子、英語ペラペラ！　天才！」というほど、いわゆる横文字にストロングな存在感があった。「スーパーなトム・ガイだって！」と、このネーミングがあっという間に定着して人気になったのも想像に難くない。このホテルが現存しているのかどうかも定かではない。高確率で当のホテルは廃業していると思うが、近辺にはスーパーとつくホテルが今も数軒ある。地元民もこのホ

旧バスターミナルは電車車庫になった。この向こう側でスーパーなスープが生まれた。

テルと食堂のことをなんとなくでしか記憶していないので、現地で情報の裏取りをすることはかなわなかった。それにしても、スーパー・ホテルもまたなかなかのネーミングセンスだ。

もうひとつの説は、近くの道路名をとったとするものだ。現在ではチャトチャック公園の周辺には大通りがいくつもある。公園西側と新バスターミナルの前にはガムペーンペット通り、北側にはドンムアン空港に向かうウィパワディー・ランシット通りが走る。

スッパー・ティーン・ガイ誕生直前当時、その辺りに大通りはパホンヨーティン通りしかなかった。これは戦勝記念塔を起点とする、北部に通じる総延長一〇〇五キロほどの国道一号線だ。アユタヤ、北部チェンライ県をとおり、メーサイのミャンマー国境まで続いている。一九三八年に当時の首相であり、クイッティアオを国民食にしたピブーンソンクラーム元帥が、第二代目タイ首相のパホンヨーティン氏の名前を冠して開通した。当時はバンコクから北部に行く道はパホンヨーティン通りだけだった。だからこそここにバスターミナルが置かれた。

その後、六六年にチャトチャック公園の北側にウィパワディー・ランシット通りが敷かれた。都心に近い下町ディンデーンを起点に、パホンヨーティン通りと交差し、ドンムアン国際空港の前をとおり、空港の北側で再度パホンヨーティン通りと交わる。現在はディンデーンからランシット辺りまで高架高速道路が架かっていて、ウィパワディー・ランシット通りは完全に高速道路高架下の幹線道路になった。この高架の正式名称はターン・ヨックラダップ・ウタラピムック（ウタラピムック高架道路)、一般にはトールウェイと呼ばれる。ウィパワディー・ランシット通りの開通から約三十年後の九四年に開業した。ちなみに、高速料金が今も異様に高くて利用者が少ないので、ドンムアン国際空港やランシット、アユタヤ方面の往復に使うと渋滞知らずで便利だ。

このウィパワディー・ランシット通りは開通当初、通称スーパー・ハイウェイと呼ばれた。バンコクではもう聞かないが、今もこの道路のうちチェンマイ辺りの国道11号線はそう呼ばれる。タイはバンコク以外には有料高速道路がほぼなく、大きな国道がアメリカ的なハイウェイとして機能している。まだタイに高速道路がなく(初の高速道路開通は八一年)、それまでパホンヨーティン通りでしか北部に行けなかったものが、パホンヨーティンよりはるかに広い道路で、しかもショートカットして行けるようになったことは画期的だった。さらにこの通りはタイとアメリカの共同開発だったこともあってスーパー・ハイウェイと呼ばれた。近くの注目道路の通称をもらった説は、開通が六六年だとすると約五十年前、先の男性の話ともおおむね一致する。

というわけで、スーパー・ホテル説とスーパー・ハイウェイ説のふたつがあるものの、いずれもほかにはないその店オリジナルのトム・ガイをスッパー・ティーン・ガイと呼ぶようになった。つまり「スーパー」は料理や食材、味わいとは全然関係がない。なんともタイらしいエピソードだ。

第10章

本当は存在しない……タイのサラダの世界

タイ人は「タイ料理にサラダはない」と認識している。日本でも生野菜を使った和食メニューはあれど、それをサラダとは呼ばないのと同じだ。サラダはあくまでも欧米風の生野菜料理にすぎない。しかし、外国人には「これはサラダだ」と感じられるタイ料理はある。ここではそれらを取りあげていく。

サラダ風のタイ料理は大きく分けると**タム**、**ヤム**、**プラー**の三つになる。

ボクは二〇〇二年にタイに移住する前、移住資金を貯めるため、過酷な短期集中労働と徹底した節約生活を半年ほど続けた結果、七〇キロ台後半だった体重が六〇キロ以下にまで減っていた。妻と知りあったのは移住から一年ほどしたころだ。食べものを残すことに罪悪感のないタイ人は飲食店で頼みたいものを頼み、平気で残す。それをみるたびにボクは無意識のうちに日本人の「もったいない」精神を発動させて不必要に食べてしまい、八年弱で四〇キロ超も太ることになった。しかし、不思議と体調は悪くない。健康的な体型の友人たちが痛風だ、高血圧だといって酒や食事を控えている。最も身体を壊しそうな体型のボクがまったく問題なく暮らしているのはなぜだろう。

上／タイは野菜類が豊富だけれども、なんらかしらの調味料を使って調理したり食す。
下／西洋風のサラダを売る屋台もあるにはある。

タイ料理は脂っこくて味が濃い。野菜も油で炒めることが多いため、日本人の体質には不向きな気もする。バンコクでひとり暮らしだと外食と飲酒が増えがちで、どんなに和食中心を心がけていても身体を壊しやすい。ボクの日本人の友人はみなこのケースだ。一方で、ボクの食生活は家庭内でタイ料理ばかりとはいえ、サムンプライが多用されるので健康的な面もあるのかもしれない。現実的にタイ式サラダが健康にどう影響するかの医学的根拠はないが、いずれにしても野菜となると炒めものが多いタイ料理の中で、このタイ・サラダは救いのひとつではないかと思っている。

タムの基本のき「ソムタム・タイ」

タイ料理のサラダとしてよく知られているのが「**ソムタム**」だ。これはタイ・サラダのジャンルのひとつ、タムの代表格ともいえる。タムとは叩く・つくという意味で、肉叩きのようなもので叩くのではなく、**クロック**（臼）と**サーク**（木の棒）という道具でついて作るのがソムタムである。

クロックとサークのサイズや材質はさまざまで、小さな石製タイプのクロック・ヒンはソムタムではなく調味料用だ。サムンプライやトウガラシ、ニンニクを潰してナムプリック・パオやプリック・ゲーン、ナムチムを作るために使われる。

飲食店や家庭で使われる一般的なクロックは、雑貨店や金物店で売っている陶器製だ。屋台やレストランでは木製も使用される。これは見た目重視で、木製だからおいしくなるというわけではない。いずれにしても、クロックとサークはかなり重い。軽いと安定しないからだ。値段は二〇〇バーツ程度、高価なものでも二千円以下と高くない。購入して日本に持ち帰るなら、サイズ的にクロック・ヒンが向いているのではないか。これなら雑貨店のほか、外国人向けの土産物店でもみつかる。

ソムタムを作る料理用クロックは深さが最低でも二〇センチはあり、口は広く、縄文土器のように

ソムタムはタイではポピュラーなヘルシー料理のひとつだ。

底が細い鉢の形をしている。最も基本的な使い方は、クロックに入れた材料をサークでついていく方法だ。それから、クロックは日本のすり鉢のような位置づけでもある。サークは下のほうが太くなっているので、先端を材料に押しつけてすり潰す使い方もあるのだ。

和食にはこのような調理方法はあまりないのではないか。日本では野菜の細切りの酢のものなどを指す膾《なます》はもともと生肉や生魚を細かく切った料理だった。そこからたたき料理が生まれたとされるものの、「たたき」といいつつ、どう考えてもつくのとは違う。アジア全般としては、インドにカレースパイスを臼で砕く手法があるなど、ごくあたりまえの調理方法だ。

そんなタムの代表ソムタムは、日本語では青パパイヤ・サラダなどと呼ばれる。オレンジ色に熟れたパパイヤではなく、青くてかたいパパイヤを使う。一般的にはイサーン料理とされ、味や材料は多種多様なので、材料によって料理名が変わってくる。隣国のラオスにも同様の料

ソムタムなどはクロックに食材を入れてサークでついていく。

理としてタム・マークフンがある。イサーンではラオスの名称のタイ訛りである「タム・バックフン」とも呼ばれることがある。これはパパイヤを叩くという意味だが、今はイサーンでも基本的にはソムタムで通じる。また、中央部では「タム・ソム」と呼ぶこともあるようだ。ソムタムとタム・ソムはほぼ同じ意味あいと解釈していい。ソムはもともと酸味や柑橘系の果物を指す。つまりソムタムとは、叩いた酸っぱいもの、叩いた果物、ということであり、タム・ソムなら果物を叩くという意味である。

　ソムタムは味つけに地方ごとの嗜好・傾向があるとされる。たとえば、イサーンでは辛さが強調され、中央部では酸味と甘さを好む人が多いという。これはあくまでもタイ人がいう一般論的なもので、個人差は大きいと思う。ボクの妻はイサーン人ではあるが、とにかく甘くしたソムタムを食べる。

　このように傾向があることから、ソムタムは注文時に好みの味つけにカスタマイズするのが基本だ。屋台で注文するときにタイ人はみな「辛さはどうする」、「酸味はどうだ」と好みを細かく伝える。ただ、これは店主も客もタイ人だから伝わるということもある。タイ人と日本人の辛さの感覚は違うので、日本人が「あまり辛くしないで」というと、まったく辛味のない、甘いだけのソムタムが出てくることもあれば、タイ人感覚の辛いよりほんの少し下であることもあって、まちまちだ。もちろん、タイ人同士にも感覚の誤差はある。だから、タイ人がソムタム店を評価するとき、この口頭で伝えるカスタマイズが自分好みになるか否かも審査対象に含まれる。

▼初ソムタムなら冒険せずにソムタム・タイからはじめるべき

そんなソムタムの基本中の基本メニューが、外国人がただ「ソムタム」と注文した場合に出てくる「**ソムタム・タイ**」である。外国人向けレストランだとこれしかないこともある。ニオイや辛さにクセがないので、初めての人でも安心して食べられる。

材料はまず、完熟ではない青くてかたい**マラコー**（パパイヤ）を用意する。パパイヤの品種が指定されているわけではなく、未熟な青い状態でもおいしいものであればなんでもいいとされる。ただ、従来から人気なのは**マラコー・ケークヌアン**という品種だ。タイ農業は今もマラコーの品種改良が続いているので、今後さらに新しいスタンダードができるかもしれないともいわれている。

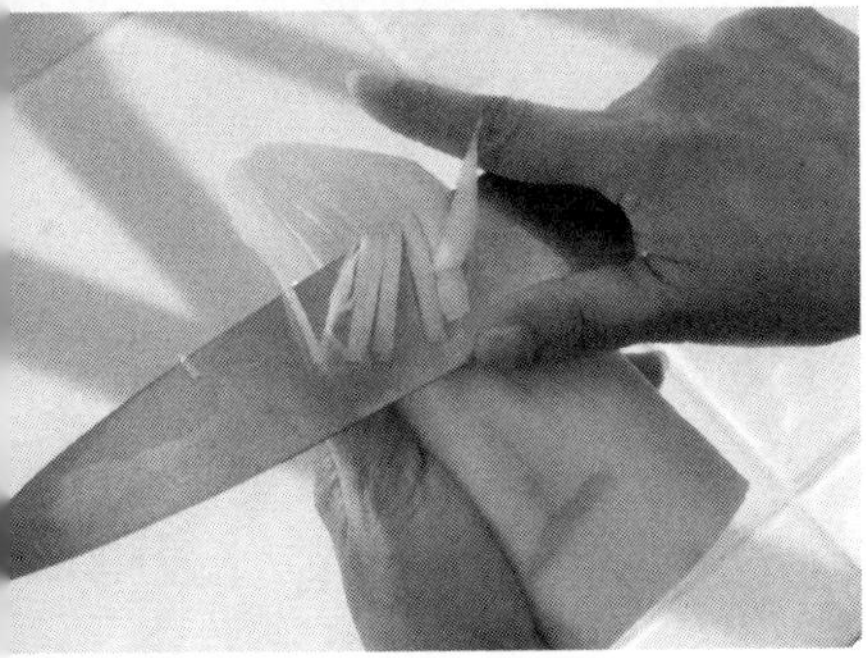

上／小さい石のクロックは調味料を作るためのもの。　下／マラコーは縦にチョップしたあと、削ぐように切っていく。

それから、辛さの決め手となるプリック、ニンニク、小ぶりのマクアテート（トマト）も入れる。インゲンに似たトゥア・ファックヤーウ（ジュウロクササゲ）、ピーナッツ、干しエビもソムタム・タイでは忘れてはいけない材料だ。ジュウロクササゲとプチトマト・サイズのマクアテートは適度に切り、クロック

タイ人は細かく注文をしてソムタムを作ってもらう。

に投入する。まあ、最終的に全部叩いてしまうので、どれも切り方は適当だ。店によってはニンジンの千切りを入れることもある。あくまでも色あいのためで、外国人向けの店でニンジンを入れることが多い気がする。

マラコーの切り方は日本にはない特徴がある。青々としたマラコーの天辺は切り落とされて、中に詰まっていた種は抜かれている。その皮を剥くと、キュウリのような薄い緑色がかった白い実が現れる。これを細長い実の縦方向に包丁でチョップしていく。これをタイ語では**サップ**という。ひき肉も叩くように切るので、たとえば豚ひき肉はムー・サップという。くるくると実をまわしながら一周、縦の切れ目を入れたら、次にこれを削ぐように包丁を入れていく。これを**ソーイ**という。ソーイは削ぎ切りの行為と、そう切られた材料を指すふたつの意味がある。そうすると、台に置かれたカゴや皿に細切りのマラコーの実がたまっていく、という寸法だ。最近はピーラーを使う横着な人もいるが、包丁で適当にチョップすることで太さがまちまちの細切りとなり、これが食感にもいい影響を与える。

味つけは塩分としてナンプラー、辛味はトウガラシ、酸味にマナーウ（ライム）、あればマカーム（タマリンド）を使う。マナーウも実を半分に切り、少し絞ったらそのままクロックに放りこみ、一緒に叩く店もある。昔のハリウッド映画『バック・トゥー・ザ・フューチャー』第一弾のエンディング間近にある博士がゴミをエネルギーに変える装置に缶ビールを投入するシーンで、缶を傾けてビールを流しこんだあとに結局缶も入れる。誰もが「そのまま入れればいいじゃないか」というツッコミをしたかと思う。ソムタムを作る過程を眺めていると、いつもマナーウの場面であのシーンを思いだしてしまう。

あと好みで足すとすれば甘さだ。甘味を強くする場合は砂糖かナムターン・ピープ（パームシュガー）を使用する。ヤシ系の甘味料を使うのも南国らしい。

タイ・サラダで最もポピュラーといえるのが「ヤム・ウンセン」

タイの飲食店では通常、メニューに英語が併記されている。外国にないタイ独特の料理はタイ語読みをそのままアルファベットで表記するか、無理やりにでも英語に合わせる。英語圏の人が最もサラダ的と解釈するのがヤムで、ヤム・○○という料理はだいたいが○○サラダと表記される。それから、ソムタムはアルファベットでは「SomTam」と表記されることが多い。ヤムは「Yum」と書かれることもあるにはあるが、サラダとされることが多い気がする。そのため、外国人にはヤムのほうがサラダとしてより認識されているはずだ。

タイ人がヤムをサラダと認識しないのは、ヤムが和えるという意味だからだ。和食でいえば野菜の和えもののイメージに近い。タイ・サラダの具材の多くは火をとおしてあり、それを専用のタレや調

春雨サラダは日本人に一番人気のあるタイ式サラダだ。

味料で和える、ないしは混ぜている。

そんなヤムの中で最もポピュラーかつ奥が深いのが「**ヤム・ウンセン**」、すなわち春雨サラダだ。どこで食べてもハズレがなく、まずく作ることのほうが難しそうな、タイ料理全体でも人気上位に入る無難メニューである。

和えるにはまずナンプラー、砂糖、マナーウ（ライム）、スープ、トウガラシを中心とした液状の合わせ調味料**ナム・ヤム**を用意する。既製品もあるし、自作でも難しくない。スープは、飲食店ならストックしてあるなにかのスープ（野菜をゆがいたものなど）、家庭なら粉末かキューブ型のコンソメや旨味調味料などから作ったものでいい。ヤム・ウンセンのナム・ヤムには甘み、酸味、塩味、辛味といったタイ料理の味の基礎がすべて盛りこまれているので、ほかのヤム料理にも使える。最近ではプラーラー（小魚の発酵調味料）を加えることもある。

ヤム・ウンセンは日本人からも大人気だ。やはり**ウンセン**（春雨）の存在が大きい。日本の春雨はジャガイモのデンプンが主原料で、一度冷凍して食感を調整しているため不透明だが、タイの春雨は**トゥア・キアオ**（リョクトウ）が主原料で透明感がある。ウンセンのウンはゲル状、ゼリー状のものを指し、センは麺類と同様に細長いものを意味するので、直訳すれば線状ゼリーだ。

トゥア・キアオの和名はヤエナリで、アズキやグリーンピースの仲間になる。この豆を粉にし、デンプンと合わせた生地を筒に入れて湯に押しだす。これを乾燥させると春雨の完成だ。タイではリョクトウの粉を九割五分五厘、残りをデンプン（片栗粉）にする配合がベストとされている。この乾燥春雨をゆでると、透明なウンセンができる。

粉の割合やゆで加減で春雨の食感や味は変わる。モチモチかシコシコといったウンセンの歯ざわり、ヤム用調味料のレシピによってヤム・ウンセン全体の味に違いが出る。その奥深さもありつつ、米にも合うし、酒のつまみにもなるという万能さが日本人だけでなく外国人に人気の要因だろう。

春雨はタイ料理の中ではよくみかける食材でもある。たとえば、カオ・ゲーン（ぶっかけ飯）の屋台などでは炒めものとして「**パット・ウンセン**」がある。肉類はさまざまで、野菜もニンジンやキャベツが少々といった感じのシンプルなものなのに、これが意外なほどタイ米に合う。あとは麺料理としてクイッティアオなどの代わりにする店もあるし、とにかくタイ人も好きな食材のひとつといえる。

ヤム・ウンセンに入れるほかの食材としては、ゆがいたエビ、豚ひき肉、生のままのホームヤイ（タマネギ）、トンホーム（ワケギ）、トマト、クンチャーイ（セロリ）、**ヘート・フーヌー**（キクラゲ）などが使われる。誰もが好きなエビが入ると、見た目も華やかになる。リョクトウの麺、味の基本が詰めこまれたヤムのタレ、海鮮、肉類、野菜各種と、栄養バランスも抜群だ。リョクトウには解熱作用、消炎作用があり、中国では漢方の生薬にも使われる。ウンセン自体がサムンプライの一種といっても過言ではない。このためか、健康志向が高まるタイでは昨今、ヤム・ウンセンの健康効果が見直されてきている。辛さはトウガラシの量で調節できるし、辛くなくてもヤム・ウンセンの魅力が損なわれるわけではない。老若男女問わずに楽しめるので、健康食として病院のホームページで著名な医師が推すほどヤム・ウンセンは注目されている。

ひとつだけ不満をいわせてもらうなら、エビの尾をどうにかしてほしい。タイ料理は食べられない材料が入ったままだとすでに散々愚痴をこぼしてきたが、ヤム・ウンセンでもエビの尾だけは殻ごと入っている。ゆがいているとはいえ尾の三角の部分が口に刺さるし、殻を取りのぞくのが面倒だ。食事のリズムが崩れるので勘弁願いたい。

生の材料が復権しつつある外国人にはマイナーなサラダ「プラー・グン」

もうひとつ、タイ料理のサラダだとして外国人に認識されているのがプラーだ。タイ語には日本語にはない母音がたくさんあって発音が難しい。このプラーは子音が複合的なのでより混乱する。カタカナでは魚と同じプラーと表記するが、タイ文字はまったく違う。この料理名をタイ人が発音するとパラーとも聞こえる。タイ語が他言語で表記することが難しい一例だ。

このプラーについてはヤムに分類する人もいる。クロックとサークでつくという特徴的な調理法のソムタムとの違いは明白で、プラーはヤムと同様に調味料を作ったあと、具材を入れて混ぜる（和える）からだ。ナム・ヤムとは材料や調味料の配合割合が違うので、ヤムではないものの、トムヤム・スープがいろいろなジャンルに入るように、この料理もタイ人間の議論ではどこにも着地していないようだ。

プラーの調味料にはたっぷりのナンプラー、たっぷりのココナッツ・ミルク、丸々三つは入れるマナーウのほか、甘辛い合わせ調味料ナムプリック・パオも使用する。さらに、ホームデーンとタクライ、トウガラシの輪切り、バイ・マックルー（コブミカンの葉）の針切りも投入する。レシピによってはパームシュガーか砂糖も入れるようで、甘みと辛み、塩気のたっぷりな調味料になる。

この液状調味料に具材として肉類か魚介類が入る。ポピュラーなのはエビか豚肉で、軽く炒めるかゆがくかしたものを調味料と混ぜあわせ、最後にたっぷりのバイ・サラネー（レモンバームの葉）を上に載せて完成となる。エビが入っていれば「**プラー・グン**」という最も定番的なプラーになり、ムーを入れたら「プラー・ムー」になる。

特にエビの場合、完全には火をとおしていない、レア状態で和えるのが特徴だ。プラー・グンは九〇年代ごろまでは完全に生だった、とされる。四十代以上のタイ人に訊くと「プラー・グンって生じゃなかった？」というくらいインパクトがあったようだ。同時に「じゃなかったっけ？」というあたりに、タイ人からもそれほど人気がある料理ではなかったということが窺える。

しかし、和食ブームで刺身に慣れたタイ人の間で今、生プラーが復権しつつあるという。かつては流通システムの問題で鮮度と衛生面に難があったために敬遠されてきたが、**産地から素早く安全に仕入れられる清潔な飲食店が増えた**ため再注目されているのだ。

ボクはプラーを数回しか食べたことがない。正直いって、あまり好きではない。調味料にたっぷり入ったココナッツ・ミルクの風味がどうにも好きになれない。それがコクや深みなのかもしれないが、ボクはヤムのようなさっぱり味のほうが好きだ。

生ガキのサラダにもレモングラスの輪切りが大量に入っていた。

レモングラスが輪切りになっているのはもっと許せない。トムヤムでは食べないものとして入っているあのレモングラスが、食べるものとして堂々と仲間入りしていることに抵抗感がある。薄い輪切りにしたところでかたいものはかたい。ゴリゴリしていて食べにくい。

レモングラスの輪切りが入ったヤムには「**ヤム・プラー・ガポン**」もあり、それを思いだすのも、プラーが好きになれない理由かもしれない。本書ではスズキの仲間を指してプラー・ガポンと書いてきたが、このプラー・ガポンは正確には**プラー・グラポン**、つまり魚の缶詰のヤムである。ヤムなのに調味料は

スーパーで売っているサバなどのトマト煮缶詰。

プラーとほぼ同じ。ココナッツ・ミルクとナムプリック・パオを使わないという違いしかない。まあ、それが違いとしては大きいけれども。

タイで魚の缶詰といえば、主にサバかイワシのトマト煮なので、必然的にヤム・プラー・ガポンも赤い色、トマト味になる。調味料を用意したら缶の中身を全部入れて混ぜるだけ。火をいっさい使わない手軽な家庭料理だ。口にするとトマトソースの妙なヒンヤリ感が口に広がり、レモングラスのゴリゴリも手伝って、なんというか、ボクはがっかりしてしまう。プラーはこの料理を連想させるので、まずくはないし、嫌いではないのに、ついつい敬遠してしまうのである。

イサーン人の心のよりどころ「ソムタム・プー」

前項までででタイのサラダ的な料理、タム、ヤム、プラーが出揃ったので、あらためてソムタムに話を戻したい。

ソムタムは一般的にイサーン料理に分類される。イサーンの人がよく食べるし、隣国ラオスにも同じものがあるから、誰もがそう思う。ところが、バンコクから北部、南部まで、タイ全土にソムタムはある。地域特有の味もあるが、ソムタム・タイと注文すればどこでもちゃんとソムタム・タイが出てくる。そう考えると、どうやらソムタムがイサーン料理というのは間違いなのかもしれない。

料理家や歴史学者の見解では、ソムタムはイサーン料理ではなく狭義の意味でのタイ料理、すなわち中央部料理であり、実はバンコク発だともいわれる。なぜなら、ソムタムに使うマラコー（パパイヤ）もプリック（トウガラシ）も、もともとタイにはなかった植物だからだ。

さらに、ソムタム作りに欠かせない、カタクチイワシなど海の魚を原料にする調味料ナンプラーも、流通経路が未熟だった時代にはイサーンになかったとする説もある。流通がしっかりしていなかったからこそ、魚を塩漬けにしたナンプラーが確立されたのではないかとボクは思うのだが。それに、友人からこんな話を聞いたこともある。イサーンの奥地ウボンラチャタニー県出身の恋人の実家に招かれたとき、ごちそうで歓待してくれたのだが、友人は手をつけることができなかった。家の裏で作られていた自家製ナンプラーの巨大な壺の表面にボウフラがいっぱい浮いているのをみてしまったというのだ。

淡水ガニが入ったソムタム・プー・プラーラー。

ちなみに、ナンプラーには等級がある。一番搾りのような最初にしみ出てきたエキスが特級か一級だ。等級が落ちるのは、その出がらしを二次発酵させて抽出したものになっている。特級は、ナンプラーによくあるかすかなアンモニア臭がまったくしない。ただし、今はスーパーでみる既製品はほとんどが一級、一部のプレミアム商品が特級を名乗っているので、どこまで本当かという感じだけれども。

とにかく、ウボンラチャタニーはバンコクから最も遠いイサーンの県といってもいいくらいだ。そんな場所で自家製のナンプラーが定着している点を考えても、ナンプラーは大昔からイサーンにはあったと思う。

あくまでも、マラコーとプリックがあとから来たからという根拠から、ソムタムについて考証してみたい。

▼ソムタムはどこからきたのか

ソムタムの歴史はまったくわかっていない。ソムが酸っぱい、タムが叩くという意味であることはすでにおわかりだろう。ソムが指す酸っぱいものとは、酸味のある果物全般のことで、かつては必ずしもマラコーではなかった。そもそも、先述のようにパパイヤがタイになかったし、その昔はマカーム（タマリンド）などほかの果物がソムタムに使われていたという。

パパイヤはもともとアメリカ大陸の果物で、スペイン人かポルトガル人が東南アジアに持ちこんだとされる。一方トウガラシを持ちこんだのはポルトガル人だ。これらはアユタヤ時代に伝来したとされるものの、当時はあまり好まれなかった。なにせ食に保守的なタイ人である。「酸っぱいものを叩く」料理に青パパイヤが使われるようになったのは、現王朝の五代目、ラマ5世王の時代に入ってからである。

この青パパイヤがあまりにもソムタムにぴったりだったため、ソムタムは青いパパイヤでしか作られなくなった。こうして、タイでは熟したパパイヤは果物で、青パパイヤは野菜とみなすほど定着することになる。当初こそはパパイヤで作るソムタムということでソムタム・マラコー、イサーンではタム・バックフンと呼ばれた。バックフンがパパイヤを指すので、イサーンでは今も昔のまま呼ぶ人もいるが、タイ全体ではマラコーで作るソムタムが完全スタンダードのスタイルになったことで省略され、単に「ソムタム」とだけ呼ぶようになった。ソムタムを料理ジャンルとみた場合、昔は酸っぱい果物全般を叩いた料理を指していたので、現在のソムタムとは別物といえる。

つまり、こういうことだ。ソムタムという調理方法、料理はおそらくラオス由来で（そのラオスはおそらく中国郷土料理を原型にしているとみられる）、イサーンでも食べられていたことから、タイにおいてはイサーン発祥というのは間違いではない。しかし、現在のタイ料理界にある「ソムタム」、すなわち「青パパイヤを叩いたサラダ」はイサーン発祥ではない、ということだ。

青パパイヤのソムタムはバンコクの下町発祥だとする説もある。先のようにアユタヤ時代に作られはじめていたとしても結局イサーン料理ではなかったというのは間違いなさそうだが、現王朝の時代に入るまではどこにでもあった料理ではなかったというのだ。

それでバンコク発祥説が出てくるのだが、その説ではバンコク旧市街にあるムエタイのスタジアムであるラーチャダムヌーン・ボクシングスタジアム近くにあった、ガイヤーンが人気の店の定番料理がソムタムだったとされる。このため「ソムタムは通常ガイヤーンと一緒に食べる」といった記述が一般のタイ語メディア、さらにはウィキペディアのタイ語版と日本語版の双方に掲載されるまでになった。実際には、ソムタムはもち米とは食べるが、必ずしもガイヤーンと食べるわけではないのに、だ。おそらく、スタジアムにムエタイを観にきた観客や選手たちがこの店で両方を食べ、田舎に伝えたのではないか。

鉄道の敷設によってパパイヤのソムタムがバンコクからイサーン地方に広まったとする学者の発言もある。ラーチャダムヌーンは一九四一年、麺類クイッティアオを広めた当時の首相ピブーンソンクラーム元帥の命令で建てられた。そうだとすると、現在のソムタムは伝統的料理というよりは、できて百年も経っていない新しい料理といえる。

いずれにしても、ソムタムがイサーン人（あるいはラオス人）になじんだのは、味や材料が彼らの気質に合っていたからだ。ソムタムには塩味、辛味、酸味、甘味といった味の基本がすべて盛りこまれている。農業などの肉体労働従事者に適した濃さがある。そして、マラコーは通年で育つし、そのほかの野菜や材料も入手しやすい。なにより、火を使わないので簡単に作れる。

▼イサーンの危険なソウルフード「ソムタム・プー」

ソムタムはタイ全土で食され、材料によって名称が異なる。そんな中でイサーン人が好むのは「**ソムタム・プー**」（淡水ガニのソムタム）や「**ソムタム・プー・プラーラー**」だ。

バンコクや海辺の海鮮料理店ではソムタム・プーというと、ワタリガニ（タイワンガザミ）を生のまま入れる「**ソムタム・プー・マー**」が出てくる。韓国料理のケジャンのような生のカニ料理で、タイ人にも人気がある。胴体の殻をとり、エラやカニミソはほとんど抜いて身の部分だけがマラコーと共に叩かれて出てくる。辛さは調整可能だが、わりと甘めの味つけだ。ワタリガニの身も甘くておいしい。ただし、生食なので自己責任であるのはいうまでもない。海鮮を生食する習慣がなかったタイでは、日本のような衛生管理が徹底されていないからだ。

イサーン人もこのワタリガニのソムタムは好きだが、彼らには淡水ガニのほうがよろこばれる。大きいカニなら華奢な女性の拳ほどのサイズで、これをクロックに入れ、サークで丸のまま砕いてしまう。このプーが、第6章の生ガキの項で紹介した、タイ人がよく食中毒を起こす三大食材のひとつである。

プーは見た目からして怖い。屋台や市場に並んでいるものは真っ黒で腐っているようにしかみえず、それを丸ごと砕くのだから恐怖でしかない。ソムタム・プーに使われるのはタガニ（田ガニ）である**プー・ナー**と呼ばれる淡水ガニの品種だ。タイの淡水ガニの品種は複数あり、一九九三年に東北部のマハーサラカーム県で発見された、タガニより小ぶりのプー・ペーンも利用される。これらは生のま

上／こう整然と置かれているとプー・ナーもまずそうにはみえない。
下／南部ではカブトガニを置くソムタム屋台があった。

までではなく、**プー・ケム**といって塩漬けにして発酵させているものを調理する。だから市場に並んでいる時点ですでに真っ黒なのだ。新鮮な状態でも淡水ガニのカニミソなんて怖いのに、丸ごと砕いた発酵淡水ガニから出てくるカニミソなんてとんでもないと思ってしまう。

かつてはイサーンの田んぼでいくらでも捕まえられたようだが、近年タイで流通する淡水ガニはミャンマーなどで養殖されたものなのだとか。それが本当なら、ますます嫌な予感がする。市場のプー・ケム店で産地はどこかと訊くと、堂々と「知らない」といわれるからなお怖い。売っている人がどこでどう生産されたものかを把握していないのだ。危険度は相当に高い。

▼危険な発酵調味料はプラーラー

小粒生ガキ、淡水ガニに続く、腹を壊しやすい危険食材が、魚から作る発酵調味料のひとつ**プラーラー**だ。ソムタム・プー・プラーラーや「**ソムタム・プラーラー**」も危険な料理といえる。とはいえ、納豆やクサヤと同じで、苦手な人は一生食べられないが、クセが強いものほど味を知ったら虜になる。ということで、何度体調を壊そうともやめられないタイ人、特にイサーン人にとってソムタム・プーやソムタム・プラーラーはソウルフード的料理なのである。

このプラーラーは、コイの一種やプラー・チョン（雷魚）などの小型淡水魚を米ぬかと塩で八か月ほど漬けこんで作る。ナンプラーにも似ているが、ナンプラーの材料は基本的にはカタクチイワシなど海の魚で、使うのはうわずみの液体だけだ。プラーラーはしみ出てきたエキスだけでなく、発酵してドロドロになった身も調味料として料理に使う。日本のなれずしにかなり近いのではないか。プラーラーを自作する世帯ではエキスだけをナンプラーの代わりに使ったりもするそうだ。もしかすると、先の友人がウボンでみたボウフラが泳いでいた壺はナンプラーでなくプラーラーだったかもしれない。

上／プラーラーはこういったところで買う。
下／プラーラーとひと口にいっても種類はたくさんある。

正直いって、ボクもプラーラーはあまり好きではない。独特な臭みがあるからだ。ただ、結婚前にある女性の実家に行った際、その母親が仕込んだというできたてのプラーラーで料理を作ってもらったことがあった。ナンプラーの特級品同様、臭みがまったくなく、魚介類の旨味が抽出されていてすんなりと受けいれることができた。逆にいえば、バンコクで食べるプーとプラーラー入りソムタムはかなりハードだと再認識することにもなったのだが。発酵と腐敗は紙一重で、バンコクではプラーラーがいつ、どのように作られたのかがわからないから怖い。

それでも食べたいと思わせるのが、プラーラーやプーを使ったソムタムである。ただ、その魅力を理解するには、相当食べ歩く必要があると思う。

キュウリのソムタム「タムテン」は初心者にぴったり

ソムタムの変わりダネを訊かれたら、ボクは「**タムテン**」を推す。テンは**テンクワー**、すなわちキュウリである。日本のキュウリと違って色が薄く、ずんぐりとした形で中身もスカスカだ。瑞々しさはあり、ソムタムの辛味とよく合う。一般的なテンクワーよりサイズの大きいものは**テンラーン**とも呼ばれる。タイではキュウリをさまざまな料理に使う。中でもたまごと炒めただけの「**パット・テンクワー・サイカイ**」は、老若男女が好むタイの家庭料理だ。ナンプラーをちょっと加えるだけで、ご飯に合う炒めものになる。

タムテンはソムタムの青パパイヤがキュウリになった料理とイメージしてもらえばわかりやすい。キュウリは細切りではなく、乱切りのような適当に切った感じだ。ボクがそんなタムテンを初めておいしいと思ったのは、国鉄の中央駅だったグルンテープ駅（バンコク駅）、通称ホアランポーン駅前で食べたときだった。この駅前にはかつて公園があり、女性たちがソムタムを売っていた。公園がなくなった現在でも、深夜になると地下鉄MRTホアランポーン駅の階段前にゴザを広げ、ソムタムなどの料理と薬草を漬けこんだヤードーンという酒を飲ませてくれる女性たちはいる。ちなみに、ボクはこの商売形態を「ゴザ居酒屋」と呼んでいる。

この女性たちはイサーン人で、材料を入れたカゴを天秤棒で担いできて、その場でイサーン人好みのソムタムなどを作ってくれる。さすがにバンコクの自宅から天秤棒で重い荷物を担いできているわけではない。実際には三輪タクシーのトゥクトゥクで来ていて、天秤棒はシンボルとして、また逃走しやすくするために持っているだけだ。ヤードーンやこの女性たちの出自については、第14章のラオ・カーウという酒の項で述べたい。

タイ料理は全般的に臨機応変な料理で、客の要望に応じて作ることが可能で、むしろソムタムは客の要望を聞いてから作ることがスタンダードとなっている。その際、日本人が注意したいのはやはり辛さだ。漠然と「辛くしないで」といっても、結局調理人の感覚に頼ることになる。タイ人もその点は同じなので、彼らは具体的に辛さの度合いをいう。それは、日本のカレーショップなどでもみかけるトウガラシの

上／キュウリを使ったソムタムの一種、タムテンもおいしい。　下／日本のキュウリと形も食感も違い、タイ人も日本のキュウリがおいしいという。

上／地下鉄ホアランポーン駅前に座りこむ形式のゴザ居酒屋。
下／天秤を担いだ物売りはバンコクでもみかける屋台形態のひとつだ。

マークがヒントだ。

タイ人は望む辛さを伝えるときはトウガラシの数でいうのだ。トウガラシは粒を意味する**メット**という単位で表す。タイ人基準では「辛くない」の平均レベルがサーム・メット（三粒）、辛いのが好きな人でジェット・メット（七粒）からシップ・メット（十粒）くらいだという。日本人の場合は辛いもの好きでも三つも入れれば十分だと思うが、これはあくまでもタイ人の平均なので、好みの辛さは自分でみつけなければならない。

仮に日本人好み、あるいは自分の好みに完全に合わせて作ってもらったとしても、思っていたものではないこともある。なぜなら、ソムタムは前の客がどれくらいの辛さの、なんのソムタムを頼んだかが強く影響するからだ。屋台ではソムタムを作るクロック（臼）を注文ごとに洗ったりしない。汚れたものを入れているわけではないので、せいぜい空いた時間に水でゆすぐくらいだ。そのため、自分の前の人が激辛ソムタムを注文していた場合、その残留エキスによって自分の辛くないはずのソムタムまで激辛になることがある。まるでロシアンルーレットのようで、最悪のケースでは前の人がソムタム・プーやプラーラーを頼んでいれば、臭いまでも残っていることだろう。

このゴザ居酒屋は働き手もイサーン人なら、客もイサーン人ばかりなので、本物のイサーンのソムタムにありつける。前の客によるという欠点はあるが、それでもここのソムタムはデメリットを凌駕するほど本格的でおいしい。中でもボクはキュウリのタムテンが好きだ。プーの香りが高確率で残っているがキュウリの水分で多少薄まるし、キュウリそのものが酒にも合う。

米粉そうめんのようなカノムジーンを入れた「**タム・スア**」もおすすめだ。マラコーは少しだけ、あるいはまったく入れないタムで、個人的には辛めの、むしろプーやプラーラーの味が多少あったほうがいいと思う。

イサーン人が好む本格的で粗野な感じのソムタムには案外出会えないものだ。タイ人は、外国人がソムタムを注文すると、外国人向けのソムタム・タイにしたり、よそ行きな味つけにする傾向がある。タイ人なりのおもてなし精神だ。しかし、このゴザ居酒屋はタイ語しか通じないし、外国人に慣れていない。ちゃんとした飲食店にある気遣いがない分、彼女たちが普段食べるソムタムを出してくれるので最高だ。ゴザを敷くだけで椅子もない。地べたに座って飲み食いするというのもまたおいしさを倍増させる。

ナマズのサクサク揚げサラダ「ヤム・プラー・ドゥック・フー」

イサーン料理店でみかける淡水魚は海の魚よりもクセが強く、嫌いな人には徹底的に嫌われがちだ。日本の川は水がきれいなので、川魚は塩焼きでも臭みどころか清涼感さえあるが、タイの川は基本的に泥水なので臭みが強い。特にプラー・ドゥック（ナマズ）は普通に食べておいしい魚ではないとボクは思っている。

かといって、ナマズを全否定しているわけではない。プラー・ドゥックを使った、ボクが大好きな料理もある。それが「**ヤム・プラー・ドゥック・フー**」だ。

プラー・ドゥックは特にヒレナマズ科の淡水魚を指す。タイにはいろいろなナマズがいて、ほかに有名なところでは**プラー・ブック**（メコン・オオナマズ）、これとほとんど同じ見た目の**プラー・サワーイ**（カイラン）という種がいる。この二種は巨大で、体長一メートルの個体を釣っても大きいとされないほどだ。

バンコク近郊にプラー・ブックやアロワナ、ピラルクなどの巨大魚が釣れる釣り堀『ブンサムラン・フィッシングパーク』がある。池の周囲が桟橋になっていて、宿泊可能なバンガローもあり、二十四時間釣りを楽しむことができる。有料だがガイドもいるので、初心者も安心だ。ガイドに任せればエサ作りから仕かけの準備、釣り針を投げこんで魚がヒットするまですべてやってくれる。ヒットしてから竿を渡されても巨大魚との格闘部分が残されているので、十二分に楽しめる。何分もかけて釣りあげると、ボクの世代ではどうしてもハトヤホテルのCMでみた4126体操のあのシーンをやってみたくなるが、現実は厳しい。淡水ナマズの体表にはヌメヌメした粘膜がたっぷりで、抱えるとシャツに付着して後悔することになる。

タイのナマズ類は水さえあればどこにでも生息している。チャオプラヤ河のエクスプレスボート船つき場横や河沿いにある寺院から容易にその姿をみることができる。餌づけを商売にする人がいるほどウヨウヨいる。

ナマズの肉をほぐして揚げたものをサラダにしたヤム・プラー・ドゥック・フー。

巨大魚のプラー・ブックなどに比べ、プラー・ドゥックは大きくても三〇センチ程度と小ぶりだ。第6章で紹介したように淡水魚も焼いて食べる。特に巨大な淡水魚ほど味が落ちるようで、ナマズ類で日常的に食されるのは結局のところプラー・ドゥックだけということになる。プラー・ブックやプラー・サワーイも食べられないわけではないし、小ぶりのものはあるにはある。しかし、やっぱり臭みをとるなどの下処理が必要で面倒らしい。いずれにしても、一メートルを超えるような巨大な個体の魚肉を、少なくともバンコクで扱う店はまずみない。

タイ料理における通常の調理では、肉でも魚でも徹底的に火をとおす。レア気味に焼くことはほとんどなく、肉などカリカ

チャオプラヤ河のバンコク都内の船着場下にいるメコン・オオナマズの大群。

リにかたくなるまで炒めたり揚げたりする。プラー・ドゥックの炭火焼きも水分がなくなるまで焼かれていて、そのまま食べるよりはナムチム（タレ）をつけて食べる。カラッカラに焼かれた身を辛いタレで食べるので、プラー・ドゥックそのものの味を楽しむものではない気がボクはしている。そんな料理の中でもヤム・プラー・ドゥック・フーは食べやすい。こちらも身の味はあってないようなものだが、炭火で焼いただけよりはマシだ。

料理名にある**フー**はふんわりとか膨らませるといった意味だ。つまり、プラー・ドゥックの身をサクサクに揚げた料理ということである。身をひき肉状にしてサクサクに揚げ、マムアン・プリアオ（青いマンゴー）の細切りとナンプラーなどを混ぜたソースをかけて食べる。このソースはほぼマンゴーのヤムである。サクサクの身とマンゴーの甘めのヤムが合わさって、初めてヤム・プラー・ドゥック・フーという料理ができあがる。

多くの店では身とソースは別々に供される。厨房でかけるとサクサクの食感が失われるからだ。実際、ソースをかけたらあっという間にサクサクが消えてしまう。熱々のナマズの身に、ジュッと音を立てながらソースをかけると、脂っこさが一変、さっぱりした印象になる。揚げた状態のサクサク感もいいが、ソースにひたされシャバシャバになった身の食感もまたおいしい。どちらも、米、酒、ビールのどれにも合う。

▼ナマズ料理の思い出

ボクが初めてヤム・プラー・ドゥック・フーを食べたのは、実はタイではない。新宿のいわゆるタイ・カラオケだった。タイ料理店で働く人、水商売の人、留学生、不法就労者など、東京のあらゆるタイ人が夜な夜な集まる店だ。今よりタイがマイナーだった九〇年代は、タイ・カラオケに来る日本人といえばタイ料理店関係者やタイ・マニア、それから反社会勢力系の人くらいだった。客構成は今もそのままのようだが、東京都内のタイ人向けのタイ・カラオケ店は今や新宿だけでなく、湯島や錦糸町などいろいろなエリアに存在している。

こういう店は普通のタイ料理店より値段が高いものの千円、千五百円、二千円と設定がシンプルで、味つけはタイ人向けという本場感があった。新宿や新大久保にはアジア・ストアあるいはアジア・スーパーと呼ばれた、タイやベトナムから取りよせた東南アジア食料品店が数軒あり、そういったタイ・カラオケ店では、そこで仕入れたナマズを使ってヤム・プラー・ドゥック・フーを作っていた。普通のタイ料理店にはないメニューを、普通の日本人では辿りつけない店で食べている、というような、当時はそんな自分に酔ったものだ。思いかえすといかにもタイ初心者らしい姿である。

現在では、日本国内で食材としてのプラー・ドゥックは一匹あたり五百円から六百円で手に入るようだ。プラー・ドゥックの炭火焼きがタイでは五〇バーツ前後なので、やはり日本は高いが、今ほどタイ料理店が多くなかった九〇年代には輸入も難しく、もっと高かったはず。そのため、留学生が現地から食材を密輸入し、アジア・ストアに売ることもよくあったようだ。

ちなみに二〇〇〇年ごろ、渋谷の西武百貨店で数千円の値段がつけられた観賞・飼育用のプラー・ドゥックをみたことがある。ポップには「タイ産ナマズ」ではなく、カタカナで「プラー・ドゥック」と書かれていて、「こんなの誰が買う? 店員はタイ・マニアだろうか」と思ったことが妙に記憶に残っている。

そう書きながら、そういえば最近はプラー・ドゥックをはじめ、淡水魚を食べていないと気がついた。バンコクが大都会になり、日本人も増えて、和食店での食事があたりまえになったからだ。ボクがタイ語学校に通いはじめた二〇〇〇年から移住して数年の〇五年ごろは、とてもそんな時代ではなかった。当時の在住日本人数は二万人を少し超える程度で、二〇二〇年前後のピーク時には約八万人にもなった。当時はバンコクでも日本人をみかけることは少なく、和食店もBTSプロンポン駅周辺、あるいは日本人向けカラオケクラブが並ぶタニヤ通りにあった程度だ。物価がずっと安かった当時、和食店は高級すぎて企業駐在員や富裕層しか行けない。かといって、安い居酒屋は素人料理で、よほど和食に飢えていない限りは足が向かなかった。

そもそも、今でこそ和食店でひとり二〇〇〇バーツを払ってもなんとも思わないが、あのころの物価感覚では一回の食事に一〇〇〇バーツも払うというのは日本で一万円以上を払うぐらいの感覚だったし、店側も、当時はボクたちのような客を相手にはしていなかった。だから移住組が食事で集まるといえば、当然のように屋台に向かったものだ。特にイサーン料理屋台にはいい店がたくさんあって、ビールも合う。ときにはコンビニで安いウイスキーを買ってきて、ソーダで割って飲んだ。屋台ならたらふく飲み食いしても、ひとり五〇〇バーツにもならない。

そんな店でよくビールのつまみにしたのがプラー・ドゥックの炭火焼きや、ヤム・プラー・ドゥック・フーだった。タイが発展するにつれ、いつの間にか自分のライフスタイルも変わってしまった。近々、どこかの屋台でヤム・プラー・ドゥック・フーを注文し、初心を思いだしてみるとしよう。

シーフードたっぷりで個人的イチオシ「ヤム・タレー」

本来、ヤム・ウンセンと分ける必要はないのだが、ボクはヤム・ウンセンよりもこの「**ヤム・タレー**」のほうが好きだ。店によっては「ヤム・ルアムミット・タレー」と書かれる。ルアムミットは野菜炒めでも登場した、ミックスといった意味だ。ヤム・タレーはシーフード・ヤムのことになる。ヤム・ウンセンの春雨以外のメイン食材はエビかイカだし、ヤム・タレーにウンセン（春雨）が入っていることもある。ウンセン入りで作る店では「ヤム・ウンセン・タレー」としていることもある。そうなると、このふたつの違いがわからなくなってくるが、ヤム・タレーにはとにかく海鮮がいろいろ入っている、としかいいようがない。

春雨多めの海鮮ヤムなのか、海鮮多めの春雨ヤムなのか。

ヤム・タレーはエビを中心に、イカ、なにかしらの貝類、たとえばホイ・マレンプー（ムール貝）を使う店が多い。ほかにはトマト、タマネギ、セロリなどの野菜、近年は**ヘート・ケムトーン**（エノキ）も入るようになった気がする。

ナム・ヤム（ヤム用調味料）は基本的にヤム・ウンセンと同

ヤム・マーマーの手間は麺をゆでるくらいで、あとはヤムすればいいだけだ。

じレシピだ。肉サラダのラープとナムトックも調味料は同じでも食材の切り方が違うので別料理になるが、ヤム・タレーもまさにそれで、ヤム・ウンセンと同じ調味料でも、中心食材が違うので、タイ人の見方ではまったくの別料理ということになる。

個人的にヤム・タレーのほうが好きなのは、春雨サラダより海鮮が多いからだけではない。春雨はメーカーによって食感にばらつきがあるのも気になるからだ。ハズレの春雨に当たるとがっかりしてしまう。そういうことのないヤム・タレーは安心だ。ヤム・タレーも海鮮の種類や鮮度で違いはあるが、これは店の雰囲気で事前に判断できるから問題ない。

変わりダネのヤムはほかにもある。初めて知ったときから今の今までモヤモヤしているのが、「**ヤム・マーマー**」だ。タイで一番人気のインスタント麺マーマーで作ったヤムである。ノンフライ麺ではなく、ヤムには従来の瞬間油熱乾燥法の麺が望ましい。麺屋台でインスタント麺が提供されること自体が疑問なのに、それをヤムにするとはどういうことか。この料理が普通にレストランのメニューに載っていて、注文する人がいることにボクはいつも首をかしげ、「いや、インスタント麺でしょ?」と、心の奥で叫んでしまう。

この料理名ではマーマーが冠されているものの、麺は必ずしもマーマーとは限らない。人気ブランドのワイワイ、ヤムヤムのほか、無名ブランドなどさまざまある。最近は業務用の、かやくやスープの素がついていない、麺だけがまとめられたパックもある。それだけ需要のある料理ということでもある。このインスタント麺をヤム・ウンセンと同じ調味料で和え、タマネギやトマト、セロリといった、ヤム・ウンセンとなんら変わらない野菜を合わせるのがヤム・マーマーだ。春雨がインスタント麺になっただけ、と思えばいい。あるいは、マーマーのヘーン（汁なし）の豪華版とも解釈できるというか。これがあるなら、小麦粉麺のバミーや米粉麺のクイッティアオのヤムがあってもよさそうなものだ。もしかしたら創作料理レストランにはあるかもしれないが、一般的な飲食店では麺のヤムといえば、ウンセンとマーマーの二種類になる。

ヤムはそもそも難しい料理ではない。食材をゆでて火をとおし、ボールや鍋で和えるだけというシンプルさ。エビを肉類にしたり、魚の缶詰を投入したり、ゆでたまごを入れたりと、アレンジも無限に可能だ。自宅で作るにも手軽なタイ料理となる。

ただ、ヤムやプラーはサラダとはいえ、野菜がそれほど多用されない。そこもまた、タイ人がこれらの料理群をサラダと思わない理由なのかもしれない。

辛いけどさっぱりの冷しゃぶ豚サラダ「ムー・マナーウ」

この章ではサラダっぽい料理を集めたため、ほぼ肉のみで作るラープは肉サラダとは呼ばれるものの取りあげなかった。ただ、日本に冷しゃぶサラダという料理があることを鑑み、ラープよりはサラダ的な「**ムー・マナーウ**」についてはここでみておきたい。ラープよりは野菜を使うのでヘルシーだし、サラダとしてもいいとボクは思う。

ムー・マナーウを構成するタイ語は両方ともすでに何度も出てきている単語なので説明は不要でしょう。直訳すればライムの豚肉なのでわかりづらいが、要するにマナーウ汁をたっぷりかけた豚肉のサラダである。トウガラシやニンニク、ナンプラーでナムチム・タレーに近いものを作る。ただ、マナーウの汁をたっぷりと入れる点がナムチム・タレーとは異なる。それから、カナー（カイラン）を削ぎ切りにして氷水に入れておき、豚肉をちょうどいいサイズと薄さに切ってゆで、皿に敷いたカナーの上に並べていく。最後に先のナムチムをかけまわし、バイ・サラネー（レモンバームの葉）を添えれば完成だ。

豚肉は冷やしてもいいし、熱いままでもかまわない。最大のポイントはカナーをキンキンに冷やすことだとボクは思う。ナムチムは辛いほどおいしい。豚肉とカナーを同時に食べると、これがまたさっぱりしてたまらない。ただし、さっぱりしているとはいえ、辛さレベルはタイ料理業界でも上位に入る水準なのでご注意を。

▼ムー・マナーウのおいしい店がかつてあった

ボクが初めてムー・マナーウを食べたのは安宿街のカオサン通りだ。一九九八年の一二月、インドからの帰路、日本行きのフライトを待つ数日の間に、あるタイ人女子大生グループと知りあった。日本の歌手が好きで、歌詞の意味を教えてくれと話しかけてきたのだ。当時、カオサン通りはまだ外国人しかいないエリアだった。今考えると彼女たちは先端を行く変わった人たちだったのかもしれないが、初めてできたタイ人の友人となった。

ある日、カオサン通りの端にあったガリバーというパブ・レストランに連れていってくれた。その後、外国人男性を引っかけようとする売春婦であふれて風紀が乱れたせいか、二〇一五年ごろになくなってしまったが、少なくとも一九九〇年代当時はまだ普通のパブ・レストランで、雰囲気はよかった。彼女たちにはこの店で、料理を含め、タイのさまざまなことを教えてもらった。その料理の中でダントツにおいしかったのがムー・マナーウだ。あれはこれまで食べた中でも一番おいしいムー・マナーウだった。尋常じゃないレベルで辛かったが、その後ひとりでも何度も行ったくらいだ。

ところで、ボクは東京の荒川区生まれの足立区育ちで、子どものころに住んでいた実家の最寄り駅は東武伊勢崎線（東武スカイツリーライン）の竹ノ塚駅だった。二〇〇二年だったかのある深夜、ガリバーから出たところでイラン人に日本語で話しかけられた。日本が好きで、日本で働いていたという。日本でいきなり外国人が話しかけてきたら普通は警戒するのに、タイにいるときはつい油断して応対してしまう。**こういう鈍感さが海外で犯罪に巻きこまれる流れの第一歩になる。**まあ、このときは店が警察署の前だったので警戒していなかったこともある。さて、その男はボクに対し「出身はどこだ？」という。東京だというと、地名まで訊いてくる。どうせわからないだろうと思って、北千住のほうだと答えた。すると、

「足立区だね。竹ノ塚とか知ってるよ」

というので耳を疑った。外国人が竹ノ塚を知っているとは。なぜ知っているのか尋ねると、「上野公園の辺りで働いていたから」と彼は答えた。東武線は北千住で日比谷線に直結するので、竹ノ塚から上野にも乗り換えなしで行ける。嫌な予感がして滞在していた時期を訊くと、ボクが高校生くらいのころだ。当時は上野公園に無数のイラン人がたむろしていて、偽造テレフォンカードを売っていた。「そのころの上野ってさあ……」といいかけると、「やばい、あのころを知っているヤツか！」と思ったのだろう、彼はさっといなくなってしまった。

このイラン人とのやりとりの印象が強かったので、ボクのガリバーの思い出はムー・マナーウから偽造テレフォンカードにすり替わってしまっていた。一番おいしいムー・マナーウだったのに、本書のためにこの話を書くまでガリバーのことを完全に忘れていた。

美肌効果で女性に人気の「ヤム・ソムオー」

「**ヤム・ソムオー**」もかなり変わったメニューで好きだ。**ソムオー**とはブンタン、一般的にはザボンという柑橘類である。タイでも珍しい、果物が主材料のヤムだ。まあ、ソムタムも青パパイヤを使うわけで、そう考えると果物を野菜のように使うのは珍しいことではないけれど。

メインの食材は、外皮を剥いて中のじょうのう（果肉を包む皮）もはずしたソムオーとエビだ。調味料はナンプラーやマナーウ、それからガティ（ココナッツ・ミルク）、ココナッツ・シュガー、コブミカンの葉、レモングラスなどだ。さすがにヤム・ウンセンのナム・ヤム（ヤム用に調味料を合わせた液体）とは内容が違う。さらにヤム・ソムオーにはチリ・イン・オイルのナムプリック・パオまで加わるので、ソムオーそのものの味がわからないほど濃い味になる。それでも、ソムオーのほんのりの甘酸っぱい風味がエビやナム・ヤムに合っていて、酒のつまみにも最高だ。タイ人は白米に合わせて食べているようだが、個人的には白飯には好ましくないと思う。

ソムオーはバンコクの西のほうやタイ南部で栽培が盛んだ。そして、多くの薬効が謳われ、女性により好まれている。中国でも実や皮が漢方の生薬として使われるからか、特にこの果物は薬効がより喧伝されている気がする。ザボンに限らず全般的に柑橘系の皮は健康維持効果などがあるとされるのに、特にソムオーだけは薬効がより強調される。薬効の言い伝えもあって、中国の中秋節などで刈りとったものを割り、中心部が乾いていると幸運の印という。その夜にそのザボンを食べることで未婚の女性は肌がきれいになり、目がきらきらと潤うのだとか。実際、今でも謳われる薬効に美肌になるという成分があるという。これも人気の理由のひとつになる。タイ女性は東南アジア内では美意識が高いほうで、タイ伝統医学に基づいた天然サムンプライを用いた安価な手法で美容系の治療を日常的に受ける人も少なくない。その点では、ソムオーの喧伝は商売としては正統的ではある。もちろん、効能は性別に関係ないものもあり、たとえば抗ガンなどの効果もあるようだ。

これだけ人気のソムオーはタイ原産ではないというのが定説だ。タイ第2区農業研究開発局が発表する情報にも外来種であると記述されているものの、伝来の記録はなく、いつ、どこから来たのかはわかっていない。もう聞き飽きたかもしれないが、このソムオーにもやっぱり諸説があって、ソムオーの歴史は大きく分けると三つの説がある。タイのソムオーには現在九つの品種があり、それぞれ産地が異なる。大昔には中央部のナコンパトム県とバンコクのトンブリー地区で栽培される二品種のみだった。

ソムオーそのものは個人的にはそれだけより、なにかナムチムをつけて食べたほうがいいと思っている。

ソムオー伝来説のひとつは六百年から千年前、今のマレーシア方面から陸路で来たというものだ。タイ南部の言語がインドネシアのジャワ語の影響を受けていることから、食材や作物などもインドネシアのほうからマレーシアを経由して伝来したのではないかという。実際にソムオーの名産地がタイ南部に複数あることから、有力な説ではある。

もうひとつは、中国からやはり陸路でタイにやってきたとする説だ。タイと中国は文化的にも歴史的にもつながりが深い。民族としてのタイ人が中国から来たという説もあるので、民族移動の過程で種が持ちこまれたか、種子や花粉が衣服か荷物についてきた可能性はある。民族が南下してきた時代なら何百年も前のことだし、中国には柑橘系果物の品種も多いので説得力はある。

最後の説が個人的には一番おもしろい。というのは、伝来の歴史が急に浅くなり、二百年ちょっとくらい前の話になるからだ。バンコク都内のチャオプラヤ河西岸にあるトンブリー地区がソムオーの名産地のひとつだったことから、トンブリー王朝期（一七六七〜八二年）か、その少し前に船でバンコクに移住した中国人が持ちこんだというのだ。そこまで近代なら文献が残っていそうなものなのに、それがないので定かでないところにおかしさがある。

まあ、以前タイ国鉄のある大きな駅の駅長に駅舎の歴史を尋ねたら、線路敷設がはじまる百年も前の年代を開業年度として語ったくらいなので、タイ人の歴史認識はかなり適当だ。ソムオーに三つの説があるのも、タイならさもありなんといったところか。

タイでしか食べられない「ヤム・マムアン」

青いパパイヤを使ったタイ・サラダのソムタムに似た、青いマンゴーを使った「**ヤム・マムアン**」という料理もある。ちなみに、パパイヤはマラコー、マンゴーは**マムアン**だ。タイ語の発音やカタカナの字面をみると、パパイヤのほうにマンゴーを感じてしまうのはボクだけではないはずだ。

マンゴーといえば、日本人は鮮やかなオレンジ色あるいは赤に近いオレンジ色をし、したたるほど果汁が詰まった、とてつもなく甘くて、南国を想像させる果物を思い浮かべるのではないか。日本だと宮崎県産の最上級マンゴーはたしかにそんな感じだし、タイにも完熟のマンゴーはある。ただし、タイのマンゴーの果肉は深みのある黄色だ。このヤム・マムアンではそんな完熟マンゴーは用なしである。ソムタムと同じで、青いマンゴーを使うからだ。

青いマンゴーといっても、ソムタムの青パパイヤとは意味が違う。というのは、マンゴーには青いまま食べる品種が存在するからだ。実はタイにはマンゴーが五十種（一説では六十ともいわれる）ほどある。ちなみに、パパイヤは十八種類くらいで、ソムタムには熟しきっていなくても、おいしければどの品種を使っても基本的には大丈夫だ（諸説あり）。ヤム・マムアンには未熟ではなく、かたいまま食べる品種を用いる点で大きく違う。

▼タイ産果物の輸入事情

青いまま食べるマンゴーが日本であまり知られていないのは、日本が生での輸入を許可しているタイ産マンゴーが七種しかないからだ（取材時点）。キアオサウェイ種とチョークアナン種、ナンカンワン種、ナームドークマーイ種、ピムセンダン種、マハーチャノック種、ラッド種だけだ。一九八七年にタイからの生マンゴーの輸入が解禁され、二〇一六年二月に二種類増えた結果がこれである。しかも、この中でタイから輸入されるのは、ほとんどが甘いナームドークマーイ種だ。ちなみに、日本の植物防疫所の公式文書ではマンゴーは「マンゴウ」と表記されている。なんだか魚みたいである。

ヤム・マムアンはあまり米と食べないイメージが強い。

ところで、タイ料理に多用されるマナーウ、すなわちライムは、タイから日本への輸入は禁止されている。マナーウに限らず、日本政府は柑橘類を個人的に持ちこむことすら禁止しているため、**日本で完全にタイと同じ材料でタイ料理を作ることはできない**ということになる。マナーウの英語名はキーライムといい、メキシコ原産のライムと同種だ。メキシカン・ライムは日本に入っているので、それを使うしかない。

上／収穫する前のマンゴー。　下／青いマンゴーのスイーツ「マムアン・ナムプリック・ガピ」は酸味と塩味、魚の旨味が合わさる不思議な味。

それから、同じくタイ料理でよく使うコブミカンの葉は英語でカフィア・ライムと呼ぶが、これはあくまでもミカンであって、ライムの仲間ではない。現在は「カフィア」が他宗教信者や黒人奴隷を指す差別用語にあたるということで、マクルード・ライムと呼ぶようになりつつある。タイ語のコブミカンの葉も、タイ文字からカタカナに起こすとバイ・マクルートなので、マクルードと同じだ。タイのほうが日本よりも世界基準に近い。

さて、話をマムアンに戻すと、青いマンゴーは本当に青いものだけではなく、品種によっては果肉が黄色いものもあり、共通するのは食感がかたいということだ。また、人によっては果物として食べるための品種をあえて未熟のまま用いることもある。いずれにしても、そんな実の質なだけあって酸味が強く、甘みがほとんどない。そのため、ヤムの調味料にはナンプラーを中心に、パームシュガーやマナーウ、乾燥トウガラシなどを入れて、塩味、甘味、辛味、酸味を加えていく。レシピによっては小エビ（オキアミ）の発酵ペーストであるガピや小魚の発酵汁プラーラーも入れる。かなり味の濃い、調味料に頼った料理でもある。

人にもよるが、ソムタムと違って、ヤム・マムアンは軽食とみる人が多い気がする。ちなみに、酸っぱい青マンゴーの実を細切りにして叩く「**タム・マムアン**」もある。材料も見た目もソムタムとほとんど同じだ。ヤム・マムアンにもカニや干しエビ、ピーナッツも入れることもあるので、こうなると全体的な雰囲気はソムタムにより似てくる。ソムタムとの違いはヤム・マムアンにはトマトが入らないことくらいかもしれない。これだけソムタムに似ているし、ヤム・プラー・ドゥック・フーやプラー・トート・ラート・ヤムマムアン（第6章参照）にもソースのように使われるのに、なぜかタイ人はタム・マムアンを含め、ヤム・マムアンは米やもち米とはあまり食べない。このマンゴーのサラダは、なんとも不思議なヤムなのである。

タイの代表料理「ナムプリック」は万能ディップ

グリーンカレーなどに使用するペーストをナムプリック・ゲーン（もしくはプリック・ゲーン）、トムヤム・スープや炒めものに用いるトウガラシや干しエビなどを炒めて作ったペーストをナムプリック・パオと紹介してきた。ここで取りあげる「**ナムプリック**」も、外国人からはチリ・ソースなどと呼ばれる、タイ料理において最も重要な食材であり料理ジャンルのひとつである。ここで紹介するナムプリックそのものはどう考えてもサラダとはいえないが、野菜につける使い方はサラダ的だと思うので、本章で取りあげることにした。

先にはっきりさせておくが、第9章のゲーンの項で書いたとおり、スープあるいはタイ・カレーの素になるプリック・ゲーン、炒めものなどに使うナムプリック・パオ、ここで紹介するディップソースとしてのナムプリックはすべて別物である。同じ「ナムプリック」とついているし、大きくくくればいろいろな食材を合わせたペースト風のものなのでジャンルも同じにみえるが、まったくもって別

ナムプリックの専門店ではあらゆるタイプが量り売りされている。

のものと思っていないと混乱してしまう。

それから、トムヤム・スープがトムとヤムの二語ではなくトムヤムという単語であるように、ナムプリックもナーム（水分）とプリック（トウガラシ）に分けることができるが、二語ではなくひとつの単語である。同じ字、同じ発音でも意味がまったく違う。

▼ナムプリックも種類が豊富

ディップソースとしてのナムプリックはタイ全土で食され、どこかの地方料理というわけではない。南部には南部特有の、北部には北部発祥のナムプリックがある。北部だけでも三十種類を超えるナムプリックがあるといわれるほどだ。

作り方やベースの食材はプリック・ゲーンとあまり変わらない。トウガラシ、ホームデーン、ニンニクを中心に、ほかにはサムンプライ、いろいろな野菜や魚の身などをすり潰してペースト状にする。結局、小さな石のクロック（臼）

などを使ってすり潰す過程はプリック・ゲーン、ナムプリック・パオ、そしてここで言及しているナムプリック各種の多くに共通するので、ここからどのタイプにも「ナムプリック」とついたのかもしれない。

本書で何度も登場するナムチムの一部にもまたすり潰したりする工程もあるが、あくまでも味を足すタレであるため、ひとつの料理として成立するナムプリックのように手が込んではいない。最低条件ではないが、ナムプリックにはなにかしらのひと手間があったり、小エビの発酵ペーストのガピ、北部では納豆の一種であるトゥア・ナオを使うこともあるので発酵食品のコクもある。これもナムチムとは大きく異なる。

スーパーに並ぶ既製品のナムプリック・ヘーン。

いわゆる「ペースト」というのは味噌のような粘性がある。こういうタイプはあくまでもナムプリックの代表格であって、火をとおした食材を使うこともあれば、必ずしも味噌のような状態ではないナムプリックも存在する。そのひとつに、まるで日本のふりかけのように乾燥したナムプリックもある。乾燥タイプは「**ナムプリック・ヘーン**」と呼ばれ、まさに白飯にふりかけて食べるか、生野菜やゆで野菜につけたり、ほかの料理や食材にかけて食べる。用途や好みによって材料が異なるため、ナムプリックの種類は多く、無限に思えるほどに多様だ。

ナムプリックの名称はうしろに食材名がつくものと、独特な呼称のタイプがある。前者にはタガメを使っているから「**ナムプリック・メンダー**」、小魚の発酵調味料プラーラーを使用しているので「**ナムプリック・プラーラー**」などがある。後者には、オーソドックスなナムプリック「**ナムプリック・オーン**」がある。豚ひき肉とトマトを使っているので辛みがなく、外国人でも食べやすい。逆に、とてつもなく辛い「**ナムプリック・ナロック**」（地獄のナムプリック）もある。これはとにかく辛いタイプのナムプリックの総称で、レシピはさまざま、ペーストと乾燥タイプの両方がある。

青トウガラシを炒めて作る「**ナムプリック・ヌム**」は、ナムプリック界においてナムプリック・オーンと共に超有名だ。一見辛そうだが、使われるのはプリック・ヌムである。日本のいわゆるシシトウあるいはバナナピーマンに相当する。このプリック・ヌムの辛さは熟成度によるが、基本はさほど辛くない。タイ人の中にはピーマンを意味するプリック・ユアックと呼ぶ人もいる。そのため、ボクはトウガラシだとは思わず、ねっとりしたナムプリック・ヌムを最近までグリーンカレーに入ってい

上／タガメ（あるいはタガメ由来エキス）を使った「ナムプリック・ターデーン・メンダー」。　中／ナムプリック・オーンもまた辛そうで辛くなく、子どもにも人気の高いもの。　下／「プリック・キン・グンシアップ」は南部でよくみるエビのナムプリックだ。

タイも野菜の種類が多く、鮮度だけでなく清潔であれば生でも問題ない。

る緑色のナス系の野菜で作ったものと思っていたほどである。

▼ナムプリックの正しい食べ方とは

ナムプリックはディップソースとしてキャベツやキュウリなどの生野菜、ゆでた野菜、焼くか揚げた肉につけて食べる。個人的には、野菜なら生のほうがいい。ゆでた野菜はそもそもどこで、いつゆでたのかわからない。熱いまま食べることはまずなく、冷めた状態で供されるので、当然ながらゆでたてとは考えにくい。

ほかの食べ方としては、たとえばもち米につけて食べる人もいる。ひき肉入りのナムプリック・オーンは、野菜に載せるか包んで食べる。それから、飲食店ではずばり「ナムプリック」というメニュー名のゆで野菜とナムプリックのセットもある。定番は、ガピが主役のナムプリック・ガピだろう。これについては次の章で詳しく説明したい。

ディップソースとして利用するペースト状の

ナムプリックは肉類ならなんでも合う。同時に、特定の食べものとの相性がよい場合もある。たとえばナムプリック・ヌムは豚皮の揚げものケープ・ムーですくって食べると非常にイケる。ヘーンだけでなく、ペーストのナムプリックを白米に載せて食べる人もいる。ボクはそのままビールのつまみにすることもある。たとえば、日本人がアジと間違えがちなサバ科の魚プラー・トゥーのほぐし身でできた「**ナムプリック・プラートゥー**」はそのまま食べられるので、酒の肴にぴったりだ。日本人にはなじみ深い魚の香りが口の中に広がり、気分が落ちつく。

ナムプリック・オーンやナムプリック・ヌムはタイ全土で食べられているが、発祥は北部とされる。先述のとおり、北部はナムプリックの種類が多い。山岳地帯のため長年、野生のシカやイノシシなどを狩って食料にしてきた。海に面していないため、魚は川魚が中心だ。そうした食材の臭み消しとしてもナムプリックは発達してきたのだろう。それが予想以上においしかったので、全土に広まったのではないかと、ボクは推測している。

推測ついでに、もうひとついいたい。日本で一時期大流行した「食べるラー油」はナムプリックやナムプリック・パオに酷似している。ご飯にも野菜や肉につけてもおいしい点もそっくりだ。タイ好きの開発者がナムプリックやナムプリック・パオを参考にしたに違いない、なんてナムプリックを食べるたび、ボクはそんなことを考える。

第11章

勇気があるなら挑戦したいマニアックなタイ料理

この章では好き嫌いが分かれそうな、ちょっとクセのあるタイ料理を集めた。とはいっても、特殊なレストランでないとお目にかかれないものだけでなく、どこでも食べられる料理もある。食中毒や病気のリスク、違法性のある料理も含まれるので、本当にタイで食べるなら注意が必要だ。ともすれば死にいたる、あるいは逮捕される可能性もある。タイでこれらの料理を食すときは、それなりの覚悟が必要である。

日本では自分たちになじみのない食材を「ゲテモノ」と呼ぶことがある。ほとんどの人が悪意なく使っているが、食文化への敬意を欠く言葉だと思う。できれば使いたくないのだが、本章ではわかりやすさを優先して一部に使っている。いずれにしても、ここで紹介するのはどれもれっきとしたタイ料理のメニューなので、日本の食文化にないからといって気持ち悪がったり騒いだりすることなく、真摯に向きあいたいものだ。

ちょっとしたタイ料理も創作系や日本にないものだとそれもまたマニアックといえる。

ヘルシーなワンプレート混ぜご飯「カオ・クルック・ガピ」

どんな国にもニオイの強い料理・食材はある。日本ならクサヤや納豆、欧米ではチーズが該当するだろう。しかし、一度その魅力を知ると、ニオイさえもおいしさになってしまう。ニオイのある料理は奥深い。

ニオイにクセがある食べものの多くは発酵食品ではないだろうか。長期保存や必要栄養素を摂取するため、自然発生的、あるいはあえて考案されてきた。タイにも発酵食品は多数ある。最も身近なのはナンプラーだ。あとは、タイ全土で消費され、特に南部に名産地があるくらい有名なペーストもしくは調味料としての**ガピ**もある。イカの塩辛のようなピンクか紫色で、味もニオイも独特だが、慣れてしまえばさらにタイ料理の世界が広がっていく。

▼臭いけど旨味たっぷり発酵調味料

市場ではガピがバケツに山のように盛られて売られている。

ガピは英語でシュリンプ・ペースト、日本語では小エビの発酵ペーストと訳されるもので、タイでは**グン・カーイ**で作られる。グン・カーイはオキアミのことなので、正確にはエビではない。実はこういうタイ語は結構多い。たとえばイルカはプラー・ローマーで、魚のように泳ぐというだけでプラーと呼ばれてしまっている。タイ近海にも生息するので、未知の生物というわけではない。しかし、タイ語では本質がズレてしまうことがまれにあり、グン・カーイも同じなのだ。いずれにしても、ガピは必然的にオキアミがとりやすい海辺で作られる。特に海に面するエリアの広いタイ南部の家庭では日常的にガピを食べているともいわれる。

ガピという名の由来はミャンマー語にあるとされる。ミャンマー語ではガは魚で、ピは発酵だそうだ。かの地では、オキアミのほか、魚で作ったペーストも含めてガピと総称される。現地の漁師たちがとった魚やエビをあまらせずになんとか売り切るために長持ちさせたくて考案されたという。ミャンマー南部とタイのプーケット海域はアンダマン海で資源を共有しており、食文化も共通したものがある。

タイ人の中には、ガピはすべて南部産と思っている人が少なくない。ルーツがミャンマーにあり南部でよく使われているからだが、ガピは材料さえあればどこでも作れるので、今の時代は特に南部のものというわけではなさそうだ。バンコクの西、サムットソンクラーム県産のガピも今は有名だ。それに、ガピに相当するものは東南アジア全域に存在する。たとえばカンボジアではプラホック、ベトナム・メコンデルタ地方のカントーではマム・トムと呼ばれる。タイの米粉麺カノムジーンに似た麺ブンとマム・トムスープの麺料理ブン・マムはこの地方の名物でもある。ほかにも、インドネシアやマレーシアなどや中国南部、なんなら日本でもご当地ガピのような発酵食品が食べられている。

タイのガピの見た目は紫色の粘土のようだ。市場ではバケツや桶に入れて売られている。タイ人もそのまま食べず、普通は調味料のベースに使ったり、スープに入れたり、炒めものに混ぜたりする。アジア人が好む旨味成分がふんだんに入っているので、料理に加えるとコクが出ておいしいとされるからだ。スープの素であるプリック・ゲーンの多くにも使われている。さらに最近ではヤムなどにも用いられることも多々あり、ガピの消費量が増えているように見受けられる。

タイのガピの食べ方で最ももとの形のままに近いのはディップソースとしての「**ナムプリック・ガピ**」だと思う。ゆで野菜や揚げたプラー・トゥーにつけながら食べるのが一般的で、タイ全土で好まれている。ニオイにクセがあるが、後述のようにマナーウの酸味もあって、見た目の紫の色あいとは違いさわやかな味がする。野菜にプラー・トゥーの身を、それからナムプリック・ガピを少し載せて食べれば、鼻腔に抜ける香りによって暑さで疲れた身体が癒される。

ナムプリック・ガピの作り方は、ガピにトウガラシやニンニクのすり潰しを加え、ナンプラーやマナーウ（ライム）の水分で溶いて、最後に巨大グリーンピースのようにみえるマクア・プアン（スズメナスビ）などを加える。スープの素であるプリック・ゲーンの南部由来のものはマナーウを基本的に使わないことがひとつの特徴だが、このようにディップソースとしてのナムプリックには使うこともあるという違いがある。

▼皿の上で混ぜるご飯「カオ・クルック・ガピ」

東南アジア全般で作られるこれらガピの仲間は魚や小エビ、オキアミを塩漬けにしているので、ナンプラーやプラーラーと同じともいえる。**ナンプラーはしみ出た液体、プラーラーはその液体と魚の身も食べるので半固形物、そしてガピはペースト状になった固形物を食べる。**ガピの作り方はどこも似ているが、タイとミャンマーのガピはエビや魚に塩をふって一日干し、それをすり潰してさらに七日間保存して発酵させている。

この作り方からしてガピにはニオイにかなりクセがあり、初めて食べる人には多少の努力が必要になることは容易に想像がつくだろう。ボクには「発酵」と「腐敗」は紙一重というイメージがあり（この理由は後述のネームの項にて）、ガピそのものは正直、苦手だ。作った人も最初に食べてみようと思った人もすごいな、とガピを目にするたびに思ってしまう。

ただ、そんなボクでもすんなり口にできるガピの料理がある。「**カオ・クルック・ガピ**」だ。これはガピ初心者にぜひ勧めたい料理である。バランス感覚に優れた一皿料理で、ダイエットにも適している、かもしれない。

カオ・クルック・ガピのカオはご飯のことで、クルックは混ぜる、である。ガピをフライパンで熱して米を入れた、いわばガピのチャーハンで、ガピの量やタイプによって違うが、オーソドックスな

上／ちょっとおしゃれに葉っぱの皿に盛ったカオ・クルック・ガピ。 下／ナムプリック・ガピは、ガピを前章のディップソースの一種とした料理。

ガピであるとナムプリック・ガピ同様に、ご飯は紫色に染まっている。この外観がアウトの人は一生ガピとは無縁で生きるしかない。名称にクルックがつくのは、供される時点でガピが米に混ぜられているからだけでなく、ヘルシーなつけあわせを、客が食べるときに韓国料理のビビンバのようにグルグル混ぜるからでもある。

こういう食べ方はタイ料理では珍しい。ほかには「**カオ・ヤム・パックタイ**」くらいしかないのではないか。ヤムも混ぜるという意味を持つので、カオ・ヤムでクルック・カーオとほぼ同義になる。パックタイは南側、南方面のようなニュアンスなので、訳すなら南の混ぜご飯だ。ココナッツの薄切りを揚げたチップス、干しエビ、ハイゴショウやコブミカンの葉の千切り、ジュウロクササゲ、キャベツ、モヤシ、マナーウとたくさんのサムンプライと生の野菜を用意し、ココナッツ・シュガーやコブミカン、レモングラス、それから**ブードゥー**でナムチムを作る。ブードゥーはマレーシアなどで作られるカタクチイワシなどの発酵調味料だ。作り方はガピとほぼ同じだが、プラーラーに近い。これらを食べる前に青いご飯と全部混ぜてしまうのである。青いご飯は**ドーク・アンチャン**という花からえた色素に染まる米だ。和名でチョウマメ、英語ではバタプライピーという花の色素を炊飯時に混ぜることで米が青く、花の香りがつく。ただ、カオ・ヤム・パックタイでは必ずしも青いご飯ではなく、ガピの混ざった米の場合もある。

カオ・クルック・ガピのつけあわせは、カオ・ヤム・パックタイよりは少ない。酸味の強いかたいマンゴーの細切り、甘辛く煮た（あるいは炒めた）豚肉の「**ムーワーン**」、中国式ソーセージのグンチアン、生のトウガラシの刻み、たまご焼きを細切りにしたもの、それからキュウリやジュウロクササゲ、ホームデーンなどがつく店もある。これらを食べる直前に豪快に混ぜる。

トウガラシはかなり辛いので、様子をみながら混ぜよう。ただでさえ酸味の強い青マンゴーが、さらに酢漬けにでもしたのかと思うほど酸っぱいこともあるので、これも注意したい。これらを混ぜることで、ガピのニオイはより和らぎ、初心者でも食べやすくなる。

ヘルシーでバランスのよいカオ・クルック・ガピはタイ全土、どこにでもある。バンコクならフードコートや屋台でも売っている。高級レストランで上品なカオ・クルック・ガピに出会うこともある。特にガピ初

上／カオ・ヤム・パックタイに似た南部のカオ・ゲーンも野菜がたっぷりでご飯が青かった。 下／タイ料理で青く色づけされているものは大方、このドーク・アンチャン由来だ。

心者にはチェーン店『Yum Saap』（ヤム・セープ）がおすすめだ。チェーン店らしい安定した濃いめの味で、ちょうどよく香るガピが無難なのだ。

高級な食材も屋台なら安い！　おすすめは豚の丸焼き「ムーハン」

東南アジア全体の傾向か、屋台が次々と撤去され、屋台街が減ってきている。バンコクには屋台を目的に訪れる外国人観光客も大勢いるのに、タイ政府は不衛生で税金もとれない邪魔者と敵対視しているようだ。妻は田舎の農村出身で、実家は高床式の典型的なタイ家屋だった。結婚直後にボクの両親が行きたいというと、妻は嫌がった。あんな貧しいつまらない家には恥ずかしくて招待したくないというのだ。我々日本人からすれば、そういうところは知りあいがいなければ絶対に行けない、価値あるスポットだ。屋台も同じなのだろう。タイ人にはありふれていてつまらないもので、他国に恥ずべきものという認識なのだと思う。

話がそれるが、その妻の実家家屋は二〇二一年の祖母の他界で売却された。土地は売っていない。どういうことかというと、土台ごと家を引っこ抜いてトラックに乗せ、近くの購入者の土地に引っ越していった。いわゆる移築というものだが、なんと豪快な。移築先では先に土台を作ってしまっていたので、その土台にもとの土台ごと載せたため、もともとの一・三倍くらいの高さの高床式家屋に変貌した。当然、階段は作り直したという。タイは本当になんでもおもしろい。

屋台が減りつつある他方で、バンコクの屋台は進化もしている。かつてはタイ料理しかなかったが、最近ではハンバーガーやおしゃれな料理、和食を出す屋台も出てきた。多様な料理が楽しめるようになり、なおのことおもしろくなっている。新型屋台の店主はたいてい若く、若者のアイデアが入るとよりタイらしさが出て、独特の雰囲気になっていくようだ。今後にもっと期待が高まる。

子豚の丸焼きはタイならどこでも日本よりはずっと安い。

タイの屋台でボクが一番おすすめしたい特殊な料理は「**ムーハン**」だ。ハンにはふりかえるとかひっくりかえるといった意味がある。直訳すれば、豚がひっくりかえる。棒に刺さった子豚一匹丸ごとが火の上でくるくるとまわっている料理、すなわち豚の丸焼きである。

残念なことに、ムーハンの屋台は数が少なく、バンコクではほとんどみかけない。バンコクのある通りにムーハンを出す有名な食堂があったのだが、今はもうない。ただ、ムーハンは郊外に行けばまだ出会う機会がある。かつてはナコンラチャシマー県のカオヤイ国立公園の手前にもムーハン屋台がたくさんあった。高級な中華料理店に行っても食べられるのだが、やはり屋台をおすすめしたい。安さとおいしさのコストパフォーマンスがいいからである。タイ人のパーティーでもムーハンが用意されることもあるので、そういう集まりに顔を出すのもいいかもしれない。

食べ方はふたつあり、値段も異なる。普通に

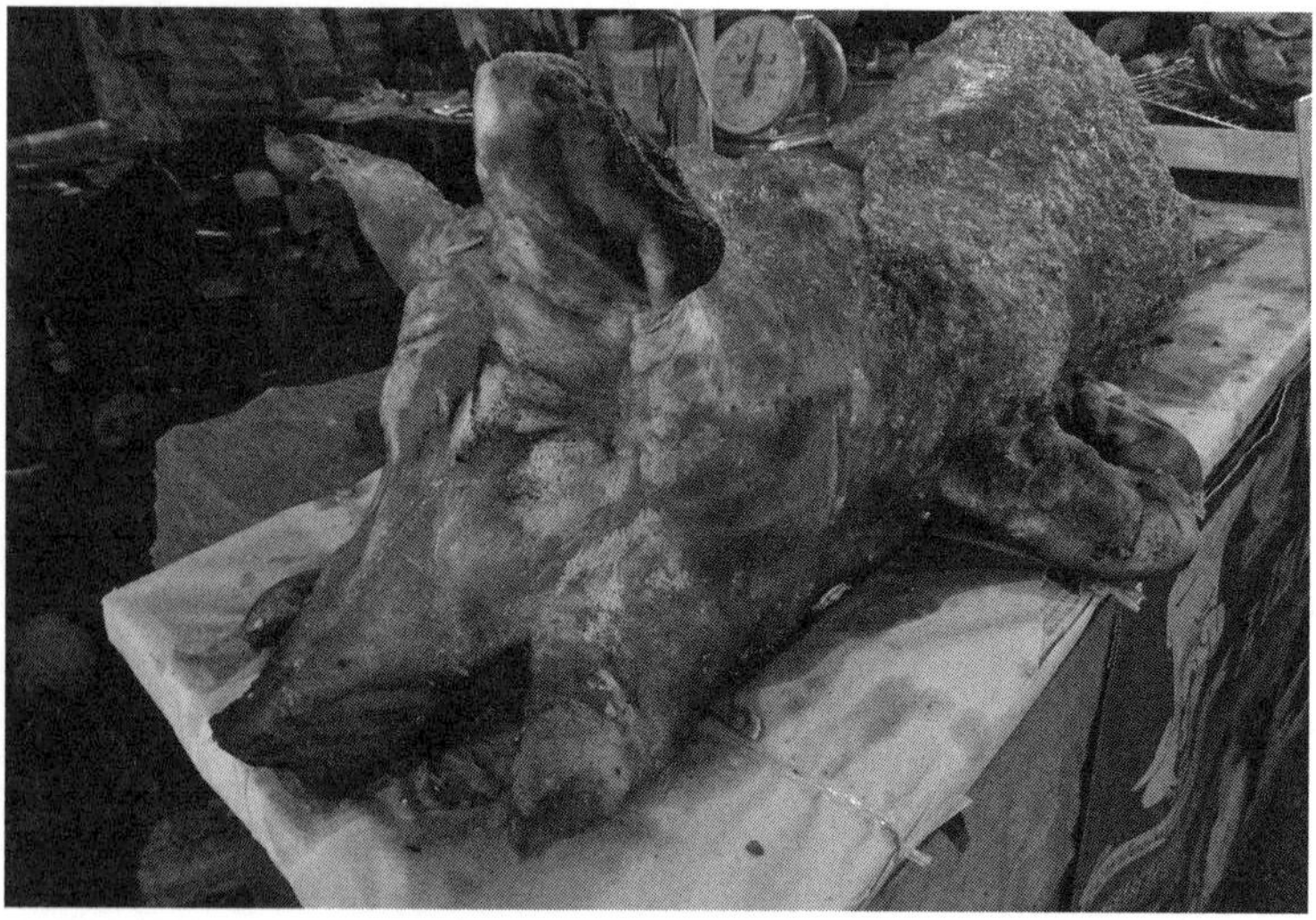

店によっては１頭丸ごとではなく、切り分けて出す場合もある。

「ムーハン」と注文した場合は、皮をまず食べてから肉を料理する。子豚一匹で一五〇〇バーツ前後だ。もうひとつの食べ方は「ムーハン・ホンコン」(香港式ムーハン)で、皮も肉も一緒にぶった切ってしまう。北京ダックは香港式(広東式)が皮だけ、北京式が皮も肉も切るので、豚の丸焼き料理は逆である。ホテルの高級中華料理店では屋台の倍以上の値段がするので、屋台のほうが絶対にコスパがいい。安いうえに屋台のワクワク感はおいしさを引きたてる。

香港式の食べ方はノーマルなムーハンより料金が少し高い。ただ、ノーマルなムーハンは残りの肉を料理にする際に別途調理費用がかかるので、トータルコストはほぼ同じになる。かかるといっても、高くて一種類あたり一〇〇バーツ以内といったところだ。

ボクが初めて屋台のムーハンを体験した当時は子豚一匹が約二千百円だった。今の相場の半額以下だ。パリパリの皮を「マントウ」というなにも入っていない肉まんのようなパンと一緒

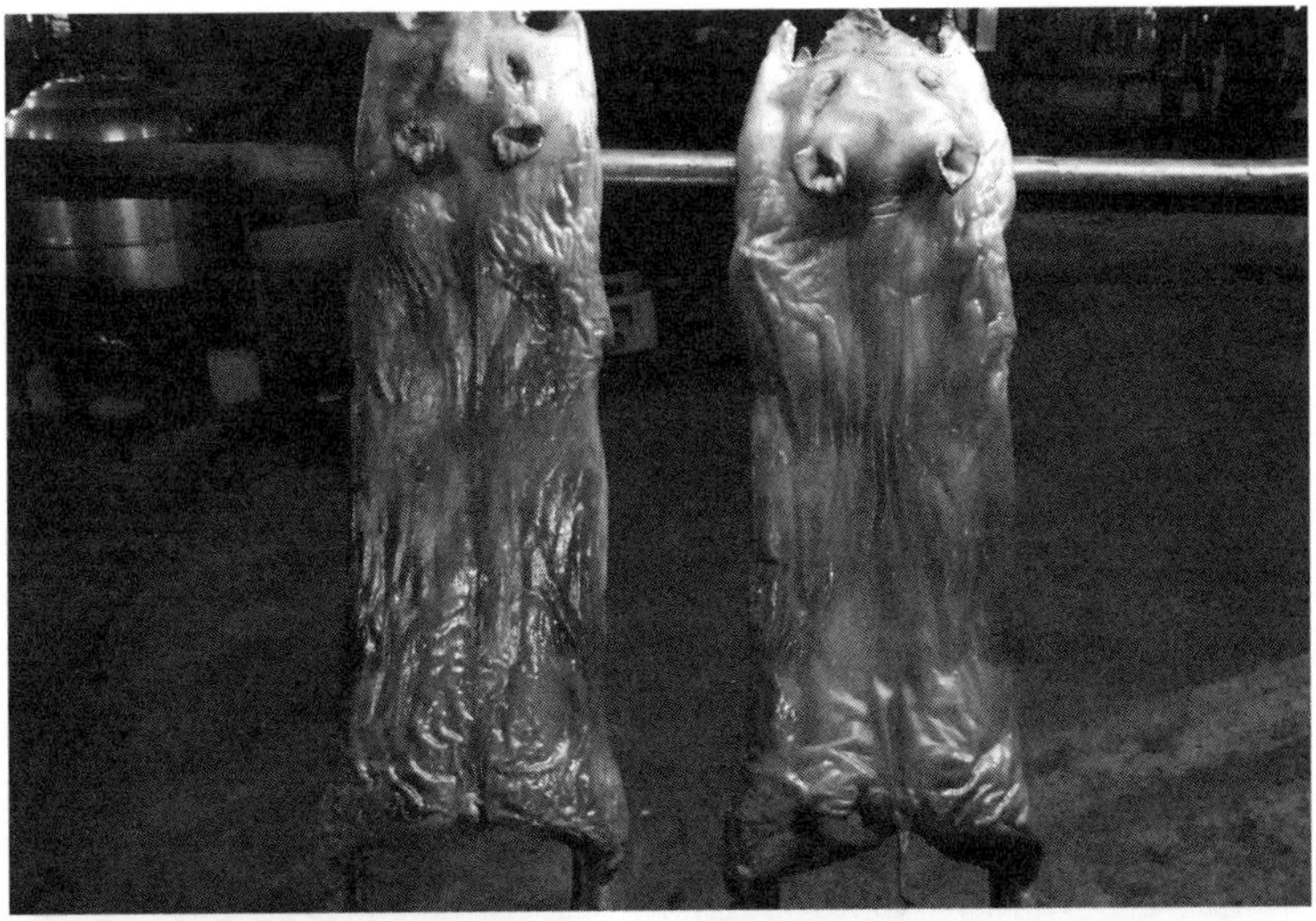

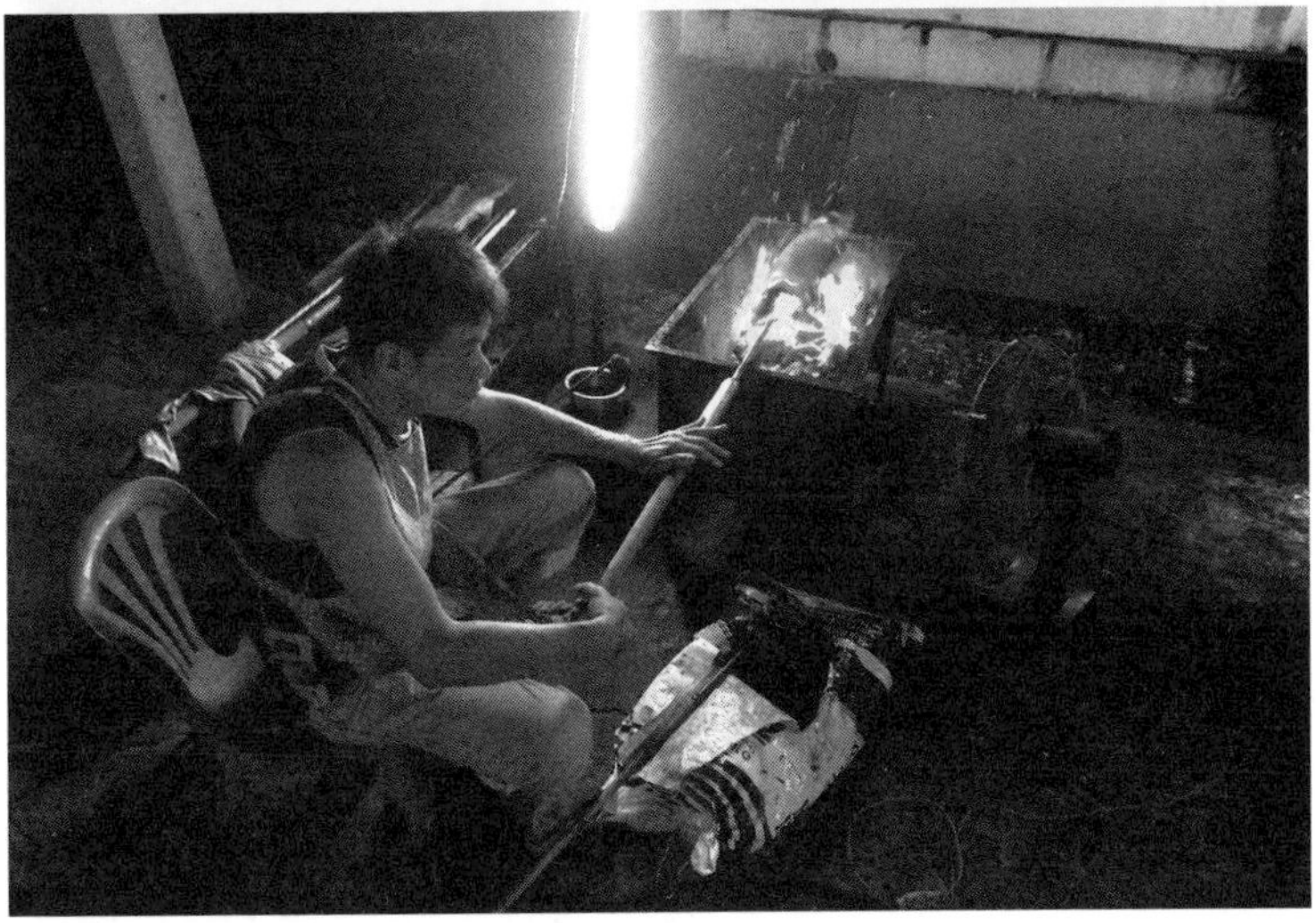

上／焼く前の状態。丁寧に炭火の上でまわしながら焼いてくれる。
下／基本的には手でくるくるまわしながら焼くので大変である。

プレーンのマントウで皮を食べるとちょうどいい。

に食べる。マントウと呼ぶ時点で、ムーハンが中国から来ていることがわかる。タイ人は豚の皮を、シーイウ・ダムなどを煮つめて作った黒蜜状の甘いナムチムにつけるのだが、ボクにはこれは甘すぎる。そのため、いつもナムチムには、カオ・パット（タイのチャーハン）などについてくる万能ナムチムのプリック・ナンプラーを持ってきてもらっている。皮は薄いが想像以上に脂っこいので、ナンプラーがちょうどいい。

皮のおすすめ部位は耳だ。カリカリに焼かれた豚耳は食べ応えがある。といっても、ボクは幾度も食べたことがない。一匹からたったふたつしかとれないので、日本から来た人や友人と食べにいくと譲ってしまうからだ。

もちろん耳以外にも楽しみはたくさんある。なんといっても肉そのものがうまい。子豚の肉なので、抜群にやわらかいのだ。タイ人は子豚一匹から一品しか調理を頼まないようだが、意外と大きいので二、三品はいける。料理があまったら持ち帰ればいい。おすすめの調理法は「ムー・パット・プリックタイ・ダム」（豚肉の黒コショウ炒め）と「**ムー・トート**」（豚肉のから揚げ）だ。前者はピリッと効いたコショウとタマネギの甘みが相まって絶品である。から揚げもやわらかくておいしく、いくらでも食べられる。持ち帰って翌日食べてもおいしい。

ムーハンは屋台にしては高額で、そこら中にあるものではないけれど、数人で行けばひとり頭はそんなに高くならないし、いくつもの楽しみがあるので本当におすすめである。

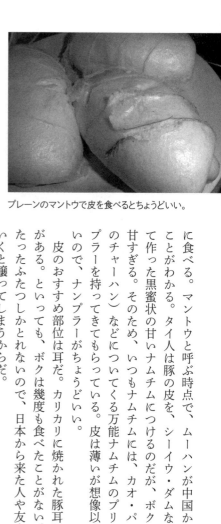

世にも不思議な外国系タイ料理「カオ・パット・アメリカン」

洋食っぽくてなじみがあるのに、どこかタイ風で奇妙、という料理もマニアックだ。中華由来なのにすっかり和食化した日本のラーメン並みにはタイ国内で地位を確立していない中途半端なメニューだと、なおおもしろい。

いずれにしても、タイ料理自体が中華料理の影響をかなり受けているし、北部はミャンマー料理、南部はマレー料理など陸つづきの国々からの影響も大きい。タイ人の舌は保守的なのに、タイ料理には多彩な食文化が溶けこんでいる。むしろ保守的な舌に合わせるために、外国料理がタイ式に変化したのかもしれない。

「**カオ・パット・アメリカン**」はそんな料理の代表格だ。タイでは誰もが知る定番メニューだが、タイ料理の源流からは大きくはずれている。説明するまでもなく、これはつまりアメリカン・チャーハンである。名称は限りなくストレートだが、「いやいや、アメリカにこんな料理はないだろう」とツッコミを入れたくなる見た目をしている。

ぱっと見は、干しブドウの入ったケチャップ炒めの赤いチャーハンだ。レーズンは横に添えられている場合もある。タイ料理でレーズンを用いるのは珍しいほうだ。ほかにレーズン入りタイ料理はカオ・パット・サッパロット（パイナップルのチャーハン）くらいではないだろうか。

さすがに赤いチャーハンというだけでアメリカンは名乗れない。そこで出てくるのが鶏もも肉を焼いたガイヤーンか、揚げもののガイ・トート、あるいはソーセージやハムを焼いたものが添えられる。鶏とソーセージの両方がつく店も多く、片面焼きの目玉焼きはほぼ確実に供される。タイ料理で目玉焼きといえば、通常は油で揚げたような両面焼きだが、ここでは必ずサニーサイドアップだから珍しい。これがカオ・パット・アメリカンの全貌である。

タイではカオ・パット・アメリカンというと、誰もがこのワンプレート料理を思い浮かべる。雰囲気は完全に日本のファミリーレストランにあるお子様ランチでしょう。実際、いい大人が注文しているのをあまりみかけないからこそマニアックなのだ。

▼一応アメリカに関係ありそうな由来がある

この料理も、いつもどおり由来は明確ではない。ベトナム戦争時にタイに駐留していた米軍兵士が持ちこんだというのが通説だが、有力でもない。現時点で支持者が多いのは次の三つの説である。

ひとつめは、一九五七年から七五年にタイ人調理師ゴージェーク氏が発明し、東北部のナコンラチャシマー県もしくはウドンタニー県のいずれかで米兵に出していたとする説だ。期間が十九年と随分長いが、これはベトナム戦争の時期と一致する。ウドンタニーはベトナム戦争時に米軍がいたとされ、ナコンラチャシマーは今も大きな軍事施設がある。

もうひとつは、ある新聞編集長の妻スリーパン・マニーワット夫人が考案したとする説だ。タイ国鉄のドンムアン国際空港前駅のレストランで働いていたマニーワット夫人が、注文が入っていた機内食が欠航のためキャンセルされたので、なんとかその食材をレストランで使おうと考えたのがこの料理だと、なんと本人自らが主張している。この話が本当なら、彼女が退職して海外留学に行く前なので、五四年以前の話になる。ゴージェーク氏より先なので、自分が最初という根拠はある。

三つめはメキシコ料理由来説だ。これは一九一〇年、アメリカの新聞にレシピが発表されて人気となったトマト味の炊きこみメキシカン・ライスが、第二次世界大戦か朝鮮戦争、もしくはベトナム戦争のいずれかで米兵によってタイに伝わったとされる説である。朝鮮戦争では米兵はタイには来ていないはずで、タイ人兵士が派兵されたので戦地で教えてもらった可能性もある。ベトナム戦争時に伝来したという冒頭の通説にも似ているし、ひとつめのゴージェーク氏の説にも近い。もしかしたら、ゴージェーク氏考案ではなく、彼が戦地かタイ国内で米兵に教えてもらったとも考えられる。アメリカンと呼ばれるにふさわしいのは三つめの説だが、どれもありそうな話ではある。

残念なことに、食文化の幅が広がり、タイ人が外国料理を楽しむようになるにつれ、カオ・パット・アメリカンは忘れられてきている気がする。以前はどこにでもあった。いい大人は注文しないといいつつ、ボクは結構頼んでいたのでわかるが、このところそうみなくなっている。ビジネス街などで朝夕に現れる弁当屋台にあるかどうかといった程度だ。ありふれた料理なので、目には入っていても気がついていないだけかもしれない。タイ屋台のテイクアウトはビニル袋に放りこむのが普通だったが、パンデミック中にスマートフォン・アプリのデリバリーサービスが定着すると、プラスチック弁当箱が主流になった。その中に赤いご飯のメニューもあった気がする。そうであれば、逆に増えているのかもしれないし、そこはよくわからない。タイでは誰も統計なんかとっていないからだ。

二十四時間営業輸入物スーパーのフードランドにはカオ・パット・アメリカンがある。バンコク都内に数軒しかないが、日本人が行きやすいところだと、トンロー通りソイ8の商業施設内、エカマイ通りとニューペッブリー通りの交差点そばに店舗がある。このスーパーには食堂が併設されていて、わりと洋食が充実している。しかも、だいたいタイ式にアレンジされている。というのは、スーパーの陳列用に仕入れた食材や、既製品の調味料を使っているようなので、雰囲気がついついタイ風になってしまうという感じだ。その中にカオ・パット・アメリカンがあった。しかし、アメリカン・チャーハンがこんなに貴重になるとは、どうでもいいと思いつつ、時代を感じてしまう。

タイ化した洋食はほかにもある。タイ語で「**ステーク**」と呼ばれる料理だ。これは肉を焼いた、あのステーキである。ステーキも屋台や食堂の形式で店をかまえていたが、本格的なレストランやステーキハウスが増えたため、だいぶ少なくなった。ステーキ店とはいえ豚肉が中心で、牛肉だと昔ながらのすじばったかたい肉を徹底的に叩きまくって、ペラッペラに薄くしたステーキが出てきたものだ。肉が食べたくて入ったのに、店を出るときにはもっと肉が食べたくなるという、しょうもない屋台や食堂だ。だからステーク店は淘汰されたのだろうな。

詳しく知ると食べたくなくなるかもしれないソーセージ「ネーム」

タイの生ソーセージともいうべき料理に「**ネーム**」がある。豚肉と豚皮、トウガラシ、ニンニク、砂糖、もち米を合わせ、バナナの葉に包んで作る料理だ。最近の量産品は専用の容器などに入っている。昔ながらのバナナの葉に包むタイプは正方形、プラスチックの容器や袋入りは棒状かひと口サイズの三角錐になっている。

ネームは発酵食品だ。乳酸菌や酵母がもち米と砂糖をエサに増殖し、遅くとも五日程度で食べごろとなる。コンビニエンスストアやスーパーマーケットには量産タイプの無難なネームが並んでいるし、大衆市場ではたまに自家製に近いタイプ（少量生産のような製品）も売られている。ネームはタイ全土で好まれる料理であり、食材だ。

ボクが初めてネームに出会ったのは、新宿・歌舞伎町のタイ・カラオケだった。渋谷のタイ料理店で働いていたタイ人の同僚たちと行った一九九〇年代当時はタイ人がタイ人のために営業している深夜カラオケがあって、マニアックな料理があった。そこで初めて口にして感動した。発酵による酸味と生肉の風味、コリコリした生の豚皮の食感、おそらく自家製でニンニクも強いし、トウガラシで強烈に辛い。一発で好きになってしまった。

▼発酵と腐敗の狭間で

ネームが日本の一般的なタイ料理店のメニューになく、タイでも自家製があまり流通しないのは、とんでもないデメリットがあるからだ。十年前に書かれたレシピには「豚ひき肉にニンニクやトウガラシ、もち米を混ぜ、適度な形にして容器に入れたら、しばらく常温保存する」と書かれていた。「しばらく」がどれくらいの時間かの記載はなく、「酸っぱくなったころが食べごろ」とある。「もし肉が糸を引くような状態であればそれは腐っているということで、ネーム作りは失敗だ」ともあった。

つまり、かつてネーム作りが成功するかどうかは、名人でもない限り運次第ということだった。厳重な管理下にある工場で乳酸発酵させる量産品は問題ない。しかし、一般家庭で作る場合はイチかバチかの勝負である。このレシピをみて、ボクには「タイの発酵食品は発酵と腐敗が紙一重」という猜疑心しかなくなった。これはある意味では正しい自己防衛だ。衛生面でなにかと問題のあるタイでは、これくらい疑ってかかったほうが逆に安全なのである。実際、ボクはこれまで一度も食中毒になったことがない。

三角のひと口サイズに作られたネーム。

ネームは発酵食品だが、タイでは生肉料理としても分類されている。イタリアの生ハムも塩漬けながら生肉食材なので、そこは理解できる。しかし、先のように完成までのプロセスが初心者にはギャンブル状態になるし、なにより病原性細菌や寄生虫の繁殖で肉が著しく問題を抱えていることも多い食品だと、各方面から指摘もされている。タイでさえネームが食中毒の原因とするトラブルがまれに起こるくらいなので、これもまたネームが日本に入らない要因でもあった。タイ公共保健省は一応厳しく検査項目などを定めている。これにしっかり準じた製造工程で作られていれば、といってそういったネーム商品が無問題の食品だと受けとるのは危機管理能力が低すぎる。ネームはそういった危険性をはらんでいる。

ボク自身、ある事件をきっかけにネームから遠ざかっていた時期があった。これは特殊な事件でめったに起こるものではない。また、ボクが華僑報徳善堂という中華系慈善団体で救急車のボランティア隊員をしていたがゆえに鮮明に想像できてしまい、ネームを食べられなくなったのだ。ややグロテスク話なので、苦手な人は次の段落を読み飛ばしてほしい。

事件は、二〇〇四年九月下旬に起きた。タイ南部のチュンポーン県に住む学生がコンビニで買った既製品のネームをかじったところ、コロリとかたいものが入っていた。先述のようにネームは豚皮を入れてコリコリ感を出している。しかし、それと違って長さ二センチ以上と大きいし、とてもかたい。吐きだしてよくみると、それは爪のついた人の指だったという。通報を受け、警察や保健省がソンクラー県の工場を調査したところ、そのロットが製造されたとき、工員が機械で指を切断していた。落ちた指が誤ってネームに混入したのだ。想像するだけでゾッとする。このニュースを聞いた当時、気持ち悪くなってネームが食べられなくなった。大きさから考えるに、指が入っていたのは棒状タイプだと思う。普通食べるときは直接かじらず、輪切りにするので、最悪、異物が入っていたとしても、切ったときにみつかるはずだが、ボクは今もネームを一息にかじることにやや不安を感じる。

▼ネームの使い道いろいろ

ネームはそのまま食べて、生肉感を楽しむのが一般的だ。ひと口サイズも市場やコンビニで売っ

ゴザ居酒屋で食べたヤム・ネーム。

ているので、酒飲みはみんなそのまま食べているると思う。一方、食材としても重宝されていて、たまごと一緒に炒めた「**ネーム・パット・カイ**」はタイの定番家庭料理になっている。

タイ・サラダのヤムにも使われる。「**ヤム・ネーム**」はタイ式のパブでは人気のメニューだ。ネームを適当に切る。本当にどうとでもよく、個人的には乱切りが好きである。それを、タマネギや各種野菜と一緒にヤム・ウンセン用の調味料とほぼ同じもので和えれば完成だ。ちなみに、ボクの妻はこのヤム・ネームが得意でよく作ってくれるのだが、なぜかとてつもなく辛い。普通のタイ人以上に辛さに強いボクでさえ記憶が飛んでしまうほど辛く作るのが妻のレシピである。

ヤム・ネームは地域や人によってまったく違う料理になるので厄介だ。ラオスには「**ネーム・カーオ**」というサラダ料理があり（前章のように、現地人がサラダと思っているかは議論の余地がある）、ラオス色の強いタイ東北部で

ラオスやイサーンでヤム・ネームというと、このおにぎりのフライのようなものが入ったヤムになる。

は、このネーム・カーオがヤム・ネームとも呼ばれる。

ネーム・カーオの発祥は首都ヴィエンチャン近辺らしい。さまざまな味つけをした米を丸めてかため、衣をつけてカリカリに揚げる。揚げおにぎりのようになったものをトウガラシやニンニク、いろいろな野菜、ソム・ムーと共に叩いて調味料と混ぜあわせる。このソム・ムーがネームのことだ。タイのネームと厳密には同じではなく、ソム・ムーは昔ながらにバナナの葉で包んだ豚肉を発酵させたものとされる。そのため、タイのものよりひとつひとつが大きくなるからか、豚皮やトウガラシ、ニンニクのカットも大きく、タイのネームよりワイルドな印象を受ける。

このカリカリの揚げおにぎりはやや水分が少なめでパサパサしているが、おいしいのでみかけたら試してみるといい。作り方も不思議だ。ボールなどに材料を合わせてヤム（和える）する際、揚げおにぎりは手で潰す。「丸めて揚げる必要はないのでは？」とつい思ってしまう。

というわけで、タイではヤム・ネームといっても、思ったのとはまったく違う料理が出てくる可能性がある。ただ、近年は混乱を避けるために「ネーム・クルック」と呼ばれることもある。

ネームは一般的にイサーン料理とされる。ラオスにもほぼ同じソム・ムーがあるからだ。ところが、タイ北部にもネームはある。壺に入れて作る「ネーム・モー」というご当地ネームだ。

いずれにしても、ネームの発祥はよくわからない。というのは、ネームはどこでも作られているからだ。ややこしいのは、その「どこでも」がタイ全土どころか、東南アジア各地に広がっていることだ。ベトナムにはネームと作り方がほぼ同じ、しかもバナナの葉に包んでいるうえにネムチュアと名称まで類似した料理すらある。ほかにも、ベトナム発祥でネームという言葉の入ったタイ料理があり、なかなかにややこしい。ボクは、ネームはベトナムからの移住者がタイに持ちこんだものではないかと疑っている。

甘い香りとタレの風味が絶妙な鶏から揚げ「ガイ・ホー・バイ・トーイ」

名は体を現すとはよくいったもので、**「ガイ・ホー・バイ・トーイ」**は名前を聞いただけでどんな料理かすぐにわかる。直訳は、バイ・トーイで包んだ鶏肉、である。見た目そのままなのだ。

バイ・トーイとはパンダナス、パンダンリーフと呼ばれる植物の葉だ。日本名はニオイタコノキという。ニオイとつくだけあって、葉からは甘い香りがする。東洋のバニラとも呼ばれ、タイの伝統菓子などさまざまな料理で使われる、タイ料理界では大切な食材のひとつだ。ガイ・ホー・バイ・トーイはそんなパンダナスの葉で直に鶏肉を包んだ香り豊かな料理である。

から揚げというジャンルであれば、個人的にはガイ・ホー・バイ・トーイが一番いい。

作り方はシンプルで、ニンニクやパクチーの根、コショウ、シーイウ・カーウなどをココナッツ・ミルクで溶いたものに鶏肉を漬けこみ、その後バイ・トーイでしっかりと包んでから油で揚げるだけだ。包んだあとに蒸し焼きにする方法もある。

揚げたバージョンは、まさにパンダナスで包んだ鶏のから揚げである。ナムチムにはシーイウ・ダムをベースにナンプラーやショウガなどを煮つめたものを使う。ムーハンの項でも触れたナムチムで、甘すぎてボクはどうしても好きになれない。ボクは酒飲みのスイーツ好きではあるものの、菓子類以外が甘いのは基本、許せない。ガイ・ホー・バイ・トーイを食べるときは、いつものプリック・ナンプラーをつけるのがベストだと思っている。

しかし、鶏肉には下味がついているのでナムチムを使わなくてもおいしい。酒にも米にもよく合う。食べられないものがたくさん入っているのがタイ料理だが、ガイ・ホー・バイ・トーイで食べられないのはバイ・トーイだけだ。揚げたては熱いので、スプーンかフォークで肉を押さえ、もう一方を葉の隙間に入れてひねれば、パンダナスはバリッと割れるように切れる。

パンダナスの香りが肉についているので、ただのから揚げとも違う。シンガポールのご当地グルメであるペーパーチキンを現地で食べたことがある。これもタレに漬けこんだ鶏肉をパラフィン紙で包んで揚げているため、タレの風味が閉じこめられていたが、ガイ・ホー・バイ・トーイもパンダナスで包んでいるので漬けダレの味が逃げず、かつパンダナスのさわやかな香りがつくという効果がある。

ガイ・ホー・バイ・トーイは、昔ながらの飲食店か今どきのおしゃれなレストランでよくみかける。珍しい料理ではないが、普通の店では意外とみない。だから、みつけたらすぐに頼む。誰かをアテンドしていたら、この料理の魅力を手短にプレゼンする。これで食べたくないといった人は今のところ皆無だ。まあ、面と向かって拒否できる人がそういないって話だけれども。

タイ随一の健康食「ミヤン・プラートゥー」

タイ人は食事を平気で残す。日本のように悪とはみなされない。我々日本人はそういう光景を前にすると無意識に「もったいない」精神を発動させ、ついがんばって食べてしまう。おかげでボクは十

サバの仲間であるプラー・トゥーは主に揚げているものを使う。

年とかからずに四〇キロ以上も太った、という話はすでにした。ただ、これはタイ料理に脂っこい料理が多いせいでもあり、思うに、**タイ料理は日本人の体質には根本的な部分で合わない**のではないか。サムンプライが多用されるので健康によさそうではある。しかし、味が濃いので、薄味で育ってきた日本人が毎日食べるのはややきつい。いくら好きでも、タイ料理だけだと体調管理・維持は難しいと思う。

ボクが移住した二〇〇〇年代初頭は今ほど和食店がなく、あっても相対的にかなり高額で、駐在派遣社員さんとその家族でもない限り手が出なかった。ボク自身もタイに和食ブームが訪れるまでの数年間、毎日タイ料理を食べていたので、タイ料理オンリー生活が不可能とはいわない。ただ、今では気軽に行けるおいしい和食店がそこら中にある。精神衛生上にも、日本人が長期滞在する場合にはタイ料理にこだわりすぎないほうが無難だ。

サムンプライや野菜の多いメニューを選べば

葉に包んで魚や野菜をたっぷり食べる健康食でもあるミヤン・プラートゥー。

健康的だ、と思うかもしれない。一部の料理ではそれもたしかだろう。ただ、タイではカロリー表示をしている店はわずかで、これから食べる料理がどれぐらいのエネルギー量か、よほどの知識がないとまずわからない。サラダといえそうなのはヤムやソムタムだけ。それもナンプラーや砂糖が使われていて味が濃い。ほかに野菜を摂取するならミックス野菜炒めが代表的で、ほかの青い野菜だって炒めものであって油がたっぷり使われている。つまるところ、タイ料理は全体的にバランスが悪いと思う。実際、子どもの発育上、栄養不足になる危険性が国際機関などから今も指摘されているほどだ。

そんなタイ料理の中で、ボクが最もヘルシーだと思うのが「**ミヤン・プラートゥー**」だ。ミヤンは包むことなので、プラー・トゥーを包むという料理名になる。タイ料理名は調理方法と食材の羅列が一般的な中、これは食べ方を表した料理名になっている。ナムチムを使うので味は濃くなるが、量は自分で調整できるのでどうにでもなる。**プラー・トゥー**はこの料理では主に首折れのタイプを使う。揚げてあるのが普通なので、このヘルシー料理は「ミヤン・プラートゥー・トート」とも呼ばれる。

プラー・トゥーはアジと誤解されがちだが、実際にはサバの仲間で、体躯が短いことから英名はショート・マカレルとされる。かつては英名と同じ意味のプラー・トゥー・サンと呼ばれていたが、漁獲高が著しく減った現在は**プラー・トゥー・ラン**（沖縄のグルクマと同種）などがプラー・トゥーとして流通している。

▼紛らわしい魚、プラー・トゥー

プラー・トゥーの首が折れているのは、市場ですでに首が折られて売られているからである。日本にも首折れ魚はある。鹿児島県屋久島の首折れサバが有名だ。名産のゴマサバの鮮度を保つため、素早く血抜きする際に首を折るのだという。

プラー・トゥーが首を折られるのはそういった事情とは異なり、単に出荷の利便性のためだ。プラー・トゥーはもともと、バンコクの西、サムットソンクラーム県にあるメークロン川の漁港で水揚げされるものが有名だった。サムットソンクラームといえば、鉄道線路ギリギリまで商品を並べる有名なメークロン市場がある。この近海でとれたプラー・トゥーを煮るか蒸すかして、円形のカゴに収まるよう首を折って入れ、売っていた。これをタイ語では**ナーンゴー・コーハック**（うなだれた頭と折れた首）といい、この呼び名はそのまま、カゴに入った加工済みのサバである「プラー・トゥー・メークロン」を指す。

材料はプラー・トゥーのほかにこんな程度で済むほど簡単でもある。

日本人がプラー・トゥーをアジと思い違いをしているのは、そもそもタイ人がこれを日本人がいうアジだと思っていることと、プラー・トゥー・サンの外観がアジに似ているというのもあるかと思う。自炊をする日本人が刺身を作ろうと港町の市場に行くと、ちゃんとわかっている店では一般的なプラー・トゥーではなく、ちゃんとアジのほうを勧めてくれる。そのアジはだいたいホソヒラアジの一種で、タイ語では**プラー・カーンル**

カゴに入れるために首を折られたメークロン産のナーンゴー・コーハック。

アンという。身体の横が黄色いのでそのままこういった呼び方になった。この魚もプラー・トゥーと容姿が似ているし、ほかのアジの一種であるムロアジにいたってはタイ語名が**プラー・トゥー・ケーク**となっている。アジの仲間なのに「プラー・トゥー」がついているので、タイ人までもが混乱するのは仕方がない。

いずれにしても、普通に「プラー・トゥー」とだけいうと、魚そのものを指す場合はサバの仲間全般を意味し、食材としてのプラー・トゥーは首折れのサバを指すことが一般的だ。とにかく、プラー・トゥーはタイの海辺の地域ならどこでも売っている。

それから、ミヤン・プラートゥーでもそうだが、プラー・トゥーは揚げて食べることが多い。先に紹介したガピを使ったナムプリック・ガピでも主要食材は揚げたプラー・トゥーである。タイ人は焼

線路ギリギリに市場が出ていることで有名なメークロン市場。

き魚の目玉や内臓を食べないので、ナムプリック・ガピでもミヤン・プラートゥーでも、食べるのはパリッと揚がった皮と身だけだ。

▼葉っぱは自分で包みましょう

ミヤン・プラートゥーにおいて、そんなプラー・トゥーなどの具材を包むのは、**バイ・チャプルー**（ハイゴショウの葉）という葉っぱである。焼肉をサンチュに包んで食べるのが好きな人なら、なじみやすいと思う。バイ・チャプルーがなければ白菜やレタスなどでもかまわない。

材料も簡単で、まずは揚げたプラー・トゥーを用意する。カゴ入りの首折れを買ってきて自分で揚げてもいいが、市場ではすでに揚がっているものも売られている。あとはパクチー、バイ・サラネー、バイ・ホーラパーなどの香草類をお好みで。米粉麺の極細センミー、もしくはカノムジーンもあるといい。伝統的なミヤン・プラートゥーでは、さいの目に切ったマナーウ、ニンニク、トウガラシ、ショウガ、ホームデーン、さらに煎ったピーナッツも包む。ナムチムの材料はナンプラー、マナーウの汁を中心にして、細かく刻んだニンニクやトウガラシ、パクチーの根、砂糖などに、やはり砕いたピーナッツを多めに加える。

食べ方もシンプルで、葉で具材を好みで包み、閉じる前にナムチムも好みで合わせ、一気に口に放りこんでしまう。包みながら食べるのも楽しいし、量も辛さも好きに調節できる。材料が全般的にヘルシーなのも魅力だ。

ボクの妻もこの料理が好きで、よく自宅で作る。妻はここにさいの目に切ったゆで豚肉も用意する。包む葉っぱは主に白菜だ。包むのにはコツが必要で、案外難しい。ボクは毎回妻に包んでもらっていたが面倒になったらしく、最近では包まず丼で出されている。丼に白菜やパクチーなどの野菜や香草をちぎって入れ、カノムジーンは多め、プラー・トゥーの身も適当にちぎって豚肉も数個放り、適当にナムチムをかけまわす。あとは、スプーンとフォークを丼にグサグサ何度も突きたてれば具材がほどよく切れ(特にカノムジーンを切りたい意図がある)、ぐるぐるとかきまわせば食べやすくなるという寸法だ。

口に入れれば味は同じでしょう、というなんともタイ人らしい合理的な発想だ。ちまちまひと口ずつ食べる面倒がないので、ボクはこの食べ方も嫌いではない。ちなみに、妻は自分の分は毎回丁寧に包んで口に運んでいる。

日本ではまず食べられないタイ式のアハーン・ハーラーン

タイは多民族国家で、宗教や生活習慣も多種多様だ。タイ人の約九四パーセントは仏教徒で、イスラム教徒が五パーセントほど、残りがキリスト教とその他になる(諸説あり)。そのため、観光では仏教色が強くみえるかもしれない。しかし、こういった社会なので、たとえば「普通」といってもさまざまな配慮が必要になる。

タイのムスリム（イスラム教徒）が食べるのが**アハーン・ハーラーン**だ。ハラール・フードのことで、日本ではハラルとも書き、タイ字で書くとハーラーンと読む。近年はタイでもハラールで通じるので、ここではハラールで統一する。イスラム教は教えや戒律が厳しい宗派が多く、料理に関しても食材、調理方法にまで厳密なルールがあるため、食べるものが限定されてしまう。そんなムスリムが安心して食べられるように規格化され、その基準をクリアしたものがハラールだ。本来は宗教的に許可された物や行動などすべてを指す言葉だが、ここでは料理など飲食関係に限って使う。

ハラール料理がマニアックというわけではない。しかし、タイにはタイにしかないハラールがある。日本ではそもそもハラールを知らない人だっている

南部の島で漁師として暮らすムスリムの女性。

一見タイ料理とそれほど違いがないが、マークによってハラール料理とわかる。

るだろう。タイはムスリムでなくともハラールは身近だ。また、ハラールは原点的なイスラム文化に従ったものではなく、各地の風習を取りこみ、各地の生活に組みこまれている。タイにはタイでしか食べられないハラールがあり、それも一見普通のタイ料理にしかみえないものも多く、案外に多彩でおもしろい。

▼タイ・ムスリムの基本知識

タイ文化は主に仏教やそれ以前にあった精霊信仰によりそって発展してきたため、タイ人にはその範囲内の価値観で生きている人が多い。一方で、「タイ」とは自由を意味していたとされるだけあって、タイ人は自分の意志に従って行動し、それを邪魔されることを極端に嫌う。また、信仰の自由が保障されている国でもあるので、近年では銀行の住宅ローン審査などの書類提出時は、身分証明書に記載された信仰宗教部分は隠さなければならないなど、配慮がされている。各宗教の信徒数など具体的な数字が出にくいのも、そういった事情からかもしれない。少なくともタイでは統計はあいまいだ。外国人観光客数でさえ、同じ月でも関係当局によって数字が違ったりする。先のムスリム人口が五パーセントというのも本当なのかどうか。

タイのムスリムを統合する組織であるタイ中央イスラム協議会やタイ政府でさえ、その総数を把握していないらしい。熱心なタイ人イスラム教徒はタイ人の三〇パーセントがムスリムだというし、タイ在住のタイ・ムスリムに詳しい日本人ジャーナリストによれば、実質的には七百万人から九百万人、つまりタイの人口の約一二パーセントがムスリムだという。

タイ・ムスリムの習慣などは仏教と同様、タイ文化に習合している部分が多く、中東のように厳しい戒律の中で暮らす信徒は実はごく一部だ。そしてその一部はタイ南部に集中している。南部のムスリム人口も、タイ人ムスリム全体のせいぜい一八パーセント程度で、残りはタイ全土に散らばっている。この南部ムスリムはマレーシアを経由してきた中東直系の信仰を持ち、バンコクやタイ北部、東北部にいるムスリムは中国やミャンマー、カンボジアなどを経由してきた民族の末裔であるとされる。そのためか、南部とそれ以外のムスリムは基本的な考え方が異なっている。

二〇〇四年、現在のタイの政情不安の元凶といわれるタクシン・チナワット元首相が、タイ政府に反発の強いタイ深南部三県（パッタニーを中心にヤラー、ナラティワートの三県とソンクラー県の一部）を開発しようとしたため、この地域のイスラム組織が抵抗し、武力衝突が起こって百人超の犠牲者が出た。それ以来、同地域では爆弾テロ事件が散発しており、約二十年が経過した今でも、日本の外務省から危険情報「レベル３：渡航は止めてください（渡航中止勧告）」が出されている。この爆弾テロで起爆装置にプリペイド携帯電話が使用されたことから、タイではプリペイドのＳＩＭカードは身分証明証がないと買えなくなるなど、全土で悪影響が出ている。その一方で、バンコクでは爆弾テロがほとんど起こっておらず、バンコクの若いムスリムにはタイ深南部問題について知らない人さえいるほどだ。

そんなムスリムも、かつてはマイノリティとして集まって暮らしていた。中国移民やベトナム移民も同様で、ひとつのエリアに集まり助けあって暮らすことがあたりまえだったのだ。今もその名残が各地にある。アユタヤならチャオプラヤ河沿い、バンコクだとセンセーブ運河沿いにいくつかのコミュニティがある。プラカノンのプリディー通りやシーナカリン通りの一部などもムスリム・エリアだ。センセーブ運河沿いにムスリムのコミュニティが形成されているのは、この運河が人工的に延伸され

バンコクではかなり古い部類に入るダルアマン・モスク。

たからだ。センセーブ運河は一八三七年から三年間で造られた。当時、深南部はパタニー王国という独立国で、その国民の一部は、タイ政府（あるいはタイ軍）が奴隷として使役するため、バンコクに連れてこられたと考えられる。

バンコクの中心地で最も古いムスリム・コミュニティーといわれるのが、ペッブリー通りソイ7だ。ここもやはりセンセーブ運河沿いにある。この地域に南部のムスリムが一八〇〇年代に集まってきたとされ、ソイの中にあるマスイド・ダルアマン（ダルアマン・モスク）は一八八二年に竣工した。同時期の中華街にはヤワラー通りが敷設されていることをみれば、このエリアはバンコク旧市街並みに古いことがわかる。ヤワラーもペッブリー通りソイ7も、現王朝初期の中心地からはかなりはずれている。タイ政府が移民や部外者をいかに街の外に追いやっていたかもわかる。

▼ムスリムが食べるタイ料理

ソイ7にはハラールを扱う飲食店が多い。一般にイスラム教は豚肉をはじめとした牙のある動物を食べることを禁じており、屠殺方法も指定されている。ハラールに適合しているかどうかはレストランの外観では判断できないため、ハラールの認証が必要になる。アラブ語で合法を意味するハラールの認定機関は各国にある。イスラム教とはいえ土地の文化に習合しているので、認定基準は国によって異なる。しかし、認定品であればどの国のムスリムでも問題なく食べられる。

ムスリム・レストランであれば当然すべての食材や調理法がハラールである。一般レストランや既製品もハラール承認済なら必ずハラール・マークを掲示している。日本のコンビニやスーパーではほんの一部にしかないハラール・マークも、タイではほとんどの製品に印刷されている。タイの衛生基準法は、遵守されているかは別として、日本並みに厳しい。特に医薬品や食品は成分表示なども含めて、あらゆるデザインまで事細かに審査され許可が出ている。ということは、変更の申請も大変だ。そのためハラールに適合する商品は最初から認可を受けておくことになるので、日本よりもハラール商品がずっと多くなる。

ただ、マークがないとムスリムが入れない・買えないわけではない。マークがない場合、ムスリム個人が店頭の様子や成分表示などをみて大丈夫と判断できれば利用し、少しでも疑わしければ避けているそうだ。自己責任で判断しているのである。マークのない店がムスリムにとってリスクが高いことに変わりはないが。

ハラール・マークがなくともムスリム向けとわかる食堂。

ハラール料理店、もしくは料理そのものは必ずしもイスラム的な外観をしているわけではない。戒律に従ってハラール認定されてさえいればいいので、タイ料理の外見のハラール・フードも普通にある。むしろ、タイならそれがほとんどだ。そうなると、屋台や食堂クラスなら食材の出所がしっかりしている分、ハラール店のほうが安心して食べられる気がしてくる。

それから、ときに例外がある。たとえば、二〇〇四年一二月に発生したスマトラ島沖地震による津波ではプーケット県など南部が甚大な被害を受けた。このような災害直後はさすがにハラールを厳守するのも難しい状況であるため、イスラム法学者などによる宗教的意見や勧告であるファトワーが統制機関から発出される。これによりプーケットの災害では海外からの救援物資に含まれるハラール認定品以外のものも食べていいとされた。

ただ、食べ慣れていないものというのは身体がなかなか受けつけないものだ。ボクの友人の日本人女性がタイのムスリム男性と結婚し、改宗した。ボクもインドで経験があるが、普段は自由に食べられる肉類が強制的に制限されると、思っている以上にストレスが溜まって無性に食べたくなってくる。まるで強迫観念のように「肉が食べたい、ああ肉が食べたい、あああ肉が食べたい……」とそれしか考えられなくなるくらいだ。彼女は夫が数日不在のときにこっそり豚串を食べた。その後、食べてから数日も経っていたのに、夫にはすぐにバレたそうだ。臭いでわかったらしい。きっとファトワーが出ても、必ずしもすべてのムスリムが好き勝手になんでも食べたわけではないだろう。

このようにタイには多様な食文化がある。タイ料理という漠然としたイメージではなく、ピンポイントになにかをつきつめていけば、新しい味に出会い、タイの文化を知る機会になる。健康的でおいしいので、タイ独自のハラールもぜひお試しあれ。

南部の強烈な豆料理「サトー・グン・パット・ガピ」

バンコクでも比較的よくみかけるので希少性はないのだが、南部料理「**サトー・グン・パット・ガピ**」のクセの強さは半端じゃない。これを余裕で食べられる人は、相当のタイ料理通だと思う。なにしろ、南部を代表するクセもの**サトー**とガピの合体なのである。苦手な人なら卒倒する料理だろう。

サトーは日本名をネジレフサマメノキという大きな豆である。房がねじれているのでその名がついた。肉厚な長さ数十センチもある房の、ぽこぽこ盛りあがっているところに豆が入っている。子どものころに遊んだ赤紙の巻玉火薬をボクは思いだす。

上／ムスリム女性が調理しているのでハラール料理であることがわかる。
下／サトー・グン・パット・ガピはクセが強すぎて、食べられない人は一生無縁かもしれない。

サトー自体は日本名のとおり本当にねじれた房に入っている。

サトーそのものは薄緑色が美しい豆で、ぱっと見はおいしそうだ。しかし、口に入れてみればその味とニオイが持つ強いクセに衝撃を受ける。中国語では「臭豆」と書くほど、噛むと鼻に抜ける強い臭みがあるのだが、その臭さを表現するのは難しい。タイ以外の地域ではニンニクやニラの代用にもされるようだ。そういったニオイだけならともかく、さらに苦味も強い。慣れない人はなかなか受けつけないだろう。

吐きだしてしまうほどの強烈なクセとまではいわないが、ボクも初めて食べたときは見た目と味のギャップにショックを受けて、ひと口で食べるのをやめてしまった。正直、いまだ本当のよさを理解していないのだが、あれば食べる。そしてその「あれば」がわりと頻繁だ。ボクの妻を含め、南部出身でなくともかなり多くのタイ人がガピとサトーに目がないようだ。これも不思議な話である。一応南部料理に属するはずなのに、そして南部料理はわりと最近までバンコクでは見向きもされていなかったのに、バンコクにも昔から好きな人が多い。

サトーを素揚げにした料理もあるようだが、一般的には炒めものやタイ・カレーの食材として利用される。中でも定番なのがサトー・グン・パット・ガピだ。サトーとエビの身を使ったガピ炒めである。ガピだけでもクセが強いのに、そこにさらにサトーのニオイと苦みが加わる。かっこよくいえば大人の味というやつだろう。近年では、サトーに含まれるビタミンやタンパク質などの栄養素に注目が集まっていて、健康料理として見直されている。

▼タケノコ炒めもクセが強め

ほかにもニオイが特徴的な炒めものはある。「**パット・ノーマーイ**」（タケノコ炒め）だ。材料にホーラパー（スイート・バジル）を使うので、「パット・ノーマーイ・バイ・ホーラパー」、あるいは辛い炒めものなので「パット・ペット・ノーマーイ」と呼ばれることもある。

ノーマーイ（タケノコ）はタイでは生のままか**ノーマーイ・ドーン**を使う。おそらく、保存を考慮して後者が多い。ドーンは日本語では漬けもので、タケノコをゆでたあと塩と酢に漬けるか、塩と米のとぎ汁、塩ともち米などいろいろなやり方で漬ける。いずれにしても、酸味と発酵臭をやや感じる食材になっている。

そのノーマーイの細切りと、豚ひき肉か鶏肉、コブミカンの葉、トウガラシなどをナンプラーやシーイウ・カーウで味つけしながら炒める。バイ・ホーラパーも入れる。米にも合う。基本的にはボクも好きなものの、体調や気分によってはタケノコのニオイが気になってどうしようもないときがあるのも事実だ。

カオ・ゲーンのパット・ノーマーイは人気があって、すぐになくなってしまうこともしばしば。

パット・ノーマーイで個人的に許せないのは、コブミカンの葉が中途半端なことだ。トムヤム・スープのように明らかに食べられないバイ・マックルーはわかる。ラープなどいくつかの料理では葉を針のように細く切って食べる。これもギリギリ理解の範疇ではある。ところが、パット・ノーマーイのコブミカンは、葉は一応ちぎられてはいるものの、食べられるほど小さいサイズでもない。食べられるか食べられないか、どっちかに寄せてくれといいたい。

ノーマーイを使った料理はほかにもある。イサーン料理「**スップ・ノーマーイ**」は、スープというよりは一見ソムタムにみえる、細切りのノーマーイを酸っぱ辛くした料理だ。水分がかなり少ない。イサーンでは煎り米の粉も入れるので、肉サラダのラープの雰囲気も持つ。一方で、スープ状のタケノコ料理「**ゲーン・ノーマーイ**」もある。プリック・ゲーンを使わず、**バイ・ヤーナーング**というツヅラフジ科の葉で作った汁からなる。これはイサーンやラオスで採取できる植物で、味に苦みとクセがある。いずれもノーマーイ・ドーンを使っているので、酸味と辛味は上級者向けである。

バンコクでも楽しめるジビエのタイ料理アハーン・パー

出版社との打ちあわせや企画案の売りこみで、日本に一時帰国することがある。滞在は長くて一か月くらいだ。楽しみはやはり日本の食事である。バンコクにも和食店が増え、日本に近い味が楽しめるようになった今、本国で行きたいのはタイではお目にかかれないような下町の居酒屋だ。

ある滞在中は、東京・人形町のジビエ料理を売りにした居酒屋に行った。未経験のジビエを試してみたかったのだ。ご存じのようにジビエとは野生動物の肉を使った料理で、日本で食べられるのはイノシシやシカ、カモやキジなどが中心になるだろう。入荷は猟師のその日の成果次第で保証はない。結果的にそのときの滞在でジビエにありつくことはできなかった。

こうなるとどうしてもジビエを食べたくなってくる。ボクはタイ国内でジビエ料理店を探してみた。移住当初、バンコク都内にいわゆるゲテモノ肉――ワニやヘビ、ダチョウやライオンなどを出す店があるという噂を聞いていた。しかし、ガセネタだったのか、探すのが遅すぎたのかみつからず、別の店を探すことに。しかし意外にも、バンコク都内はともかく、郊外や、バンコクから車でさほど遠くない県などにジビエ料理を意味する**アハーン・パー**が何軒もあることがわかった。中でもレビュー評価のよい、『アードゥアン・ポーチャナー』（ドゥアンおじさんのレストラン）に向かった。

この小さな食堂の所在地は、チャチェンサオ県とサムットプラカン県の境にあった。オンヌット通りをひたすらまっすぐに進むとラーカバン通りに入り、さらにスワナプーム国際空港をすぎてもさらにどんどん直進した先にある。通常のタイ料理やイサーン料理に混ざって、メニューのごく一部にジビエ料理が並んでいた。専門店のある日本と違って、タイにはこうしたプラペート（ジャンル）としてジビエを置く形態の店しかない。救いだったのは、ジビエ以外の料理も全体的においしかったことだ。近隣の養殖場でとれたエビを使ったグン・チェーナンプラーはエビの肉がプリップリでおいしかった。

この店が出すジビエはシカ、イノシシ、スズメ、カエル、ウナギだ。どれも黒コショウ炒めのパット・プリック・タイ・ダム、プリック・ゲーンの赤に染まった炒めもののパット・ペット、ニンニクと一緒にから揚げにした「**トート・ガティアム**」で食べることになる。シカはクセもなく、やわらかくておいしかった。イノシシは豚と比較するとややかたいので、シカのほうがいいかもしれない。カエルとスズメは品切れだった。

問題はウナギだ。タイ語では**プラー・ライ**という。これは日本のウナギと違い、タウナギ（田ウナギ）のことだ。大雑把にいえば日本のウナギは海の魚に対して、タウナギは淡水の魚なので品種が違う。しかも、タイ料理ではタウナギの胴体を輪切りにするので、身が薄いうえに骨が多くて食べにくい。「プラー・ライ・パット・ペット」にしたら、プリック・ゲーンの辛さもあってタウナギ自体の味がわからなかった。パット・ペット自体の味はいいものの、生のコショウの実やコブミカンの葉など、もはやタイ料理あるあるの食べられないものが多量に入っていて、さらにタウナギの食べにくさ

エビの「グン・トート・ガティアム」のようにタイではニンニクとのから揚げ料理が多い。

が火に油を注ぐかのようで、おいしいとかまずいとか、そういう次元ではなくなっていたのだ。黒コショウ炒めにすればよかったのかもしれないが、タウナギだと生臭そうだと思い、その結果、選択をミスしたようだ。

　アハーン・パーは直訳では森の料理だ。ただ、動物名のあとにパーがつくと、野生という意味あいが加わる。アハーン・パーなら野生料理やジビエ料理のことで、犬を意味するマーのあとにつけば森の犬、すなわちオオカミとなる。**ムー・パー**といえば森の豚、ということでイノシシだ。一方で、**グワーン**（シカ）は類似の家畜がいないので、グワーン・パーとはいわない。

　ちょっと話が違うが、バンコク中華街のヤワラーには無数の漢方薬店がある。生薬を並べ、店によっては煮だしてパッキングしてくれる。ある取材で行ったときに棚の写真を撮らせてもらっていたら、シカやそのほかの動物由来の生薬は撮影を拒否された。おそらくワシントン条約などなんらかしらの法に抵触するものがあったのだろう。購入の際も気をつけてほしい。

　和食のように蒲焼きなどにできるタイプのウナギはタイでは養殖されていない（はず）。そもそも日本で好まれるニホンウナギがいないので、タイで漁獲があるとするとマダラウナギという種類になるらしい。マダラウナギも蒲焼きにすれば日本のウナギと遜色ないおいしさだという。いずれにしても、一般的なタイ人の食生活・文化では日本の品種に近いウナギを食べないので、タイ料理界で「プラー・ライ」といえばタウナギを指し、近い品種もないことからパーのつく呼び名はない。タイでは田んぼでとれる動物の名称には**ナー**（田）がつく。ゴップ・ナー（タガエル）、プー・ナー（タガニ）といった具合だ。タウナギは正確にはプラーライ・ナーではあるものの、一般的にはプラー・ライとしかいわない場面が多い。ちなみに、タイ人にとってプラー・ライは縁起のいい魚とされる。ライには流すという意味があり、プラー・ライを放つことであらゆる不幸などが流れ去っていくとされているからだ。

食後に食堂の店主のドゥアンおじさんに話を聞くと、驚くべき事実が判明した。

「**タイでは本当の野生動物の肉をレストランで出すのは違法**だ。だから、シカもイノシシも、全部牧場や養殖場から来ている」

たしかにタイは衛生管理関係の法令や、食品輸入のルールが厳しい。東日本大震災後は放射能の影響や日本での家畜の口蹄疫流行によってタイは日本からの精肉輸入の検疫を厳しくしていたほどだ。バンコクでレバ刺しなど生肉料理を提供している飲食店に訊くと、やはり衛生管理が当局（公共保健省や関係組織）に厳格にチェックされるので、非常に気を遣うという。行政側に目をつけられる可能性があるので、生

上／イノシシの炒めものは噛み応えがあって嫌いではなかった。　下／豚とイノシシをかけ合わせているが、イノシシに味は近いという品種。

肉料理はあまりメディアで取りあげてほしくない、と取材でいわれたこともある。

野生肉は生肉以上にタイ政府の管理外にあるので、猟師が個人的に食す分には自己責任だが、商業ベースには利用できない。実際、山がちで野生動物の料理が多い北部では、食中毒やウイルス感染による死亡事例がたまに聞かれる。

というわけで、タイのジビエ料理は実際には野生動物ではなく、単に牛、豚、鶏、一般的な魚介類以外の肉を使った料理、ということだった。ヤギやヒツジはタイではまだ珍しく、どこに分類されるのかは不明だ。ただ、マッサマンカレーの店などに羊肉はあるので、一般流通の肉なのではないか。逆に、バンコクの飲食店で食べるこれらジビエ肉は誰がどこで仕留めたかわからない代物ではないので、むしろ安心しても食べられるといえる。

こう書いていて気がついた。つまりボクは、いまだにジビエ料理デビューを果たせていないではないか。

おしゃれになりかけた未来食マレーン

旅行の楽しみは食事にあるとボクは思っている。食事がおいしくない土地は、どんなにいい思い出があっても再訪しない。嫌なことばかりあっても、食事がよければまた行きたくなる。海外旅行ならなおのこと、そこでしか味わえない地元で人気の料理を楽しみたいものだ。

東南アジアでしか食べられない、見た目のインパクトが強烈な食べものといえば**マレーン**もそのひとつだ。昆虫のことで、正確にカタカナ表記するならマレーングになる。昆虫食は日本でも一部地域に存在するが、東南アジアでは珍しくないので簡単に試せる。世界では千を超える種類の虫が食用になっているという。

タイでも昆虫料理は一般的だ。バンコクの屋台でも売っている。東北部は海がなく、山も少ないので野生動物が貴重で、かつては昆虫も重要なタンパク源だった。とはいっても、タイは昔から食べものが豊富な国だったので、最終手段というわけではなかったと思う。もちろん現在もまず食糧難に陥ったりはしない。そもそもタイは自給自足ができている国だ。タイの食糧自給率は一五〇パーセント超だといわれ、太平洋戦争終結直後は日本に米を送ってさえいる。特に田舎は助けあいの精神が強いので、金銭的に生活が困窮しても食べものにはそれほど困らない。そのため、昆虫は農村の貧困層が食べる救荒食物《きゅうこうしょくもつ》と思われがちだが、イサーン人にとっては故郷の味であり、おいしいから食べる。バンコクではイサーン出身とみられる若い女性があたりまえのように屋台で調理された虫を買っていく。

タイ人の中にも昆虫食は外観が苦手という人は多い。ボク自身は母方の祖母がイナゴの佃煮をよく作っていて、近くの江戸川の土手に一緒に捕まえにいっていたので偏見はないのだが、食べた記憶はほとんどない。捕獲したイナゴを新聞紙の上に広げて陰干しにしていたとき、祖母が「こうやって干すと腹から糞が全部出る」と教えてくれたのをみて、「気持ち悪っ！」となって以来、食べなくなった。

▼一瞬だけ変化したバンコクの昆虫食事情

最近は欧米の研究から、昆虫が貴重なタンパク源として注目されているそうだ。人口増加に伴う食糧難対策のほか、宇宙開発における宇宙食としての研究が進んでいるのだとか。

そんな流れから、一時期はバンコクでも昆虫食に変化があった。高級レストランでも食材として利用され、昆虫食専門のレストランまで登場したのだ。ある店は裏庭の昆虫をコンセプトにした品のよい店で、一流レストランで修行した凄腕有名シェフまで雇うほどの気合いの入れようだった。料理は

上／タイの昆虫食はそれほど種類が多いわけではない。
下／タガメの塩漬け。調味料の材料用で、直接食べるものではない。

パスタや肉か魚のメイン料理などに揚げた昆虫を載せる程度のソフトなものだったが。試しに食事をしたところ、料理五品とドリンク、消費税、サービス料で会計は家族でおよそ二〇〇〇バーツ（当時で約七千円）となかなか高額だった。昆虫食に慣れた東北部出身者の妻に感想を求めると「これまでにない昆虫料理で、アイデアがおしゃれだった」と認めつつ、「虫でこの料金は高すぎる」とのことだった。

タイのアッパーマス層以上の人々に昆虫食を見直してもらおうという趣旨だったのかもしれない。ただタイでは、上層の人が自分よりも下の層にいる人を理解しようとすることはいっさいない。バンコクの富裕層は北部や東北部の貧困層が眼中にないため、昆虫食自体を見下している。このレストランも一時期はそれなりに客が入っていたが、パンデミックの影響なのか、昆虫食を根づかせられなかったのか、二〇二一年にタイ政府が実施した新型コロナウイルス蔓延防止策の一環としての飲食店営業規制によって一時閉鎖して以来、いまだ再開していないようである（執筆時）。

とはいっても、タイから昆虫食がなくなったわけではない。昆虫食はタイ料理の一部でもあって、屋台やレストランのメニューにはまだみられるし、安価なので安心して試せる。

昆虫屋台は身近にあるが、いつどのように調理したかがわからないのが難点。

ただ、あくまで素人の個人的な意見だが、人類は根本的になにか問題があるから昆虫を食べてこなかったのではないか、とボクは思っている。外見の気持ち悪さとかそういうことではなく、食べることで病気になるなど、未知の危険性をはらんでいると直感的に知っていたとか、そんなことはないだろうか。だから、安易に昆

ホタテの上におしゃれに竹虫が載っている。

虫食をはじめていいものなのかと、ボクは思ってしまう。

タイでは昆虫食はあくまでも間食だ。そもそもタイはほかの東南アジア諸国——たとえばカンボジアと比べて食用昆虫の種類が多くない。バンコクでみかけるのは主にコオロギ、「**カイ・モッデーン**」（赤アリのたまご）と呼ばれるアリのさなぎ、ラグビーボール状の蛾のさなぎ、竹の中にいる芋虫の竹虫、それからタガメくらいだ。

そしてそのほとんどが揚げものだ。どこも作り置きした虫の素揚げを売っている。屋台ではときどき塩水をスプレーするので、これらは油と塩の味しかしない。タイの昆虫料理はもはや、ただ食感を楽しむ料理なのである。屋台ではどんな油を使っているかわからないし、食中毒が起きることもあるため、昆虫を敬遠するバンコク人も多い。でも、定着しているのも事実で、タイの文化を垣間みるには安あがりなおやつだと思う。

タイで昆虫食デビューをするなら、まずは竹虫が無難だ。細長くてサクサク、中から変な液体が出てきたりもしない。竹虫はタイ語では本来はノーン・マイパイ（竹のうじ虫）という昆虫のさなぎだが、揚げものになると「**ロット・ドゥアン**」と呼ばれる。これは急行列車などの意味があるのだが、なぜそういう名称になったのかはタイ人に訊いても誰も答えられなかった。

水槽からすくった小エビの踊り食い「グンテン」

二十年前はよくみかけたのに、最近はだいぶ減ったような気がするものというのはどんな業界、場所にもあることだ。廃れた理由が明確なものもあれば、わからないもの、人々のマインドが追いつかないほど時代が早すぎたものなどいろいろある。

タイ料理の「**グンテン**」もそんな料理だ。今もまだみつけることはできるが、バンコクは以前のようにどこにでもあるというものではなくなった。若者に好まれないのかもしれないし、提供には多少の設備が必要だから面倒というのもあるのだろう。

グンテンのグンはエビのことだ。テンとは踊ることなので、グンテンはすなわちエビの踊り食いである。踊り食いをするためにはエビが生きている必要があり、水槽設備が必須だ。設備の管理は手間がかかるため、グンテンを扱う店が減ってきているのではないだろうか。設備といっても水槽とエアポンプくらいだけれども、わりと合理的なタイ人は、そんなことをするくらいなら売らない、となったのかもしれない。

グンテンはシーフードではない。主にイサーン料理店で食べるものなので、このエビの生息場所は河川や淡水池、あるいは沼地、場所によっては湖であることは想像に難くない。ここでのグンは半透明のボディーの淡水エビ、タイ語では**グン・フォーイ**、日本ではカワエビとかテナガエビと呼ばれるエビの仲間にあたる。日本の居酒屋で食べられるカワエビのから揚げとほとんど同じで、タイで捕まえられるものはそれよりは小ぶりだ。

グンテンはほかにないこともあって、実は省略した料理名になっている。正確には例によって調理方法・料理名が前につくのだが、人によってつけ方が違う。和えものサラダを意味するヤムをつけて「ヤム・グンテン」という人もいれば、後述する生肉サラダのゴイをつけて「ゴイ・グンテン」とする人もいる。ゴイ派は材料がラープやゴイに似ているから、ヤム派は材料を最後に和えるから、ということらしい。とにかく、名は違えどレシピ自体はほとんど同じ。ナンプラー、粉トウガラシ、パクチー、マナーウ、レモングラスやコブミカン、バイ・サラネー、ホームデーン、トンホーム、**パクチー・ファラン**（オオバコエンドロ）などがよく使われる。

この料理は小さな器などに入れられ、かつふたを閉めた状態で供される。このふたはいきなり開けてはいけない。グンテンを食べる際には、ある儀式が必要だからだ。作り方をみると、なにをするかが自ずとわかる。

先ほどの続きから入ると、具と調味料を器に混ぜあわせたあと、水槽から小エビを網ですくって器に放りこむ。直後にふたがされ、テーブルまで運ばれてくる。つまり、目の前に来た段階では店側でもまだ和えておらず未完成の状態なのだ。器を受けとった客は、まず器を両手で持ちあげる。両方の親指をふたにかけしっかりと押さえたら、器を上下にシェイクする。ちなみに、シェイクする前に器を目の高さに掲げてタイ仏教の経を唱えれば、不謹慎すぎて意外とウケる。

シェイクされればエビはトウガラシやマナーウの刺激でぐったりとして、飛びだしてくることはほとんどない。もし最初からふたなしで提供される店は、エビが飛びだしてくるほど元気がない、すなわち鮮度に問題がある、ということでもある。あとはスプーンやフォークですくって食べればいい。淡水エビなので、最近の若い人は生息地や店の水槽の水質を疑い、敬遠している。ボクはトウガラシにはワサビのような殺菌効果があると信じているので、あまり気にせず食べている。

グンテンは正直にいうと、エビの味はあまりしないし、これからもその点の改良はないと思う。タイ料理の典型的パターンでもある調味料が強すぎる。そのため、素材の味が死んでいるのだが、タイ人からするとこれはそういう料理であるのだ。グンテンには煎り米の粉も入る。こうなるとさらに食感が慣れ親しんだラープに寄って、なお改良する気にならないだろう。

エビの手足やヒゲがノドに引っかかるという問題もあるもののグンテンは食感を楽しむ料理であり、

すでに下ゆでが済んでいるホルモンなどで作るのがルアックチムだ。

米とではなくビールやタイのウイスキーなどと一緒に食べたい。よくある料理ではあるものの、最近のバンコクではみなくなったので珍しい料理の部類に入る。だから、グンテンはそこそこマニアックなジャンルなのではないかと思っている。どうか、このままバンコクからフェードアウトしていきませんように。

香草がほのかに香る
ホルモン料理「ルアックチム」

ビールのお供にふさわしいタイ料理として「ルアックチム」を挙げたい。ルアックとはゆがくことで、チムはナムチムのチムなので、直訳すれば「ゆがいてタレをつける」となる。これだけではよくわからないかもしれないが、実にシンプルな料理そうだということはわかると思う。

ボクが最近気に入っているせいか、タイ人にも見直されてきているからなのか、バンコクでよく目にするようになった。一見イサーン料理

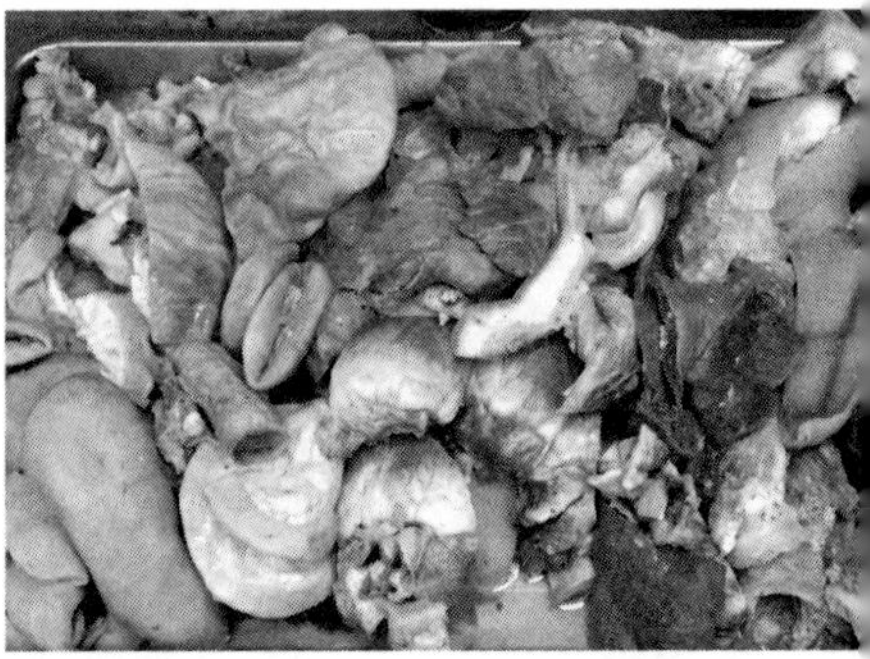
いろいろな部位があるので、酒のつまみには最適である。

にも思えるが、店主に訊くと「全土で食べられているのでイサーン料理というわけではない。ただイサーン人が特に好んで食べるかもね」とのことだった。

ゆがくのは牛肉や豚肉、ルークチン（練りもの）、野菜などだ。ボクが気に入っているのは豚の内臓だ。タイ語で内臓は**クルアン・ナイ**という。車のエンジンなどの機械もクルアンで、内側あるいは中を意味するナイをつけると内臓になる。臓器が機械と同じ「クルアン」と聞くと、タイ語というのは命を軽んじている言語というように感じてしまうのはボクだけだろうか。

近所には豚のクルアン・ナイがずらっと並ぶホルモン系ルアックチムの専門店がある。ボールやバットに選んで入れるという量り売りをしてくれるので、量を自由にできるのもいい。豚のクルアン・ナイには**ジャムーク**（鼻）や**サイ**（腸）、タップ（レバー）など、あらゆる部位がある。ボクのお気に入りは**フアジャイ**（心臓）、**グラポ**（胃）、**ポート**（肺）、**フー**（耳）だ。ビールの肴にふさわしい量がだいたい一〇〇バーツほどと、値段も高くない。「ルアックチム」と注文すると、クルアン・ナイをサムンプライの湯から取りだして器やビニル袋に入れてくれる。「トムヤム」と注文すると、サムンプライごと湯に入れたまま器などに盛ってくれる。

臭みのある内臓は事前に下ゆでされており、購入時に再度ルアック（ゆがく）してくれる。バイ・マックルー、タクライ、カーからなるトムヤム・スープの三大サムンプライが煮たった湯にクルアン・ナイを入れるのだ。トムヤムほどこれら香草の量を入れないのでそれほど香りが出ないため、トムヤム風味はうっすらとつくだけだ。店によってはサムンプライ強めでも注文できる。

薄味好きなら、ほんのりサムンプライ風味だけでも十分食べられる。王道は辛いナムチムで食べることだ。イサーン料理店でよくあるナンプラーにプリック・ポン（粉のトウガラシ）で作ったナムチム・ジェウが一般的だ。ナンプラー、マナーウ、ニンニク、生のトウガラシなどで作った酸味と辛味の効いたナムチム・タレーでもいい。いずれにしてもルアックチムには辛いナムチムが合う。ホルモンの部位によっては下ゆでやサムンプライのルアックでは臭みが消えない。その場合はどうしてもナムチムの辛さでごまかす必要がある。屋台ではナムチムも価格に含まれているので、ルアックチムを買うときは必ずナムチムをもらおう。

温泉と雨と自然が豊かなこの県だけで食されるアハーン・ラノーン

ここではタイ南部ラノーン県にある**アハーン・ラノーン**（ラノーン料理）を紹介する。日本語のガイドブックでは見開き二ページ程度でしか扱われないこの県は、タイ人からもタイ東部のラヨーン県とよく間違われる。トラック運転手が荷物を載せてラノーンまで走ったら、宛先がラヨーンだったなんて笑い話もあるほどだ。つまり、南部のラノーン県はタイ人にもあまり知られていない。

バンコクからのフライトは少なく、鉄道も走っていない。長距離バスなら九時間はかかる。バンコクからみるとプーケットの手前なので、ほとんどの人がとおりすぎてしまう。県の幅は広いところで三〇キロ程度、狭いところではわずか九キロと細長く、九割近くが山岳で、年間降雨量がタイで最多である。自然豊かで、海に面しているので美しいビーチもあり、アンダマン海の向こうにはミャンマー最南端の町ゴ・ソーン（英語名はコータウン）がみえる。自然のめぐみが豊富な隠れた楽園で、二〇一五年前後からバンコク人に終の住処として注目されている。ラノーンはそういうところだ。

▼ラノーン県の魅力

ラノーンにはぬるめだが温泉もある。県内の源泉は七か所で、最も有名なのは湯温が六十五度のラックサワリン温泉だ。硫黄を含まないので、源泉周辺に温泉らしいニオイはない。かつての温泉貯水池を利用した天然床暖房の休憩所では地元民が寝転び、世間話をして帰っていく。

市街地から車で十五分ほど南下したところにはポーンラン温泉がある。ここは小川に面しているので天然の温冷交代浴ができる。足を石段から小川に降ろすと天然のドクターフィッシュが素肌をつついてくる。二〇一七年八月に群馬県の沼田温泉と水上温泉がラノーン県と温泉地発展のための意見交換をしたそうで、その記念碑があった。

大昔、タイは日本と同様、それぞれのジャングワット（県）がムアン（国）だった。ラノーン県の初代国主はタイ人ではなく、中国福建省漳州市に生まれた許泗漳（コースーチアン）という人物だ。広東省潮州系が多いバンコクと違い、マレーシアには福建系の移民が到来し、その関係か南部プーケットにも福建系タイ華人が多い。コースーチアンはマレーシアのペナン島から今のタイのパンガー県を経て、スズ採掘者としてラノーンを開発したとされる。そして、サイアム政府（当時のタイ政府）から官位を授かり、チュンポーン県から独立する際にラノーン国主としてラマ4世王に認められた。

許家が代々住んできた宮殿の跡地として観光名所になっているジュアン・ジャオムアン・ラノーンで、コースーチアンの直系子孫、コーソン・ナー・ラノーン氏に会ったことがある。敷地は広大だが、土地を囲う外壁はところどころ崩れて遺跡のようだった。コーソン氏が国主と直につながっていることはすぐにわかる。というのは、**タイでは「ナー・〇〇」と姓にかつてのムアン名が入ると、その地域の国主、王室や王族に深く関係していた家系であることを示す**からだ。

ラノーン県最大の温泉地はラックサワリン温泉で、公園になっている。

「タイで中国人が国主になれたのは、ラノーンの資源が豊富で、サイアム政府の財源にもなっていたからだ」とコーソン氏はいった。資源とは鉱物のことだ。そもそもラノーンという県名は、鉱物が満ちていることを意味するレー・ノーングに由来する。東南アジアを植民地化したい欧州列強国との交渉に当時は莫大な資金が必要で、それを調達するための資源を献上してコースーチアンは国主として認められた。

ラノーンはミャンマーが目と鼻の先のため、漁港に出入国ゲートがある。タイ人はパスポート不要で、当日限りの出入国が可能だ。陸路や橋を渡るならともかく、小船で海を渡って外国に行くというシチュエーションはタイでも珍しい。もちろんミャンマー人もラノーンに来るので、ラノーン市街地はミャンマー語の看板があふれ、市場の商人も半分はミャンマー人だ。タイ人との見分け方は簡単で、ミャンマー人の特に女性は頬にタナカという木から採取した白い粉を塗っている。元国主が中国人で、ミャンマ

上／道路がなく、船でしか行けないような村落もラノーンにはある。
下／あるリゾートホテルのBBQセット。左上の魚がプラー・ナーウア。

ー人の多いラノーンは、タイ屈指の国際的な街なのである。

▼ラノーンでしか食べられないおいしい料理とは

そんなラノーンが老後の移住先としてバンコク人に注目されるきっかけになったのは、その豊かな自然を体感できるツリーハウスやログハウスに宿泊する「ラノーン・ホームステイ」というコンセプトがプチ・ブームになったからだ。宿泊地には小川や農園がだいたいあって、自家製オーガニック野菜を使った食事が提供されるのも人気の理由だ。雨水をウェルカムドリンクにするハウスもあるほど、ラノーンの自然を満喫できるのが売りのアクティビティである。船でしか辿りつけない僻地の村でホームステイをしながら、朝は漁や貝とり、昼は島観光や漁船の操船、海水浴を楽しむこともできる。

上／半分木製のトラック型のバス。よく見ると向こう側の看板がタイ語とミャンマー語になっている。
下／プラー・ルムプック・ルイスアンはウロコまで食べられるほどよく煮込まれていた。

さすがは海が目の前というラノーンの魚介類は驚くほど新鮮だ。エビはアンダマン海とラノーンの川水に揉まれたせいか、バンコクよりずっと味が濃くて、プツンプツンと歯を弾きかえすほど弾力がある。カワハギの仲間**プラー・ナーウア**はこの地で初めて食べた。ナーウアは牛の顔を意味し、

上／海の幸が豊かで、道端にも魚を売る人がいる。　下／ラノーン郷土料理のひとつ「ヤーウイェー」は中国式に混ぜて食べる酸味のあるサラダだ。

日本のウマヅラに近い魚なのでカワハギの仲間だと思う。タイではこの魚を食べる習慣はなかったが、日本の業者が買うようになったことでラノーンでも食べはじめた。

ラノーンにはほかにもここでしか食べられない料理が複数ある。ラノーン料理は、ボクが知る限りでは、バンコクでさえ数えるほどもない程度にしかレストランがなく、タイ国内においても非常に珍しいジャンルといえる。

たとえば、ラノーン以外でほぼみない食材にニシン科の魚**プラー・ルムプック**がある。「**プラー・ルムプック・ルイスワン**」は、この魚を甘酸っぱいスープで八時間も煮た料理だ。香辛料の効いた中華風の味つけのおかげか臭みもなく、頭から尻尾まで、骨もすべて食べられる。

地元民に人気のラノーン料理食堂も市街中心部にあった。店主によれば、ラノーン料理は名産のガピやラノーン醤油（ラノーンの白醤油）を多用するもの、という。先のプラー・ルムプック・ルイスワンにもラノーン醤油が使われていた。

「**プラートゥー・トート・ガピ**」は、プラー・トゥーをガピにつけながら食べる料理だ。バンコクで食べるナムプリック・ガピとほとんど同じだが、ガピの鮮度が全然違う。多少はガピ特有の臭みはあるにはあるが、天然素材ばかりなので全体的に健康によさそう。「**パックリアン・パット・カイ**」はラノーンに限らずタイ南部で定番の料理ではある。**パックリアン**はユミヅルノキもしくはグネモンという美容や健康に優れた、南部ではあたりまえの野菜でやや苦みがあるが、この料理ではたまごと一緒に炒められているのでとても食べやすい。ボクの印象では、ラノーンのどの料理にも、どこか中国の雰囲気を感じる。

ちなみに、ラノーン県内の観光客向け土産物店では新鮮なラノーン産ガピや、ラノーン醤油として名高い『トラー・ノックゲーウ』（ノックゲーウ印）のシーイウ・カーウも購入できる。県内の離島にはカシューナッツの産地もあって、これもラノーン土産に最適だ。

これを食べる勇気がある人だけにおすすめする料理「ゴイ・ヌア」

日本はアジアの中でも法整備が高度なうえ人々の遵法精神も高いので、大災害などで社会が崩壊寸前になっても秩序は保たれるが、他方では過保護でもあると感じる。飲食関係においては衛生面のルールが明確で、なにかあったときの責任の所在もはっきりしている。そのため、問題が起きても保障されるからと、自らの舌で判断していない人が多いのではないだろうか。タイではそうはいかない。口に入れた結果なにが起きても、それは口に入れた本人の責任だ。

二〇一一年に発生した某焼肉チェーン店でのユッケによる集団食中毒死亡事件によって、日本では生肉の提供基準が厳しくなり、ほとんどの飲食店で生肉を出せなくなった。先の事件の原因と責任が衛生管理のできない最低の店と卸業者にあったことは間違いない。一方で、十歳未満の子どもに生肉を与えていた保護者もどうかとボクは思う。法令にかかわらず、客自身がまずは口にして大丈夫かどうかをしっかりと見極めるべきだ。

上／日本ではほとんどみなくなったユッケはバンコクならまだ健在だ。
下／店頭にこういった肉が下げられていれば生肉料理を扱っている。

タイの衛生関連法規は日本と同じように厳しいが、生肉は規制されていない。タイ公共保健省は公に推奨はしていない旨を表明し、食べないよう呼びかけてはいる。しかし、多民族国家ゆえ、宗教や食生活を抑圧しないよう細かく規制できないのか、タイ人はそもそも肉の生食になじみがないので気にしていないのか、いずれにしてもタイでは今でも生肉料理が食べられる。

タイ人はかつて「日本人って魚を生で食べるって？　気持ち悪い」と、刺身をゲテモノ扱いしていたが、タイ料理にも食材を生で食べる料理はたくさんあるし、ごく一部に愛好家がいる程度ではあるが、生肉料理は刺身よりもはるかにグロテスクなものもある。

まず、ここではタイ料理にある生肉料理を羅列する。南部では文化的に食べないので、東北と北部が中心になる。

□東北部

・ゴイ

イサーン料理の肉サラダであるナムトックとほとんど同じ調味料で作る。ナムトックとの違いはこちらが生肉であることで、肉はぶつ切り、煎り米の苦みとトウガラシの辛さがあって、コブミカンの葉の針切りを使うことも多い。生の内臓や血を混ぜることがほとんどで、まれに胆汁も入れる。牛肉の「**ゴイ・ヌア**」が代表的な料理名になる。

・ラープ・ルアット

肉サラダのラープとほぼ同じ調味料で、味はゴイと同じ。ゴイとの違いは肉がひき肉状に細かく叩いてある。生肉が苦手な人にはしっかり火をとおして炒めた「**ラープ・ルアット・クア**」もある。た

ゴイの典型。血がたっぷりと入っているので、見た目で食べられな人もいるだろう。

だし、このラープ・ルアット・クアは第4章のラープの項でも少し触れたラープ・クアと同一料理という話もあり、その場合は北部料理に入る。

・ソックレック

ゴイとほとんど同じだが、大きく違うのはコブミカンではなくレモングラスを使い、特に牛肉で作ったものを指す。牛肉とその内臓を細かく切り、血や胆汁で作った汁に十五分程度漬けこむ。その際、血液が凝固しないようにするためにレモングラスを使用するとされる。

・ソーイジュ

東北部の奥地でしか食べられていないとされる生肉料理だ。新鮮な牛や水牛の肉、内臓、脂肪を薄切りし、そのままナムチムにつけて食べるという、おそろしくシンプルで野性的な料理になる。

・ソーイチェー

ソーイジュとほとんど同じだが、皿に盛った肉や内臓の上に牛か水牛の新鮮な血をかけてひたすところが違う。胆汁をかけることもある。

□北部

・ラープ・ディップ

通常のラープが火をとおしていることを意味する「ラープ・スック」に対して、生を指す**ディップ**が名称についている。料理としてはラープ・ルアットとほぼ同じだが、ラープ・ルアットは牛肉が中心であるのに対し、こちらは生豚肉が一般的とされる。内臓はゆでることもあり、香りの強い香草と生肉を和えた肉サラダのような料理になる。バンコクなら無菌豚と呼ばれるSPF豚肉（スペシフィック・パソージェン・フリーの豚肉）もあるが、さすがにそういったいい肉で作ってはいない。

・サージン（あるいはサーヌア）

ラープと同じ調味料で、肉は牛か水牛が多い。ラープ・ディップと同様、内臓を混ぜるが、こちらは混ぜる前にその内臓を「必ず」ゆでることが基本とされる。

・ルー

「ラープ・ルー」ともいう。サージンとほぼ同じで、こちらはさらに牛や水牛の血を和えたものとされる。血が多く、ほとんどスープのようだ。

・ルー・ピア

ルーとほぼ同じだが、牛や水牛の腸内にある繊維であるナム・ピアを取りだして混ぜている。草食動物の腸内にある繊維というのは要するに……。

北部の伝統家庭料理店で食べたラープ・ディップは豚肉だった。

タイ人でもゴイやラープ・ルアット、ソックレックの違いを説明できる人は少ない。ゴイは血を混ぜない、ラープ・ルアットとソックレックは同じものと説明する人が大半で、調理師でさえこの三種すべてが同じという人もいるし、サージンもルー・ピアのようにピアを混ぜる人もいるなど、定義はかなり適当だ。

第10章でサラダとして紹介したプラーも、獣肉を使う場合は軽く湯煎するものの生肉料理に分類する人もいる。ただ、最近のプラーは火をとおしたエビが多いので、ここでは除外した。

日本では魚、肉、生たまごは生食を前提に管理がされているが、タイでは加熱が前提だったため繊細な扱いがされておらず、今でも生肉料理が原因とみられる死者がときおり出ている。過去のメディアに取りあげられた死亡例を挙げると、二〇一二年四月一八日に北部ナーン県にある村で豚の生肉を食べた二十人が集団食中毒を起こし、うちひとりが死亡している。一五年一〇月二五日には同じく北部のスコータイ県で豚肉のルーを食べたふたりが亡くなった。

一七年五月三日付タイ字紙『マティチョン』によれば、同年一月一日から四月三〇日までに豚レンサ球菌による死者がタイで六人確認されていた。これは主に豚の生肉を食べたことによるとされる。豚レンサ球菌は、以前は豚やイノシシ間でしか感染しないとされていたが、豚から人間に経口または傷口感染する事例がアジアで増えているそうだ。感染すると敗血症や髄膜炎、関節炎、心内膜炎などを起こすといわれる。

さらに、一六年四月二二日付タイ字紙『タイラット』の報道によると、東北部ナコンラチャシマー県の女性が近所の屠畜場で買った豚肉で作ったラープから豚レンサ球菌に感染し、三日後に死亡したという。状況の詳細は不明だが、この場合はラープなので加熱していたはずだ。タイ公共保健省は獣肉の生食だけでなく、ムーガタあるいはヌアヤーン・ガウリーでも加熱が不十分な肉からの細菌感染の可能性を指摘していて、管理が不透明な肉は加熱しても危険だという。まるでいつ剥き身にしたかわからない小粒の生ガキのようである。

生肉食による死亡例は北部や一部東北部の山岳地帯に集中している。不衛生に管理された豚やイノシシ、シカのジビエ肉を生で食べるのが要因と考えられる。

▼ゴイ・ヌアの注文方法

生肉はどの国であっても信頼できる店で食べることが大切だ。しかし正直いって、タイには完全に信頼できる店はないといっても過言ではない。生肉提供規制前のやや適当だった日本の飲食店のほうがずっといい。これは、タイ人と日本人では衛生観念に大きな隔たりがあるし、何度も書くが、タイの衛生法は必ずしもしっかりと遵守されているわけではないからだ。日本人が経営・管理する店ならある程度安心してタイでも生肉料理に手を出せる。ただしそうなると、ここで推したいゴイ・ヌアを安全に食べられる店は存在しないことになってしまう。実際それは事実で、食べるなら自己責任で、というしかない。

ゴイ・ヌアは、東北料理店ならどこでも出してくれる。屋台でも食堂でも、店頭のガラスケースに肉をぶらさげている店なら、メニューになくてもゴイ・ヌアを注文できる。ゴイ・ヌアには煎り米とトウガラシが入っているので、腹の中で殺菌できるのではないかと心理的な安心感がある。牛肉なら生でもリスクは小さいイメージもある。あくまでもボクの個人的な見方だが。

ゴイ・ヌアをできるだけ安全に食べたいなら、不安要素を取りのぞけばいい。素人考えだが、タップ（レバー）、ルアット（血）、ディー・ウア（牛の胆汁）を入れなければ、危険性は多少下がるのではないか。注文時にクルアン・ナイやルアットは「マイ・アオ」(いらない)といっておかないと、全盛りで出てきてしまう。もちろん、あくまでも気分的な話なので、効果のほどは約束できない。

ボクが初めてゴイ・ヌアを食べたのは、たしか二〇〇三年だったか。当時はまだネットが今では信じられないくらい遅く、タイのことを扱うウェブサイトなんてそうなかったので、小屋のように狭いネットカフェでせいぜいメールをするくらいだった。だから、バンコクでも生肉料理が食べられると知ったのは口コミだったと思う。

その前から東北に生肉料理があるのは知っていた。二〇〇一年だったかと思うが、カンボジアと隣接する深い東北部のシーサケット県に知人の義兄の葬式に行き、そこで出会った。暑い最中すでに数日間、遺体を入れたままの棺桶の前で、村人たちはトランプ賭博に興じていた。田舎では一週間かけて葬儀するのが普通で、その合間に村人が集まって賭博をはじめるのもよくある光景だ。知人の叔母が気を遣ってくれて「肉があるよ」といった。台所(屋外に屋根があるだけの場所)に行くと、半分解体され、血まみれになった牛の死骸が転がっていた。これを肉と呼ぶかね、と驚いたものだ。この肉と血を混ぜて生で食べるといいよといわれたが、さすがに断ってしまった。そもそも作り方がわからないって。なぜ外国人に作らせようと思ったのか。

その二年後、バンコクにもその生肉料理があると聞いて当時の光景が脳裏によぎり、食べてみたいという猛烈な情熱に駆られた。料理名も知らなかったので、行きつけのイサーン料理店で頼んでみた。巨大商業施設セントラル・ワールドがまだワールド・トレードセンター、日本人からはワートレと呼ばれ、セメント会社の資材置き場が隣にあったころだ。今はプラトゥーナーム市場の交差点のほうまで高架歩道になり、ワートレ横は公園になったが、当時はワートレの隣からセンセーブ運河にかけてあった一〇〇メートルほどの資材置き場の壁の前に四、五軒のイサーン料理屋台が並んでいた。ボクらの行きつけは真ん中の親族経営の店だ。ギックとボーという、十七歳くらいの女子店員がやさしかったので、飲むときはいつも行っていた。

この店で「イサーン料理に生肉があると聞いたけど、ここにある？」と訊ねたところ、あるという。注文時に「血は入れるか」とか「内臓はどうする」と確認され、さすがにそれは無理なので「肉だけで」と頼んだのが最初だった。ゴイという料理名もこのとき知った。血を入れないタイプに出会えたおかげで、この料理が好きになった。

今ふりかえると、通い慣れた店というのは大切だと思う。今のボクは、残念なことに行きつけの店を持っていない。というのは、その数年後、あの辺りから屋台は消えてしまったからだ。政変を繰りかえす中で、ワートレ前は毎度反政府活動の抗議会場となり、営業ができるような場所ではなくなった。ボク自身の生活習慣も変わり、こういった人情的な店に行かなくなったのもある。あの子たちももう四十歳に手が届く年齢になっているだろう。どこでなにしているのだろう。会ったところで話すこともないのだけれど。

動画配信に最適なゲテモノとして注目の「ソーイジュ」

ほんの数年前まで好んで食べるのは年寄りのイサーン男性だけというほどマイナーだった料理が「ソーイジュ」だ。数年前にネットに投稿された動画では、オジサンたちがドヤ顔で食べ、それを若い人が引いた顔でみているというシーンがウケていた。ところが、タイにもユーチューバーやティックトッカーが増えた結果、「こんなゲテモノを食べるアタシってすごい？」とアピールしたい人たちが食べまくる動画がそれなりの視聴回数を稼いでいる。タイのその種の動画は咀嚼音を強調したいわゆるＡＳＭＲ動画がほとんどで、おそらく合成音だからか不自然で気持ち悪く、ボクは五秒も観ていられない。

今も昔もタイでは生肉料理はマイナーだ。特に今の若い人には圧倒的に嫌悪される。特にバンコクの若い世代はひとりっ子で過保護に育てられ、やや潔癖なところがある。もっというと、トウガラシも食べさせない世帯もあり、辛いものが食べられない若いタイ人も今は多い。生肉を食べる習慣はそもそも、野菜のとれない極地などでビタミン摂取のためにはじまったとされ、いくらでも栄養摂取ができる現代においてはもはや必要がない。生肉食は趣味嗜好の世界なのである。**タイで飲食の安全性は完全に食べる人にゆだねられている**と思っておくべきだ。

きれいに作られたソーイジュはマグロの刺身に見える。

だいたい、生肉をこんなに好むのは世界的にも日本人くらいではないだろうか。日本は生肉を供するための屠殺場や厨房などの安全基準が厳しく、合法で生肉を出せるのは馬刺しくらいで、生肉料理は日本国内で実質、消えたようなものだ。二〇二三年に一時帰国したときに知ったのだが、日本の焼肉店でも生のユッケが一応復活はしているようではあった。ただ、認可を受けた工場で作ったパック詰めのものなので、従来のユッケとなんか違う。量も少ないし、求めてたのはこれはじゃない感がものすごく強かった。それでも需要が高いところに日本人の生肉信仰を感じる。一方、タイには生肉食を禁止する法令はない。日本式焼肉店ではいまだにユッケや牛刺しが楽しめる。そう考えると、バンコクは生肉天国だといえる。実際、タイ旅行・出張の食事では生肉を楽しもうと決めてくる日本人は少なくない。

ソーイジュがすごいのは、調理手順が切ることだけであることだ。料理名からして単純だ。ソーイは削ぎ切り、薄く、小さく、細く切ること、ジュはナムチムもしくは**チム・ナム**（タレにつける）を指すので、「切ってタレにつける」が直訳になる。バンコクではさすがに肉やセンマイ、レバーくらいしか使われないが、田舎では内臓や脂肪など、なんでもかんでも切って皿に盛りつけ、手でつまんでナムチムで食べる。

ただし、一応は望ましい部位があるようだ。肉では**ヌア・サン**（ロース）、スア・ローングハイ（ブリスケット）、**ルークマプラーウ**（ひざの肉）、**ヌア・カーラーイ**（すね肉）、**ヌア・ノーングラーイ**（もも肉）である。内臓ではレバーや**サームシップグリープ**（センマイ）、**パーキーリウ**（ミノ）、**ランプン**（ハチノス）、**コープグラドン**（ミノの前についている器官）などになる。

血もかけてしまう「**ソーイチェー**」もあり、これは見た目のインパクトがすごい。血だけならまだしも、イサーン地方のやや深い場所にあるヤソートーン県などでは**ナーム・ディー**（胆汁）もかけまわすようなので、苦みが相当きつい。ナムチムにはナンプラーと粉トウガラシのタレであるナムチム・ジェウが使われる。煎り米の粉や胆汁を入れて苦味を加えた「**ナムチム・ジェウ・コム**」が用意されることも現地では多いようだ。

この食事で殺菌効果が期待できるのはナムチムのトウガラシか、イサーンの中年男性らが好むタイのウイスキーなどのスピリッツくらいではないか。ぶちまける胆汁にあるいは殺菌効果もあるのかもしれない。いずれにしても、安心感はゼロだし、苦みも強いので、若者が食べたがらないのも当然だ。

バンコクは場所柄、公共保健省や管轄保健所の抜き打ち衛生検査もあるので、そこまでアグレッシブなソーイジュはみないものの、イサーン料理店のほとんどで食べることができる。そもそもイサーン料理屋台には決まったメニューがなく、あってもメニューに載っていない料理のほうが多い。そのため、料理名を告げればわりとあたりまえにソーイジュにありつくことができる。

バンコクではソーイジュといえば牛肉だ。適当に切られたものが出てくるので、普通のナムチム・ジェウをつけて食べる。生肉はよほど味覚が鋭敏でないと味がわからない。ナムチムが食材そのものの味を破壊するので、牛肉の赤身はかたいマグロを食べているのと変わらない気がする。

プリプリ食感がたまらないおっぱい焼き「ノム・ヤーン」

「ノム・ヤーン」との出会いは移住初期の自宅近くだった。当時、バンコクの秋葉原と呼ばれた電脳商業施設パンティップ・プラザ近くの安アパートに住んでいた。あのころのバンコク移住者はよほど金持ちでない限りはそうしたタイ人向けアパートのワンルームを借りるのが普通で、**タイのアパートは調理設備がなく屋台での外食が大前提**だった。

当時、こういうアパートは三〇〇〇バーツから五〇〇〇バーツくらいが家賃相場だった。キッチンつきの部屋となれば一万バーツ以上はした。ただ、今現在もキッチンつきなら一・五万バーツ前後くらいからあるはずなので、そういう意味では物価高になっているタイでも家賃はそれほど高騰していないのかもしれない。

あるとき、近所に突然現れたテーブルが二卓だけの小さなイサーン料理屋台に座ってみたところ、女性店主から「ノム・ヤーンもあるよ」といわれた。なんのことかよくわからないまま好奇心から注文してみた。見た目は白っぽい肉だが、筋肉というより内臓のような感じもする。フワフワしつつも歯を立てるとプリンと弾ける。味も、肉とは違い、チーズのような香りがあるがクセは強くなく、意外においしい。とにかく、こんな食べものは初めてだった。

もう一度店主に「これはなにか」と訊くと「ノム・ヤーンだ」という。ヤーンは焼くだが、ノムとはいったい……。ボクの知っている単語と料理が一致しない。

「ノムよ、ノム」

店主はそういいながら、自分の胸元を指さす。そこで、自分が知っているノムと同じ単語であることがようやく理解できた。**ノム**は牛乳などミルク全般を指すが、肉類のケースでは乳房のことになる。部位としていうと乳腺で、日本ではチチカブと呼ばれるホルモンの一種だ。つまりこれは、おっぱい焼き、である。ボクは日本で食べたことがなかったので存在すらまったく知らなかったが、東南アジアでは珍しくない部位のひとつだ。

ヤギをよく食べるベトナムではヤギ鍋やヤギ焼肉店がポピュラーだ。そこでも乳房の部位は当然のようにある。ヤギはヒツジと同様、肉のニオイにクセがあるが、ヤギ焼肉店の乳房は不思議とクセがなく、食べやすい。よくよく調べてみると、実はこれは豚の乳房らしい。ヤギの乳房はそれほどとれないが、豚なら多産で乳房も大きいからである。

生の状態の豚の乳房。

タイのイサーン料理店で食べられるノム・ヤーンも基本的には豚だ。これにはいくつか理由がある。豚の乳房はクセがなくて味と香りがクリーミーでおいしいし、焼いてもふんわりとやわらかいままだ。牛でもよさそうだが、その乳房はかたくて臭みがある。

プラカノン区のプリディー通りソイ43に、在住日本人に有名なイサーン料理屋台がある。有名な理由は、イサーン料理店なのにレバ刺しやユッケなどの和テイストな生肉もあり、しかも屋台料金で安いからだ。ここの店主はバンコクだけでなく、海外でも和食調理師の経験があり、タイに帰ってきてこの店を開き、人気になった。

ここにもノム・ヤーンがあり、店主に豚と牛の違いを教えてもらい、かつ両方を並べて食べ比べさせてもらったことがある。その差は歴然だった。牛のかたいほうが好きという人もいるかもしれないが、圧倒的においしくて一般に好まれるのは間違いなく豚のほうだった。

バンコクのイサーン料理店でもノム・ヤーンはめったにないので、食べたければ足で探すか、店主に頼んで翌日に仕入れてもらうか。常時メニューに入れている店をみつけたら、とりあえずマップ・アプリなどに印をつけておくことをおすすめする。

メーヌー・ガンチャーは本当に食べる意味がある？

二〇一八年一二月、**アジア内でいち早く、タイでは医療大麻が解禁された**。大麻による医療はアルツハイマーやガン治療への効果が期待されている。医療施設が続々開設されており、かねてから医療ツーリズムに力を入れてきたタイの関連市場のさらなる飛躍が期待されている。

医療大麻で話題になる主要な成分は、ＣＢＤ（カンナビジオール）とＴＨＣ（テトラヒドロカンナビノール）だ。後者のＴＨＣが酩酊作用を持つため、解禁のタイでは違法性がないにしても、今現在（執筆時）も日本をはじめ多くの国で規制されている。一方でＣＢＤは酩酊するものではないので、ほとんどの国で規制がない。よって、今、タイでは特にＣＢＤの含有製品が非常に安易に手に入り、商品数も多い。執筆時にはＴＨＣを含有する化粧品や製品も散見されるので、日本人は購入時には注意したい。特に日本に持ち帰るとなると危険極まりない。

さらに、二〇二二年六月には栽培規制も大幅に緩和され、基本的にタイ国内では誰もが自由に大麻栽培ができるようになった。あくまでも医療目的が前提なのに、これを酩酊のほうを好む人たちが拡大解釈して大麻解禁とよろこび、巷に大麻ショップがあふれかえっている。ただ、予想したほどタイ人は大麻を楽しんでいないし、大麻によって凶悪犯罪が増えたという話もない。騒いでいるのはアウトローな外国人だけだ。二三年八月には政権が交代し、場合によっては大麻が再び違法になる可能性もある。現時点では、大麻は時事に非常に密接なので、日々のニュースはよく読みこんでおきたいところだ。

本書をここまで読んでくださった方はご承知のとおり、タイ料理で散々使われるサムンプライは香草であり、ハーブだ。大麻も広義のサムンプライといえる。そもそもタイはかつて民間療法に大麻が使われていた。大麻はタイ語で**ガンチャー**という。東インド会社が世界に輸出する大麻が、ガンジス河が訛ったガンジャと呼ばれるようになったためだ。タイに大麻はインドから入ってきたと考えられる。

医療大麻の解禁に伴い栽培も自由化されたことで
大麻がほぼ違法ではなくなってしまった。

タイに入った時期についてはわかっていないが、アユタヤ王朝のナーラーイ王時代（一六五六～一六八八年）に医療に使用された記録があるという。サムンプライのひとつとして料理やクスリにも使用されており、一九六一年に国際連合による『麻薬に関する単一条約』に加盟するまで、大麻はタイでは違法なものではなかった。そもそも二〇〇〇年に入るか入らないかくらいまでは地方ならいたるところで自生していたらしく、四十代以上のタイ人にいわせれば「ガンチャーに金を出すことが信じられない」そうだ。

ガンチャーが麻薬犯罪の薬物リストからはずされた今、所持していても吸っていても「治療中なので……」というい わけができてしまう状況になった。これを大麻愛好家たちが大麻解禁だと騒いでいるのだ。実際にはそうではないことはあらためて断っておきたい。実際、タイでは今も解禁に関する問題は日々議論されているところである。

▼知識なしのガンチャー遊びはおそろしい

そんなガンチャーは解禁に伴い料理にも使われるようになった。ガパオライスやグリーンカレー、トーストやタピオカ・ティーなどにガンチャーのCBD成分のみを入れるか、トッピングするなど、すでにあるメニューの変化球として**メーヌー・ガンチャー**（大麻のメニュー）が登場したのだ。コンビニでは主要成分としてガンチャーが使われたスポーツドリンクのような機能性飲料もある。試しに買ってみたら、含有はCBDなので普通のスポーツドリンクと変わらない、ただただ甘いだけの飲みものだった。ただ、このトレンドは二二年秋ごろにはすでに下火になってしまった。

ガンチャーは依存性がなく健康被害も少ないという研究結果があるというが、知識や経験値なしに吸引することはおすすめしない。ボクの知人は好奇心から、あるバーでジョイント（喫煙のために紙巻きにしたもの）がまわってきて、ひと口だけ吸った。すると、ものの五分も経たないうちに意識が飛んで、そのまま数時間ほど動けなくなった。あとで本人から聞くと、潰れている間にも周囲の人たちの声は聞こえていたらしい。耳は敏感で、身体だけが動かない。申しわけない気持ちになって、それがさらに気分を落ちこませたという。最近知ったのだが、大麻はダウナー系といって、気分を落ちこませる作用があるという。だから、彼は迷惑をかけていることに引け目を感じて、さらに落ちこんで動けなくなるというスパイラルに陥っていた。

アメリカに留学経験があり、今も大麻愛好家である人に話を聞いたこともある。やはり彼も「知識なしに吸うことは危険」だと警告する。大麻には吸い方というものがあって、うまく吸えないとバッドトリップに入って、せっかくの楽しい時間が台なしになるそうだ。

ボク自身は二十一歳のとき、インドでヨーグルト・ドリンクのラッシーに大麻樹脂を混ぜたバングラッシーを飲んだことがある。飲んだ瞬間、タバコのようなヤニ臭さを感じ、その後やはり動けなくなった。これなら酒のほうがいいと思い、それ以来違法薬物関係とは距離を置いている。その程度の経験値なので、バーなどで「あ、大麻のニオイがする」と友人・知人がいっても、ボクにはその香りがわからない。

大麻以外の薬物はいまだ違法だ。八〇年代後半から九〇年代半ばにゴールデントライアングル（黄金の三角地帯）という、タイとラオス、ミャンマーの国境が一点に集まるタイ北部を含んだエリアが麻薬や覚せい剤の生産地だったため、タイ政府の規制は厳しい。所持している量によっては売買目的などと判断され、その場合は最高で死刑もある。それなのに違法薬物の入手はいまだ容易で、タイでは日本以上に違法薬物関連の事件が発生している。そして、麻薬中毒に苦しむ人も多い。

コンビニで販売されている大麻成分50%含有のドリンク。特に飲んでも体調に変化はなかった。

▼麻薬中毒からの回復の難しさ

タイ中央部の端にあるサラブリーは、日本でなら位置的に栃木県や群馬県に相当する場所にある県だ。この県にあるタムグラボーク寺は一九五七年に建立され、七〇年ごろから麻薬中毒患者を受けいれ、更生させるプログラムを実施している。七五年にはその活動が

タムグラボーク寺では僧侶が自らサムンプライを刈り、クスリを作る。

評価され、アジアのノーベル賞と呼ばれるフィリピンのマグサイサイ賞を受賞した。

今もタムグラボーク寺では常時、国籍問わず麻薬中毒患者を受けいれている。ここで暮らし、麻薬中毒患者の面倒を看る僧侶は「仏教の教えのもとで困窮者を受けいれています。ここに来るにはなにもいりません。今の状況から抜けだしたいと強く決心している意志だけあれば」という。麻薬だけでなく、アルコールやタバコ依存症患者も受けいれ、タイ伝統医学に基づく治療と薬を処方している。

麻薬患者は最低十五日間をここですごす。最初の五日間と最後の日は午前と午後に数十種類ものサムンプライを煮つめた汁を飲まされ、体内に残る毒を吐きださせる。飲むと胃の中がぐるぐるして自動的に嘔吐するようにできているのだ。そのムカムカに抵抗すると、胃に残ったサムンプライによって頭がくらくらし、数時間は寝こむハメになる。

患者は日々四十人前後、年間のべ千人弱が滞在する。ボクが取材したときは四十二人いて、最高齢は四十代の夫婦だった。アンフェタミン系覚せい剤ヤーバーから抜けだせなくなり、子どものために夫婦で来たという。最年少は十三歳、中学一年生の少年だった。担任教師に教えられてひとりで来た。麻薬遊びにハマる友人も誘ったが一笑に付されたからだ。

ほぼすべての入所者が、自分で買った薬物を転売して次の麻薬購入の資金にしてきた。すでに違法行為ではあるが、この自転車操業が狂えばたちまちさらなる凶悪な事件にかかわる犯罪者になる。ドラッグのために友人から金を借り、返せなくなって人間関係が壊れ、善悪の判断がつかなくなって、最終的に密売の片棒を担ぎ、より重大な犯罪に手を染めることもある。前述のように、タイでは違法薬物密売は死刑もありうる。この施設にいる彼らはみな、麻薬などへの強烈な欲求に最後の抵抗を示した点で、ある意味では幸せなのだと僧侶がいった。

「諭してくれる大切な人がいたから、失ってしまうものの大きさに気づけた人たちです。そういう人がおらず、知らぬ間に道が断たれる人もいる。ここにいる彼らはまだ見捨てられていなかったからこそ強く変わりたいと思え、こうしてここにいるのです」

この寺院で目的を共有する仲間と共同生活をするうち、徐々に連帯感が生まれる。そして、より薬物依存症から抜けだしたい気持ちが強くなる。ただ、現実は残酷なほど厳しい。戻った先で悪友にそそのかされることもあって、完全に麻薬や覚せい剤から自身を断つことができるとは限らない。僧侶は厳しい話

このクスリで胃がグルグルとして吐き、その拒絶反応が違法薬物の快楽を上まわれば麻薬を断てる。

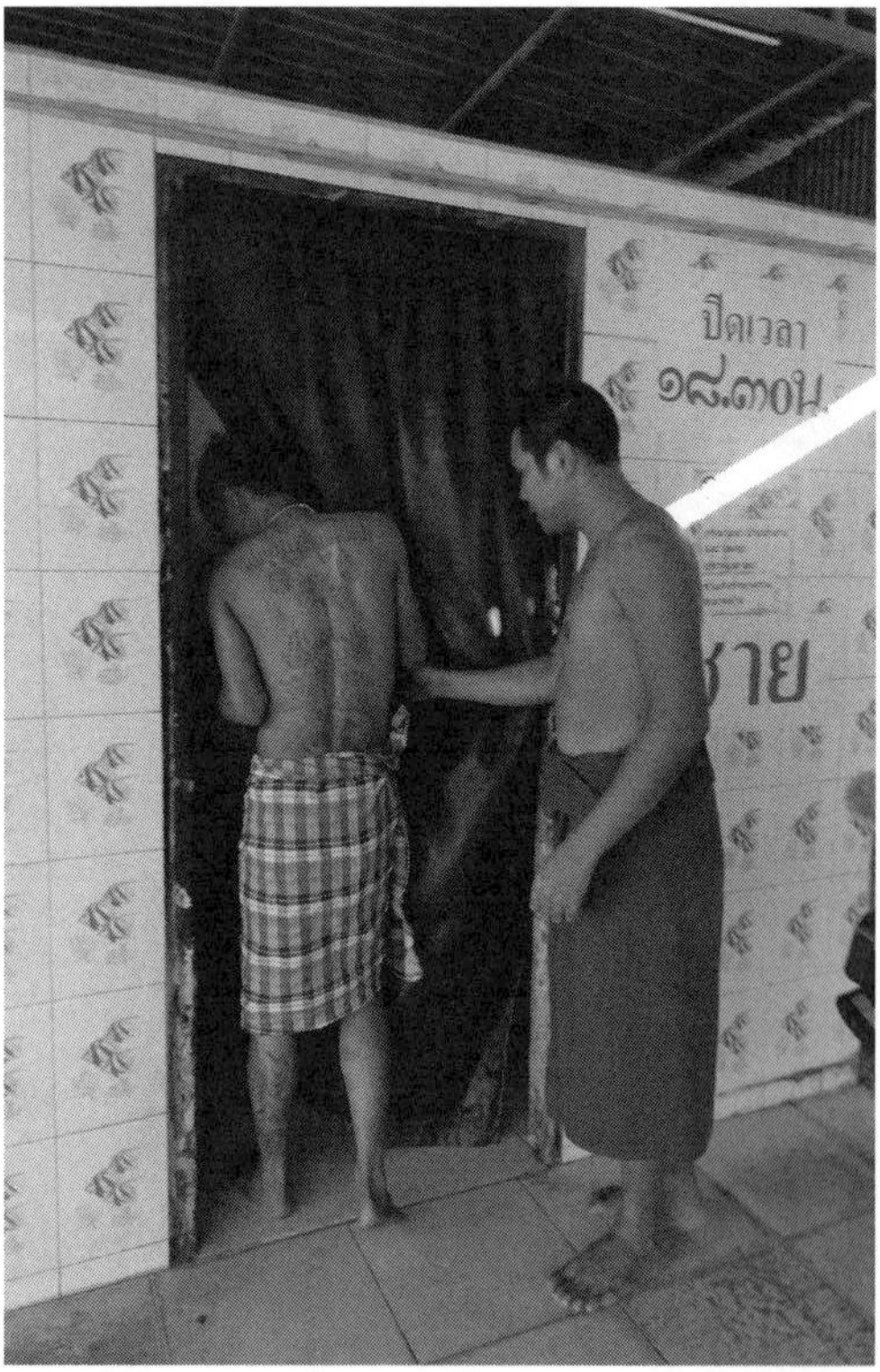

タイ伝統医学のひとつにあるサムンプライのサウナ。

もしてくれた。

「ここで更生できるのは人生で一度だけです。一度変わりたいという本気を示した以上、二度目はありません。残念ながらすべての人が立ち直れるとは限らないのも現実です。ここを出るときは生まれ変わったと思っていても、外の世界では生活環境がつきまといます」

寺の治療を受けて麻薬から抜けだすことに成功した人はOB・OGとして、あるいは民間の麻薬患者更生支援団体もしくはこの寺院のボランティアなどの職員となって、ときに手土産を持って施設を訪れる。感謝をこめ、ドラッグに苦しむ人たちを励ましに再訪するのだ。しかし、足を洗えなかった人は二度とここを訪れない。つまり、僧侶にも入所患者にも成功例だけが眼前にある状態のため、最悪のケースでとるべき行動のノウハウがこの寺院にはない、という問題がある。療養する彼らの真の戦場はここではなく、その先なのだ。

麻薬はそれほどおそろしい。依存性のないガンチャーはより強い刺激を求めて次のステップに上がってしまうゲートウェイ・ドラッグではないとされる。しかし、本当にそうだろうか。ボクがバンコクの安宿街で暮らしていたころに親しくしていた日本人は大麻遊びを続け、ラオスでヘロインを入手してきて、ゲストハウスの自室で酩酊した挙げ句、同宿の日本人女性を殺害してしまった。これでもゲートウェイ・ドラッグではないといえるのか。いくらガンチャーに問題がないとはいえ、遊ぶなら多少の知識を持っている必要がある。

それから、ガンチャーやほかの違法薬物で遊んだことをネットに書いたり、SNS（ソーシャルネットワークサービス）で吸引や使用を推奨すると、日本に到着したとたん「唆《そその》し」と判断され、日本の警察に逮捕・検挙される可能性もある。いくら合法でも、タイでガンチャーには安易に手を出すべきではない。

変わりダネがお好みなら「ゴップ・トート・ガティアム」

「鼠食文化《そしょくぶんか》」は字面のとおり、ネズミを食べる文化のことだ。ネズミはペストなどの病原菌を運ぶため世界的には忌み嫌われており、あまり食用にならない。しかし、東南アジアではベトナムやカンボジアでよく食べられている。

タイにもネズミを食べる地域がある。イサーンでは国道の道端でネズミを売っている人をみかける。ネズミはタイ語で**ヌー**というが、豚のムーと聞き間違いやすい。タイ文字も似ていて読み間違いやすく、ずっと豚だと思っていたら、よく読むとヌーであった。ボクには一時期、珍しい肉類に挑戦したくて仕方のない時期があったのだが、郊外の国道はほぼ高速道路なので停車が難しく、なかなかありつくことができなかった。

チャンスが訪れたのは、妻の弟の結婚式で田舎を訪れたときのことだ。タイの田舎では結婚式は新婦の実家で行う。朝早くイサーンのブリーラム県に向かったボクたちを、新婦の実家は朝食で歓迎してくれた。そこで出たのがもち米と「**ヌー・ナー・ヤーン**」だった。まさかこんなところでボクの些細な夢が叶うとは。これはいい結婚式になるぞと思ったものである。まあ、義弟は二年後に離婚してしまったが。

タイで食用にされるのは**ヌー・ナー**というクマネズミの一種である。本章のアハーン・パー（ジビエ料理）の項の中にあったタウナギのパートで説明したように、ナーがつくと田んぼの意味なので、ヌー・ナーはタネズミとでも訳そう。実際、英語ではライスフィールド・ラットともいい、その種の日本名はアゼネズミだ。

食したヌー・ナーはかなり大きかった。頭から尻のあたりまでで三〇センチはあったと思う。クセはないが、鶏肉とウサギの中間のような感じで、ボクはあまりおいしいとは思わなかった。

それ以来、過激な肉探索はしていない。急激に熱が冷めてしまった。そもそも変わりダネ肉類を追究しはじめたのは、**ゴップ**（カエル）を食べてみたかったからだ。

▼カエルへの情熱が冷めるとき

最初のカエル体験はタイではなく、カンボジアのシェムリアップだった。二〇〇〇年、姉夫婦が新婚旅行で来たので、その通訳として同行した。当時のシェムリアップはなんにもない町で、夜は町全体が真っ暗、道路も穴だらけという、本当に貧しい国そのものだった。アンコールワットも保存整備がされておらず、どこでも自由に見学できた時代だ。その旅の最中、町のはずれのレストランでカエルをみつけて食べた。

その数年後、スクムビット通りソイ22の奥に住んでいたとき、近所のガイヤーンやソムタムを売る屋台でカエルをみつけた。数センチほどのカエルが姿焼きになっていた。かじると両生類の臭いがする。これじゃない、と思った。カンボジアで食べたのはタマリンド・ソースの味がしたような。いや、カエルのニンニク炒めだったかもしれない。シェムリアップ二泊三日の滞在中、雨がやんだのがわずか二十分程度だったうえ、帰りの飛行機がタイのドンムアン空港に接地した瞬間に大きくバウンドして、その恐怖に思い出が全部消えたため、あまり記憶にない。

あらためてカエル肉を探すと、バンコクのあるイサーン料理店に「**ゴップ・トート・ガティアム**」があるのをみつけた。ゴップのもも肉がニンニク風味でカラッと揚げられている。求めていたのはこれだ。こうして食べてみると、カエルも実に美味だ。白身魚と鶏肉の中間のようなさっぱり感がいい。カエル料理にはほかにも、辛く炒めたパット・ペットや、ナムプリック・ゲーンを使うパット・ナムプリックなどがある。しかし、これらは調味料が勝ってしまってカエルの味を損なう。パット・プリック・タイ・ダム（黒コショウ炒め）はギリギリ許せるが、やっぱりシンプルなから揚げがおいしい。

臭みのあった姿焼きの小さいカエルは皮もついていたし、処理が悪かったのではないか。から揚げは皮もはずしたもも肉で、臭みはいっさいない。**ゴップ・ナー**という種類で、タイではどこにでもいるカエルだが、和名はない。タイ語は田ガエルの意味で、日本のヌマガエルの一種に相当する。

それにしても、タイではナー（田んぼ）にいる生物をよく食べる。ソムタムのカニやタウナギ、それから**ホイ・ナー**（淡水の貝）もいて、その仲間でもあるタニシの一種である**ホイ・コム**や、日本でジャンボタニシとも呼ばれる**ホイ・チェリー**（スクミリンゴガイ）もスープに使うなど、とにかくイサーンは田んぼのめぐみを大事にしている。ゴップ・トートをテーブルに持ってきてくれた店員はウボンラチャタニー出身の女性で、彼女の田舎ではゴップ・ナーはよく食べるもので、好きだといっていた。非常に身近な食物のひとつなのである。

タマリンドのソースをカエルにかけた「ゴップ・ラート・ソースマカーム」。

ゴップ・ナーは養殖も盛んで、四か月程度で出荷できるくらいに成長する効率のいい商売とされる。最大で四〇〇グラム程度になるようだが、養殖では一キロあたり四、五匹の大きさが好ましい。そのサイズだと四キロ集めると、食材、つまり肉としてちょうど一キロ分に相当するのだとか。

今もメニューにゴップをみつければ頼んでしまうが、ネズミ同様、熱烈に追い求めてはいない。熱が冷めた原因は、バンコクの中華料理店で二〇〇七年前後に遭遇したあるできごとだ。

友人らと大衆中華料理店に飲みにいき、トイレに入ったら、便器の横にカエルの置きものがあった。妙にリアルだなと思いながらも用を済ませて出た。次にトイレに入ると、置きものがちょっと違う場所に移動していた。しかも、ロにトイレットペーパーが挟まっている。一瞬、ゴミ処理機なのかと思った。三度目に入ったとき、また少し違う場所に置きものはあった。そんなにいくつも同じ置きものがあったかなと首を傾げながら、用を足していたら、置きものが跳ねた。すぐに店員を呼ぶと、厨房から中国人コックが出てきて、「すいませんねえ」とペコペコしながらそいつを掴んで厨房に戻っていった。

この日、ボクがメニューにカエル料理があることに気がつかなかったのは幸いだった。みていたら注文していたかもしれない。それにしても、よりによってトイレに逃げこまれるなんて。あのカエルも誰かに供されただろう。実に不衛生だ。それ以来、中華に不信感を抱きはじめ、カエルへの熱も冷めてしまったのである。

東北部のスープ料理「ウ・ピア」をみたら生肉なんてかわいいもの

タイ人は日本の刺身をゲテモノ扱いしてきたが、内臓や血を混ぜるタイの生肉料理のほうがよほどゲテモノ感が強い。ところが、ここで紹介する「**ウ・ピア**」あるいは「ウ・プリア」の実態を知れば、内蔵まみれで血の滴る生肉でさえかわいらしくみえてくるかもしれない。上品な店ではあえてピアをつけず、「ウ・ヌアウア」と呼ぶところもある。名前は違っても、材料はほとんど同じだ。

ウ・ピアは東北部のイサーン料理に分類されるスープ料理になる。バンコクでも置いてあるのはイサーン料理店ばかりだ。山岳地帯で狩猟が生活手段の北部にもあるにはある。ゴイ・ヌアの項で紹介したルー・ピアが、ほぼ同じ料理ではないかとボクは解釈している。ゴイ・ヌアの項で少し触れたように、ルー・ピアにも**ナム・ピア**を使うからだ。

ウはおそらくイサーン語で意味はわからない。ただ、スープは第9章で触れたオームの仲間といえる。ピア（もしくはプリア）は、ナム・ピア、さらに別名でキー・ピアともいい、腸内に残る消化された繊維物質、つまり排泄物になる直前の物体を指す。キー・ピアのキーは便あるいは消化後の物質といった意味なので、聞いただけで食欲の失せるタイ人もいる。さすがに、排泄物がそのままというわけでない。腸の入り口付近に溜まっている消化未完了の液体を使用しているようだ。イサーンの奥地に住む人の中には、腸内全体の残留物を使うという人もいるが、一般的にはあくまでも未消化のものから出てきた液体なので、排便のようなひどい臭いはしない。

腸内の残留物などを利用した苦みの強いスープがウ・プリアだ。

ウ・ピアは牛肉のスープ料理で、ピアも牛の腸からとっている。肉やクルアン・ナイ（内臓）などを適度な大きさに切り、パクチーやパクチー・ファラン（オオドロエンバコ）、タクライ、バイ・マックルー、カー、バイ・ホーラパーなどで作ったスープに肉を入れ、最後にピアを投入する。ニンニクやトウガラシも使うし、サムンプライが大量に入るので臭み対策もバッチリだ、と一応はいえる。オームにかなり似た料理であることからか、煮つまっているので水分は少なめだ。

辛さと苦さがあるが、極端にきつくはない。苦みはピアの特徴だ。血が入っているのかと思うほどスープが茶色く濁っているタイプもある。これはおそらくピアの中の繊維質のせいだ。苦みが強い場合はディー・ウアも入っているかもしれない。ディーは胆汁のことで、ピアと違って繊維質はないが、苦さはかなりきつい。

肉はスジが多くてかたい。正直、なにがいいのかまったくわからないスープではあるが、ピアには連想してしまうような特に強い臭みはなく、ゲテモノ感も薄い。イサーン人はもち米などと一緒に食べるようだが、さすがにそれは合わないと思う。それならビールとかのほうがいい。苦みと香草の香り、トウガラシの辛さが相まった、慣れればおいしいスープだ。慣れれば、ね。

ヌア・マーを食べることはタイではダメ！　ゼッタイ！

最初に断っておくが、ボク自身はタイで**ヌア・マー**を食べたことはない。タイでは禁じられた肉料理だからだ。東北部のサコンナコン県のごく一部のエリアでしか食べられていないとされ、サコンナコンの人でさえ、口にしたことがある人はまれだ。

ヌア・マーあるいはヌア・スナックは犬の肉のことだ。アジアに犬食文化は多く、聞いた話では埼玉県川口市のどこかにある中華料理店（もしかしたらベトナム料理店だったかも）でも食べられるらしい。中国や韓国には犬肉料理の文化があるし、東南アジアでも、ベトナムで犬料理店はごく普通のジャンルといえる。それからラオスでも食べられている。

ボクも一度だけ、ほんのひと口食べたことがある。ラオスの山間リゾート地ヴァンヴィエンの飲食店で食べた。ラオス人の店主に訊いたら近くにいい店があるというので、連れていってもらったのである。ハノイにはかなり大っぴらに犬の肉の店がある。焼肉も鍋もあるようだ。ラオスはやや隠れて売っている感じだった。ベトナムでもラオスでも、犬肉は精力がつくとされているようで、男たちはこれを食べてから夜の街に繰りだす。ラオスではたしかにそんな感じで店には男性しかいなかったが、ベトナムでは普通に女性も犬肉を口にしていた。

犬肉を買って、店主と彼の店に戻り、おそるおそるひと切れを口にしてみた。肉にはバイ・チャプルー（ハイゴショウの葉）がついてきたので、それに包んで食べるのかもしれないが、あえてそのまま食べてみた。牛肉と豚肉の中間のようでまずくはない。しかし、犬は飼うもので食べるものではないという意識がボクの脳裏にはあり、噛んではみたものの、どうしても飲みこむことができなかった。

結局、大量にあまらせてしまったので、ボクは「飲み代は出すから、友人でも呼んで、全部食べちゃいなよ」と店主に伝えた。残すのはもったいないとつい思ってしまう、根っからの日本人である。店主が「わかった」といって友人に電話すると、ものの五分で駆けつけてきた。好きな人にはごちそうだそうだ。

ちなみに、アジア圏の犬食文化が残るところでは、毛が赤い犬、黒い犬、そのほかの順で肉がおいしいのだとか。中国のチャウチャウが食用にもされたらしいが、ああいった茶色っぽい色あいが赤い毛になる。ボクが食べた肉はすでに加工されていたので毛色はわからない。いずれにしても、その後歩いて宿に帰ったのだが、辻々で飼い犬や野良犬に吠えられた。ほかにもたくさん外国人が歩いていたが、どの犬もボクをめがけて吠える。ニオイで仲間を食べる敵だと思われたのかもしれない。

犬肉のバーベキュー。(ラオスで撮影)

▼タイの犬に関するいろいろな事情

タイでは先述のように、サコンナコン県の一部地域で犬が食されているという。同県にはベトナムからの移民が多く住むという話があるので、もしかしたらそういった事情があってのことかもしれない。本当に一部のエリアだけで食べられているそうで、サコンナコン出身者に聞くと、ある場所のひとつの通りの一角、くらい限定されたところでしか食べられていないらしい。

よく知られるのはサコンナコンだが、多民族でいろいろな人が暮らすタイで犬食文化が継承されるのがそこだけとは考えにくい。実際、タイ北部の山岳少数民族の村で若い男たちが犬を焼いて食べていたという目撃談もある。欧米人のクジラ批判もそうだが、自分たちの常識に照らしあわせて他人の食文化を頭ごなしに非難するのは野蛮だ。好きな人は好きなのだろうし、現地では必要なタンパク源なのかもしれない。しかし、いずれにしても犬食は現在のタイでは違法だ。

ジビエ料理の項で紹介したように、タイでは正規の飼育・畜産環境にある食肉だけが流通を許されている。まずその点で犬肉は完全アウトだ。また、タイにも動物愛護法（虐待禁止法）がある。警察は主にこれを根拠に犬肉業者や屠殺者を検挙している。食肉として飼育している動物は愛護法の対象から除外されるため、畜産業者だといい張れば摘発を免れられるのではないかとの議論もある。しかし、そもそも食用犬の畜産業は認可されていないので、無駄な議論と抵抗ではある。

犬肉料理店にあった腸詰や内臓。ガランガルが横にあるのがみえるので、臭み消しにしているのだろう。（ハノイで撮影）

実際に犬肉を食すこと自体を禁止する法令はない。販売すると動物虐待の罪に問われるが、刑罰は最大でも四万バーツ（約十六万円）の罰金か禁錮二年未満、もしくはその両方程度だ（取材時）。タイでは犬肉食がタブーなのは常識だが、それでも犬肉業者はよく摘発されている。野良犬だけでなく飼い犬も捕獲し、トラックにぎゅうぎゅう詰めにして運んでいるところを警察に取り押さえられるシーンがニュース番組のスクープ映像で出たりする。詰めこむことで犬の身体にストレスがかかり、乳酸が生成されて死後硬直後、肉がやわらかくなるからだという。中国や韓国ではあえて残酷な方法で犬にストレスを与えながら屠殺するとさえ聞く。違法のタイでなぜそんな業者がいるのかというと、ベトナムやラオスに密輸されているのではないかということだ。

ちなみに近年、バンコクの路上から野良犬がかなり減った。保健所や私設の動物愛護団体が保護しているからだ。愛護団体はタイ国内外の里親に引きわたす活動をしている。保健所は、バンコクなら都の施設に収容するが、日本のように殺処分にはしない。獣医が一定期間都内の施設で健康状態を確認し、問題がなければ他県にある保護施設で生涯飼育される。

とにかく、もしタイ国内で犬肉が出てきたら、絶対に拒否することだ。

目が合うと口にできなくなるたまご料理「カイ・ルーク」

ゲテモノとは、自分が苦手なものや食べるものではないという常識が覆されるときに使われる言葉だと思う。食は文化であって、誰にも批判・非難されるものではない。お隣同士でも文化や考え方が違うのはあたりまえ、特に島国の日本に暮らす者は、海外に出たとき大きなギャップやカルチャーショックを感じることが多い。それは外国人も同様だ。日本人にとって普通の食べ方が、外国人からみるとゲテモノであることはよくある。たとえば生たまごだ。

たまごかけご飯は日本以外のほとんどの国の人に驚かれるメニューだと思う。日本ではたまごは生食が前提のため、賞味期限が冷蔵で二週間と短く設定されている。タイでは生たまごを食べないので、賞味期限は冷蔵なら一か月は問題ないと考えられている。そもそも加熱調理が前提のタイでは輸送が適当だ。ピックアップ・トラックにたまごをむきだしのまま積み、炎天下の中届けることもよくある。渋滞中にたまご満載のトラックをみかけることもあって、ピヨピヨと目の前で孵るのではないかと思うくらいだ。

危険因子の筆頭であるサルモネラ菌はたまごによる食中毒の原因のひとつである。四時間から四十八時間の潜伏期間を経て悪心や嘔吐、腹痛、下痢、発熱などを発症する。脱水症状を併発し、子どもや年寄りだと命を落とすこともある。サルモネラ菌は気温十度以上で発育して二十度以上で増殖、三十七度が最適温度だというから、タイの外気温はかなり適している。とはいえ、二一世紀に入ってからタイでサルモネラ菌が社会問題になるほど大きなニュースになったことはない。最近はタイの業者もリスク回避のため、消費期限表記を常温で二週間としているし、大手スーパーチェーンはさすがに保冷トラックを保有しているので、リスクあるたまご自体、今は市場にはそんなにない、はずだ。

　とにかく、日本ではいつでもどこでも売っている生食可能なたまごが、タイでは特別な店にでも行かない限り手に入らない。南国のたまごはサルモネラ菌などの汚染可能性がずっと高いので、生たまごを白米にかけて食べるのは危険だ。

タイ人もたまごをよく食べるので、入手性は非常に高い。

　長期滞在日本人が増え、和食ブームが到来中の最近のバンコクでは、外国人向けスーパーで新鮮で清潔、生食可能なタイ産の生たまごが手に入るようになった。一般的なスーパーのたまごが一個あたり六バーツ（約二十四円）のところ、生食用は九バーツ（約三十六円）と、値段は高い（価格はいずれも取材時）。タイで食べる生たまごかけご飯は、日本よりずっと高価になる。

　そのため、ごく普通のタイ産たまごで生たまごがけご飯を食べるというツワモノ日本人在住者もいる。彼ら曰く「なるべく新しいものを選び、パッキングされてから一週間以内に消費する」だとか「サルモネラ菌は実は殻の外側にいるので、割る前にきれいに洗えば感染を防げる」という。母体の卵巣や卵管がサルモネラ菌に汚染されていることもあり、中まで入りこんでいる可能性もなくはないので、自己責任で判断して食べているということだ。

▼生肉以上に勇気が必要なたまご料理

たまごを材料にした特殊な料理もある。「**カイ・ルーク**」と呼ばれるものだ。フィリピン語でバロットというと、知っている人がいるかもしれない。

タイ語の直訳は子どものたまごである。そろそろヒヨコになりそうな段階のたまごを指す。鶏卵とアヒルのたまごがあって、孵化寸前のたまごの殻をはずし、中身を丸ごとナムチムにつけて食べるという料理だ。「カイ・カーオ」(米のたまご)、「カイ・ルーク・ラオ」(ラオスの子どものたまご)、「カイ・カーン・ハーング」もしくは「カイ・ハーンハン」とも呼ばれる。ちなみに、最後のふたつの名称には特に意味はないっぽい。カイ・ルークは、タイではラオス発祥とされ、主にイサーン地方で食べられる。カンボジアやベトナム、フィリピンでも食べられているので、本当の発祥がどこかわからないものの、東南アジアでは決して珍しいものではない。

ナムチムはガイヤーンなどに使うナムチム・ガイのような甘辛もあれば、ナムチム・タレーのようなタイプなどさまざまある。ベトナムやカンボジアでみたのは、ゆでたまごスタンドにたまごを立て、上部をスプーンで叩いて穴を開けたら、好みの調味料(両国とも岩塩にコショウと完熟ライムの汁を混ぜたシンプルなものだった)を注いで少しかき混ぜ、スプーンですくって食べるという流れだ。

カイ・ルークの中にいる鳥の子の骨は形成されているがやわらかいので、そのままバリバリ食べられた。形の残る黄身がかなり強めの硫黄臭を発している。ゆですぎたゆでたまごのニオイだ。風味には鶏肉やアヒル肉の要素もあり、慣れてくれれば、見た目のインパクトとは正反対の、繊細な味を感じることができる、らしい。ボクはその段階に辿りつけなかった。

バンコクではみかけたことがないので、タイではカイ・ルークは食べられていないのだと思っていた。しかし、最近ではネット通販で手に入れることができる。取材時点では一個あたり一五バーツ（約六十円）なので、生たまごよりはずっと高い。

ちなみに、タイ語で「**カイ・ルーク・カーイ**」というと、まったく別の料理になる。これは半熟ゆでたまごを揚げたような食べものである。熊本の名物に太平燕《タイピーエン》という福建省発祥の麺料理がある。これには、アヒルのたまごを揚げた「虎皮蛋」（フーピータン）がついてくるのだが、これがカイ・ルーク・カーイにそっくりだ。強烈メニューのカイ・ルークとはまったく違う実に平和なたまご料理である。タイ料理は、名前は似ているのに内容が一ミリも重ならない料理がたくさんあって、混乱することが多々ある。

見た目こそ怖いが、鶏肉の味と固ゆでのゆでたまごのような香りでまずくない。

๑๒

第12章

いつでも気軽に食べられる軽食系のタイ料理

๑๒

タイの屋台は設備が整っていて移動が自在にできないタイプと、手押し車かバイクのサイドカーのように移動が簡単なタイプがある。これまで紹介してきたイサーン料理店やクイッティアオ店は前者に多く、後者はちょっとした材料で作る軽食風の料理を出すことが多い。

ボクが初めて出会った軽食系料理は、九八年のカオサン通りにいたガイヤーン屋台だ。日本のヤキトリ風に串に刺された骨つき鶏もも肉が、当時一本五バーツで売られていた。アジア通貨危機後、一番為替レートがよくなかった時期だったため逆に外国人に有利で、五バーツはあのタイミングでは十円程度だった。そんなに安いのに肉は日本で食べたことがないくらいやわらかく、タイの鶏のおいしさに悶絶したものだ。何度も戻って買ってしまったほどの感動で、この思い出をトレースするために、ボクはタイ料理を追いつづけているといってもいいかもしれない。ここではそんな買い食いが似あう気軽な料理をみていこう。

屋台料理には食べ歩きがしやすいタイ料理も多い。

高カロリーだが万能な豚三枚肉から揚げ「ムーグロープ」

ボクは小学校中学年のころラジコンカーに夢中で、よく秋葉原の専門ショップにパーツを買いにいっていた。その道中立ちよったのが、万世橋にある肉の万世のビルだ。万世直営ラーメン店の排骨拉麺（パーコーメンという表記だったかも）が好きだった。骨なしの豚肉から揚げが載っていた。タイに来て「**ムーグロープ**」を初めて食べたとき、パーコーメンを思いだして懐かしさを感じたのだが、ムーグロープは豚の三枚肉のから揚げで、パーコーはむしろ真逆のあばら骨（スペアリブ）を意味するとあとになって知った。思い出と事実が一ミリすらかすりもしていなかった。

ムーグロープは、肉がほとんどなく脂身だけの低クオリティーなときもあるが、特にカリカリに揚がった皮をかじるのが最高だ。酒のつまみにもなるし、ちょっとしたおやつにもいい。

グロープには乾燥しきっているという意味があり、タイ人はカリカリした食感をグロープ・グロープと表現する。

ムーグロープは豚三枚肉、つまり豚ばらで作る。タイで三枚肉は**ムー・サームチャン**という。三階あるいは三層、三段の豚肉という意味だ。沖縄では皮つきの豚ばらが三枚肉と呼ばれるそうで、まさにそれと同じである。そんな脂っこい肉をカラリと揚げたのがムーグロープだ。耳がよろこぶカリカリした食感と、豪快な販売スタイルもいい。ただ、ムーグロープは店頭で作ることはまれである。三枚肉の塊をキロ単位で丸ごと揚げるという、単純ながら大胆な調理法だからだ。

シンプルな揚げもの、焼きものが軽食系の中心だ。

下味はシンプルにナンプラー、塩、酢が使われる。好みによって砂糖やサムンプライ、スパイスを加える。豚肉は揚げる前に下ゆでをする。各種調味料は下ゆで前につけることもあれば、下ゆで中の湯に入れる、もしくはゆでたあとにつけることもある。火がよくとおり、味がなじみやすいようにフォークや串で肉に複数の穴を開けておくのも忘れてはならない。下ゆでしたら、水気を拭きとって数時間ほど炎天下に干す。この乾燥の工程には水気を飛ばすだけでなく、皮を乾かしてよりグロープにする目的もある。あとは皮を下にしてじっくりと揚げるだけだ。

こうしてできあがったムーグロープが店頭に並べられる。大きな塊をある程度の大きさに切り分けておく場合もあるし、丸のまま吊しておくこともある。専門店以外、たとえばカオ・ゲーン（ぶっかけ飯屋）、クイッティアオ店でもみかける。これらの店の場合は、専門店ほど量が捌けないので少量だけ作るため、数センチ幅に切った三枚肉を揚げている。こういった数センチ幅に切られた細長い肉の塊は、麺や糸を意味するセンという単位で数えられる。また、カオ・ゲーンでムーグロープはサイドメニューのから揚げとして、ひと口サイズに切った状態でバットに盛られていることもある。注文後すぐに受けとれるメリットがあるが、デメリットもある。

そのデメリットとは音だ。塊から切ってくれる店で注文するときは、ぜひ音に耳を傾けてほしい。ムーグロープを中華包丁で豪快に切るときのザクザク音は実に心地がいいのだ。噛むときも、歯応えと音、両方が楽しめる。ムーグロープは日本人に人気のコームー・ヤーンよりもずっと楽しみ方が多彩な食材だ。もっと見直されていいと思う。

▼食材としても万能なムーグロープ

上／外はカリカリ、中がジューシーなムーグロープがベストだと思う。　下／スーパーでも三枚肉は入手しやすく、ムーグロープを自作する人もいる。

ムーグロープは一〇〇グラム単位で購入する。**タイでは一〇〇グラムを一単位としてキートと呼ぶ。**たとえば「ムーグロープを一キートちょうだい」といえば、店員がビニル袋に一〇〇グラムほど詰めてくれる。五〇グラムの場合は半分を意味する**クルン・キート**という。料理名は多少単語の順番が入れ替わっても問

専門店ならムーグロープは大きな塊を揚げて作っている。

題ないが、この注文方法で「キート・クルン」と語順を逆にすると、一五〇グラムになってしまうので気をつけよう。外国人ならグラムで伝えても通じる。

店によるが、執筆時点でのムーグロープは一キート六〇バーツほどと決して安くない。タイの物価高の影響だ。脂っこいのでそもそも量を食べられるものではなく、ひとりなら一キートで満足をとおりすぎて、気持ち悪くなるかもしれないので、少量購入をおすすめしたい。

ムーグロープはそのまま食べてもいいし、どんなナムチムにも合う。ナムプリックでもいいし、ナムチム・タレーもさっぱりする。白飯に載せるか、カオニヤオ（もち米）と食べるのもありだ。

ムーグロープはさまざまな料理の具材にもなる。麺類ではバミー（中華麺）によく入れられる。クイッティアオ（米粉麺）にはあまり合わない気がするが、モチモチ麺のクワイジャップ・ユアンには合う。日本人に人気の高いガパオ炒めの肉をムーグロープにした「ガパオ・ムーグロープ」もいける。これは相当ハイカロリーで、ガツンと食べたいときに向く。

カオ・ゲーン各種にムーグロープを使っているのもよくみかける。ムーグロープをメイン具材にカナー（カイラン）を使ったパット・パッカナー・ムーグロープは、三枚肉の食感とカイランの苦味がベストマッチで、日本のタイ料理店で定番化しないのが不思議なほどおいしい。

忘れがちだが、タイスキの最大手ＭＫレストランにもムーグロープはある。アヒルを焼いたペット・ヤーンの人気に押されてしまうものの、ぜひムーグロープも試してほしい。アヒルの肉とムーグロープが半々のメニューもある。

上／カオ・ゲーンを注文するときにひとつをムーグロープにしてもしっくりする。　下／パッカナー・ムーグロープはご飯にも合うし、そのまま酒のつまみにもなる。

ムーグロープに使われる豚ばら肉は、一〇〇グラムあたり約五二〇キロカロリーもあるとされる。揚げる前の話だ。これはタラコ・スパゲッティー一皿分に匹敵するカロリーだという。ムーグロープはその豚ばら肉を油で揚げているので、さらに高カロリーといえる。毎日はとても食べられないし、頻繁に食べたいなら日々の食生活全体の栄養バランスをコントロールする必要がある。そもそもタイ料理は全般的に味が濃く、日本人の体質には長期的にみて合うものではない。それならばいっそのこと開き直って、ムーグロープをおやつや主食、酒のお供に楽しむのもいいのではないだろうか。ムーグロープと心中するのである。

カオサンで食べた激安たまご料理「カイ・チアオ」

ガイヤーンやガパオライスは全土どこでもみかけ、家庭でも作るので、どの地方料理に属すかという話にならない。タイ式たまご焼き「**カイ・チアオ**」もそんなメニューだ。

カイ・チアオは、日本のたまご焼きやだし巻きたまごとは違う。これらはタイ語で「**カイ・ムアン**」、すなわち巻きたまごと呼ぶので、まったく異なるのだ。どちらかというと、カイ・チアオはオムレツに近いといえなくもないが、これも正確には違う。まず、**チアオ**は油で揚げるという意味で、焼くわけではない。つまりカイ・チアオは正確にいえば、溶きたまご揚げ、ということになる。創作系や新しいおしゃれタイ料理店では、日本などで人気のフワフワのホットケーキをヒントにしたのか、分厚くてフワトロなカイ・チアオを出すところも出てきている。

タイでオムレツは英語読みのまま「**オムレット**」という。タイ料理にもオムレツのように、豚ひき肉とトマトを炒めたものを餡にして薄焼きたまごで包む「**カイ・ヤッサイ**」という料理もある。ただ、ボクはカイ・ヤッサイをタイ国内でみたことがなくて、食べたことがあるのは日本のタイ料理店だけだ。子どもが好きそうではあるのだが、タイ人の嗜好に訴えかけるものがないのか、タイ国内ではあまりポピュラーな料理ではない。

カイ・チアオは、タイ料理の中でもトップレベルで簡単な料理の部類だと思う。最もシンプルなタイプでは使う材料がたまごのみだからだ。さすがにこれはシンプルすぎ、もうちょっと手の込んだものとしては一般的なレストランにあるような豚ひき肉を混ぜて焼いた「カイ・チアオ・ムーサップ」だ。いずれでも下味にナンプラーが入っていればなにもつけずにそのまま食べてもいいし、炒めものと一緒でも食べやすい。ソース・プリック（チリソース）や**ソース・マクアテート**（ケチャップ）、ナムチム各種など、どんなソースも合う。

カイ・チアオはかつて低予算旅行者、バックパッカーの食事としてもてはやされた。二〇〇一年から数年間、バンコクの安宿街カオサン通りに「**カオ・カイ・チアオ**」の手押し車屋台が数軒あった。その後、ほかのエリアでもちらほらみるようになった。バックパッカーに人気だった理由は、ご飯つきで一〇バーツと、メチャクチャ安かったからである。

標準的なカイ・チアオ。タイ料理の中でもなかなかにシンプルな料理のひとつ。

当時すでに普通のクイッティアオでも二五バーツはしたし、カオサン隣のランブトリー通りでタイ最安値といわれた『ワッタナーさんの10バーツ・ラーメン』は日本人客ばかりなのが嫌というバックパッカーも少なくなかった。だから、ほかに安く食べられる料理として、このカオ・カイ・チアオは重宝されたのだと思う。

カオサンのものはたまごのみのシンプルなカイ・チアオで、味つけはシーイウ・カーウかシーズニング・ソース、コショウ少々だった。ナンプラーはカオサンでは入れていなかったはずだ。注文を受けると、小さなボールにたまごをひとつ割り、先の調味料を軽くふる。それをフォークで溶いて、油をたっぷり入れた中華鍋に落として揚げていく。この過程を眺めるのが、ちょっとしたエンターテインメントで楽しかった。

カイ・チアオはどちらかというと子どもや外国人が好きな料理だ。タイ人の大人にはむしろナムプリック・ガピやスープのゲーン・ソムと共に食べるたまご焼きカイ・トート・チャオムのほうに人気がある。チャオムの茎は繊維質をとおり越して非常にかたいので、ボクは好きではない。

カオサンのカオ・カイ・チアオは大人がどうのこうの以前に、安すぎて一般層のタイ人は食べないと思う。値段相応で、ボッソボソの冷たいタイ米に、アッツアツのカイ・チアオというコントラストにボクは魅力を見いだしたものだけれど、味そのものはおいしいと感じたことはない。そもそもあの値段で味をどうこういうものでもないし。今は思い出として、むしろそのおいしくないカイ・チアオをまた食べてみたいとは思っている。

急にネーミングセンスを発揮するタイ人が好んだ「スア・ローングハイ」

タイの肉サラダであるラープとまったく同じ味つけなのに、肉の切り方が違うだけで別物とされる料理にナムトックがあることを第4章において挙げた。ナムトックという名称は、肉を炭火焼きにする過程で肉の脂が滝（ナムトック）のように滴ったのが由来とされる。なかなかよいネーミングセンスである。やはりタイ人も肉には情熱があるとみる。

ここで紹介する「**スア・ローングハイ**」もそんな雰囲気を持つ。直訳すると、トラが泣く。名称を聞いただけではなんの料理かわからない。

大雑把にいえば、ただの牛肉の炭火焼きである。牛のブリスケットという胸の辺りにある部位——肋骨の内側の、脂身と赤身が層になったようなややかための肉を使った焼き肉だ。最近の都会っ子にはあまり好まれないらしく、バンコクのスア・ローングハイは必ずしもブリスケットを焼いているわけではないらしい。

そうなると、ただの牛肉焼きになってしまう。実はスア・ローングハイとは別に牛肉をグリルするだけの料理「**ヌアヤーン**」もある。こちらにはあばら肉以外にもいろいろな部位が使われる。といっても、高級な部位は屋台では使われないけど。とにかく、ヌアヤーンはわりと厚めの肉をじっくりと焼いた料理だ。つまり、スア・ローングハイはヌアヤーンの一種である。違いといえば、ヌアヤーンよりやや肉の脂身が多いことくらいか。いずれでもナムチムはナンプラーと粉トウガラシで作った、イサーンを代表するシンプルなナムチム・ジェウを合わせる。ご飯にも、酒のつまみにもピッタリだ。

かつてタイ人は牛肉をあまり食べなかった。タイで牛は農作業に使う使役動物で、食用ではなかったということもある。二〇〇〇年初頭、北部チェンマイの市街地路上で深夜、不良少年たちに声をかけられ、ドラム缶のたき火で焼いていた肉を食べさせてもらったことがある。脂の匂いこそ牛肉だったが、おそろしくかたかった。完全にスジ肉で噛み切れない。かつてタイで牛肉といえばそういう肉だったのだ。今でもローカルのスーパーや市場に行けば、みるからに筋ばってかたそうな牛肉が並んでいる。

しかし、やわらかい肉だと本来のスア・ローングハイではない。肉がかたいと

上／スア・ローングハイはやや筋っぽいところもあるので、必ずしも人気というわけではない。　下／ヌアヤーンはスア・ローングハイと違って特定の部位ではないが、だいたい厚みはある。

牛丼の吉野家にもスア・ローングハイの定食があった。

いう点だけは、複数あるスア・ローングハイの名称の由来に共通する。ただ、かたい肉を敬遠する若い人の間ではこの由来が間違って伝わっているという話もある。先のナムトックと混同しているのではないかとボクはみる。脂身の多い肉を焼くことで脂が滴る。昔は男しか食べなかったようなかたい肉をスア、すなわちトラに見たて、滴る脂を涙とした。そんな説をタイ人から聞いた。

　この説は間違っているとされ、有力説は今ふたつある。まずひとつは、トラが牛を襲っても、胸の内側にあるブリスケットは食べられない。トラの頭は大きいので、牛の肋骨の中に顔を入れることができないからだ。味をたしかめられるのは無理に突っこんだ舌先だけとなる。おいしいと知りつつもほかの小さい動物がその肉を食べている様子を黙ってみているしかなく、トラが悔しくて泣くからスア・ローングハイだという。

　もうひとつの説にボクはリアリティーを感じる。牛を殺せるトラが肋骨を噛み砕けないほうがおかしい。バリっと丸ごと噛めばいいだけの話だし、食べる肉が牛にはたくさんついているのだから、泣く必要だってない。

　そのもうひとつの説というのは、ブリスケットは筋ばっていてかたいので、トラが食べるとその筋が歯に挟まってとれなくなる。どうあがいてもとれない筋に難儀したトラが泣く、だそうだ。急に間が抜けたストーリーが出てくるが、こちらの説のほうがなんだか現実的でしっくりする。

歯が丈夫な方にはおすすめ「ヌア・デート・ディアオ」

夕食は晩酌の肴で済ましてしまおうか、それともご飯と一緒にしっかり食べようか。市場でうろうろしながら迷っているようなときにおすすめしたいのが「**ヌア・デート・ディアオ**」である。住宅街や庶民向きの市場などにいる小さな荷車でよく売られている。並べ方に特徴があり、竹製のヒモに真っ黒に乾いた肉をとおして干すように飾っている。

ヌア・デート・ディアオのヌアとは牛肉のことだ。ヌアは本来「肉」を意味するが、食材を指すときに特別になにかつけ加えない限りはヌア・ウアと同義、すなわち牛肉になる。デートは干す、ディアオはちょっとを意味する。つまりデート・ディアオは干物、もしくは一夜干しということになる。幅数センチほどに切った牛肉をナンプラーや砂糖、オイスターソースなどで味つけし、数時間干す。白ゴマをまぶしたものもある。肉の水分が完全に飛ぶほど干あがったタイプはかなりかたくて、歯が丈夫な人でもなかなか噛み切れない。ビーフジャーキーのように、噛めば噛むほど味が出てくるので、酒飲みの男性に人気のある料理でもある。

ヌア・デート・ディアオは「**デート・ディアオ**」というジャンルの料理になる。タイの干物のほとんどがこれになる。豚肉なら「ムー・デート・ディアオ」、魚なら「プラー・デート・ディアオ」（プラーの部分に魚の名称が入る）だ。海辺の町なら必ずなにかしらの魚の干物を作っている。市場や漁港の道端にはタイ人観光客をターゲットにした土産店があり、多種豊富なプラー・デート・ディアオが並ぶ。数日干して乾燥させた「**プラー・ヘーン**」に対し、数時間しか干していない魚のデート・ディアオの身はカラッカラではない。多少身に水分が残っているような状態なので、完全に水分が干上がっているものよりも、正直臭みがあるとボクには感じられる。だから、ボクはあまり好きではない。

悪い部分が気になると、いろいろなものが不安になる。たとえば市場では干物にハエなどがたかっている。ヌア・デート・ディアオでも干すときに直射日光に晒す（方法は人それぞれで、風とおしのいい日陰に干す人もいる）ので、虫がたかるし、吊るしながら売るので、そのときもハエは避けられない。とはいえ、デート・ディアオはそのまま食べるものではなく、必ず加熱する。高熱で殺菌されるわけなので、ハエが嫌だというのは単に揚げ足とりにすぎない。

牛肉の日干しを揚げたもので、白っぽい部分が脂肪分だ。

デート・ディアオではムーも悪くない。ガイ（鶏肉）はボクが知る範囲では、理由は不明だが、存在すらしていない。一番人気はやっぱりヌアだ。そんなヌア・デート・ディアオは火をとおしたらそのまま食べられ、料理にも使える。炒めもの、ヤム、トム（煮る）など、あらゆる料理の具材にできる。

屋台で買う場合、竹のヒモに吊りさげられているものはだいたい注文時に焼くか揚げるかする。ほとんどが揚げもので、店によってはすでに揚げてあり、バットにどさっと山盛りにしてある。購入の基本単位はキート（一〇〇グラム単位）だ。キート数を店主にいって袋に入れてもらうか、トングを渡されるので自分でほしい分を袋に入れて店主に渡す。忙しい時間帯はだいたい無言でトングを渡される。

揚げもののヌア・デート・ディアオは主にもち米と食べる。真っ黒になったヌア・デート・ディアオはかたくて、白米にはちょっと合わない。噛めば噛むほど味がしみ出てくるし、中には脂身がつい

上／デート・ディアオは基本的には量り売りになっている。
下／乾物屋は市場や海辺の土産物店などにあって、さまざまな魚の干物が手に入る。

屋台の店先に吊るされたヌア・デート・ディアオ。

ているのもある。脂がジュッと飛びでてくると、ちょっとしたアタリくじを引いた気分にさえなる。

気をつけたいのは、揚げてから時間が経って冷えたものは脂身がざらざらして気持ち悪くなることだ。バットに並んだものを自分で選ぶときはよくみておかないと、家に帰ってみたら脂身ばかりだったということもよく起こる。特に女性は脂分の少ないものから買っていくので、時間が遅くなるほど脂肪つきデート・ディアオが増え、しかも冷えたものを掴まされてしまう。さすがに脂身ばかりだとアタリだとは思えない。

また、かたい肉を繰りかえし噛みながら楽しむのがヌア・デート・ディアオだが、なにも考えずせっせと噛んでいると、肉の繊維が歯の間に挟まってしまうから注意が必要だ。この繊維がまたかたくて、タイの弱々しいつまようじではまずとれない。奥歯に挟まった日にはしばらくこの繊維と格闘することになる。こっちのほうがよっぽどスア・ローングハイである。

ベトナムの生春巻きの生地が理想的だと思う。

春巻きなの？　麺料理なの？「クイッティアオ・ロート」

具材を巻いて食べる料理は世界中に存在する。日本の海苔巻き、韓国焼肉のサンチュ巻き、メキシコのタコスなど、いくらでも挙げられるのではないか。アジア全域で人気の春巻きもそのひとつだ。

もともとは春の野菜を巻くから春巻き、スプリングロールと呼ばれるようになった。春巻き以降に世界に伝わった春巻き風の料理はサマーロールと呼ばれるらしい。ベトナムの米粉のシートで包む生春巻きも、厳密にはサマーロールの一種だ。名前に「生」がつく料理に目がないボクはこの生春巻きが大好きで、ベトナムに行ったら必ず食べる。

実はタイ料理にも生春巻きはある。「**ポーピア・ソット**」という。ポーピアの原型は、タイ料理に多大な影響を与えてきた中国広東省潮州市の春巻きで、かの地では「薄餅」と呼ばれる。

揚げ春巻きは意外と食べないけれど、どこでも買える軽食系料理のひとつだ。

この薄餅の発音であるポッピアを踏襲して、タイ語の料理名もポーピアになったそうだ。ソットは新鮮、あるいは生という意味で、まさに生春巻きなのだが、ベトナムのそれとはずいぶん違う。

生春巻きといえばやはり米粉でできたしっとりとした皮をイメージする。しかし、ポーピア・ソットの皮は小麦粉でできた乾いた生地だ。そして、野菜などが包まれていて、八角の効いた中華風のとろりとしたソースが上にかかっている（店によるが）。ボクはタイに来たばかりの九〇年代後半に一度食べてガッカリして以来、ずっと食べていない。店によって中の餡の材料は違うので食わず嫌いはよくないのだが、どうしても皮が納得いかず、食べる気にならない。

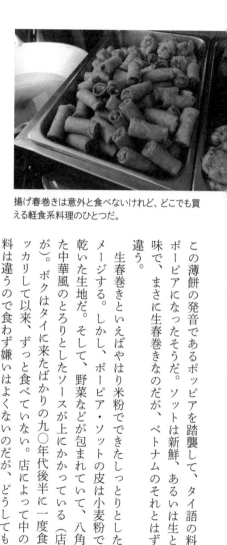

タイのポーピアでポピュラーなのは揚げ春巻きの「**ポーピア・トート**」のほうである。こちらも具材は店によって違うが、豚ひき肉、春雨とニンジン、**ヘート・ホーム**（シイタケ）はマストで入っている気がする。揚げ春巻きは日に何回もみるほどいろいろなところで売っている。また、毎年九月一〇月ごろの菜食週間**ギンジェー**には、肉がいっさい入っていないポーピア・トートが出まわる。

ギンジェーのジェーは漢字で「齋」と表記することもある。ギンジェーはタイ華人による中国儀式の中のひとつの行いで、タイ全土でこの期間は菜食週間になる。本来の儀式というか目的は、神と通じることができるシャーマンのような代表者をみつけ、人々の願いを天に届けることだ。神聖な儀式なので身体を清めるため、肉を断つのである。ほかにもたくさんの理由や伝説があるが、簡潔にまとめるとそういうことになる。現在、儀式自体はプーケットが有名で、菜食のイベントとしてはやはりバンコクの中華街ヤワラーが盛大ではないかと個人的に思う。ヤワラーは黄色地に赤字で「齋」と書かれた旗がやたらとはためいて壮観だ。ほかにも、全土的に商業施設の空きスペースなどでなにかしらのイベントが開催される。小売店でも調味料や食材に齋のマークをつけて、メーカー各社はこの期間に使っても問題ないことをアピールする。

ただ、厳密に菜食を貫くのはごく一部で、ほとんどのタイ人はこの期間中でも思いついたときに菜食をする程度だ。いずれにしてもこの期間、祭り好きのタイ人はなにかしらの消費行動をするので、メーカーや飲食店としてはこれはビジネスチャンスでもある。だから、中身を変えやすいポーピア・トートは、グリーンカレーと並んでこの時期にもてはやされる。

▼おしゃれな進化系生春巻きが席巻中

タイ式の生春巻きであるポーピア・ソットのレシピをみていると、皮になる**ペーン・ペーング**（小麦粉のシート）は、ポーピア・トートと同じものと書かれていることがほとんどだ。ベトナムの生春巻きのようなしっとりとした食感が期待できないのは仕方があるまい。

これとは別に、米粉のシートで食材を巻いた春巻き風タイ料理もある。「**クイッティアオ・ロート**」と「**クイッティアオ・ルイスアン**」だ。米粉で作ったシートで炒めた豚ひき肉などをロート（筒）になるよう包み、蒸している。朝や昼食の時間帯のビジネス街で女性向けに売る、といったイメージだ。

クイッティアオ・ロートの皮はベトナムの生春巻きのように薄くはない。そもそも、これはクイッティアオ・センヤイ（太麺）になる前のシートだからだ。クイッティアオの章で書いた、カットされ

包んで筒状になっているので、クイッティアオ・ロートという料理名になっている。

ていないシート状の生麺をそのまま使うので、ベトナムの春巻きとはまた違う、チュルチュルした食感が楽しめる。

　中国にも米粉シートで巻く料理はあるようで、これも原型は中華料理なのだと思う。ただ、広東料理、潮州料理など、カテゴリーによって呼び方が違うため、タイではそれらに倣ってレシピが多様化した結果、クイッティアオ・ロートとひと言でまとめるようになったようだ。中身は豚ひき肉の餡だけでなくさまざまで、昔ながらのものがクイッティアオ・ロート、比較的新しいレシピがクイッティアオ・ルイスアンという説もある。

　クイッティアオ・ルイスアンはタイ女性が好みそうなサラダっぽい中身をしている。具材はほぼ野菜で、サムンプライや後述するタイのソーセージのひとつムーヨーが入っていることもある。ナムチムは激辛さっぱり系であるシーフードソースだ。皮をベトナムの生春巻きと同じものにして、おしゃれにアレンジしたタイプもある。タイは世界中の料理が食べられる一方で、東南アジアの料理店が少ない。ミャンマー料理やフィリピン料理はタイで働くミャンマー人、フィリピン人向けのみ、マレー料理やインドネシア料理は超がつくマイナーなジャンル、カンボジア料理はタイとカンボジアの国境辺りでかろうじてみかける程度だ。ところが、ベトナム料理に限ってはバンコクを中心に今増えていて、タイ人にも好まれているようだ。それで、米粉の皮を使ってベトナム風にアレンジしたクイッティアオ・ルイスアンが誕生しているのかもしれない。

　クイッティアオ・ルイスアンがニュータイプのタイ式生春巻きとするなら、これは二〇〇〇年代に入ってだいぶしてから定番化した料理であるため、まだ名称が完全統一されていない。従来のクイッティアオ・ロートと呼ぶこともあるし、ほかにある名称だと「サラダ・ロール」と英語風のもの、包みサラダを意味する「サラダ・ホー」というのもみかける。「サラダ・ムアン」、つまり巻きサラダという店もあった。あと、前章で紹介したミヤン・プラートゥーをベトナムの生春巻きシートで包むと「ミヤン・プラートゥー・ムアン」になる。おしゃれにかわいらしく包むのがタイの巻く系料理の主流なのでしょう、と思う一方で、男性には向かないなあと感じる。

脇役が急に主役に躍りでてくる「ルークチン」各種

いわゆる練りものの一種がこの「**ルークチン**」だ。すり身団子ともいうくらいで、大半のルークチンはボール状になっていて、クイッティアオの具材などとして欠かせない。

ルークチンは中国由来で間違いない。ただし、伝来にはふたつの説がある。客家料理の練りものが潮州市を経由して潮州料理の具材としてタイに入った説がひとつだ。それから、客家人がタイ移住時に直接持ちこんだという説もある。いずれの説でも、ルークチンは客家料理が原型とされている。客家系は客家語を話す漢民族で広東省にもいるので、潮州の料理に影響があっても不思議ではない。

ルークチンの一種のルークチン・ケという食材もある。ケは客家を意味するので、こちらは客家系移民から直接伝わったと推測できる。丸い団子のルークチンとは違い、豆腐にひき肉などを練った餡をくっつけたものがこれにあたる。豆腐は**タオフー・プアン**だ。これは**タオフー・カーウ**という日本のものに似た大豆の白い豆腐を揚げたものなので、イメージとしては日本の揚げ豆腐を小さくしたようなものを土台にする。魚肉や豚肉の練りものには豆腐からはがれないよう、ペーング・マン・サムパラン（キャッサバのデンプン）か**ペーング・タオヤーイモーム**（タシロイモのデンプン）などの片栗粉を混ぜる。これにより普通のルークチンよりもフワフワした食感になり、結構おいしい。ただ、ルークチン・ケは普通のルークチンとは違うものとしてタイ人は分けているので、この項ではあくまでもボール状の、普通のルークチンを中心にみていく。

上／ルークチン＝練りものもまたタイではポピュラーな食材だ。　下／タオフー・カーウには白いタイプと黄色いものがあるが、いずれも中華風の豆腐になる。

▼あらゆる料理の具材に

ルークチンの具材は白身魚が中心である。ポピュラーなのは魚肉の「**ルークチン・プラー**」だ。ただ「ルークチン」とだけいうと、通常では魚を原料にしたタイプを意味する。他方、肉類のルークチンもある。豚肉の「**ルークチン・ムー**」などがよく食べられる肉系ルークチンだ。

こういった魚肉や肉の練りもので作る団子は、日本のヤキトリではつくね、鍋ではつみれに類似する。さすが日本にはちゃんとつくねとつみれの定義があって、「つくね」は魚や肉のひき肉を丸く成形したもの、「つみれ」は練った餡をスプーンなどですくいとって鍋に入れるので「摘み入れ」が訛ってつみれとなっているとか。その点でいくと、ルークチンはつくねの一種といえる。

魚肉ルークチンは日本のカマボコにも近い。どれも弾力が強く、プリンプリンと口の中で弾ける。

香り重視なら**プラー・インシー**（サワラの一種）、食感重視なら**プラー・ハーングルアン**（ブリの仲間）、粘着力がほしければ**プラー・ダープ**（タチウオの一種）を使うという。イカ団子の「**ルークチン・プラームック**」、エビ団子の「**ルークチン・グン**」もある。白身魚のほうはなんの魚か簡単には判別できないが、プラームックとグンはそれぞれの味がはっきり出ていてすぐにわかる。

獣肉のルークチンはわりと食感にレパートリーがある気がする。弾力系だけでなく、ふんわりしたタイプ、軟骨入りでコリコリなど食感に多彩さがある。

ルークチンは基本的には料理の具材だ。クイッティアオ、炒めもの、ヤムなどに使われる。タイスキの具材としても人気がある。鍋では特にいろいろなルークチンが用意されている。形がラグビーボール状のものや、魚の練りものを皮にした餃子状のものもある。細長い「**ルークチン・プラー・セン・サーイフォン**」は麺のように食べることもあれば、料理の具材としても人気だ。「プラー・セン」とだけいうと、揚げた棒状の練りもの「**プラー・セン・トート**」を指す。これも日本のおでんに入っていそうな見た目の、変わりルークチンだ。

ちなみに、タイスキではルークチンを煮すぎないように注意が必要だ。うっかりすると、とりかえしのつかないほど巨大に膨張してしまう。一方、クイッティアオの屋台では他店と差をつけるためにこぶし大の巨大なルークチンを売りにしていたりもする。「ルークチン・ヤック」、鬼のルークチンという名称だったり、わかりやすく「ルークチン・ジャンボー」などと呼ばれる。サムットプラカン県のある場所に巨大ルークチンのクイッティアオ店があったが、丼に入れるときにはルークチンをカットしてしまうという謎の無意味行動をしており、おいしかったけれども案の定、廃業した。

▼主役として酒の肴に

自分で選んで焼いてもらえるのもルークチン・ピン（ヤーン）の店の魅力だ。

ルークチンはいつだって脇役だったが、主役になる屋台料理もある。串に刺して炭火焼きにするか、油で揚げるものだ。前者は「ルークチン・ピン」もしくは「ルークチン・ヤーン」、後者は「ルークチン・トート」といい、軽食のひとつとしてタイ人に好まれている。値段はひと串いくらと明瞭だ。原材料により価格が違うものの、バンコクでも一本一〇バーツ前後からと安い。

こういう屋台やクイッティアオ・ルアの店には「ルークチン・ヌア」（牛肉ルークチン）や豚肉のものがある。牛肉はコストの関係か、団子の直径が豚肉のルークチンよりひとまわり小さいが、弾力があって味が濃いので人気は高い。一般クイッティアオ店にまれにある炭火串焼きルークチンは肉だけでなく魚やイカ系もあるが、いずれもかなり小ぶりで、一本ずつではなく、串で五本ほどのセット販売が基本だ。

ルークチン・トートは炭火焼き店よりも人気がある。ここも注文してから揚げてくれ、店頭に並んでいる串を選んで店主に渡すと、底の深い鍋に串ごと豪快に放りこむ。ふたをした鍋からポコポコと揚がっていく音が聞こえるところがボクは好きだ。

揚げルークチンの店にはルークチンのほか、ワンタンの皮で巻いたウズラのたまご、ソーセージなどもある。これらも串に刺さっていて、選んだらルークチンと一緒に揚げてくれる。こってりいきたければ揚げものだし、さっぱり食べたい気分なら炭火焼きがいい。できるならその場で食べたいところだが、そもそもこの手の屋台はバイクのサイドカー形式がほとんどで、持ち帰り専門になっている。アルコールにも合うので、暑い日は急いで家に持ち帰り、キンキンに冷えたビールを流しこみながら、アツアツのルークチンを頬張りたい。

上／ルークチン・トートはルークチンの品質が悪いと食感がひどい。　下／蒸している「ルークチン・ヌン」もある。

ルークチンを買うと、金額に関係なくキャベツなどの生野菜もついてくる。店によっては客が自分で袋に詰めるので、食べ放題気分だ。ナムチムも料金に含まれていて、甘いもの、辛いものの二種類がある。甘いといっても辛いナムチムよりはマイルドという程度で、辛いのが苦手な人にはやっぱり辛いだけだと思う。迷ったら両方もらえるし、「パソム」といって混ぜてもらえば、多少辛さを調整できる。ダイレク

ナムチムは辛いものとあまり辛くないものがあり、混ぜることもできる。

トにルークチンが入った袋の中にかけてもらうことも可能だ。そして、店主は特にこだわっているわけではないので、不要であれば「マイ・アオ・ナムチム」（ナムチムはいらない）と断っても嫌な顔はされない。

ルークチンに限らず、屋台から食べものを持ち帰るときにはビニル袋に料理やナムチムを入れて、器用にゴムで縛ってくれる。ちゃんと縛れるとなぜか袋は空気が入ってパンパンに膨らむ。また、**ゴムの縛り方が独特で、縛った部分をうまくみつけて爪で引けば、クルンと弾けるようにゴムがはずせる。**これは職人技というか、これができない人はタイでは屋台を開業できないと思う。

ナムチムのテイクアウト袋も空気が入っていて、パンパンの三角形になっている。もしゴムがうまくはずせなかったら、袋の底の尖っている角を歯で食いちぎればいい。あとは、その穴からナムチムを押しだす。気をつけたいのは、トウガラシやパクチーなど多少具材が入っているナムチムは、その細かい粒が穴に詰まってしまうことだ。このときに力いっぱいに袋を押すと、バスンと中身がテーブルに飛び散って、食事どころではなくなる。

ビールのつまみに最高！「ネーム・シークロンムー・トート」

タイ料理は酒のつまみとしても優れている。その最たる例として、メニューにみつけると無条件で注文してしまう「**ネーム・シークロンムー・トート**」を挙げたい。

シークロンがあばら肉なので、シークロンムーは豚のスペアリブだ。ただ普通に豚のスペアリブを揚げたものなら「**シークロンムー・トート**」という料理名になる。ナンプラーなどで下味をつけ、ひと口サイズに切った骨つきのスペアリブを揚げたもので、そのままかナムチムをつけて食べる。このから揚げもおいしいのだが、ここではよりインパクトの強いネーム・シークロンムー・トートをおすすめしたい。

ネーム・シークロンムー・トートはビールのお供として最高なのは間違いない。

ネーム・シークロンムー・トートのネームは、前章で紹介した発酵豚肉のタイ式ソーセージだ。あちらはほぼ生肉で、そのまま食べるかメニューによっては火をとおす。ネーム・シークロンムーはもち米と塩などで作ったベースに三日間程度漬けこんで発酵させている。ネームのように別途材料を加えず、肉だけを漬けこむ。そして、これを揚げたのがネーム・シークロンムー・トートというわけである。

ネームはトウガラシを肉に混ぜているので全体的に辛い。こちらはトウガラシを使っていないので、肉そのものは辛くない。

そのため、このから揚げには生のトウガラシ、生のホームデーン、同じく生のままのキン、マナーウをさいの目に切ったもの、ピーナッツ、生のニンニク、パクチーを刻んだものがつけあわせに出てくる。これらをネームと一緒にスプーンに載せてひと口で食べると最高だ。

ちなみに、生のトウガラシをそのまま食べるのは勇気がいるかもしれない。しかし、トウガラシはむしろ青い香りを楽しむ野菜だ、とボクは思っている。食べ方のコツは、奥歯で噛むことだ。辛味は味覚ではなく痛覚なので、**痛みを感じる舌にトウガラシのエキスが触れないようにすればいいだけ**なのだ。舌を押し下げて奥歯で噛むと、辛味をそれほど感じないし、トウガラシの青い風味がふわっと感じられる。

スペアリブでなく肉だけや軟骨、あばらではない骨つきの肉で作ったネームならそれは「**ネーム・ムー・トート**」と呼ばれる。東北部の大きな街ウドンタニーに『メーヤー』というレストランがある。間口の狭いファミリーレストラン風のポップな雰囲気だが、スキップフロアが多用されているため、入ってみると外観の印象より異様に広い。料理はかなりイケていて、洒落たイサーン料理も少なくない。ネームのから揚げは骨つき肉の「ネーム・グラドゥックムー・トート」だった。ネームを発酵させたときの米粒も一緒に揚げているのが珍しかった。米は一粒一粒が立つくらいにカリッと揚げられていて、食感と酸味がたまらない。バンコクではほとんどみかけないが、同じ料理は一般的名称だと「ネーム・ムー・カオ・トート」などと呼ばれている。

ネーム・シークロンムー・トートには軟骨がついている場合もある。コリコリの食感がたまらない。さらに、ソーセージのネームは漬ける前に脂肪を徹底的に取りのぞくが、ネーム・シークロンムーは脂身も少し残っているのでより食べやすい。とにかくビールのお供として最強である。

ボクがネーム・シークロンムー・トートを初めて食べたのは二〇〇二年、タニヤ通りのカラオケ店に勤める女子と一緒に行ったボウリング場でのことだ。当時はまだバンコクに日系デパートの伊勢丹があり、その上に映画館と併設のボウリング場があった。かつてバンコクの若者の二大遊び場といえば映画館とボウリング場で、商業施設にはそのふたつが必ずあったものだ。そこにネーム・シークロンムー・トートがあった。当時は珍しい料理だったが、その後おいしいと噂が一気に広まったのだろう。現在ではイサーン料理店の定番メニューだし、おしゃれなパブ・レストランでも食べることができる。値段も安く、量も多いので、酒のつまみにはぴったりだ。

最近では冷凍食品も登場し、自宅でも食べられるようになった。ボクが一番好きなブランドは、東北部ウドンタニー県の『VTネーム・ヌアン』のものだ。ウドンタニー国際空港に行くと、必ず土産物店でここの冷凍ネーム・シークロンムーを買う。一パック一〇〇バーツとリーズナブルだ。コラート（ナコンラチャシマー県）土産として有名なブランド『ジャオ・スア』のネーム・シークロンムー・トートもいい。冷凍タイプは長期保存しておけるので便利だし、日本帰国時の土産としても重宝する。もちろん、ネーム・シークロンムー・トートの本当の味を感じたいなら、タイのローカル飲み屋で楽しむのが一

上／ウドンタニーのメーヤーで食べられるネーム・グラドゥックムー・トート。　下／ウドンタニー空港内のVTネーム・ヌアンなどを扱うショップ。

番なのはいうまでもない。

夢中になって時間を忘れる「パーク・ペット」

中国や東南アジアにはアグレッシブな食材が多い。日本なら肉といえば牛、豚、鶏、ジンギスカンでヒツジ、少数派に馬くらいか。タイでは馬こそ食べないが、それらに加えてネズミやカエルも食べる。部位の特殊性で外国人からゲテモノ扱いされるものもある。たとえば鶏の足だ。日本ではモミジなどと呼ばれ、ラーメン・スープの材料などにもされるなど、それほど驚くべきものではないのに気持ち悪がられる。タイではティーン・ガイと呼ばれ、から揚げやスープにして食べる。関節ごとに細かく骨がはずれて食べにくいが、肉の部分も残っているので、ちまちま食べているとあっという間に時間がすぎる。

ちまちま食べる肉といえば、アヒルのくちばしである**パーク・ペット**もボクは好きだ。アヒルのくちばしを含めた口の周辺全体を材料にして揚げた「**パーク・ペット・トート**」がいい。くちばしの舌がついているほうに塩やシーイウカオをつけ、カラッと揚げている。半分に割ってあるものの、舌とくちばしがセットになったタイプと、舌だけを取りだしているタイプがあり、個人的には前者がおすすめだ。

ナムチムとして主にソース・プリック（チリソース）がついてくるが、下味がついているのでなにもつけず、まずはできたてに手を伸ばしたい。舌とくちばしをひねってはずし、弾力のある舌の味を堪能する。ヌア・デート・ディアオのように噛むほどに味が出てくる。ナムチムは味変にあとで使う程度でいい。

たいていの人はここでくちばしを無視してしまうのだが、せっかくカラッと揚がっているのだから、先端の薄い部分もバリバリとかじりたい。ガブっといくと口に刺さるので、ちまちまと細かくかじっていくことをおすすめする。無心でくちばしをかじる時間がボクは好きだ。アヒルのくちばしをかじるのに抵抗がないのは、ボクがフライや天ぷらでエビの尻尾もそのまま食べる性格だからかもしれないが。

　タイにはペット（アヒル）の料理が多い。タイスキのMKはタイで一番アヒル肉を売る店だし、カオナー・ペットはどこにでもある。タイの食用アヒルとしての主流は**ペット・ライトゥン**という品種で、日本人が思い浮かべる白い羽毛に黄色いくちばしのアヒルではない。市場では白い羽毛のタイプもあるが、あくまでも一般的に消費されるほうの品種は見た目は黒っぽい茶色で、合鴨ともいわれる。そもそもカモとアヒルは英語では同じダックで、生物学的にもアヒルとマガモは同じだそう。要するに、家畜化されたマガモがアヒルで、アヒルと野生のマガモをかけあわせたのが合鴨だ。極悪の不良少年と温室育ちのお嬢さんが結婚して生まれた子、みたいな感じか。

市場では肉だけでなく、生きているペット・ライトゥンも売られている。

　そもそも同じ鳥類なので、タイの食用ペットはアヒルで間違いないし、カモともいえるし、非常にややこしい。カタカナで「ペット」と書くと飼育している犬猫みたいでまたややこしい。タイは所定の条件を満たした畜産業者に育てられた肉しか流通しないので、細かいことをいっても、タイ人にとっては「ペットはペット」、つまりアヒルはアヒルとなる。

　ちなみに、昔からタイ人男性の間では、タイ人の妻や恋人がアヒルを飼いだしたら要注意、と言い伝えられている。男性に浮気された女性は、彼が寝ている間に男性器を切りとりアヒルに喰わせて復讐するというのである。本当にそんなことをしている人をみたことはないが、アヒルはなんでも丸のみにしそう、ということなのだろうか。喰わせる事件はみたことがないにしても、切断事件は少なくとも日本より発生件数は実際に多いのでおそろしい。

豚串は「ムー・ピン」と「ムー・サテ」の二極化

豚肉をそのまま焼くと「**ムーヤーン**」、小さく切って竹串に刺すと「**ムー・ピン**」という料理になる。ヤーンが普通に焼く、ピンは炭火で炙るといった違いがある。日本のヤキトリにたとえると、鶏肉を大きめの塊で焼くとガイヤーンで、いわゆるヤキトリとして串に刺して炙るとガイ・ピンと呼ばれる。まあ、一般的には串に刺してもガイヤーンと呼ぶ人のほうが多いけれども。

ムー・ピンは軽食に最適だ。ひと口サイズの豚肉が二、三個串に刺してある。単品で食べてもいいし、ほかのおかずのサイドメニュー的な位置づけにもなれる。串単位で安価に買えるのも魅力だ。手押し車などの小さな屋台でできあがったものを売っている。ほしい本数を伝えると、炭火で温めたうえでビニル袋に詰めてくれる。串が刺さったままなので、すぐに食べられるのもいい。

昔ながらのムー・ピンは最近のタイプと区別して「ムー・ピン・ボーラーン」(伝統的ムー・ピン)とも呼ばれる。軽くナンプラーか塩で下味をつけて焼くだけだ。一方、最近のムー・ピンはテリヤキ風が多数派だ。豚肉をココナッツ・ミルクや牛乳にひたしてやわらかくし、砂糖や塩、シーイウ・カーウかシーイウ・ダムといった調味料で味をつけて炭火焼きにする。今風も昔風のどちらも、もち米にも白米にも合うのでおすすめだ。タイ人は朝食や間食のタイミングで串を一本から三本買い、少なめのもち米と食べて小腹を満たしている感じだ。

炙るように焼くからムー・ピンと呼ばれる。

タイ人に昔と今、どちらのムー・ピンが好きか尋ねると「ムー・ピンもいいけれど、私はムー・サテかな」と返ってくるかもしれない。タイ料理には「**ムー・サテ**」という豚串焼きもあるのだ。屋台ではムー・ピン、食堂以上の飲食店ではムー・サテが好まれるイメージをボクは持っている。

サテはもともとインドネシア料理とされる。かの地でも北インドやトルコの豚肉料理の影響を受けていると考えられ、東南アジアではほかにマレーシア、シンガポール、フィリピンにもほぼ同じ料理がある。タイではムー・サテと呼ばれるくらいなので豚肉が主流だ。しかし、本来は牛肉、鶏肉、魚などの調理法ではある。

そして、一般的にはマレーシアを経由してタイに来た料理と考えられ、多くのタイ人が南部料理だという。

ところが、サテの語源はインドネシアではなく、実は中国語で三枚肉を意味する「三疊肉」であるとする説もある。福建語と潮州の言語である閩南《びんなん》語《ご》ではそれをセーバックと読むところからサテに

上／ムー・サテは実は南部発祥ではないという事実。　下／アージャート。ムー・サテ以外ではトートマン・プラーにもよく使われる。

なったとされる。インドネシアには台湾から海を渡ってきたとされる民族が大昔からいるので、中国語が語源というのはありうる話だ。ただ、閩南語のグループに潮州語が入っているというのが、ちょっと嫌な予感がする。本書で紹介するタイ料理の中には由来の通説がまったく違っていることがよくある。特に中国由来にその傾向が強い。

　よくよく調べてみると、少なくともタイで初めてムー・サテが現れたのはタイ南部ではなく、バンコクの中華街の飲食店だったことがわかった。さらにいえば、王室にも好まれて宮廷料理のひとつにもなっている。タイ人がムー・ピンよりムー・サテを上にみるのは、単に宮廷料理だから高級感あるいは格式があると思っているからではないか。屋台がムー・ピン、飲食店以上がムー・サテというボクが持つ印象も、あながち間違いではなさそうだ。ムー・サテのほうが手の込んだ味つけなので、屋台では調理が難しいという現実的事情もあるだろう。

　ムー・サテは下味にたくさんの調味料を使用する。ポン・イーラー（クミンの粉）、ポン・カミン（ウコンの粉）、ポン・ガリー（カレー粉）、タクライ（レモングラス）、カー（ガランガル）などを入れたココナッツ・ミルクに漬けこむ。

ナムチムも二種類ある。「**アージャート**」という、キュウリやエシャロット、トウガラシなどを適当に切ったものを酢で和えたさっぱりタイプと、マッサマンカレーやレッドカレーのペーストであるプリック・ゲーンと煎ったピーナッツの粉で練った甘辛なタレである。これだけたくさんの材料を使うとなれば、たしかに屋台では難しい。

個人的には、脂っこさのないさっぱりと上品な味わいのムー・サテよりも、脂たっぷりのこってりしたムー・ピンのほうが好きだ。庶民のボクの舌には、やっぱりわかりやすい味が合うのだ。

タイの揚げパン「パートンコー」は大間違いからはじまった歴史を持つ

昔懐かしい揚げパン「**パートンコー**」は、買ってすぐに食べられるので朝食にぴったりの一品だ。実際、朝以外はほとんど売っていないので、朝の遅い旅行者は一度も目にしないうちに帰国することになる。

パートンコーの原型は中国の細長い揚げパン「油条」である。油条は一〇センチを超える長い揚げパンだった。タイではせいぜいその半分か、大きいもので一〇センチくらいだ。タイに伝来後しばらくは菓子として売られていたとされる。そして、パートンコーという名は、クイッティアオ・イェンタフォーと同様、ほかの料理と間違えられたまま、中国語名がタイ語訛りになったという、タイではよくあるパターンである。

もちろん諸説あるが、一番の有力説は、ある有名菓子店で油条を含む中華菓子がいくつか売られていたことから、このストーリーがはじまる。その中にあったのが、「白糖粿」だ。最初は中国語読みに近いパイタングアと呼ばれていたが、そのうちパートンコーというタイ訛りで名称が定着してい

基本的には朝にしかみない料理のひとつがパートンコー。

く。パイタングアは形状こそ油条に似ているが、文字どおり砂糖がまぶしてあって見た目が白い。そのせいなのか、タイ人の食欲をそそらず、ちっとも売れない。結局その店は潰れてしまい、「ああ、あの店のパートンコーがまた食べたい」と考えたファンによってだいぶあとになって再現され、そのときになってタイ中に広がっていった。ところが、彼らが「あのパートンコー」と口にしながら頭の中で思い浮かべていたのはパイタングアではなく、油条であった。そもそも、油条の読みはヤウティウといった発音になる。「あのあんパンを復活させようぜ」ということになって、カレーパンが再現され、誰もなんとも思わないままカレーパンがあんパンという名で定着したようなものだ。こうして油条がパートンコーと呼ばれることになったという。

勘違いで再出発したとはいえ、パートンコーは今ではタイの国民的朝食になっている。本来の油条は三〇センチ近くに伸ばした生地を折りたたんで揚げているらしいが、タイのパートンコーは生地を五センチから一〇センチ幅、長さ一メートル近くに伸ばし、専用の刃物で数センチずつに切っていく。この素早く同じ幅に切っていく様子はまさに職人技で、早起きして街に出たときはぜひ見学しておきたい。切りあがると、今度は細い棒で真ん中に区切りの線をつけるか、専用刃物で真ん中の端だけを切る。これを揚げるとそれぞれが左右にくの字に曲がり、双子のパートンコーができあがる。

▼パートンコーのいろいろな食べ方

切れ目を入れることで、揚げると双子のパートンコーができる。

油条は小麦粉に塩を加えるようだが、タイは塩を入れることもあるものの、主には砂糖を使う。味としては揚げパンというよりはドーナッツに近い。実際、パートンコーは棒状のもののほか、まん丸の揚げパンのタイプもある。ただし、こちらは揚げ饅頭といった意味になる「**サラパオ・トート**」と呼ばれる。

近年は小麦粉にイースト菌、ベーキングパウダーやベーキングソーダを加えるのがあたりまえの他方、油条の伝統レシピではアンモニアも加えている。タイでも昔ながらのレシピを踏襲していることもあるため、店によってはパートンコーをかじったときに若干鼻につく異臭がある。ただ、アンモニアそのものを入れているわけではない。入れる場合には重炭酸アンモニウムが加えられている。これは食品膨張剤のひとつで、これを入れることでパートンコーが膨らむという。

外はカリカリで、中はフカフカのパートンコーはそのまま食べてもおいしいが、油がジュワ

上／生地を細長くして均等に切り分けていく。
下／豆乳は基本的に袋入りでその場で飲めない。

ッと口に広がって少ししつこい。そこでタイ人の多くは「**ナーム・タオフー**」(豆乳)、練乳、牛乳やココア、あとは次章のタイ・スイーツのひとつであるサンカヤーのクリームと一緒に食べる。パートンコー屋台では無糖タイプの豆乳も売っている。ただそこは屋台であるため豆乳もビニル袋に入れられ、その場で飲むことはできない。自宅や事務所に持ち帰り、カップに移さなくてはいけないので面倒だ。

それから、甘さ控えめのパートンコーもある。これは道端にて単体で売っているのではなく、カオトム、ジョークのいわゆるタイ粥の店にある。投入用に従来のパートンコーではなく、小さいタイプもしくは小さくカリカリに揚げられたものを用い、丼にちぎって落とし、粥と一緒に食べる。ただ、中国の油条の出自をみると、どうやらこちらのほうがもともとの食べ方だったともいわれる。

というのは、原型の油条はそもそも朝食のおかずとして発明されたからだ。発祥は杭州の油炸鬼という料理で、鬼を油で揚げるというようなニュアンスの名称だった。これは宋の時代の強権的宰相の夫婦に対する怒りの表現として、小麦粉を練って油に投げ入れるところを夫婦の断罪に見たてたので、こういったホラーな名前がついている。これが話題となって広まったとされ、当初からおかゆやスープにちぎって入れていたようだ。

ベトナムでは米粉麺のフォーなどを食べるときに油条をオプションでつけられる。タイでクイッティアオとパートンコーを食べるというのは、ボクは見聞きしたことがない。あくまでも粥に入れて食べることがタイではせいぜいというところだ。

そのままでもおいしいし、なにかに入れてもおいしい。パートンコーに限らず、タイの軽食系はわりとこういう自在な食べ方ができるタイプが多い。

魚介系タイ・カレーの揚げもの？「トートマン・プラー」

子どもでも安心して食べられるタイ料理がこの「**トートマン**」というジャンルだ。ただ、トートマンというだけではタイ人から「どの？」と返ってくる。トートマンには大きく二品目ある。ひとつが魚の身で作る「**トートマン・プラー**」、もうひとつはエビのすり身を使った「**トートマン・グン**」だ。同じトートマンではあるものの、このふたつはまったく違う。トートマン・プラーは大人向きでややクセがある。ト

上／トートマン・プラーは揚がったコブミカンの葉も一緒に食べる。　下／おしゃれに仕上がったトートマン・グン。

ートマン・グンは子どもにも好まれる料理になる。

トートマンを日本語にすると、魚介のすり身揚げが一番しっくりくる。タイ風さつま揚げともいえるし、あるいは揚げカマボコと訳そうと思えば遠くはない。しかし、トートマンはトートマンというほど、タイ料理らしい面を持っている。

特にトートマン・プラーはタイ料理そのものの雰囲気を持つ。材料はプラーとつくくらいなので魚の身であることはわかる。この「魚」は特定のなにかというわけではないようで、いろいろな魚類が使われる。日本人からみて変わった材料と思うのは淡水魚だろう。たとえば、頭からうしろ、背中の部分が大きく盛りあがったマダラナイフフィッシュと呼ばれるナマズの一種の**プラー・グラーイ**は比較的タイ人には好評な材料のひとつだ。

これらの身をすり潰しながら、タイ・カレーのペーストとして使われるプリック・ゲーン、バイ・マックルーを細く切ったもの、トゥア・ファックヤーウ（ジュウロクササゲ）を小さく切ったものを混ぜていく。これを適度な大きさに成形し、油で揚げる。

プリック・ゲーンは主にプリック・ゲーン・ペット、すなわちレッドカレー系のものが用いられ、さらにコブミカンの葉を入れるので、味は完全にタイ料理そのものだ。魚以外は若干クセがある食材ばかりともいえ、苦手な人はなかなか食することは難しい。ナムチムは店によってだが、よくあるのはムー・サテと出てくるナムチム・アージャートだ。酸味のついたキュウリなどがトートマン・プラーの独特な香りに合う。適当な店では既製品のナムチム・ガイを用いることもある。甘辛なわかりやすい味で、これもよく合う。

トートマン・グンは一見するとタイ料理にみえない。エビのすり身にナンプラーやシーイウ・カーウで味をつけ、少し豚ひき肉を加え、片栗粉やパン粉で衣をつけて揚げる。そのため、味こそタイっ

上／トートマン・プラーを小舟の上で作っている様子。
下／手前にある袋のように、市場などではトートマン・プラー用の調味済みのすり身が売っている。

ぽさはあるものの、見た目は日本の洋食にもあるフライ料理なのだ。

トートマン・グンのナムチムはほとんどが「**ナムチム・ブアイ**」という梅の風味がほんのりする甘いものがくる。漬けた梅と砂糖、水を煮て作るシンプルなナムチムだ。自作しなくても、市販の既製品もたくさんある。トートマン・グンのわかりやすい味に加え、ナムチムによってより子どもでもすんなりと食べられるタイ料理のひとつになる。子ども向けとはいえ、外はサクサク、中はプリプリの食感で、大人でも納得できる味でもある。ボクは甘いナムチムが嫌なので、いつものプリック・ナンプラーにしている。これもトートマン・グンにもバッチリ合う。

トートマンは英語にするとフィッシュ・ケーキになる。英語を母国語としないボクからすると、ケーキは甘いあのケーキであってほしいので、どうもトートマンがフィッシュ・ケーキと呼ばれるのは気持ち悪い。ちなみにボクは、十代のころは英語が得意であったが、タイ語を憶えたことでだいぶ抜けてしまった。得意とはいえ、もともと基本的なところしかできなかったので、九八年一月の初訪タイ時に風邪を引いてしまい、薬局に行ってクスリを買おうとしたら「フィーバー?」(熱はあるか?)と訊かれたのをジョン・トラボルタ主演映画『サタデー・ナイト・フィーバー』のノリノリなフィーバーと勘違いして、「んなわけあるか!」とキレたことがある。その程度の英語力なので、フィッシュ・ケーキと聞くとモヤモヤとするのだ。

おかずにも肴にもぴったりなソーセージ「サイグローク・タイ」のいろいろ

タイ料理にも獣肉を腸詰めにしたソーセージのような保存食「**サイグローク**」がいくつかある。前章で紹介したネームも、腸には詰めていないがある意味でサイグローク・タイ(タイ・ソーセージ)といえるし、ほかにも肉を長期保存するために生まれた詰めもの料理はいろいろある。

▼タイのソーセージといえば「サイグローク・イサーン」

タイのソーセージとして代表的なのは「**サイグローク・イサーン**」だ。牛肉でも鶏肉でもできるが、バンコクの屋台でみかける大半は豚肉の「サイグローク・イサーン・ムー」である。イサーンとつくことからわかるように、タイ東北部が発祥だ。豚皮ともち米に塩を加えて練りこんだ豚ひき肉をよく洗った豚の腸に詰め、ピンポン玉より小さいくらいの球形にたこ糸で縛るか、ひねって細長くまとめ、一日から三日程度置いて発酵させる。雑菌が繁殖せず正常に乳酸発酵すれば、おおむね成功だ。ほとんどネームと同じようなものである。その後、常温なら七日程度、冷蔵庫なら一か月は保存できる。もち米の代わりに生米を砕いた粉を使うレシピもあるし、ウンセン（春雨）を入れることもある。春雨を入れたバージョンは「サイグローク・ウンセン」という名称になる。食べるときには必ず火をとおすのは、ドイツなどのソーセージと同じだ。

俵型のサイグロークは串に刺して焼いたり揚げる。

屋台ではキート（一〇〇グラム）単位か串ごとの単位で売っている。生のままで売っていることは少なく、すぐに食べられるように火をとおしている。そして注文が入れば炭火で温め直し、キャベツやショウガ、生トウガラシと一緒に袋に入れてくれるので、そのままビールのつまみにできる。一般的な欧米のソーセージと違って発酵させているため、肉の酸味が強いのが特徴だ。ジューシーで、プチッと袋が破れる食感も楽しい。

世界全般的にソーセージというのは多少質の落ちた肉でも作れ

サイグロークはデート・ティアオなどと共に売られていることもある。

て保存できるのがメリットだ。サイグローク・イサーンも同様である。料理であまった肉を使って作られるようになったのがはじまりとされる。

さらに、イサーンにはサイグローク・イサーンに似た「**マム**」という、肉だけでなくレバーから皮、胆汁まで混ぜ、豚の腸や胆のうの袋に詰めこんだソーセージもある。かなりアグレッシブな詰めものなので、ボクはバンコクではまだみたことがない。聞くところによると、むしろサイグローク・イサーンのほうがマムにも適さなかった肉を材料にするソーセージだったらしく、つまり本来はマムのほうが上位のサイグロークということになる。ただこれは、あくまでかつて家庭で作っていたときの話だ。一般に流通しているサイグローク・イサーンは劣化した肉を使っているわけではないのでご安心を。

▼香りも食べ応えもたっぷりな「サイウア」

野生動物が豊富な山岳地帯の北部にもソーセ

ージはある。北部料理名物としても挙げられる「**サイウア**」だ。北部の古都チェンマイではどこでも売っているポピュラーな食べものでもある。主な原材料は豚肉ではあるものの、サイグローク・イサーンよりずっと手が込んでいる。ちなみに、サイウアの「ウア」は牛のことではない。タイ文字ではまったく違う字なのであしからず。

サイウアは材料がまずサイグローク・イサーンとは違う。豚ひき肉にミンチ状にした脂身を加え、バイ・マックルー、カー、カミンチャン（ウコン）、ガティアム、プリック、ホームデーン、ナムターン（砂糖）やシーイウ・カーウ、ナンプラーなどの調味料を入れる。ここまではサムンプライやクルアン・テート（香辛料）たっぷりのタイ料理という感じだ。特徴的なのがここからで、このほかに、トートマン・プラーのようにナムプリック・ゲーンの特にレッドカレーの赤みのあるタイプを入れる。

市場ではナムプリック・ヌム（画像左側）と共にサイウアが売られていた。

プリック・ゲーンが入っていることで、サイグローク・イサーンと比較して、相当味が濃いことがおわかりだろう。イメージとしては完成品が赤い色なのかと思うが、カミンチャンの働きで切ったときの断面は黄色がかっている。

腸に詰めたあとに適度な大きさに分けるが、サイグローク・イサーンよりずっと長い。そのため、市場で売っているときはとぐろを巻いた形で置いてある。サイグローク・イサーン同様に生で食べるものではなく、生肉よりはちょっと長く保存するためのソーセージで、市場などでは販売の段階で火がとおされていることが多い。

サイグローク・イサーンは玉の形状だとひと口サイズで、ひとりでもちょっと試してみようかなと思う。一方、サイウアは結構量があるので、ひとり旅だと食べきれない気がしてなかなか手が出ない。ただ、それはあくまでも市場で買うときの話で、屋台や食堂では切ってくれる。輪切りなので、熱いうちに平らげたい。ウコンのカレーっぽさ、ゲーンの風味、それからコブミカンの葉の針切りがかなりインパクトのある香りを放っている。慣れない人には好まれない旨味があるタイ・ソーセージだ。

▼中国由来のドライソーセージ「グンチアン」

中国から伝来したとされるソーセージ「**グンチアン**」もタイ全土に定着している。これは、クイッティアオのようにタイ料理を装わず、中華料理っぽさ全開のままタイに浸透した珍しい食材だ。

中華料理のソーセージは「香腸」（シャンチャン）と「灌腸」（グアンチャン）の二種類があり、前者は中国の昔ながらの生肉を詰めたソーセージで、後者は清の時代に西洋から伝わったドライソーセージが原型なのだとか。グンチアンも豚肉の腸詰めで、ソーセージというより食感的にはサラミに似ている。サラミはイタリア発祥のドライソーセージの分類で、グンチアンも製法からいってまさにドライソーセージだ。サラミは豚肉に塩やラム酒を混ぜるそうで、グンチアンもまた脂身の多い豚肉に塩や中国酒、五香粉などを混ぜて腸に詰める。その後、適度な大きさに縛って天日で干すか、オーブンで炙って乾燥させる。

つまり、グンチアンは灌腸が原型で、中国語の読みがタイ語に転じてこういった名称になったと推測できる。ところが、タイの既製品にはいくつか「猪肉香腸」とも記載がある。どうしてこうすんなりと由来をわからせてくれないのか。それともこのように細かく出自を気にするのは日本人の悪いクセなのだろうか。ただ、ネットで「灌腸」と検索をするとどうも浣腸を説明していると思しき中国語サイトが出てきてしまう。だから、商品名にはあえて香腸を使っているのかもしれない。
グンチアンを作るには砂糖もかなり入れるので甘味が強く、好き嫌いが分かれる。一般的な食べ方では炒めたり揚げたりするので、甘さがより前面に出てくる。ボクは苦手なのだが、子どもには人気があるし、ヤムなど、さまざまな料理の具材にも重宝される。

▼腸以外の詰めもの料理

最後に、厳密にはソーセージではないものの、タイ・ソーセージの代表的存在「**ムーヨー**」にも触れておきたい。これは腸には詰めず、バナナの葉に包まれている。

手前の白いほうがムーヨーだ。

ムーヨーは英語ではベトナム・ソーセージといわれるように、ベトナムでもよくみかける。ベトナム南部ではチュア・ルア、北部でゾー・ルアというらしい。ボクはベトナム語ができないので音声翻訳にかけるとそう聞こえるだけで、本当は違うのかもしれないが。ムーヨーのムーは豚のことで、ゾー・ルアのゾーにあたる単語がタイ人にはヨーと聞こえてムーヨーになったとされる。ラオスにもあるので、ベトナム北部からラオス経由でタイに入ってきた可能性もある。あるいはどこかの発祥地からタイやベトナム方面に広まったか。

ムーヨーは豚肉と脂身、塩などをよく練りこんで粘り気を出し、それをバナナの葉に包んでゆでるか蒸す。最近は蒸す方法においてはアルミホイルに巻くようだ。この点ではソーセージというよりカマボコやルークチンに近い。練りものを包むとき、肉が湯や蒸気に直接触れないよう、バナナの葉は何重にもしなければならない。だから、本当に手作りのムーヨーは売っているときの見た日と中身の太さにややギャップがある。できあがったらそのまま食べてもいいし、ヤムや炒めものにも使う、まさにカマボコのような食材だ。

見た目がサイグローク・イサーンに似た、カニ肉のすり身を湯葉で包んだ揚げもの「**ホイ・ジョー**」もある。これも中華が由来だ。ただ、形が似ているだけでソーセージではないことは明白でしょう。それでも軽食としては申し分のない料理で、タイ人には人気がある。

タイ人みんなが知っている「ネーム・ヌアン」はどこからタイに？

東北部ウドンタニー県を中心に人気の包み料理が「**ネーム・ヌアン**」だ。豚ひき肉を棒に巻いて炭火焼きにし、それをいろいろな野菜と共にレタスなどの葉で巻き、さらにライスペーパーで包む。そして、ピーナッツやタオチアオ（大豆の発酵調味料）で作った味噌のようなナムチムにつけて食べる。バンコクで出会うチャンスは少ないが、タイ人はみんな知っているヘルシーな一品だ。

このネーム・ヌアンは非常にややこしい。ベトナム料理が発祥で、ネームとはいうものの生豚肉の発酵ソーセージではない。塩コショウなどシンプルに味つけした豚ひき肉を棒状にした焼きものだ。ひき肉のムーヤーンといった感じで、発酵していないので酸味もない。

タイが多民族国家であることはすでにおわかりかと思う。バンコクの中華街ヤワラーには広東省潮州市出身者が多く、**タイの政治・経済も中華系タイ人が牛耳っているので中国系ばかりが目立っているが、ヤワラーの端にはインド人街があるし、かつてはベトナム人コミュニティも存在していた。**

ベトナム移民の歴史は実は古い。中国移民の流入はアユタヤ王朝時代にはすでにはじまり、一八〇〇年代後半から一九〇〇年代半ばをピークにひっきりなしだった。ベトナムからの移民も同時期にタイに流れてきたが、特に多かったのは一八二四年から一八五一年のラマ3世王の時代で、この時代に来た彼らはユアン・ガオ（旧ベトナム移民）と呼ばれる。現王朝の初期にはカンボジア人やポルトガル人居住区に押しこめられたため、帰化やタイ人との婚姻が進んで独自文化をほとんど残していない。そして、「旧」がいるので当然、「新」もいる。ベトナムの共産主義への傾倒をきっかけに一九四五年から五六年にタイに移住してきたジェネレーションはユアン・マイ（新ベトナム移民）と呼ばれる。

▼ベトナム由来であることは間違いない？

さて、ネーム・ヌアンはいつベトナムから伝来したのだろう。ウドンタニー県のネーム・ヌアン販売業者に訊ねても「かなり古い」というだけだ。タイ人の「古い」（あるいは昔）は五十年前も百年前も同じ感覚なのでそこから推測することができない。個人的には、ネーム・ヌアンは新ベトナム移民がタイにもたらしたと思っている。その根拠は非常に浅いが、ネーム・ヌアンで最も有名なレストランのVTネーム・ヌアンが一九七〇年代に開業しているからだ。VTは創業者の祖父母のイニシャルで、年代的に祖父母が新ベトナム移民であると推測される。つまり、ネーム・ヌアンのタイにおける歴史はまだ浅いのではないだろうか。

そもそも、ネーム・ヌアンは本当にベトナム料理なのか、という疑問もある。タイのネームとどう関係があるのか。ネーム・ヌアンとネット検索すると、ほとんど同じ発音のネム・ヌオンというベトナム料理が引っかかる。ネットでは日本人はネムヌンとカタカナ表記しているが、ここはベトナム文字の並びとタイの料理に合わせてネム・ヌオンとする。さらに調べると、ネム・ヌオンはベトナム南部カインホア省の料理で、棒に巻いた肉を炙っただけのものは軽食とし、炙ったものと野菜をライスペーパーで包んだものはメイン料理にするらしい。後者の食べ方がタイに伝わり、ネーム・ヌアンと

ベトナムの首都ハノイの屋台で注文してみたネームとそっくりなネムチュア。

なったのかもしれない。

　思いだしてみると、ボクは何回かネームに似たソーセージをベトナムの首都ハノイで口にしている。まさにタイのようにソーセージ状の塊をひと口サイズに切ってくれたものもあった。また、細長い発酵ソーセージを串に刺して炙ったものもあった。いずれもバナナの葉で包んでいて、現地ではこれをネムチュアと呼んでいた。ネームに似た名前がここにもある。

　ハノイに暮らす日本人の友人に訊いても、由来などはわからなかったが、ベトナムで「ネム」がややこしい単語であることはわかった。友人によれば、あとに続く単語によってネム自体の意味が変わるのだとか。揚げのネム・ラン、海鮮のネム・ハイサンだとネムは包むもの、すなわち春巻きの意味になる。一方で、酸っぱいのチュア、焼くのヌオンがつくと、ネムはソーセージになるそうだ。この点でネーム・ヌアンはベトナムのネム・ヌオンが由来と考えていいと思う。

　総合すると、ベトナム語の「ネム」はひき肉などの「餡をまとめあげる」、あるいは「包む」という意味なのではないか。タイのネームもかつてはバナナの葉に包んで発酵させていたので、そう考えると意味あいが近くなる。

▼タイ発酵ソーセージのネームの由来はこれかもしれない

　ちなみに、ラオスにもバナナの葉で豚肉を包んで乳酸発酵させる料理がある。ソム・ムーだ。見た目はネームそのものだが、おわかりのようにネムを語源とするような名称ではない。ミャンマーにも似た料理がある。こちらはヌーソム・ムーだ。正確にはシャン族、いわゆるタイヤイ族の料理になる。実はベトナムにもタイ諸語族がいて、かつ東南アジアの山々には今も同系の山岳少数民族が複数暮らしている。この民族の多くが大昔、中国からタイなどに移動してきたともされるので、ネームあるいはネムと呼ばれる料理は中国発祥という仮説を立てることができる。

仮説をベースに調べると、タイ系民族が住む地域が浮かびあがってきた。**今も多数のタイ系民族が住むのは雲南省タイ族自治州のシーサンパンナで、この地域の伝統料理にはタイ料理に類似するものが多い。**ソムタム、カオパット・サッパロット（パイナップルチャーハン）、ラープの原型ともいわれる鶏肉をレモングラスで和えた「檸檬鶏」もあって、この地域ではもち米もよく食べられている。レモングラスの和えものに関しては、ボクはハノイで食べたことがある。ますますネームが中国方面から広まった可能性が高くなるではないか。

ラオスのソム・ムーはトウガラシの辛さよりもニンニクのほうが強い印象だった。

そんな雲南省の発酵食品について、佐賀短期大学食物栄養学科の成清ヨシヱ氏の『中国雲南省少数民族の食を訪ねて―日本調理科学会九州支部研修旅行報告―』に「蒸した糯米と魚や獣肉とを交互に桶に漬け込み、発酵させた馴れずし等があり」という記述がある。ネームは豚肉ともち米と塩を合わせて発酵させている。日本のなれずしは魚と米と塩で乳酸発酵させる。いわれてみれば、タイと日本では肉と魚の違いしかない。しかも、日本ではなれずしの起源はタイ北部や雲南省の地域で、弥生時代に米と共に伝来したと考えられている。こうなると、この辺りがネームの起源になるのは間違いなさそうだ。

タイよりも雲南省に近いラオスのソム・ムーは直訳すると、酸っぱい豚肉、である。雲南には「酸肉」という料理があり、ラオスの料理とこの名称が一致する。酸肉の作り方も豚肉をもち米、塩、トウガラシなどと漬ける。トウガラシを加える点でまず日本のなれずしとは大きく異なる一方、タイのネームに共通する。ただ酸肉は生ではなく、ゆでるか燻製にした肉を漬け、かつ長いと四十日間も漬けこむというところは異なる。そして、この地では漬けこむのは土鍋や壺だという。その点では第11章のネームの項で少し触れたタイ北部のご当地ネームであるネーム・モーと同じだ。

酸肉の起源は諸説あるがタイ系民族の伝統料理とされ、この民族はメコン河流域に暮らす。そもそもメコン河はチベット高原に源流があり、雲南省シーサンパンナ辺りを通過して東南アジアに向かって流れている。メコン河に沿いながらこの料理が各地に伝わったとしてもおかしくない。

先の成清氏の報告書には酸肉の記述はないが、淡水魚のなれずしの料理名が「糯米咸魚」とあった。糯米はもち米で、咸魚は塩漬けの魚でハムユイと読んだはずだ。糯米をなんと読むのか。ピンイン（中国語の発音表記）では「Nuòmǐ」とある。音は、ボクの耳にはノーミと聞こえる。台湾や潮州には豚の腸に味をつけたもち米を詰める「糯米腸」がある。これはヌオミーチャンと読む。ということは、もち米はノーミあるいはヌオミーで合っている。

ネームとノーミ。もしかして、ネームやネムの語源はこれだったりして？　そうだとすれば、タイとベトナムでネームとつく似た料理があることが理解できる。あくまでもボクの推測だけれど。イエンタフォーやパートンコーのように勘違いで違う名称が定着することがあるタイで、ソーセージともち米が取り違えられることだってあろう。むしろネームはもち米を使っている、しかも乳酸発酵に欠かせない材料なのだから、遠からずといったところだし。

タイ・ナイズされたカンジャンセウ「グン・ドーン・シーイウ・ガウリー」がアツい

二〇一〇年前後から、タイでは和食ブームが続いている。スマートフォンがそのころに普及しはじめ、自己愛の強いタイ人の嗜好にSNSはぴったりだった。そうして映える画像への渇望は行動力になり、特に簡単にアピールできる食事風景を撮ることに夢中になった結果、タイ人の保守的だった舌をも変容させた。追い風のように一三年には日本料理がユネスコの無形文化遺産に認定され、世界的人気が高まったところでタイの和食ブームが爆発した。

さすがに寿司屋台はタイ慣れした日本人でも手は出しにくい。

さらに一三年七月、タイ国籍者の日本短期滞在（約二週間）にはビザが不要となると、日本旅行ブームにも火がつく。そのうち、和食だけでなく世界中の料理を楽しみ、現地にまで足を運ぶタイ人も増える。

日本旅行ブームは、今現在も異様なほど盛りあがっている。ビザが必要で簡単には行けない国と思っていただけに、そうでなくなった途端、みんなが夢中で足を運んでいる。実際には、かつても日本のビザ取得はそれほど難しくはなかった。タイの役人は法令を自己解釈するので、この窓口ではダメだった書類申請が、隣の窓口ではとおるなんてことはよくある。これに慣れているからか、明確にあれとこれが必要と日本大使館が追加書類を説明してくれているのに、なぜか申請側があれやこれやと勝手に考えて用意しないとか申請を断念していただけだ。ボ

タコ焼きもタイ人には「タコ焼き」で通じるほど定着した。

クの妻が初めて日本に行ったのはボクとの結婚前だった。そのときも、ビザは一発で発給されたので、いわれたものを出せば、ある程度の収入層のタイ人なら簡単に日本に行けたのである。

そうした中で、タイ人がタイ人のための和食を屋台などでも提供しはじめる。アレンジが施されたタイ風和食だ。九〇年代にはイカで代用したタコ焼きが登場していたし、二〇一〇年ごろにはすでに寿司屋台が増えていた。ただ、今もそうだが、刺身は外国人に人気のサーモンぐらいで、エビやメカブ、サバの照り焼きなどの加工されたネタが並ぶけれども。まあ、これは日本人には好まれなくてもタイ人にはよろこばれるので、店主の狙いどおりなのである。

サバの照り焼きや塩焼きはタイ人に好まれる和食メニューだ。ナムプリック・ガピなどと食べるプラー・トゥーもサバの一種で、タイ人にとってなじみ深い魚だからというのもあるだろう。ただ、もともとタイにサバを食べる習慣はなかった。プラー・トゥーの品種ではなく、日

タイでみかけるキッチンカーは日本のスズキの改造トラックが多い。

本で食べるのと同じ種類のサバはタイでは食べられていなかったのだ。タイ人がサバを食べるようになったのは、一九五七年、バンコク歓楽街のひとつであるパッポン通りにオープンした日本人経営の洋食店みずキッチンがサバ・ステーキを出したことがきっかけといわれている。だから、日本と同じ種類のサバは**プラー・サバ**と呼ばれるほどだ。みずキッチンは二〇一九年に閉店するまでタイ好き日本人の間では伝説の店で、ボクも何度も通った。パッポン通りの喧騒がウソのように静かな店内は昭和を思い起こさせる懐かしい雰囲気で、こぢんまりとした居心地のよい空間を維持していた。ステーキも安くておいしかった。当時のタイ人は外国料理を食べなかったので、みずキッチンの客は基本的に日本人だけだ。記憶が正しければ、店内を猫がうろうろしていたような気もする。

▼今屋台で増えている外国料理は韓国系

タイ人も外国料理をよく食べるようになった。

上／タイ人も和食ブームからいろいろな食べものに挑戦するようになり、今は韓国料理が人気になっている。　下／韓国かき氷パッピンスが「ビンスー」という名前で定着している。

近年では、タコ焼きや寿司、ハンバーガー、ケバブなどの屋台も出てきている。ハンバーガー屋台といえば、以前は歓楽街のナナ・プラザ前の『ナナ・バーガー』くらいだったが、今はちょっとおしゃれなキッチンカーで売る店がたくさんある。

二〇一八年前後から特に人気なのは韓国料理だ。当初は韓国式フライドチキンが主流だったが、次第にトッポギ、チーズ・コーンドックなども出てきた。かじったところからチーズが伸びる様子を写真に撮り、ＳＮＳにアップするのが一時流行したようだ。

タイ人の和食志向が日本人に近づきつつあるように、最近は韓国料理の屋台ラインナップもマニアックになってきて、生の剥きエビを韓国醤油やトウガラシ、ニンニクなどに漬けたカンジャンセウ――タイ語では「**グン・ドーン・シーイウ・ガウリー**」（韓国醤油漬けのエビ）まで登場している。タイ人はエビが好きだし、タイ料理の海鮮メニューにもグン・チェーナンプラーがあるので、カンジャンセウは寿司以上に浸透しやすかったのだろう。

ボクは本場のカンジャンセウを食したことはないが、タイの屋台のものはトウガラシとニンニクが入っているから殺菌されていると信じ、一度試してみたことがある。ただ、韓国醤油の風味とバイ・

サラネーの後味に違和感があり、あまり好みではなかった。本場はバイ・サラネーが入っているのか知らないが、なんか香りがマッチしていなかったのだ。韓国醬油も本当にそうだったのか。シーイウ・カーウで代用していたような気もする。要するに、完全なタイ・ナイズというか、もはや雰囲気だけが同じ、という料理だったのかと思う。

タイの焼肉でもあるムーガタも韓国料理が原型だったり、タイ式に改良された韓国料理はいくつもある。タイ式韓国料理だけで食卓を埋めるというのも、日本ではできないタイ・フードの楽しみ方なのではないだろうか。

๑๓

第13章

タイのスイーツや果物からも目が離せない

๑๓

年間をとおして気温の高いタイでは、ちょっと動くだけであっという間に体力を消耗する。他方、タクシーや電車で移動できる都心では気温や気候をさほど気にせずに済むが、屋内外の温度差が今度は問題になる。サービスのつもりなのだろうが、商業施設内は寒いほどにエアコンが効いている。この温度差によってもすぐに体調を崩してしまうので、タイ滞在ではこまめな休憩をおすすめする。疲れたら座ってゆっくり身体を休める。そんなときの疲労回復には甘いものが効果的だ。

四季が豊かな日本に対し、タイには雨季と乾季しかない。乾季はルドゥー・ナーウ、つまり寒い季節ともいわれるが、日本人からすれば涼しい時期がほんの一時ある程度でしかない。なんなら、タイの乾季おわりは夏に相当する。タイで最も暑い時期なのだ。要するに、タイは延々と暑い期間が続く。とはいえ、同じ季節が続くことにもメリットがある。一年中、果物がとれることだ。スイーツの原点は果物だ。特にタイの甘味はいつでも収穫できるココナッツが主材料なので、いつでも菓子類を作ることもできる。ここではそんなタイの果物や菓子類を揃えてみた。

上／タイ料理における甘味類もまた数知れないほど存在し、常に進化している。
下／タイのスイーツにはイモ類やコーンなどがあり野菜の一部もスイーツになる。

脱水症状寸前で飲む路上の至福は生搾りの「ナム・ソム」

タイは料理もおいしいが、スイーツも充実している。まず注目すべきが、ポンラマーイ（果物）だ。タイの果物はどれもいい。ボクがまずおすすめしたいのは果物そのものではなく、「**ナム・ソム**」、直訳すれば橙色の水、つまりオレンジジュースである。シンプルゆえに奥が深い。

ナム・ソムの飲み方にはコツがいる。おいしく飲むには、間違ってもオレンジジュースと思ってはいけない。普通のオレンジジュースをイメージして飲むと味がまったく違い、あまりの異常さに吐き気さえ覚える。

タイでもレストランなどではオレンジを搾った文字どおりのオレンジジュースが出てくる。一方、路上で売っているナム・ソムはマンダリン・オレンジ、すなわちみかんを搾ったものだ。オレンジと思って飲むとまずく感じるが、最初からみかんジュースだと理解したうえで飲むと、実にみかんらしくておいしく感じるから不思議だ。

みかんのナム・ソムは小売店で既製品も売っている。路上は生搾りで、鮮度も味も違う。この生搾りは「ナム・ソム・ソット」といい、飲むべきは間違いなく路上だ。ただ、クオリティーに波があってアタリ・ハズレがあるのは否めない。路上ではプラスチックの安いボトルに入っている。値段はボトルの大きさからするとやや高めの印象はある。現時点だと小さなタイプで一〇バーツ、大きなもので二〇バーツ以上になる。

タイのマンダリン・オレンジは、皮が緑色の**ソム・キアオワーン**と橙色の**ソム・サーイナムプン**の二種類ある。日本のタチバナに近いらしいがほぼタイ独特の品種だ。キアオワーンは一九世紀か二〇世紀初頭に中国から入ってきた品種とされる。当初はバンコクのチャオプラヤ河西岸のトンブリーにあるバンモット地区で栽培されたことから、ソム・バンモットという別名もある。しかし、一九六七年にこの地域の土壌に海水が入ってしまったことで栽培ができなくなり、今はバンコクの北側、ドンムアン国際空港の先にあるランシットやタンヤブリー辺りで栽培されている。

ナム・ソム・ソットには少し塩が入っている。甘さを引きたてるためだが、個人的にはそれだけでこんなに甘くなるだろうかと疑う。味を加えるのがタイ料理の基本であることを考えると、塩で甘さを引きたてるというのは異例だ。しかも、引きたてられた程度以上の甘さを感じることがあり、砂糖が大量に入っているのではないかと思う。実際、シロップが入っているレシピもあるにはある。ただ、近年はタイ人の健康志向が高まっていること、同時にタイ政府も国民の健康に配慮して認可や税制を変え、砂糖を多量に使用することを抑制してきている。スイーツに限らず、料理の世界でも旨味調味料だけでなく、さまざまな調味料の使用を控えるようにはなった。すべての飲食店がそうしているかどうかはまた別問題だろうけれど。

そんなことを気にしなければ、このジュースはとにかく甘くて冷たくて、炎天下の街をうろついて疲労困憊したときの水分補給と体力回復にはぴったりだ。甘さとほんのり

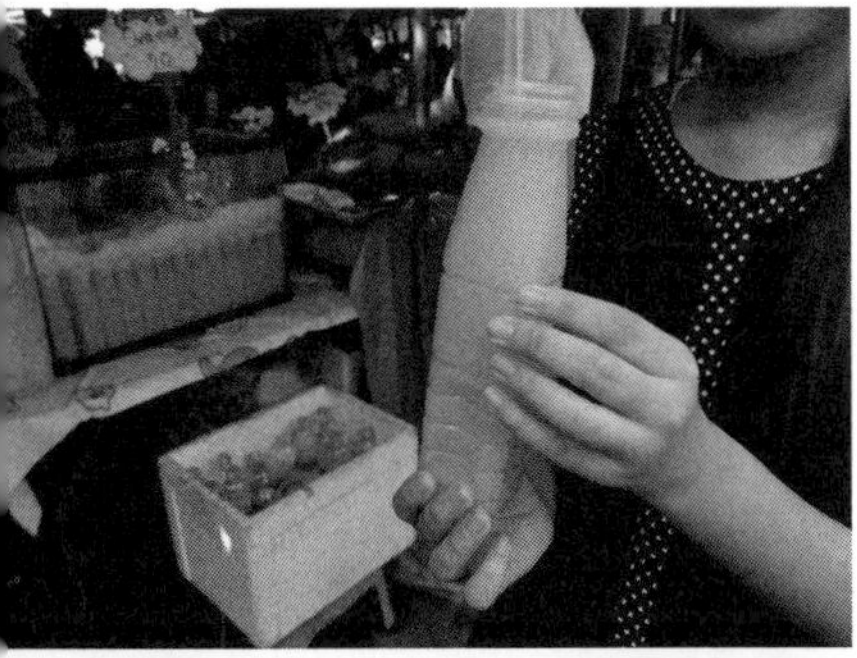

上／タイのナム・ソムは疲れを癒すには最高のドリンクだ。　下／オレンジというよりは見た目でみかんとわかる。

上／市場でも季節になれば大量に出まわり、タイ人も日本人のように普通に実を食べる。　下／ソム・サーイナムプンは日本のみかんと見た目は同じだ。

と感じる酸味が疲れた身体を癒してくれる。大瓶でも一気に飲み干せるくらいおいしい。

▼ほかにもあるおすすめの生搾りジュース

　路上の生搾りジュースはほかにもある。ちなみに、こういった路上で飲む果物ジュースをタイ語では「**ナーム・ポンラマーイ・カン**」という。カンは搾ったジュースを指す。飲食店やちょっとしたスタンドならシェイクもある。といっても、ミルクなどを使った濃厚なものではなく、単に氷と果物を一緒にミキサーにかけただけの飲みものだ。こちらは「**ナーム・ポンラマーイ・パン**」だ。オレンジ・シェイクなら「ナム・ソム・パン」というわけだ。ポンラマーイ・パンがある店には必ずカンもあるので、レストランによってはパンしかメニューに書いてなくてもカンは注文できる。

　ボクがおすすめしたい果物ジュースは「**ナム・ガチアップ**」だ。ちなみに、ナム・ソム、ナム・ガチアップなどの「ナム」は先のナーム・ポンラマーイの「ナーム」と同じだ。水や液体を指す単語で本来は長母音だが、本書においては統一せずに発音しやすい形で記載している。

　さて、**ガチアップ**（正確にはグラジアップ）はローゼルという花のことだ。花を煮出した液体はま

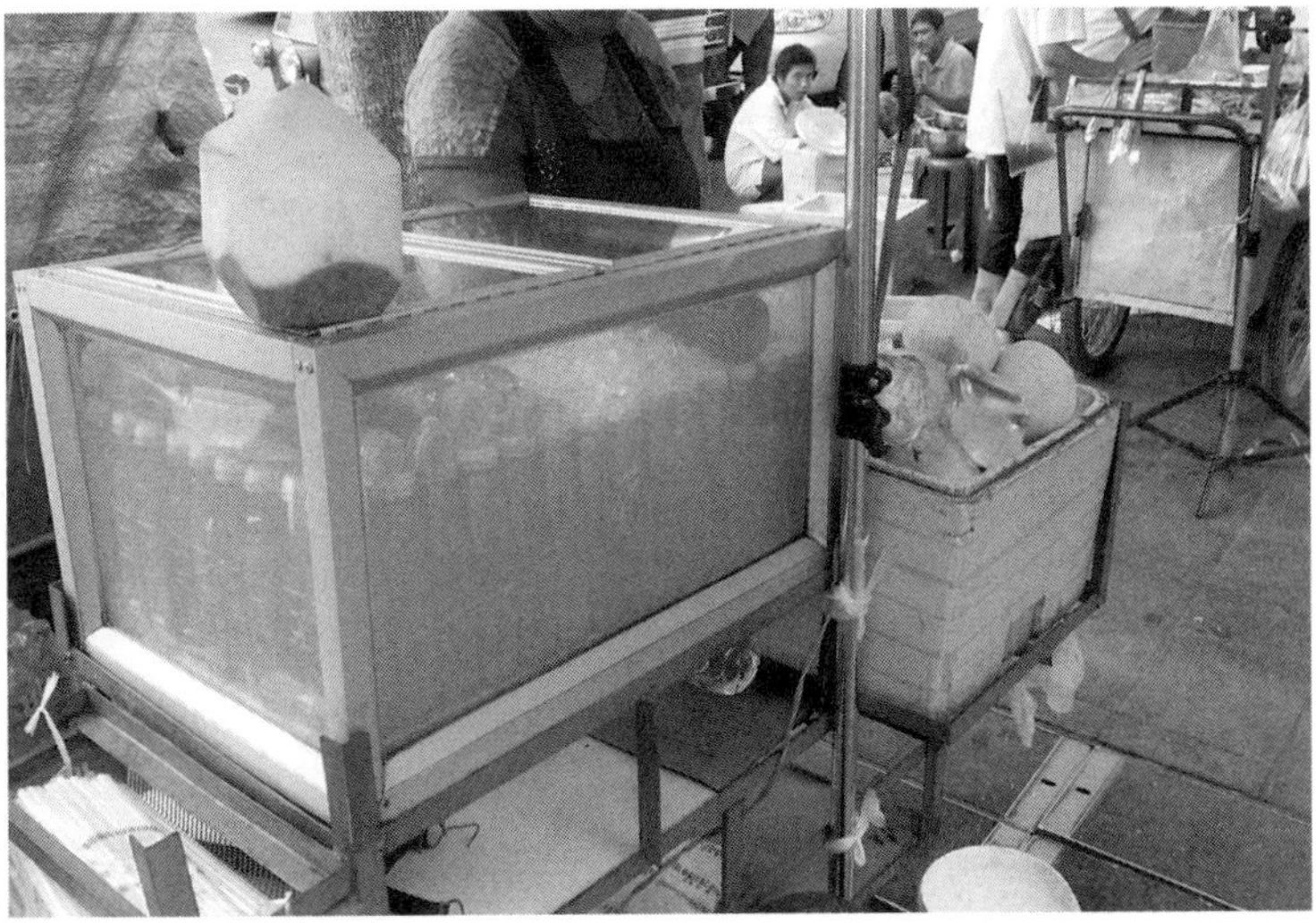

屋台のナム・ソムはオレンジジュースと思って飲むとノドがびっくりする。

るで赤ワインのような美しい色を発する。路上で売っているものはナム・ソム同様にプラスチックボトルに詰められているか、ちゃんとした店だとガラス瓶に入っている。小売スタンドだと巨大なガラスの壺に入っていて、注文すると氷入りのカップなどに注いでくれる。

ボクにとってのナム・ガチアップの魅力は味だけでなく、昭和的な懐かしさにある。子どものころに駄菓子屋で買った「すもも漬け」の赤い汁の味がするのだ。しかし、駄菓子的な色あいとは裏腹に、身体にいい飲みものといわれている。タイ料理にはタイ伝統医学の生薬にもなるサムンプライ（香草）が活用されている。ガチアップにもそういった効能があるとされるのだ。たとえば、風邪やノドの痛み、カリウムが多く利尿作用もあって二日酔いにいいなど、ただおいしいだけの飲みものではない。

ナム・ソムとナム・ガチアップをボクが推すのは、年間とおしてどこでも飲めるからというのもある。タイは四月前後が最も暑い時期で、

サトウキビは搾ったものが大量に残ってしまう難点がある。

たくさんの果物が旬を迎える。農業技術が発達した最近では旬がなくなりつつあるとはいえ、季節にならないとみることのない果物はまだまだたくさんある。その中でこのふたつは、昔からいつでも飲むことができた。

路上販売生搾りジュースにはほかにもサトウキビのジュースの「**ナム・オイ**」などがある。ジュースというと加工や調理した果汁というイメージがあるが、これはナム・ソム同様、ただ搾っただけのタイプになる。かたい茎を潰して汁を搾りだす大きな機械が店の目印だ。ピックアップ・トラックでサトウキビと機械を運んできて、路駐しながら売る業者もいる。サトウキビは大きさのわりに搾れる汁が少ないので、店の脇に捨てられている山盛りのサトウキビのクズをみるたび、ついゴミ問題を心配してしまう。

レストランのメニューでみかけるライムジュース「**ナーム・マナーウ**」もボクは好きだ。さすがにこれはシロップか砂糖が入っている。パンもカンもおすすめで、おしゃれな店ではバイ・サラネー（レモンバームの葉）も入っている。砂糖の甘みでマナーウの酸味がちょうどいい感じに抑えられていて、疲れた身体にしみる、大人にも向いたジュースだ。

生の果実をその場で搾る路上の生搾りジュースは、コンビニエンスストアで買う既製品より高価だが、その価値のあるおいしさだ。ただ、さすがに食事には合わないと思う。タイではご飯片手におかずを食べながら、甘い**クルアンドゥーム・アットロム**（炭酸飲料）などを飲むのはあたりまえだ。トウガラシで辛くなりすぎた口を甘い飲料で中和させるという意味では理にかなっている。初めてタイに来たころは信じられなかったこの食べ方も、長くいると慣れてくる。そんなボクでさえ、ご飯に果物ジュースはまだ難易度が高い。とにかく、タイにはさまざまな生搾りジュースがあるので、みかけたら試しに飲んでみてほしい。

昔ながらのアイスクリームで身体をクールダウン「アイティーム・ガティ」

ボクは酒も飲むし甘いものも好きな、いわゆる両刀である。日本滞在時には喫茶店やファミリーレストランでチョコレート・パフェを食べたくてうずうずするのだが、いい大人の男が注文するのは恥ずかしくて、まだ頼んだことはない。マクドナルドでチョコレート・シェイクを頼むのが精一杯だ。しかし、タイのマックにシェイクがないのはなぜだろう。こんなに暑い国なのだから、米飯メニューなんかよりシェイクのほうが売れると思うのだが。だいたいファストフード店でライス・メニューを頼む人がどれくらいいるというのか。

タイは人の目を気にしない国柄なので、ボクでも気兼ねなく注文できるはずなのに、残念ながらパフェの類いをみかけない。アイスクリームチェーン『スウェンセン』にサンデーはある。しかし、ボクが食べたいのは縦型のパフェなのだ。そもそもタイにはファミリーレストランやパーラー的な喫茶店がほぼない。生クリームが一般化してきたのも二〇一〇年以降だ。

生クリームを使った洋菓子がタイに入ってきたのは、ボクの知る限りでは欧米からではない。和食ブームがきっかけだ。長期滞在する日本人が増えるに従って和食店や日本人向けサービスが入ってきて、日本式の生クリームを使った洋菓子店も登場したのだ。しかし、これはバンコクの話で、都心ならいつでもパフェが食べられる日はそう遠くはないとは思うが、現実的には今でもタイの田舎で売られている安いケーキはバタークリームを使っている。舌が保守的なタイ人は見慣れない菓子を好まないのだ。

　というよりも、**わざわざ見慣れないものを食べる必要がないくらい、伝統的なタイ式スイーツには優れたものがたくさんある。**そんなタイの伝統菓子のひとつとしてまずは「**アイティーム・ガティ**」を挙げたい。

　タイの伝統菓子は多くがココナッツ由来の食材を使う。主にウン・マプラーウ（ココナッツの寒天やゼリー）、ナムマン・マプラーウ（ココナッツ・オイル）、ガティ（ココナッツ・ミルク）、ナムターン・ピープ（ココナッツ・シュガーなど）がある。

　そんなココナッツを使ったスイーツの中でボクも好きなのが、ココナッツ・アイスのアイティーム・ガティだ。最近では「アイスクリーム」という発音が定着し、「アイティーム」と呼ぶタイ人はだいぶ減ったが、かつてはそう呼ばれていた。

　主要材料のガティ（ココナッツ・ミルク）に砂糖とペーング・カオポート（トウモロコシのデンプン）を混ぜて冷やすだけと作り方が簡単で、材料費も安いのが魅力だ。ただ、この昔ながらの製法ではクリーミーなアイスクリームというよりはシャーベットに近いざらざらした食感になる。冷蔵庫も製造機もなかった時代、氷の樽に金属の容器を入れてグルグルと手で回転させながら撹拌してかためていったのだから仕方がない。

　最近の高級タイ料理店のアイティーム・ガティは、まさにアイスクリームのように滑らかでねっとりした舌触りだ。食感は作り方にもよるが、材料をよく混ぜて加熱し、なじませたら冷凍庫に一晩、と簡単に作る。それでも、ちょっとした店でさえ滑らかかアイティーム・ガティができるので、むしろシャーベット系のほうが今は希少かもしれない。

▼庶民的なココナッツ・アイスはみつけ次第買うこと

　こういった庶民的アイティーム・ガティは、バンコクの下町なら三輪自転車などで売り歩く人のお手製で味わえる。カップで一〇バーツくらいと安く、コーンやカップ、気が利いている店だと食パンなども置いている。食パンあるいはコッペパンにアイスクリームを挟んで食べるのもまたタイの昔ながらというところだ。初めてみたときは衝撃だったが、自宅でも既製品のアイスを挟めばよく、それだけでタイらしさを感じて意外といい。

　道端でのクールダウンにちょうどいい昔ながらのアイティーム・ガティは銀色のタンクに入れられている。このタンク自体が昔ながらの仕組みで、まるで理科の実験のような原理でアイティーム・ガティが保持されている。中身は二重構造になっていて、外側のタンクには濃い食塩水と氷が、内側のタンクにアイティーム・ガティが入っている。食塩水によってより温度が下がり、それで保冷している状態だ。

　この原理を利用した冷たい菓子は昔の日本にもあった。それが今もタイに残っている。タイ式アイスキャンディーで、今だと、たとえばチャトチャック・ウィークエンドマーケットなど

上／こういうのはおしゃれなので、アイティームというよりアイスクリームと呼びたい。　下／ココナッツの殻にアイティーム・ガティを載せてくれたバージョン。

でみかける。このタイ式アイスキャンディーは「**アイティーム・ロート**」と呼ばれ、主原料に果物ジュース、かき氷のシロップやコーラなどを使う。アイティーム・ロートの装置はハチの巣のように穴が開いたふたのついた深いタライになっている。そして**ロート**（筒）に液体を入れて割りばしや串を立て、筒ごと先の穴に挿しこむ。タライの中には氷と食塩水が入っていて、ガラガラと穴が開いたふたをまわすことで筒の液体が凍る。

アイスキャンディーはそのまま食べる。一方のアイティーム・ガティはトッピングが自由自在だ。ドライフルーツやスイート・コーン、コーンフレークやチョコレートなどさまざまなものが用意されていて、自分の好みにできる。小さい店だと練乳やエバミルクしかないが、もともとなにもかけなくても十分においしいアイスである。

ボクは「**サーリム**」が入ったアイティーム・ガティが特に気に入っている。サーリムはアユタヤ王朝時代から続くタイ伝統菓子のひとつだ。米粉や春雨を作るリョクトウの粉、片栗粉などを温めたアルカリ性の水（ラーメン麺を作るかん水のような液体）に混ぜ、ストローや管の穴からその液体を冷水に流しこむ。常温ではゼリー状で、さまざまな色がある。一見、合成着色料にまみれていそうだが、緑色はバイ・トーイ（パンダナス）、赤い色は豆類など天然材料で着色されるので、伝統的製法を守るメーカーであれば案外ちゃんとしている。

サーリムに似たゼリー菓子に「**ロートチョン**」がある。これは東南アジア全般にあって、インドネシアやマレーシアではチェンドル、ベトナムではバインロットと呼ばれる。作り方や材料はサーリムと同じだ。ロートはストローや管を意味し、その管や穴をとおして作るので、タイではロートチョンという名前になった。店によっては太いというか、ずんぐりむっくりな芋虫のような形状をしていることもある。一説ではロートチョンは緑色のものだけを指し、ほかの色はサーリムだともいう。また、

上／アイティーム・ロート。筒にジュースを入れてガラガラまわせば中が凍る仕組みだ。
下／ココナッツ・ミルクに入ったロートチョンは集合体恐怖症には気持ち悪いかも。

サーリムはロートチョンよりも細いというのが定義ともされる。

ロートチョンはマレーシア経由で入ってきたことから、「ロートチョン・シンガポール」とも呼ばれる。伝わったのは一九六一年といわれ、意外と新しい。そうだとすると、サーリムのほうが歴史は長いことになるが、現時点の通説では、アユタヤ末期、現在のタイ南部へのアユタヤ軍遠征時に捕らえられたジャワ系、マレー系の現地住民がアユタヤ民に教えたのがロートチョンで、その後タイ国内で独自に発達したのがサーリムということになっている。

アイティーム・ガティにはサーリムやロートチョンが、トッピングではなく中に混ぜられていることもある。それがボクは好きだ。カリカリに凍っているのでポリポリとした歯応えがよいアクセントになる。地域開発でなくなってしまったが、雑居型商業施設のMBK（マーブンクローンセンター）とその隣の国立競技場の裏手に、二〇〇〇年初頭はバンコクの若者に人気の有名食堂や屋台がひしめいていた。そのひとつにアイティーム・ガティの超人気店もあって、それにはサーリムが入っていた。

残念ながらアイティーム・ガティにそれらが混ざっていることが最近は少ない気がする。それどころか、歩いてアイティーム・ガティを売る人も減った。もしタイで彼らをみかけたら、わりとレアな経験なのですぐに声をかけ、古ぼけたアイティーム・ガティを体験してみるべきだ。

アユタヤ名物のムスリム・スイーツ「ローティー・サーイマイ」

ローティーは第5章で紹介したように、南部では主食として食べられているが、バンコクなどの都市部や外国人観光客の多いエリアではスイーツとして親しまれている。

スイーツとしてのローティーはいわゆるクレープだ。生地の作り方は小麦粉に水、塩、たまご、マーガリンを混ぜてこねる。生地はゴルフボール大に分けておき、注文が入ったら生地をまわしながら遠心力で平たくし、調理台に広げていく。これを油とマーガリンを大量に溶かした平べったい鉄板で焼く、というか揚げるというか。タイでは値段の問題か、屋台だとバターの代わりにマーガリンを使っているところが多い。種類はいろいろあって、バナナを包んだだけのもの、その上からコンデンスミルクやチョコレートソース、さらに砂糖をかけるタイプ、なにも包まずに練乳をかけるなどがある。たまごをトッピングするとかすかな硫黄の香りがアクセントになって意外とおいしい。できあがったローティーは四角く切り分けて紙皿に載せてくれるか、丸めて紙に包んでくれる。いずれも手がベタベタになるので食べにくいのだが、不思議と無性に食べたくなるときがある。

▼アユタヤ以外ではなかなかお目にかかれないスイーツ

アユタヤの伝統菓子「**ローティー・サーイマイ**」は地域色の強い、異色のスイーツ系ローティーだ。全土で知られてはいるが、アユタヤ以外でみかけることはあまりないので、アユタヤ土産の定番だ。アユタヤの旧市街南側にあるウートーン通りに店が集中している。木の幹に仏像の頭が埋まっていることで有名な寺院ワット・マハータートの前の道をチャオプラヤ河に向かっていくとつきあたる道路がウートーン通りだ。ここにローティー・サーイマイの、特に有名店がずらりと並ぶ。

アユタヤにローティー・サーイマイが多いのは、大昔に移住したイスラム教徒が持ちこんだからとされる。タイのムスリムは南部出身のイメージだが、アユタヤにもムスリムの集落はある。南部は中東からダイレクトにイスラム教が伝わったため、敬虔で思考が過激な傾向にあるとされる。他方、バンコクやアユタヤのムスリムの先祖はインド、ミャンマー、カンボジア、中国方面を経由してきたので、宗派と気質が違う。

ローティー・サーイマイもまた南部とは違う系統のムスリムが持ちこんだ菓子である。地元民はロ

上／スイーツとしての普通のローティーは特に観光地でよくみる。　下／ローティー・サーイマイはセットで買って、自分で巻いて食べる。アユタヤのワンセットの量はものすごく多い。

ーティー・サーイマイをアユタヤに伝えたのはインド系ムスリムと考えていて、アユタヤの菓子店に訊くと「ローティー・サーイマイはムスリム料理というよりはインド料理」と答える。諸説あって人によって違うのだが、ボクの取材ではインド料理という人が多かったので、そう信じたい。

ローティー・サーイマイの生地は円形で、乾いているタイプだけれども食感は半生だ。普通のローティーがイスラム式クレープといった感じなのに対し、生地自体にゴマや色が練りこまれていることはあっても、焼きながらなにかを載せたりはしない。なにも載っていない、プレーンな生地十枚ほどが後述の砂糖菓子とセットで売っている。

伝来初期の**ペーング・ローティー**と呼ばれるこの生地はもっと厚かったようだ。その後、アユタヤに住む中華系タイ人女性ナパポーン・ナンタスックガセームさん（当時十三歳）が本場に作り方を学びに留学したものの資金不足で生地の技術まで習得できず、帰国後、ポーピア（春巻き）の皮を代用したところ、それが定着したのだという。

最近はバンコクの屋台などでもローティー・サーイマイをみかけるようになってきたが、どこも生地は小さい。

諸説あって伝来の顛末はよくわかっていないものの、少なくともウートーン通りに店が集中している事情は判明している。これは一九四六年生まれのバン・ピアがはじめたからという。ちなみに、アユタヤのローティー・サーイマイの店は店名の頭に「バン」とつくことが多い。これはタイ語のピー・チャーイを意味する。年上の人を指す言葉で、特に兄や伯父など男性の名前の前につけるイスラム教徒の言葉になる。多民族国家のタイでは目上・目下の呼び方から出自や年齢的立ち位置がわかる。イスラム系が経営するローティー・サーイマイ店は男性の名前が冠されていることが多いが、一部に女性店主の店もあり、そこでは母を意味するメーがついている。

バン・ピアもピアおじさんといったニュアンスで、本名はサーレム・センアルンさんという。彼は農家の生まれで、幼少のころからタイ各地でパリパリの状態に焼くローティーを売っていた。もしかしたらローティーではなく、別項で紹介するタイ・クレープかもしれない。そして、砂糖と生地を混ぜる仕込みを毎日していたところ、ローティー・サーイマイの砂糖菓子の作り方を自己流で確立することができ、アユタヤに帰郷して自転車で売って歩いた。その際にコインを使ったゲームで客を楽しませて人気になる。その後、一九七七年に結婚を機にウートーン通りでローティー・サーイマイの店を持った。当初は親戚らと店をはじめ、そのうち周囲のムスリムたちも彼らのやり方をまねてはじめ、タイ全土でこの菓子が知られるようになった。

最近はバン・ピアこそがローティー・サーイマイを発明した本人ともいわれるようになっている。このスイーツの歴史もより混沌となって、結局ほかの料理と同じように、由来が「諸説」になっていく途中にある。

▼美しい名前なのに凶暴な甘さの砂糖菓子

ローティー・サーイマイで最も重要なのが、細い糸状の砂糖菓子「**サーイマイ**」だ。生地のローティーと砂糖菓子のサーイマイがセットで初めてこのスイーツが完成する。砂糖菓子は日本にもある綿菓子のようなイメージではあるが、髪の毛のような形状と質感だ。食感もそう簡単に口で溶けないようなゴリゴリしたかたさがあって、針のように口内を刺すくらい断面は尖っている。しかも、甘いものが苦手な人にはきついくらい、砂糖のアクの強めな甘さがある。それなのに、サーイは糸、マーイはシルクを意味するので、ローティー・サーイマイは絹糸のローティーという、食感とは真逆のなかなか美しい名前を持つ。

　生地と砂糖菓子は色がついているものがある。緑色はバイ・トーイ（パンダナス）による天然色だ。最近では赤とか黒、青まであり、日本人的には食欲をそそらない。ただ、基本的には合成着色料ではなく、サムンプライや炭、黒ゴマ、花から抽出した天然色素を使用しているらしい。

　ローティー・サーイマイの食べ方はシンプルだ。生地に適量の砂糖菓子を載せ、くるくると巻いてかぶりつくだけである。販売時には生地と砂糖菓子が別々の袋に入っているもののセットで、砂糖菓子の量によって大中小がある。いずれも生地よりも砂糖菓子のほうが多く入っているので、ケチケチせずにたくさん載せて、ぴっちり巻くと食べやすい。ゴリゴリした砂糖菓子のワイルドさと、しっとりした生地のやさしさのバランスが絶妙だ。

サーイマイは多めに巻くとザクザクした食感でおいしく感じる。

▼ローティー・サーイマイは重労働
　生地はしっとり半生なので賞味期限が短い。土産にするなら距離的にバンコクが限界で、日本に持ち帰ることは難しい。ローティー・サーイマイはアユタヤでしか楽しめない伝統菓子なのである。最近こそようやくバンコクでもたまにみかけるようになったが、アユタヤ以外にはあまりない。他県の珍しい名物などはバンコクの物産展でみかけるのに、なぜローティー・サーイマイだけはバンコクにすら店がほとんどないのか。数軒の店主に話を聞く中で、事情がみえてきた。

理由のひとつは、この菓子の肝である砂糖菓子の作り方が難しいことだ。小麦粉を食用油に入れて火を入れながら練りこむ。そこに砂糖や水を投入し、水あめを作る。問題はできあがった水あめを髪の毛のように細く延ばしていく作業だ。中華料理店の手打ちそばのようなやり方で、手で延ばす必要がある。まず棒状にした水あめの両端をつけて輪にする。それを延ばす。八の字にして両端を持ち、延ばす。これの繰りかえしだ。そうすれば二本、四本、八本、十六本、三十二本……と倍々に増えていき、最後は数万本の細い糸になる。

インドの菓子ソアン・パプディの作り方もこれに似ている。砂糖と小麦粉の生地をやはり八の字の輪にしながら延ばす。中国の砂糖菓子ロンシュータン（龍鬚糖）、日本では龍のひげ飴と呼ばれるものも延ばし方は同じだ。これはもともとムスリムの多い新疆ウイグル自治区の名産品だったらしい。龍のひげ飴の砂糖菓子の見た目はそれこそシルクのような美しさだし、ムスリム地域の名産となれば、ローティー・サーイマイとなにかしらの関係があるかもしれない。

ただ、これらインドと中国の菓子は砂糖菓子そのものを食べ、生地で包むものではない。そう考えると、先の十三歳の少女はいったいどこに料理留学し、なにを学んできたのか、やや謎である。おそらく中国だとは思う。しかし、彼女がどこに留学したのかが、実はよくわかっていない。

日本でみかける龍のひげ飴もまた力仕事ではあるものの、サイズは小さい。一方、調理中のサーイマイは手延べ中華麵かのごとく、かなり大きい。小麦粉だけの生地ならやわらかくて延ばしやすいが、水あめはやわらかいうちは熱いし、冷えるとかたくなる。要するにこの作業は力仕事で、大きな調理台も必要になる。これこそがローティー・サーイマイがバンコクに進出できない理由のひとつなのではないか。作業場を確保するために大規模な設備投資が必要で、毎日一定数の来客がすでに見込めるアユタヤと違って、いきなりはじめるバンコクでそこまで売れるのかというリスクが大きい。

ローティー・サーイマイは生地の作り方も変わっている。洋風のクレープのようにヘラで生地を薄く広げるのかと思いきや、独特な手法で焼いているのだ。表面がしっとりと濡れた粘度の高い生地をボールに入れ、鉄板の前に座ってあんパンほどの大きさだけ手ですくい、ベタッと鉄板に置いて、グリグリ押しつけたら塊を持ちあげる。すると、鉄板に触れていた面だけ、もんじゃ焼きの焦げせんべいのように生地が残る。焼けたら引きあげる。その繰りかえしだ。生地を焼く作業もそう簡単ではない。小セットでも生地十枚とすると、アユタヤくらいの数を売るなら、少人数の焼き手では間にあわない。地価の高いバンコクでは焼き場と砂糖菓子のスペースを確保するだけでも大変だ。結局、ローティー・サーイマイは場所の確保と来客数が見込めるアユタヤだから作れる菓子なのである。

シンプルな甘みで暑いタイにぴったりの天然ゼリー「チャオグワイ」

スイーツもできれば身体に効果的なほうがいい。生クリームは疲れが癒されるくらいで、食べすぎればただ太るだけだ。**タイ伝統菓子なら脂肪分が少ないものが多く、食べすぎなければ洋菓子ほどの健康管理は不要**だ。

その中でおすすめは素材も安心のゼリー「**チャオグワイ**」だ。真っ黒な、あるいは茶色いこのゼリーは仙草という中国伝統医学で漢方の生薬としても利用される植物からできている。仙草の葉や茎を水や炭酸カリウム、ペーング・マン（片栗粉）と煮だすと黒いゼリーができあがる。これをひと口サイズ――ほとんどの店（あるいはメーカー）が四角く切って、黒蜜や砂糖のシロップに浮かべて食べる。チャオグワイそのものを冷やすか、シロップに氷を入れるのでヒンヤリとしているが、作り方によっては植物臭さというか、薬草のニオイが残るので苦手な人もいる。

チャオグワイも中華系移民がもたらしたものだ。仙草ゼリーは中国でも一般的なスイーツで、福建

上／チャオグワイは作る人やメーカーで食感や味が違うので奥深い。　下／マンゴーとチャオグワイの珍しいスイーツ。

語では「草粿」と書く。その読みがチョウグオーとのことで、これがタイ語訛りになった。仙草ゼリーは広東省でも好まれ、広東省にはタイ料理に多大な影響を与える潮州市も含まれる。潮州料理も潮州語も福建のものに似ているので、福建系か潮州系の移民がタイに伝えたとされる。

ボクの記憶では、チャオグワイは屋台ではあまりみかけない気がする。氷入りのシロップ、店によってはミルク、ミルクティーに入れる。難しい調理ではないが、屋台では氷を確保しておくことが大変だからだろうか。一方、タイスキの店など源流が中国にあるような食堂やレストランなら食後のデザート用にだいたいある。また、カップ入りのチャオグワイはコンビニでも買える。

スーパーにチャオグワイだけのパックもある。チャオグワイは仙草を数時間も煮込むので、ゼリーを作るのは容易ではない。そのため、飲食店は自家製でなく、どこかのメーカーから購入していることがほとんどだ。多数のブランドがあり、味に差がある。薬草のニオイ、弾力が味わいに強く影響する。ボク個人は弾力が強く、多少薬草の匂いがするほうが好きだ。弾力があるとそれこそモチモチとした力強さがある。

チャオグワイはシンプルゆえに価格帯も安いので食後のデザートに最適だ。中華料理のデザートは胃がすっきりするようなものが多いのと同じで、このチャオグワイも満腹でも別腹で入る。もともと中国では生薬だったので薬効もある。主に解熱や解毒、暑気あたりの予防などに効くとされる。要するに身体を冷やす効果があるということで、天然素材でできていて安く、かつ暑いタイにぴったりのスイーツなのだ。

酒飲みにはご法度!?　果物の王様トゥリアン

この世には理解しがたい食べものがある。一方、この世に無意味な食物もない。それを必要とする人にはおいしいわけで、たとえば日本のくさや、なれずし、欧米では発酵臭の強いチーズなどがそれにあたる。タイでも魚を発酵させた汁のプラーラーもあるし、季節によっては**トゥリアン**、つまりドリアンもそのひとつになる。日本では果物の王様とも呼ばれ、日本に輸入されるドリアンのほぼすべてがタイ産なのだとか。

ドリアンは日本では珍重される一方で、その臭いの強烈さから好んで食べる人は少ないのではないか。タイの土産物店で売られているドリアン・チップスやドリアンのゼリー（あるいはグミ）などは、日本人から罰ゲーム土産といわれるほどだ。

他方、タイ人にとってトゥリアンはもっと身近な果物だ。三月から五月のシーズンには農家がバンコクの道端に直接売りにくるほか、スーパーにも並ぶ。一般的な果物に比べ高価だが、女性はわざわざ並んででも買う人もいる。レストランでもこの時期にはドリアンを使った季節限定メニューを考案しているところがみられる。

とはいえ、タイ人にはドリアンが臭くないのかというとそうでもない。嫌いな人だっている。ドリ

タイでもドリアンは高級果物とはいえ、日本よりはずっと安い。

アンのニオイはたくさんの成分が混じっていることが要因で、特に悪臭と感じる主要成分は硫黄化合物だという研究結果が出ている。タイ人でドリアンを好まない人はニオイが室内にこもることをとにかく嫌がり、バンコクの地下鉄駅の入口には明確にドリアンの持ちこみを禁じる看板が立っているし、持ちこみ禁止の航空機やホテルも多い。それでもドリアン人気は衰えない。

ドリアンはタイに限らず東南アジアで広く収穫されている。トゲで覆われた分厚い皮が外観の特徴で、マレー語で「ドリ」はトゲという意味なのだそうだ。果実はクリームのようにねっとりしているため、市場では切り分けた果実をグラシン紙やパラフィン紙などの、いわゆる油紙で包んで渡してくれる。栄養も豊富で、昔は王族が精力増強のために食べていたのだとか。そこから「王様の果物」と呼ばれるようになり、それがいつの間にか入れ替わって「果物の王様」という異名になってしまった。

ドリアンのよし悪しを見分けるのはなかなか難しい。開高健が著書『小説家のメニュー』で、「結局のところはお尻のところの匂いが決め手であるらしい」と書いている。氏が従軍時に一度、自分で選んだドリアンを買ってきたら雇っていたベトナム人女中が怒り、売主に返しにいくエピソードも添えられていた。ドリアンの選び方は難しいのだ。タイでドリアンを買うときは、店員が棒で叩き、音で熟しているかどうかを客と一緒に確認する。未熟なものは音が表面だけを叩いているような浅い感じで、完熟は奥まで響いているような深い音がする。果物業界でも相対的にかなり高価な実をまるまるひとつ買わせるのだから、熟しているかの入念な確認は当然だ。ちなみにスーパーではパック入りのカット果実が売られている。まるごと買うよりは安いが、完熟度を確認できない不安からか、本当のドリアン好きは買わないらしい。

上／チップスのほかビスケット、グミなどもあり、ブランドによっては結構おいしい。　下／丁寧にカットし、油紙にひとつひとつ包んでくれる。

▼ドリアンのあの噂は実はウソ？

開高健は先の著書で、夜釣りに出かけた際、船の舳先《へさき》にドリアンを置くと「ねっとりとした蒸暑さの中に、あの芳烈な香りが馥郁《ふくいく》と立ってきて、ちょうどいい女が裸でへさきに坐っているかのような気分にとらわれたりしたものであ

すでにカットされてパックされたドリアンもあるが、通は好まない。

る」とも書いていた。わかる気もするが、ドリアンの臭いがする女性なんて、ボクは嫌だ。

実をいうと、ボクはドリアンを食べたことがほぼない。おいしいと思わないからだが、もうひとつ大きな理由がある。タイ人のドリアン好き——主にボクの妻と娘なのだが、彼女たちにドリアンを勧められたときの断り文句はいつもこれだ。

「ボクは酒飲みだから、ドリアンはダメだ」

食べものには食べあわせがある。タイでいわれる食べあわせで最もいけないことは、ドリアンとアルコールを同時に摂取することだ。ドリアンの成分とアルコールが胃の中で混ざると急激に発酵し、熱を発しつつガスも発生してしまうからだという。胃が破裂したり、その発熱で身体がおかしくなり、最悪の場合には死にいたるらしい。

ところが、この話、実は科学的にはまったく根拠はないという。しかも、いっているのは日本人だけという話もある。ボクが知る限り、ドリアンとアルコールの同時摂取による死亡例は聞いたことがない。仮に胃の中でガスが出たとしても、食べものがとおるコースは密閉されていないのだから、曖《あい》気《き》などで排出されるはずだ。そもそも、ドリアンの果実に含有される成分にはアルコールも微量ながら入っているので、アルコールとの相性が悪いというのは根拠に乏しく、ただの迷信なのだという。ドリアンを売りにきていた農家の人も「そんな話聞いたこともない」といった。先日会ったあるタイ人女性からは「ドリアンはアルコールだけじゃなくて、コーラでも危険よ。ガスが出て死ぬ」といわれた。そんなばかな。タイの迷信は実にいい加減である。ボクが思うに、単にアルコールとドリアンが合わなくてまずいだけなのではないか。飲みすぎた翌朝は、ただでさえ口臭がキツくなる。そこにドリアン臭が加われば地獄絵図になるから、といったしょうもないことが原因でそういった噂になったのではないか。

ちなみに「ドリアン」はあくまでもひとくくりにした呼び方で、三〇もの品種があり、ニオイの弱いモントーン種もある。ドリアンに挑戦したい方はそういう品種からはじめてみるといい。ただ、モントーン種は日本では非常に高価で、執筆時点で二キロから三キロの実のものが二万円弱もするそうだ。タイではキロあたり一五〇バーツくらい、つまり六百円ほどと、値段の差がありすぎる。まあボクはモントーン種でも遠慮するけれど。

種類豊富なタイのポンラマーイ

常夏のタイでは通年でさまざまな種類のポンラマーイが売られている。

タイではフルーツを食べる機会が多く、この**ポンラマーイ**――つまり果物という単語は頻繁に使う。**移住して二十年以上経つのにいまだ見聞きしたことのない果物があるくらい種類が豊富**だ。最近では、外国からも果物が輸入されるようになった。日本からはサクランボやモモ、ブドウ、リンゴなどが入ってきて、高価ながらタイ人は重宝している。

タイで果物を手に入れるのは簡単だ。市場はもちろん、道端では専門店のほか、農家の人たちが季節の果物を満載したピックアップ・トラックで直売している。昔からガラスケースに車輪がついた手押し車では切り売りもしていて、二〇バーツも出せば十分な量を買える。最近ではチルド棚で果物を扱っているコンビニもあり、より果物の入手先が増えた。

果物はデパートやスーパーにもある。**タイのスーパーマーケットはタイ人、外国人、富裕層など**

タイは果物が豊富で、しかも安価に手に入る魅力がある。

客層や地域性でスタイルや方針が分かれていて、商品ラインナップも違う。都心ほどおしゃれで高級なイメージだ。スーパーは値段が高い分、品質はいい。デパートチェーンのザ・モール・グループ系スーパーであるグルメマーケットで売られている果物はだいたい糖度が高くておいしい。ただし、スーパーの生鮮食品にもまれに波があって、旬だったりなにかの事情によってはローカルの市場のほうが安くておいしいときもある。

ここからは、タイで食べられる一般的な果物を、ボクの個人的な感想やエピソードと共に紹介する。あくまでもボクが食べたことのあるものに限られる。

・テンモー（スイカ）

正確にはテングモーという。日本のスイカと違って、楕円形で実もスカスカだが、通年で食べられ、どこでも安価に買える。大きい玉でも一〇〇バーツ（約四百円）もしない。志村けんの早喰いを観ていたザ・ドリフターズの全員集合世代のボクにとってスイカは高嶺の花で、特に子どものころは半分でも独り占めで食べるのは夢のまた夢であったが、タイでは安価にそれが叶う。

・ケンタループ（メロン）

マスクメロンではなく、タイの名称からもわかるようにカンタロープ種のメロンになる。果肉がかためでオレンジ色が強い。日本のメロンのように瑞々しい甘さとは違い、ウリ科らしい草のニオイが強い。イタリアの生ハムが日本で普及しはじめた当初はメロンとセットになっていたと記憶しているが、その生ハム・メロンには本来このカンタロープ種が一番合うものらしい。

渋谷のタイ料理店でバイトしていたときにこの台車がレジ台に使われていた。

・グルアイ（バナナ）

一説では品種は二百種を超え、世界のバナナのほとんどがタイ国内でみられるともいわ

上／タイのスイカは日本のものよりも実がちょっとスカスカの印象だ。下／「テンモー・パン」（スイカ・シェイク）もまた人気のあるドリンク。

れる。タイでは日本のように黄色く熟したバナナをそのまま食べることが少なく、揚げるなどなにかしら調理して食べる。初めてタイに来たときの夕食でもなにかの料理のつけあわせとしてバナナのフライが出てきた。バナナが揚げられていることに衝撃を受け、なんの料理を食べたのかが記憶に残っていない。

・ファラン（グァバ）

ゴリゴリしていてボクは好きではない。手押し車屋台では切ったものをビニル袋に入れ、砂糖か塩に粉トウガラシあるいは梅の粉などを混ぜた「**プリック・チム**」もついてくる。タイでは果物にもナムチムのようなものがつくことはよくあり、ほかに青いマンゴーには「**ナンプラー・ワーン**」という、ナンプラーやトウガラシ、干しエビなどから作るものが添えられる。甘酸っぱい果物に魚臭いナムチムという不思議なセットだ。

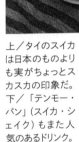

焼いただけのバナナは焼きリンゴのように温かさと酸味が絶妙。

・マラコー（パパイヤ）

ソムタムの青いものと違い完熟で、実は鮮やかなオレンジ色になっている。ニオイにクセが少しあるので、腐臭と感じるか、甘い香りと感じるかは自分次第だ。果物は全般的にそうだが、特にマラコーは常温だとニオイがキツくなるので、よく冷やしたほうが絶対においしい。

・マカーム（タマリンド）

タイ料理界ではメジャーな食材だが、そのまま食べる果物としてはややマイナーだ。果物としてはドライフルーツとして食されることが多く、ジャムやジュースにも使われる。さらに、さまざまな料理やナムチムなどで甘酸っぱさを加えるための食材として利用される。

・チョンプー（ローズアップル）

中身がスカスカのナシのような果物で甘味も強くない。水分が多いので、ノドが渇いているときにはいいかもしれない。あればあるだけ食

上／黄色いバナナをそのまま食べることがタイでは少ない。　中／緑色のバナナはだいたいクッキング・バナナといったところ。　下／ファランはときどきかたい種をかじってしまい、歯が折れたかと思うことがある。

べられる果実でもある。

・リンチー（ライチ）

個人的には生より缶詰のほうが好きだ。タイでシェア率の高いブランド『マーリー』の缶詰は円柱ではなく、側面がカクカクしているうえ、色あいが暗くてかっこよさを感じる。

・マンクット（マンゴスチン）

「果物の女王」とも呼ばれる。通年で果物が並ぶタイにあって、今も季節にならないと出まわらないタイプの果物だ。ムラサキの殻の周囲にナイフなどで浅く線を入れ、ぱっくりと割ると白い粒が現れる。甘酸っぱくて果物らしい味だが、個体によって甘さのばらつきが大きい。個人的にはタイの果物で一番おいしいと思う。

・ンゴ（ランブータン）

日本人には発音が難しい。赤い身のまわりに毛が生えたような変わった外観をしている。初見では巨大なオナモミかと思ってワクワクした。ただ、ボクの頭の中ではどうもこの見た目がライチというネーミングに紐づいてしまっていて、いつも混同してしまう。実際、ライチと同じムクロジ科の植物で、食感と味も非常に似ている。

上／これは塩と乾燥トウガラシを混ぜた「プリック・グルア」。　中／甘いのに魚のニオイがするナンプラー・ワーンの素で、これにエシャロットやトウガラシなどを加えることもある。　下／完熟マラコーはちょっと臭みがあるが、冷やせば気にならない。

上／スーパーで果物は量り売りとパック売りがあるので、値段確認は注意が必要。　中／タマリンドは普通に食べるよりは乾燥させて調味料に使うことが多い。　下／マーリーの缶詰はちょっとダークな色あいでかっこいい。

・ラムヤイ（ロンガン）

皮を剥くとライチやランブータンに酷似している。そう思っていたら、やっぱりこの果物もムクロジ科なのだという。ボクからすると全部同じでいいじゃないかと思うが、タイ人には大切な甘味なので、わずかな違いでもちゃんと分けている。そんなタイ人には、ライチよりもロンガンのほうが好まれるようだ。

・マヨンチット（マプラーン）

色と形から、ボクはずっとビワだと思っていた。よくみるとサイズはビワより大きく、皮にもつやと張りがある。かぶりつくと、味と食感はプラムに似ている。それもそのはず、英語名はマンゴー・

プラムという。タイ人は皮ごと食べるが皮はかなり酸っぱいので、ボクは剥いたほうがいいと思う。イチゴのように先端が甘く、葉がついているほうが酸っぱい。この果物も三月からの暑い時期に一斉に店頭に並ぶ。

・ゲーウ・マンゴーン（ドラゴンフルーツ）

タイ語名の意味が「ドラゴンの瞳」なのか「ドラゴンのグラス」なのか、タイ人にすらわからない。一九九八年ごろに香港商人によってベトナムからタイに入ってきた果物で、バンコクの次に日本人居住者が多いタイ東部シーラチャー辺りで栽培がはじまった。最初はベトナムでの名称と同じタンローンで出まわったが、ドラゴンフルーツの呼称が世界的に定着し、タイでも当初はルーク・マンゴー

上／マンゴスチンは割ってみると宝石のように美しい白さがみられる。　中／ンゴは毛が生えたような風貌に、最初は巨大オナモミが売っているのかと思った。　下／マプラーンは一見ビワにみえるが、味や食感はプラムに似ていると思う。

上／ラムヤイは大量に買って帰るイメージがある。中／ドラゴンフルーツの外観は毒々しい色あいだが、中身はキウイに似ている。　下／ドラゴンフルーツの中身は白と紫っぽい紅色のものがある。

ン（ドラゴンの実）と呼ばれた。その後二〇〇三年にスラポン・ゴーシヤジンダー博士がポン・ゲーウ・マンゴーン（ゲーウ・マンゴーンの実）とあらためて命名したのに、書籍には誤ってゲーウ・マンゴーンとしか書かなかったことで、そっちが定着したといわれる。外側は鮮やかなピンク色で、中は白く（中が紫色っぽいものもある）、小さな黒い種が散らばっている。味と食感はキウイにかなり似ている。甘さはキウイほどではないが。

昭和の香りがするジャムサンド「カノムパン・サイ・サッパロット」

ボクは東京都荒川区生まれの足立区育ちだ。二〇二一年のある日、北千住の居酒屋で飲んでいた中学時代の同級生が、足立区区長を目指してＳＮＳでファンを集めると語りだした。彼が区内の隅々まで自転車で周って観察している生粋の足立区ファンであることは認める。しかし当時のフォロワーは十数人程度で、ボクは生暖かい眼差しで足立区愛あふれる彼の演説を聞いていた。

そんな彼が、足立区が誇る菓子として『りんごジャムサンド』をくれた。ビスケットでリンゴジャムを挟んだだけのシンプルな菓子だ。作っているのは足立区西新井にある小さな工場の三祐製菓だ。七十年以上も前から同じ製法で、しかもジャムは今でも社長自ら手がけているという。パサパサした昭和らしいビスケットに、ねっとりしたジャムがよく合う。

りんごジャムサンドを食べながら、「タイでも食べたな、これ」とハッとした。タイにも「**カノムパン・サイ・サッパロット**」というパイナップルジャムを挟んだビスケットがあるのだ。昭和の香りが瓜ふたつである。構造からサイズ感、食感までそっくりそのままだ。違いといえば、ジャムの果物とビスケットの質くらい。まあ、それが一番重要ともいえるが。

タイのジャムサンドのビスケットはちゃちだし、ジャムもかたいがクセになるおいしさがある。

カノムパン・サイ・サッパロットのビスケットは三祐製菓製ほどサクサクしておらず、ジャムも噛めば銀歯がとれそうなほどネバネバしているのだが、一度食べはじめると止まらないほどクセになるところは同じだ。スーパーや昔ながらの商店で売られていて、一斗缶に入っていることもある。タイの菓子というとココナッツ・ミルク味のものが多いが、こうした駄菓子のようなタイプもあるにはあるのだ。

ちなみにタイでは**サッパロット**（パイナップル）もまたとてつもなくありふれた果物だ。ボクが小さいころはパイナップルといえばまだ缶詰で食べることが多かったが、逆にタイでは缶詰を手にすることがまずない。それくらい、生のパイナップルが身近で安価、味もおいしいというコスパのよさを備える。

パイナップルは日本とほとんど同じ味や甘さだ。

ちょっと話が変わる。北部のナコンサワン県に「**モジ**」という菓子がある。名前の由来は日本語の餅とみられるが、どうみてもまったくの別物だ。日本の餅や団子はもち米そのものやもち米の粉、白玉粉から作られる。タイにも白玉粉に相当する**ペーング・カオニヤオ**（もち米の粉）もあるものの、ナコンサワンのモジはそもそも小麦粉製である。小麦粉に練乳やバターなどを入れて練った生地に、カイ・ケム（塩漬けのたまご）や豆からできた餡、現在においてはチョコレートなどさまざまなものが包まれている。

モジはとりあえずナコンサワンの名物とされているが、いろいろな場所で売られている。長距離バスが立ちよるドライブインでよくみた気がする。タイには運輸省が認めた業者が運用する長距離バス交通網がある。業者は収益アップのため休憩所を用意し、トイレ休憩のついでに土産物を買わせる。食堂やコンビニが併設された大規模な休憩所もある。日本の昭和的な、廃れた温泉街のような風情があって、長距離バス旅行の楽しみのひとつだ。モジをみかけたのはそんな休憩所の売店だ。しかも、北部からの帰りや南部からの帰りなどで、必ずしもナコンサワンと関係があるとは限らない場所だ。

材料からすれば、モジは餅よりも日本の饅頭のほうが近い菓子だ。餅というにはモジはカッチカチにかたく、ひと口サイズが基本なのに、一瞬で口内の水分を持っていかれるほどボソボソしていた。そんな代物がなぜ日本の餅を名乗るのか。だいぶ前に、北部を取材する日本人のベテランライターから「戦時中に中国からシンガポール方面に南進していた日本兵が伝えた菓子だから」と聞いたが、定かではない。

　タイのメディアによれば、原型はどうも餅でも饅頭でもない。ナコンサワン県人たちが自分たちだけの「特別な食べもの」だと思って食べてきたものがほかの地域でも作られるようになったのをみて、「うちの県のものはほかとは違う！」と差別化するため、自治体公認でモジ（餅）と名乗りはじめたのだとか。オリジナルの商品名を普通なら考案するだろうが、わりと最近まで海賊版のＤＶＤなどがあったタイなので、そのころはまだなんの罪悪感もなく既存のものをパクるという行為は通常営業だったというのもあろう。

　ちなみに、その「特別な食べもの」とはパンだ。おそらくあんパンなどで、大して珍しくもないものだったのに、それを知らなかったのではないか。これはある意味タイ人の幸福度が高いことの証明でもあって、他者と比較しないので自分が一番だとずっと信じていられ、自己肯定感が高くなる。他方、現実を突きつけられるとショックを受けやすい。タイ人はマイナスなショックに耐性がなく、ひどいときは突発的に自殺するし、通常では現実逃避する。この場合でも逃避行為としてほかにはない名前をつけてプライドを守ったわけだ。その際、タイスキのようにあんパンもしくは饅頭と餅を間違えた可能性もある。

　結局のところ、モジは日本とは無関係ということになる。命名した人は日本にあやかったつもりかもしれないし。いや、これはあくまで邪推で、実は偶然、餅とかぶってしまった可能性も捨てきれない。いずれにせよ、これだけ知られた菓子でさえそんな状況なのだから、足立区のりんごジャムサンドとカノムパン・サイ・サッパロットにもおそらくつながりはないのだろう。

　実は三祐製菓の社長に、足立区長を目指す同級生を介して簡単に質問している。社長の認識では、りんごジャムサンドは戦後、先代社長がビスケットにジャムを挟んだのがはじまりであり、先代含めた関係者がタイ人に伝授したことはないという。歴史ある菓子で社歴も長いので、そのころの従業員はほとんどが他界されているため、それ以上のことは確認できないとのことだった。

足立区育ちのボクとしては、かつて西新井を訪れたタイ人がこのジャムサンドに惹かれてオマージュ的に作ったというストーリーがあってほしかった。ただ、日本の菓子業界全体では、タイや台湾などで模倣品が各地で出まわり、日本に安価で逆上陸するという問題も起きているそうで、小さな伝統的な菓子製造者には大きな悩みである。

観光客が一度は手を出すココナッツ・ジュースのナーム・マプラーウ

「南国」と聞いてまず思い浮かべるのは海だ。白い砂浜に透明度抜群の青い海が広がるビーチには、やはりヤシの木が映える。しま模様をした細い幹の上に、手を広げたような緑色の葉、そしてヤシの実がいくつかある。理想的な南国の風景だ。

そんなヤシの実に穴を開け、ストローで直接ココナッツ・ジュースを飲む。南国を旅行したら一度はやってみたいことだ。タイでももちろん体験できる。バンコクの道端でも売っていて、値段もせいぜい数十バーツと安価だ。どれほどの外国人観光客が屋台やレストランでこのココナッツ・ジュースとも呼ばれる**ナーム・マプラーウ**を飲んだことだろう。

ボクも例に漏れず、初めてタイに来たときにヤシの実を売る屋台に出会い、迷うことなくひとつ買った。子どものころ流行ったナタ・デ・ココの印象から、ヤシの実を丸ごと食べてみたいと思っていたのだ。実の上部をナタで器用に叩いて穴を開け、ストローを入れて渡してくれる。どきどきしながらひと口飲んでみると、甘くもなければ青臭いだけの水だった。もっと爽快で、ココナッツ・ミルクのような濃厚な味わいをイメージしていたのに全然違う。あまりのショックに、ボクは店主のみえないところでヤシの実を捨てた。

それ以来ナーム・マプラーウには手を出していない。しかし、一方では毎日のようにヤシに関連したなにかを食べている。ヤシはまるでナンプラーやサムンプライのように、タイ料理やタイのスイーツに欠かせないものなのだ。

ココナッツの実から直接飲めるのは南国ならではである。

▼身近ゆえにいろいろ細かいココナッツ

ココの実は若い順にマプラーウ・オーン、マプラーウ・トゥントゥック、マプラーウ・ガティ、マプラーウ・ハーウの四つの段階に分かれる。熟成段階で用途が変わると理解していればいい。マプラーウ・オーンは緑色の未熟な実である。そのまま、あるいは緑色の皮を剥いて白い殻状態のものが店頭に並ぶ。緑色の皮が取りのぞかれて露になる白い部分は実ではなく、繊維質の殻だ。その繊維の中にさらにかたい殻がある。ここがココの種子であり、この中身こそがココナッツの可食部分に相当する。

この種子の内側には胚乳と呼ばれる白い果肉があり、その中は液体で満たされている。実はこの液体も胚乳の一部だ。果肉にみえるのは固形胚乳、液体部分は液状胚乳と呼ばれる。マプラーウ・オーンの液状胚乳がナーム・マプラーウとして飲まれたり、スイーツや料理にも利用される。ちなみに、完全に熟したマプラーウ・ハーウでは液状胚乳はほとんどなくなっている。

器用に殻を叩き、穴を開けてくれる。

固形胚乳の使い道は液状胚乳よりも多い。たとえば**ガティ**あるいはナーム・ガティと呼ばれるものはいわゆるココナッツ・ミルクで、ご存じのようにいろいろな料理に使われる。ガティは主にマプラーウ・トゥントゥックもしくは完熟のマプラーウ・ハーウの胚乳が使われる。後者は濃厚すぎて利用される料理が限定されるほどだ。製造方法は、これらの実の胚乳を削り、余分な部分も削いで真っ白な状態になった**マプラーウ・クートカーウ**をぬるま湯でやわらかくして圧搾する。最初に出てきた一番搾りが**フア・ガティ**という濃厚なココナッツ・ミルクだ。そのあとの二番搾り以降はハーング・ガティと呼ばれる。熟成三段階目のマプラーウ・ガティは名前こそココナッツ・ミルクになりそうだが、固形胚乳が熟れているので、そのまま食べることが多いようだ。また、マプラーウ・オーンの固形胚乳はウン・マプラーウ（ココナッツ寒天のようなもの）にされる。先の削いだ白いマプラーウ・クートカーウそのものも菓子類や料理に利用される。

固形胚乳を搾って精製した油が**ナムマン・マプラーウ**だ。圧搾でえられたガティには水分と油分が混じっているので分離させる。加熱せず低温でじっくりと搾りだすコールドプレスという手法で作られる透明なココナッツ・オイルは、世界中の女性から評価されている。料理に使ってもいいし、肌に塗るなどの美容効果も高い。難点は二十五度より温度が下がるとかたまってしまうことだ。タイ土産に買っても飛行機の貨物室が低温なので、日本でカバンを開けると白濁して凝固している。もちろん品質に問題があるわけではなく、かたまるのはむしろ本物のココナッツ・オイルである証拠だ。

ここで注意したいのはココナッツ・オイル、すなわちヤシ油はココヤシであるココナッツの実から搾られているものであるということだ。ココナッツおよびココヤシはタイ語で**マプラーウ**という。これとは別にアブラヤシからとれる油もあって、それはパーム・オイルもしくはパーム油だ。タイ語で**ナムマン・パーム**といい、両者は厳密には違う。

▼奥が深いココナッツ・シュガー

ガティはさまざまなスイーツや料理に使われる。

さらにややこしいのは、マプラーウからとれる砂糖だ。これは**ナムターン・マプラーウ**と呼ばれる。本章のココナッツ・アイスの項で**ナムターン・ピープ**をココナッツ・シュガーとしたが、厳密にはちょっと違う。ナムターン・ピープは形状のことで、ヤシ類からとれる砂糖、サトウキビからとれる砂糖、普通の砂糖を溶かすなどで加工し

ナムターン・プック。ナムターン・ピープを含め、これらは材質ではなく形状を指す。

たものを、商いがしやすいよう一斗缶に入れてかためたものを指す言葉だ。そもそもピープが一斗缶を意味しているのだから。一定の小さなサイズにまとめた砂糖は**ナムターン・プック**と呼ぶ。これは小皿のような小さな容器に入れてかためている。そのため、ナムターン・ピープにはナムターン・マプラーウも含まれる一方で、そうでない砂糖もある。

タイではターウの木（サトウヤシ）、ジャークの木（ニッパヤシ）、インタパラムの木（ナツメヤシ）からヤシ砂糖が作られる。東南アジア全体やインドではより利用されているこれらは英語でパーム・シュガーであって、ココナッツ・シュガーではない。また、タイにおいてはそれぞれの木から抽出できる砂糖に対し、ナムターン・マプラーウのような固有の名称が特にない。というのは、これらはナムターン・ピープやナムターン・プックとして、特にブランド的に名称をつけられずに売られることがほとんどだからだ。

これに関しては、タイ人も多くが誤解、もしくはあいまいに解釈している。ネットで出まわっているレシピではナムターン・プックとナムターン・ピープがごっちゃになっているし、ナムターン・ピープがココナッツ・シュガーを指すことも多々ある。ナムターン・ピープにココナッツ・シュガーも含まれるから間違いともいえないということもあるし、なんだかんだマプラーウ以外で作られたナムターン・ピープがタイにはあまりないからなのだが。

他方でナムターン・ピープに使われるパーム・シュガーに、固有名詞がついたものが一種類だけある。ターンの木（オウギヤシ）由来のパーム・シュガーだ。これだけはパーム・シュガーとひとくくりにはされず、**ナムターン・タノート**と呼ばれる。日本での赤糖に似た、茶色がかった砂糖だ。タイ語で砂糖は「ナムターン」、すなわちナーム・ターン＝ターンの木の樹液であり、茶色を「シー・ナムターン」といい、つまり砂糖の色という直訳になる。いずれもターンの木が由来なのだ。ナムターン・タノートは大昔のタイではよく使われていたようで、タイでパーム・シュガーというとほぼナムターン・タノートを指す。

わけがわからなくなるが、とにかく、レシピに「ナムターン・ピープを用意する」と書かれていたら、ココナッツ・シュガーを買ってくれれば万事うまくいく。

このように**タイにおいてココナッツは食や生活、言葉に深く関係していて、とても重要な存在**である。ただ、ココナッツの木には問題も多い。木の下にいるとまれに実が落ちてきて頭に直撃し、死ぬことがある。また、飼育しているサルにココナッツ採取をさせていることを、欧米の動物愛護団体が虐待だと騒いだりもしている。現場をみていないので虐待があるのか不明だし、エサ代稼ぎをサル自身にさせているともいえるので微妙なところだ。ちなみに、タイの南部では一般世帯でもよくサルが飼われている。取材で泊まらせてもらった一般家庭でも普通にサルを飼っていた。朝起きると、ボクのレンタルバイクに跨っていてどいてくれず、取材に出かけられなくなったことがある。

一瞬タコ焼きかと思うタイの宮殿スイーツ「カノム・クロック」

かつて甘いものは貴重で、限られた人しか口にできなかった。タイは今も昔もずっと王様が統治する王国だ。かつてスイーツを自由に口にできるのは王室に関係する人たちだった。

そんなタイでは、**今でこそ屋台で安く簡単に買える菓子も、実は昔は宮殿に住む人しか食べられな**

上／平べったいタコ焼きのようにみえるカノム・クロック。
下／カノム・クロックはタコ焼き鉄板のようなもので作る。

かったという歴史があるものも少なくない。そのひとつが「**カノム・クロック**」だ。タイに来たことがある人なら一度は目にして気にしたことがあるのではないか。

というのは、カノム・クロックは形状が日本人になじみがある。カノム・クロックはいくつも丸くへこんだ鉄板で焼くからだ。そう、日本のタコ焼きに似ている菓子になる。外はしっかり焼けて、中身が半熟でトロッとしているのもタコ焼きに類似する。違うのは、その鉄板の穴があまり深くないことだ。タコ焼きの半分もない。焼きあがりは平たく、くるくるとまわすことができないから、二枚を重ねることで楕円形になってできあがりとなる。

カノム・クロックは、菓子を意味する「**カノム**」がついていることからもわかるように、スイーツであるのでその味は当然甘い。その点もタコ焼きとは異なる。材料はガティ、砂糖、そして焼いてかためるための小麦粉を入れる。大昔には水にひたしてふやかした米粉を入れたらしいが、今は小麦が主流だ。モン族のカノム・クロックというのもあって、現在はバンコクの北側にあるノンタブリー県はチャオプラヤ河に浮かぶクレット島だけで食べられる。これは、小麦粉を使わずもち米の粉を

上／ふたつを合わせたカノム・クロックは中をみるとイモ類が入っていることもある。　下／カノム・クロックの鉄板で生地を小麦、材料を海鮮にしたクロック・タレーも人気だ。

カノム・クロック・タレーにはクロック・タレー、タレー・クロックという呼び方もある。

混ぜて作るのだとか。

プレーンもあるが、カノム・クロックはたいてい具入りだ。**カオポート**（コーン）、**プアック**（タロイモ）、トンホーム（ワケギ）を刻んだものなどを生地に混ぜる。甘いガティの焼き菓子に野菜を合わせるところがタイらしい。

カノム・クロックのできたては中身がトロトロで、気をつけて食べないとかじった反対側からこぼれ出てくる。こぼさないようにとひと口で頬張ると口の中をやけどするほど熱い。ちょっと冷めたくらいなら問題ないので、できたてではなく、少し経ってから食べればいい話なのだが。

▼女中たちが遊びで考えた変化球的カノム・クロック

カノム・クロックはアユタヤ王朝時代にはすでに人気のスイーツだったという。特に宮殿内で王様に仕える女性たちにヒットしたらしい。そのうち、女中たちの間でカノム・クロックをいかにおいしく改変するかが流行し、プアックを入れたり、エビを載せたりするようになった。

それらをヒントにしたのか、あるいは日本のお好み焼きからきたのか、タイ海鮮料理ホイ・トートが原型なのかわからないが、今になってシーフードを使った「**カノム・クロック・タレー**」なるものが、洒落た市場や観光スポットに登場している。「ホイ・クロック・タレー」とか「タレー・クロック」という名称もあり、どれもエビや貝など海鮮を載せて焼いている、見た目にも豪勢なカノム・クロックだ。これはあくまでスナックでスイーツではないため、生地のベースは通常のカノム・クロックと違い、小麦粉か片栗粉を水に溶いたもので作る。外側がカリカリで、この手があったかと思うほどの逸品になっている。

カノム・クロックに似た伝統スイーツ「**カノム・トゥアイ**」にも触れておきたい。直訳すると器の菓子で、不思議と船の米粉麺であるクイッティアオ・ルアの店でよくみかける。

その名のとおり、醤油皿くらいの小皿にもち米の粉、タピオカかタシロイモのデンプン粉、ココナッツ・シュガーを混ぜたガティを入れて蒸すだけの簡単なスイーツだ。皿を二枚重ねて売るのが基本で、表面はココ

上／トゥアイ（皿）に入っているのでカノム・トゥアイというわかりやすいネーミング。　下／二層になっていることが基本で、だいたい下はサンカヤーというクリーム。

頭部が象になったインドの神ガネーシャはタイではプラ・ピッカネートと呼ばれる。

ナッツの白、下の段に後述するサンカヤーという緑色のタイ・カスタードクリームが入っている。二皿セットなので、注文単位は自ずと偶数になる。タイ式ココナッツのプリンといった風情で、クイッティアオ・ルアやタイ料理で辛くなった口直しにはたしかにちょうどいい。おすすめの伝統ココナッツ・スイーツのひとつだ。

タイの団子で一番人気の「カノム・トム」

タイ仏教は日本の仏教とも、近隣諸国の同じはずの上座部仏教とも異なっている。仏教の伝来以前からある精霊信仰と強く習合したからだ。また、タイにはヒンズー教や、古代インドの宗教ヴェーダ教も伝来している。日本の仏教も、タイと違うとはいえ、インドや中国を発祥としていることから、タイで信仰される神々と本地《ほんち》垂迹《すいじゃく》というか同一の神が多数いる。姿が違ってみえるのは、遠い道のりを経由してきた中で日本的解釈などによって形が変わったからだ。タ

日本の団子にかなり似ているカノム・トム。

イは距離が近いからか、ヒンズーの神などがインドとあまり変わらない姿で崇められている。たとえば日本の大聖歓喜天《だいしょうかんぎてん》も源流とする頭が象の神ガネーシャは、タイでプラ・ピッカネートと呼ばれる。

そのガネーシャの好物がココナッツ団子「**カノム・トム**」だ。原型はインドのモーダカというニンニクのような形をした団子となる。この菓子はヴェーダ教と共にタイに伝わってきたともいわれる。なんと一三世紀初頭から一五世紀中ごろに繁栄していたスコータイ王朝時代にすでに食べられていた記録があるようだ。数ある団子系スイーツの中でも、これほど長い間同じ形で親しまれてきた菓子はほかにないのではないだろうか。これもタイ人が食に保守的であることの裏づけともいえよう。

とはいえ、現実的にカノム・トムはタイ人でなくとも誰もが好む味だと思う。ボク自身もこの菓子が好きで、タイ・スイーツのベスト3に迷わず挙げたい。見た目は小さな団子だ。店によってサイズは違うが、大きいもので親指とひとさし指で作るＯＫサインほどの大きさの団子だ。外側を真っ白くまぶしてあるのは砂糖ではなく、マプラーウ・トゥントゥック（ココナッツの熟成二段階目）の胚乳を**クート**（削る）したものだ。ここでもココナッツが使われるわけだが、それは外側だけではない。

カノム・トムは直訳すると煮た菓子となる。これは製法に由来する。まず作るのは、中に入れる餡からだ。細かく削ったココナッツの固形胚乳とナムターン・マプラーウを焦がさないよう注意しながら水分が完全に飛ぶまで煎る。このときにナム・ソムでもまれにやるように塩を加え、甘さを引きだしていく。次にペーング・カオニヤオ（もち米の粉）を練る。和菓子で団子を作るとき

画像左側の三角形の葉に包まれたものが南部のカオ・トム・マットだ。

に白玉粉を練るのと同じ要領だ。色づけと香りづけもここで行う。緑色にするならバイ・トーイ（パンダナス）の汁、香りにはジャスミンの水などを加える。こうしてできた生地で、先に煎っておいたココナッツの餡を包んだら、ゆでる。湯にも香りづけの材料を入れてもいい。団子が浮きあがってきたら引きあげ、仕上げに削ったココナッツの白い胚乳をまぶす。

香りがよく、塩の効いた餡からほろ苦くて甘い蜜が飛びだしてくる。外側にまぶされたココナッツ胚乳のシャリシャリした歯触りも楽しい。日本の団子同様、作りたてよりは少し置いて味をなじませるのがよいが、時間が経ちすぎても乾いてしまう。多くの屋台が日の出ごろに作りはじめて早朝に市場に立つので、買うなら昼前くらいのタイミングがベストだと思う。

▼同じ名前なのに場所によって違う菓子

カノム・トムは主に中央部での呼び名で、南部では同じ名称が別の菓子を指すから注意したい。フライパンにたっぷりガティを入れてもち米を炊き、水分がなくなるまで炒める。それをヤシの葉、あるいは**バイ・トーン**（バナナの葉）で包み、トークと呼ばれる竹でできた紐でしっかり縛って、蒸す。これが南部のカノム・トムである。包んで蒸すところから別名「ホー・トム」とも呼ばれる。

中央部ではこの南部のものは「**カオ・トム・マット**」、北部では「カオ・トム・パット」と呼ぶ。前者は包んだ粥、後者は炒めた粥という意味あいだが、粥を指すというよりは、もち米をガティで炊く様子がトム（ゆでる）のようだからこう呼ばれているとされる。**マット**は縛るという意味だ。竹などの紐で縛る様子もこの名前の由来になっている。

カオ・トム・マットは南部や中央部ではもち米とガティだけでなにも加えないシンプルなタイプもあるし、**トゥア・ダム**（ケツルアズキ）という黒い豆を入れたものもある。東北部ではもち米の中にバナナで作った餡を入れる「カオ・トム・マット・グルアイ」も人気だ。ガティで炊きあがったもち米は葉っぱでかなりしっかりと包んであるので、冷凍庫に入れれば数日は保存できる。食べるときは包んだまま電子レンジにかければいい。もち米なのでボリュームもある。甘いもの好きならか

上／葉を開くとおこわにもみえるが、もち米は甘く、完全にスイーツのジャンルだ。　下／カオニヤオ・ピン。葉に包まれた伝統的な菓子ではあるが、ココナッツ風味がしてどこか今風の味わいがある。

葉に包んで炭火で焼くという東南アジアならではの調理法だ。

なり満足いく量で、もち米からするガティの香りも好ましく、おすすめスイーツだ。ガティで炊いたもち米を竹筒に詰めて焼いた「**カオ・ラーム**」はもっとボリューミーになっている。

カオ・トム・マットとほとんど同じ材料で作り方が少し違う「**カオニヤオ・ピン**」はもち米をガティに漬けこみ、バナナの葉に包んで炭火でピン（炙る）する。バナナかプアック（タロイモ）の餡をもち米の中に入れたバージョンもある。

ピンするものではさらに「**カノム・ジャーク**」もある。ピンというよりは結構しっかり焼くようだが。もち米の粉とココナッツの胚乳を削ったもの、ナーム・マプラーウ（ココナッツ・ジュース）、砂糖などをよく混ぜ、ジャーク（ニッパヤシ）の葉かココヤシの葉にスプーン一杯程度の量を薄く挟んで炭火焼きにする。葉っぱからペリッと剥がして食べるのだが、炙った葉のスモーキーな香りが食欲をそそる。

これらもち米包み系スイーツはバンコクの街

中でもみかけるし、商業施設の物産展には高確率で専門店が出店している。もち米なので腹持ちがよく、三時のおやつに合理的なスイーツだ。

ミニお好み焼き風ココ菓子「カノム・バービン」

「**カノム・バービン**」もボクの好物で、目に入るとつい買ってしまう。オセロの駒ほどの大きさのココナッツ生地を鉄板で焼いた、ミニお好み焼きのような菓子である。紫や緑、黒、白の色つきで、アツアツを頬張るとやさしい甘みが口に広がる。

カノム・バービンはだいたい白かムラサキのもの。

材料はもち米の粉、小麦粉、ココナッツ・ミルク、削った**ヌア・マプラーウ・オーン**（一番若いココナッツの胚乳）、マプラーウ・クートカーウ——ここでは一番熟したココナッツの胚乳を削ったもの、砂糖、塩とシンプルだ。ココナッツ・ミルクをフア・ガティ（ガティの一番搾り）にして片栗粉を加える、黒いタイプには黒いもち米の粉を使うなど変化はあるが、だいたいこれらを用意して混ぜ、鉄板の上で直径五センチくらいのサイズに焼けばいい。

外はカリカリ、中はモチモチがベストな焼きあがりだ。二種類の削りココナッツ胚乳の食感も楽しめる。ココナッツ味の焼き餅のようで、ひとつ食べたらもうひとつと、止まらなくなる。鼻をくすぐるココナッツ・ミルクのほのかな香りもたまらない。本章ではまだほかにもココナッツ由来の菓子を紹介するが、どれも不思議と飽きない。だからこそ、タイ・スイーツにはマプラーウが多用され、同時に昔ながらの作り方に大きな変化がなく、今に続

カノム・バービンは鉄板にコインくらいのサイズに生地を置いて焼く。

いている。

カノム・バービンも伝統菓子で、一説ではポルトガル由来でアユタヤ時代にはあったといわれる。アユタヤ王朝時代には数多くのポルトガル菓子がタイ菓子に影響を与えたのは史実だ。日本のカステラや金平糖のように、タイ伝統菓子の多数がポルトガル菓子を原型にしている。これはあるポルトガル系の女性に理由がある。タイ菓子の多くをこの女性がポルトガル菓子を参考に開発したのだ。この女性については後述するが、このカノム・バービンはその女性とは関係はないとされる。

カノム・バービンがいつタイに伝来したかはわかっておらず、原型もはっきりとしていない。歴史家の中には実は歴史が浅く、前王朝のバンコク近辺ではじまったという人もいる。それは、当時グディジーンという地域があったからだ。グディジーンは、トンブリー王朝時代にチャオプラヤ河西岸にあった外国人居住区の総称で、ここにポルトガル人が多く住んでいた。アユタヤ王朝時代に渡ってきてタイ人と婚姻したポルトガル人たちが、トンブリー王朝の樹立に伴い移り住んだ場所だ。彼らはここでポルトガル風のケーキを作りはじめる。タイ人はこの菓子を「**カノム・ファラン・グディジーン**」（グディジーンの洋菓子）と呼んだ。そうした経緯から、この地域でも新しい菓子が発明されてきたのではないかというのだ。

このカノム・ファラン・グディジーンは、ベーキングパウダー不使用の、ポルトガルと中国の料理法が融合したスイーツだとされる。そもそもグディジーンとは中国寺院のことを指すので、この地域にはポルトガルのカトリック教徒だけでなく中国系も多かった。それで両者の技術が融合してできたとされる。もともとクリスマスなど特別な日に家庭で食べるケーキだったこともあってあまり流通せず、現在この菓子はグディジーンがあった地域の数軒——わずか三軒ともされる世帯でしか作られていないといわれる。

グディジーン発祥説においてカノム・バービンはそのころにこの地区で誕生したとされる。原型は、小麦粉とバターを使ったかたいチーズケーキのようなポルトガル菓子のケイジャーダと考えられている。タイではチーズなど乳製品が入手困難かつ高価だったため、それをココナッツに替えて作られたのがカノム・バービンというわけだ。

カノム・バービンという名称は、グディジーンで最初に作ったビンさんにちなんだものだという。タイではかなり年上の女性を親しみと尊敬を交えてメー（母）と呼ぶ。ちょっとだけ年上だと伯母（叔母）の意味のパーなどとも呼ぶ。彼女のことをメー・ビンと呼んだ人もいただろうし、近所の住民たちはパー・ビンと呼んだに違いない。若者の中では崩した発音でいつしかバー・ビンになり、ビンおばさんの菓子を意味するカノム・バービンになったというのだ。

グディジーン説にはもうひとつ話がある。同じく原型はケイジャーダで、特にポルトガルで有名だったコインブラという都市のテントゥガル村にあったケイジャーダが伝来した説となる。当初はポルトガル語のままケイジャーダ・デ・コインブラ（コインブラのケイジャーダ）とされていた。しかし、タイ語発音では「ゴンチャダート・ダ・グルーイングブラー」と長い。タイ人は長い単語を欧米人のように省略するが、なぜか語尾を残す傾向にある。そのため、カノム・ブラーと呼ばれるようになり、語感なのかビンおばさんにちなんでなのか、あるいは炙るのピンからかビンがつき、カノム・ブラー・ビン、さらに縮んでカノム・バービンとなったという。

いずれにしても、トンブリー王朝時代発祥説ではグディジーン地区とケイジャーダが関係している。ところが、アユタヤ県内にもカノム・バービンが有名な地域もある。そのため、今のところ本当の伝来がどちらなのか、誰も知らない状態だ。

まあ、どこで買ってもハズレがなくおいしいのでいいじゃないか、というのがタイ人の考えだ。唯一気をつけたいのは、かなりモチモチ食感なので、油断するとノドに詰まりそうになることだ。小さいけれど、どっしりとしたスイーツである。

鶏卵素麺がタイで発達するとこうなる！「フォイトーン」

日本には沸騰させた砂糖水に鶏卵を注いで作る鶏卵素麺という菓子がある。安土桃山時代に伝来したポルトガルのスイーツ、フィオス・デ・オヴォス（たまごの糸）が原型だ。タイにもこれとほぼ同一の菓子「**フォイトーン**」がある。意味あいは金の糸だ。砂糖水に香りづけのジャスミンを入れ、より黄色の濃いカイ・ペット（アヒルのたまご）が用いられる。

フォイトーンをタイに伝えたのは、ターオ・トーンギープマーという女性だ。トーンギープマー女史とでも訳そうか。これはタイ名で、本名はマリー・ギマール、もしくはマリア・ギユーマール・

デ・ピーニャとされる。一七世紀のアユタヤ王朝時代、ナーラーイ王に仕えたギリシャ系外国人のコンスタン・フォールティンの妻であり、宮殿の厨房でデザート部門の部長も務めた。夫の関係でその地位に就いたのではなく、夫が国王を裏切って暗殺され、彼女も投獄されたあとに料理の腕が認められ、ターオ・トーンギープマーの官位を授かってデザート部長になった。

トーンギープマー女史はいくつものデザートを考案し、それらが今でもタイ伝統菓子として残っている。その代表がこのフォイトーンだ。彼女が発明したとされる菓子はほかに「**トーンイップ**」という、トロウシャス・ダス・カルダスという鶏卵を溶いて湯に流し、さらに花のように盛るものがある。これは今ではタイの縁起物として結婚式などで食べられる。「**カノム・ピン**」もまたポルトガル由来で、ココナッツ・ミルクを使っている、日本のボーロとほぼ同じ菓子だ。ほかにも後述するココナッ

上／日本の鶏卵素麺とほとんど同じものであるフォイトーン。　中／中央のパックの花型がトーンイップ、繭型は「トーンヨート」。　下／日本のボーロとほとんど同じ菓子カノム・ピンもやはりポルトガル由来だ。

ツ・ケーキとも呼ばれるカノムム・モーゲーン、タイ・カスタードクリームと呼ばれるサンカヤーなどたくさんの菓子をトーンギープマー女史はタイにもたらしている。

トーンギープマー女史は日本人ではないかという説もある。少なくとも母親は山田ウルスラという日本人で、その母、つまりトーンギープマー女史の祖母はポルトガル人、祖父は長崎出身のキリシタン大名の末裔だとされている。さらに、父親はインドのゴア出身の、日本人とベンガル人のミックスともいわれている。その一方で、タイの歴史授業ではトーンギープマー女史はアユタヤ近辺で生まれたと教えられている。母ウルスラが日本で宗教迫害を受けてベトナムへ逃げたあとにタイに来たともされるし、トーンギープマー女史自身、結婚前はカンボジアに住んでいたという説もある。総合するに、たしかに日本人の血は入っているとみられるものの、そんなに日本と関係がある人ではないのかな、といっていい。

そんなトーンギープマー女史がタイに紹介したフォイトーンは、安っぽいものならコンビニや道端でも売っている。これがちゃんとしたレストランなどで作られていると、本当においしい。ケーキの装飾に使うか、そのまま食べることもできる。ボクはそのままが好きだ。アユタヤ時代にはご飯のおかずにしていたという信じられない話もあるが、デザートとしては間違いなく素晴らしい。口に入れるとほんのりジャスミンが香り、卵黄の糸はねっとりとしている。雑なメーカーはバラバラになっているが、ちゃんとしたものならひとさし指の先ほどの太さの俵型にまとまっている。それを一気に噛むと歯で糸をプツプツと切る感触が楽しめる。非常に甘くて濃厚な菓子である。

一点を除けば最高においしい焼きプリン「カノム・モーゲーン」

ここで語りたい「**カノム・モーゲーン**」はココナッツ・ケーキなどと訳される、これもまた前項に登場したターオ・トーンギープマーが考案したスイーツだ。彼女がタイの菓子文化にもたらした功績は、ポルトガルなど外国のデザートをタイ化させたことだけでなく、それまでココナッツ・ミルクと米粉一辺倒だったタイ菓子に、小麦粉など多様な材料を使うことを提案したことだ。このカノム・モーゲーンも後者の一例だ。南部行きの長距離バスが立ちよる休憩所でやたらと目につくので、ボクは南部のデザートだと思っていた。実際には、中央部と南部の境目辺りにあるペッブリー県の名産とされる。

ペッブリー県はミャンマーにも近い、バンコクからみて西にある県だ。県名はペッブリーと読むのかペッチャブリーと読むのか、タイ人でもわからないらしい。というのは、タイ政府など関連当局がどっちでもいいと公言しているからだ。あいまいな県名はほかにもあって、ノンタブリー県がノンブリー、ラーチャブリーはラーブリー、ジャンタブリーだとジャンブリーと、公的にどっちでもいいという見解になっている。バンコクのペッブリー通りも一般的にはペッブリーだが、地下鉄MRTでは車内放送で「ペッチャブリー駅」といっている。当のペッブリー県の人曰くは「ペッブリーでしょ」というので、本書ではペッブリーとする。

さて、カノム・モーゲーンがペッブリーの名産というのも実にテキトーな話である。そもそもトーンギープマー女史が考案したのであればアユタヤ名物のはずだ。ペッブリー県はアユタヤから遠く離れているどころか、時間軸でみてもアユタヤ王朝時代から遠く、むしろ最近の話だったりする。県が同地の観光

表面が茶色く焦げているモーゲーンはタイ式プリンとも呼ばれる。

大量に並んでいるモーゲーンをみるとホーム・ジアオや豆が載ったものがある。

再開発にあたり名産品を創りだそうと一九八六年、県民に対し家庭に伝わる料理を訊いたところ、なぜかモーゲーンが多かったからこれを名物と決め、それが成功してしまったのである。こうなると再開発でなく、新開発ではないか。モジといい、モーゲーンといい、タイは名産もいい加減なのである。

モーゲーンの主材料はガティだ。ナムターン・マプラーウや小麦粉、アヒルのたまごを混ぜて、容器に流しこむ。ガティの量を減らし、蒸しタロイモを練り混ぜた「カノム・モーゲーン・プアック」、サツマイモの「カノム・モーゲーン・マン・テート」(地域によってはサツマイモではなくキャッサバを使用)といったバージョンもある。生地を容器ごとオーブンにかけると表面が茶色く焼け、中はココナッツのカスタードプリンのようなケーキが完成する。

▼九〇年代の怪しい東京のタイ料理業界

今は日本でもちゃんとしたものが食べられる

と思うが、ボクが渋谷のタイ料理店でバイトしていた九九年ごろは多くのタイ料理店が、タイで作ったカノム・モーゲーンを冷凍して輸入し、半解凍のシャーベット状で供していたと記憶している。当時すでにタイ食材の商社はあったので、工場で作っていない怪しい食品を輸入するとはちょっと考えにくい。しかし、どうみても手作り感が半端ないモーゲーンだったので、誰かが個人的に持ちこんでいたのではないかとボクは疑っていた。当時は日本に出稼ぎにくるタイ人も少なくなかったので、タイ料理店は十分な人手があった。調理師はちゃんと労働許可などを取得したうえで雇い、ホールスタッフには留学生やどうやって日本に入ったかわからないようなタイ人を使う。東京在住タイ人のネットワーク内だけでも日々相当数が日本を出入りしていた。そういう人たちに頼んで食材などをハンドキャリーさせるということもあったはずだ。

今でこそ、東京など大きな街ならその数が増えたが、当時はアジア食材店というとやっぱり新宿辺りに集まっていて、そこで日本では簡単に手に入らないアジア食材が売られていた。保冷庫にもモーゲーンを置いている店もあった。

ちなみに、そういったアジアン・スーパーはそれぞれに主要な客層があり、タイに強い店にはタイ字新聞や雑誌、レンタルビデオも置かれていた。タイと日本ではテレビの方式が異なり互換性がなく、タイのものを日本で再生しても映らない。そもそも当時タイはビデオそのものが普及していなかったのに、それを特殊な装置で変換したものを置いていたのだ。といっても、タイのテレビ番組を録画したものしかなかったが。ボクもドラマものを借りたことがある。一本五百円もしない設定で、レンタルなのに別に返却しなくてもいいという謎のシステムだった。タイのテレビドラマは平日放送なら週二日連続が三か月半、週末放送は金土日の三日間連続で一か月間、しかもいずれも一回の放送が二時間以上と長くて、とてもじゃないが全部を観ることはできなかった。

九〇年代末当時、モーゲーンはバンコクでもそれほど一般的ではなかった気がする。今でこそなんでもあるバンコクだが、日本並みになんでも買えるようになったのは二〇一〇年前後くらいからだ。それ以前は本当にないものだらけだった。だから、ボクもモーゲーンをタイ国内でみたことがなかったので、バイト時代はココナッツ・アイスだと思いこんでいた。あらためてタイに来てカノム・モーゲーンを口にしたとき、常温であったことに驚いたくらいだ。それでもタイで初めて口にした本物のモーゲーンは、とにかくおいしかった。プリンのような風味がありつつ、表面の焼けた部分がずっしりとかたくて、食べ応えがある。

唯一、いただけないなと今でも思うのは、ホーム・ジアオが上に載っていることだ。オニオン・チップのような、エシャロットのスライスをカラッとあげたものだ。ボクは、ホーム・ジアオの香りは好きだ。でも、さすがにモーゲーンにはなじまないと思う。当のタイ人には「この香りがあるからカノム・モーゲーンはおいしい」という人が多い。ホーム・ジアオの揚げ油をごく少量、モーゲーンの生地に混ぜて味に統一感を出すレシピもあるほどだ。

モーゲーンには春雨の原料にもなるリョクトウを載せたバージョンもある。こちらはホーム・ジアオが使われていないことが多く、ボクにとってはすっきりしていい。生地のほうにリョクトウを混ぜこんだ「カノム・モーゲーン・トゥア」というタイプもあり、こちらは結局ホーム・ジアオが載っている。むしろ普通のモーゲーンより載っているくらいのものが多く、ボクにはちょっとキツいと感じる。いずれにしても大半がホーム・ジアオだ。一度ホーム・ジアオを載せると香りが残り、いくらモーゲーンの上から取りのぞいても消し去ることができない。ほかは完璧なスイーツなのに、個人的にそこだけは納得がいかない。

昭和世代が懐かしさに震える「サークー・ガティ」

「**サークー・ガティ**」あるいは「サークー・ナーム・ガティ」、「サークー・ピヤック」と呼ばれる昔ながらのスイーツは、ガティ（ココナッツ・ミルク）に入れられた**サークー**が主役である。コーンやタロイモなどを加えるバージョンもあるが、最もシンプルなのはココナッツ・ミルクとサークー、すなわちタピオカだけのものだ。

タピオカというと、二〇二〇年より少し前の数年間、日本でも爆発的に売れたタピオカ・ティーが思い浮かぶ。あの流行が最初のブームではなく、二〇〇〇年代初頭前後にも大流行になったし、そもそも発祥の台湾では八〇年代には登場していて、タイにも九〇年代後半には店があった。タイでは当

上／ココナッツ・ミルクや牛乳に小さいタピオカの粒を浮かべたサークー・ガティ。 中／2011年の時点で屋台で買えるほどカイ・ムックは定番だった。 下／手前の右と真ん中の鍋にたっぷりのサークーが用意されているスイーツ店。

時からテイクアウト専門で、注文後にタピオカを入れて茶を作ったあと、機械でカップの上面にフィルムを貼ってくれた。

近々のブームでもてはやされた黒い大きな球状のタピオカはタイでは**カイ・ムック**と呼ばれる。カイ・ムックとは本来は白い真珠のことなので、区別するために黒いタピオカをカイ・ムック・タイワンと呼ぶこともある。若い人はタピオカとも呼ぶし(タイ人はタピオカーと語尾を伸ばして発音する)、いずれにしてもサークーとは異なるものと認識されている。ちなみに、第6章で出てきたイカのたまごを指すカイ・ムックは、タイ文字においてムックの母音が異なり、意味もまったく違う。

カイ・ムックもサークーも、同じペーング・マン・サムパランでできている。イモ類の**マン・サムパラン**（キャッサバ）から作るデンプン、つまり片栗粉だ。前述のとおり、タイでタピオカといえばあの黒いもので、乳白色の粒状のタイプはサークーと呼ぶ。日本の黒いタピオカの最初のブームは二〇〇〇年代初頭だが、タピオカ・ブームとしては第二次で、第一次は九〇年代の初頭に訪れている。当時日本ではティラミスがもてはやされ、その次のブームとしてタピオカ、ほぼ同時期にナタ・デ・ココが流行した。このときのタピオカがサークーだった。あのころにタピオカにハマった人は、タイの伝統的なタピオカに悶絶するほどの懐かしさを感じるに違いない。

ボクが最初に名前を憶えたタイ・スイーツもサークー・ガティだった。焼きプリンのカノム・モーゲーンのほうが印象は強いが、名前の滑らかさ、バイト先での注文数の多さではサークー・ガティが勝っていた。味というよりは、値段が安かったのかなと思うが。

サークー・ガティの味はシンプルで、辛かったり脂っこいタイ料理で重くなった胃にちょうどいい。ココナッツ・ミルクに沈んだサークーの粒々は舌にもやさしく、ガティのほのかな甘みと香りが鼻をくすぐる。

冷たいのもおいしいが、タイでは温かいバージョンもある。調理前のサークーはイモのデンプンを加工し発泡スチロールをひっかいたような白い小さな粒になっている。これをゆでてふやかしたものがサークーで、温かいガティに入れても問題はない。冷たいものは粒をゆでたあとに冷水で締めているので、サークーひとつひとつがさらさらと独立し、温かいものはゲル状の塊になっている。どちらも特徴的な食感がある。いい悪いの話ではなく。

▼サークーの由来とは

タイ人がサークーを他国のようにタピオカと呼ばないのは、サークーの由来が関係しているとみられる。もともとはサゴヤシというヤシの木のデンプンから作られていたからだ。パプアニューギニアやインドネシアで親しまれているサゴヤシのデンプンがサクサクやサグーという名で、マレーシアを経由してタイに伝来し、次第にサークーとタイ語訛りで呼ばれるようになった。

今のサークーがキャッサバのデンプンを使っているのは、サークーが定着したそのあとになってキャッサバがタイでも植えられるようになったからだ。おそらく栽培の手間や採取できるデンプンの量の違いから、キャッサバのイモがタイ式タピオカの原料に替わったと考えられる。キャッサバのタイへの由来は不明だが、マレーシアから一七八〇年代に入ってきたともいわれる。当時は予備のイモを意味するマン・サムローンと呼ばれたが、のちにタイ式に発音が乱れていき、マン・サムパランという名称に変わっていった。

サゴヤシのデンプンは日本には麺類の打ち粉用に輸入されている。ただ、ほとんどがインドネシア産とマレーシア産である。一方、日本のキャッサバのデンプン――輸入品目上ではマニオカデンプンの主要輸入元はタイだ。日本ではタピオカの原料以外ではなじみの薄いキャッサバだが、世界ではジャガイモに次いで主食にされることの多いイモ類だという。栽培総数の半分はアフリカ産でありつつ、国別ではタイが世界で二番目に多く生産している。タイはキャッサバの乾燥チップをバイオエタノールの原料として中国に送ってもいるほどだ。競争力の面でサゴヤシに勝るキャッサバの作付面積が広くなり、サークーの原料にとって代わったのもわかる。

ところで、タイ南部ではキャッサバはマン・テートと呼ばれる。マン・テートは標準タイ語ではサツマイモだ。そして、南部方言でサツマイモはマン・ラーである。**タイ語の方言は訛っているというレベルではなく、まったく違う単語**なので実に難しい。

なんにせよ、キャッサバはそれくらい身近なのである。台湾のブラック・タピオカもタイ産のキャッサバのデンプンを輸入して台湾で加工しているほどだ。

サークーの使い道はデザートだけではない。キャッサバから作る粉のペーング・マン・サムパランは、すでに何度も本書で書いてきたようにタイでは片栗粉として使用される。さらに、米粉麺クイッティアオのあんかけそばのスープにとろみをつけたり、モチモチ食感の麺クワイジャップ・ユアンのつなぎにも使われる。サークー自体が料理名になっている軽食もある。豚ひき肉餡をサークーで包んだ「**サークー・サイムー**」だ。小さな団子の皮がサークーでできていると想像するとわかりやすい。

▼ガティに浮かべるスイーツ

ガティや甘い液体に浮かべる、どちらかというと中国風のデザートはタイにもまだたくさんある。代表例が白玉団子をココナッツ・ミルクに浮かべた「**ブアローイ**」だ。冷たいもの、温かいものがあり、ガティの代わりに牛乳や甘辛いショウガ汁にしたバージョンもある。団子は野菜やサムンプライ、花などで色づけされていたり、中に黒ゴマ餡が入っていたり、意外と華やかさとバリエーションもある。

ブアローイと並んで有名で人気なのが、ザクロの粒に似たような菓子が入った「**タップティム・グロープ**」だ。タイではベトナム由来のスイーツとされるが、当のベトナムは中国の菓子を原型にしているとか。これはラマ5世王時代に定着したものとされる。

カノム・バービン発祥地ともいわれるグディジーン出身のベトナム人女性がタイで最初に作ったとされるが、この女性がレシピを一切開示しなかったので、ラマ3世王の十五番目の息子の長女サーイサワリーピロム王女がそのベトナム人女性の手伝いに入るなどをして目で製法を憶え、それを改良したものが今のタップティム・グロープになった。このスイーツは本場ベトナムではイモなどを芯にするが、タイでは**ヘウ**という水中に実ができるイモというかクリ――日本ではシログワイ、英語でウォーターチェストナッツと呼ばれる植物を芯にしている。これを小さく切ってゆでて引きあげ、そこにタピオカの粉などをまぶして再度ゆでると、中心がサクサクとし外はゼリーをまとったようなモチモチの粒ができあがる。

このできあがった粒の見た目はその名のとおり、**タップティム**、つまりザクロの実に

上／ブアローイそのものはクニュクニュとした餅のようになっている。　下／タップティム・グロープは芯のある餅といった食感。

上／ザクロ自体もタイではときどきみかける果物だ。
下／芯になるヘウが２列めの左の皿にみえる。

ガティやシロップのスイーツは専門店ならたくさんのトッピングを入れられる。

似ている。タップティムにはルビーという意味もあり、赤い色が特徴だ。食紅で赤く色づけされたタップティム・グロープをガティに浮かべたり、シロップと氷の液に入れたりする。これもタイの浮かべるスイーツの代表格だ。

アイティーム・ガティの項で出てきたロートチョンをそのままガティに入れただけの「**ロートチョン・ナームガティ**」というスイーツもある。ツルツルしたロートチョンの食感とほのかな甘みのガティが合う。タイにはまだまだたくさんの「浮かべるだけのスイーツ」がある。こういったシンプルなスイーツこそタイの伝統であり、タイの庶民の味でもある。

▼ココナッツのゼリーも伝統菓子

ココナッツつながりでは、フィリピンのナタ・デ・ココに似たスイーツ「**ウン・マプラーウ**」もある。タイ式のココナッツ・ゼリーだ。ナタ・デ・ココはココナッツの液状胚乳を酢酸菌で発酵させながらかためたもので、初めて食

上／ツバメの巣のシロップ・スイーツも中華街などで食べられる。　下／2段になったガティのゼリー。

べたときはイカでできているかと思ったくらいかたかった。しかし、これは違う。ウン・マプラーウのウンはゼリー質全般を指す。春雨であるウンセンのウンも同じだ。ココナッツの液状胚乳をゼラチンでかためただけなので、ナタ・デ・ココほどのイカ感はない。

　ウン・マプラーウは洋式のゼリーのようにそのまま先のブアローイなどに浮かべたりもするが、バイ・トーイ（パンダナス）などで色や香りをつけた「**ウン・ガティ**」もしくは「ウン・ガティ・マプラーウ・オーン」という伝統菓子にされたりもする。後者にはココナッツの果肉（固形胚乳）も入っている。ココナッツ・ミルクだけで作ると全体的に白いゼリーだが、ココナッツ・ジュースとココナッツ・ミルクを混ぜて作ると、かたまっていく過程で比重の違いが出て、上がココナッツ・ミルクの白、下がココナッツ水の透明っぽいゼリーの二層に必ずなる。

　ココナッツもタピオカももはや関係ないが、水分の多いスイーツといえば「**ナーム・メーングラック**」もある。**メーングラック**はレモン・バジル（もしくはタイ・レモン・バジル）の種子だ。黒ゴマのような種子を水にしばらくつけると、水分を吸って周囲がサークーに包まれたような状態になる。ただ、中心が黒いので、たくさん集まっている様子はぱっと見、カエルのたまごだ。これを甘いドリンクに混ぜて飲む。血中の悪玉コレステロールを減らすともされ、正しく飲めばダイエットにも美肌にも効果があると注目されている。

タイ伝統スイーツの基本的な着色料はほとんどが天然由来のものだ。量産品はともかく、屋台などで売っている手作り品は昔ながらの製法で、化学調味料などをまったく使用しないことから健康にもいい。日本の昔ながらの甘味と同じようなもので、砂糖もココナッツ・シュガーを使い甘さがかなり控えめなので、健康対策にも向くうえ、子どもも虫歯になりにくいというメリットがある。甘いもの好きには食べるいいわけがいくらでもできる特徴があるのだ。

おいしいけれど、ありがたみが薄くなった「カオニャオ・マムアン」

マムアン（マンゴー）のジュースは濃厚だ。そもそも完熟果実がねっとりしているので、果汁もとろりとしているのだ。

ここ数年、ボクのイチオシの店はずっと変わらず『イェンリー・ヨアーズ』というスタンド式のマンゴージュース専門店だ。自社農園の強みを活かし、国内で勢力を伸ばしつつあるようだ。マンゴージュースだけでなくアイスやプリン、ほかの果物と組みあわせたスイーツもあり、歩き疲れた身体を癒すにはちょうどいい。値段も手ごろでメニューには日本語表記まである。マンゴー専門店はほかにもたくさんあるが、一時期日本にも進出していたサイアム・スクエアの『マンゴー・タンゴ』が先駆けだとされる。

常夏のタイでは通年で果物がとれるが、実際にはそれぞれに旬がある。タイの夏季である三月から五月が最も種類が豊富だ。マンゴーにいたっては、むしろ夏を最も感じる果物といえる。

タイでかつて使われていた太陰暦では、現在の四月中旬ごろが正月だった。一八八八年に太陰暦が廃止になると今の四月一日が当時の一月一日となる。さらに一九四〇年にグレゴリオ暦が導入されたことで今の一月一日が年度初日ということになった。これによって四月一三日はいわゆる旧正月に制定された。タイも日本同様に一月一日に新年を祝うものの、文化的にはやはり旧正月が一番大切な期間で、その四月一三日から一五日が固定で連休になる。この時期をタイではソンクラーンと呼び、外国人には水かけ祭りとして有名だ。

ソンクラーンの直前から、タイの飲食店ではマンゴーを使ったスイーツを出しはじめる。これは年中暑くて「夏」を逆に感じにくいタイにおいて、ソンクラーンと並ぶ夏の風物詩になっていた。一大キャンペーンとして大々的に打ちだされるので、看板を目にするたびに、ああ夏が来たな、と感じたものだ。

上／左が熟したナームドークマーイ種、右がキアオサウェイ種。　中／イェンリー・ヨアーズのシェイクは濃厚でおいしい。　下／マンゴー・タンゴも日本人観光客に人気がある。

タイ海軍直営レストランではもち米とマンゴーが別々に出てきた。

とはいえ、食に保守的なタイ人だ。奇抜なメニューは敬遠される。よくあるのがアイスやプリン系で新しいものを考案し、伝統スイーツ系として「**カオニヤオ・マムアン**」が採用される。マンゴーのもち米とも訳せるこの料理は名称そのままで、完熟マンゴーともち米を食べるのである。

米と果物なんて一見気持ち悪い組みあわせだ。しかし、日本でもイチゴ大福が流行ったこともあったわけで、意外ともち米と果物の相性は悪くない。しかもこのもち米はイサーン料理を食べるときのものと違い、蒸したあとにガティやナムターン・マプラーウと和えた甘いもち米に仕上がっているので、完熟の果肉に合う。むしろ、マンゴーの甘酸っぱさと、ココナッツ・ミルクの香りがするもち米の甘みが手を結び、マンゴー単独で食べるよりもずっとおいしい。

ちょっとした高級店では、もち米にココナッツ・ミルクの濃厚な、それもほとんどペーストのようなクリームが載っているか、ココナッ

屋台でもカオニヤオ・マムアンは売られている。

ツ・アイスが添えてある。各店が趣向を凝らしているので、比べるのも楽しい。高級店は高級な、屋台なら屋台らしいカオニヤオ・マムアンになっていて、価格帯もアイデアもピンキリだ。

しかし幸か不幸か、農業技術の向上によって、このカオニヤオ・マムアンの魅力は削がれつつある。農業が盛んで、大学農学部の研究も進み、タイの農業技術レベルはかなり高く、日本より高い研究成果を出している分野も少なくない。タイ農業・協同組合省の下部組織として各地域に配備された農業技術を継承・支援する事務所が公開しているマニュアルに従えば、素人でもすぐに農家をはじめられるほどだ。実際、スワナプーム国際空港のすぐそばで数年前にマンゴー畑をはじめた女性は、それまでは会社員だった。

こうして栽培方法が改善された結果、マンゴーは通年で収穫できる果物になり、カオニヤオ・マムアンも季節を問わず食べられるスイーツになった。記憶が正しければ二〇一〇年ごろまでは、すでに通年収穫はできていたものの、一般にそれほど出まわっておらず、ソンクラーン時期のプロモーションはまだまだ目を引くものがあった。ところが今では、普段使いの市場にも年中マンゴーとカオニヤオ・マムアンが並んでいる。ソンクラーン時期のプロモーションが行われなくなった地域もあるし、一般消費者がプロモーションで夏を感じることもなくなった。二〇二三年の夏にいたっては、ついにマンゴーのプロモーションをやめてドリアンにしてしまった飲食店が多数あった。

技術開発で便利な世の中になって素晴らしいと感心する一方で、昔はよかったなあとも思う。オジサンの戯言に聞こえるだろうか。

外はカリカリ、中モチモチの伝統揚げ菓子「カノム・カイタオ」

タイの揚げもの屋台に、ピンポン球よりもやや小さい茶色い球体を大量に並べている店がある。眺めていると、女性がよく買いにくる。この揚げものは「**カノム・カイタオ**」だ。二〇バーツも払えば袋いっぱいに入れてくれるタイの伝統菓子で、ひとつ食べると手が止まらなくなるおいしさだ。

この菓子は一般的にはカイタオと呼ばれるが、「**カノム・カイ・ノックグラター**」が正式名称である。カイタオはカメのたまごという意味だ。実際に最初はカイタオではあったのだが、いつしかカノム・カイ・ノックグラターに変わった。これはウミガメが保護種に指定されたためだ。ちなみにカイ・ノックグラターはウズラのたまごのことだ。ウミガメのたまごは一般食材ではないため、カイタオと呼んでも混同されることはないが、カイ・ノックグラターだと一般にも食される本物のウズラのたまごを指してしまうので、新名称のときは省略せずにカノムを頭につけたほうが確実だ。なんにせよ、呼称を変え

上／正式名称ではないがカイタオは今でも定着した呼び方となっている。　下／紫色のタイプもある。いずれにしても揚げたてがおすすめだ。

ウズラのたまごの目玉焼き「カイ・ノックグラター・トート」は軽食にちょうどいい。

るならたまごから離れてくれればよかったのに、よくわからない命名の仕方である。結局、カイタオのほうが浸透していて、新名称で呼ぶ人は少ない。本書でもカイタオで話を進めたい。

この菓子は、北部に一三世紀ごろに成立した初めてのタイ族による王国、スコータイ王朝の時代にはすでに食べられていたとされる。カイタオはこれほどにも長い間連綿と受け継がれ、その姿をほぼ変えずに今に伝わっている。

カイタオは外側がカリッと揚げられていて、噛んだときのカリカリザクザクした感触が爽快だ。中身はモチモチなので、食感の落差がクセになる。主な材料は**マン・テート**（サツマイモ）だ。蒸したサツマイモを潰し、キャッサバの片栗粉、小麦粉、砂糖、ココナッツ・ミルクを適量入れて混ぜあわせたものを丸めて揚げる。

冷めても食べられなくはないが、やはり揚げたてがおいしい。屋台では一〇バーツ、二〇バーツと買いたい値段を告げると、店主が値段に見合った量を袋に入れてくれる。一個あたり一パーツ程度が相場といったところだ。ビニル袋の中に紙を敷いただけの場合もあれば、新聞紙で作った紙袋に入れて渡してくれることもある。後者だと新聞紙が油を吸ってくれるが、衛生面の心配はある。

あくまでも菓子であり、主食にはならない。タイ人なら道端でこの店をみつけ次第、おやつ用にと立ちより買っていく。そんな気軽な菓子である。近代化したバンコクで、一三世紀と同じものを立ち食いしているなんて、なんと不思議な光景か。

カイタオの屋台ではほかにもムラサキイモを使ったカイタオ、同じイモの団子を炭火で焼いたものなどいろいろ売っているので選ぶのが楽しい。炭火焼きのほうはホクホクした団子といった印象だ。同じくサツマイモを使った「**カイ・ホン**」という団子もある。サツマイモやもち米の粉を混ぜあわせた生地の中に、リョクトウの餡を入れて揚げたものだ。周囲にゴマや砂糖をまぶしたタイプもある。揚げると皮がふくらんで空洞ができているので、できたてをかじるとプシュッと潰れて中から熱が漏れてくる。

こういった店にはサツマイモに衣をつけて揚げたものもあれば、バナナに衣をつけて揚げた「**グルアイ・トート**」（あるいはグルアイ・ケーク）もある。衣はガティが入っていて、ココナッツの香りがする。バナナは酸味がありつつ、ほんのり甘みもあって、最初は変な味に思うものの、だんだんと慣れてきておいしくなってくるから不思議だ。

名前は同じなのに二種類あるココナッツのカスタード「サンカヤー」

これもまたカノム・モーゲーンやフォイトーンを開発したターオ・トーンギープマーがタイにもたらしたスイーツだ。「**サンカヤー**」というもので、さまざまなタイ菓子の材料としても使用される。

真ん中のスが入った塊がトーンギープマー女史考案のサンカヤーに忠実なタイプ。

この菓子はトーンギープマー女史がタイに紹介したポルトガル菓子のひとつともされるが、東南アジアではよくあるスイーツでもある。マレーシアやインドネシアではセーリーガーヤーとかガーヤーと呼ばれる。カンボジアもタイとほとんど同じものがある。実はタイにおいては「サンカヤー」というと二種類が存在するのである。

ひとつめのサンカヤーは、これこそトーンギープマー女史の考案とされる。見た目にはヨーロッパのカスタードが原型とされるものの、タイでは牛乳が貴重だったため、ガティとパーム・シュガー、カイ・ペット（アヒルのたまご）の黄身を混ぜて作られている。カスタードクリームというくらいなので、タイのも色あいが黄色っぽいサンカヤーになる。

これは甘いもち米に載せて食べることが前提で、アレンジ版に「**サンカヤー・ファックトーン**」がある。**ファックトーン**はカボチャのことで、中をくり抜いて種を取りだし、そこにサンカヤーを注ぎこんでしっかりと蒸すとサンカヤーがかたまり、カボチャのカスタードケーキができあがる。

もうひとつのサンカヤーは、緑色が特徴の「**サンカヤー・バイ・トーイ**」と呼ばれるクリームだ。鮮やかな緑色はバイ・トーイ（パンダナス）が由来になっている。タイ紅茶を混ぜて赤くした「サンカヤー・チャーイェン」もあるが、サンカヤー・バイ・トーイのほうがポピュラーだ。

こちらは現王朝時代に入ってから、バンコクのラーン・カノム・サヤームという菓子店が作ったものがはじまりとされる。こちらはさまざまなタイ菓子の材料にもなるし、パンに塗られていることが多い。そもそもこれはパンに入れる餡だったこともあって、パンとの相性は抜群だ。

ほかにも、スイーツ屋台の中にはプレーンの食パンなどを蒸したものを売っていて、それを注文すると特別になにかいわない限りは緑のサンカヤーも別に渡され、ディップソースとして食べる。朝食で食べる揚げパンのパートンコーのソースにも使われる。

ふたつのサンカヤーで唯一違う点は、後者の現王朝時代に入って生まれたサンカヤーは小麦粉や片栗粉などを混ぜる点にある。わかりやすいのはバイ・トーイの色だが、トーンギープマー女史版にもバイ・トーイを使うレシピもあるので、それが決め手にはならない。東南アジア各国にも類似するものがあるけれど、タイにおいてサンカヤーはタイ発祥という見解で、トーンギープマー女史のほうはカスタードクリーム、すなわちデザート、緑色のほうはクリーム、すなわちパンに塗るものという認識になっているようだ。

▼パンに合わないけれど定番の田麸

タイはヨーロッパ列強国の植民地化を逃れてきた一方で、ベトナム・ラオス・カンボジアのインド

ムー・ヨングは綿のようにほぐした豚肉で苦手な外国人は多い。

シナ三国やほかの東南アジア諸国と違ってカフェ文化がいまだ乏しい。コーヒーは代用コーヒーだったし、バゲット・サンドイッチもない。パンはあるが、ココナッツ・アイスを挟んだり、コンビニの量産タイプの菓子パンにはサンカヤーをたっぷり塗ったものが何社からも出ているし、独自路線を歩んできた。

そんなタイ独自のパンメニューの中でも微妙なのが「**ムー・ヨング**」を載せたものだ。豚肉の田麩のことで、八角やシナモン、塩、砂糖、シーイウ・カーウで簡単に味つけした豚肉を水分が飛ぶまで根気よく煎り、最後にほぐした佃煮のような食べものだ。なんなら米やビールに合いそうな味つけだが、タイ人は食パンに載せて食べるのである。中国福建省から伝わったとされ、タイのソーセージであるムー・ヨーに名前が似ているが、まったく違う。ふわふわしたおがくずのようで、一見肉にみえない。そして、見た目の軽さに反して高カロリーなので、食べ方と量に注意が必要だ。

ムー・ヨングは食パン以外ではカオトムとジョーク（タイの雑炊や粥）にぱらっとかけるとか、サラパオ（肉まん）の具材にも使われる。ムー・ヨング自体はともかく、食パンに載った姿がおいしそうだとはいいがたい。実際、好き嫌いは分かれるようで、まったく食べない在住外国人も少なくない。

そもそもタイはパンがあまりおいしくない。二〇〇〇年初頭でさえバンコクにも本当にいいパン屋がなかった。おいしいパンを食べようと思えば、バンコク中心地のフランス人シェフが自家製パンを焼いているフランス料理店に行くほかなかった。その後の和食ブームで日本のパン職人がやってくる

昔ながらのタイのパンは生地そのものが甘いので、気に入る人とダメな人に分かれる。

と、タイのパン環境はかなり変わった。それでも浸透するには数年はかかったと思う。二〇一〇年前後にボクの父がバンコクに数か月ほど長期滞在したとき、たまにパンを買って帰ってきた。それをみたボクの妻はよほど父の行動が奇抜にみえたのだろう。陰で父のことを「**カノム・パン**」、つまりパンと呼ぶようになっていた。

それまでにもバンコク各地に人気のパン屋は一応あった。今もそういう店のほとんどは基本的には菓子パンしかない。パン生地も、焼いているのに半分濡れたようなしっとりさ。どっしりした食感もなかった。あるときボクが食べたレーズンパンやチョコパンは生地がせいぜい二ミリくらいで、中にぎっしりとチョコのクリームが詰まっていた。チョコパンはまだよかった。レーズンパンにいたっては大量のレーズンが入っていて、もはやパンではなくレーズンを食べるハメになるという、とんでもないものだった。かつてのタイ人はそういうパンが好きだったのだ。

ボクの前職は電子部品専門商社の営業だった。日系家電工場などと同じ工業団地内に量産メーカーの食パン工場もあり、夕方になると切れ端や出荷検査で弾かれたB級品が工場前で売られていたものだ。格安だったので重宝したのを憶えている。買いすぎてカビたときには、近所の池やチャオプラヤ河で投げると、ナマズやティラピアが食べてくれる。動物のフィーディングが好きなボクには一石二鳥だった。

日本にない日本の菓子は「カノム・トーキョー」

「カノム・トーキョー」のトーキョーが東京であることは容易に想像がつく。しかし、そんな食べものが日本にあっただろうか。この答えは日本に関係した場所にたしかにあったが、日本にはない、完全にタイ・オリジナルの菓子だとわかった。

カノム・トーキョーは、小さなホットケーキ、あるいはクレープのような菓子だ。屋台では砂糖の入った小麦粉生地を鉄板でコインくらいから手のひらのサイズに薄く丸く伸ばし、サンカヤーやカスタードクリーム、チョコクリーム、またはソーセージやウズラのたまごなどを載せ、ヘラでくるりと巻いて、袋に詰めてくれる。

タイ人の間ではトーキョーは京都の間違いで、八ツ橋が原型という説もある。タイスキが誤解あるまま広まってしまったように、間違ったまま定着する料理名はタイには多い。これもそのひとつだというのだ。

また、どら焼きに着想した説もある。『ドラえもん』はタイでも昔から人気がある。作中に出てくるどら焼きに興味を持ち、まねたのではないか。ネットもなければ、海外旅行が珍しかった時代なの

かなり大きめのサイズだが、これもカノム・トーキョーの部類に入る。

で、どら焼きの実物を知らずにマンガからのイメージで作った可能性がある。実際、どら焼きとカノム・トーキョーの焼き方、少なくとも最初の生地を焼きはじめる段階はかなり似ている。

そんな諸説の中での最有力説は、初めて売られた場所が日本のデパートだったから、というものだ。バンコク中心地に、セントラルデパート・グループの旗艦店セントラル・ワールドがある。二〇二〇年八月末まで日本の伊勢丹デパートもあった場所だ。この向かいにスーパーマーケットチェーン店最大手ビッグCの国内最大級の店舗がある。この店舗は二〇〇〇年代に入って建てられたもので、それ以前にあったこの辺りのビルは日本の大丸というデパートだった。そここそがカノム・トーキョーの発祥地だという。

大丸がタイに進出したのは一九六四年だ。日系デパートではおそらく一番乗り、しかもタイで初めてエスカレーターとエアコンを完備していたデパートとして話題になったとか。ちなみ

プラトゥーナームのビッグＣ辺りにあった大丸が発祥とされる。

に、エレベーターのタイ初は王室関係の建物で、民間での設置は中華街ヤワラーの建物だったそうで。とにかく、このタイ大丸は九八年にこの場所を撤退するのだが、それまでの三十年もその場で日本の商品などを売っていた。ちょうどボクが初めてタイに来たときに撤退しており、残念ながらこの目で大丸をみたことはない。

大丸全盛期の六七年、ここでタイ人が甘いものもしょっぱいものも一緒に作れるこの菓子を売りだした。日系デパート発ということで、東京にちなみカノム・トーキョーとした。それから、大丸が大きな丸というところから丸い生地にして、さらに具材を包むように丸めた、というのがカノム・トーキョーのはじまりだという。今ではタイのどこでも、屋台で売り歩く人をみかける定番菓子になった。

ボクが初めてこの菓子を食べたのは、移住前のタイ語学校時代だ。学校の前に出ていた屋台の看板に書かれた「トーキョー」の文字が気になって足を止めた。タイ文字ではトーギョウなのでなお意味不明だ。店主に訊くと「オマエの国の首都だろう?」といわれる。店主に詳しく訊こうにも、店主自身がこの菓子の歴史を知らないのでなおのこと頭の中にはハテナしか浮かばない。

当時は一個二バーツとか三バーツ程度だった。サンカヤーが苦手だったボクはソーセージの入ったものを食べ、これはイケると思った。フランスのクレープには甘いデザートだけでなく、魚や肉、野菜を挟んだ食事タイプのものもあると聞いていたので、フランス由来にも思えて、ますますトーキョーの謎が深まったのを憶えている。

▼タイのクレープあれこれ

タイにも一応クレープはある。「**クレープ・タイ**」（タイのクレープ）だ。見た目はクレープそのものだが、生クリームが使われることはいまだなく、チョコレートソースか練乳、鶏卵素麺のフォイトーンが挟んである。甘くないクレープの場合はソーセージやハム、ムー・ヨングなどが使われる。日本のクレープと決定的に違うのは、クレープ・タイの生地がせんべいかと思うほどカチカチに焼かれている点だ。クレープっぽくたたんで紙に巻いてくれるのだが、かじるとかたい。タイ人はこれがいいというけれど、ボクは日本で中高生に好まれるような半生生地のほうが絶対にいいと思う。

そのほか、米粉生地のクレープ「**カノム・ブアン**」もある。アルカリ性水に米粉やリョクトウの粉、パーム・シュガー、鶏卵などを混ぜた生地を鉄板の上で丸く伸ばして焼く。かつては塩味の薄い生地のみで食べたようだが、今では生地に必ず具材が載っている。王族や従者が食べたというエビなどが載った宮殿式は今では少数派で、現在はメレンゲにフォイトーンなどを載せ、生地を折りたたむバージョンばかりみかける。卵白と粉砂糖とナーム・マナーウ（ライム汁）のメレンゲは、生クリームと勘違いして口にすると意外とショックが大きいというデメリットがある。ナム・ソムをみかんジュースと思うべきなど、タイ・スイーツは知識がないと舌と脳がビックリすることがまれに起こってしまう。

カノム・ブアンの白いものは生クリームにみえるがそうではない。

カノム・ブアンはカノム・トーキョーと大きさは同じだが、

上／クレープ・タイは中身に生クリームを使わないから生地がかたくてもいいのかもしれない。
下／カノム・ブアンも生地をかたく焼く。また、注文を受けて焼くのではなく作り置きが基本になる。

歴史はずっと長く、スコータイ王朝の時代にはすでに食されていたとされる。アユタヤ王朝時代には鉄板焼き菓子の定番になっていたようだ。もしそうだとすると、カノム・トーキョーの原型はカノム・ブアンなのではないかという気もしてくる。

カノム・ブアンに名前がよく似た「**カノム・ブアン・ユアン**」もしくは「バンセウ」という料理もある。これはベトナム式お好み焼きとも呼ばれるバインセオが原型だ。現王朝のラマ3世王の時代、カンボジア領土に絡んでタイとベトナムが戦争になったとき、タイ軍に捕らえられたベトナム捕虜がもたらした料理だといわれている。米粉生地を使って具材を包むようにするところはタイ式クレープに似ているが、こちらはスイーツではない。

世界で最も有名なエナジードリンク『グラティン・デーン』

タイのエナジードリンク市場は巨大だ。もともとタイに存在していなかった市場だが、一九六〇年代半ば、突如外国からある商品が上陸し、タイにこの市場が誕生した。これによって今はタイのコンビニの冷蔵庫には多種多様なエナジードリンクが並んでいる。

ところで、ああいったドリンクをエナジードリンクと呼ぶようになったのはいつからだろう。ボクが子どものころは栄養ドリンクとか栄養剤と呼んでいたはずだ。日本では栄養ドリンクとエナジードリンクは厳密には違うものと定義しているが、本書では両者を同じものとして扱う。ちなみにタイ語でエナジードリンクは**クルアンドゥーム・チューー・ガムラン**というのだが、そもそもこの言葉自体が浸透していない。インスタント麺と同じで、製品ジャンルではなく製品名が代名詞になっているのだ。

世界で最も有名なエナジードリンクは『レッドブル』だろう。実はレッドブルはタイ発祥なのだが、権利の問題でタイ国内にはほとんど置かれていない。名前すら知らない中高年もいるくらい知名度が

グラティン・デーンやレッドブルのファミリー。

低い。その要因は本家本元がタイに存在しているからにすぎない。『グラティン・デーン』というブランドだ。グラティンとは大型ウシの一種であるガウルで、デーンは赤い、すなわちレッドブルと意味はほぼ同じだ。

　グラティン・デーンは一九七六年に海南系のタイ華人チャリヤウ・ユーウィッタヤー氏が開発・発売したエナジードリンクだ。顧客ターゲットは農民やトラック運転手、ムエタイ選手などで、彼らに直接売り歩いたのがはじまりとされる。当初はタイでもさほど人気がなかったが、八二年にタイを訪れたオーストリア人企業家が目をつけ、配合を欧米人好みに調整して八七年にレッドブルとして発売したところ、大ヒットした。レッドブルとグラティン・デーンは別企業で、レッドブル側はタイ市場での販売権を有していないためタイ国内でほとんど売られていない。最近になってやっとちらほらみかけるようになったくらいだ。その逆に、グラティン・デーンは世界的に無名のままだ。

　レッドブルの株式の多くはユーウィッタヤー家が保有しており、チャリヤウ氏が二〇一二年に八十八歳で亡くなったとき、その推定資産は五十億ドル以上、タイで三番目に裕福な人物となっていた。太平洋戦争後、タイは華人が裕福になって財閥となり、富裕層はほぼイコールで中国系となった。タイ富裕層はタイ国内および中国や東南アジア圏内の事業で成功した一族が大半で、その後欧米方面のビジネスに着手することがあっても、まず先に外国でのビジネスで成功するというケースはほとんどない。ユーウィッタヤー家はタイでのビジネスで富裕層にのし上がれなかったものの、外国の株式保有で資産が増えたという、タイでもちょっと変わったサクセスストリーを歩んできた一族になる。

グラティン・デーンはいまだにタイで爆発的な人気商品というほどではない。ボクが初めてタイに来たころには袖が紺色で、赤いガウルがぶつかりあうグラティン・デーンのロゴが白い胸元に大きく描かれたTシャツがカオサン通りの土産物店で売られていて、欧米人バックパッカーがよく着ていたものだ。ボクもロゴは目にしていたが、グラティ・デーンがなにかはしばらく知らなかった。

▼タイで人気のエナジードリンクとは

知名度は抜群なのにグラティン・デーンに売れているイメージがないのは、ほかに人気のブランドがあるからにほかならない。タイのエナジードリンクの飲用者はほとんどが男性で、彼らからの人気は『M150』というドリンクに集中する。エム・ローイハーシップと読み、タイ人は略してエムローイと呼ぶ。

タイでインスタント麺はマーケットシェアで一番のマーマーという商品名が代名詞になっている。まあ、インスタント麺のタイ語が長いというのもあるかもしれない。タイ語でエナジードリンクも冒頭のように長い。さらに、かつてはマーケットシェアがどうのこうのと議論する必要もないほど銘柄が少なかった。そのため、エナジードリンクは各々の商品名で呼ばれ、自ずと一番人気の「エムローイ」とみんな呼ぶようになった。ただ、マーマーはほかのブランドもひっくるめたものであるのに対し、エムローイというとほとんどの場面でエムローイだけを指してしまう。つまり、エムローイだけが完全にひとり勝ちしている状態であったともいえる。

M150はタイの飲料製造大手オーソットスパ社が八五年に発売開始した。同じ値段でグラティン・デーンの一・五倍の量だったことも人気の理由だったろう。今でこそグラティン・デーンはパッケージデザインを変えて瓶サイズも大きくしたが、当初は一〇〇ミリリットルだった。対するM150は今も昔も一五〇ミリだ。低所得者層のタイ人はコスパ重視だ。味や含有成分、対効果ではなく、重量単価だけを気にするという、意外とセコい一面がある。

しかし、M150の一強時代も陰りがみえてきている。二〇〇二年発売の『カラバオ・デーン』というドリンクが売り上げを伸ばし、一四年にはマーケットシェア二一パーセント超えの人気のエナジードリンクとなった。二〇二〇年のマーケットシェアはこのブランドとM150、グラティン・デーンの三社だけで九〇パーセントを超えている。M150は一〇年時点では六五パーセントを誇っていたが、二〇年は約四八パーセント、グラティン・デーンが一三パーセントほどなので、カラバオ・デーンは二八パーセント超となって、着実に浸透力を伸ばしている。

カラバオ・デーンはバンコク都内でビアホールを経営するタワンデーン社と、演歌とロックを融合させたような音楽ジャンルで有名なバンドであるカラバオのコラボ商品だ。ネーミングが安易すぎてなにかの冗談かと発売当初は思っていたが、今やタワンデーン社の経営一族は超がつく大金持ちになったらしい。まあ、もともと金持ちだったのだが。

上／人気が意外と高いのがこのカラバオ・デーンだ。 下／見慣れたリポビタンDもタイ文字になると不思議な印象。

これら三つがタイ産エナジードリンクの三大銘柄だ。しかし、実はタイのエナジードリンク市場を開拓したのはこれらの銘柄ではない。冒頭のように、タイで初めて売られたエナジードリンクは、日本人なら誰もが知る『リポビタンＤ』である。グラティン・デーンより十年も早い一九六五年にタイに上陸していたのだ。しかも、Ｍ１５０を発売したオーソットスパ社が当初から現在にいたるまで販売を代行している。リポ（タイ人はリポーと呼ぶ）を売りつつ自社製品を開発してしまうあたり、アジアっぽさを感じずにはいられない。

二〇〇〇年代初頭には、グラティン・デーンがイギリスやシンガポールで人気になった。レッドブルではなく、タイ産グラティン・デーンでウォッカを割ると覚せい剤を飲んだときと同様の高揚感がえられるという噂が立ったからだ。それをまねてタイのクラブでもメニューにレッドブル・ウォッカを謳いつつ、グラティン・デーンで割るカクテルが登場した。クラブ側としてはラッキーな流行だったろう。グラティン・デーンのほうが安く仕入れられるのだから。しかも、欧米人客には彼らが求める本物のタイ産を提供できる。ただ、覚せい剤的効果が実際にあったのかは眉唾ものではある。本当にそうなら規制がかかるはずだが、少なくともタイではされていない（はず）。なんにしても、タイのエナジードリンク市場はまさにこれから成長する市場として活気を呈しているのである。

ちなみに、タイ人男性のほとんどがエナジードリンク、特にＭ１５０を飲むとき、ふたを開ける前になぜか瓶を逆さまにして底を強く手のひらで叩く。沈殿物を混ぜるならふったほうが効率的だと思うし、そもそも沈殿物なんてないのだから、いまだ意味がわからない。当人らに訊いても、みんながそうしているからというだけで誰も理由を知らなかった。

伝統的なものよりも既製品のナム・デーンが今は主流になりつつある。

供物としても重宝される「ナム・デーン」は字のごとく赤い水

タイの子ども向けドリンクでまず思い浮かぶのが「**ナム・デーン**」だ。読んで字の如く、赤い水という意味である。子どもたちが好きな甘いドリンクといえばこの赤と、緑色の「ナム・キアオ」である。ただ、赤は縁起のよい色で、タイの精霊信仰においては子どもの神や子どもの供養の際、このナム・デーンを祭壇に供えるので、ポピュラーなのは赤になる。

赤い水分であれば炭酸が入っていようとすべてナム・デーンと分類されるため、近年では『ファンタ』のストロベリー味が精霊信仰界隈を席巻している。子どもや若い女性の神や精霊を祀る祭壇にもファンタのペットボトルがやたら目立つ。

ナム・デーンがファンタになったのには合理的な理由があったとボクはみている。ファンタ以前、ナム・デーンといえばかき氷のシロップだった。そのシロップだと、供えるにも飲むにもコップに入れて水で薄めて、という手間がかかる。買って置くだけでいいファンタのほうが楽だ、となったのではないか。シロップはそこそこの量なのであるが、ファンタのペットボトルなら一遍こっきりで、手元に残ることもない。赤いファンタのほうが断然コスパに優れるというわけだ。タイ人は合理的なので、信仰の儀式においても煩雑な手順より簡単なほうを選ぶのである。

タイでかき氷のシロップといえば、タイ華人の四兄弟が一九五九年に創業した『ヘールズ・ブルーボーイ』というブランドだ。最近になって中国市場に進出するまでの長年、タイ市場のみの展開だったにもかかわらず年商は二十億バーツ（およそ八十億円）、五億バーツ前後（約二十億円）の利益を出してきた。もとは小さな雑貨店で、子どもたちに売る「**ナム・ワーン**」（甘いドリンク）の素を自分たちで作りはじめたのがきっかけだ。創業当時から変わらず瓶詰めで、フレーバーもストロベリー、ローズ、サラ（サラカヤシ）、クリームソーダ、グレープやジャスミン、パイナップルなど全九種類のみに絞っている。

心霊スポットに供えてあったナム・デーン。

ヘールズ・ブルーボーイが瓶詰めなのにも理由がある。ひとつは、ペットボトルよりも中身が長持ちするからだという。ある程度の条件下であれば、ヘールズ・ブルーボーイのシロップの品質は四年くらいなら余裕で維持できるのだそうだ。ふたつめは耐久性だ。子ども相手の小売店や屋台では瓶詰めのほうが理にかなっている。子どもたちが暑い日中にやってくる。店主らはそのたびにシロップの瓶を持ちあげ、袋に入れ、水やソーダで割っ

果物の生搾りジュースやナム・デーンなどを売る屋台。

て出す。持ちあげたり置いたりを繰りかえすには、強度的にペットボトルより瓶が適しているのだ。

屋台などでのナム・デーンの売り方もタイっぽさがかつてはあった。最近ではプラスチックなどの使い捨てカップに入れて出すところも増えたが、二〇〇〇年代初頭まではビニル袋に直接注ぐのが普通だった。一応今でも古くからの住宅街や田舎ではビニル袋タイプが残ってはいる。屋台でテイクアウトしたときにもらうような手提げの小さなビニル袋——料理を入れる袋でなく、あくまで料理を入れた袋を持ち帰るための手提げ袋のほうに直に氷とシロップを入れ、ストローを挿して渡してくれるのだ。子どもたちはそれを持って歩きながら飲む。手提げ袋なので持ちやすい一方、一度渡されたら飲みおわるまでどこにも置けないというデメリットはある。この袋入りナム・デーンは、夏の甲子園における名物ドリンク「かち割り」に似ている。甲子園では専用の密閉バッグになったと聞くが、タイの袋ドリンクはそんな上等なものではない。

タイはとにかく、いろいろな意味で合理的だ。たしかにそういう使い方もできなくはない、という物の使い方をする。米粉麺のクイッティアオを持ち帰るときも、伸びないようにと麺とスープを分けて袋に詰める。熱いスープも構わずビニル袋に入れる。ある日本人観光客は「タイ人ってビニル袋に絶大な信頼を置いていますよね」と驚いていた。長く住むうちにあたりまえになっていたが、たしかに熱で穴があいたらどうするのだろう。ただ、タイ人は全般的に猫舌なのか、料理もさほど熱いものはない。だからスープでも平気でビニル袋に入れる。

食べものとは関係ないが、最近みかけなくなったビニル袋の用途に、頭にかぶるというのがある。雨季には毎日雨が降るのに、タイ人が傘を持ち歩くようになったのは二〇一〇年前後くらいから。それまで通行人は雨宿りをし、屋台の人は手提げ袋を頭にかぶって仕事をしていた。袋より頭のほうが大きいので、かぶるとまるで競泳の帽子みたいにぴっちりする。当然、服は濡れる。彼らはなぜか服は気にせず、頭が濡れることを極端に嫌がる傾向にあった。

袋入りのコーヒー。これは上を縛ってくれているが、手提げ袋に入れるものがかつては多かった。

ちなみに、供えものにするファンタが日本の同ブランドと同じ味かどうかは不明だ。『コカ・コーラ』は国や地域によってその成分を変えているという話がある。実際、気候や気温による体調の変化のせいなのか、タイのコカ・コーラは甘みが強く、炭酸が弱い気がする。逆に日本のは甘さ控えめで炭酸が強く、シャープな印象を受ける。あるメディアの記事では、同社は各国で入手できる甘味料の原材料が味に影響しているとあった。

菓子類も同様だ。たとえば日系菓子メーカーのチョコレートも、日本とタイでは舌触りが全然違う。具体的な成分比率は企業秘密で不明だが、日本製のほうが絶対的においしい。平均気温の高いタイでは溶けにくくするためチョコの成分が日本と違い、まずくなっているのかもしれない。四十代以上のタイ人は子どものころを含めてチョコをあまり食べてきていないので、日常生活において突然起こるチョコへの渇望はないものの、誰かから日本土産でチョコレートをもらうと、それはおいしそうに食べる。日本とタイではどこか決定的に違うものがあるのだ。やっぱり日本の食品というのは世界的に競争力があるのだなと思う。

タイ産豆のブームが根強いタイのコーヒー業界。

植民地化を逃れたタイの「ガーフェー」文化の今

タイはほかの東南アジア諸国と違って植民地化された経験がない。アジア圏で植民地経験がないのはタイと日本だけで、日本は戦後にアメリカの占領下にあったと考えると、タイだけがずっと完全独立を維持してきた。このため、タイには長らく「**ガーフェー**」（コーヒー）文化が定着せず、コーヒーの飲み方や生産技術に関する知識も乏しい状態にある。今でこそコーヒー好きに注目されているタイ産のコーヒー豆も、歴史はかなり浅い。

一説では、二〇一三年ごろから続くタイのコーヒーブームは、タイ史上では三回目なのだという。最初は第二次世界大戦終戦直後で、このときの習慣などが九〇年代までタイのコーヒー文化のスタン

2000年代初頭はスタバ以外だと『コーヒー・ワールド』も人気だった。

ダードになった。九八年に『スターバックス』の上陸でカフェが乱立する第二次コーヒーブームが到来する。アジア通貨危機による大不況の当時、物価指数からするとタイ人にはおそろしく高額だったスタバは最初こそあまり浸透しなかったが、〇二年前後に見た目の景気が上向くと、スタバだけでなくほかの欧米スタイルのカフェも全土に店舗を増やした。このときに一般タイ人にもタイ式ではないワールドスタンダードなコーヒーが親しまれるようになったとされる。そして、一三年前後にタイ産豆が見直されると、バンコクを中心に個人経営のカフェが急増、第三次ブームがはじまった。

タイのコーヒー豆生産は第一次ブームのずっと前から行われていた。正確なところはわかっておらず、タイ人ムスリムが二〇世紀初頭にインドネシアからコーヒーの苗を持ち帰ったのがはじまりという説と、一八〇〇年代にインド経由で苗が入ってきたという説がある。いずれにしても、タイは気候や地形などの条件において

上／チェンライ県にあるアカ族の村で栽培されているコーヒーの豆。（画像提供：浜崎勇次）　下／アカ族の女性がタイ公共保健省公認のバリスタの資格を取得して焙煎をしていた。

コーヒー生産に適した地域であるとされる。

　タイにおけるコーヒー産地の筆頭は北部だろう。というのも、北部では昔から山岳少数民族が大麻やアヘン、ヘロインの原料になるケシ栽培を生業としており、その撲滅のため、代替作物としてコーヒーを推奨するプロジェクトがタイ王室を中心に行われ、広く知られるようになったからである。

　この北部のプロジェクトでは、ドイ・チャーン（チャーン山）のコーヒーショップ『ドイ・チャーン・カフェ』がまず有名になった。チェンマイ県やバンコクに出した支店がきっかけで、タイ人自身、特に都会の人たちが自国産のコーヒー豆に目を向けはじめたのである。

　とはいっても、北部が注目されがちなタイ産コーヒー豆の生産量は、実は南部のほうが多い。北部はアラビカ種が、南部はロブスタ種が中心だ。先のタイのコーヒー豆生産の歴史のはじまりはロブスタ種で、一般的にカフェなどでコーヒーになるアラビカ種は一九五〇年代以降に作られはじめ、七〇年代にラマ9世王の主導の下、先のケシ栽培などの代替作物にするために導入されたといわれる。アラビカ種はまさに第一次ブームのはじまりのときということになる。

タイ農業・協同組合省傘下の農業経済事務局による二〇二一年度の統計では、タイのコーヒー豆総生産量はおよそ二万一七七三トンで、内訳はアラビカ種が四五・四一パーセント、ロブスタ種が五四・五九パーセントだった。同統計において同年中の生産量が一番多かった県は南部のチュンポーン県で八三二二トン、次にチェンマイ県で四四四六トンと、一位と二位の間ですでに倍の差がある。チュンポーンはロブスタ種のみ、チェンマイ県はアラビカ種のみしか生産していない。第三位が南部ラノーン県の二七三八トン、第四位が北部チェンライ県の二五七九トンである。ラノーンもロブスタ種のみだが、チェンライ県はロブスタ種も六トンだけ収穫したようだ。タイの主要生産地はこの四県で、チュンポーンとラノーンの合計だけで全生産量の半分を占める。コーヒー豆の生産は南部が盛んなのだ。しかし、ロブスタ種のほとんどが食品メーカーに買いあげられ、缶コーヒーやインスタントコーヒーに加工されていて一般市場で豆そのものをみかけないため、この事実はあまり知られていない。

ただ、生産量に関してはひとつ注釈を入れておきたい。というのは、タイ産コーヒー豆は注目されているが、生産量は実は半分も減少しているのだ。先の関係当局で確認できる一番古い数字は二〇〇九年のものになる。この年は年間五万六三一五トンと、二一年の二・五倍も生産量があった。確認できる統計内ではこの数値がピークで、だいたい三万トン台から四万トン、一五年ごろから年間生産量は二万トン台で推移している。

タイのコーヒー豆生産量が減っているのは耕地面積が減っているからだ。〇九年の統計における耕地面積は三八・一万ライ（一ライは〇・一六ヘクタール）だったが、二一年は二六・八万ライとなった。南部のロブスタ種の農園の面積が減ったためだ。生産量の多いチュンポーン県は〇九年の耕地面積がおよそ二〇・九万ライだったが、二一年には八・二万ライと半分以下になった。ラノーンは八・九万ライから三・三万ライと三分の一近く落ちこんでいる。

一方で北部のアラビカ種の耕地面積は増えている。〇九年のチェンマイ県は約一・四万ライだったところ、二一年には約三・三万ライと、同年のラノーンに匹敵する耕地面積になった。チェンライも一・七万ライしかなかったところ、二一年は五・四万ライと三倍以上になっている。全体的に生産量は減っているものの、北部のコーヒー豆の人気がわかる数字だ。

▼代替コーヒーを踏襲したコーヒー

タイ人がコーヒーの飲み方にこだわりはじめたのはやはりスタバ上陸がきっかけだ。タイは〇六年から政情不安の渦中にある。その原因となったタクシン・チナワット元首相の在任中の〇二年前後、表面的な景気上昇に伴い、スタバも店舗数が増え、一般層にも浸透した。つまりタイでコーヒーが飲まれるようになったのはごく最近で、豆を購入して自宅でドリップする人はまだほとんどいない。欧米式コーヒーが主流になった今でも、地方のレストランでは特別に頼まなければ、自動的に昔ながらの甘いコーヒーが出てくる。コーヒー文化が定着しているベトナムやラオスでさえかなり甘くして飲まれているので、東南アジア人は根本的に苦いコーヒーが苦手なのかもしれない。

タイの昔ながらの屋台では、今も第一次ブームで流行ったタイプのコーヒーが出てくる。ミルク、粉ミルク、コンデンスミルクのいずれか、あるいは複数を同時に入れ、砂糖もたっぷりと入れる。第一次ブーム当時はコーヒー豆の国内供給量が少なく高価だったため、玄米やタマリンドの種、トウモロコシ、大豆、ゴマなどの穀物や植物を焙煎した粉でかさ増しした代用コーヒーが中心だった。

今風の屋台では、「**オーリアン**」といって頼めば、昔風のコーヒーが飲める。オーリアンは、黒い冷たい飲みものを指す潮州語「烏涼」（ウーリアン）のタイ語訛りで、本来は代替コーヒーを含めてブラックのアイスコーヒーを指すらしいが、ほとんどの店で甘味が加えられている。ホットは別に

昔ながらのコーヒーはこういったスタンド形式の屋台で注文できる。

「**オーユア**」という。ただ、これは最近のコーヒー人気でメニューが細分化されて復活した感があって、これまでオーユアは後述の伝統的コーヒーと同じものとされていたとボクは認識している。ほかにもオーリアンは砂糖やミルクを入れることで呼び方が変化するが、いずれもそこまで厳密に分けている店は第三次ブーム前は少なかったと思う。

厳密な意味でのオーリアン（ブラック・アイス）にコンデンスミルクを入れると、マレーシアやインドネシアのコーヒーの発音と同じ「**コピ**」（あるいはコーピー）になるという。コピにさらにミルクを入れると、アイスコーヒーを意味する「**ガーフェー・イエン**」と呼ばれる。これらの分類には諸説あり、ガーフェー・イエンは昔ながらのコーヒーにミルク、コンデンスミルク、砂糖などを入れたアイスで、ホットがコピ、もしくはガーフェー・イェンの南部の呼び方がコピなど、諸説がありすぎる。いずれにしても冷たい代替コーヒーばかりが細分化されていて、ホットの「**ガーフェー・ローン**」はあまり話題にならない気がする。

こういった昔のコーヒーの飲み方すべてを「**ガーフェー・ボーラーン**」（伝統的コーヒー）と総称する。中には、厳密にはガーフェー・イェンだけがイコールでガーフェー・ボーラーンとする人もいて、店によってはメニュー上もそうなっている。ただ、現在はガーフェー・イェンというと、欧米式の普通のアイスコーヒーを指すので、伝統的な甘いコーヒーを飲みたければオーリアン、もしくは通を気どって「**オーリアン・ヨックロー**」か「**オーリアン・ジャンバ**」といえばいいかもしれない。ヨックローは昔の牛乳パックに自転車の絵があったからこういう名称になっただけで、内容としてはオーリアンのミルク入りを指す。ジャンバは赤いシロップが砂糖の代わりに入ったタイプになる。このシロップはナム・デーンの項で出てきた赤いシロップだ。昔はサラカヤシからできた赤いシロップだったようで、ナム・デーンはもともとストロベリー味ではなく、サラ・フレーバーが一般的だった。

このように戦後からスターバックス登場まではオーリアンやガーフェー・ボーラーンが一般人のいうコーヒーで、あとはせいぜいインスタントコーヒーくらい。そんな環境下だったところにタイ産アラビカ種のブームが突如として起こった状態が今のタイ・コーヒー業界、もしくはタイ喫茶店界隈の様相だ。ただ、それに水を差すような問題も起こっている。タイでよくあるビジネスの落とし穴で、需要が増えたことで生産者が市場の要求を大幅に超える値上げをしてきているのだ。二一年と二二年のタイ産コーヒー豆の価格が高騰していると、タイのあるコーヒー販売業者がいっていた。

「最近はタイ産豆が高騰しています。それでタイ国内でもラオス、ベトナム、ミャンマー産が増えていますよ。輸入豆となるわけですが、タイ豆より若干価格が低いし、なにより品質がそこそこいいです」

ベトナムは世界的にコーヒー豆の重要な生産地だし、ラオス産もフランス植民地時代の影響か、東南アジアでは人気がある。さらに、政治問題が大きいミャンマーだがタイとの貿易は続いていて、コーヒー豆もタイに入っているという。

「ミャンマーはおそらく人件費が安いので豆も安いのかと。いずれにしてもタイ産コーヒー豆はそれほど品質がいいわけではないので、今の価格では全然合わないです」

と先の販売業者はつけ加えた。タイのアラビカ種栽培は一九五〇年代からと、タイ料理の歴史からするとまだ長くない。人気があるとはいえ、世界にはもっといい豆があるのも事実だ。農家の度を超えた利潤追求で、タイ市場からタイ産豆が敬遠されるかもしれない事態になっているようだ。市場を無視した相場を超える価格設定が起きたのも、タイにコーヒー文化が本当の意味で根づいていないからだろう。コーヒー以前に入ってきたお茶全般の栽培やティー文化でさえ根づいていないのだから、仕方のないことかもしれない。

▼タイの茶文化

そんなタイの茶文化は、スコータイ王朝が中国との交流ができ、中国茶が入ってきたことではじまったとされる。そのため、タイ語でも茶は**チャー**と呼ばれる。ただ、タイらしくその文献などがなく、タイの研究者が推測するにすぎない。確実に文献があるのは、一六〇〇年代のアユタヤ王朝時代で、客人に茶をたてる様子が確認されている。そのときも中国茶が飲まれていたとされる。

それからだいぶ時が経ち、一九四〇年前後にタイ農業省（農業・協同組合省の前身）が中心となって茶葉産業の研究・開発がはじまった。現在、タイの茶葉栽培が北部に集中しているのは政府がこの研究地域を北部に限定したためだ。その後、民間企業の茶葉生産も進みはじめた。政府の研究が本格化する前の三七年にはタイ産茶葉関連の初の企業として、バイ・チャー・トラープーカオ（マウンテ

急激に売り上げを伸ばしているチャー・トラームーのショップ。

ンリーフティー）社が創業している（四一年創業の説もある）。完全なタイ人だけの運営ではなく、栽培アドバイザーに中国人を招いているので、タイの茶文化は中国から大きな影響を受けているといえる。その後の六七年、この企業は『チャー・ラミング』（ラミング・ティー）と社名変更し、今も続いている。

　四五年創業のタイ茶の老舗『チャー・トラームー』は今になっての快進撃がものすごい。二〇一八年前後からバンコクの商業施設を中心にスタンド形式の店舗を急増させていて、実際に人気も出ている。ここは一九二〇年ごろに潮州出身の移民家族がタイ北部に移住し、当初は中国からの茶葉輸入をしていた。その後、喫茶店を開業し、さらに茶葉畑を開墾し、太平洋戦争終結に合わせて同社を創業している。

　タイ北部の茶葉栽培や生産は当初よりアッサム種が主流だ。農業省ではその後インド産や台湾産、日本産の茶葉も研究し、タイ国内で紅茶、中国茶、ウーロン茶、緑茶用も栽培されるようになった。カセサート大学園芸研究所の資料によると、二〇二〇年のタイにおける茶葉生産量は一〇万七六二トンで、チェンライ県が最も多く約七万四九九八トン、次ぐチェンマイ県が二万五七六二トンと、この二県だけでタイ茶葉生産のほとんどを占める。

茶全般のマーケットも年々拡大していて、一九年で五兆ドル超の市場規模になったという統計もある。二三年には六兆ドルを超えるともされるものの（取材時）、タイに住んでいるボクの肌感では、少なくとも紅茶はコーヒーほどの人気はない。コンビニでも紅茶製品のラインナップは少ないし、自宅で紅茶を作る・飲むという習慣はコーヒー以上に根づいていない。ティーポットセットを持っているのは相当な富裕層だけだと思う。先のチャー・トラームーが販売するその場で飲むドリンク以外のティー関連商品も、売れ筋は湯を注ぐだけの粉タイプあるいはティーバッグのものだ。

そんなタイにも、「**チャー・デーン**」、「**チャー・ダム**」という独特の紅茶の飲み方がある。チャー・デーンとは、ミルクをたっぷり入れた赤いミルクティーのことだ。これらは「チャー・ノム」（ミルクティー）、もしくは「チャー・ノム・デーン」（赤ミルクティー）とも呼ばれる。赤いというよりは鮮やかなオレンジ色で、おいしそうな色とはとてもじゃないがいえない。これは紅茶そのものの色（茶色っぽい色あい）がタイ人の食欲や購買意欲をそそらないらしい。伝統的コーヒーでもオーリアン・ジャンバは赤いシロップを入れるので、タイ人の視覚効果になにか関係する可能性は高い。そのため、スパイスやほかの植物などでわざと赤く着色して、ジャスミンの香りも加えることで、タイ人の視覚的な味覚に訴えているのだとか。これはチャー・トラームー社がはじめたという説もある。

チャー・ダムは少しややこしい。黒い茶という意味があるので、ウーロン茶などの濃い茶色の茶類も指す。ただ、ついこの間までタイでウーロン茶はほぼないようなものだったので、伝統的にはタイの紅茶のひとつの飲み方を意味している。チャー・ダムは本来は完全酸化発酵させた茶葉を使ったテ

チェンライ県にあるシンハ・ビールのブンロード社が所有する茶畑。

ィーで、日本人や欧米人がいう普通の紅茶もこれに入ってしまう。ややこしさに拍車をかけるのは、タイ式ミルクティーのチャー・デーンも直訳が赤い茶なので、これもまた紅茶だ。このあたりは文化がしっかり根づいていないので、人や店によって感覚的に使い分けている印象だ。ボク個人の解釈では、伝統的ミルクティーのチャー・デーンが「ない店」で日本や欧米で飲むような普通の紅茶をチャー・デーン、伝統的ミルクティーが「ある店」での普通の紅茶がチャー・ダムと呼ばれているのかなと思っている。

　チャー・デーンもチャー・ダムも昔ながらのタイの茶ということで、最近では海外メディアや外国人からタイ・ティーと呼ばれるようになった。ヨーロッパ系の有名フード関連ウェブサイトがまとめる世界のおいしいお茶にも取りあげられ、特にチャー・デーンは「**チャー・タイ**」（タイ・ティー）の代表としてタイの若者にも再評価され、チャー・トラームーの行列につながっている。チャー・トラームーではチャー・デーンだけでなく、チャー・デーン味のソフトクリームも開発するなど、本当に波に乗っている感じがする。さすがはタイ華人、商魂たくましい会社である。

▼タイは今、緑茶ブーム

現在、タイの茶葉産業を支えているのは緑茶だ。チャー・トラームーも自社畑と契約茶葉農園でとれた茶葉を緑茶にも加工していて、都市部の店舗で販売している。シンハ・ビールで有名な会社ブンロード社も、北部チェンライ県の自社農園で茶葉を栽培している。和食が定着したタイでは日本食関連の小売商品も人気で、中でもコンビニの緑茶は売れ筋のようだ。

コンビニの緑茶コーナーはかなり充実した。

タイの緑茶ブームを牽引してきたのが、回転鍋店シャブシで知られるオイシ・グループだ。緑茶ブーム、和食ブーム以前から和食チェーンを展開してきたオイシは、二〇〇一年に社名を冠した緑茶商品を発売し、大ヒットさせた。当初は加糖緑茶、あるいはハチミツレモンなどのフレーバーつきしかなかった。当時の一般小売店に緑茶はなく、輸入品スーパーに日本製の高いペットボトルがあるくらいだったので、身近なコンビニで安く緑茶が手に入るなんて夢のようだと在住日本人の誰もがよろこんだ。ところが口にしてみたら甘く、飲めない人が続出する。しかし、あくまでもタイ企業がタイ市場でタイ人のために展開している商品だ。この加糖緑茶はタイ人には好まれた。

タイ人も和食に舌が慣れてきたのか、今では本格的な無糖の緑茶も普及している。日本企業も多数参入しており、コンビニなどの棚にある緑茶商品ラインナップはどんどん増えている。

不思議なのは紅茶ドリンクがまったく増えず、いまだ数種類しかないことだ。昔からある『リプトン』や『ネスレ』の甘いレモンティーは、昔ながらのレストランだと既製品がそのままグラスに注がれて出てくるほどだ。文化的には長いはずなのに、緑茶への力の入れようとは真逆である。

タイにはほかにも、伝統医学で生薬として、それからタイ料理では香草として使われるサムンプライの茶、いわゆるハーブティーもある。メジャー商品化されてはいないので、普及度はわからない。煮だすだけで簡単に飲めると意識の高いタイ人が、健康維持のために自宅で飲んでいる程度かもしれないが、サムンプライの商品だけを揃える専門ショップもできはじめているので、これからタイ産茶やハーブティーのマーケットの状況が変わっていくのかもしれない。とりあえず現時点においてタイでリラックスタイムに嗜む飲みものといえば、コーヒーと緑茶の二択なのである。

๑๔

第14章

知らなかったタイのアルコールの世界

๑๔

タイはアルコール飲料の値段が高い国だ。ラオスやベトナムの飲食店でのビール大瓶と、タイの小売店における三三〇ミリリットルの小瓶もしくは普通サイズの缶がほぼ同じ値段なのをみると、タイはアルコールが高いと思う。

バー経営者も「タイは酒の仕入れ値が高すぎて、日本のバーほど儲からない」とぼやいていた。日本の焼酎を若いときに飲み慣れていなかったボクは二〇一〇年ごろの和食ブーム初期にタイで本格焼酎デビューをした。そのころ、日本式の居酒屋では黒霧島が一八〇〇バーツ、当時で五千四百円くらいだったが、それを適正価格と思っていた。ところが、成田空港免税店では千五百円くらいだ。なまじ東南アジア慣れしていたボクはそれをニセモノだと思いこみ、店員に詰めよるという恥ずかしいことをした。輸入経費がかかっているとはいえ、タイの酒税のインパクトを目のあたりにした瞬間でもあった。

税金の高さゆえか、タイ人の味覚か、タイのアルコール飲料はバリエーションが少ない。バンコクは国際都市で各国料理が本場レベルで食べられるのに、アルコールでは他国の大都市に遅れをとって

巨大な飲み屋もあって、タイの飲酒場面は一応多彩だとはいえる。

いる。飲食店経営者や飲料メーカーにとってより不利なのは、アルコール製品に対するメディア露出の規制がかなり厳しいことだ。宣伝はほぼできない。そして、ノン・アルコールビールがタイ市場にも出てきている中、これらにも税金をかけるため、従来のアルコール製品はさらに増税するという報道も出ていて、酒飲みには世知辛い。

とはいえ、タイでしか飲めないアルコール飲料もあるので、ここでいくつか取りあげてみたい。

タイ料理に合わせるなら「ビア」以外ない？

二〇〇〇年代初頭から現在まで、タイ国内で一番人気の「**ビア**」（ビール）の銘柄は『ビア・リオ』である。ボクが初めてタイに来たときはまだコンビニエンスストアの棚にはなく、王道は『ビア・シン』、人気は『ビア・チャーン』だった。ビア・シンは外国人からシンハ・

ビールと呼ばれる伝統的な銘柄で、チャーンは価格の安さで台頭してきたビールだった。

ビールは地元に限る。水と土の影響を受けるし、鮮度が命なので醸造所から消費者までの輸送距離が近いほうがいい。旅客機の機内に液体入りの容器をまだ持ちこめた二〇〇三年、日本の缶ビールをタイ料理と飲んだら贅沢だと思い、丁寧に運んだことがあったが、驚くほどまずかった。ビールは地元で飲むのがいいのだ。

ところが、最近ではそのボクの中の常識を覆す状況になっている。二〇一四年、気がつくとバンコクは「クラフトビール天国」と呼ばれていた。クラフトビールは日本だといわゆる地ビールだとか、小規模醸造所が造るビールと定義するところだろう。しかし当時のタイでは、これまでタイになかった銘柄のビール——主にベルギービールを仕入れ、販売しているバー・レストランが増加したということにすぎなかった。バンコクではただ銘柄を多数取り揃えてクラフトビール・バーと名乗っていたのである。

そもそもタイ政府はアルコールを大敵とみなしており、アルコール飲料のメディア露出への規制が厳しい。広告どころかテレビドラマや映画でもアルコールにはモザイクがかかるほどだ。二〇一五

上／ビア・リオはタイを代表するビールになってきている。下／シンハは今やタイのプレミアムビールになってしまった。

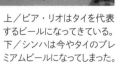

年にはＳＮＳで複数の芸能人が一斉にアップした画像がビールのステルスマーケティング投稿だと疑いがかけられ、警察が動く騒動になった。結局、誤解だったことになっているが、個人発信ですら危険なのだ。だから、ＣＮＮが二〇一四年五月末に発表した『ビール通が選ぶアジアのベストバー10選』に、バンコクの店が二軒も入ったと聞いたときは、そんな店がバンコクにあるのかと驚いた。情報がなかなか入ってこないからだ。

チャーンは20年前と比較して劇的においしくなった。

▼タイのクラフトビールの今

タイ国内の飲食店がクラフトビールと謳っても、先述のとおり、国内醸造の地ビールのことではないケースがほとんどだった。しかし、タイにも地ビールを醸造するマイクロブリュワリー（小規模醸造所）がないわけではない。

クラフトビールがほぼ地ビールでない事情は、製造許可がそうおりないという点にある。大手ビール会社の既得権益を守るためか、ビール醸造業に参入するには最低でも、年間醸造量一千万リットル、ブリューパブ（小規模醸造設備併設の飲食店）は最低十万リットルで最大百万リットルまでの年間醸造量、工場でもブリューパブでも資本金一千万バーツ（約四千万円）をクリアしなくてはならない。これでは若い経営者にはハードルが高くて入る余地がないのである。

それでも参入したい人がタイ国内でできることといえば、大手醸造所・蒸留所の生産ラインを間借りし、その企業の醸造量に便乗してクラフトビールを委託製造することだ。新しめのタイ産クラフトビールはだいたいこういった形態で造られていた。いずれにしてもタイ国内で製造するなら、宣伝もできない中で無名の銘柄をどれだけ造り、売っていなかければならないかを考えれば、なかなか厳しい商売だとは想像できる。

一四年ごろに登場した、洒落たデザイン缶のクラフトビール『マハナコーン』は、大都市という壮大な意味を持ち、缶にこそタイ発のクラフトビールと銘打っているものの、実際にはベトナムで醸造している（執筆時）。醸造量に上下限のないベトナムにはマイクロブリュワリーが多数存在するからだ。これらの小規模で小まわりのきく醸造所が、自社製品だけでなく他社の製品を代理生産（ＯＥＭ生産）するというビジネススタイルが確立されている。マハナコーンもその一例だが、タイ人によるクラフトビールという点がセールスポイントのため、外国製であることが限りなくわかりにくいパッケージデザインになっている。

タイの企業が外国でアルコール製品を製造して、自らが輸入するという手法は珍しいことではない。醸造所・蒸留所を新設するよりも、輸入許可を取得するほうがまだ容易いからだ。ほかにもタイで日本式の焼酎の素を製造してベトナムに輸出し、蒸留・製品化したのちにタイに再輸入するという手間のかかることをしていたところもあったくらいだ。タイの英字紙『バンコク・ポスト』の報道によれば、タイの小規模ビール業者と提携するのは現在ベトナムと台湾のマイクロブリュワリーだという。距離の近いカンボジアも、次の醸造委託先として注目されているそうだ。

ただ、そんな状況も変わりつつある。二〇二二

タイのビールでありながらベトナム産という不思議なビール。

年一一月にクラフトビールを取り巻く規制に変化があったのだ。法令の改正があり、特に売買を伴わない自家製酒とタイ産クラフトビールにはかなり有利な変化となった。自身で消費するための自家製酒は事前申請が承認されれば年間二〇〇リットルまでの製造が自由になった。クラフトビール、量産ビールは共に法令に則ったタイ法人設立済みであることを条件に、資本金や醸造量の下限が撤廃されている。蒸留酒の規制は依然厳しいままであるものの、全体的にはアルコール飲料製造に関する規制はだいぶゆるくなったので、新たなクラフトビール業者が続々と誕生することだろう。

とはいえ、先述のとおり、旧法令下でも巨大資本を背景に設立されたマイクロブリュワリー（もしくはブリューパブ）もある。しかもバンコク都内に、だ。最も有名なのが、前章で紹介した人気栄養ドリンクの二番手カラバオ・デーンの製造者でもある、九九年創業の老舗ビアホール『タワンデーン・ジャーマンブリュワリー』といえる。執筆時点で三店舗が営業中で、中でもBTSチョンノンシー駅を南下したところにある本店のラマ3世通り店がおすすめだ。千席は余裕である大規模ビアホールなのに週末は予約必須という人気ぶりである。客席の横に醸造タンクがあり、ラガー、ドゥンケル、ヴァイツェンの三種のオリジナルビールと、タイ料理やタイ式ドイツ料理、ちょっとした和食が楽しめる。

タワンデーンのステージでは毎夜、ショーや観客参加型のイベントも行われる。ボクが行ったときは、ビールの一気飲み勝負が行われていた。参加者は店のユニフォームTシャツの入ったビニル袋を渡され、それを「ヨーイ、ドン」で着てから一気飲みするのだが、ユニフォームの入ったビニル袋は頑丈で全然破れない。袋を開けるのに四苦八苦する参加者の様子をみんなで笑うという趣向だった。

ビア・シンを醸造するブンロード・ブリュワリー社のブリューパブ『エスト33』もある。二軒あるうちの一軒、ラマ9世通りの商業施設ザ・ナイン内の店舗では醸造タンクを眺めながらビア・シンの

タイのビアホールといえばタワンデーンが一番有名だ。

クラフトビールを楽しむことができる。一般飲食店や小売店では飲めないシンハの黒生もあるし、料金は高めだが料理はおいしくてボリュームもある。現在はラインナップの一部が缶に詰められ、店名と同じブランド名で流通するようになったので、ここでしか飲めないというプレミアム感はやや落ちているが、缶は執筆時点ではまだ完成度が低く、飲むならやっぱり店舗だ。

このあまりおいしくないという点はタイならではでないかと思う。日本のビールメーカーが新製品を出すなら最初から完成度が高いものを売るだろう。**タイは、とにかくまずスタートし、改良はあとから**、である。こういったパワフルなビジネススタイルなのだ。このエスト33のビールだけでなく、後述するがチャーンもリオも最初は全然おいしくなかった。それが、今は普通に飲める水準だ。そういう意味では、タイではアルコールの新製品に急いで飛びつく必要はない。

上／エスト33は西洋料理も豊富にある。　下／バンコク中心地などにタイ人の若い人が集まるクラフトビール専門バーも増えている。

▼変わりゆくタイのビール市場

　クラフトビール天国といわれるようになって以降、タイ人のビール消費量は確実に増えてきた気がする。

　同じ東南アジアでもベトナムはビールが安く、タイよりずっと消費量が多い。キリンホールディングスの調査による国別消費量の統計をみると、二〇二一年度は日本が四一八・八万キロリットルで世界八位、タイは一七四・九万キロリットルで第二十四位、ベトナムは日本に三万キロリットル届かず第九位だった。この時期は新型コロナウイルスの感染拡大で外国人の入国禁止措置や、日本と違い東南アジア各国は飲食店の休業を強制していた悪影響も考慮すべきだろうが、タイ人は他国と比較するとビールをあまり飲まない。

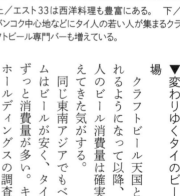

　他方、タイのメディアは二一年二月に『ワールド・ビール・インデックス２０２１』という情報元から、タイ人ひとりあたりの年間平均ビール消費量がアジアで一位になったと報じている。その量は三三三ミリリットル瓶換算で百四十二本、日本の八十八本を大幅に上まわる。アジア二位は韓国人、三位は中国人、四位フィリピン人、日本人は五番目だ。

　正直、このタイの報道には疑問が多い。先のキリンの統計では国別消費量の世界トップは中国で、全体の二〇・五パーセントを占めていた。しかし同社の発表するひとりあたりの消費量ではカンボジアがアジアでトップだ。カンボジアもベトナム同様にビールが安価で、たしかにビールがよく飲まれる印象だ。そんなカンボジアでも世界では三十三位で、日本は五十三位、タイにいたっては圏外である。タイのメディアが情報元としたサイトでは、ベトナム、ラオス、カンボジア、ミャンマーといったビール消費がもともと多い国は調査されていない（とみられる）。非常に恣意的なデータである。タイには毎年たくさんの外国人が訪れるし、在住者も多い。消費量では外国人が飲んだ分もカウントしつつ、タイの人口で割っているのではないだろうか。それくらい、タイ人がビールを飲むという印象がないのだ。

タイは酒税（あるいはアルコールにかかる各種税金全体）が高いのでコスパよく酔おうと思えば、ビールよりウイスキーという結論にいたる。そのため、ビールは外国人が飲むものなのかと思うほど、タイ人は飲まなかった。ビール専門バーが誕生し、バーで取り扱うビールの種類が充実してきたのは、バンコクがクラフトビール天国といわれはじめたころからだ。これに伴ってタイ人のビール消費量が増えた。ただ、ひとりの消費量が増えたというよりはビールを好む層の幅が広がったのではないか。いずれにしても、タイのビール市場が変化してきていることはたしかではある。

▼タイといえばのビア・シン

タイ・ビールといえばやはりビア・シンだ。外国人がシンでなく「シンハ」と呼ぶのは、タイ文字では読まないことになっているHが、アルファベットに置き換えたときにわざわざAまで一緒にうしろにつけられたからだ。タイは日本のローマ字のように定められたルールがないので、アルファベットにする際は発音に従った表記と、文字に従った表記が混在する。それらの混合もあるし、さらに厄介なことに裁量は個人の感覚に任される。

それなら、シン・ビールと呼べばいいじゃないかと思うかもしれないが、タイ語では修飾する言葉がうしろにくる。「日本のビール」はビア・イープン、「シンのビール」ならビア・シンとなる。ちなみに「シン」はサンスクリット語で獅子のこと、つまりライオンだが、絵柄はまるで仏教神話の狛犬だ。キリンビールのキリンと同じで、このシンは架空の動物がモチーフになっている。わかりやすいところで説明すると、シンは沖縄のシーサーとほぼ同一とみていい。

ビア・シンを醸造するのは、一九三三年創業のブンロード・ブリュワリーである。九〇年代にビア・チャーンを醸造するタイ・ビバレッジが参入するまでは唯一のビール醸造所で、シンはタイで最も古い国産ビール銘柄でもある。さらに企業としては、タイでは珍しい華人ではない財閥、コングロマリットでもある。

ボクが初めてタイに来た九八年初めのコンビニで売られていたビールはビア・シン、ビア・チャーン、『ハイネケン』が中心で、たまに『カールスバーグ』やクロスターをみかける程度だった。その後、カールスバーグとクロスターはなくなった。九〇年代ごろなどはクロスターはブンロード社、カールスバーグはタイ・ビバレッジがライセンス醸造・販売していたが、両方とも販売不振などから二〇〇〇年初頭に撤退した。しかし、カールスバーグは最近になって再びタイ国内でみかけるようになった。ブンロードとカールスバーグが一二年ごろに販売提携したからだ。九〇年代にはライバルだった企業が提携するという、なりふりかまわないビジネススタイルがタイらしい。

タイ産の外国銘柄でタイ人に人気なのは、今も昔もタイ・アジア・パシフィック・ブリュワリー社のタイ産ハイネケンだ。イメージがおしゃれで、苦めのビア・シンより飲みやすいからだろう。正直、ボクはハイネケンがあまり好きではない。タイに来てまでハイネケンを飲む日本人をみると、なんだこの人、と人格まで疑ってしまうボクがいたりする。

あとは、フィリピンの『サンミゲル』（タイ・サンミゲル醸造所）やシンガポール系の『タイガー』（ハイネケンと同じ醸造会社）といったアジア系もよくみかける。〇二年には日本のアサヒビールが『アサヒスーパードライ』をブンロードの醸造所とパートナーシップを結んで現地製造している。そこからかなり遅れた一三年、キリンの『一番搾り』がタイのサンミゲル醸造所で現地生産をはじめた。

▼後発ながら一番人気はビア・リオ

タイ産ビールで売れ行きのいいビア・チャーンは九五年発売だ。タイで最も多い人口層である低所得者向けの安価なビールとして登場したのだが、二〇一〇年ごろまでは飲めたものではなかった。アルコールの無機質な味が強くてビールの味はせず、飲んだ翌日は頭痛がする。安かろう悪かろうの代名詞のような飲みものだった。それがどういうわけか品質が劇的に改良され、今は普通に飲めるレベルになった。

そんなひどいビールであっても、安価というだけの武器でビア・チャーンは、特に九〇年代後半に快進撃を続けていく。こうなるとビア・シンの醸造元ブンロード・ブリュワリーも黙ってはいない。同社製造のミネラルウォーターやソーダの仕入れにはビア・シンの注文を必須条件とするなど、抱きあわせ商法を展開した。もはや展開というよりは強制的だったようで、先の「なりふりかまわないビジネススタイル」は結局昔からブンロードのお家芸だったのかもしれない。その後、ビア・シンをプレミアムビールに位置づけ、一九九八年には廉価版としてビア・リオという新銘柄を発売するにいたった。もともとタイ人のビール消費量は多くなかったので、そもそもビア・シンはタイ人より外国人に人気の銘柄だった。それをさらに明確にして、ビア・リオを大衆にぶつけることでビア・チャーンに対抗したのだ。

ビア・リオはこれといって特徴のないビールで、発売当初はビア・チャーンに太刀打ちできるとは目されていなかったが、数年後、突如売り上げが伸びはじめる。ただ、統計を調べての売り上げ増加という話ではなく、あくまでボクの主観的な見解だが。ビア・リオは特徴がない、すなわち苦味が少なく飲みやすい、ということで、女性が選ぶようになった。今やタイ人に最も飲まれる、シェア率ナンバーワンの銘柄へと成長した。日本のビール技師さえ「タイで飲むなら、消費量が多く、流通の回転が速いビア・リオだ」といっているらしい。タイで新鮮なビールにありつきたければ、ビア・リオ一択なのだ。

タイ産ビールの中心はシン、リオ、チャーンの三銘柄だが、ここ数年で銘柄は増えてきている。先の外国ビールのタイ醸造版のほか、サンミゲルの醸造所が造る『プーケットビール』、タイ・ビバレッジが対リオ・ビールとしてさらに安価で出した『アーチャー』、若者向けっぽいがよくわからない『チアー』(英語読みだとチアーズ)などだ。タイ・ビバレッジがプレミアムビールと位置づけ、タイ唯一のジャーマン・シングルモルトと謳い、ドイツの「ビール純粋令」を遵守しているという本格ビール『フェダーブロイ』(英語読みではフェダーブリュー)もある。

さらに、輸入の外国産ビールも、ビール専門バーなどではなくコンビニでも増えた。隣国ラオスのビア・ラオ、ベトナムのビア・サイゴン、アメリカのバドワイザー、ベルギービールで人気のヒューガルデンなどが、田舎のコンビニですらも手に入る。二〇一四年以降、クラフトビール天国か否か、また消費の伸びはともかく、銘柄は着実に増えつづけている。

▼タイで冷えたビールを飲むには

ボクがビールのおいしさに目覚めたのは、東京・浅草橋の屋形船でアルバイトをしていたころのことだ。先輩に連れられて入った駅前の大衆中華料理店で「生にする？」と訊かれ、よくわからないまま「はい」と答えた。

それまではビールは苦いものだと思っていた。しかし、このとき飲んだビールは違った。八月の暑い時期だ。瓶ビールのケースをいくつも同時に持って階段を昇り降りし、数十キロもある錨の上げ下ろしをする屋形船の仕事は肉体労働である。疲れた身体にキンキンに冷えた生ビールは甘いとさえ感じた。

こうしてすっかりビール党になったのに、タイではなかなかおいしい生ビールに出会えない。渋谷のタイ料理店でのバイト経験から、ビールサーバーには澱のような汚れがたまりやすく、頻繁に管や装置内の清掃を行わないと味が著しく低下することを知ったのだが、タイの飲食店ではあまり清掃をしていないのも一因だろう。

チアーのクラフト風ビールはライスベリーという玄米を使ったもの。

そもそもタイでは生ビールがどこでも飲めるようになったのは、ここ数年というくらい最近のことだ。かつてはビール会社の力のほうが強く、ある程度売り上げが見込める店でないとサーバーを貸してくれなかったためである。かつては乾季（一一月～五月）に商業施設前で開催されるビアガーデンか、外国人経営店でしか楽しむことができなかったくらいだった。ビアガーデンの季節はビール会社が売り上げの低い店からサ

生ビールの3リットル超の容器は「タワー」と呼ばれ、ビアガーデンの楽しみのひとつ。

ーバーを取りあげ、より売り上げにつながるビアガーデンにあてがっていくという、王様のような商売をしていた。

ビアガーデンの難点はタイらしく、ビールがすぐに温まってしまうことだ。ビールはやっぱり冷えていてほしい。エール（上面発酵）のビールが主流の国では常温もよくあるらしいが、日本もタイもピルスナー（下面発酵）なので、ボクとしては「やっぱりビールは冷えていなければならない」という凝りかたまった固定観念を捨てる気は毛頭ない。むしろ味がわからないくらいに冷えていてほしい。

理想はビールもジョッキもキンキンに冷えていることだ。しかし、タイだけでなく東南アジアでは冷えていないビールがよくあり、ジョッキがキンキンはまず期待できない。だから、タイで理想的なビールに出会うことは高級店以外ではまれだ。以前は日本のエクストラコールドのサーバーを導入する店がいくつかあったが、そもそもビールを飲まなかったタイ人にはその魅力が理解されなかったらしく、ボクの知る限りではパンデミック以前にはほぼなくなっていた。

　希有な店もあるにはある。瓶ビールなら断然タイスキのＭＫだ。ここは注文する人が少なく、ビールがいつもよく冷えている。生ビールなら戦勝記念塔のパブ『サクソフォン』だ。ここは陶器製のジョッキにキンキンに冷えたビールが注がれてくる。食事もおいしいし、ライブ音楽も楽しめる。

　二〇〇〇年代もとっくに二十年を過ぎているというのに、タイではいまだに氷を入れることすらある。あれはあれで悪くないタイミングもある。最近はタイ人もビールの飲み方をだいぶ理解しはじめ、氷をいきなり入れられることは減ってはいる。一方で、辛い料理を食べるときや、とにかくたくさん飲みたいとき、実は氷入りビールも効果的だったりする。ちょうどよく薄くなって、ごくごく飲めるからだ。アルコール摂取による脱水症状のような悪影響も避けられるのではないか。

シンハをまとめ買いする人は少ないが、チャーンやリオは箱買いで自宅キープする人もいる。

　氷をビールに入れるのはタイだけとは限らない。東南アジア産ビールのアルコール度が高いのは氷を入れるのが前提だからという説もある。たしかにかつてビア・シンのアルコール度数は六・四パーセントだったたし、チャーンのオリジナル版は今も六・四パーセントと高めではある。しかし、氷で薄めることが目的というほど高い度数ともいえない。単に本場ドイツビールの度数に合わせていただけなのではないかとボクは思う。

　キンキンに冷えたビールが飲みたいだけなら、もうパワープレイで「**ビア・ウン**」にするという手もある。銘柄ではなく、飲み方のひとつだ。ウンはウンセン（春雨）のウンと同じで、ゼリーといった意味がある。簡単にいえばシャーベット状にな

画像だとわかりにくいが、凍っているビア・ウン。

るまで冷やしたビールのことだ。ただし、ドイツビールのアイスボックとは違う。アイスボックは凍らせたビールから濃度が高まった液体を抽出する。そのため、アルコール度は高いものだと一四パーセントくらいになっているそうだ。ビア・ウンは普通のビールをただ凍らせただけだ。ただし、ビア・ウンをメニューに載せている店はほぼないので、店員に訊いてみるしかない。

　バンコク都内にて高確率で優れたビア・ウンが飲めるのは、セントラルプラザ・ラートプラオというデパートの向かい側にある『パテ・レストラン』だ。ラートプラオ通りの交差点南側で、ここにはほかにも数軒、タイの大学生向けのパブやバーが集まっている。パテはアンティーク調の家具などで装飾したレストランで、タイ料理なのだが創作系っぽさがあって結構おいしい。値段も安い。そして、ビールがほぼ凍っている。ジョッキもほぼ凍っている。ビア・ウンとくくっておらず、メニュー上は普通の瓶ビールだ。要するに、これはこの店のサービスである。

　あとは、ＢＴＳスラサック駅近くの高速道路高架橋のある交差点の『ラープ・ウボン・コントラガーン』というイサーン料理店だ。ここは以前のボロボロだったころはビア・ウンがあった。今は人気が出てきれいな店になったので、もしかしたら日によってないかもしれない。

　ただし、このパテを含めてビア・ウンはただ凍らせているだけなので、場合によってはビールが瓶からなかなか出てこないし、溶けると炭酸が抜けてそっけない味になってしまうという大きなデメリットもある。どうしたらビア・ウンをうまく飲めるのか、ボクは今も研究中である。

▼タイのビアガーデンが一番よかった時代

ビールは生ビールに限ると思っていたボクには、瓶ビールファンの気持ちが長年わからなかったのだが、ある人から「瓶ビールは一定のクオリティーが保たれているので、どこでも同じ味が楽しめる」というのを聞いて、納得した。たしかにタイのまずい店の生ビールはとことんまずい。それなら、瓶ビールは失敗がなくていいと考えるのも当然だ。

タイでビールが似あう場所は、オンボロのイサーン料理屋台、クラフトビール店、ビアガーデンだ。セントラル・ワールド前のタイ最大のビアガーデンは、一二月に入る前後くらいにはじまり、年末年始のカウントダウンと共に閉幕する。二〇〇六年の夕方と二〇〇七年年明け未明に近隣で起きた爆弾事件をきっかけに短い期間しかやらなくなったが、事件以前は一一月はじめから二月末までやっていて、毎日が祭りのようで、本当に楽しかった。タイ最大なのでビール会社も力を入れ、タレントのたまごのようなキャンペーンガールを投入する。でも、学生でプロ意識もないので女の子たちはあちこちで客とおしゃべりに興じる。ボクたちはそれが目的で毎週末、ビアガーデンに通った。

二〇〇二年だったかのある日、セントラル・ワールドでの用事ついでに、夕方の開場と同時にハイネケンのブースに入った。お気に入りはカールスバーグだったので、これは週末の楽しみにとっておこうとハイネケンをひとりでチビチビと楽しむ。いつも海外旅行はひとりなので、ボクはひとり飯、ひとり飲酒に慣れているからなんとも思わなかったが、若い店員が来て「大丈夫ですか？　友だち、今日は来ないのですか？」と訊いてくる。その後、五分おきに店員が代わるがわる来て「約束時間、間違っている？」とか「もうすぐきっと来ますよ」といいにくる。彼らにとってひとりでビールを飲むことはありえないので、異様に映ったのだろう。しかし、あれだけ大丈夫かといわれると、さすがのボクも大丈夫ではなくなる。ボクがハイネケンを嫌いになった原因は、実はこれだったりする。

とにかく、タイのビールを取り巻く環境はよい方向に変わりつつあると思う。あとはベトナムやラオスと同じように、値段だけどうにかしてくれればいい。

製法も材料もウイスキーとは名ばかりの「ウィスキー」

タイ人はあまり酒の飲み方がうまくないと、ボクは常々思っている。

ボクは慈善団体の華僑報徳善堂でボランティア救急隊員をしていたことがある。歓楽街に急行すると決まって、救助対象者たちとは別に何組ものタイ人がケンカをしていたものだ。男性同士だと目が合ったからといったたわいもない理由で、女性同士はなんらかの行き違いか恋愛絡みが多かった。男女の痴話ゲンカもよくみた。男性同士の殴りあいは警官が仲裁に入り、大人数で収拾のつかないときは、今は違法になってみなくなったが、空に向かって銃を撃つ。その瞬間に騒動は収まった。怖いのは女性同士の大乱闘だ。宥めようが銃声で鎮めようが、力ずくで引きはがさないとおわらない。女性とトランスジェンダー、いわゆるニューハーフがケンカすると、シクシク泣きだすのは大概ニューハーフのほうだった。タイの女性は強くて激しい。

飲酒運転による事故もタイは多い。二〇一九年の年間交通事故死者数が二万二千四百九十一人、一日平均六十人が犠牲になっている計算だ。同年の日本は三千二百十五人なので、日本の七倍近い。もっといえば、タイの旧正月であるソンクラーン期間だけで三百八十六人が亡くなっている。新年を酒で祝ったあとピックアップ・トラックの荷台に家族や友人らを乗せて暴走し、全員まとめて事故に遭うから、この期間だけ著しく死傷者が増えるのである。一九年の日本の死者数では千葉県が年間最多で百七十二人だ。タイは旧正月の期間だけで千葉年間の二倍以上と、とにかく事故が多い。タイは

スーパーのアルコール売り場にもタイ産ウイスキーや輸入物が並ぶ。右の棚には人気のある100パイパーがずらっと並ぶ。

飲酒運転の取り締まりが日本ほど厳しくない。罰金額は上がったがそれでも最大で二万バーツと、十万円もしない程度だ。飲酒検問地点は決まっているので、そこを避ければ検査すらされない。

これだけ事件事故が多いと、タイ政府がアルコールを敵とみるのもわかる気がする。政府はメディアにアルコールを出すことを規制し、広告ではブランドのロゴまではいいが、パッケージの形状や液体の画像・映像の露出、商品に関する直接的な宣伝を禁じている。アルコールの販売時間も限られている。小売店では一一時から一四時まで、一七時から深夜〇時の間しか販売できない。病院や学校の近くでも販売が不可は当然としても、選挙の投票・開票日当日、仏教に関係した祝祭日は小売りだけでなく飲食店での酒類提供も禁じられる。酒を取り巻く環境が厳しく、他方、メディア規制が厳しいことの逆の影響で、上手な酒とのつきあい方を知る術がないため、落ちる人はとことん落ちてしまう。

酒飲みにとってなによりの問題はやっぱり価格だ。販売規制は買い置きでどうにかなるが、必ず買う必要があるわけで、やっぱり高いのはつらい。単純に高いだけでなく、物価指数からしても高いので、頭が痛い。

▼コスパを考えると辿り着くのがウイスキー

こうした問題を乗りきるために考えに考えて出すコストパフォーマンスの最適解はみな同じで、アルコール度数の高いウイスキーをボトルで買い、みんなでシェアすることとなる。さらに、タイでは食事のときに飲む人もかつてはほとんどいなかった。食事は食事、飲みは飲みと分けることがタイでは一般的だったから、食後にバーなどに行ってもビールが合わないのである。

そんなタイ人が飲んでいるウイスキーの銘柄は収入層によって異なる。タイは収入層によって足を運ぶ飲食店やバーが違う。インドのカーストとは違い、みえないけれども明確な区別があって、互いがそれを侵害することはない。我々外国人はその枠外なのでそのあたりは気にせずどこでも行ってかまわない。あくまでもタイ人の中にあるタイ人同士のテリトリーだ。とはいっても、富裕層が行く店と低所得者層が行く店のシステムや遊び方は同じだ。違いは内外装の豪華さ、店員のサービス、メニューの値段である。

富裕層やそれなりの収入層の人はだいたい輸入ウイスキーなどを飲んでいる。それも日本であってもそれなりに高い酒を好む。高いところではボトル一本が百万円近いものだって開けてしまう。中流層はレッドラベル、ブラックラベルと呼ぶジョニーウォーカーや、シーバスあたりが人気だ。

中流層の下のほうは急にタイらしくなり、銘柄でいうと100パイパー、『ブレンド285』といった安めのブレンド・ウイスキーが多い。ブレンドの中でもこのふたつが人気で、前者はブレンドを輸入し、後者は輸入物のスコッチをタイ国内でブレンドしているという。外国の高いものは小売店で買ってもそれなりの値段で、シーバスなどは一〇〇〇バーツ台くらいから買える。タイのブレンド系は三〇〇バーツ前後と、酒税が高い国ながらも安い。

今はみなくなったが、かつて輸入物ウイスキーには瓶の口に中ぶたがあった。あれはタイ政府が指定しているのか、輸出元がつけている、あるいは輸出元の国で主流なのか。そのあたりはよく知らないが、それがついていると一気に液体が出ないで、ピュッピュとちょっとずつしかウイスキーが出ないので、間違ってドバっと入れる失敗もない。当時の日本人の飲み仲間たちの間ではこの中ブタはピヨピヨと呼ばれていた。

飲食店でウイスキーなどを頼むと移動式の台が横に置かれる。

最近は安ブレンド・ウイスキーに匹敵する値段でありつつ、日本風を謳うウイスキーが登場している。『天道』という銘柄で、中部チャイナート県にあるタワンデーン1999という蒸留所が販売する。ビアホールのタワンデーンの関連会社らしい。天道は日本の「モノづくり」に共感して、日本風の製法で造られたウイスキーで、パッケージを読むと、モルトウイスキーにジャスミンライスを入れてオーク樽で二年間寝かせているとか。ただ、どうやらウイスキー自体は英国から仕入れ、ジャスミンライスの酒、すなわちラオ・カーウとみられる酒をブレンドして樽で寝かせているようだ。バンコクではセブンイレブンか特定のスーパーでしか売っていない。実際飲んでみると、三六〇

上／メコンは昔と比べてロゴがシンプルになった気がする。　下／タイ産のウイスキーで一番シェアのセーンソムは実はラム酒。

バーツ（約千五百円弱）にしてはかなりレベルが高いとボクは思う。

▼タイ式のウイスキーの歴史

それ以上に格安の**ウィスキー・タイ**（タイのウイスキー）もある。外国人に有名なのはメコン・ウイスキーと呼ばれる『メコン』、外国人には無名だがタイではシェア七割超なのが『セーンソム』だ。タイ・ウイスキーはほかにも数銘柄がある。ただ、少なくともこの二大銘柄に関してはウイスキーとは名ばかりだ。主になる原料がサトウキビからとれる糖蜜となっている。メコンは少しもち米も使用している。これらを原料に蒸留した酒なので、詳しい人が聞けばすぐにわかるとおり、これはラム酒なのである。

メコンはタイで最初の西洋式蒸留酒とされる。現王朝の初代の時代である一七九〇年ごろに、チャオプラヤ河に架かる今のラマ8世橋の西岸、バーンイーカンという地域に中国人がタイで初めての大きな蒸留所を建てた。これを政府が取りあげて官営となり、さまざまな酒を製造したのち、一九四一年にメコンが発売となった。クイッティアオを広めたピブーンソンクラーム元帥の首相時代で、そのころタイ政府は今のカンボジアやラオスにある領土紛争をフランスと起こしており、孤立しかけてい

スーパーにあったタイ産中国式漢方酒『チアンチュン』の箱にもバーンイーカンの文字がみえる。

たその地域に住む人々の愛国心を煽るため『カーム・コーン』（メコンを渡って）という曲が作られた。そういった時期だったので、これに合わせてメコンという名称になった。

　セーンソムはナコンパトム県のセーンソム社が造るラム酒で、メコンよりずっと遅い一九七七年に誕生し、今は国内市場をほぼ独占している。この二大タイ・ウイスキーは現在、ビア・チャーンと同じタイ・ビバレッジの傘下に入っている。同社ではメコンをタイ・スピリッツ、セーンソムをタイ・ラムと分類しており、品目上では競合はしていない。ちなみに、ビア・チャーン発売当時からタイ・ビバレッジではウイスキーの取り扱いはあり、同社のスピリッツを買うとビア・チャーンがおまけについてくるというとんでもないキャンペーンを行ったことがビア・チャーン人気になった施策であるといわれる。ビールの項で指摘したように、ビア・シンのブンロード社が卸業者に強制抱きあわせをして批判されたが、実はタイ・ビバレッジもや

プーケットで蒸留されているタイ製の本格的なラム酒。

っていたのである。

▼タイのラム酒も素晴らしい

一方、ラム酒はラム酒で、今はタイ国内でも洒落たものが造られている。プーケットで製造される『チャロンベイ』という銘柄で、フランス人がタイのサトウキビで造るラム酒だ。ラム酒は大きく分けてふたつの製造方法があって、ひとつはインダストリアル製法、もうひとつはアグリコール製法になる。前者はサトウキビから砂糖を作ったときに出る廃糖蜜を使ってラム酒を造る方法で、廃糖蜜さえあればいつでもどこでもラム酒を製造できる。アグリコールはサトウキビから直接糖蜜を搾るという手法だ。そのため、サトウキビ畑のすぐ近くに蒸留所がなければできない。製造できるのも収穫の時期だけだ。こう聞けばどちらが貴重かは一目瞭然で、チャロンベイもアグリコールになる。

ラオスにもラオディーというラム酒がある、国際コンクールでゴールドを受賞し、世界のラム酒業界で一躍有名になった銘柄だ。これはなんと日本人男性が造っている。ラオスの首都ヴィエンチャンから車で一時間ほどのところにあるサトウキビ畑の隣にたったひとりで暮らしながら、地元の人たちと共にラム酒製造に情熱を燃やしつづけている。ヴィエンチャン市内にはやはり日本人経営のラオディー専門バーもある。チャロンベイを含め、今、東南アジアのラム酒が熱いのだ。

在住外国人のほとんどがタイ・ウイスキーを飲まないが、ボクはセーンソムを飲むことはある。東京のタイ料理店でのバイト時代、仕事がおわると同僚たちと新宿歌舞伎町のタイ・カラオケで朝まで飲むことがあって、そのときに飲んでいたのがメコンだった。ソーダで割ると味気ないし、コーラで割ると甘すぎるので、ソーダとコーラを半々にして割る。これを飲むと、ただただタイが好きだったあのころの気持ちになるので、疲れたときには特に飲みたくなる。在住日本人の知りあいはみんなここ十年ほどの便利になったタイしか知らないし、セーンソムなどという安酒を飲みたがる人もいない。だからボクは家族も寝静まった夜中にひとり、セーンソムを飲む。そのとき買うのはポケット瓶である**ベン**だ。ベンのサイズは量がちょうどいい。さすがにもういい歳なので、ソーダで割るだけで十分だけれども。

泡盛の原型ともいわれるタイの焼酎「ラオ・カーウ」

タイで独自に発展した酒に「**ラオ・カーウ**」がある。直訳すると白酒で、「スラー・カーウ」ともいう独特な香りがする、平均的にアルコール度数二十五度ほどの蒸留酒だ。原材料はタイ米だが、近年はコストの関係から廃糖蜜が主原料になっているらしいので、ラム酒に近くなってしまった。とにかく伝統的なもので、ウイスキーが西洋から入ってくるずっと前からタイで飲まれている酒だ。

ラオス産ラム酒のラオディーは「いいラオス」、「いい酒」のダブルミーニングになっている。

タイでは近代化が進むにつれてアルコール工場は悪ということになっていき、一九一四年に政府（財務省物品税局）が前項のバーンイーカンを含めた民間蒸留所・醸造所をすべて取りあげた。そして、権利を入札した民間企業に委託しながら酒の製造・販売を続けてきたという。その後一九八五年に当時残っていた十二の蒸留

上／タイの伝統的な焼酎の一種であるラオ・カーウ。 下／透明な色あいの酒はタイ産でも複数ある。

所の権利をタイ・ビバレッジが独占してしまい、二〇〇三年にタクシン元首相が自由化するまで民間業者が新規でアルコール製造に参入することはほぼ不可能になってしまう。ただ、その後の自由化といっても結局は認可が必要で、なかなかその許可をえることは難しい。二二年に法改正があり、売買しない自家製酒やマイクロブリュワリーの規制がほぼなくなったので、認可はだいぶ承認されやすくなったはずだ。

冒頭のように、ラオ・カーウのカーウは白あるいは透明という意味だ。他方、ウイスキーはタイに登場したとき——前項を参照にすると一八〇〇年ごろだったので、時代的に英語のままのウィスキーの呼び方が定着せず、タイ語で色つきの酒という意味の**スラー・シー**（もしくはラオ・シー）とされた。そして、もともとの透明の酒が、色つきアルコールの登場で対にあるものとなってスラー・カーウと呼ばれるようになる。つまり、ラオ・カーウ、スラー・カーウはあとづけの総称なのだという。

では、それまでラオ・カーウはなんだったのかというと、**ラオ・ローング**あるいはスラー・ローングだった。ローングは建物や工場を表すので、工場生産の酒、あるいは量産型アルコールという意味になる。タイにも酒好きはいるわけで、自家製アルコールの大量生産は自然発生的にはじまった。中でもラオ・カーウは蒸留酒なのでそれなりの設備が必要なため、わりと早い段階で量産の酒になったとみられる。だから、ラオ・カーウは工場で造ったものを飲むのがあたりまえで、工場の酒ということでラオ・ローングと呼んでいたようだ。

▼めったに飲めないタイの自家製酒

ラオ・シー登場により対するラオ・カーウという単語ができたわけなので、ラオ・ローングという呼び方があったということは、さらにその対になる言葉もあることは想像できる。ラオ・ローングに対するのは**ラオ・プーンバーン**もしくはスラー・プーンバーンだ。プーンバーンは家の土地、地元みたいな意味あいなので、地酒とも訳せるし、自宅で自分たちが飲むために作るどぶろくなどの自家製酒とみていい。

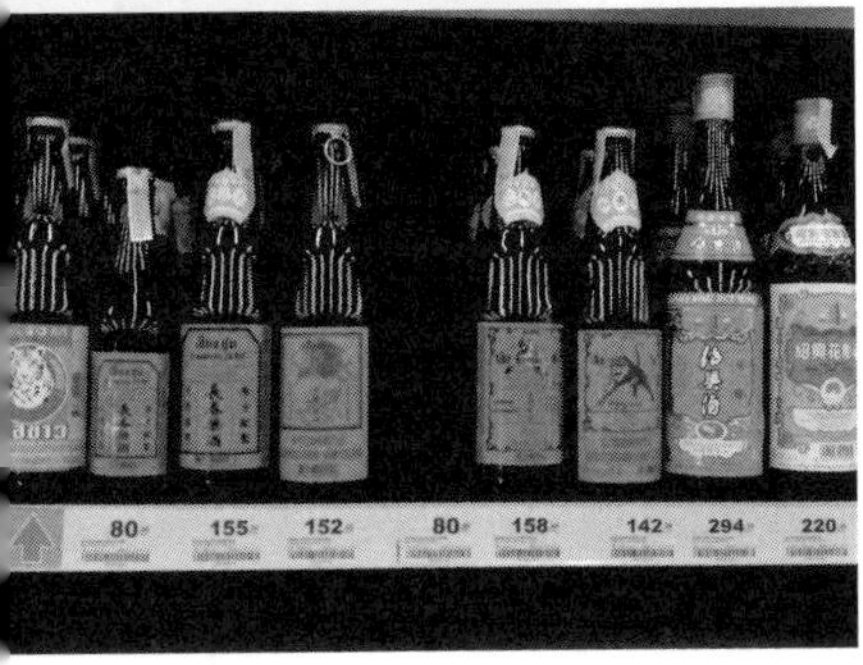

上／ウイスキーなど色がついている酒はスラー・シーと呼ばれる。　下／大規模な蒸留・醸造所で製造された酒がラオ・ローングという。

　ラオ・プーンバーンは総称で、いろいろな種類の酒が含まれる。ナムターン・マプラーウ（ココナッツ・シュガー）を原料にする「**ナムターン・マオ**」（酔っ払い砂糖）、ナムターン・マオに酵母などを加えて発酵させる「**ガチェー**」などがある。

普通は市販のビールや酒を飲むが、あまりにも好きな人は自家製酒を作ることもある。それがラオ・プーンバーンだ。

ラオ・カーウなども合わせ、かつて田舎ではこういう酒類を**ナーム・マオ**（酔っ払い水）とも呼んだ。

スラーも**ラオ**も酒という意味だ。スラーはちょっとかたいいいまわしで、狭義では蒸留酒を指すニュアンスにボクには聞こえる。ナーム・マオのうちの醸造酒は**メーライ**とも呼ばれる。タイの法令で「スラー」というとアルコール度数十五度以上の液体だ。そのため、ラオ・プーンバーンのほとんどは基本的にアルコール度数が十五度未満しかないうえに醸造酒なので、厳密にはスラーではない。

▼ラオ・カーウと沖縄の泡盛との関係

メーライは法的な言葉では**スラー・チェー**とも呼ばれる。スラー・チェーの定義は蒸留をまったくしていないこと、蒸留酒といっさい混ぜていないこと、そしてアルコール度数が十五度未満であることだ。蒸留していないラオ・プーンバーンは基本的に発酵過程があるので醸造酒というくくりでいい。量産型アルコール飲料の種類が少ないタイではラオ・カーウやウイスキーが蒸留酒、ビールとワイン、一部のラオ・プーンバーンをスラー・チェーと法的には大雑把に分けているだけだ。

タイ語で明確に「蒸留酒」という場合は**スラー・グラン**と呼ぶ。現在の法令では、ラオ・カーウなどの認可にはアルコール度数二十八度以上の状態のものを一日九万リットル（ウイスキーなら三万リットル）以上も蒸留することが蒸留所運営の最低条件になっている。蒸留所は政府から認可を受けて量産しているため、ボトルのラベルなどにはちゃんとタイ政府の定めた内容が記載されていなければならない。原材料や二十歳未満の飲酒に関する警告文などだ。それから、ボトルの口には印紙が貼ってある。印紙が省略されていることもあるが、これらがないものは違法である可能性があるので注意したい。

ラオ・カーウ蒸留所の認可関係がまだあいまいだったころ、ラオ・カーウは飲むと目が潰れるという噂があった。品質の悪いラオ・カーウは今飲んでも頭が痛くなるし、翌日目ヤニが出て、本当に目が潰れるかと思うことがある。そんなレベルなので、かつて失明は本当にあったようだ。昔は蒸留所の設備の規定がなかったことが原因とされる。蒸留器やさまざまな装置に熱の負荷がかかり、部品などに使われていたスズやアルミニウムが反応して溶け、ラオ・カーウにメチルアルコールの成分が残った。それを飲んだことで目がやられたというのだ。とはいえ、一九六〇年代には政府がそういった部分をすべてステンレス鋼に切り替え、今は細部にわたって基準をクリアした認定機材を使わなければならないため、その問題自体、今はない、はずである。

現在のラオ・カーウはサトウキビの廃糖蜜やトウモロコシの糖分を利用しているとされるが、本来はタイ米の糖分が重要な素材であった。そのため、日本人の中にはラオ・カーウをタイ焼酎と呼ぶ人

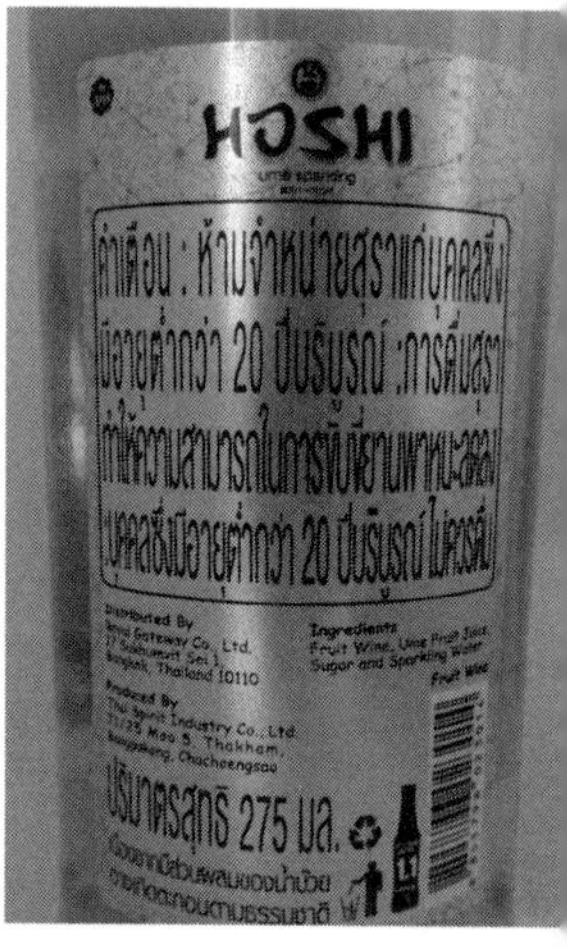

食品関係のラベルは規定・規制があり、特にアルコールはルールが厳しい。

もいる。というのは、このラオ・カーウは沖縄の焼酎である泡盛の原型ともいわれているからだ。実際に泡盛はタイ米を中心にしたインディカ米を使っている。しかし、泡盛の原料がタイ米になったのは大正時代に入ってからなのだとか。それまでは粟を使っていた。だから、名称の由来がアワ盛りという説もある。いずれにしても、一四世紀後半から一五世紀初頭のあたりでタイから蒸留器と製法が伝わったとされるので、泡盛の原型がラオ・カーウ、あるいは時代的にはラオ・プーンバーンのなにかだったと考えられる。

ただし諸説あり、泡盛は中国福建省から伝来した酒という説もある。まあ、米と同時になれずしが中国から日本に伝来したという説もある（第12章ネーム・ヌアンの項を参照）。そのなれずしが中国に暮らすタイ族の郷土料理だとすれば、福建から伝来したのが事実としても、泡盛のラオ・カーウ原型説は大きく揺らがない気もする。

最近の若い人は、ラオ・カーウをほとんど飲まない。スーパーやコンビニにも置いてあるが、少なくともバンコクで飲む人はかなり少数派だ。タイのメディアに発表された統計的には今のタイ人はビールを飲む人が多く、次にラオ・カーウなどのタイ・スピリッツ、その次がウイスキーとなっている。しかし、ボクはラオ・カーウを買う人をバンコクでみたことが一度もない。どういう人が飲むのか、想像もつかない。

▼おすすめの飲み方「ヤードーン」

しかし、そんなラオ・カーウでもある飲み方においてなら少しは需要がある。それは「**ヤードーン**」だ。ヤーとはクスリ、ドーンは漬けるといった意味だ。この場合のヤーはサムンプライを指す。ヤードーンに使う酒はアルコール度数が高ければなんでもいいが、だいたいはラオ・カーウで、目的に合ったサムンプライを漬けて作る。この場合のラオ・カーウは日本でいうホワイトリカーのような役割といえる。

バンコクでは最近はみなくなったが、街角の小さな屋台に、サムンプライのエキスがにじみ、茶色く変色したラオ・カーウ入りの大きなガラス壺が置かれていたものだ。これをショットグラスで一杯やるのは景気づけや気分転換になった。サムンプライが効いているからか、のちのち頭や目にくることもない。

ゴザ居酒屋の酒はセーンソムのベンに入れられている。

個人的に体質に合っていて、おいしいと思ったのは、地下鉄ＭＲＴホアランポーン駅の階段前に陣取るソムタム売りのゴザ居酒屋だ。ここで飲める酒もヤードーンなのだ。ソムタム売りの女性たちは昔だと国鉄の駅前公園にいたが、今は路上にゴザを敷いて売っている。タイ人にも誤解されているのだが、このソムタムを売る女性たちは売春婦ではない。もしかしたら、かつてはそういうこともあったかもしれない。しかし、少なくとも現在はそういったことはない。売春をする女性はすぐ近くの中華街にあるジュライロータリーと呼ばれる辺りにいて、しっかり棲み分けができている。ちなみに、そのジュライロータリーからみて南に少し行ったところにソイ・ナーナーがある。ここは若い人たち向けのおしゃれなバーが数軒あって、タイ

ゴザ居酒屋の天秤を担いでみた。意外とバランスよく荷物が並べられている。

の今の若者の飲み方を観察することができる。

ゴザ居酒屋の営業は夜九時前後から明け方までの間になる。おもしろいのは、多いときは三十人くらいが、毎日必ず同じ場所にゴザを敷くことだ。これは昔から引き継がれる縄張りで、彼女たちの間で暗黙の了解となっている。ひとりで一枚のゴザを仕切ることもあれば、親族や友人と営業することもある。

そして、どういうわけか昔から彼女たちは全員が東北のロイエット県スワナプーム郡の出身者だ。この路上営業はストレートにいえば違法営業になっている。**タイは特にアルコール販売を伴う飲食店の認可や開業の審査が厳しい**。こんなゴザには認可はおりないので、彼女たちの場所は暗黙の了解の中で世襲されている。学校が休みの三月から五月と一〇月は、高校生とおぼしき娘や姪っ子が後継者としての職業訓練の一環で一緒に座っているので、なんとも複雑な気持ちになる。

ゴザ居酒屋の酒はベン（ポケット瓶）に入っていて、ひとつ一〇〇バーツ（取材時）だ。飲んだ空き瓶を目の前に並べていくので、酔っていても計算しやすい。瓶はセーンソムのボトルだが、中身はルビー色のヤードーンが入っている。ラオ・カーウに『スア・シップエット・トゥア』（トラ十一頭）という赤い漢方薬を漬けこんでいるのだ。このクスリはタイに自生する白樺の一種、ミスミグサ、**グラチャイ・ダム**（黒ショウガ）、オタネニンジン（別名は朝鮮人参）などを混ぜたもので、血行促進や食欲増進、滋養強壮に効果があるとされる。数時間しか漬けこんでいないのに、ラオ・カーウの原型が完全になくなるほど甘い。おいしくないという人が多いが、ボクの身体には妙に合う。ラオ・カーウをそのまま飲むと二日酔い必至なのに、このヤードーンだといくら飲んでも翌日に全然残らない。ちなみにこのクスリは商品になっていてどこの薬局でも購入できる。一度、自分でラオ・カーウに漬けてみたが、ゴザ居酒屋と同じ味にならなかった。なにかコツがいるようだ。

スア11トゥアは赤い漢方薬で、コンビニや薬局で手に入る。

先の街角のショットのヤードーンを含め、これらの酒は自分で飲む分には問題ないが、販売は許されていない。無許可の場所で無認可の酒を販売するゴザ居酒屋を取り締まろうと、ときどき警察がやってくる。彼女たちも慣れたもので逃げ足が速い。ソムタムを作る道具などを天秤棒で担いでくるのも、逃げやすさを考えてのことなのだろう。

いずれにしても、取り締まり対象はあくまでも販売側で、飲む分には違法ではない（厳密には違うかもしれないが、警察の狙いはいつも店側）。警察が来ると、飲んでいたグラスだけ持たされ、彼女たちはすたこらと逃げていってしまう。ぽつんと歩道で待っていると、数分でまた戻ってきて、なにごともなかったかのように営業再開となる。なんともタイらしい不思議な飲み屋である。

ちなみに彼女たちは捕まっても、せいぜい三〇〇バーツの罰金で済む。天秤やゴザなど仕事道具は全部没収されるものの、警察署で罰金を払えば返してもらえる。三〇〇バーツは結構調子がよかった一晩の稼ぎくらいなのでその日の売り上げが失われるのは痛いが、さほどリスキーでもない。

▼ラオ・カーウ業界が大きく変わりつつある

最近はコンビニに日本の缶チューハイも登場し、価格も税制の関係でこれまでの輸入アルコール飲料よりかなり安いのでありがたい。今、バンコクで焼酎というと、韓国焼酎がよく売れている。韓国のドラマや映画の影響で韓国のアルコールに若い世代が興味を持っていて、飲酒率を底上げするほどのインパクトがある。同時に酒税の改正なのか、相対的に焼酎系が安くなったのだ。シンハのブンロード社もチャミスルやジンロなどを扱うようになり、ラオ・カーウの隣に置いてあったりする。いずれにしても、ラオ・カーウは誰も買わない。ボクは、そのうちなくなるのではないかと懸念している。

その一方で、若手のタイ料理シェフなどによってラオ・カーウの原点回帰もみられる。伝統的タイ料理などを、たとえば牛肉をサーロインにしたり魚介もいいものにしたりと高級食材で作るといったアレンジを加えて創作料理にしているような店では、フランス料理のようにアルコールのペアリングもよく考えているようで、その際に少量生産のラオ・カーウをチョイスしている。タイのアルコール製造、特にクラフトビールなどの小規模事業者に対する法令改正ではアルコール度数二十八度で規制が違い、ラオ・カーウは二十五度くらいが通常なので、小規模蒸留所として参入しやすくなった。そしてすでに若い人などが主体となって、昔ながらのタイ米を原料にしたラオ・カーウが丁寧に造られはじめている。値段的にはそれほど高くないものの、大きな流通には乗っていないので特殊なルートで発注しなければならないが、こういったラオ・カーウをひと口飲めば、あらためて若い人たちによってラオ・プーンバーンの業界が動きはじめたその勢いを体感できる。

さらに、この対極の場所でも動きがみられる。若手の実業家が根本的な問題を見直したラオ・カーウの新ブランド『ムーンシーカー』が稼働している。近年のラオ・カーウがタイ米を使っていないことに対抗するかのように、有機タイ米のみで造りはじめた。その実業家は日本旅行で日本酒を飲み、そのときに米の魅力と杜氏たちのこだわりを知って、タイ米とタイの酒を立て直そうと考えたのだとか。同社の最高級ラインの『ムーンマスター』は洒落たデザインの六五〇ミリリットル瓶で三九〇〇バーツだ（執筆時）。コンビニなどで買える、ごく普通のラオ・カーウは三五〇ミリくらいの瓶で七〇バーツ（約二百八十円）くらいしかしない。量が違うとはいえ、三九〇〇バーツ、すなわち一万五千円超である。今のタイの若者たちは、この新興ブランドをどう受け止めるだろうか。

日本人がみりんの代用にもした「サートー」

最近めっきり聞かなくなったタイ独特の酒類に「**サートー**」がある。これは自家製酒ラオ・プーンバーンの一種で、透明で濁っていない酒を指す「ナーム・カーウ」とも呼ばれ、本来は結婚式などのめでたいときに飲む酒だ。アルコール度数が十五度未満のどぶろくで、メーライやスラー・チェーにも分類される。

タイの農村などでラオ・プーンバーンを造るとき、醸造酒なので麹などが必要になる。そんなとき、タイでよく使われるのが**ルーク・ペーング**（玉になった麹）だ。これはもち米などの粉にイースト菌などを混ぜて球状に乾燥させたものだ。サートーも原料になるもち米にルーク・ペーングを砕いてよ

サートーは最近は売っているところすらなくなりつつある。

く混ぜてから一週間程度発酵させるとできあがる。

ラオ・プーンバーンは本来は量産化されない。法的な縛りや、そもそもそんなに量を醸造できないというのもある。しかし、このサートーは工場でも生産され、瓶ビールと同じサイズの瓶に詰められて流通している。しかも、そのサイズでだいたい三〇バーツほどだ（取材時）。缶ビールよりも安いので、酒が強くない人にはかなりコスパはいい。反面、ウイスキーなど強い酒でコスパを考えるタイ人にはあまり人気がない。

サートーは英語でライス・ワインと呼ばれるほど甘い。ただ、深みがないのでおいしいとはいえない。ちなみに、このサートーを何度か蒸留してアルコール度数を高めればラオ・カーウにもなる。仮に自宅でこれをやると、**アルコール度数十五度を超えた時点でスラー（酒）の密造となるのでやめたほうがいい。**そもそもそこまで手の込んだ蒸留器を持っている家はないでしょう、普通は。だからこそ、ラオ・カーウはラオ・ローング（量産の酒）だったわけだ。

今でこそバンコクはなんでも簡単に手に入るようになった。しかし、二〇一〇年以前はないものばかり。スクムビット通りに日系スーパーがあって、日本の食品に関してはそのエリアに住んでいれば難なく入手はできた。ただ輸入経費がかかるわけで、日本で買うよりもずっと高い。日本の値段を知っているからもやもやとした気分になる。そこでかつての日系企業駐在員奥さまたちはいろいろとタイの食材を吟味した結果、このサートーがみりんの代わりになることを発見した。以前はそういった生活の知恵を披露する日本人専業主婦ブロガーもバンコクにたくさんいた。ただ、その後の話を聞かないので、サートーがちゃんと代用になったのかどうかはわからない。

ボクはこのみりんの話が印象に残っていて、ある実験をしてみたくなった。先のラオ・カーウをこのサートーで割ったらおいしいのではないか。

ボクの実家にはマンガ『美味しんぼ』が全巻揃っている。ボクは、主人公のふたりが結婚するあたりで読まなくなっていたので、日本に帰国するたびに続きを読んできた。その中で、ある裕福な家の息子が祖父である会社会長においしい酒を振る舞えという難題をふっかけられる。そのときの答えが、みりんと焼酎を一対一で割り、氷を入れて飲む本直しだった。関西では柳陰《やなぎかげ》ともいう。昭和の後期まではこういった既製品もあったらしい。たしかにボクが中高生くらいまではいわゆるホワイトリカーを甲類、イモ焼酎などを乙類あるいは本格焼酎などと呼び分けていた。焼酎を取り巻く世界は、今とはまったく違っていたのだ。

二一年の冬に日本に滞在したとき、本直しを実際に試してみた。イモ焼酎と本格みりんを一対一で割ると甘すぎて、お屠蘇のような味だ。みりん一、芋焼酎三でちょうどいい感じだった。夏にぴったりの味だったので、タイの気候にも合う。さらに、ラオ・カーウを泡盛、すなわち焼酎、サートーをみりんとすれば、全部タイの材料で代替できる。ということで、タイに帰ってからラオ・カーウとサートーで試してみた。そもそも、ラオ・カーウは風味が独特すぎてそのままでは飲めないし、サートーは安い。成功すればかなりコスパのいいカクテルになる、という期待もあった。

結論からいうと、まあ無理だった。サートーが弱すぎて、ラオ・カーウの強烈なニオイに勝てない。サートー三、ラオ・カーウ一まで試して諦めてしまったが、サートー九くらいにしないとダメかもしれない。

タイは一七年九月に酒税が改正された。そのときにワインの税率だけが下がったため、スーパーで

タイ産ワインもあって、ほとんどの農園が観光客の見学を受け入れている。（画像提供：浜崎勇次）

もコンビニでもワインのラインナップが増えた。酒税の計算は複雑なので簡単な部分だけ紹介すると、価格に対する税率はラオ・カーウが二パーセント、ビールは二二パーセント、そしてワインは販売価格が一〇〇〇バーツ未満は無税、一〇〇〇バーツ以上でも一〇パーセントしかかけられていない。

店頭に並ぶワインは八割以上が外国産だが、タイ国内でもワインが造られているくらいで、いくつかタイ国内外でそれらの銘柄も流通している。それ以前からカクテル風のワインクーラーも各種あった。一番有名なのはタイで最初に小売りに登場した『スパイ』だ。タイ女性はあまり表で酒を飲むことがなかったところ、これの登場でだいぶその様子が変わったと思う。やはり女性ウケがよいというのはビジネスでは重要なのではないか。サートーも女性によろこんでもらえる手法で売りだせばなにか勝算があるのではないかと思うのだが、どうだろうか。

「カオマーク」は酒飲みのための最高のスイーツ

二〇一五年くらいからタイのコンビニにおける商品ラインナップが著しく向上した。それ以前は食品がメインで雑貨が少しの品揃えしかなく、ほしいものが本当になにもなくて、特に日本ではあたりまえのコンビニ弁当やおにぎりなんかは夢のまた夢だった。在住者も以前は日本に行った際にはあれを買ってこれを食べてと計画を立てて日本に向かったものだ。しかし、一〇年以降は和食店が増え、シンガポールや香港の駐在員が羨ましがるほどバンコクは充実する。これによって日本滞在計画はだいたいコンビニおにぎり、ファミリーレストランといった、タイにないチープなものを求めるようになっていく。そんな中でタイのコンビニにもおにぎりが登場する。たった三種類でも在住日本人はみな感動したものだ。そのうちタイ料理のコンビニ弁当も充実し、一部に和食まで出てきた。カレーだとかカルビ丼などがあって、本当に便利になった。

そんなことを考えていてふと記憶が蘇ってきたのが、二〇〇二年前後のコンビニにタイで造られた日本酒があったことだ。忍《しのぶ》という銘柄で、グラスに開けると黄色い酒ではあったが、これこそないよりマシで、しかも値段も安い。貧乏だったボクにとっては当時はありがたかった。しかし、いつの間にかなくなった。調べようにも全然情報がなく、ネットに散らばる話をつなぐと、おそらく二〇〇〇年に醸造・販売がはじまったものらしい。タイ・ウイスキーのセーンソム社が手がけていたようだ。当時の日本人からは大不評だった。しかも、あのころのタイ人は日本酒なんて知らない。結局時代の先を行きすぎて消えたみたいだ。

タイのコンビニでは最近日本風のスイーツも続々出ていて、それに牽引されるかのようにタイ・スイーツも充実してきた。ボクのイチオシは「**カオマーク**」だ。スイーツの章で紹介するか迷ったが、

酒なのかスイーツなのか。カオマークは食べる酒といった感じ。

アルコールを強く感じるので酒の章で取りあげることにした。

本来のカオマークの意味はもち米の麹だ。サートーを造る際にもち米にルーク・ペーングをまぶすとした。ルーク・ペーングは粉の玉といった意味で、白い乾燥した球状になっている。この中身は微生物たっぷりのもち米から作った麹で、それを乾燥させて玉にしているのでそう呼ばれる。このルーク・ペーングは「ペーング・カオマーク」とも呼ばれる。

カオマークの作り方はもち米を蒸し、ルーク・ペーングを砕いたものをまぶしてよくかき混ぜ、バナナの葉などに包む。現在はプラスチックや陶器の器に入れる。と、ここまで読むとサートーとなにが違うのかと思うのではないか。そう、まったく同じといっていい。違いは、カオマークは容器に入れたあとに糖化・発酵を待つ時間が二日程度であるということだ。サートーは七日間と長く、カオマークはわずかに発酵したあたりで食べてしまう。

ころあいのカオマークのふたを開けると、ちょっと白濁した液体に半分溶けかかったもち米がみえる。この液体ともち米をスプーンですくって口に運ぶ。やや酸味がある、甘い、そしてほんのり酒が香るというのがこのカオマークの魅力だ。日本の甘酒っぽくもある。最近は日本でも市販の冷たい甘酒が出まわっていて、夏でも飲めるものになっているのと同じで、タイのカオマークもさわやかさでいえば間違いなく夏のスイーツだ。

このカオマークがコンビニのチルド棚にあることを実はボクは最近まで知らなくて、たまたま目にとまって買ってみたら、量産品とはいえ意外とおいしかった。近所の市場では手作りのカオマークもあって、それも間違いなくおいしいが、ややアルコールにもの足りなさを感じていた。セブンイレブンのカオマークはアルコールが結構強めなので、子どもには向かない、大人のスイーツという感じで素晴らしい。

これぞアジアの酒という飲み方が楽しい「ラオ・ウ」

ラオ・プーンバーンの一種で、東南アジア各地で飲まれているのが「**ラオ・ウ**」だ。ラオスではラオ・ハイとも呼ばれる。ハイとは壺のことで、直訳すれば壺酒である。ラオ・ウの「ウ」は壺の中身を指す。そのため、いろいろな種類があるラオ・プーンバーンの中では「ウ」というジャンルに入る。ほかの醸造酒は複数のジャンルに分類できるのに対し、ラオ・ウはひとつのジャンルだけにたったひとつしかない地酒になる。

とはいえ、中身はほとんどサートーだ。ただし、大きな違いが四つある。まず、もち米にもみ殻を混ぜてしまうこと、固形発酵させること、糖化・発酵の全期間が三十日くらいにおよぶことだ。そして、最大の違いは壺に入れることである。

まず、もち米ともみ殻をよく混ぜて蒸す。これを広げて冷ましつつルーク・ペーングをまぶし、そのまま数日間置いて一次発酵を待つ。そうしてもろみができたら、これらを壺の中に入れてもみ殻でふたをし、壺の口を石膏のようなもので密閉する。その後一か月ほど待つと酒ができあがる。ただ、おわかりのとおり水分が入っていない固形発酵なので、このままでは飲めない。そこで密閉したふたをはずしたら、壺に水分を入れる。これは水でもいいし、清涼飲料水でもいいし、ビールでもかまわない。液体が中に落ちこむことでもち米ともみ殻の混合物からアルコールがしみ出てきて、十五分ほどで酒ができあがる。

飲み方は壺に直接竹などでできたストローを挿しこんで飲む。もち米にもみ殻を混ぜたのは、このストローで飲むときにもみ殻がフィルター代わりになるからだとか。できればストローは底に届くくらい深く入れたい。どうやらウは下に沈んでいくのだ。

飲みきれば終了と思いきや、なくなったらまた水を足す。中の混合物からアルコールが出てくる間は何度でも飲めるという、夢のような壺なのである。とはいえ、現実的にはマックスでも三回くらいでアルコールは感じなくなるかなといったところだ。それから、密閉していたふたをはずしたらその日中に飲みきるというルールもある。

昔、ラオ・ウは祝い事で飲んだという。客人から飲み、身内は偉い順番だ。壺がまわってくる順番で、村における自分の序列が如実にわかるという怖い側面がある。それでも、みんなで壺を囲んで飲むというのが、ある意味、日本では死語になってしまった飲みニケーションになっていたのかもしれない。

ボクが初めてラオ・ウに出会ったのは二〇〇五年前後だ。ボランティアをしていた救急救命慈善団体でチーム対抗サッカー大会があり、そのときに誰かが持ってきていた。何度も飲めるというシステムに感動した。

ラオ・ウは今も昔もそこら辺で売っているものではない。そもそもラオ・プーンバーンなのでなかなか一般流通はしない。しかし、通販が普及した今はネットでの購入が可能だ。試しに買ってみたところ、未成年者飲酒への警告文から原材料記載もちゃんとあり、ふたには印紙まで貼られていた。認可された酒である証拠だ。ボクが買ったサイトでは壺のサイズが三つあり、最大が一リットルで三五〇バーツであった。二十年前に最小サイズが一〇〇バーツだったらしいので、値段的にはほとんど変わっていないようだ。

ふたは石膏でかたそうだったが、簡単にはずれた。久しぶりなので、スタンダードに水を入れる。十五分ほど待って飲んでみる。アルコール度数は最大でも八度と、ちょうどよい濃さだ。もみ殻の関係か、それともそもそもそういうものなのかはわからないが、香りがスモーキーで、甘すぎない。サートーやラオ・カーウよりずっとおいしいと思った。これは自宅にストックしておきたいくらいだ。もみ殻を使っているので、日本に持って帰るのは難しいだろう。これぞ、タイでしか飲めない酒である。

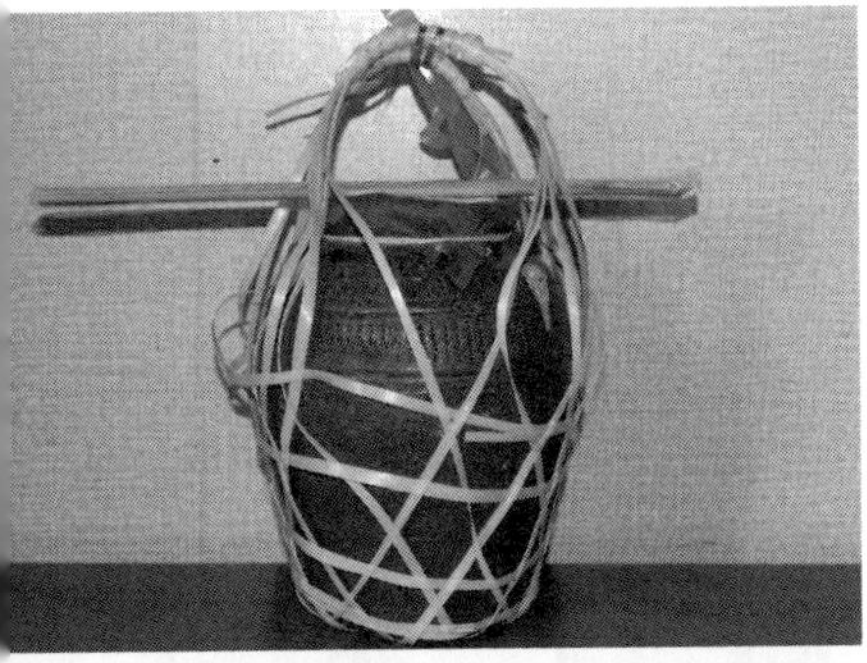

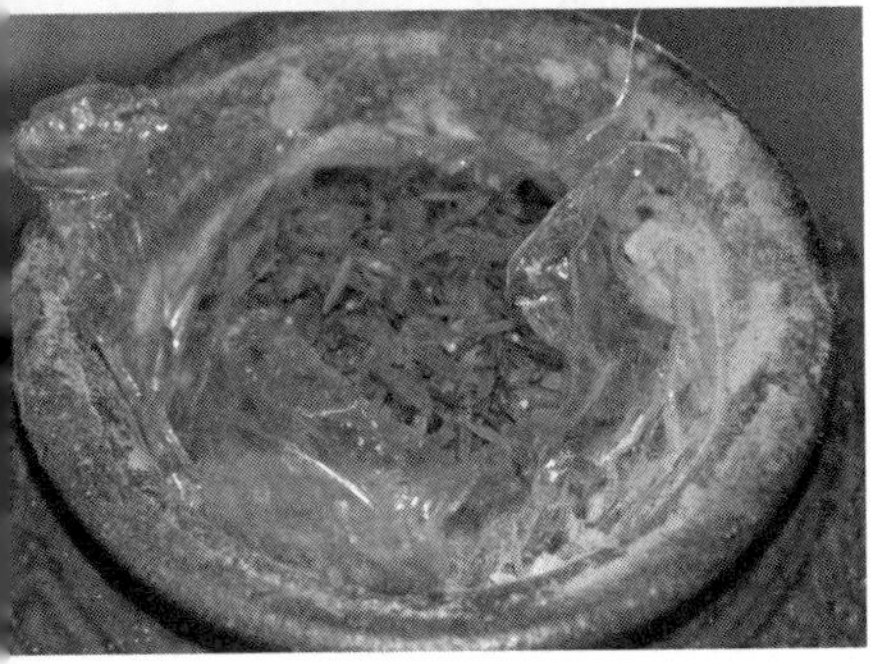

上／ラオ・ウはバンコクだとネット購入が便利だ。
下／壺の中身はもみ殻が大量に詰まっている。

๑๕

第15章

土産物になるタイ料理

๑๕

最後にパッキングされているようなタイ料理、あるいは日本に持ち帰ることができるかどうかは別として、タイ人も土産として買っていくような、そんなタイ料理を集めてみた。ボク個人は旅行土産としてなにかその土地の珍しい道具や民芸品などをもらってもあまりうれしくない。それであれば食べもののほうがまだワクワクする。ここではそんなタイを感じられるようないろいろをみていくことにしよう。

タイらしさがほとんどないタイ式カレーパン「ガリーパップ」

タイ中央部の端に位置するサラブリー県は、バンコクから正統派ルートでイサーンに向かう途中にある。ドンムアン国際空港前から国道を北上すると、まずアユタヤの手前で東北部と北部方面へと分岐する。ここから一時間ほど東北方面に進むと丁字路に到着する。といっても、左に倒れたTの交差点なので、右に行けば東北へ、直進するとサラブリー市街地なので、つまりこの丁字路がちょうどサラブリー中心部の入り口ということだ。とはいえ、ボクもサラブリー県のことはよく知らない。数知

上／土産に向いたパッケージに入ったタイ料理もたくさんある。
下／サラブリーは中心地に国鉄駅があるので、バンコクから列車でも行ける。

れずとおってはいるが、立ちよったのはほんの数回だからだ。

そのわずか数回の訪問で強く印象に残っているのが、県の名物**「ガリーパップ」**だ。小麦粉を練って作った生地に、ジャガイモやタマネギ、鶏肉を炒めてカレー粉を混ぜた餡を入れた、日本人ならカレーパンと思いたい、そんなカレーのパイをここではガリーパップ、英語風にいい直せばカレーパフと呼ぶ。最も相性がいいのがチキンカレー味というだけで、必ずしもこれだけでなく、ほかの餡が入ったタイプもある。かつてはパフ・ポンガリー（カレー粉パイ）と呼ばれていたが、そのうちガリーパフになり、現在のタイ語表記で発音するとガリーパップになる。

ガリーパップに似たものなど、パイ状の菓子がタイにはいくつもある。

ガリーパップは半円形の包みパイだ。円形の生地の上に、ジャガイモや鶏肉をカレー粉で炒めた餡を置き、餃子のように半円形に折りたたんだら、パーム・オイルでカラッと揚げていく。外観はパンではなく、パイのようにサクサクになる。パイらしく生地をたたんだときに重なる端っこ部分はかたく、口内の水分を一瞬で奪っていく。運動の途中で小腹が空いたから食べようとすればたちまち危険な状態に陥るので、多少でも水分は用意しておくべきだ。

ガリーパップの由来については、タイではパステルという料理が原型だとされる。ただ、ボクが思うにはエンパナーダではないかという気もする。ガリーパップの外観はインドのサモサにも似る。もともとサモサの原型が中央アジアやペルシャ方面にあるサンブーサクだそう。そして、エンパナーダはポルトガルやスペインの料理で、これらはサンブーサクが原型といわれている。さらに、パステルもまたポルトガル料理で、エンパナーダを原型にしているともいわれる。

わけがわからなくなりそうだが結局、これらはほとんど同じルーツなのではないか、というところに落ち着く。特にポルトガルのエンパナーダは半円形に具を包むし、サモサはカレー味なので、この間をとった人がいて、タイに伝わった可能性もあろう。

そして、これをタイに伝えた人は誰か。ポルトガル料理を参考にしているということで察しのいい方はもうおわかりの、第13章で何度も登場したあのターオ・トーンギープマーである。彼女の父親はインドから来た日本人とベンガル人のミックス、母親は日本人とポルトガル人のミックスなので、タイのカレーパイがこういう形になったのもわかる気がする。

タイ国際航空系ベーカリー『パフ&パイ』のメニューにも、名称は違えど、ガリーパップはある。ただ、サラブリーのものよりやや洒落た雰囲気なので、ガリーパップというよりは洋食系のパイといった食べものになっている。また、材料はほぼ同じにみえるものの、もはや中の餡がカレーになっているというだけでガリーパップにはみえないタイプ、欧米料理にあるロールパイといったものもある。

サラブリー市街地では、先述の丁字路をまっすぐ行くと国鉄の踏切があり、その周辺にガリーパップ屋が軒を連ねている。また、郊外の国道沿い、特にガソリンスタンドなど高速のサービスエリアの代わりになるようなポイントにも店がある。ガリーパップがなぜサラブリー県の名物になったのかは不明だが、トーンギープマー女史がかかわるとなれば隣接するアユタヤからの影響もあっただろう。アユタヤとサラブリーは近いといえば近いというのもある。

先のように東北部へとバンコクから向かうと必ずサラブリー県をとおる。ということは逆も然りで、バンコクに出るときにサラブリーを通過するわけだ。そのときにタイ人は車内で食べる軽食として、あるいは土産としてガリーパップを買う。だから、サラブリー人の日常食としてよりも、土産物としては相当の数が売れているのではないか。でも、ボク自身は誰からももらったこともない。定着しているのか不人気なのか、よくわからない食べものである。

あげる前についつい全部食べてしまう最強のタイ土産「マプラーウ・グローブ」

ボクが初めてプーケットを訪れたのは一九九九年九月、雨季真っただ中のことだった。なにも知らず県内で最も騒々しい歓楽街だったパトンビーチエリアに宿泊したものの、毎日雨で海遊びどころではなく、しかも当時から物価が高く、屋台でさえバンコクよりもずっと高額だったので、なにひとついい思い出はない。

プーケットはビーチリゾートを多数抱える世界的に有名な観光地で、タイ唯一の全域が島になっている県だ。島といっても本土とは橋で渡ることができるくらい近いけれど。そのため、「プーケット」とひと口でいっても県なので、かなり広い地域であることを忘れてはならない。タイ観光の中でも特にここは宿泊地を誤ると大変なことになる。新宿で遊ぶつもりで東京に来たのに、葛飾の亀有辺りに宿をとってしまうようなことが起こりうる。バンコクやチェンマイなら市街中心に宿泊すれば一般的観光になんら支障はない。プーケットは海辺に泊まるのが普通で、そうなるとビーチは県の外周に点在する。各ビーチに魅力とデメリットがあるので、「プーケット」をひとくくりで考えず、目的と宿泊地の地域性を行く前によく調べないといけない。

ボクの初めてのプーケットは最低だったが、出会いもあった。それはココナッツ・チップスだ。タイはさまざまな果物の菓子があり、ドリアン・チップスをはじめ、数多くのチップスが売られている。中でもこのヤシの実のものは最強である。

ある土産物店でサルの絵が描いてある「なにか」を買った。小さなパックが十個入っている袋詰めで、土産にはちょうどいいと判断しただけの理由だ。当時のボクは渋谷のタイ料理店でアルバイトをしていたもののタイ語はまだ基礎レベルで、パッケージの特殊な筆記体はほぼ読めなかった。フォントがちょっとでも教科書と違うと読めない段階だった。

宿に戻り、がんばってパッケージを解読してみると、商品名が『サムイ』となっている。タイ南部にあるリゾートであるサムイ島のことだ。プーケットに来てなんでサムイのものを買ってしまうのか。さらによくみると、ココナッツ・チップスとある。ココナッツのチップスなんて食べたことはなく、味も香りも想像できないのでひとつ開けてみた。

そうしたら、だ。これがウマいのなんの。サムイは「**マプラーウ・グロープ**」あるいは「マプラーウ・オップ・グロープ」という、タイではドライフルーツのジャンルに含まれる菓子だった。作り方はシンプルで、ココナッツの固形胚乳を削り、塩をまぶしたらオーブンで焦げないように火をとおすだけだ。レシピによっては一度ゆでてからオーブンでドライになるまで焼くそうだが、いずれにしても胚乳にもともとある油分を加熱して中からカリカリに揚げるという自然的、健康的な調理方法になっている。やや厚

上／マプラーウ・オップ・グロープは食感も香りもいい最高のスナックだ。　下／過去に出会ったサムイが同じデザインで残っていた。

めに削られたココナッツの胚乳は甘く、香ばしさと芳醇さがあった。結局その旅行中にすべて食べてしまい、日本への土産はほかのものになった。

実際にサムイに行ったのはずっとあとのことで、ボクにとっての「サムイ」は島ではなくてココナッツ・チップスを意味する。といいつつ、この菓子のことを思いだしたのは数年前のことだ。用事で訪れたチャトチャック・ウィークエンドマーケットの乾物屋でサムイをみかけたのだ。およそ二十年ぶりの再会である。パッケージデザインも当時のままだ。懐かしさがこみあげ、うれしかった反面、そこにあるということはプーケットどころか、サムイの土産物ですらなかったのかとちょっとガッカリもした。まあ当時、チップスを誰にも渡していないのだから、なんの問題もないけれど。

マプラーウ・グロープはサムイに限らず、スーパーマーケットなど小売店や空港の免税店に多種のブランドがある。ボクにとっての一番はあくまでもサムイだ。執筆時点で最安値は十袋入りで一七五バーツになっている。

ココナッツ・チップスには別タイプもある。たとえば「**マプラーウ・ゲーウ・オップ・ヘーン**」だ。ゲーウとはガラスのことで、透きとおるくらいに薄く削いだマプラーウの胚乳を蒸し焼きにした菓子だ。塩だけでなく砂糖もまぶし、カリカリになるまで火をとおさないため、食感はシャクシャクしている。好みなので一概にはいえないが、ボクはあまり好きではない。おすすめはあくまでサムイのマプラーウ・グロープの一択だ。

タイ版もやめられなくなるわかりやすさ「カオグリヤップ・グン」

タイにもエビせんべい、エビせんがある。コンビニにはカルビー・タイが発売している『かっぱえびせん』もあるし、おそらくそのコピー商品として定着した『ハナミ』という銘柄もある。

ここでは日本発祥のエビせんではなく、タイに昔からあるエビせんべいの「**カオグリヤップ・グン**」のことを話したい。しょっちゅうみかけるわりに、どこで食べられるかと問われても答えづらい。それくらい気にもとめないほどどこにでもある菓子だ。

カオグリヤップ・グンはまさにエビをすり潰したせんべいではある。**カオグリヤップ**を訳すならせんべいが妥当な言葉といえる。ただ、日本のせんべいとはかなり違う。カオグリヤップ・グンを日本の米菓でたとえると一番近いのがエビを使ったせんべいで、エビせんべいからエビを引くとせんべいが残るから、カオグリヤップ・グンからグンを引き、結果、カオグリヤップはせんべいじゃない？というだけだ。カオグリヤップはエビだけでなく、プー（カニ）、プアック（タロイモ）、そのほかこれに合う魚介類ならなんでも材料になるので、説明が難しい。作り方を知れば、せんべいとは違うとわかる。

タイ式エビせんはスナックや料理のつけ合わせに使われる。

まずペーング・マン（タピオカなどの片栗粉）と米粉を練り、すり潰したエビ肉を混ぜる。このときにほかの魚介類などを混ぜれば、カオグリヤップ・〇〇といった料理名になる。好みでニンニクやコショウを加えて練りおえたら、棒状にしてバナナの葉などに包んで蒸す。現代ではアルミホイルに巻くことが多いようだ。この点はタイ・ソーセージのムーヨー作りに似ている。蒸しあがったら冷めるのを待ち、適度な厚みにスライスする。これを天日に干して水分を飛ばすと丸いエビ・チップができるので、食べるときに揚げればいいだけだ。

米粉を混ぜている点以外せんべいと呼ぶにはほど遠い。レシ

南部ののどかな漁港。

ピによっては小麦粉も一緒に使う、あるいはペーング・マンだけのタイプもあるので、米すら入っていないことだってある。だから、カオグリヤップをせんべいと訳すのにはちょっと抵抗があるのだ。

カオグリヤップはもともと菓子というよりは保存食だった。**漁師が豊漁の際、不漁に備えて魚を保存しておく生活の知恵のひとつ**だったようだ。タイでは南部の漁師がはじめたとされるが、原型はインドネシアというのが通説だ。向こうでは一〇世紀ごろには登場し、一六世紀にマレー半島に伝来していたようなので、そこからタイにも伝わったと考えられる。

カオグリヤップ・グンが土産物に向いているのは、量産品ならスーパーで売っているということが大きい。缶や袋に入っている。ただ、湿気に弱いので長持ちしないし、完成品はサクサクな分だけ体積と重さが釣りあっていないので、飛行機で持ち帰るにはややかさばる。それであれば揚げる前のチップのほうがいい。自分で揚げればいいだけだし、ブランドによっては電子レンジでも調理できるようなので土産に最適だ。このタイプもスーパーで普通に売っているから入手性も高い。

土産とは関係ないが、せんべいのつながりで。主に東北部で食べられる米菓的なものに「**カオジー**」がある。もち米にココナッツ・ミルクや塩を混ぜて練り円形にして、鶏卵やアヒルのたまごの液にとおしてから炭火で両面を焼く。仕上げとして表面にバター（屋台ではたぶんマーガリン）を塗ってカリッとしたら完成だ。厚みがあるので、せんべいよりは焼きおにぎりに近い。バンコクではみかけないが、東北や北部では朝食の主食として食べられている。ちなみに、ラオスでカオジーというと、ベトナムでいうバインミー、つまりバゲットのサンドイッチになる。

タイから果物を持ち帰るなら「ポンラマーイ・オップ・ヘーン」

タイはポンラマーイ（果物）の種類が豊富で、日本より安い。日本に持ち帰って土産にしたいと考える人もいるだろう。タイ人に訊いても、きっと賛同してくれるはずだ。

ただ、生の果物を含めた植物の持ちこみは、どの国であっても入国時に問題になる可能性がある。日本の農林水産省の植物検疫所が輸入許可を出していない種だとさらに厄介なので、基本的に生の果物を運ぶのはやめておいたほうがいい。

それでもタイの果物を土産にしたいならドライフルーツのひとつ「**ポンラマーイ・オップ・ヘーン**」がおすすめだ。

ドライフルーツなら基本的に輸入禁止植物に該当せず、もし検疫窓口で止められてもだいたいは簡単なチェックで虫がいなければ問題ない。そもそも**オップ・ヘーン**なら加熱加工しているので、手作りでなければ検疫に引っかかるはずはない。後述のように加工果物の中には生っぽさの残るタイプも

無難なドライフルーツはちゃんとパッキングされているタイプだ。

ある。万が一を考え、そのタイプが多い**量り売りは避けて、しっかり密封された量産品から選ぶといい。**タイ滞在中にホテルで消費してしまうのであれば、手作りの可能性が高い量り売りでもいい。

▼持ち帰りやすいドライフルーツの種類とは

タイのドライフルーツにはいくつか種類がある。

まず、果物を加工した製品やジャンルを総称して**ポンラマーイ・プレーループ**という。大きく分けると六種類（方法）があり、フルーツティーに仕立てる、ジャムにするというやや洋風寄りのものがまず二種類ある。それから、搾ってジュースに加工するのもひとつだ。

そして、ドライフルーツの手法とするものは二タイプある。ひとつが**ポンラマーイ・トート・グロープ**などと呼ばれる。これは先のココナッツ・チップスが該当するように、トート（揚げる）あるいはオップ（蒸し焼き）などで

チェーイムがずらっと並んだ棚。

果肉がグロープ（カリカリ）になっている。

ドライフルーツの代表ともいえるのが、もう一方のポンラマーイ・オップ・ヘーンだ。オーブンなどで果物を焼いて乾燥させたものに相当する。揚げてはいないが果肉がカリカリになったものもあるし、なっていないものもある。また、オップせずに天日で干したもの、近年はフリーズドライもあるので、それらもひっくるめてポンラマーイ・オップ・ヘーンということもある。現代的なものは基本的にオーブンを使って脱水・乾燥させることがタイでも常識で、天日干しは昔ながらのため既製品にはほとんどないと思う。

ポンラマーイ・プレーループの中の残りの方法は、シロップなどに漬けこむものになる。ジャムに加工する方法とほぼ同じといえるかもしれないが、作り方は独特なので別物だとボクは思う。この方法による加工品は大きくふたつあって、「**ポンラマーイ・チェーイム**」と「**ポンラマーイ・イー**」だ。これらはさまざまな果物

キャッサバのイモを砂糖水で煮込んだ「チュアム・マン・サムパラン」。

で作ることが可能で、よくみるのはマムアン（マンゴー）とマカーム（タマリンド）あたりだ。

この二タイプは途中まで同じ作り方だ。まず、果物を砂糖水や**ナム・プーンサイ**（石灰水などの水酸化カルシウム飽和水溶液、つまりアルカリ性の水）などで煮る。煮なくても漬けこむだけの方法もあるようだが、とにかく果肉にしっかりと溶液を浸透させたら暗所で数日乾燥させ、容器に移し密閉することで完成するのがチェーイムになる。

その容器から果肉を取りだしオーブンなどで焼きながら乾燥させたのち、砂糖や塩、好みによってトウガラシの粉も一緒に混ぜたものをたっぷりとまぶしたらイーになる。

タイのドライフルーツ全般で保存期間が長いのは、一般的にはポンラマーイ・オップ・ヘーンやポンラマーイ・トート・グロープだとされる。完全に脱水されるためなのか、その期間はだいたい六か月くらいだ。チェーイムは三か月から六か月程度、イーは三か月ほどというのがタイ人の一般的な認識になる。

個人的な見解では持ち帰るならポンラマーイ・オップ・ヘーンかポンラマーイ・イーがおすすめだ。チェーイムは完全なドライではないので、長距離移動にはやや不便だと思う。既製品なら密閉パックに入っているので問題ないと思うが、もし破れたらカバンの中が地獄の様相を呈する。ポンラマーイ・イーのほうがいいのは、砂糖か塩がまぶされた見た目がタイっぽいというのもある。タイ人は生の青マンゴーや青パパイヤ、グァバなどに、トウガラシ入りの砂糖か塩をつけながらかじるので、まさにタイの味という気がする。

買い求めやすさもドライフルーツの魅力だ。市場でもスーパーでも購入できる。スーパーなら量り売りコーナーがあるし、パッキングされた既製品も揃っている。バンコクのスーパーには必ず外国人向けの棚があり、そこにはドライフルーツやチップスなどさまざま加工果物が並んでいる。

ポンラマーイ・オップ・ヘーンでボクが好きなのは、梅の「ブアイ・オップ・ヘーン」だ。シワくちゃになるまで干されて表面に塩が浮いているタイプだとなおいい。見た目は日本の駄菓子に近いが、果肉は薄く、砂糖を使いすぎているのかかなり甘い。ボクは車を運転しながらかじったり、家でコーラに入れて飲んだりする。ただ、タイ人がみなこうして飲むのかというとそうではない。むしろタイ人はあまり梅が好きではないようで、コーラに入れて飲むのを気持ち悪がったりする。この飲み方はボクがカンボジアの首都プノンペンで体験したものだ。台湾の飲みもの「梅子可樂」にそっくりなので、発祥は台湾だと思う。

駄菓子といえば。バンコクで駄菓子を買うなら、中華街ヤワラーに行くといい。カノム・タイ（タイの菓子）とはちょっと違うが、日本の駄菓子問屋のような店があるからだ。ヤワラー通りの真ん中辺りにあるイサラーヌパープという小路に入る。ここは昔ながらの市場になっていて、タイ料理、中華料理が雑多に並んでいるだけでなく食材や茶葉などが混在していて、一般的なタイの市場とは雰囲気が違う。この路地を入ると左側にタイで最も有名なコショウメーカー『グアンスーン』がある。緑色のキャップで、タイ全土の小売店に置いているほどのブランド本店だ。コショウ以外にも各種スパイスがあるので、料理好きは必見だと思う。ボクが知っている駄菓子問屋のひとつはグアンスーンの真向かいにある。スナックや菓子が一斗缶サイズで売っているし、プラスチックの安っぽいおもちゃやシールなどが壁かけのシートのままで売られている。安いので大人買いできるのがいい。子どもの

タイでは天然の塩、天日塩がとにかく安い。

ころの夢が叶えられそうな気分にさせてくれる、眺めているだけで楽しい場所だ。

国道沿いの天日塩
グルア・タレーはとにかく安い

あたりまえだが、タイにも塩がある。塩はタイ語で**グルア**だ。タイ料理では塩分を加えるときにナンプラーを多用するが、ナンプラーの独特なニオイを避けたいときには塩を使うことになる。

タイの塩には種類がある。海水から作る塩をグルア・タレーもしくは**グルア・サムット**、内陸の岩塩などから作るものを**グルア・シンタオ**と呼ぶ。粒が細かいものが**グルア・ポン**、粗い塩が**グルア・メット**で、さらにヨウ素含有量の多いものを**グルア・アイオーディン**という。日本人は海藻などからヨウ素を摂取しているのであらためて身体に取りこむ必要がなく、不要だから食品添加物として認められてもいないので、ヨウ素入りの塩の輸入は禁じられているようだ。

ダムヌンサドゥアク水上市場の観光帰りに塩田に寄ることができる。

タイの塩は天然塩ですらヨウ素が添加されていることがあるので、本来は日本への土産としてはふさわしくないともいえる。

さて、バンコクから王室のリゾートとも呼ばれるホアヒンや南部のプーケットに向かうラマ2世通りを七〇キロほど行くとサムットソンクラーム県に入る。この県は、線路の脇に列車すれすれまで商品を並べることで知られるメークロン市場、ホタルがみられるアムパワ水上市場、外国人観光客に有名なダムヌンサドゥアク水上市場（ここは隣のラーチャブリー県）など見どころが多い。そんな観光地に向かうラマ2世通り沿いの左右に塩田が広がっている。

ここでは味わい深い天然グルア・サムットを塩田農家から安価で直接購入できる。塩田は幹線道路の両サイドに広がるので、排気ガスが少々気になるのは事実だ。塩の仕込みは乾季だが、休耕中の雨季に空気中の排気ガスが雨に混じって塩田に落ちている気がする。味は日本の塩田農家の人も絶賛していたので、決して悪くない。ボクは料理に使うのはもちろん、自宅で日本酒を飲むときに舐めたりしている。実家への土産として日本に持って帰ることもある。ただ、この塩田の天日塩にも天然ヨウ素が含有しているため、本来は日本に持ちこむべきものではない。個人的に少量を使う場合は問題ないとは思うが、そこは自己責任ということで。

この塩田は近くのタイ湾から海水を引いている。海水を天日で蒸発させることを何度も繰りかえし、たまった塩の結晶をクワで一角にかき集める、という作業を延々と行う。製造方法は昔から変わっていない。雨季の終盤にはじまるので、乾季の中ごろには塩田のあちこちで巨大な塩の山がみられるだろう。塩田農家の直売所は塩田の真横にある。掘っ立て小屋と呼ぶにふさわしい簡素な小屋がいくつも並んでいる。ボクがいつも買う直売所は、なぜか毎回同じだ。行きつけというわけではなく、道を曲がってブレーキをかけるまでのタイミングがなぜか毎回同じなのかと思う。

直売所の天日塩はキロ単位で量り売りされる。あるいは、その価格に従ってパッケージに値づけがされている。あくまで取材時（二〇一九年）の話だが、個人的に使いやすいのは一二〇グラムのパックで、これが六キロ分、つまり五十袋入っていてたった四五バーツ（百八十円程度）だ。ひと袋ではなく、六キロでこの価格である。

直売所で売っているのは塩だけではない。干物や、カゴ入りの首折れサバのプラー・トゥーも売っている。近くに首折れサバの名産地メークロン市場があるからだ。

グルア・サムットは少し前まではここでしか買えなかったものの、最近はバンコクのスーパーなどでたまにみかける。オーガニックなどちょっといい製品が置いてあるコーナーにサムットソンクラーム県産の塩があるのだ。ここに置いていた商品の成分表示をみたところヨウ素が入っていない天然塩もあった。これなら土産にしやすい。

上／塩田はタイミングがよければ作業が見学できる。
下／掘っ立て小屋では塩以外に干物なども売っている。

スーパー、コンビニで買えるコーング・ファークに向いたもののアレコレ

タイのスーパーマーケット・チェーンでボクが一番使いやすいと思うのはビッグCだ。巨大スーパーは食品を中心にとにかく品揃えが豊富だ。雑貨だとプラスチック皿は種類が多く、アルミ製のレンゲやスプーン、フォークは一ダース単位で安く手に入るので、日本人のキャンプ好きがよく買っていると聞く。

そんなビッグCで売られている菓子に、日本人ならみんな知っているあの菓子に見た目からして激似の『バイティー』というビスケットがある。四角っぽい小麦粉生地の中にチョコレートが入っている。表面にはコアラらしき動物の絵もある。そう、これはまるでロッテの『コアラのマーチ』である。食べてみると味はほぼ同じといっていいが、明らかにコアラのマーチのほうがおいしい。チョコレートの量はバイティーが多いが、いかんせん生地が厚すぎて口に残る。コアラのマーチはチョコと衣のバランスが絶妙で、食感もずっといい。

ビッグCの菓子売り場に安価なタイ製品の棚があって、その一部はバイティーの製造会社の専用になっている。そこには同社製のオレオに酷似した商品もある。バイティーをネット検索しても企業情報は不明で、これらがパクリなのかオマージュなのかさえわからない。いえるのは、専用棚があるくらいなので、決して小さな企業ではないということだ。ビッグCにはちゃんと正規のコアラのマーチやオレオも置かれているが、こちらは専用の棚ではない。

そんな怪しいバイティーの最大の強みは、ずばり価格だ。取材時における本家コアラのマーチは二〇バーツ、対するバイティーは六九バーツ、特売で五九バーツくらいだ。バイティーのほうが三倍以上もするじゃないかと思うかもしれないが、容量が違う。バイティーは本家の十倍はあるのだ。バイ

ティーの容量は総量で四〇〇グラムだ。コアラのマーチは三七グラムしかない。一バーツあたりの量が本家は約一・八五グラム、バイティーは約五・八グラムとなる。バイティーのほうがコストパフォーマンスは断然高い。容量が大きいので土産に向くかどうかは別問題だが、タイ子連れ旅行中のおやつには最適だ。

わかりやすい菓子の**コーング・ファーク**（土産）といえば、ボクは空港の免税店で売られている「**ココ・カップ**」（ココア・カップ）が一番いいと思っている。新しいタイプのタイ・スイーツなのか、そもそもタイ料理ではないかもしれないので正式名称はわからない。とにかく、チョコレートとココナッツが小さいカップに入っているだけのシンプルな外観で、もっと広く知られていていいと思う。安いものでも一〇〇バーツを超えるので、タイのスイーツにしては高いが、おいしいので土産にはよ

上／高級レストランのブルーエレファントの箱入りの菓子。　中／日本の菓子に酷似したスナック。下／画像は本文のものとは違うが、ココカップはなかなかおいしいタイ・チョコだ。

インスタント麺はバラ売り、3〜10個ほどのパック、大箱がある。

い。タイのチョコ製造はほぼすべてが輸入カカオ豆に頼る。ただ、タイ国内でもわずかだがカカオ栽培があるので、この先、完全タイ製のチョコが出てくる可能性もある。

タイの免税店キングパワーのオリジナルブランドが出している「**トーンムアン**」もおすすめだ。これはココナッツ・パウダーの生地を焼き、くるりと葉巻のように巻いたポルトガル由来の菓子だ。これもやはりトーンギープマー女史が伝えたものである。タイの免税店ではこのトーンムアンとココ・カップが合体したタイプもある。これらを数箱程度持ち帰れば、会社の休憩室に置いておくばらまき土産に最適だ。

ばらまき用にはほかにも本家コアラのマーチのタイ限定フレーバーとなるチョコバナナ味やマンゴー味、スティック状のスナック菓子『プリッツ』のラープ味などもいい。『ポッキー』のような日本の菓子のタイ市場向けを買っていくのもありだ。見慣れたパッケージがタイ語というだけでもおもしろいではないか。

インスタント麺もいまだばらまき系で人気だ。値段が安いので箱買いできるし、飛行機のチェックイン時に箱のまま預けてしまえるので楽だ。大型スーパーではバラ売り棚の近くに入荷時の大箱のまま置いてあり、日本人以外の外国人も大人買いしていく。インスタント麺はトムヤム味ならタイ土産だというわかりやすさもある。最近はジャンボサイズもあるが、従来サイズの瞬間油熱乾燥法のフライ麺がいい。湯を注がずにそのまま食べることもできるし、日本のインスタント麺の三分の一ほどと量が少ないので、口に合わなくてももらった側の心理的負担が小さくて済む。

インスタント麺でおすすめブランドはやはりマーマーでしょう。インスタント袋麺の代名詞であり、タイの王道だからだ。

意外と土産によろこばれるアハーン・サムレットループ

ブームでタイ人が普通に和食を口にするようになってから、タイ国内のコンビニ弁当も充実してきた。日本観光人気でタイ人が直接日タイのコンビニの違いを認識したからなのか、単に時代の流れなのかわからないが、タイ料理の弁当も充実している。

一食あたりの食事量の少ないタイでは、コンビニ弁当の量も少ない。そのわりに値段は少々高めだ。屋台でできたてを食べられるのに、屋台が閉まった深夜以外に同等価格のコンビニ弁当を買う必要性はあまりない。味が安定していて量もちょうどいいので、夜食や小腹が空いたとき、みたことのないタイ料理を試してみたいときには使えるかもしれない。いずれにしても、コンビニ弁当そのものを土産にするのは難しい。

ちなみにタイ語で弁当は、箱のご飯という意味の**カオ・グローン**という。英語のランチ・ボックスを直訳したのだろう。他方、**ピントー**というものもある。これも弁当に相当するものの、特に円形容

コンビニのチルド棚もタイ社会や嗜好の変化を観察するのに最適な場所だ。

器で二段以上重ねて食べものを持ち運ぶ容器を指す。要するに弁当箱である。昔は陶器で、今はステンレス製が多い。ゼブラといったスプーンやフォークを作るブランドが有名で、スーパーの食器売り場にある。一番下に米を詰め、二段目三段目にそれぞれおかずを入れる。重ねると密閉され、さらに金具を外枠にはめれば全段がしっかりと固定される。アユタヤ時代にはすでにあったようで、その時代にピントという名前のポルトガル人がいたことからそういう名称になったという説が一般的だった。けれども、ポルトガル語のピントはヒヨコを意味するので間違いとされ、現在は日本語の弁当が由来だというのが説として有力だ。

　ピントーに入れようが、コンビニ弁当だろうが、料理を日本に持ち帰るのは難しい。それでもタイ料理そのものを日本に持ちこみたいなら、レトルトパックをおすすめする。タイでレトルト食品は完成品を意味する**アハーン・サムレットループ**という。ボクはローサ社の『ローサ・

プローム』シリーズを好んで買っている。グリーンカレーやガパオなどがアルミパックされていて、値段も三〇バーツ前後と手ごろなので、ばらまき土産にちょうどいい。

難点は、大量に買うには重くてかさばる。また、グリーンカレーは鶏肉が定番なのに、ローサではツナが使われているなど、主食材チョイスがイマイチな商品もあり、好みが分かれる。とはいえ、ひとつの量が少ないので、タイ料理になじみのない人のお試しにちょうどいい。誰でも抵抗なく食べられるようで、これまで不評だったことはない。まあ、「嫌いだった」と面と向かっていう人はそういないだろうが。

インスタント麺は昔からばらまき用では定番だが、毎回それだと芸がないというか。それに安っぽくもある。現実的に安いけれども。その点からしてもレトルトはいい。ローサ以外にもブランドはあ

上／ステンレスの２段のピントー。　中／ローサ社のレトルトは量も少なめで土産に最適だ。　下／調味料系もタイ料理好きにはありがたいが、持ち帰る側には重い。

るし、スワナプーム国際空港内の免税店で入手することもできる。ある意味、最後の砦的な土産である。

タイ無形文化遺産になったサムンプライの究極料理「ミヤン・カム」

この「**ミヤン・カム**」を本書で紹介する最後のタイ料理メニューとしたい。二〇一四年、タイの文化省文化振興局が無形文化遺産に登録したほど、昔ながらのタイ料理として重要な逸品である。

無形文化遺産になったのは、この料理がタイ料理全般に欠かせないサムンプライの究極系だからではないかと思う。ミヤン・カムのミヤンは第11章で紹介したミヤン・プラートゥーと同じで、葉などで包んで食べることを指す。カムはひと口という意味だ。つまり、ひと口で食べられるサムンプライの軽食なのである。

ミヤン・カムは料理といっても材料を小さく切っておき、食べる人が自分で葉に包んで食べるだけだ。包むのはバイ・チャプルー、つまりハイゴショウの葉、もしくは**バイ・トーンラーン**だ。これは沖縄にも自生するデイゴという植物の一種からとれる葉だ。『島唄』の歌詞に出てくるあのデイゴというとわかる人も多いのではないだろうか。

ベーシックな具材は、砕いた**トゥア・リソン・クア**（煎ったピーナッツ）もしくは**メッツマムアン・ヒムマパーン・クア**（煎ったカシューナッツ）、**マプラーウ・ソーイ・クア**（ココナッツの胚乳の削ぎ切りを煎ったもの）、**グン・ヘーン**（干しエビ）を用意する。ほかにはホームデーン、キン、マナーウ、プリックなどで、これらは小さくさいの目に切る。これくらいがベーシックなミヤン・カムの具材で、これらをバイ・チャプルーなどで包む。

ミヤン・カムにもナムチムを使う。昔ながらのレシピだとカー、タクライ、ホームデーン、マプ

ミヤン・カムはこういったセットで売っていることもある。

ラーウ・ソーイ・クア、グン・ヘーン、ナンプラー、ガピ、ナムターン・ピープ（砂糖などの加工品）で作る。青マンゴーや青パパイヤを食べるときに使うナンプラー・ワーンに似ているが、タイ人からするとここで紹介したレシピはミヤン・カムの専用ナムチムなので、それとは異なるものという。このナムチムにはガピが入っているので一見クセがあるけれども、ナムターン・ピープでかなり甘味がつくのであまり気にならないと思う。

　このように材料はサムンプライのオンパレードだ。本来、タイ料理のサムンプライは香りづけのためで薬効は関係ないものとされるが、さすがにこれだけ香草が使われるとなれば、タイ伝統医学的見地からもこれらサムンプライ各種が健康にも有効だとされる。**タイ伝統医学は中国伝統医学のように身体をタートと呼ぶ四大要素が互いに影響を与えながらバランスをとっていると考えている。**このバランスが崩れたときに病気になるとされ、それらを古式マッサージやサムンプライ（この場合は生薬）で立て直すというのが基本的な考え方だ。

その**四大要素とはディン（土）、ナーム（水）、ロム（風）、ファイ（火）になる**。人間はこれらの要素のいずれかひとつがきわだっているとされ、それがその人の性格や性質になるのだとか。このきわだった要素をジャオルアンという。ここでざっと特徴などを紹介する。

・ディン（土）

大地を意味する。固形であり、燃やすと土に返るという要素とされる。具体的には髪の毛、爪や歯、皮膚、筋肉、骨、心臓や脾臓、肝臓、腎臓、それから肺、腸、さらに脳と脊髄などがこれにあたる。土がジャオルアンの人は骨格が太くて体格が大きく、内臓も健康とされる。

・ナーム（水）

流れや浸透する性質を持つ要素とされる。涙や汗、血液、脂肪、唾液、それから胆汁にリンパ液などで、土同様に体内にある、主に液体を指す。水がジャオルアンの人は身体はいたって健康で、髪や目がきれいでスタイルがいいとされる。女性に向いている性質といえる。

・ロム（風）

これは体内のものではなく、具体的な部分というよりは流れそのものを指す。たとえば上半身から下半身への流れや全身の流れなどが風にあたる。風がジャオルアンの人は痩せ型で、嫉妬深いのに熱しやすく冷めやすい性格だとされる。乾燥肌で、不眠症という人も多い。

・ファイ（火）

熱エネルギーを意味し、体温や老化などに関係する事柄を指す。火がジャオルアンの人は空腹になりやすく、口臭・体臭があり、食欲旺盛で、暑さに弱いなどの特徴も持つ。

ミヤン・カムが人に与える影響・効果は材料によってタートごとに違っている。ココナッツやピーナッツ、干しエビは土の要素に効果がある。マナーウとバイ・チャプルーは水、ホームデーンとトウガラシは風、マナーウとショウガは火の要素に、とミヤン・カムは材料ひとつひとつに意味があり、とにかく健康志向に向いているメニューだ。量的にも軽食、あるいは前菜といったところなので、気軽に食べられるのもいい。

▼食わず嫌いを一気に治すタイ産食材の底力

二〇〇五年のことだったと思う。ボクの父は、ボクが日本に連れていった結婚前の妻と初めて顔合わせしたことが、人生で初めて外国人と直にじっくりと接した経験だったようだ。そうして外国に興味を持ち、そのあとすぐ初めてパスポートを取得してバンコクに来た。ボクの母はなんでも食べるタイプである一方、父は偏食がすごくて焼肉のタレでさえ食べられなかったらしい。同行する母からは店選びをちゃんとするようにといわれた。母はすでに何度かタイに来ていたのでなんら問題はなかったが、当時ボクは会社員だったので飲食店に詳しくなく、途方に暮れた。ここでダメならもう和食オンリーですごしてもらうしかないと、日本の皇室御用達の高級タイ料理店『バーン・カニタ』に連れていった。

注文がおわると、自動的にミヤン・カムが出てきた。この店では日本の居酒屋でいうおとおしのよ

日本の皇室も利用するというバーン・カニタは高級タイ料理の老舗だ。

うなもの、前菜としてすべての客に出しているものだった。よりによってこれが出てくるとは、父もつくづく運の悪い人だ。ただ、このときのボクにとってもミヤン・カムは初めてで、食べ方がわからないため妻に包んでもらい、両親に渡した。

すると、驚いたことにそれを父はするっと食べた。辛い料理やパクチー入りメニューも注文したが、どれもおいしく食べられたようだった。単に父が究極的な食わず嫌いなだけだったのだ。そこから父はなにか開花したらしく、日本でもいろいろなものが食べられるようになった。

今はあまりみなくなってしまったが、父の初タイから数年の間はスーパーのチルド棚にミヤン・カムのセットがあった。発泡スチロールの皿に各種サムンプライがちょうどワンセット、二人前くらいが入っている。生のサムンプライなので本来は日本への持ちこみは完全アウト案件だけれども、その後両親はタイに来るたび、最終日にそれを買い、帰国後にタイの思い出にひたりながら食べたという。

ミヤン・カムは香草などの強さから、決して誰にでも向くメニューではない。それでも偏食の強い父が食べられたのは、タイで食べたからだ。**タイ料理はタイという土地で暮らす人々が健康に生きるために発展したもので、タイの水と土で育った食材を用いたものに限る**、というわけだ。

二二年六月、久しぶりに日本でタイ料理を食べた。一時帰国中は基本的にはタイ料理店には行かないので、本当に久しぶりだった。驚いたのは、日本のタイ料理がかなりレベルアップしていたことだ。冷凍輸送や保存技術の発達で、おいしさをそのまま輸入できるようになったのだろう。

そうだとしてもやっぱり、タイ料理は本場で食べるべきなのだと、父のタイ料理開眼エピソードを思いだすたびに確信するのである。

おわりに——タイ料理の世界に出口はない

タイ料理は味が濃い分、わかりやすいので万人がおいしいと感じる。だからこそ、何十年もタイ料理は日本をはじめとした外国で受けいれられ、ファンを増やしてきた。和食の繊細さと違い、豪快さがタイ料理の特徴でもある。ともすると料理としては稚拙なものだと思われがちだ。**タイ料理には夕イ料理の理由と歴史があって、今にいたっている。**それを紐解いたとき、またさらにタイ料理の魅力に気づける。そして、それをいいか悪いかを判断するのは自分の心次第ということになる。

ボクの友人は中華料理からキャリアをスタートさせた調理師だ。あるとき、東京・湯島にある『ムンパーク』というタイ式のパブ・レストランに行った。出版関係の方に紹介いただいた新しい友人の奥さん（タイ人）がそこに出資しているとかで、ボクとその調理師を連れていってもらった。

代表的なタイ料理を注文し、タイ・ウイスキーで味わったのだが、どれもおいしかった。なにより驚いたのは、ボクら以外ではひと組だけ日本人がいたくらいで、あとは全部タイ人で店が埋まっていたことだ。そういう店だからこそタイ人向けの味で出すことができ、ボクもなんら気になる点がなかったのだろう。

帰りの電車内でボクは調理師の友人に初めてのタイ料理の感想を聞いた。

「中華や和食はダシで調味料全部をまとめ、調和させたハーモニーを奏でるイメージに対し、タイ料理は調味料それぞれが主張しながらもひとつの料理になっている。ダシを使った中華と和食がオーケストラだとすると、タイ料理はロックという感じ」

ということだった。和食は素材を活かすためにある程度で調味料の使用を控えるなり、バランスを重視するところはたしかにオーケストラといえる。一方、タイ料理は調味料などを加えられるだけ加えていくので、それはそれで力強さがある。それをロックと捉えるのはいいえて妙かもしれない。

本書で紹介したタイ料理は軽く触れたものを含めて、およそ五百八十種を超える。我ながら数多くのタイ料理を経験してきたとは思うが、それでもこれはタイ料理という世界のほんの一部分にしかならない。

それも、同じ料理を食べたとて、みなさんがボクと同じように感じるとも限らない。タイ料理に対して感じるものはそれこそ無限にあると思う。ボクの個人的なタイ料理の経験や驚き、感動を少しでも感じていただけ、実際にタイ料理を体験してなにかを再発見してくれたら幸いである。

上／東京・湯島にあるムンパークは客の大半がタイ人ばかりだった。　下／ムンパークにはタイ人歌手がいるなど、タイのパブ・レストランそのまま。

【著者】高田胤臣（たかだ・たねおみ）
1977年、東京都出身。1998年に初訪タイ後、タイ語留学を経て2002年からタイ在住。現地採用者として会社員をしながら執筆活動を続け、2011年『バンコク 裏の歩き方』（彩図社）からライターを専業に。現在はタイを中心に東南アジア各国で取材を進め、書籍、雑誌、ウェブ、電子書籍などで執筆する。著書に『亜細亜熱帯怪談』（晶文社）、『ベトナム 裏の歩き方』（彩図社）などがある。
YouTube［タイ飯沼ch］：@ Thai_meshinuma
Instagram［タイ飯沼］：@ thai.meshinuma
TikTok［タイ飯沼］：@ thai_meshinuma

タイ飯《めし》、沼《ぬま》。

2023年11月25日　初版

著者　高田胤臣
発行者　株式会社晶文社
東京都千代田区神田神保町一-一一　〒一〇一-〇〇五一
電話　〇三-三五一八-四九四〇（代表）・四九四二（編集）
URL　https://www.shobunsha.co.jp
印刷・製本　中央精版印刷株式会社

ISBN978-4-7949-7380-1　Printed in Japan

好評発売中!

亜細亜熱帯怪談
髙田胤臣 著　丸山ゴンザレス 監修

空前絶後、タイを中心としたアジア最凶の現代怪談ルポルタージュがここに。湿度120%、知られざる闇の世界の扉がいま開かれる。タイ在住20年の作家が紹介する、アジア最深部に広がる怪異譚。大量の死者が出た火災現場で起こる怪異、なぜか続発する交通事故現場、宿泊客には知らされない「出る」ホテル、霊が毎夜やってくるスナックから、謎のシマウマの置物や人力車の幽霊（？）まで、一挙紹介。京極夏彦氏、推薦！

ダニー・トレホのタコスを喰え!
ダニー・トレホ with ヒュー・ガーヴェイ 著　加藤輝美 訳

「最凶」の男による最高のL.A.スタイルのメキシカン・レシピ集！　ここにあるのは、うまい食い物だけだ！——自分が食べたいと思った通りに作ればいい。「世界で一番殺された男」が教える、簡単だけど、至高の満足を与えてくれる「カンティーナ」（酒場）料理。

自分のために料理を作る
山口祐加／星野概念（対話に参加）

「自分のために作る料理」が、様々な悩みを解きほぐす。その日々を追いかけた、実践・料理ドキュメンタリー。世帯も年齢もばらばらな6名の参加者を、著者が3ヵ月間「自炊コーチ」！　その後、精神科医の星野概念さんと共に、気持ちの変化や発見などについてインタビューすることで、「何が起こっているのか」が明らかになる——。磯野真穂さん（文化人類学者）、推薦。好評3刷！

民間諜報員（プライベート・スパイ）
バリー・マイヤー 著　庭田よう子 訳

＜情報の世界の現在を知るための必読書＞空前の偽情報［ガセネタ］が世界を揺るがす！　裏切り、寝返り、嘘と罠。欲望渦巻く＜情報［ネタ］＞の世界。諜報とジャーナリズムが融合し、情報を操作する時代の舞台裏を鮮やかに描く、衝撃のノンフィクション。佐藤優さん（作家・元外務省主任分析官）、推薦！

不機嫌な英語たち
吉原真里

水村美苗氏（作家）、推薦！　河合隼雄物語賞、日本エッセイスト・クラブ賞（『親愛なるレニー』にて）受賞後、著者初の半自伝的「私小説」。些細な日常が、波乱万丈。カリフォルニア・ニューイングランド・ハワイ・東京を飛び交う「ちょっといじわる」だった少女にとっての「真実」とは。透明な視線と卓越した描写で描かれるちょっとした「クラッシュ」たち。

いなくなっていない父
金川晋吾

気鋭の写真家が綴る、親子という他人。著者初の文芸書、衝撃のデビュー作。『father』にて「失踪する父」とされた男は、その後は失踪を止めている。不在の父を撮影する写真家として知られるようになった著者は、「いる父」と向き合うことで何が浮かび上がってくるのか。千葉雅也氏（哲学者、作家）、小田原のどか氏（彫刻家、評論家）、滝口悠生氏（作家）、激賞！

つけびの村
高橋ユキ

2013年の夏、わずか12人が暮らす山口県の集落で、一夜にして5人の村人が殺害された。犯人の家に貼られた川柳は〈戦慄の犯行予告〉として世間を騒がせたが……。気鋭のライターが事件の真相解明に挑んだ新世代〈調査ノンフィクション〉。【3万部突破！】